Max Weber
Wirtschaft und Gesellschaft

Die Wirtschaft und die gesellschaftlichen
Ordnungen und Mächte. Nachlaß

Teilband 2:

Religiöse Gemeinschaften

Studienausgabe
der Max Weber-Gesamtausgabe
Band I/22–2

herausgegeben von

Hans G. Kippenberg

in Zusammenarbeit mit

Petra Schilm

unter Mitwirkung von

Jutta Niemeier

Steven
Wasserstrau
with admiration
for your
great work !!
[signature]
11-14-06

J.C.B. Mohr (Paul Siebeck) Tübingen

Zitiervorschlag:
MAX WEBER, Religiöse Gemeinschaften, MWS I/22–2, S. 1

ISBN 3-16-148450-9

Die Deutsche Bibliothek verzeichnet diese Publikation in der Deutschen Nationalbibliographie; detaillierte bibliographische Daten sind im Internet über *http://dnb.ddb.de* abrufbar.

Das Buch wurde gesetzt und gedruckt von Gulde-Druck in Tübingen auf alterungsbeständiges Werkdruckpapier. Den Einband besorgte Buchbinderei Held in Rottenburg.

Zu dieser Ausgabe

Die Max Weber-Studienausgabe (MWS) will die Schriften und Reden Max Webers auf der gesicherten Textgrundlage der Max Weber-Gesamtausgabe (MWG) allgemein zugänglich machen, unter Verzicht auf den editorischen Apparat. Doch ist sie so angelegt, daß dem Benutzer der Rückgriff auf die MWG jederzeit möglich ist. Deshalb folgt die Studienausgabe in Textkonstitution und Anordnung der Texte durchgängig der MWG. Um dem Leser darüber hinaus das Aufsuchen von Fundstellen zu erleichtern, sind am Fuß jeder Seite die entsprechenden Seitenzahlen der MWG angegeben. Außerdem wird auf die gängigen Ausgaben verwiesen, die bisher in der Sekundärliteratur gebräuchlich sind. Dabei werden in diesem Band die folgenden Abkürzungen verwendet:

MWG 1/22–2 = Max Weber-Gesamtausgabe, Abt. 1: Schriften und Reden, Bd. 22: Wirtschaft und Gesellschaft. Die Wirtschaft und die gesellschaftlichen Ordnungen und Mächte. Nachlaß. Teilband 2: Religiöse Gemeinschaften, hrsg. von Hans G. Kippenberg in Zusammenarbeit mit Petra Schilm unter Mitwirkung von Jutta Niemeier, Tübingen 2001.

WuG = Wirtschaft und Gesellschaft (Grundriß der Sozialökonomik, Abteilung III), Tübingen 1922.

Im Anschluß an den Text Max Webers enthält diese Ausgabe in zusammengefaßter Form Verständnis- und Erschließungshilfen auf der Grundlage der MWG.

Der Herausgeber zeichnet in einem *Nachwort* die systematische Achse des Textes nach und erläutert vor dem Hintergrund zeitgenössischer religions- und kulturhistorischer Diskussion Webers These von der Religion als Gemeinschaftshandeln und in diesem Sinne als gesellschaftliche Ordnungsmacht.

Der *Anhang* bietet ausführliche Informationen über die Textgrundlage dieser Ausgabe und über die Entstehung der Schrift. In dem Abschnitt *Zur Textkonstitution* werden die editorischen Grundsätze der MWG dargelegt und ihre für die Studienausgabe notwendigen Ergänzungen. Insbesondere wird mitgeteilt, wann und in welcher Weise Emendationen an den Texten vorgenommen wurden. Unter der Überschrift *Zur Entstehung und Überlieferung des Textes* berichtet der Herausgeber eingehend über die Genese und den wahrscheinlichen Entstehungszeitraum der Arbeit sowie den ungewissen Status des nachgelassenen Textes. Schließlich folgen Verzeichnisse und Register, die dem Leser die Benutzung des Bandes erleichtern sollen.

Inhalt

Religiöse Gemeinschaften

Religiöse Gemeinschaften

1. [Die Entstehung der Religionen].

Eine Definition dessen, was Religion „ist", kann unmöglich an der Spitze, sondern könnte allenfalls am Schlusse einer Erörterung wie der nachfolgenden stehen. Allein wir haben es überhaupt nicht mit dem „Wesen" der Religion, sondern mit den Bedingungen und Wirkungen einer bestimmten Art von Gemeinschaftshandeln zu tun, dessen Verständnis auch hier nur von den subjektiven Erlebnissen, Vorstellungen, Zwecken des Einzelnen – vom „Sinn" – aus gewonnen werden kann, da der äußere Ablauf ein höchst vielgestaltiger ist. Religiös oder magisch motiviertes Handeln ist, in seinem urwüchsigen Bestande, *diesseitig* ausgerichtet. „Auf daß es dir wohl gehe und du lange lebest auf Erden", sollen die religiös oder magisch gebotenen Handlungen vollzogen werden. Noch solche, zumal bei einem Stadtvolk außerordentlichen, Leistungen wie Menschenopfer wurden in den phönikischen Seestädten ohne alle und jede Jenseitserwartung gespendet. Religiös oder magisch motiviertes Handeln ist ferner, gerade in seiner urwüchsigen Gestalt, ein mindestens relativ rationales Handeln: wenn auch nicht notwendig ein Handeln nach Mitteln und Zwecken, so doch nach Erfahrungsregeln. Wie das Quirlen den Funken aus dem Holz, so lockt die „magische" Mimik des Kundigen den Regen aus dem Himmel. Und der Funken, den der Feuerquirl erzeugt, ist genau ebenso ein „magisches" Produkt wie der durch die Manipulationen des Regenmachers erzeugte Regen. Das religiöse oder „magische" Handeln oder Denken ist also gar nicht aus dem Kreise des alltäglichen Zweckhandelns auszusondern, zumal auch seine Zwecke selbst überwiegend ökonomische sind. Nur wir, vom Standpunkt unserer heutigen Naturanschauung aus, würden dabei objektiv „richtige" und „unrichtige" Kausalzurechnungen unterscheiden und die letzteren als irrational, das entsprechende Handeln als „Zauberei" ansehen können. Der magisch Handelnde selbst unterscheidet zunächst nur nach der größeren oder geringeren Alltäglichkeit der Erscheinungen. Nicht jeder beliebige Stein z. B. ist als Fetisch zu brauchen. Nicht jeder Beliebige hat die Fähigkeit in Ekstase zu geraten und also diejenigen Wirkungen meteorologischer, therapeutischer, divinatorischer, telepathischer Art herbeizuführen, welche man erfahrungsgemäß nur dann erreicht. Nicht immer nur diese, aber vornehmlich diese *außeralltäglichen* Kräfte sind es, welchen gesonderte Namen: „mana", „orenda", bei den Iraniern: „maga" (davon: magisch) beigelegt werden, und für die wir hier ein für allemal den Namen „Charisma" gebrauchen wollen. Das Charisma kann entweder – und nur dann verdient es in vollem Sinn diesen Namen – eine schlechthin an dem Objekt oder der Person, die es nun einmal von Natur besitzt, haftende, durch nichts zu gewinnende, Gabe sein. Oder es kann und muß dem Objekt oder der Person durch irgendwelche, natürlich außeralltägliche, Mittel künstlich verschafft werden. Die Vermittlung bildet die Annahme: daß die charismatischen Fähigkeiten zwar in nichts und Niemandem entwickelt werden können, der sie nicht im Keime hat, daß aber dieser Keim verborgen bleibt, wenn man ihn nicht zur Entwicklung bringt, das Charisma – z. B. durch „Askese" – „weckt". Alle Formen der religiösen Gnadenlehre: von der gratia infusa bis zur strengen Werkgerechtigkeit liegen so schon in diesem Stadium im Keim beschlossen. Diese streng naturalistische (neuerdings sog. präanimistische) Vorstellung verharrt in der Volksreligiosität hartnäckig. Kein Konzilsbeschluß, der die „Anbetung" Gottes von der „Verehrung" von Heiligenbildern als bloßen Mitteln der Andacht scheidet, hat gehindert, daß der Südeuropäer noch heute das Heiligenbild selbst verantwortlich macht und ausspuckt, wenn trotz der üblichen Manipulationen der beanspruchte Erfolg ausbleibt.

Immerhin ist dabei meist bereits eine nur scheinbar einfache Abstraktion vollzogen: die Vorstellung von irgendwelchen „hinter" dem Verhalten der charismatisch qualifizierten Naturobjekte, Artefakte, Tiere, Menschen, sich verbergenden und ihr Verhalten irgendwie bestimmenden Wesenheiten: der *Geisterglaube.* Der „Geist" ist zunächst weder Seele, noch Dämon oder gar Gott, sondern dasjenige unbestimmt: materiell und doch unsichtbar, unpersönlich und doch mit einer Art von Wollen ausgestattet gedachte Etwas, welches dem konkreten Wesen seine spezifische Wirkungskraft erst verleiht, in dasselbe hineinfahren und aus ihm – aus dem Werkzeug, welches unbrauchbar wird, aus dem Zauberer, dessen Charisma versagt – auch irgendwie wieder heraus, ins Nichts oder in einen anderen Menschen oder in ein andres Objekt hinein fahren kann. Es erscheint nicht nachweisbar, daß allgemeine ökonomische Bedingungen für die Entwicklung zum Geisterglauben Vorbedingung sind. Gefördert wird sie, wie alle Abstraktion auf diesem Gebiet, am stärksten dadurch, daß die von Menschen besessenen „magischen" Charismata nur besonders Qualifizierten anhaften und daß sie dadurch die Unterlage des ältesten aller „Berufe" wird, des berufsmäßigen Zauberers. Der Zauberer ist der dauernd charismatisch qualifizierte Mensch im Gegensatz zum Alltagsmenschen, dem „Laien" im magischen Sinn des Begriffs. Er hat insbesondre die spezifisch das Charisma repräsentierende oder vermittelnde Zuständlichkeit: die *Ekstase,* als Objekt eines „Betriebs" in Pacht genommen. Dem Laien ist die Ekstase nur als Gelegenheitserscheinung zugänglich. Die soziale Form, in der dies geschieht, die *Orgie,* als die urwüchsige Form religiöser Vergemeinschaftung, im Gegensatz zum rationalen Zaubern, ist ein Gelegenheitshandeln gegenüber dem kontinuierlichen „Betrieb" des Zauberers, der für ihre Leitung unentbehrlich ist. Der Laie kennt die Ekstase nur als einen, gegenüber den Bedürfnissen des Alltagslebens notwendig nur gelegentlichen Rausch, zu dessen Erzeugung alle alkoholischen Getränke, ebenso der Tabak und ähnliche Narkotika, die alle ursprünglich Orgienzwecken dienten, daneben vor allem die Musik, verwendet werden. Wie man sie verwendet, bildet neben der rationalen Beeinflussung der Geister im Interesse der Wirtschaft, den zweiten, wichtigen, aber entwicklungsgeschichtlich sekundären Gegenstand der naturgemäß fast überall zu einer Geheimlehre werdenden Kunst des Zauberers. Auf Grund der Erfahrungen an den Zuständlichkeiten bei Orgien und sicherlich überall in starkem Maße unter dem Einfluß seiner Berufspraxis vollzieht sich die Entwicklung des Denkens zunächst zu der Vorstellung von der „Seele" als eines vom Körper verschiedenen Wesens, welches hinter, bei oder in den Naturobjekten in ähnlicher Art vorhanden sei, wie im menschlichen Körper etwas steckt, was ihn im Traum, in Ohnmacht und Ekstase, im Tode verläßt. Die verschiedenen Möglichkeiten der Beziehung jener Wesenheiten zu den Dingen, hinter denen sie stecken oder mit denen sie irgendwie verbunden sind, können hier nicht erörtert werden. Sie können bei einem oder innerhalb eines konkreten Objekts oder Vorgangs mehr oder minder dauernd und exklusiv „hausen". Oder umgekehrt: sie können bestimmte Vorgän-

ge und bestimmte Dinge oder Kategorien solcher irgendwie „haben" und also
über deren Verhalten und Wirksamkeit maßgebend verfügen: diese und ähnliche
sind die eigentlich „animistischen" Vorstellungen. Oder sie können in Dingen:
Pflanzen, Tieren oder Menschen sich zeitweise „verkörpern" – eine weitere erst
allmählich erreichte Stufe der Abstraktion – oder endlich: sie können durch sie –
die höchste sehr selten festgehaltene Stufe der Abstraktion – nur „symbolisiert",
selbst aber als irgendwie nach eigenen Gesetzen lebende, aber normalerweise unsichtbare Wesen gedacht sein. Dazwischen gibt es natürlich die mannigfachsten
Übergänge und Kombinationen. Schon durch die zuerst genannten, einfacheren
Abstraktionsformen sind „übersinnliche" Mächte, welche in die Geschicke der
Menschen eingreifen können, ähnlich wie ein Mensch in die Geschicke seiner
Außenwelt, im Prinzip konzipiert.

Auch die „Götter" oder „Dämonen" sind aber noch nichts Persönliches oder
Dauerndes, nicht einmal immer etwas besonders Benanntes. Ein „Gott" kann als
eine über den Verlauf eines einzelnen konkreten Vorgangs verfügende Macht
konzipiert werden (Useners „Augenblicksgötter"), an welche nachher niemand
mehr denkt, oder der erst dann wieder erneut in Frage kommt, wenn der betreffende Vorgang sich wiederholt. Er kann umgekehrt diejenige Macht sein, die
noch nach dem Tode eines großen Helden irgendwie von diesem ausgeht. Sowohl
die Personifikation wie die Verunpersönlichung kann im Einzelfall der spätere
Akt sein. Sowohl Götter ohne alle Eigennamen, benannt nur nach dem Vorgang,
über den sie Gewalt haben, kommen vor, deren Bezeichnung erst allmählich,
wenn sie sprachlich nicht mehr verstanden wird, den Charakter eines Eigenna-
mens annimmt, wie umgekehrt Eigennamen mächtiger Häuptlinge oder Propheten zur Bezeichnung göttlicher Mächte geworden sind, ein Vorgang, aus welchem
nun umgekehrt der Mythos wieder das Recht schöpft, reine Götterbezeichnun-
gen zu Personennamen vergötterter Heroen zu machen. Ob eine bestimmte Konzeption einer „Gottheit" zu einer perennierenden gedeiht und nun bei ähnlichen
Gelegenheiten immer erneut durch magische oder symbolische Mittel angegangen wird, hängt von den allerverschiedensten Umständen, in erster Linie aber
wiederum davon ab, ob und in welcher Form entweder die magische Praxis der
Zauberer oder das persönliche Attachement eines weltlichen Potentaten auf
Grund persönlicher Erfahrungen ihn rezipiert.

Wir registrieren hier lediglich als Resultat des Prozesses die Entstehung einerseits der „Seele", andrerseits der „Götter" und „Dämonen", „übernatürlicher"
Mächte also, deren Beziehungen zu den Menschen zu ordnen nun das Reich des
„religiösen" Handelns ausmacht. Die „Seele" ist dabei zunächst ein weder persönliches noch unpersönliches Wesen. Nicht nur, weil sie sehr vielfach naturalistisch identifiziert wird mit dem, was nach dem Tode nicht mehr da ist, mit dem
Hauch oder mit dem Puls des Herzens, in dem sie sitzt und durch dessen Verspeisung man sich z. B. den Mut des Feindes aneignen kann. Sondern vor allem, weil
sie oft gar nichts Einheitliches ist: die Seele, die den Menschen im Traum verläßt,
ist etwas anderes als die, welche in der „Ekstase" aus ihm oben, wo dann das
Herz im Halse schlägt und der Atem keucht, herausfährt, oder die, welche seinen
Schatten bewohnt oder die, welche nach dem Tode im Leichnam oder nahe beim
Leichnam, solange noch etwas von ihm übrig ist, haust oder die, welche im Ort
seines gewöhnlichen Aufenthalts noch irgendwie fortwirkt, mit Neid und Zorn
sieht, wie die Erben das einst dem Toten gehörige genießen, oder den Nachfahren
im Traum oder als Vision erscheint, drohend oder beratend, oder in irgendein

Tier oder in einen anderen Menschen hineinfahren kann, vor allem in ein neugeborenes Kind – all dies je nachdem zum Segen oder Unsegen. Daß die „Seele" als eine dem „Körper" gegenüber selbständige Einheit konzipiert wird, ist ein selbst in den Erlösungsreligionen nicht durchweg akzeptiertes Resultat – ganz abgesehen davon, daß einzelne von diesen (der Buddhismus) gerade diese Vorstellung wieder ablehnen.

Nicht die Persönlichkeit oder Unpersönlichkeit oder Überpersönlichkeit „übersinnlicher" Mächte ist das zunächst Spezifische dieser ganzen Entwicklung, sondern: daß jetzt nicht nur Dinge und Vorgänge eine Rolle im Leben spielen, die da sind und geschehen, sondern außerdem solche, welche und weil sie etwas „bedeuten". Der Zauber wird dadurch aus einer direkten Kraftwirkung zu einer *Symbolik.* Neben die unmittelbar physische Angst vor dem physischen Leichnam – wie sie auch die Tiere haben –, welche so oft für die Bestattungsformen maßgebend war (Hockerstellung, Verbrennung), ist zunächst die Vorstellung getreten, daß man die Totenseele unschädlich machen, also sie fort oder in das Grab bannen, ihr dort ein erträgliches Dasein verschaffen oder ihren Neid auf den Besitz der Lebenden beseitigen oder endlich sich ihr Wohlwollen sichern müsse, um in Ruhe vor ihr zu leben. Unter den mannigfach abgewandelten Arten des Totenzaubers hatte die ökonomisch weittragendste Konsequenz die Vorstellung, daß dem Toten seine gesamte persönliche Habe ins Grab folgen müsse. Sie wird allmählich abgeschwächt zu der Forderung, daß man wenigstens eine gewisse Zeit nach seinem Tode die Berührung seines Besitzes meiden, oft auch den eigenen Besitz möglichst nicht genießen solle, um seinen Neid nicht zu wecken. Die chinesischen Trauervorschriften bewahren noch sehr vollständig diesen Sinn mit seinen ökonomisch und politisch (da auch die Wahrnehmung eines Amts als während der Trauerzeit zu meidenden Besitzes – Pfründe – galt) gleich irrationalen Konsequenzen. Ist nun aber einmal ein Reich der Seelen, Dämonen und Götter entstanden, welches ein nicht im Alltagssinn greifbares, sondern ein regelmäßig nur durch Vermittlung von Symbolen und Bedeutungen zugängliches hinterweltliches Dasein führt, – ein Dasein, welches infolgedessen als schattenhaft und immer wieder einmal direkt als unwirklich sich darstellte, – so wirkt das auf den Sinn der magischen Kunst zurück. Steckt hinter den realen Dingen und Vorgängen noch etwas anderes, eigentliches, Seelenhaftes, dessen Symptome oder gar nur Symbole jene sind, so muß man nicht die Symptome oder Symbole, sondern die Macht, die sich in ihnen äußert, zu beeinflussen suchen durch Mittel, die zu einem Geist oder einer Seele sprechen, also etwas „bedeuten": durch Symbole. Es ist dann nur eine Frage des Nachdrucks, welchen die berufsmäßigen Kenner dieser Symbolik ihrem Glauben und dessen gedanklicher Durchbildung zu geben vermögen, der Machtstellung also, welche sie innerhalb der Gemeinschaft erringen, je nach der Bedeutsamkeit der Magie als solcher für die besondere Eigenart der Wirtschaft und je nach der Stärke der Organisation, – welche sie sich zu schaffen wissen –, und eine Flutwelle symbolischen Handelns begräbt den urwüchsigen Naturalismus unter sich. Das hat dann weittragende Konsequenzen.

Wenn der Tote nur durch symbolische Handlungen zugänglich ist und nur in Symbolen der Gott sich äußert, so kann er auch mit Symbolen statt mit Realitäten zufriedengestellt werden. Schaubrote, puppenbildliche Darstellungen der Weiber und der Dienerschaft treten an die Stelle der wirklichen Opferung: das älteste Papiergeld diente nicht der Bezahlung von Lebenden, sondern von Toten.

Nicht anders in den Beziehungen zu den Göttern und Dämonen. Immer mehr Dinge und Vorgänge attrahieren außer der ihnen wirklich oder vermeintlich innewohnenden realen Wirksamkeit noch „Bedeutsamkeiten", und durch bedeutsames Tun sucht man reale Wirkungen zu erzielen. Schon jedes rein magisch, im naturalistischen Sinn, als wirksam erprobte Verhalten wird natürlich streng in der einmal erprobten Form wiederholt. Das erstreckt sich nun auf das ganze Gebiet symbolischer Bedeutsamkeiten. Die geringste Abweichung vom Erprobten kann sie unwirksam machen. Alle Kreise menschlicher Tätigkeit werden in diesen symbolistischen Zauberkreis hineingerissen. Daher werden die größten Gegensätze rein dogmatischer Anschauungen auch innerhalb der rationalisierten Religionen leichter ertragen, als Neuerungen der Symbolik, welche die magische Wirkung der Handlung gefährden oder – die beim Symbolismus neu hinzutretende Auffassung – gar den Zorn des Gottes oder der Ahnenseele erwecken könnten. Fragen wie die: ob ein Kreuz mit zwei oder drei Fingern zu schlagen sei, waren der wesentliche Grund noch des Schismas in der russischen Kirche des 17. Jahrhunderts; die Unmöglichkeit, zwei Dutzend Heilige in einem Jahre durch Fortfall der ihnen heiligen Tage gefährlich zu kränken, hindert die Annahme des gregorianischen Kalenders in Rußland noch heute. Falsches Singen zog bei den rituellen Singtänzen der indianischen Magier die sofortige Tötung des Betreffenden nach sich, um den bösen Zauber oder den Zorn des Gottes zu beschwichtigen. Die religiöse Stereotypierung der Produkte der bildenden Kunst als älteste Form der Stilbildung ist bedingt sowohl direkt durch magische Vorstellungen als indirekt durch die im Gefolge der magischen Bedeutsamkeit des Produkts eintretende berufsmäßige Herstellung, welche schon an sich das Schaffen nach Vorlagen an die Stelle des Schaffens nach dem Naturobjekt setzt; wie groß aber die Tragweite des Religiösen dabei war, zeigt sich z. B. in Ägypten darin, daß die Entwertung der traditionellen Religion durch den monotheistischen Anlauf Amenophis' IV. (Echnaton) sofort: dem Naturalismus Luft schafft. Die magische Verwendung der Schriftsymbole; – die Entwicklung jeder Art von Mimik und Tanz als sozusagen homöopathischer, apotropäisch oder exorzistisch oder magisch-zwingender, Symbolik; – die Stereotypierung der zulässigen Tonfolgen oder wenigstens Grundtonfolgen („raga" in Indien, im Gegensatz zur Koloratur); – der Ersatz der oft ziemlich entwickelten empirischen Heilmethoden (die ja vom Standpunkt des Symbolismus und der animistischen Besessenheitslehre nur ein Kurieren der Symptome waren) durch eine vom Standpunkt dieser Anschauungen aus rationale Methode der exorzistischen oder symbolistisch-homöopathischen Therapie, welche sich zu jener ebenso verhielten, wie die aus gleichen Wurzeln entsprungene Astrologie zur empirischen Kalenderrechnung: – all dies gehört der gleichen, für die inhaltliche Kulturentwicklung unermeßlich folgereichen, hier aber nicht weiter zu erörternden Erscheinungswelt an. Die erste und grundlegende Einwirkung „religiöser" Vorstellungskreise auf die Lebensführung und die Wirtschaft ist also generell *stereotypierend.* Jede Änderung eines Brauchs, der irgendwie unter dem Schutz übersinnlicher Mächte sich vollzieht, kann die Interessen von Geistern und Göttern berühren. Zu den natürlichen Unsicherheiten und Gehemmtheiten jedes Neuerers fügt so die Religion mächtige Hemmungen hinzu: das Heilige ist das spezifisch Unveränderliche.

Im einzelnen sind die Übergänge vom präanimistischen Naturalismus bis zum Symbolismus durchaus flüssig. Wenn dem geschlachteten Feinde das Herz aus der

Brust oder die Geschlechtsteile vom Leibe oder das Gehirn aus dem Schädel gerissen, sein Schädel im eigenen Hause aufgestellt oder als kostbarstes Brautgeschenk verehrt, jene Körperteile aber oder diejenigen besonders schneller oder starker Tiere verspeist werden, so glaubt man sich wirklich damit die betreffenden Kräfte direkt naturalistisch anzueignen. Der Kriegstanz ist zunächst Produkt der aus Wut und Angst gemischten Aufregung vor dem Kampf und erzeugt direkt die Heldenekstase: insoweit ist auch er nicht symbolisch. Sofern er aber (nach Art etwa unserer „sympathetischen" Zauberwirkungen) den Sieg mimisch antizipiert und dadurch magisch verbürgen soll, und soweit jene Schlachtung von Tieren und Menschen in die Form fester Riten gebracht und nun die Geister und Götter des eigenen Stammes zur Teilnahme an der Mahlzeit aufgefordert werden, soweit endlich die Teilnehmer an der Verspeisung eines Tiers sich als untereinander besonders nahe verwandt glauben, weil die „Seele" des gleichen Tiers in sie gefahren ist, steht der Übergang zur „Symbolik" vor der Tür.

Man hat die Denkweise, welche dem voll entwickelten symbolistischen Vorstellungskreis zugrunde liegt, als „mythologisches Denken" bezeichnet und dessen Eigenart dann im einzelnen näher zu kennzeichnen gesucht. Uns kann das hier nicht beschäftigen, und nur die eine generell wichtige Eigenart dieser Denkweise: die Bedeutung der Analogie, in der wirksamsten Form: des Gleichnisses, ist für uns wichtig, weil sie lange nachwirkend nicht nur religiöse Ausdrucksformen, sondern auch das juristische Denken, noch bis in die Präjudizienbehandlung bei rein empirischen Kunstlehren des Rechts hinein, beherrscht hat, und der syllogistischen Begriffsbildung durch rationale Subsumtion erst langsam gewichen ist. Die ursprüngliche Heimat dieses analogischen Denkens ist die symbolistisch rationalisierte Magie, die ganz auf ihm beruht.

Auch „Götter" werden durchaus nicht von Anfang an als „menschenartige" Wesen vorgestellt. Sie gewinnen die Gestalt perennierender Wesen, die ihnen essentiell ist, natürlich erst nach Überwindung der noch in die Veden hineinspielenden rein naturalistischen Vorstellung, daß z. B. das konkrete Feuer der Gott, oder doch der Körper eines konkreten Feuergottes sei, zugunsten der anderen, daß der ein für allemal mit sich identische Gott entweder die einzelnen Feuer habe, hergebe, über sie verfüge oder sich in ihnen jedesmal irgendwie verkörpere. Wirklich sicher aber wird diese abstrakte Vorstellung erst durch ein kontinuierlich ein und demselben Gott gewidmetes Tun, den „Kultus", und durch seine Verbindung mit einem kontinuierlichen Verband von Menschen, eine Dauergemeinschaft, für die er als Dauerndes solche Bedeutung hat. Wir werden auf diesen Vorgang bald zurückzukommen haben. Ist einmal die Kontinuierlichkeit der Göttergestalten gesichert, so kann das Denken der berufsmäßig mit ihnen Befaßten sich mit der systematisierenden Ordnung dieser Vorstellungsgebiete beschäftigen.

Die „Götter" stellen oft, und zwar keineswegs immer nur bei geringer gesellschaftlicher Differenzierung, ein ordnungsloses Durcheinander zufällig durch Kultus erhaltener Zufallsschöpfungen dar. Noch die vedischen Götter bilden keinerlei geordneten Götterstaat. Aber die Regel ist, sobald einerseits systematisches Denken über die religiöse Praxis und andererseits die Rationalisierung des Lebens überhaupt mit ihrem zunehmend typischen Ansprüchen an die Leistungen der Götter eine gewisse im einzelnen sehr verschiedene Stufe erreicht haben, die „Pantheonbildung", d. h. die Spezialisierung und feste Charakterisierung bestimmter Göttergestalten einerseits, ihre Ausstattung mit festen Attributen und irgendwelche Abgrenzung ihrer „Kompetenzen" gegeneinander andererseits. Dabei ist aber zunehmende anthropomorphisierende Personifikation der Göttergestalten keineswegs identisch oder parallelgehend mit zunehmender Abgrenzung und Festigkeit der Kompetenzen. Oft im Gegenteil. Die Kompetenzen der römischen numina sind ungleich fester und eindeutiger abgegrenzt als die der hellenischen Göttergestalten; dagegen ist die Vermenschlichung und plastische Veranschaulichung der letzteren als eigentlicher „Persönlichkeiten" ungleich weitergegangen als in der genuinen römischen Religion. Der wesentlichste soziologische Grund liegt in diesem Fall darin, daß die genuine römische Vorstellung vom Übersinnlichen in ihrer allgemeinen Struktur weit stärker die einer nationalen Bauern- und Patrimonialherrenreligion geblieben war, die hellenische dagegen der Entwicklung zu einer *inter*lokalen Ritterkultur wie der des homerischen Zeitalters mit ihren Heldengöttern ausgesetzt wurde. Die teilweise Übernahme dieser Konzeptionen und ihr indirekter Einfluß auf römischem Boden änderte an der nationalen Religion nichts, viele von ihnen gewannen dort nur ein ästhetisches Dasein, während die römische Tradition in ihren Hauptcharakterzügen unangetastet in der rituellen Praxis fortbestand und, aus später zu erörternden Gründen, sich auch der orgiastisch-ekstatischen und Mysterienreligiosität gegenüber im Gegensatz zum Hellenentum dauernd ablehnend verhielt. Ganz naturgemäß ist aber jede Abzweigung von magischen Wirksamkeiten weit weniger elastisch als die „Kompetenz" eines als Person gedachten „Gottes". Die römische Religion blieb „religio", d. h., einerlei ob dieses Wort etymologisch von religare oder von relegere abzuleiten ist: Gebundenheit an die erprobte kultische Formel und „Rücksichtnahme" auf die überall im Spiel befindlichen numina aller Art. Neben dem Zuge zum Formalismus, der darin begründet war, stützte die spezifisch römische Religiosität noch eine weitere wichtige Eigentümlichkeit gegenüber dem Hellenentum: das Unpersönliche hat eine innere Verwandtschaft zum Sachlich-Rationalen. Das gesamte Alltagsleben des Römers und jeder Akt seines Handelns war durch die religio mit einer sakralrechtlichen Kasuistik umgeben, welche seine Aufmerksamkeit rein quantitativ ebenso in Anspruch nahm, wie die Ritualgesetze der Juden und Hindus und das taoistische Sakralrecht der Chinesen. Die Zahl der Gottheiten, welche in den priesterlichen indigitamenta aufgezählt wurden, ist unendlich in ihrer sachlichen Spezialisierung: jede Handlung nicht nur, sondern jeder konkrete Teil einer solchen stand unter dem Einfluß besonderer numina, und der Vorsicht halber mußten bei allen wichtigen Akten neben den dii certi*, den traditionell in ihrer kausalen Bedeutung und Kompetenz feststehenden Göttern,auch die in dieser Hinsicht mehrdeutigen (incerti*) und die, deren Geschlecht und Wirkung oder Existenz überhaupt zweifelhaft war, angerufen und verehrt werden, für gewisse Akte der Feldbestellung allein ein Dutzend der ersteren. Wie dem Römer die Ekstasis (römisch: superstitio) der Hellenen eine ordnungswidrige abalienatio mentis, so war diese Kasuistik der römischen (und der darin noch weitergehenden etruskischen) religio dem Hellenen eine unfreie Deisidämonie. Die Sorge um die Befriedigung der numina wirkte dahin, alle einzelnen Handlungen gedanklich in ihre begrifflich auffindbaren Teilmanipulationen zu zerlegen und jeder solchen ein numen zuzuschreiben, unter dessen besonderer Fürsorge sie stand. Analogien finden sich in Indien und auch sonst, nirgends aber ist – weil die Aufmerksamkeit der rituellen Praxis sich gänzlich hierauf konzentrierte – die Zahl der durch rein begriffliche Analyse, also durch gedankliche

Abstraktion gewonnenen numina, welche zu indigitieren* waren, eine so große bei den Römern. Die dadurch bedingte spezifische Eigentümlichkeit der römischen Lebenspraxis ist nun – und darin liegt der Gegensatz etwa gegen die Wirkung der jüdischen und asiatischen Rituale – die unausgesetzte Pflege einer praktisch *rationalen* sakralrechtlichen Kasuistik, eine Art von sakraler Kautelarjurisprudenz und die Behandlung dieser Dinge gewissermaßen als Advokatenprobleme. Das Sakralrecht wurde so zur Mutter rationalen juristischen Denkens, und noch die livianische Historiographie z. B. verleugnet jenes religiös bedingte unterscheidende Merkmal des Römertums nicht, wenn, gegenüber der Pragmatik etwa der jüdischen, der Nachweis der sakral- und staatsrechtlichen „Korrektheit" der einzelnen institutionellen Neuerungen für sie überall im Mittelpunkt steht: nicht Sünde, Strafe, Buße, Rettung, sondern juristische Etikettenfragen.

Für die Gottesvorstellungen aber, mit denen wir uns hier zunächst zu befassen haben, knüpfen jene teils parallel, teils aber konträr verlaufenden Prozesse der Anthropomorphisierung einerseits, der Kompetenzabgrenzung andererseits zwar an die schon vorhandenen Gottheitsgattungen an, tragen aber beide die Tendenz in sich, zu einer immer weiteren Rationalisierung teils der Art der Gottesverehrung, teils der Gottesbegriffe selbst zu führen.

Es bietet nun für unsere Zwecke geringes Interesse, die einzelnen Arten von Göttern und Dämonen hier durchzugehen, obwohl oder vielmehr weil sie natürlich, ähnlich wie der Wortschatz einer Sprache, ganz direkt vor allem von der ökonomischen Situation und den historischen Schicksalen der einzelnen Völker bedingt sind. Da diese sich für uns in Dunkel verlieren, ist sehr oft nicht mehr erkennbar, warum von den verschiedenen Arten von Gottheiten gerade diese den Vorrang behauptet haben. Es kann dabei auf die für die Wirtschaft wichtigen Naturobjekte ankommen, von den Gestirnen angefangen, oder auf organische Vorgänge, welche von Göttern oder Dämonen besessen oder beeinflußt, hervorgerufen oder verhindert werden: Krankheit, Tod, Geburt, Feuer, Dürre, Regen, Gewitter, Ernteausfall. Je nach der überwiegenden ökonomischen Bedeutung bestimmter einzelner Ereignisse kann dabei ein einzelner Gott innerhalb des Pantheon den Primat erringen, wie etwa der Himmelsgott, je nachdem mehr als Herr des Lichts und der Wärme oder, besonders oft bei den Viehzüchtern, als Herr der Zeugung aufgefaßt. Daß die Verehrung der chthonischen Gottheiten (Mutter Erde) im allgemeinen ein gewisses Maß relativer Bedeutung des Ackerbaus voraussetzt, ist klar, doch geht sie nicht immer damit parallel. Auch läßt sich nicht behaupten, daß die Himmelsgötter – als Vertreter des sehr oft in den Himmel verlegten Heldenjenseits – überall die adligen im Gegensatz zu den bäuerlichen Erdgöttern gewesen seien. Noch weniger, daß die „Mutter Erde" als Gottheit mit mutterrechtlicher Sippenordnung parallel ginge. Allerdings aber pflegen die chthonischen Gottheiten, die den Ernteausfall beherrschen, stärker lokalen und volkstümlichen Charakter zu haben als die andern. Und allerdings ist das Übergewicht der himmlischen, auf Wolken oder auf Bergen residierenden persönlichen Götter gegenüber den Erdgottheiten sehr oft bedingt durch die Entwicklung ritterlicher Kultur und hat die Tendenz, auch ursprüngliche Erdgottheiten den Aufstieg unter die Himmelsbewohner antreten zu lassen. Demgegenüber pflegen die chthonischen Götter, bei vorwaltendem Ackerbau, oft zwei Bedeutungen miteinander zu verbinden: sie beherrschen den Ernteausfall und spenden also den Reichtum, und sie sind die Herrscher der unter die Erde bestatteten Toten. Daher hängen oft, z. B. in den eleusinischen Mysterien die beiden wichtigsten praktischen Interessen: Reichtum und Jenseitsschicksal von ihnen ab. Andererseits sind die himmlischen Götter die Herren über den Gang der Gestirne. Die festen Regeln, an welche diese offenbar gebunden sind, lassen daher ihre Herrscher besonders oft zu Herren alles dessen werden, was feste Regeln hat oder haben sollte, so vor allem Rechtsfindung und gute Sitte.

Die zunehmende objektive Bedeutung und subjektive Reflexion über die typischen Bestandteile und Arten des Handelns führen zu *sachlicher* Spezialisierung. Und zwar entweder in ganz abstrakter Art wie bei den Göttern des „Antreibens" und vielen ähnlichen in Indien oder zu qualitativer Spezialisierung nach den inhaltlichen einzelnen Richtungen des Handelns, wie etwa Beten, Fischen, Pflügen. Das klassische Beispiel für diese schon ziemlich abstrakte Form der Götterbildung ist die höchste Konzeption des altindischen Götterpantheons: Brahma, der „Gebetsherr". Wie die Brahmanenpriester die Fähigkeit wirksamen Gebets, d. h. wirksamen magischen Götterzwangs, monopolisiert haben, so monopolisiert nun dieser Gott wieder die Verfügung über dessen Wirksamkeit und damit, konsequent weitergedacht, über das allem religiösen Handeln Wichtigste; er wird damit schließlich, wenn nicht der einzige, so doch der höchste Gott. In wesentlich unscheinbarerer Art hat in Rom Janus, als der Gott des richtigen „Anfangs", der über alles entscheidet, eine relativ universelle Bedeutung gewonnen. Es gibt aber, wie keinerlei individuelles Handeln, so auch kein *Gemeinschaftshandeln,* das nicht seinen Spezialgott hätte und auch, wenn die Vergesellschaftung dauernd verbürgt sein soll, seiner nicht* bedürfte. Wo immer ein Verband oder eine Vergesellschaftung nicht als eine persönliche Machtstellung eines *einzelnen* Gewalthabers erscheint, sondern als ein „Verband", da hat sie ihren besonderen Gott nötig. Das gilt zunächst für die Verbände des Hauses und der Sippe. Hier ist die Anknüpfung an die Geister der (wirklichen oder fiktiven) Ahnen das Gegebene, dem die numina und Gottheiten des Herdes und Herdfeuers zur Seite treten. Das Maß von Bedeutung, welches ihrem vom Haupt des Hauses bzw. der „gens" zu vollziehenden Kult zukam, ist historisch höchst verschieden und von der Struktur und praktischen Bedeutung der Familie abhängig. In aller Regel geht eine Hochentwicklung speziell des häuslichen Ahnenkults mit patriarchaler Struktur der Hausgemeinschaft parallel, weil nur diese das Haus zum Mittelpunkt auch der männlichen Interessen macht. Aber beides ist, wie schon das Beispiel Israels beweist, nicht schlechthin miteinander verknüpft, denn es können die Götter anderer, namentlich politischer oder religiöser Verbände, gestützt auf die Macht ihrer Priester, den Hauskult und das Hauspriestertum des Familienhauptes weit zurückdrängen oder ganz vernichten. Wo deren Macht und Bedeutung ungebrochen dasteht, bildet sie natürlich ein außerordentlich starkes, die Familie und gens fest und nach außen streng exklusiv zusammenschließendes und auch die inneren ökonomischen Verhältnisse der Hausgemeinschaften auf das tiefste beeinflussendes streng persönliches Band. Alle rechtlichen Beziehungen der Familie, die Legitimität der Ehefrau und des Erben, die Stellung der Haussöhne zum Vater und der Brüder zueinander, sind dann von hier aus mit determiniert und stereotypiert. Die religiöse Bedenklichkeit des Ehebruchs vom Standpunkt der Familie und Sippe aus liegt darin, daß dadurch ein nicht Blutsverwandter in die Lage kommt, den Ahnen der Sippe zu opfern und dadurch deren Zorn gegen die Blutsverwandten zu erregen. Denn die Götter und numina eines streng persönlichen Verbandes verschmähen die Opfer, welche von Unberechtigten dargebracht werden. Die starre Durchführung des Agnatenprinzips hängt sicher hiermit sehr stark zusammen, wo sie besteht. Ebenso alle anderen Fragen, welche die priesterliche Legitimation des Hausherrn angehen. Das Erbrecht, zumal das Einzelerbrecht des Ältesten oder dessen Bevorzugung, hat neben den militärischen und ökonomischen regelmäßig auch diese sakralen Motive. Vor allem die ostasiatische (chinesische und japanische) und im Okzident die römische Hausgemeinschaft und Sippe verdanken die Erhaltung ihrer patriarchalen Struktur unter allem Wandel der ökonomischen Bedingungen ganz vornehmlich dieser sakralen Grundlage. Wo diese religiöse Gebundenheit der Hausgemeinschaft und des Geschlechts besteht, da können umfassendere, insbesondere politische, Vergesellschaftungen nur den Charakter 1. entweder einer sakral geweihten Konföderation von (wirklichen oder fiktiven) Sippen oder 2. einer patrimonialen, nach Art einer abgeschwächten Hausherrschaft konstruierten Herrschaft eines (königlichen) Großhaushalts über diejenigen der „Untertanen" haben. Im zweiten Fall ist die Konsequenz, daß die Ahnen, numina, genii oder persönliche Götter jenes mächtigsten Haushalts neben die Hausgötter der Untertanenhaushalte treten und die Stellung des Herrschers sakral legitimieren. Das letztere ist in Ostasien, in China in Kombination mit der Monopolisierung des Kults der höchsten Naturgeister für den Kaiser als Oberpriester, der Fall. Die sakrale Rolle des „genius" des römischen Princeps sollte, mit der dadurch bedingten universellen Aufnahme der kaiserlichen Person in den Larenkult*, Ähnliches leisten. Im ersten Fall entsteht dagegen ein Sondergott des politischen Verbandes als solchen. Ein solcher war Jahve. Daß er ein Konföderationsgott, nach der Überlieferung ursprünglich ein solcher des Bundes der Juden und Midianiter war, führte zu der so überaus wichtigen Konsequenz, daß seine Beziehung zum israelitischen Volk, welches ihn zugleich mit der politischen Konföderation und der sakralrechtlichen Ordnung seiner sozialen Verhältnisse durch Eidschwur angenommen hatte, als ein „berith", ein – von Jahve oktroyiertes und durch Unterwerfung akzeptiertes – Vertragsverhältnis galt, aus dem rituelle, sakralrechtliche und sozialethische Pflichten der menschlichen, aber auch sehr bestimmte Verheißungen des göttlichen Partners folgten, an deren Unverbrüchlichkeit ihn, in den einem Gott von ungeheurer Machtfülle gegenüber gebotenen Formen, zu mahnen man sich berechtigt fühlen durfte. Der ganz spezifische *Verheißungs*charakter der israelitischen Religiosität, in dieser Intensität trotz noch so vieler sonstiger Analogien in keiner anderen wiederkehrend, hatte hier seine erste Wurzel. Die Erscheinung dagegen, daß eine politische Verbandsbildung die Unterstellung unter einen Verbandsgott bedingt, ist universell. Der mittelländische „Synoikismos" ist, wenn nicht notwendig die erstmalige Schaffung, so die Neukonstituierung einer Kultgemeinschaft unter einer Polisgottheit. Die Polis ist zwar die klassische Trägerin der wichtigen Erscheinung des politischen „Lokalgottes". Keineswegs die einzige. Im Gegenteil hat in aller Regel jeder politische Dauerverband seinen Spezialgott, der den Erfolg des politischen Verbandshandelns verbürgt. Er ist bei voller Entwicklung durchaus exklusiv nach außen. Er nimmt, im Prinzip wenigstens, nur von den Verbandsgenossen Opfer und Gebete an. Wenigstens sollte er es tun. Da man dessen nicht völlig sicher sein kann, so ist sehr oft der Verrat der Art, ihn wirksam zu beeinflussen, streng verpönt. Der Fremde ist eben nicht nur politischer, sondern auch religiöser Ungenosse. Auch der an Namen und Attributen gleiche Gott des fremden Verbandes ist nicht identisch mit dem des eigenen. Die Juno der Vejienter ist nicht die Juno der Römer, so wenig wie für den Neapolitaner die Madonna der einen Kapelle die der anderen ist: die eine verehrt, die andere verachtet und beschimpft er, wenn sie Konkurrenten hilft. Oder er sucht sie diesen abspenstig zu machen. Man verspricht den Göttern des Feindes Aufnahme und Verehrung im eigenen Land, wenn sie die Feinde verlassen ("evocare Deos"), wie es z. B. Camillus vor Veji tat. Oder man stiehlt oder erobert die Götter. Nur lassen sich das nicht alle gefallen. Die eroberte Lade Jahves bringt Plagen über die Philister. In aller Regel ist der eigene Sieg auch der Sieg des eigenen stärkeren Gottes über den fremden schwächeren Gott. Nicht jeder politische Verbandsgott ist ein an den Sitz der Leitung des Verbandes rein örtlich gebundener Lokalgott. Die Darstellung der Wüstenwanderung Israels läßt ihn mit dem Volke und vor ihm her ziehen, ebenso wie die Laren der römischen Familie den Ort mit dieser wechseln. Und – im Widerspruch mit jener Darstellung – es gilt als ein Spezifikum Jahves, daß er ein "aus der Ferne", nämlich vom Sinai her, den er als Völkergott bewohnt, wirkender, nur in den Kriegsnöten des Volkes mit den Heerscharen (Zebaoth) im Gewittersturm heranziehender Gott ist. Man nimmt wohl mit Recht an, daß diese spezifische, aus der Annahme eines fremden Gottes durch Israel folgende Qualität der "Fernwirkung" mitbeteiligt war bei der Entwicklung der Vorstellung von Jahve als dem universellen, allmächtigen Gott überhaupt. Denn in aller Regel ist die Qualität eines Gottes als Lokalgott und auch die exklusive "Monolatrie", welche er zuweilen von seinen Anhängern in Anspruch nimmt, keineswegs der Weg zum Monotheismus, sondern umgekehrt oft eine Stärkung des Götterpartikularismus. Und umgekehrt bedeutet die Entwicklung der Lokalgötter eine ungemeine Stärkung des politischen Partikularismus. Zumal auf dem Boden der Polis. Exklusiv nach außen, wie eine Kirche gegen die andere, jeder Bildung eines durch die verschiedenen Verbände hindurchgreifenden einheitlichen Priestertums absolut hinderlich, bleibt sie unter seiner Herrschaft im Gegensatz zu unserem als "Anstalt" gedachten "Staat" ein ganz wesentlich *persönlicher* Verband von Kultgenossen des Stadtgottes, seinerseits wieder gegliedert in persönliche Kultverbände von Stammes-, Geschlechts- und Hausgottheiten, die gegeneinander wiederum exklusiv sind in bezug auf ihre Spezialkulte. Exklusiv aber auch nach innen, gegen diejenigen, welche außerhalb all dieser Spezialkultverbände der Sippen und Häuser stehen. Wer keinen Hausgott (Zeus herkeios) hat, ist in Athen amtsunfähig, wie in Rom, wer nicht zu dem Verband der patres gehört. Der plebejische Sonderbeamte (trib[unus] plebis) ist nur durch menschlichen Eidschwur gedeckt (sacro sanctus), hat keine auspicia und daher kein legitimes imperium, sondern eine "potestas". Den Höchstgrad von Entwicklung erreicht die lokale Ortsbindung der Verbandsgottheit da, wo das Gebiet des Verbandes als solches als dem Gott spezifisch heilig gilt. So zunehmend Palästina dem Jahve, derart, daß die Tradition den in der Fremde Wohnenden, der an seinem Kultverband teilnehmen und ihn verehren will, sich einige Fuhren palästinensischer Erde holen läßt.

Die Entstehung von eigentlichen Lokalgöttern ist ihrerseits an die feste Siedelung nicht nur, sondern auch an weitere, den lokalen Verband zum Träger politischer Bedeutsamkeiten stempelnde, Voraussetzungen geknüpft. Zur vollen Entwicklung gelangte er normalerweise auf dem Boden der Stadt als eines von Hofhalt und Person des Herrschers unabhängig bestehenden politischen Sonderverbandes mit korporativen Rechten. Daher nicht in Indien, Ostasien, Iran und nur in geringem Maße, als Stammesgott, in Nordeuropa. Dagegen außerhalb des Gebietes der rechtlichen Städteorganisationen in Ägypten, schon im Stadium der zoolatrischen Religiosität, für die Gaueinteilung. Von den Stadtstaaten aus griff die Lokalgottheit auf Eidgenossenschaften wie die der Israeliten, Aitoler usw. über, die an ihrem Vorbild orientiert sind. Ideengeschichtlich ist diese Auffassung des Verbandes als lokalen Kultträgers ein Zwischenglied zwischen der rein patrimonialen Betrachtung des politischen Gemeinschaftshandelns und dem rein sachlichen Zweckverbands- und Anstaltsgedanken etwa der modernen „Gebietskörperschafts"-Idee.

Nicht nur die politischen Verbände, sondern ebenso die beruflichen Vergesellschaftungen haben ihre Spezialgottheiten oder Spezialheiligen. Sie fehlen im vedischen Götterhimmel noch ganz, entsprechend dem Zustand der Wirtschaft. Dagegen der altägyptische Schreibergott ist ebenso Zeichen des Aufstiegs der Bürokratisierung, wie die über die ganze Erde verbreiteten Spezialgötter und -heiligen für Kaufleute und alle Arten von Gewerben die zunehmende Berufsgliederung anzeigen. Noch im 19. Jahrhundert setzte das chinesische Herr die Kanonisierung seines Kriegsgottes durch: ein Symptom für die Auffassung des Militärs als eines gesonderten „Berufs" neben anderen. Im Gegensatz zu den Kriegsgöttern der mittelländischen Antike und der Meder, die stets große Nationalgötter sind.

Wie je nach den natürlichen und sozialen Existenzbedingungen die Göttergestalten selbst, ebenso verschiedenartig sind die Chancen eines Gottes, den Primat im Pantheon oder schließlich das Monopol der Göttlichkeit für sich zu erobern. Streng „monotheistisch" ist im Grunde nur das Judentum und der Islam. Sowohl der hinduistische wie der christliche Zustand des oder der höchsten göttlichen Wesen sind theologische Verhüllungen der Tatsache, daß ein sehr wichtiges und eigenartiges religiöses Interesse: die Erlösung durch die Menschwerdung eines Gottes, dem strikten Monotheismus im Wege stand. Vor allem hat nirgends der mit sehr verschiedener Konsequenz begangene Weg zum Monotheismus das Vorhandensein der Geisterwelt und der Dämonen dauernd ausgerottet – auch nicht in der Reformation – sondern sie nur der Übermacht des alleinigen Gottes, theoretisch wenigstens, unbedingt untergeordnet. Praktisch aber kam und kommt es darauf an: wer innerhalb des *Alltages* stärker in die Interessen des Einzelnen eingreift, ob der theoretisch „höchste" Gott oder die „niederen" Geister und Dämonen. Sind dies die letzteren, dann wird die Religiosität des Alltages durch die Beziehung zu ihnen vorwiegend bestimmt; ganz einerlei wie der offizielle Gottesbegriff der rationalisierten Religion aussieht. Wo ein politischer Lokalgott existiert, gerät der Primat natürlich oft in dessen Hände. Wenn sich dann innerhalb einer zur Lokalgötterbildung vorgeschrittenen Vielheit seßhafter Gemeinschaften der Umkreis des politischen Verbandes durch Eroberung erweitert, so ist die regelmäßige Folge, daß die verschiedenen Lokalgötter der verschmolzenen Gemeinschaften dann zu einer Gesamtheit vergesellschaftet werden. Innerhalb deren tritt ihre ursprüngliche oder auch eine inzwischen durch neue Erfahrungen über ihre spezielle Einflußsphäre bedingte, sachliche oder funktionelle Spezialisierung, in sehr verschiedener Schärfe, arbeitsteilig hervor. Der Lokalgott des größten Herrscher- oder Priestersitzes: der Marduk von Babel, der Ammon von Theben steigen dann zum Range größter Götter auf, um mit dem etwaigen Sturz oder der Verlegung der Residenz oft auch wieder zu verschwinden, wie Assur mit dem

Untergang des assyrischen Reichs. Denn wo einmal die politische Vergesellschaftung als solche als ein gottgeschützter Verband gilt, da erscheint eine solche politische Einheit so lange als nicht gesichert, bis auch die Götter der Einzelglieder mit einverleibt und vergesellschaftet, oft auch lokal synoikisiert sind: Was dem Altertum in dieser Hinsicht geläufig war, hat sich noch bei der Überführung der großen Heiligenreliquien der Provinzialkathedralen in die Hauptstadt des geeinigten russischen Reiches wiederholt.

Die sonst möglichen Kombinationen der verschiedenen Prinzipien der Pantheon- und Primatbildung sind unermeßlich und die Göttergestalten meist ebenso labil in ihren Kompetenzen, wie die Beamten patrimonialer Gebilde. Die Kompetenzabgrenzung wird gekreuzt durch die Gepflogenheit des religiösen Attachements an einen speziellen, jeweils besonders bewährten Gott oder der Höflichkeit gegen den Gott, an den man sich gerade wendet, diesen als funktionell universell zu behandeln, ihm also alle möglichen, sonst an andere Götter vergebenen Funktionen zuzumuten: den von Max Müller mit Unrecht als besondere Entwicklungsstufe angenommenen sog. „Henotheismus". Für die Primatbildung spielen rein rationale Momente stark mit. Wo immer ein erhebliches Maß von Festigkeit bestimmter Vorschriften irgendwelcher Art, besonders oft: stereotypierte religiöse Riten, in dieser ihrer Regelmäßigkeit besonders stark hervortritt und einem rationalen religiösen Denken bewußt wird, da pflegen diejenigen Gottheiten, welche am meisten feste Regeln in ihrem Verhalten zeigen, also die Himmels- und Gestirngötter, die Chance des Primats zu haben. In der Alltagsreligiosität spielen diese Gottheiten, welche sehr universelle Naturerscheinungen beeinflussen und daher der metaphysischen Spekulation als sehr groß, zuweilen selbst als Weltschöpfer gelten, gerade weil diese Naturerscheinungen in ihrem Verlauf nicht allzu stark schwanken, folglich in der Praxis des Alltags nicht das praktische Bedürfnis erwecken, durch die Mittel der Zauberer und Priester beeinflußt zu werden, meist keine erhebliche Rolle. Es kann ein Gott die ganze Religiosität eines Volkes maßgebend prägen (wie Osiris in Ägypten), wenn er einem besonders starken religiösen – in diesem Falle soteriologischen – Interesse entspricht, ohne doch den Primat im Pantheon zu gewinnen. Die „ratio" fordert den Primat der universellen Götter, und jede konsequente Pantheonbildung folgt in irgendeinem Maße auch systematisch-rationalen Prinzipien, weil sie stets mit unter dem Einfluß entweder eines berufsmäßigen Priesterrationalismus oder des rationalen Ordnungsstrebens weltlicher Menschen steht. Und vor allem die schon früher erwähnte Verwandtschaft der rationalen Regelmäßigkeit des durch göttliche Ordnung verbürgten Laufs des Gestirnes mit der Unverbrüchlichkeit der heiligen Ordnung auf Erden macht sie zu berufenen Hütern dieser beiden Dinge, an welchen einerseits die rationale Wirtschaft und andererseits die gesicherte und geordnete Herrschaft der heiligen Normen in der sozialen Gemeinschaft hängen. Die Interessenten und Vertreter dieser heiligen Norm sind zunächst die Priester, und deshalb ist die Konkurrenz der Gestirngötter Varuna und Mitra, welche die heilige Ordnung schützen, mit dem waffengewaltigen Gewittergott Indra, dem Drachentöter, ein Symptom der Konkurrenz der nach fester Ordnung und ordnungsgemäßer Beherrschung des Lebens strebenden Priesterschaft mit der Macht des kriegerischen Adels, welchem der tatendurstige Heldengott und die ordnungsfremde Irrationalität der Aventiure und des Verhängnisses adäquate Beziehungen zu überirdischen Mächten sind. Wir werden diesen wichtigen Gegensatz noch mehrfach wirksam finden. Systematisierte heilige Ordnungen, wie sie eine Priesterschaft propagiert (Indien, Iran, Babel) und rational geordnete Untertanenbeziehungen, wie sie der Beamtenstaat schafft (China, Babel) dienen meist den himmlischen oder astralen Gottheiten zum Aufstieg im Pantheon. Wenn in Babel die Religiosität in steigender Eindeutigkeit in den Glauben an die Herrschaft der Gestirne, speziell der Planeten, über alle Dinge, von den Wochentagen angefangen bis zum Jenseitsschicksal und damit in den astrologischen Fatalismus ausmündet, so ist das freilich erst ein Produkt der späteren Priesterwissenschaft und der nationalen Religion des politisch freien Staates noch fremd. – Ein Pantheon-Herrscher oder Pantheon-Gott ist an sich noch kein „universeller", internationaler Weltgott. Aber natürlich ist er regelmäßig auf dem Wege dazu. Jedes entwickelte Denken über die Götter verlangt zunehmend, daß die Existenz und Qualität eines Wesens als Gott eindeutig feststehe, der Gott also in diesem Sinn „universell" sei. Auch die Weltweisen der Hellenen deuteten ja die Gottheiten ihres leidlich geordneten Pantheon in alle anderwärts vorgefundenen Gottheiten hinein. Die Tendenz jener Universalisierung steigert sich mit steigendem Übergewicht des Pantheonherrschers: je mehr dieser also „monotheistische" Züge annimmt. Die Weltreichbildung in China, die Erstreckung des Priesterstandes der Brahmanen durch alle politischen Einzelbildungen hindurch in Indien, die persische und die römische Weltreichbildung haben alle die Entstehung des Universalismus und Monotheismus – in irgendwelchem Maße beide, wenn auch nicht immer beide gleichmäßig – begünstigt, wenn auch mit höchst verschiedenem Erfolg.

Die Weltreichbildung (oder die gleichartig wirkende irdische soziale Angeglichenheit) ist keineswegs der einzige und unentbehrliche Hebel dieser Entwicklung gewesen. Zum mindesten die Vorstufe* des universalistischen Monotheismus: die Monolatrie, findet sich gerade in dem religionsgeschichtlich wichtigsten Fall, dem Jahvekult, als Konsequenz ganz konkreter historischer Ereignisse: einer Eidgenossenschaftsbildung. Der Universalismus ist in diesem Fall Produkt der internationalen Politik, deren pragmatische Interpreten die prophetischen Interessenten des Jahvekults und der Jahvesittlichkeit waren, mit der Konsequenz, daß auch die Taten der fremden Völker, welche Israels Lebensinteressen so mächtig berührten, als Taten Jahves zu gelten begannen. Hier ist ganz greifbar der spezifisch und eminent *historische* Charakter, welcher der Spekulation der jüdischen Prophetie anhaftet, im schroffen Gegensatz gegen die Naturspekulation der Priesterschaften in Indien und Babylon, und die aus Jahves Verheißungen sich unabweisbar ergebende Aufgabe: die Gesamtheit der so bedrohlich und, angesichts dieser Verheißungen, so befremdlich verlaufenden Entwicklung des in die Völkergeschicke verflochtenen eigenen Volksschicksals als „Taten Jahves", als einer „Weltgeschichte" also, zu erfassen, was dem zum Lokalgott der Polis Jerusalems umgewandelten, alten kriegerischen Gott der Eidgenossenschaft die prophetischen universalistischen Züge überweltlicher heiliger Allmacht und Unerforschlichkeit verlieh. Der monotheistische und damit der Sache nach, universalistische Anlauf des Pharao Amenophis IV. (Echnaton) zum Sonnenkult entstammte gänzlich anderen Situationen: einerseits auch hier einem weitgehenden priesterlichen und wohl auch Laienrationalismus, der im scharfen Gegensatz gegen die israelitische Prophetie, rein naturalistischen Charakters ist, andererseits dem praktischen Bedürfnis des an der Spitze eines bürokratischen Einheitsstaates stehen-

den Monarchen, mit der Beseitigung der Vielheit der Priestergötter auch die
Übermacht der Priester selbst zu brechen und die alte Machtstellung der vergotteten Pharaonen durch Erhebung des Königs zum höchsten Sonnenpriester herzustellen.

Der universalistische Monotheismus der christlichen und islamischen
und der relative Monotheismus in zarathustrischer Verkündigung sind, die ersten
beiden historisch als Fortentwicklungen vom Judentum abhängig, die letztere
sehr wahrscheinlich durch außeriranische (vorderasiatische) Einflüsse mitbestimmt. Sie sind alle durch die Eigenart der „ethischen" im Gegensatz zur „exemplarischen" Prophetie – ein später zu erörternder Unterschied – bedingt. Alle andern relativ monotheistischen und universalistischen Entwicklungen sind also
Produkte philosophischer Spekulation von Priestern und Laien, welche praktische religiöse Bedeutung nur da gewannen, wo sie mit soteriologischen (Erlösungs-)Interessen sich vermählten (wovon später).

Die praktischen Hemmungen der in irgendeiner Form fast überall in Gang gekommenen Entwicklung zum strengen Monotheismus, welche seine Durchsetzung in der Alltagsreligion überall, außer im Judentum, Islam und Protestantismus, relativiert haben, lagen durchweg in den mächtigen ideellen und materiellen
Interessen der an den Kulten und Kultstätten der Einzelgötter interessierten
Priesterschaften einerseits, und den religiösen Interessen der Laien an einem
greifbaren, nahen, zu der konkreten Lebenslage oder dem konkreten Personenkreis unter Ausschluß anderer in Beziehung zu bringenden, vor allem: einem der
magischen Beeinflussung zugänglichen religiösen Objekt andererseits. Denn die
Sicherheit der einmal erprobten Magie ist viel größer als die Wirkung der Verehrung eines magisch nicht zu beeinflussenden, weil übermächtigen Gottes. Die
Konzeption der „übersinnlichen" Gewalten als Götter, selbst als eines überweltlichen Gottes, beseitigt daher die alten magischen Vorstellungen keineswegs schon
an sich (auch im Christentum nicht), aber sie läßt allerdings eine nun zu besprechende doppelte Möglichkeit der Beziehung zu ihnen entstehen.

Eine irgendwie nach Analogie des beseelten Menschen gedachte Macht kann
entweder, ebenso wie die naturalistische „Kraft" eines Geistes, in den Dienst des
Menschen *gezwungen* werden: Wer das Charisma dazu hat, die richtigen Mittel
anzuwenden, der ist stärker auch als ein Gott und kann ihn nach seinem Willen
nötigen. Das religiöse Handeln ist dann nicht „Gottesdienst", sondern „Gotteszwang", die Anrufung des Gottes nicht Gebet, sondern magische Formel: eine
unausrottbare Grundlage der volkstümlichen, vor allem der indischen Religiosität, aber sehr universell verbreitet, wie ja auch der katholische Priester noch etwas von dieser Zaubermacht in der Vollziehung des Meßwunders und in der
Schlüsselgewalt übt. Die orgiastischen und mimischen Bestandteile des religiösen
Kultus, vor allem Gesang, Tanz, Drama, daneben die typischen festen Gebetsformeln, haben, nicht ausschließlich, aber dem Schwerpunkt nach, hier ihren Ursprung. Oder die Anthropomorphisierung geht dahin, die freie, durch Bitten, Gaben, Dienste, Tribute, Schmeicheleien, Bestechungen, und schließlich namentlich
durch eigenes seinem Willen entsprechendes Wohlverhalten zu gewinnende Gnade eines mächtigen irdischen Herrn auch auf das Verhalten der Götter zu übertragen, die nach seiner Analogie, als gewaltige, zunächst nur quantitativ stärkere
Wesen gedacht sind. Dann entsteht die Notwendigkeit des „Gottesdienstes".

Natürlich sind auch die spezifischen Elemente des „Gottesdienstes": Gebet
und Opfer, zunächst magischen Ursprungs. Bei dem Gebet bleibt die Grenze zwi-

schen magischer Formel und Bitte flüssig, und gerade der technisch rationalisierte Gebetsbetrieb in Form von Gebetsmühlen und ähnlichen technischen Appara-
ten, von in den Wind gehängten oder an die Götterbilder gesteckten oder an die
Heiligenbilder gehefteten Gebetsstreifen oder von rein quantitativ bemessenen
Rosenkranzleistungen (fast alles Produkte der indischen Rationalisierung des
Gotteszwangs) steht überall der ersteren mehr als der letzteren nahe. Dennoch
kennen auch sonst undifferenzierte Religionen das eigentliche individuelle Gebet, als „Bitte", meist in der rein geschäftlichen rationalen Form, daß dem Gott
die Leistungen des Betenden für ihn vorgehalten und Gegenleistungen dafür be-
gehrt werden. Auch das Opfer taucht zunächst auf als magisches Mittel. Teils direkt im Dienst des Götterzwangs: auch die Götter brauchen den die Ekstase erre-
genden Somasaft der Zauberpriester, um Taten zu verrichten, daher kann man
sie, nach der alten Vorstellung der Arier, durch das Opfer zwingen. Oder aber
man kann mit ihnen sogar einen Pakt schließen, der beiden Teilen Pflichten auf-
erlegt: die folgenschwere Vorstellung namentlich der Israeliten. Oder das Opfer
ist Mittel der magischen Ablenkung des einmal entstandenen Grimms des Gottes
auf ein anderes Objekt, sei dies ein Sündenbock oder (und namentlich) ein Menschenopfer. Noch wichtiger und wahrscheinlich auch älter ist aber das andere
Motiv: das Opfer, speziell das Tieropfer, soll eine „communio", eine als Verbrüderung wirkende Tischgemeinschaft zwischen den Opfernden und dem Gott her-
stellen: eine Bedeutungswandlung der noch älteren Vorstellung: daß das Zerrei-
ßen und Essen eines starken, später eines heiligen, Tiers dessen Kraft den Essen-
den mitteile. Ein magischer Sinn solcher oder anderer Art – denn es gibt der
Möglichkeiten viele – kann, auch wenn eigentlich „kultische" Vorstellungen stark
sinnbestimmend einwirken, dennoch der Opferhandlung das Gepräge geben. Er
kann auch an Stelle eigentlich kultischen Sinns wieder herrschend werden: die
Opferrituale schon des Atharva Veda, erst recht aber der Brahmanas sind, im
Gegensatz zum altnordischen Opfer, fast reine Zauberei. Eine Abwendung vom
Magischen bedeutet dagegen die Vorstellung des Opfers entweder als eines Tri-
buts, z. B. der Erstlingsfrüchte, auf daß die Gottheit den Menschen den Rest gön-
ne, oder vollends als einer selbst auferlegten „Strafe" zur rechtzeitigen Abwendung der Rache des Gottes als Bußopfer. Auch dies involviert freilich noch kein
„Sündenbewußtsein"; es vollzieht sich zunächst (so in Indien) in kühler Geschäft-
lichkeit. Steigende Vorstellungen von der Macht eines Gottes und dessen Charakter als persönlichen Herrn bedingen dann steigendes Vorwiegen der nicht magischen Motive. Der Gott wird ein großer Herr, der nach Belieben auch versagen
kann und dem man sich also nicht mit magischen Zwangsmaßregeln, sondern nur
mit Bitten und Geschenken nahen darf. Alles aber, was diese Motive dem einfachen „Zauber" gegenüber neu hinzubringen, sind zunächst ebenso nüchterne rationale Elemente wie die Motive des Zauberns selbst. „Do ut des" ist der durch-
gehende Grundzug. Dieser Charakter haftet der Alltags- und Massenreligiosität
aller Zeiten und Völker und auch allen Religionen an. Abwendung „diesseitigen"
äußerlichen Übels und Zuwendung „diesseitiger" äußerlicher Vorteile ist der Inhalt aller normalen „Gebete", auch der allerjenseitigsten Religionen. Jeder Zug,
der darüber hinausführt, ist das Werk eines spezifischen Entwicklungsprozesses
mit eigentümlich zwiespältiger Eigenart. Einerseits eine immer weitergehende
rationale Systematisierung der Gottesbegriffe und ebenso des *Denkens* über die
möglichen Beziehungen des Menschen zum Göttlichen. Andrerseits aber, im Re-

sultat, zu einem charakteristischen Teil ein Zurücktreten jenes ursprünglichen *praktischen* rechnenden Rationalismus. Denn der „Sinn" des spezifisch religiösen Sichverhaltens wird, parallel mit jener Rationalisierung des Denkens, zunehmend weniger in rein äußeren Vorteilen des ökonomischen Alltags gesucht, und insofern also das Ziel des religiösen Sichverhaltens „irrationalisiert", bis schließlich diese „außerweltlichen", d. h. zunächst: außerökonomischen Ziele als das dem religiösen Sichverhalten Spezifische gelten. Eben deshalb aber ist das Vorhandensein spezifischer persönlicher Träger dieser in dem eben angegebenen Sinn „außerökonomischen" Entwicklung eine von deren Voraussetzungen.

Man kann diejenigen Formen der Beziehungen zu den übersinnlichen Gewalten, die sich als Bitte, Opfer, Verehrung äußern, als „Religion" und „Kultus" von der „Zauberei" als dem magischen Zwange scheiden und dementsprechend als „Götter" diejenigen Wesen bezeichnen, welche religiös verehrt und gebeten, als „Dämonen" diejenigen, welche magisch gezwungen und gebannt werden. Die Scheidung ist fast nirgends restlos durchführbar, denn auch das Ritual des in diesem Sinn „religiösen" Kultus enthält fast überall massenhafte magische Bestandteile. Und die historische Entwicklung jener Scheidung ist sehr oft einfach so erfolgt, daß bei Unterdrückung eines Kultes durch eine weltliche oder priesterliche Gewalt zugunsten einer neuen Religion die alten Götter als „Dämonen" fortexistieren.

2. Zauberer – Priester.

Die soziologische Seite jener Scheidung aber ist die Entstehung eines „Priestertums" als etwas von den „Zauberern" zu Unterscheidendem. Der Gegensatz ist in der Realität durchaus flüssig, wie fast alle soziologischen Erscheinungen. Auch die Merkmale der begrifflichen Abgrenzung sind nicht eindeutig feststellbar. Man kann entsprechend der Scheidung von „Kultus" und „Zauberei" als „Priester" diejenigen berufsmäßigen Funktionäre bezeichnen, welche durch Mittel der Verehrung die „Götter" beeinflussen, im Gegensatz zu den Zauberern, welche „Dämonen" durch magische Mittel zwingen. Aber der Priesterbegriff zahlreicher großer Religionen, auch der christlichen, schließt gerade die magische Qualifikation ein. Oder man nennt „Priester" die Funktionäre eines regelmäßigen organisierten stetigen *Betriebs* der Beeinflussung der Götter, gegenüber der individuellen Inanspruchnahme der Zauberer von Fall zu Fall. Der Gegensatz ist durch eine gleitende Skala von Übergängen überbrückt, aber in seinen „reinen" Typen eindeutig, und man kann dann als Merkmal des Priestertums das Vorhandensein irgendwelcher fester Kultstätten, verbunden mit irgendwelchem sachlichen Kultapparat behandeln. Oder aber man behandelt als entscheidend für den Priesterbegriff: daß die Funktionäre, sei es erblich oder individuell angestellt, im Dienst eines vergesellschafteten sozialen Verbandes, welcher Art immer er sei, tätig werden, also als dessen Angestellte oder Organe und lediglich im Interesse seiner Mitglieder, nicht wie die Zauberer, welche einen freien Beruf ausüben. Auch dieser begrifflich klare Gegensatz ist natürlich in der Realität flüssig. Die Zauberer sind nicht selten zu einer festen Zunft, unter Umständen zu einer erblichen Kaste, zusammengeschlossen, und diese kann innerhalb bestimmter Gemeinschaften das Monopol der Magie haben. Auch der katholische Priester ist nicht immer „angestellt", sondern z. B. in Rom nicht selten ein armer Vagant, der von der

Hand in den Mund von den einzelnen Messen lebt, deren Wahrnehmung er
nachgeht. Oder man scheidet die Priester als die durch spezifisches Wissen und
festgeregelte Lehre und Berufsqualifikation Befähigten von den kraft persönlicher Gaben (Charisma) und deren Bewährung durch Wunder und persönliche
Offenbarung Wirkenden, also einerseits den Zauberern, andererseits den „Propheten". Aber die Scheidung zwischen den meist ebenfalls und zuweilen sehr
hochgelernten Zauberern und den keineswegs immer besonders hochgelernt wirkenden Priestern ist dann nicht einfach. Der Unterschied müßte qualitativ, in der
Verschiedenheit des allgemeinen Charakters der Gelerntheit hier und dort gefunden werden. In der Tat werden wir später (bei Erörterung der Herrschaftsformen) die teils durch irrationale Mittel auf Wiedergeburt ausgehende „Erwek-
kungserziehung", teils auch eine rein empirische Kunstlehre darstellende Schulung der charismatischen Zauberer von der rationalen Vorbildung und Disziplin
der Priester zu scheiden haben, obwohl in der Realität auch hier beides ineinan-
dergleitend übergeht. Nähme man aber dabei als Merkmal der „Lehre" als einer
das Priestertum auszeichnenden Differenz die Entwicklung eines rationalen religiösen Gedankensystems und, was für uns vor allem wichtig ist, die Entwicklung
einer systematisierten spezifisch religiösen „Ethik" auf Grund einer zusammenhängenden, irgendwie festgelegten, als „Offenbarung" geltenden Lehre an, etwa
so wie der Islam seine Unterscheidung von Buchreligionen und einfachem Heidentum machte, so wären nicht nur die japanischen Schintopriester, sondern z. B.
auch die machtvollen Hierokratien der Phöniker aus dem Begriff der Priesterschaft ausgeschlossen und eine allerdings grundlegend wichtige, aber nicht universelle Funktion des Priestertums zum Begriffsmerkmal gemacht.

Den verschiedenen, niemals glatt aufgehenden, Möglichkeiten der Unterscheidung wird es für unsere Zwecke am meisten gerecht, wenn wir hier die Einge-
stelltheit eines *gesonderten Personen*kreises auf den *regelmäßigen,* an bestimmte
Normen, Orte und Zeiten gebundenen und auf bestimmte *Verbände* bezogenen
Kultusbetrieb als wesentliches Merkmal festhalten. Es gibt kein Priestertum ohne
Kultus, wohl aber Kultus ohne gesondertes Priestertum: so in China, wo ausschließlich die Staatsorgane und der Hausvater den Kultus der offiziell anerkannten Götter und Ahnengeister besorgen. Unter den typisch reinen „Zauberern"
andererseits gibt es zwar Noviziat und Lehre, wie etwa in der Bruderschaft der
Hametzen bei den Indianern und ähnliche in der ganzen Welt, welche zum Teil
eine sehr starke Macht in Händen haben und deren dem Wesen nach magische
Feiern eine zentrale Stellung im Volksleben einnehmen, denen aber ein kontinu-
ierlicher Kultusbetrieb fehlt und die wir deshalb nicht „Priester" nennen wollen.
Sowohl beim priesterlosen Kultus aber wie beim kultlosen Zauberer fehlt regelmäßig eine Rationalisierung der metaphysischen Vorstellungen, ebenso wie eine
spezifisch religiöse Ethik. Beides pflegt in voller Konsequenz nur eine selbständige und auf dauernde Beschäftigung mit dem Kultus und den Problemen praktischer Seelenleitung eingeschulte Berufspriesterschaft zu entwickeln. Die Ethik ist
daher der klassisch chinesischen Denkweise zu etwas ganz anderem als einer
metaphysisch rationalisierten „Religion" entwickelt. Ebenso die Ethik des kul-
tus- und priesterlosen alten Buddhismus. Und die Rationalisierung des religiösen
Lebens ist, wie später zu erörtern, überall da gebrochen oder ganz hintangehalten
worden, wo das Priestertum es nicht zu einer eigenen ständischen Entwicklung
und Machtstellung gebracht hat, wie in der mittelländischen Antike. Sie hat sehr

eigenartige Wege da eingeschlagen, wo ein Stand ursprünglicher Zauberer und heiliger Sänger die Magie rationalisierte, aber nicht eine eigentlich priesterliche Amtsverfassung entwickelte, wie die Brahmanen in Indien. Aber nicht jede Priesterschaft entwickelt das der Magie gegenüber prinzipiell Neue: eine rationale Metaphysik und religiöse Ethik. Diese setzt vielmehr der – nicht ausnahmslosen – Regel nach das Eingreifen außerpriesterlicher Mächte voraus. Einerseits eines Trägers von metaphysischen oder religiös-ethischen „Offenbarungen": des *Propheten.* Andererseits die Mitwirkung der nicht priesterlichen Anhänger eines Kultus: der „*Laien".* Ehe wir die Art betrachten, wie durch die Einwirkung dieser außerpriesterlichen Faktoren die Religionen nach Überwindung der überall auf der Erde sehr ähnlichen Stufen der Magie fortentwickelt werden, müssen wir gewisse typische Entwicklungstendenzen feststellen, welche durch das Vorhandensein priesterlicher Interessenten eines Kultus in Bewegung gesetzt werden.

3. Gottesbegriff. Religiöse Ethik. Tabu.

Die einfachste Frage: ob man einen bestimmten Gott oder Dämon überhaupt durch Zwang oder Bitte zu beeinflussen versuchen soll, ist zunächst lediglich eine Frage des Erfolgs. Wie der Zauberer sein Charisma, so hat der Gott seine Macht zu *bewähren.* Zeigt sich der Versuch der Beeinflussung dauernd nutzlos, so ist entweder der Gott machtlos oder die Mittel seiner Beeinflussung sind unbekannt, und man gibt ihn auf. In China genügen noch heute wenige eklatante Erfolge um einem Götterbild den Ruf, Macht (Schen ling) zu besitzen, und damit die Frequenz der Gläubigen zu verschaffen. Der Kaiser als Vertreter der Untertanen gegenüber dem Himmel verleiht den Göttern im Fall der Bewährung Titel und andere Auszeichnungen. Aber wenige eklatante Enttäuschungen genügen eventuell, einen Tempel für immer zu leeren. Der historische Zufall, daß der, aller Wahrscheinlichkeit spottende, felsenfeste Prophetenglaube des Jesaia: sein Gott werde Jerusalem, wenn nur der König fest bleibe, dem Assyrerheer nicht in die Hände fallen lassen, wirklich eintraf, war das seitdem unerschütterliche Fundament der Stellung dieses Gottes sowohl wie seiner Propheten. Nicht anders erging es schon dem präanimistischen Fetisch und dem Charisma des magisch Begabten. Erfolglosigkeit büßt der Zauberer eventuell mit dem Tode. Eine Priesterschaft ist ihm gegenüber dadurch im Vorteil, daß sie die Verantwortung der Mißerfolge von sich persönlich auf den Gott abschieben kann. Aber mit dem Prestige ihres Gottes sinkt auch das ihrige. Es sei denn, daß sie Mittel findet, diese Mißerfolge überzeugend so zu deuten, daß die Verantwortung dafür nicht mehr auf den Gott, sondern auf das Verhalten seiner Verehrer fällt. Und auch dies ermöglicht die Vorstellung vom „Gottesdienst" gegenüber dem „Gotteszwang". Die Gläubigen haben den Gott nicht genügend geehrt, seine Begierde nach Opferblut oder Somasaft nicht genügend gestillt, womöglich ihn darin zugunsten anderer Götter zurückgesetzt. Daher erhört er sie nicht. Aber unter Umständen hilft auch erneute und gesteigerte Verehrung nicht: die Götter der Feinde bleiben die stärkeren. Dann ist es um seine Reputation geschehen. Man fällt zu diesen stärkeren Göttern ab, es sei denn, daß es auch jetzt noch Mittel gibt, das renitente Verhalten des Gottes derart zu motivieren, daß sein Prestige nicht gemindert, ja sogar noch gefestigt wird. Auch solche Mittel auszudenken ist aber einer Priesterschaft unter Umständen gelungen. Am eklatantesten derjenigen Jahves, dessen Beziehung zu seinem Volke sich aus Gründen, die noch zu erörtern sein werden, um so fester knüpfte, in je tieferes Ungemach es verstrickt wurde. Damit dies aber geschehen könne, bedarf es zunächst der Entwicklung einer Reihe von neuen Attributen des Göttlichen.

Den anthropomorphisierten Göttern und Dämonen kommt zunächst eine eigentlich qualitative Überlegenheit dem Menschen gegenüber nur relativ zu. Ihre Leidenschaften sind maßlos wie die starker Menschen und maßlos ihre Gier nach Genuß. Aber sie sind weder allwissend noch allmächtig – im letzteren Fall könnten ihrer ja nicht mehrere sein – noch auch, weder in Babylon noch bei den Germanen, notwendig ewig: nur wissen sie sich oft die Dauer ihrer glanzvollen Existenz durch magische Speisen oder Tränke, die sie sich vorbehalten haben, zu sichern, so wie ja auch der Zaubertrank des Medizinmannes den Menschen das Leben verlängert. Qualitativ geschieden werden unter ihnen die für die Menschen nützlichen von den schädlichen Mächten und natürlich die ersteren regelmäßig als die guten und höheren „Götter", die man anbetet, den letzteren entgegengesetzt als den niederen „Dämonen", die nun oft mit allem Raffinement einer irgend ausdenkbaren, verschmitzten Tücke ausgestattet, nicht angebetet, sondern magisch gebannt werden. Aber nicht immer vollzieht sich eine Scheidung auf dieser Basis und erst recht nicht immer in Form einer solchen Degradation der Herren der schädlichen Mächte zu Dämonen. Das Maß von kultischer Verehrung, welches Götter genießen, hängt nicht von ihrer Güte und auch nicht einmal von ihrer universellen Wichtigkeit ab. Gerade den ganz großen guten Göttern des Himmels fehlt ja oft jeder Kultus, nicht weil sie dem Menschen „zu fern" sind, sondern weil ihr Wirken zu gleichmäßig und durch seine feste Regelmäßigkeit auch ohne besondere Einwirkung gesichert erscheint. Mächte von ziemlich ausgeprägt diabolischem Charakter dagegen, wie etwa der Seuchengott Rudra in Indien, sind nicht immer die schwächeren gegenüber den „guten" Göttern, sondern können mit ungeheurer Machtfülle bekleidet werden.

Neben die unter Umständen wichtige qualitative Differenzierung von guten und diabolischen Gewalten tritt nun aber – und darauf kommt es uns hier an – innerhalb des Pantheons die Entwicklung spezifisch *ethisch* qualifizierter Gottheiten. Die ethische Qualifikation der Gottheit ist keineswegs dem Monotheismus vorbehalten. Sie gewinnt bei ihm weittragendere Konsequenzen, ist aber an sich auf den verschiedensten Stufen der Pantheonbildung möglich. Zu den ethischen Gottheiten gehört naturgemäß besonders oft der spezialisierte Funktionsgott für die *Rechtsfindung* und derjenige, welcher über die *Orakel* Gewalt hat.

Die Kunst der „Divination" erwächst zunächst direkt aus der Magie des Geisterglaubens. Die Geister wirken, wie alle anderen Wesen, nicht schlechthin regellos. Kennt man die Bedingungen ihrer Wirksamkeit, so kann man ihr Verhalten aus Symptomen: omina, welche erfahrungsgemäß ihre Disposition andeuten, kombinieren. Die Anlage von Gräbern, Häusern und Wegen, die Vornahme von wirtschaftlichen und politischen Handlungen müssen an dem nach früheren Erfahrungen günstigen Ort und zu günstiger Zeit geschehen. Und wo eine Schicht, wie die sog. taoistischen Priester in China, von der Ausübung dieser Divinationskunst lebt, kann ihre Kunstlehre (das Fung-schui in China) eine unerschütterliche Macht gewinnen. Alle ökonomische Rationalität scheitert dann an dem Widerspruch der Geister: keine Eisenbahn- oder Fabrikanlage, die nicht auf Schritt und Tritt mit ihnen in Konflikt geriete. Erst der Kapitalismus in seiner Vollkraft hat es vermocht, mit diesem Widerstand fertig zu werden. Noch im russisch-japanischen Kriege scheint aber das japanische Heer einzelne Gelegenheiten aus Gründen ungünstiger Divination verpaßt zu haben, – während schon Pausanias bei Plataiai offenbar die Gunst oder Ungunst der Vorzeichen geschickt den Bedürfnissen der Taktik entsprechend zu „stilisieren" gewußt hat. Wo nun die politische Gewalt den Rechtsgang an sich zieht, den bloßen unmaßgebenden Schiedsspruch bei der Sippenfehde in ein Zwangsurteil oder bei religiösen oder politischen Freveln die alte Lynchjustiz der bedrohten Gesamtheit in ein geordnetes Verfahren gebracht hat, ist es fast immer göttliche Offenbarung (Gottesurteil), welche die Wahrheit ermittelt. Wo eine Zaubererschaft es verstanden hat, die Orakel und die Gottesurteile und ihre Vorbereitung in die Hand zu bekommen, ist ihre Machtstellung oft eine dauernd überwältigende.

Ganz der Realität der Dinge im Leben entsprechend ist der Hüter der *Rechtsordnung* keineswegs notwendig der stärkste Gott: weder Varuna in Indien, noch Maat in Ägypten, noch weniger Lykos in Attika oder Dike oder Themis und auch nicht Apollon waren dies. Nur ihre ethische Qualifikation, dem Sinn der „Wahrheit", die das Orakel oder Gottesurteil doch immer irgendwie verkünden soll, entsprechend, zeichnet sie aus. Aber nicht, weil er ein Gott ist, schützt der „ethische" Gott die Rechtsordnung und die gute Sitte – mit „Ethik" haben die anthropomorphen Götter zunächst nichts Besonderes, jedenfalls aber weniger als die Menschen, zu schaffen. Sondern weil er nun einmal diese besondere Art von *Handeln* in seine Obhut genommen hat. Die ethischen Ansprüche an die Götter steigen nun aber 1. mit steigender Macht und also steigenden Ansprüchen an die Qualität der geordneten Rechtsfindung innerhalb großer befriedeter politischer Verbände, – 2. mit steigendem Umfang der durch meteorologische Orientierung der Wirtschaft bedingten rationalen Erfassung des naturgesetzlichen Weltgeschehens als eines dauernd sinnvoll geordneten Kosmos, – 3. mit steigender Reglementierung immer neuer Arten von menschlichen Beziehungen durch konventionelle Regeln und steigender Bedeutung der gegenseitigen Abhängigkeit der Menschen von der Innehaltung dieser Regeln, insbesondere aber 4. mit steigender sozialer und ökonomischer Bedeutung der Verläßlichkeit des gegebenen Wortes: des Wortes des Freundes, Vasallen, Beamten, Tauschpartners, Schuldners oder wessen es sei, – mit einem Wort: mit steigender Bedeutung der ethischen Bindung des Einzelnen an einen Kosmos von „Pflichten", welche sein Verhalten berechenbar machen. Auch die Götter, an die man sich um Schutz wendet, müssen nun offenbar entweder selbst einer Ordnung unterworfen sein oder ihrerseits, wie große Könige, eine solche geschaffen und zum spezifischen Inhalt ihres göttlichen Willens gemacht haben. Im ersten Fall tritt hinter ihnen eine übergeordnete unpersönliche Macht auf, die sie innerlich bindet und den Wert ihrer Taten mißt, ihrerseits aber verschieden geartet sein kann. Universelle unpersönliche Mächte übergöttlicher Art treten zunächst als „Schicksals"-Gewalten auf. So das „Verhängnis" (Moira) der Hellenen, eine Art von irrationaler, insbesondere ethisch indifferenter Prädestination der großen Grundzüge jedes Einzelschicksals, die innerhalb gewisser Grenzen elastisch, deren allzu flagrante Verletzung aber durch verhängniswidrige Eingriffe auch für die größten Götter gefährlich (ὑπέρμορον) ist. Das erklärt dann neben anderen Dingen auch die Erfolglosigkeit so vieler Gebete. So geartet ist die normale innere Stellungnahme kriegerischen Heldentums, dem der rationalistische Glaube an eine rein ethisch interessierte, sonst aber parteilose, weise und gütige „Vorsehung" besonders fremd ist. Es tritt hier wiederum jene schon kurz berührte tiefe Spannung zwischen Heldentum und jeder Art von religiösem oder auch rein ethischem Rationalismus zutage, der wir immer wieder begegnen werden. Denn ganz anders sieht die unpersönliche Macht bürokratischer oder theokratischer Schichten, z. B. der chinesischen Bürokratie oder der indischen Brahmanen aus. Sie ist eine providentielle Macht harmonischer und rationaler Ordnung der Welt, je nachdem im Einzelfall mehr kosmischen oder mehr ethischen sozialen Gepräges, regelmäßig aber beides umfassend. Kosmischen, aber doch zugleich auch spezifisch ethisch-rationalen Charakter hat die übergöttliche Ordnung der Konfuzianer ebenso wie die der Taoisten, beides unpersönliche providentielle Mächte, welche die Regelmäßigkeit und glückliche Ordnung des Weltgeschehens verbürgen: die Anschauung einer rationalistischen Bürokratie. Noch stärker ethisch ist der Charakter der indischen Rita, der unpersönlichen Macht der festen Ordnung des religiösen Zeremoniells ebenso wie des Kosmos und daher auch des Tuns der Menschen im allgemeinen: die Anschauung der vedischen, eine wesentlich empirische Kunst mehr des Gotteszwangs als der Gottesverehrung übenden Priesterschaft. Oder die spätere indische übergöttliche Alleinheit des allein dem sinnlosen Wechsel und der Vergänglichkeit aller Erscheinungswelt nicht unterworfenen Seins: die Anschauung einer dem Welttreiben indifferent gegenüberstehenden Intellektuellenspekulation. Auch wo aber die Ordnung der Natur und der damit regelmäßig gleichgesetzten sozialen Verhältnisse, vor allem des Rechts, nicht als den Göttern übergeordnet, sondern als Schöpfung von Göttern gelten, – wir werden später fragen: unter welchen Bedingungen dies eintritt –, wird als selbstverständlich vorausgesetzt, daß der Gott diese von ihm geschaffenen Ordnungen gegen Verletzung sichern werde. Die gedankliche Durchführung dieses Postulats hat weitgehende Konsequenzen für das religiöse Handeln und die allgemeine Stellungnahme der Menschen zum Gott. Sie gibt den Anlaß zur Entwicklung einer religiösen Ethik, der Scheidung der göttlichen Anforderung an den Menschen, gegenüber jenen Anforderungen oft unzulänglicher „Natur". Neben die beiden urwüchsigen Arten der Beeinflussung übersinnlicher Mächte: ihrer magischen Unterwerfung unter menschliche Zwecke oder ihrer Gewinnung dadurch, daß man sich ihnen nicht etwa durch Übung irgendwelcher ethischen Tugenden, sondern durch Befriedigung ihrer egoistischen Wünsche angenehm macht, tritt jetzt die Befolgung des religiösen Gesetzes als das spezifische Mittel, das Wohlwollen des Gottes zu erringen.

Nicht freilich erst mit dieser Auffassung beginnt eine religiöse Ethik. Im Gegenteil gibt es eine solche, und zwar von höchst wirksamer Art, gerade in Gestalt von rein magisch motivierten Normen des Verhaltens, deren Verletzung als religiöser Greuel gilt. Bei entwickeltem Geisterglauben wird ja jeder spezifische, zumal jeder nicht alltägliche, Lebensprozeß dadurch hervorgebracht, daß ein spezifischer Geist in den Menschen hineingefahren ist: bei Krankheit ebenso wie etwa bei Geburt, Pubertät, Menstruation. Dieser Geist kann nun als „heilig" oder als „unrein" gelten – das ist wechselnd und oft zufällig bedingt, gilt aber im praktischen Effekt fast völlig gleich. Denn jedenfalls muß man es unterlassen, diesen Geist zu reizen und dadurch zu veranlassen, entweder den unberufenen Störer selbst hineinzufahren oder diesen oder auch den jeweils von ihm Besessenen magisch zu schädigen. Also wird der Betreffende physisch und sozial gemieden und muß andere, ja unter Umständen die Berührung seiner eigenen Person meiden, aus diesem Grunde z. B. zuweilen – wie polynesische charismatische Fürsten – vorsichtig gefüttert werden, um seine eigene Speise nicht magisch zu infizieren.

Besteht einmal diese Vorstellungsweise, dann können natürlich auch durch zauberische Manipulationen von Menschen, welche das magische Charisma besitzen, Gegenstände oder Personen für andere mit der Qualität des „*Tabu*" versehen werden: ihre Berührung würde bösen Zauber zur Folge haben. Diese charismatische Tabuierungsgewalt ist nun vielfach ganz rational und systematisch ausgeübt worden, in größtem Maßstab besonders im indonesischen und Südseegebiet. Zahlreiche ökonomische und soziale Interessen: Wald- und Wildschutz (nach Art der vom frühmittelalterlichen König gebannten Forsten), Sicherung von knapp werdenden Vorräten in Teuerungszeiten gegen unwirtschaftlichen Verzehr, Schaffung von Eigentumsschutz, speziell für bevorrechtigtes priesterliches oder adeliges Sondereigentum, Sicherung der gemeinsamen Kriegsbeute gegen individuelles Plündern (so durch Josua im Fall des Achan), sexuelle und persönliche Trennung von Ständen im Interesse der Reinhaltung des Blutes oder der Erhaltung des ständischen Prestige stehen unter der Garantie des Tabu. In der zum Teil unglaublichen Irrationalität seiner, oft gerade für die durch Tabu Privilegierten selbst, qualvoll lästigen Normen zeigt dieser erste und allgemeinste Fall einer direkten Dienstbarmachung der Religion für außerreligiöse Interessen zugleich auch die höchst eigenwillige Eigengesetzlichkeit des Religiösen. Die Rationalisierung des Tabus führt eventuell zu einem System von Normen, nach denen ein für allemal gewisse Handlungen als religiöse Greuel gelten, für welche irgendeine Sühne, unter Umständen die Tötung dessen, der sie beging, eintreten muß, wenn nicht der böse Zauber alle Volksgenossen treffen soll, und es entsteht so ein System tabuistisch garantierter Ethik: Speiseverbote, Verbot der Arbeit an tabuierten „Unglückstagen" (wie der Sabbat ursprünglich war) oder Heiratsverbote innerhalb bestimmter Personen-, speziell Verwandtenkreise. Immer natürlich in der Art, daß das einmal, sei es aus rationalen oder konkreten irrationalen Gründen: Erfahrungen über Krankheiten und anderen bösen Zauber, üblich Gewordene zum „Heiligen" wird. In einer anscheinend nicht hinlänglich aufzuklärenden Art haben sich nun tabuartige Normen speziell mit der Bedeutsamkeit gewisser in einem einzelnen Objekt, besonders in Tieren, hausenden Geistern für bestimmte soziale Kreise verknüpft. Daß Tierinkarnationen von Geistern als heilige Tiere zu Kultmittelpunkten lokaler, politischer Verbände werden können, dafür ist Ägypten das hervorragendste Beispiel. Sie und andere Objekte oder Artefakte können aber auch zu Mittelpunkten anderer, je nachdem mehr naturgewachsener oder mehr künstlich geschaffener sozialer Verbände werden. Zu den verbreitetsten hieraus sich entwickelnden sozialen Institutionen gehört der sog. *Totemismus:* eine spezifische Beziehung zwischen einem Objekt, meist einem Naturobjekt, im reinsten Typus: einem Tier, und einem bestimmten Menschenkreise, dem es als Symbol der Verbrüderung, ursprünglich wohl: der durch gemeinsame Verzehrung des Tieres erworbenen, gemeinsamen Besessenheit von dessen „Geist", gilt. Die inhaltliche Tragweite der Verbrüderung schwankt ebenso wie der Inhalt der Beziehung der Genossen zum Totemobjekt. Bei voll entwickeltem Typus enthalten die ersteren alle Brüderlichkeitspflichten einer exogamen Sippe, die letzteren das Tötungs- und Speiseverbot, außer bei kultischen Mahlen der Gemeinschaft, und eventuell, meist auf Grund des häufigen (aber nicht universellen) Glaubens, von dem Totemtier abzustammen, auch noch andere kultartige Pflichten. Über die

Entwicklung dieser weithin über die Erde verbreiteten totemistischen Verbrüderungen herrscht ungeschlichteter Streit. Für uns muß im wesentlichen genügen: daß das Totem, der Funktion nach, das animistische Gegenstück der Götter jener Kultgenossenschaften ist, welche, wie früher erwähnt, mit den verschiedensten Arten von sozialen Verbänden sich deshalb zu verbinden pflegen, weil das nicht „versachlichte" Denken auch einen rein künstlichen und sachlichen „Zweckverband" der persönlichen und religiös garantierten Verbrüderung nicht entbehren konnte. Daher attrahierte die Reglementierung des Sexuallebens insbesondere, in deren Dienst die Sippe sich stellte, überall eine tabuartige religiöse Garantie, wie sie am besten die Vorstellungen des Totemismus boten. Aber das Totem ist nicht auf sexualpolitische Zwecke und überhaupt nicht auf die „Sippe" beschränkt und keineswegs notwendig auf diesem Gebiet zuerst erwachsen, sondern eine weitverbreitete Art, Verbrüderungen unter magische Garantie zu stellen. Der Glaube an die einst universelle Geltung und erst recht die Ableitung fast aller sozialen Gemeinschaften und der gesamten Religion aus dem Totemismus, ist als eine gewaltige Übertreibung heute wohl durchweg aufgegeben. Allein für die magisch geschützte und erzwungene Arbeitsteilung der Geschlechter und die Berufsspezialisierung und damit für die Entwicklung und Reglementierung des Tausches als regulärer *Binnen*erscheinung (im Gegensatz zum Außenhandel) haben diese Motive eine oft sehr bedeutende Rolle gespielt.

Die Tabuierungen, speziell die magisch bedingten Speiseverbote, zeigen uns eine neue Quelle der so weittragenden Bedeutung des Instituts der Tischgemeinschaft. Die eine war, wie wir sahen, die Hausgemeinschaft. Die zweite ist die durch den tabuistischen Unreinheitsgedanken bedingte Beschränkung der Tischgemeinschaft auf Genossen der gleichen magischen Qualifikation. Beide Quellen der Tischgemeinschaft können in Konkurrenz und Konflikt miteinander geraten. Wo beispielsweise die Frau einer anderen Sippe zugerechnet wird als der Mann, darf sie sehr häufig den Tisch mit dem Mann nicht teilen, unter Umständen ihn gar nicht essen sehen. Ebenso aber darf der tabuierte König oder dürfen tabuierte privilegierte Stände (Kasten) oder religiöse Gemeinschaften weder den Tisch mit anderen teilen noch dürfen die höher privilegierten Kasten bei ihren Kultmahlen oder unter Umständen sogar bei ihrer täglichen Mahlzeit den Blicken „unreiner" Außenstehender ausgesetzt sein. Anderseits ist daher die Herstellung der Tischgemeinschaft sehr oft eins derjenigen Mittel, religiöse und damit unter Umständen auch ethnische und politische Verbrüderung herbeizuführen. Der erste große Wendepunkt in der Entwicklung des Christentums war die in Antiochia zwischen Petrus und den unbeschnittenen Proselyten hergestellte Tischgemeinschaft, auf welche Paulus daher in seiner Polemik gegen Petrus das entscheidende Gewicht legt. Außerordentlich groß sind anderseits die Hemmungen des Verkehrs und der Entwicklung der Marktgemeinschaft ebensowie anderer sozialer Vergemeinschaftung, welche durch tabuartige Normen geschaffen werden. Die absolute Unreinheit des außerhalb der eigenen Konfession Stehenden, wie sie der Schiitismus im Islam kennt, hat für seine Anhänger bis in die Neuzeit hinein, wo man durch Fiktionen aller Art abhalf, elementare Verkehrshindernisse gebildet. Die Tabuvorschriften der indischen Kasten haben mit weit elementarerer Gewalt den Verkehr zwischen den Personen gehemmt, als das Fung-schui-System des chinesischen Geisterglaubens dem Güterverkehr sachliche Hindernisse in den Weg gelegt hat. Natürlich zeigen sich die Schranken der Macht des Religiösen gegenüber den elementaren Bedürfnissen des Alltags auch auf diesem Gebiet: „Die Hand eines Handwerkers ist (nach indischem Kastentabu) immer rein", ebenso Minen und Ergasterien und was im Laden zum Verkauf ausliegt oder was ein Bettelstudent (asketischer Brahmanenschüler) an Nahrung in seine Hand nimmt.

Nur das sexuelle Kastentabu pflegt in sehr starkem Maße zugunsten der polygamen Interessen der Besitzenden durchbrochen zu werden: die Töchter niederer Kasten waren in begrenztem Maß meist als Nebenweiber zugelassen. Und wie das Fung-schui in China, so wird auch das Kastentabu in Indien durch die bloße Tatsache des sich durchsetzenden Eisenbahnverkehrs langsam aber sicher illusorisch gemacht. Die Kastentabuvorschriften hätten den Kapitalismus formell nicht unmöglich gemacht. Aber daß der ökonomische Rationalismus da, wo die Tabuierungsvorschriften eine derartige Macht einmal gewonnen hatten, nicht seine bodenständige Heimat finden konnte, liegt auf der Hand. Dazu waren trotz aller Erleichterungen schon die inneren Hemmungen der arbeitsteiligen Zusammenfügung von Arbeitern getrennter Berufe und das heißt: getrennter Kasten, in einem Betriebe doch immerhin zu wirksam. Die Kastenordnung wirkt, wenn auch nicht den positiven Vorschriften, so doch ihrem „Geiste" und ihren Voraussetzungen nach, in der Richtung fortgesetzter, immer weiterer handwerksmäßiger Arbeits*spezialisierung.* Und die spezifische Wirkung der religiösen Weihe der Kaste auf den „Geist" der Wirtschaftsführung ist eine dem Rationalismus gerade entgegengesetzte. Die Kastenordnung macht die einzelnen arbeitsteiligen Tätigkeiten, soweit sie diese zum Unterschiedsmerkmal der Kasten nimmt, zu einem religiös zugewiesenen und daher geweihten „Beruf". Jede, auch die verachtetste, Kaste Indiens sieht in ihrem Gewerbe – das Diebsgewerbe nicht ausgenommen – eine von spezifischen Göttern oder doch von einem spezifischen göttlichen Willen gestiftete und ihr ganz speziell zugewiesene Lebenserfüllung und speist ihr Würdegefühl aus der technisch vollendeten Ausführung dieser „Berufsaufgabe". Aber diese „Berufsethik" ist, mindestens für das Gewerbe, in einem bestimmten Sinn spezifisch „traditionalistisch" und nicht rational. Ihre Erfüllung und Bewährung findet sie auf dem Gebiet der gewerblichen Produktion in der absoluten qualitativen Vollkommenheit des *Produkts.* Fern liegt ihr der Gedanke der Rationalisierung der Vollzugs*weise,* die aller modernen rationalen Technik oder der Systematisierung des Betriebs zur rationalen Erwerbswirtschaft, die allem modernen Kapitalismus zugrunde liegt. Die ethische Weihe dieses Wirtschaftsrationalismus, des „Unternehmers", gehört der Ethik des asketischen Protestantismus an. Die Kastenethik verklärt den „Geist" des Handwerks, den Stolz nicht auf den in Geld qualifizierten Wirtschafts*ertrag* oder auf die in rationaler Arbeitsverwendung sich bewährenden Wunder der rationalen Technik, sondern den Stolz auf die in der Schönheit und Güte des Produkts sich bewährende persönliche, virtuose, kastenmäßige Handfertigkeit des Produzenten. Für die Wirkung der indischen Kastenordnung im speziellen war – wie zur Erledigung dieser Zusammenhänge schon hier erwähnt sein mag – vor allem entscheidend der Zusammenhang mit dem Seelenwanderungsglauben, daß die Verbesserung der Wiedergeburtschancen *nur* durch Bewährung *innerhalb* der für die eigene Kaste vorgeschriebenen Berufstätigkeit möglich ist. Jedes Heraustreten aus der eigenen Kaste, insbesondere jeder Versuch, in die Tätigkeitssphären anderer, höherer, Kasten einzugreifen, bringt bösen Zauber und die Chance ungünstiger Wiedergeburt mit sich. Dies erklärt es, daß, nach häufigen Beobachtungen in Indien, *gerade* die untersten Kasten – denen natürlich die Besserung ihrer Wiedergeburtschancen besonders am Herzen liegt – am festesten an ihren Kasten und den Pflichten hingen und (im ganzen) nie daran dachten, die Kastenordnung etwa durch „soziale Revolutionen" oder „Reformen" umstürzen zu wollen. Das biblische, auch von Luther stark betonte: „*bleibe* in deinem Beruf", ist hier zu einer religiösen Kardinalpflicht erhoben und durch schwere religiöse Folgen sanktioniert.

Wo der Geisterglauben zum Götterglauben rationalisiert wird, also nicht mehr die Geister magisch gezwungen, sondern Götter kultisch verehrt und gebeten sein wollen, schlägt die magische Ethik des Geisterglaubens in die Vorstellung um: daß denjenigen, welcher die gottgewollten Normen verletzt, das ethische Mißfallen des Gottes trifft, welcher jene Ordnungen unter seinen speziellen Schutz gestellt hat. Es wird nun die Annahme möglich, daß es nicht Mangel an Macht des eigenen Gottes sei, wenn die Feinde siegen oder anderes Ungemach über das eigene Volk kommt, sondern daß der Zorn des eigenen Gottes über seine Anhänger durch die Verletzungen der von ihm geschirmten ethischen Ordnungen erregt, die eigenen *Sünden* also daran schuld seien und daß der Gott mit einer ungünstigen Entscheidung gerade sein Lieblingsvolk hat züchtigen und erziehen wollen. Immer neue Missetaten Israels, eigene der jetzigen Generation oder solche der Vorfahren, wissen seine Propheten aufzufinden, auf welche der Gott mit seinem schier unersättlichen Zorn reagiert, indem er sein eigenes Volk anderen, die ihn gar nicht einmal anbeten, unterliegen läßt. Dieser Gedanke, in allen denkbaren Abwandlungen überall verbreitet, wo die Gotteskonzeption universalistische Züge annimmt, formt aus den magischen, lediglich mit der Vorstellung des bösen Zaubers operierenden Vorschriften die „religiöse Ethik": Verstoß gegen den Willen des Gottes wird jetzt eine ethische „Sünde", die das „Gewissen" belastet, ganz unabhängig von den unmittelbaren Folgen. Übel, die den einzelnen treffen, sind gottgewollte Heimsuchungen und Folgen der Sünde, von denen der Einzelne durch ein Gott wohlgefälliges Verhalten: „Frömmigkeit", befreit zu werden, „Erlösung" zu finden, hofft. Fast nur in diesem elementaren rationalen Sinn der Befreiung von ganz konkreten Übeln tritt der folgenschwere Gedanke der „Erlösung" noch im Alten Testament auf. Und die religiöse teilt mit der magischen Ethik zunächst durchaus auch die andere Eigenart: daß es ein Komplex oft höchst heterogener, aus den allerverschiedensten Motiven und Anlässen entstandener, nach unserer Empfindungsart „Wichtiges" und „Unwichtiges" überhaupt nicht scheidender, Gebote und Verbote ist, deren Verletzung die „Sünde" konstituiert. Nun aber kann eine Systematisierung dieser ethischen Konzeptionen eintreten, welche von dem rationalen Wunsch: durch gottgefälliges Tun sich persönliche äußere Annehmlichkeiten zu sichern, bis zu der Auffassung der Sünde als einer einheitlichen Macht des Widergöttlichen führt, in deren Gewalt der Mensch fällt, der „Güte" aber als einer einheitlichen Fähigkeit zur heiligen Gesinnung und einem aus ihr einheitlich folgenden Handeln und der Erlösungshoffnung als einer irrationalen Sehnsucht, „gut" sein zu können lediglich oder doch primär um des bloßen beglückenden Besitzes des Bewußtseins willen, es zu sein. Eine lückenlose Stufenfolge der allerverschiedensten, immer wieder mit rein magischen Vorstellungen gekreuzten Konzeptionen führt zu diesen sehr selten und von der Alltagsreligiosität nur intermittierend in voller Reinheit erreichten Sublimierungen der Frömmigkeit als einer kontinuierlich, als konstantes Motiv wirkenden Grundlage einer spezifischen *Lebensführung*. Noch dem Vor-

stellungskreis des Magischen gehört jene Konzeption der „Sünde" und „Frömmigkeit" als einheitlicher Mächte an, welche beide als eine Art von materiellen
Substanzen auffaßt, welche das Wesen des „böse" oder „gut" Handelnden nach
Art eines Gifts oder eines dagegen wirkenden Heilserums oder nach Art etwa
einer Körpertemperatur auffassen, wie sich das in Indien findet: „tapas", die
(durch Askese errichte) Macht des Heiligen, die ein Mensch im Leibe hat, heißt
ursprünglich jene „Hitze", welche der Vogel beim Brüten, der Weltschöpfer bei
der Erzeugung der Welt, der Magier bei der durch Mortifikation erzeugten heiligen Hysterie, welche zu übernatürlichen Fähigkeiten führt, in sich entwickelt.
Von der Vorstellung: daß der gut Handelnde eine besondere „Seele" göttlicher
Provenienz in sich aufgenommen habe, und weiter bis zu den später zu erörternden Formen des innerlichen „Habens" des Göttlichen ist ein weiter Weg. Und
ebenso von der Auffassung der „Sünde" als eines magisch zu kurierenden Gifts
im Leibe des Übeltäters durch die Vorstellung eines bösen Dämons, von dem er
besessen ist, bis zur teuflischen Macht des „radikal Bösen", mit der er kämpft und
der er in Gefahr ist zu verfallen.

Bei weitem nicht jede religiöse Ethik hat den Weg bis zu diesen Konzeptionen
durchlaufen. Die Ethik des Konfuzianismus kennt das radikal Böse und überhaupt eine einheitliche widergöttliche Macht der „Sünde" nicht. Die hellenische
und römische ebenfalls nicht. In beiden Fällen hat außer einem selbständigen organisierten Priestertum auch jene historische Erscheinung gefehlt, welche nicht
unbedingt immer, aber allerdings normalerweise die Zentralisierung der Ethik
unter dem Gesichtspunkt religiöser Erlösung schafft: die *Prophetie*. In Indien hat
die Prophetie nicht gefehlt, aber – wie noch zu erörtern – einen sehr spezifischen
Charakter gehabt, und dementsprechend auch die dort sehr hoch sublimierte Erlösungsethik. Prophetie und Priestertum sind die beiden Träger der Systematisierung und Rationalisierung der religiösen Ethik. Daneben aber fällt als dritter, die
Entwicklung bestimmender Faktor der Einfluß derjenigen ins Gewicht, auf welche Propheten und Priester ethisch zu wirken suchen: der „Laien". Wir müssen
die Art des Mit- und Gegeneinanderwirkens dieser drei Faktoren zunächst ganz
allgemein in Kürze erörtern.

4. „Prophet".

Was ist, soziologisch gesprochen, ein Prophet? Wir unterlassen hier, die Frage der
„Heilbringer", welche Breysig s. Zt. angeschnitten hat, allgemein zu erörtern.
Nicht jeder anthropomorphe Gott ist ein vergötterter Bringer äußeren oder inneren Heils und bei weitem nicht jeder Bringer von solchem ist zu einem Gott oder
auch nur Heiland geworden, so weitverbreitet die Erscheinung auch gewesen ist.

Wir wollen hier unter einem „Propheten" verstehen einen rein *persönlichen*
Charismaträger, der kraft seiner Mission eine religiöse *Lehre* oder einen göttlichen Befehl verkündet. Wir wollen dabei hier keinen grundsätzlichen Unterschied
darnach machen: ob der Prophet eine (wirklich oder vermeintlich) alte Offenbarung neu verkündet oder füglich neue Offenbarungen zu bringen beansprucht, ob
er also als „Religionserneuerer" oder als „Religionsstifter" auftritt. Beides kann
ineinander übergehen, und insbesondere ist nicht die Absicht des Propheten
selbstmaßgebend dafür, ob aus seiner Verkündigung eine neue *Gemeinschaft* entsteht; dazu können auch die Lehren unprophetischer Reformatoren den Anlaß ge-

ben. Auch ob mehr die Anhängerschaft an die Person wie bei Zarathustra, Jesus, Muhammed oder mehr an die Lehre als solche – wie bei Buddha und der israelitischen Prophetie – hervortritt, soll uns in diesem Zusammenhang nichts angehen. Entscheidend ist für uns die „persönliche" Berufung. Das scheidet ihn vom Priester. Zunächst und vor allem, weil dieser im Dienst einer heiligen Tradition, der Prophet dagegen kraft persönlicher Offenbarung oder Gesetzes Autorität beansprucht. Es ist kein Zufall, daß mit verschwindenden Ausnahmen, kein Prophet aus der Priesterschaft hervorgegangen ist. Die indischen Heilslehrer sind regelmäßig keine Brahmanen, die israelitischen keine Priester, und nur Zarathustra könnte vielleicht aus Priesteradel stammen. Im Gegensatz zum Propheten spendet der Priester Heilsgüter kraft seines Amts. Freilich kann das Priesteramt an ein persönliches Charisma geknüpft sein. Aber auch dann bleibt der Priester als Glied eines vergesellschafteten Heilsbetriebs durch sein Amt legitimiert, während der Prophet ebenso wie der charismatische Zauberer lediglich kraft persönlicher Gabe wirkt. Vom Zauberer unterscheidet er sich dadurch, daß er inhaltliche Offenbarungen verkündet, der Inhalt seiner Mission nicht in Magie, sondern in Lehre oder Gebot besteht. Äußerlich ist der Übergang flüssig. Der Zauberer ist sehr häufig Divinationskündiger, zuweilen nur dies. Die Offenbarung funktioniert in diesem Stadium kontinuierlich als Orakel oder als Traumeingebung. Ohne Befragung der Zauberer kommen Neuregelungen von Gemeinschaftsbeziehungen ursprünglich kaum irgendwo zustande. In Teilen Australiens sind es noch heute nur die im Traum eingegebenen Offenbarungen von Zauberern, welche den Versammlungen der Sippenhäupter zur Annahme unterbreitet werden, und es ist sicherlich eine „Säkularisation", wenn dies dort vielfach schon jetzt fortgefallen ist. Und ferner: ohne jede charismatische, und das heißt normalerweise: magische, Beglaubigung hat ein Prophet nur unter besonderen Umständen Autorität gewonnen. Zum mindesten die Träger „neuer" Lehren haben ihrer fast immer bedurft. Es darf keinen Augenblick vergessen werden, daß Jesus seine eigene Legitimation und den Anspruch, daß er und nur er den Vater kenne, daß nur der Glaube an ihn der Weg zu Gott sei, *durchaus* auf das magische Charisma stützte, welches er in sich spürte, daß dieses Machtbewußtsein weit mehr als irgend etwas anderes es zweifellos auch war, was ihn den Weg der Prophetie betreten ließ. Die Christenheit des apostolischen und nachapostolischen Zeitalters kennt den wandernden Propheten als eine reguläre Erscheinung. Immer wird dabei der Beweis des Besitzes der spezifischen Gaben des Geistes, bestimmter magischer oder ekstatischer Fähigkeiten verlangt. Sehr oft wird die Divination ebenso wie die magische Therapeutik und Beratung „berufsmäßig" ausgeübt. So von den im Alten Testament, besonders in den Chroniken und prophetischen Büchern, massenhaft erwähnten „Propheten" (nabi, nabijim). Aber eben von ihnen unterscheidet sich der Prophet im hier gemeinten Sinn des Worts rein ökonomisch: durch die *Unentgeltlichkeit* seiner Prophetie. Zornig wehrt sich Amos dagegen, ein „nabi" genannt zu werden. Und der gleiche Unterschied besteht auch gegenüber den Priestern. Der typische Prophet propagiert die „Idee" um ihrer selbst willen, nicht – wenigstens nicht erkennbar und in geregelter Form – um Entgelts willen. Die Unentgeltlichkeit der prophetischen Propaganda, z. B. der ausdrücklich festgehaltene Grundsatz: daß der Apostel, Prophet, Lehrer des alten Christentums kein Gewerbe aus seiner Verkündigung mache, nur kurze Zeit die Gastfreundschaft seiner Getreuen in Anspruch nehme, entweder von seiner Hände Arbeit oder (wie der Buddhist) von dem ohne ausdrückliche Bitte Gegebenen leben muß, wird in den Episteln des Paulus (und, in jener anderen Wendung, in der buddhistischen Mönchsregel) immer erneut mit größtem Nachdruck betont („wer nicht arbeitet, soll nicht essen" gilt den *Missionaren*) und ist natürlich auch eines der Hauptgeheimnisse des Propagandaerfolges der Prophetie selbst. –

Die Zeit der älteren israelitischen Prophetie, etwa des Elia, ist in ganz Vorderasien und auch in Hellas eine Epoche stark prophetischer Propaganda gewesen. Vielleicht im Anschluß an die Neubildung der großen Weltreiche in Asien und der nach längerer Unterbrechung wieder zunehmenden Intensität des internationalen Verkehrs beginnt, namentlich in Vorderasien, die Prophetie in allen ihren Formen. Griechenland ist damals der Invasion des thrakischen Dionysoskultes ebenso wie der allerverschiedensten Prophetien ausgesetzt gewesen. Neben den halbprophetischen Sozialreformern brachen rein religiöse Bewegungen in die schlichte magische und kultische Kunstlehre der homerischen Priester ein. Emotionale Kulte ebenso wie die emotionale, auf „Zungenreden" beruhende Prophetie und die Schätzung der Rauschekstasen brachen die Entwicklung von theologisierendem Rationalismus (Hesiod) und den Anfängen der kosmogonischen und philosophischen Spekulationen, der philosophischen Geheimlehren und Erlösungsreligionen und gingen parallel mit der überseeischen Kolonisation und vor allem der Polisbildung und Umbildung auf der Basis des Bürgerheeres. Wir haben hier diese von Rohde glänzend analysierten Vorgänge des 8. und 7. Jahrhunderts, die teilweise bis ins 6. und selbst 5. Jahrhundert hinabreichen – also zeitlich sowohl der jüdischen wie der persischen wie der indischen Prophetie, wahrscheinlich auch den uns nicht mehr bekannten vorkonfuzianischen Leistungen der chinesischen Ethik darin entsprachen, – nicht zu schildern. Sowohl was die ökonomischen Merkmale: Gewerbsmäßigkeit oder nicht, betrifft, und was das Vorhandensein einer „Lehre" anlangt, sind diese hellenischen „Propheten" untereinander sehr verschieden. Auch der Hellene (Sokrates) unterschied gewerbsmäßige Lehre und unentgeltliche Ideenpropaganda. Und auch in Hellas war die einzige wirkliche *Gemeinde*religiosität: die orphische und ihre Erlösung durch das Merkmal einer wirklichen Heils*lehre* von aller anderen Art von Prophetie und Erlösungstechnik, insbesondere derjenigen der Mysterien, klar unterschieden. Wir haben hier vor allem die Typen der Prophetie von denen der sonstigen religiösen oder anderen Heilbringer zu sondern.

Auch in historischer Zeit oft flüssig ist der Übergang vom „Propheten" zum „Gesetzgeber", wenn man unter diesem eine Persönlichkeit versteht, welche im Einzelfall mit der Aufgabe betraut wird, ein Recht systematisch zu ordnen oder neu zu konstituieren, wie namentlich die hellenischen Aisymneten (Solon, Charondas usw.). Es gibt keinen Fall, daß ein solcher Gesetzgeber oder sein Werk nicht mindestens die nachträgliche göttliche Gutheißung erhalten hätte. Ein „Gesetzgeber" ist etwas anderes als der italienische Podestà, den man von auswärts, nicht um eine soziale Neuordnung zu schaffen, sondern um einen koteriefreien unparteiischen Herrn zu haben, berief, also ein Fall von Geschlechterfehden innerhalb der *gleichen* Schicht. Die Gesetzgeber werden dagegen, wenn nicht immer, so in aller Regel, dann zu ihrem Amt berufen, wenn *soziale* Spannungen bestehen. Besonders oft, wenn der überall typische früheste Anlaß planvoller „Sozialpolitik" eingetreten ist: ökonomische Differenzierung der Kriegerschaft durch neuentstandenen Geldreichtum der einen und Schuldverknechtung der andern und eventuell daneben unausgeglichene politische Aspirationen der durch ökonomischen Erwerb reich gewordenen Schichten gegenüber dem alten Kriegeradel. Der Aisymnet soll den Ständeausgleich vollziehen und ein für immer gültiges neues „heiliges" Recht schaffen und göttlich beglaubigen lassen. Es ist sehr wahrscheinlich, daß Moses eine historische Figur war. Ist dies der Fall, dann gehört er seiner Funktion nach zu den Aisymneten. Denn die Bestimmungen des ältesten israelitischen heiligen Rechts setzen Geldwirtschaft und dadurch entweder schon entstandene oder doch drohende scharfe Interessengegensätze innerhalb der Eidgenossen voraus. Der Ausgleich oder die Vorbeugung gegen diese Gegensätze (z. B. die Seisachthie des Erlaßjahrs) und die Organisation der israelitischen Eidgenossenschaft mit einem einheitlichen Nationalgott sind sein Werk, welches, dem Charakter nach, zwischen demjenigen Muhammeds und der antiken Aisymneten etwa in der Mitte steht. An dieses Gesetz knüpft sich denn auch, ganz wie an den Ständeausgleich in so vielen anderen Fällen (vor allem in Rom und Athen) die Expansionsperiode des neugeeinigten Volks nach außen. Und es war nach Moses in Israel „kein Prophet gleich ihm"; das heißt kein Aisymnet. Nicht nur nicht alle Propheten sind also Aisymneten in jenem Sinn, sondern gerade die üblicherweise sogenannte Prophetie gehört nicht hierher. Gewiß erscheinen auch die späteren Propheten Israels als „sozialpolitisch" interessiert. Das „Wehe" ertönt über diejenigen, welche die Armen bedrücken und versklaven, Acker an Acker fügen, die Rechtsfindung gegen Geschenke beugen, – durchaus die typischen Ausdrucksformen aller antiken Klassendifferenzierung, verschärft wie überall durch die inzwischen eingetretene Organisation der Polis Jerusalem. Dieser Zug darf aus dem Bilde der meisten israelitischen Propheten nicht gestrichen werden. Um so weniger, als z. B. der indischen Prophetie jeder derartige Zug fehlt, obwohl man die Verhältnisse Indiens zur Zeit Buddhas als den hellenischen des 6. Jahrhunderts relativ ziemlich ähnlich bezeichnet hat. Der Unterschied folgt aus noch zu erörternden religiösen Gründen. Für die israelitische Prophetie sind aber diese sozialpolitischen Argumentationen, was andererseits auch nicht verkannt werden darf, nur Mittel zum Zweck. Sie sind in erster Linie an der auswärtigen Politik als der Tatenbühne ihres Gottes interessiert. Das dem Geist des mosaischen Gesetzes widerstreitende Unrecht, auch das soziale, kommt für sie nur als Motiv und zwar als eins der Motive für Gottes Zorn in Betracht, nicht aber als Grundlage eines sozialen Reformprogramms. Charakteristischerweise ist gerade der einzige soziale Reformtheoretiker: Hesekiel, ein priesterlicher Theoretiker und kaum noch Prophet zu nennen. Jesus vollends ist an sozialer Reform als solcher schlechterdings nicht interessiert. Zarathustra teilt den Haß seines viehzüchtenden Volks gegen die räuberischen Nomaden, aber er ist zentral religiös, an dem Kampf gegen den magischen Rauschkult und für den Glauben an seine eigene göttliche Mission interessiert, deren Konsequenzen lediglich die ökonomischen Seiten seiner Prophetie sind. Erst recht trifft dies bei Muhammed zu, dessen Sozialpolitik, von Omar in ihre Konsequenzen getrieben, fast ganz an dem Interesse der inneren Einigung der Gläubigen zum Kampf nach außen, zum Zweck der Erhaltung eines Maximum von Gottesstreitern hängt.

Den Propheten spezifisch ist, daß sie ihre Mission nicht kraft menschlichen Auftrags übernehmen, sondern usurpieren. Das tun freilich auch die „Tyrannen" der hellenischen Polis, welche funktionell oft den legalen Aisymneten sehr nahestehen und auch ihre spezifische Religionspolitik (häufig z. B. die Förderung des emotionalen, bei der Masse im Gegensatz zum Adel populären Dionysoskults) gehabt haben. Aber die Propheten usurpieren ihre Gewalt kraft göttlicher Offenbarung und dem Schwerpunkt nach zu religiösen Zwecken, und die für sie typische religiöse Propaganda liegt ferner in der gerade entgegengesetzten Richtung wie die typische Religionspolitik der hellenischen Tyrannen: in dem Kampf *gegen* die Rauschkulte. Muhammeds von Grund aus politisch orientierte Religion und seine Stellung in Medina, welche zwischen derjenigen eines italienischen Podestà und etwa der Stellung Calvins in Genf in der Mitte steht, wächst dennoch aus primär rein prophetischer Mission heraus: er, der Kaufmann, war zuerst ein Leiter pietistischer bürgerlicher Konventikel in Mekka, bis er zunehmend erkannte, daß die Organisation des Beuteinteresses der Kriegergeschlechter die gegebene äußere Grundlage für seine Mission sei.

Andererseits ist der Prophet durch Übergangsstufen verbunden mit dem ethischen, speziell dem sozialethischen *Lehrer,* der, neuer oder erneuten Verständnisses alter Weisheit voll, Schüler um sich sammelt, Private in privaten Fragen, Fürsten in öffentlichen Dingen der Welt berät und eventuell zur Schöpfung ethischer Ordnungen zu bestimmen sucht. Die Stellung des Lehrers religiöser oder philosophischer Weisheit zum Schüler ist namentlich in den asiatischen heiligen Rechten außerordentlich fest und autoritär geregelt und gehört überall zu den festesten Pietätsverhältnissen, die es gibt. Die magische wie die Heldenlehre ist in aller Regel so geordnet, daß der Novize einem einzelnen erfahrenen Meister zugewiesen wird oder ihn sich – etwa so wie der „Leibfuchs" den „Leibburschen" im deutschen Couleurwesen – aussuchen darf, dem er nun in persönlicher Pietät attachiert ist und der seine Ausbildung überwacht. Alle Poesie der hellenischen Knabenliebe stammt aus dieser Pietätsbeziehung, und bei Buddhisten und Konfuzianern und in aller Mönchserziehung pflegt ähnlich verfahren zu werden. Der Typus ist am konsequentesten in der Stellung des „Guru" im indischen heiligen Recht durchgeführt, des brahmanischen Lehrers, dessen Lehre und Lebensleitung jeder zur vornehmen Gesellschaft Gehörige jahrelang sich rückhaltlos hingeben muß. Er hat souveräne Gewalt, und das Obödienzverhältnis, welches etwa der Stellung eines Famulus des okzidentalen Magisters entspricht, wird der Familienpietät vorangestellt, ebenso wie die Stellung des Hofbrahmanen (Purohita) offiziell in einer Art geordnet ist, welche dessen Machtstellung weit über die mächtigsten Beichtväter des Abendlandes erhebt. Allein der Guru ist lediglich ein Lehrer, der erworbenes, nicht nur offenbartes, Wissen weitergibt und nicht kraft eigener Autorität, sondern im Auftrag lehrt. Auch der philosophische Ethiker und Sozialreformer aber ist kein Prophet in unserem Sinn, so nahe er ihm stehen kann. Gerade die ältesten, legendenumwobenen Weisen der Hellenen, Empedokles und ähnliche, vor allem Pythagoras, stehen freilich dem Prophetentum am nächsten und haben teilweise auch Gemeinschaften mit eigener Heilslehre und Lebensführung hinterlassen, auch die Heilandsqualität, zum Teil wenigstens, prätendiert. Es sind Typen von Intellektuellenheilslehrern, welche den indischen Parallelerscheinungen vergleichbar sind, nur bei weitem nicht deren Konsequenz in der Abstellung von Leben und Lehre auf „Erlösung" erreicht haben. Noch weniger können die Stifter und Häupter der eigentlichen „Philosophenschulen" als „Propheten" in unserem Sinn aufgefaßt werden, so nahe sie ihnen zuweilen kamen. Gleitende Übergänge führen von Konfuzius, in dessen Tempel selbst der Kaiser den Kotau vollzieht, zu Platon. Beide waren lediglich schulmäßig lehrende Philosophen, getrennt durch die bei Konfuzius zentrale, bei Platon mehr gelegentliche Abgestelltheit auf bestimmenden sozialreformerischen Einfluß auf Fürsten. Von dem Propheten aber trennt sie das Fehlen der aktuellen emotionalen *Predigt,* welche, einerlei, ob durch Rede oder Pamphlete oder schriftlich verbreitete Offenbarungen nach Art der Suren Muhammeds, dem Propheten eigentümlich ist. Dieser steht stets dem Demagogen oder politischen Publizisten näher als dem „Betrieb" eines Lehrers, und andererseits ist die Tätigkeit etwa des Sokrates, der sich ebenfalls im Gegensatz gegen das professionelle Weisheitsgewerbe stehend fühlt, begrifflich von der Prophetie durch das Fehlen einer direkt offenbarten religiösen Mission geschieden. Das „Daimonion" reagiert bei Sokrates auf konkrete Situationen, und zwar vorwiegend abmahnend und warnend. Es findet sich bei ihm als Schranke seines ethischen, stark utilitarischen Rationalismus etwa an der Stelle, wo bei Konfuzius die magische Divination steht. Es ist schon aus jenem Grunde nicht einmal mit dem „Gewissen" der eigentlich religiösen Ethik gleichzusetzen, geschweige denn, daß es als ein prophetisches Organ gelten dürfte. Und so ist es mit allen Philosophen und ihren Schulen, wie sie China, Indien, die hellenische Antike, das jüdische, arabische und christliche Mittelalter in untereinander, soziologisch betrachtet, ziemlich ähnlicher Form gekannt haben. Sie können, wie bei den Pythagoräern, mehr der mystagogisch-rituellen, oder, wie bei den Kynikern, der exemplarischen Heilsprophetie (im bald zu erörternden Sinn) in der von ihnen produzierten und propagierten Lebensführung nahestehen. Sie können, wie die Kyniker, in ihrem Protest sowohl gegen die weltlichen Kulturgüter wie gegen die Sakramentsgnade der Mysterien, äußere und innere Verwandtschaft mit indischen und orientalischen asketischen Sekten zeigen. Der Prophet im hier festgehaltenen Sinn fehlt ihnen überall da, wo die Verkündigung einer religiösen Heilswahrheit kraft persönlicher Offenbarung fehlt. Diese soll hier als das entscheidende Merkmal des Propheten festgehalten werden. Die indischen Religionsreformer endlich nach Art des Çankara und Ramanuja, und die Reformatoren von der Art Luthers, Zwinglis, Calvins, Wesleys sind von der Kategorie der Propheten dadurch getrennt, daß sie weder kraft einer inhaltlich neuen Offenbarung noch wenigstens kraft eines speziellen göttlichen Auftrags zu sprechen prätendieren, wie dies z. B. der Stifter der Mormonenkirche, – der, auch in rein technischer Hinsicht mit Muhammed Ähnlichkeit zeigt, – und vor allem die jüdischen Propheten, aber auch z. B. Montanus und Novatianus und auch, allerdings mit einem stark rational lehrhaften Anflug, Mani und Manus, mit mehr emotionalem George Fox, taten.

Scheidet man alle bisher genannten, oft sehr dicht angrenzenden Formen aus dem Begriff aus, dann bleiben immer noch verschiedene Typen.

Zunächst der *Mystagoge.* Er praktiziert Sakramente, d. h. magische Handlungen, welche Heilsgüter verbürgen. Durch die ganze Welt hat es Erlöser dieser Art gegeben, die sich von dem gewöhnlichen Zauberer nur graduell durch die Sammlung einer speziellen *Gemeinde* um sich unterscheiden. Sehr oft haben sich dann auf Grund eines für erblich geltenden, sakramentalen Charisma Dynastien von Mystagogen entwickelt, welche durch Jahrhunderte hindurch ihr Prestige behaupteten, Schüler mit Vollmachten ausstatteten und so eine Art von Hierarchenstellung einnahmen. Namentlich in Indien, wo der Titel Guru auch auf solche Heilsspender und ihre Bevollmächtigten angewendet wird. Ebenso in China, wo z. B. der Hierarch der Taoisten und einige geheime Sektenhäupter erblich eine solche Rolle spielten. Der gleich zu erwähnende Typus der exemplarischen Prophetie schlägt in der zweiten Generation sehr regelmäßig in Mystagogentum um. Massenhaft sind sie auch in ganz Vorderasien zu Hause gewesen und in dem erwähnten prophetischen Zeitalter nach Hellas hinübergekommen. Aber z. B. auch die weit älteren Adelsgeschlechter, welche erbliche Leiter der Eleusinischen Mysterien waren, repräsentieren wenigstens noch einen Grenzfall nach der Seite der einfachen Erbpriestergeschlechter hin. Der Mystagoge spendet magisches Heil, und es fehlt ihm oder bildet doch nur ein untergeordnetes Anhängsel: die ethische *Lehre*. Statt dessen besitzt er eine vornehmlich erblich fortgepflanzte magische Kunstlehre. Auch pflegt er von seiner vielbegehrten Kunst ökonomisch existieren zu wollen. Wir wollen daher auch ihn aus dem Prophetenbegriff ausscheiden, selbst wenn er neue Heilswege offenbart.

Dann bleiben noch zwei Typen von Prophetentum in unserem Sinn, deren einer am klarsten durch Buddha, deren anderer besonders klar durch Zarathustra und Muhammed repräsentiert wird. Entweder ist nämlich der Prophet, wie in den letzten Fällen, ein im Auftrag eines Gottes diesen und seinen Willen – sei dies ein konkreter Befehl oder eine abstrakte Norm – verkündendes Werkzeug, der kraft Auftrags Gehorsam als ethische Pflicht fordert *(ethische Prophetie)*. Oder er ist ein exemplarischer Mensch, der anderen an seinem eigenen Beispiel den Weg zum religiösen Heil zeigt, wie Buddha, dessen Predigt weder von einem göttlichen Auftrag, noch von einer ethischen Gehorsamspflicht etwas weiß, sondern sich an das eigene Interesse der Heilsbedürftigen wendet, den gleichen Weg wie er selbst zu betreten *(exemplarische Prophetie)*. Dieser zweite Typus eignet vornehmlich der indischen, in vereinzelten Exemplaren auch der chinesischen (Laotse) und vorderasiatischen, der erste aber ausschließlich der vorderasiatischen Prophetie, und zwar ohne Unterschied der Rasse. Denn weder die Veden, noch die chinesischen klassischen Bücher, deren älteste Bestandteile in beiden Fällen aus Preis- und Dankliedern heiliger Sänger und aus magischen Riten und Zeremonien bestehen, lassen es irgend wahrscheinlich erscheinen, daß dort jemals eine Prophetie des ethischen Typus nach der Art der vorderasiatisch-iranischen bestanden haben könnte. Der entscheidende Grund dafür liegt in dem Fehlen des persönlichen überweltlichen ethischen Gottes, welcher in Indien überhaupt nur in sakramental-magischer Gestalt innerhalb der späteren volkstümlichen hinduistischen Religiosität seine Heimat hatte, im Glauben derjenigen sozialen Schichten aber, innerhalb welcher sich die entscheidenden prophetischen Konzeptionen des Mahavira und Buddha vollzogen, nur intermittierend und stets wieder pantheistisch umgedeutet auftauchte, in China vollends in der Ethik der sozial ausschlaggebenden Schicht ganz fehlte. Inwieweit dies vermutlich mit der sozial bedingten intellektuellen Eigenart jener Schichten zusammenhing, darüber später. Soweit innerreligiöse Momente mitwirkten, war für Indien wie für China entscheidend, daß die Vorstellung einer rational geregelten Welt ihren Ausgangspunkt nahm von der zeremoniellen Ordnung der Opfer, an deren unwandelbaren Regelmäßigkeit alles hängt: vor allem die unentbehrliche Regelmäßigkeit der meteorologischen Vorgänge, animistisch gedacht: das normale Funktionieren und die Ruhe der Geister und Dämonen, welche sowohl nach klassischer wie nach heterodoxer chinesischer Anschauung durch eine ethisch richtig geführte Regierung, wie sie dem echten Tugendpfad (Tao) entspricht, verbürgt wird und ohne die auch nach vedischer Lehre alles fehlschlägt. Rita und Tao sind daher in Indien

bzw. China übergöttliche unpersönliche Mächte. Der überweltliche persönliche
ethische Gott dagegen ist eine vorderasiatische Konzeption. Sie entspricht so
sehr dem auf Erden allmächtigen einen König mit seinem rationalen bürokratischen Regiment, daß ein Kausalzusammenhang nicht gut abweisbar ist. Über die
ganze Erde hin ist der Zauberer in erster Linie Regenmacher, denn von rechtzei-
tigem, genügendem und auch nicht übermäßigem Regen hängt die Ernte ab. Der
pontifikale chinesische Kaiser ist es bis in die Gegenwart geblieben, denn wenigstens in Nordchina überwiegt die Bedeutung des unsicheren Wetters diejenige
der Bewässerungsanlage, so groß deren Wichtigkeit dort ist. Mauer- und Binnen-
schiffahrtskanalbauten, die eigentliche Quelle der kaiserlichen Bürokratie, waren
noch wichtiger. Meteorologische Störungen sucht er durch Opfer, öffentliche
Buße und Tugendübungen, z. B. durch Abstellung von Mißbräuchen in der Verwaltung, etwa durch eine Razzia auf unbestrafte Verbrecher, abzuwenden, weil
stets der Grund der Erregung der Geister und der Störung der kosmischen Ordnung entweder in persönlichen Verfehlungen des Monarchen oder in sozialer
Unordnung vermutet wird. Zu den Dingen, die Jahve, gerade in den älteren Teilen der Überlieferung, als Lohn für seine damals noch wesentlich bäuerlichen
Anhänger in Aussicht stellt, gehört ebenfalls: der Regen. Nicht zu wenig und auch
nicht zu viel (Sintflut) davon verspricht er. Aber rundum, in Mesopotamien wie
Arabien, war nicht der Regen der Erzeuger der Ernte, sondern ausschließlich die
künstliche Bewässerung. Sie allein ist in Mesopotamien, ähnlich wie in Ägypten
die Stromregulierung, die Quelle der absoluten Herrschaft des Königs, der seine
Einkünfte gewinnt, indem er durch zusammengeraubte Untertanen Kanäle und
an diesen Städte bauen läßt. In den eigentlichen Wüsten- und Wüstenrandgebie-
ten Vorderasiens ist dies wohl eine der Quellen der Vorstellung von einem Gott,
der die Erde und den Menschen nicht, wie sonst meist, gezeugt, sondern aus dem
Nichts „gemacht" hat: auch die Wasserwirtschaft des Königs schafft ja die Ernte
im Wüstensand aus dem Nichts. Der König schafft sogar das Recht durch Gesetze
und rationale Kodifikationen, – etwas, was die Welt in Mesopotamien zum ersten
Male erlebte. Und so erscheint es, auch abgesehen von dem Fehlen jener sehr eigenartigen Schichten, welche Träger der indischen und chinesischen Ethik waren,
und die dortige „gottlose" religiöse Ethik schufen, sehr begreiflich, daß unter diesem Eindruck auch die Ordnung der Welt als das Gesetz eines frei schaltenden,
überweltlichen, persönlichen Herrn konzipiert werden konnte. Zwar in Ägypten,
wo ursprünglich der Pharao selbst ein Gott war, scheiterte später der Anlauf Ech-
natons zum astralen Monotheismus an der schon unüberwindlichen Macht der
Priesterschaft, welche den volkstümlichen Animismus systematisiert hatte. Und
im Zweistromlande stand das alte, ebenfalls schon politisch und durch Priester
systematisierte Pantheon und die feste Ordnung des Staats dem Monotheismus
ebenso wie jeder demagogischen Prophetie im Wege. Aber der Eindruck des pha-
raonischen sowohl wie des mesopotamischen Königtums auf die Israeliten war
eher noch gewaltiger als der des persischen Königs, des „Basileus" κατ᾽ ἐξοχήν,
auf die Hellenen (wie er sich trotz seiner Niederlage z. B. in der Ausgestaltung
einer pädagogischen Schrift der „Kyrupaideia" ausspricht). Die Israeliten waren
dem „Diensthause" des irdischen Pharao nur entronnen, weil ein göttlicher König half. Die Errichtung des irdischen Königtums wird ausdrücklich als Abfall
von Jahve als dem eigentlichen Volkskönig erklärt, und die israelitische Prophetie
ist ganz und gar an dem Verhältnis zu den politischen Großmächten: den großen

Königen, orientiert, welche Israel zuerst als Zuchtruten Gottes zerschmetterten, dann wieder, kraft göttlicher Eingebung, ihm die Heimkehr aus dem Exil gestatten. Auch Zarathustras Vorstellungskreis scheint an den Konzeptionen westlicher Kulturländer orientiert. Die erste Entstehung sowohl der dualistischen wie der monotheistischen Prophetie scheint daher, neben anderen konkreten historischen Einflüssen, in ihrer Eigenart stark mitbedingt durch den Eindruck der relativ nahegelegenen großen Zentren straffer sozialer Organisation auf minder rationalisierte Nachbarvölker, welche Zorn und Gnade eines himmlischen Königs in ihrer eigenen beständigen Gefährdung durch die erbarmungslose Kriegsführung furchtbarer Nachbarn erblickten.

Mag aber die Prophetie mehr ethischen oder mehr exemplarischen Charakter haben, immer bedeutet – das ist das Gemeinsame – die prophetische Offenbarung, zunächst für den Propheten selbst, dann für seine Helfer: einen einheitlichen Aspekt des Lebens, gewonnen durch eine bewußt *einheitliche sinnhafte* Stellungnahme zu ihm. Leben und Welt, die sozialen wie die kosmischen Geschehnisse, haben für den Propheten einen bestimmten systematisch einheitlichen „Sinn", und das Verhalten der Menschen muß, um ihnen Heil zu bringen, daran orientiert und durch die Beziehung auf ihn einheitlich sinnvoll gestaltet werden. Die Struktur dieses „Sinnes" kann höchst verschieden sein, und er kann logisch heterogen scheinende Motive zu einer Einheit zusammenschmieden, denn nicht in erster Linie logische Konsequenz, sondern praktische Wertungen beherrschen die ganze Konzeption. Immer bedeutet sie, nur in verschiedenem Grade und mit verschiedenem Erfolge, einen Versuch der Systematisierung aller Lebensäußerungen, der Zusammenfassung also des praktischen Verhaltens zu einer *Lebensführung,* gleichviel, wie diese im Einzelfall aussehen möge. Immer enthält er ferner die wichtige religiöse Konzeption der „Welt", als eines „Kosmos", an welchen nun die Anforderung gestellt wird, daß er ein irgendwie „sinnvoll" geordnetes Ganze bilden müsse, und dessen Einzelerscheinungen an diesem Postulat gemessen und gewertet werden. Alle stärksten Spannungen der inneren Lebensführung sowohl wie der äußeren Beziehung zur Welt entstammen dann dem Zusammenstoß dieser Konzeption der Welt als eines, dem religiösen Postulat nach, sinnvollen Ganzen mit den empirischen Realitäten. Die Prophetie ist allerdings keineswegs die einzige Instanz, welche mit diesem Problem zu schaffen hat. Auch alle Priesterweisheit und ebenso alle priesterfreie Philosophie, intellektualistische und vulgäre, befaßt sich irgendwie mit ihm. Die letzte Frage aller Metaphysik lautete von jeher so: *wenn* die Welt als Ganzes und das Leben im besonderen einen „Sinn" haben soll, – welches kann er sein und wie muß die Welt aussehen, um ihm zu entsprechen? Aber die religiöse Problematik der Propheten und Priester ist der Mutterschoß, welcher die priesterfreie Philosophie, wo sie sich überhaupt entwickelte, aus sich entlassen hat, um sich dann mit ihr, als einer sehr wichtigen Komponente religiöser Entwicklung, auseinandersetzen zu müssen. Wir müssen daher die gegenseitigen Beziehungen von Priestern, Propheten und Nichtpriestern näher erörtern.

5. Gemeinde.

Der Prophet gewinnt sich, wenn seine Prophetie Erfolg hat, ständige Helfer: Sodalen (wie Bartholomae den Terminus der Gathas übersetzt), Schüler (alttestamentlich und indisch), Gefährten (indisch und islamisch), Jünger (bei Jesaja und neutestamentlich), welche im Gegensatz zu den zünftig oder durch Amtshierarchie vergesellschafteten Priestern und Wahrsagern ihm rein persönlich anhängen, – eine Beziehung, die bei der Kasuistik der Herrschaftsformen noch zu erörtern sein wird. Und neben diesen ständigen, an seiner Mission aktiv mitarbeitenden, auch ihrerseits meist irgendwie charismatisch qualifizierten Helfern besteht der Kreis von Anhängern, welche ihn durch Unterkunft, Geld, Dienste unterstützen und von seiner Mission ihr Heil erwarten, daher auch ihrerseits je nachdem nur von Fall zu Fall zum Gelegenheitshandeln sich verbinden oder dauernd, zu einer *Gemeinde*, vergesellschaftet sein können. Die „Gemeinde" in diesem religiösen Sinn – die zweite Kategorie von Gemeinde neben dem aus ökonomischen, fiskalischen oder anderen politischen Gründen vergesellschafteten Nachbarschaftsverband – taucht ebenfalls nicht *nur* bei Prophetie im hier festgehaltenen Sinne auf und entsteht andrerseits auch nicht bei jeder Prophetie. Sie entsteht bei ihr überhaupt erst als ein Produkt der Veralltäglichung, indem entweder der Prophet selbst oder seine Schüler den Fortbestand der Verkündigung und Gnadenspendung dauernd sichern, daher auch die *ökonomische* Existenz der Gnadenspendung und ihrer Verwalter dauernd sicherstellen und nun für die dadurch mit Pflichten Belasteten auch die Rechte monopolisieren. Sie findet sich deshalb auch bei Mystagogen und bei Priestern unprophetischer Religionen. Für den Mystagogen ist ihre Existenz ein normales Merkmal im Gegensatz zum bloßen Zauberer, der entweder einen freien Beruf ausübt, oder, zünftig organisiert, einen bestimmten nachbarschaftlichen oder politischen Verband, nicht eine besondere religiöse Gemeinde, versorgt. Nur pflegt die Mystagogengemeinde, wie diejenige der eleusinischen Mysten, meist im Zustand einer nach außen nicht geschlossenen und in ihrem Bestand wechselnden Vergemeinschaftung zu verharren. Wer gerade des Heils bedürftig ist, tritt in eine oft nur zeitweilige Beziehung zum Mystagogen und seinen Helfern. Immerhin bilden doch z. B. die eleusinischen Mysten eine Art von interlokaler Gemeinschaft. Anders wiederum steht es bei der exemplarischen Prophetie. Der exemplarische Prophet zeigt einen Heilsweg durch persönliches Beispiel. Nur wer diesem Beispiel unbedingt folgt – z. B. die Bettelmönche Mahaviras und Buddhas – gehört zu einer engeren, der „exemplarischen" Gemeinde, innerhalb deren dann wieder noch persönlich mit dem Propheten verbundene Jünger mit besonderer Autorität stehen können. Außerhalb der exemplarischen Gemeinde aber stehen fromme Verehrer (in Indien die „Upasakas"), welche für ihre Person den vollen Heilsweg nicht beschreiten, aber ein relatives Optimum von Heil durch Bezeugung von Devotion gegenüber den exemplarisch Heiligen erlangen wollen. Entweder entbehren sie jeder dauernden Vergemeinschaftung, wie ursprünglich die buddhistischen Upasakas, oder sie sind irgendwie auch ihrerseits mit festen Rechten und Pflichten vergesellschaftet, wie dies regelmäßig geschieht, wenn aus der exemplarischen Gemeinde besondere Priester oder priesterartige Seelsorger oder Mystagogen, wie die buddhistischen Bonzen, ausgeschieden und mit Besorgung von Kultpflichten (die der älteste Buddhismus nicht kannte) betraut wurden. Die Regel bleibt aber die freie Gelegenheitsvergesellschaftung, und dieser Zustand ist der Mehrzahl der Mystagogen und exemplarischen Propheten mit den Tempelpriesterschaften der einzelnen, zu einem Pantheon vergesellschafteten Gottheiten gemeinsam. Sie alle sind durch Stiftungen materiell gesichert und werden durch Opfergaben und Geschenke sustentiert, welche der jeweils Bedürftige spendet. Von einer dauernden Laiengemeinde ist dann noch nicht die Rede, und unsere Vorstellungen von einer religiösen Konfessionszugehörigkeit sind unbrauchbar. Anhänger eines Gottes ist der Einzelne nur im gleichen Sinn, wie etwa ein Italiener Anhänger eines bestimmten Heiligen. Unausrottbar scheint freilich das grobe Mißverständnis, z. B. die Mehrzahl oder gar alle Chinesen im konfessionellen Sinn als Buddhisten anzusehen, weil ein großer Teil von ihnen, in der Schule mit der allein offiziell approbierten konfuzianischen Ethik auferzogen, zwar für jeden Hausbau taoistische Divinationspriester zu Rate zieht und für tote Verwandte nach konfuzianischem Ritus trauert, aber daneben buddhistische Seelenmessen für sie lesen läßt. Außer den dauernd am Kult des Gottes Mitwirkenden und eventuell einem engen Kreis dauernder Interessenten gibt es hier nur Gelegenheitslaien, „Mitläufer", – wenn man den modernen parteitechnischen Ausdruck für die nicht organisierten Mitwähler analog anwenden will.

Allein naturgemäß entspricht dieser Zustand, schon rein ökonomisch, im allgemeinen nicht dem Interesse der den Kult Besorgenden, und diese suchen daher auf die Dauer überall wo es angeht zur Gemeindebildung, d. h. also zu einer dauernden Vergesellschaftung der Anhängerschaft mit festen Rechten und Pflichten überzugehen. Die Umbildung der persönlichen Anhängerschaft in eine Gemeinde ist demnach die normale Form, in welcher die Lehre der Propheten in den Alltag, als Funktion einer ständigen Institution, eingeht. Die Schüler oder Jünger des Propheten werden dann Mystagogen oder Lehrer oder Priester oder Seelsorger (oder alles zusammen) einer ausschließlich religiösen Zwecken dienenden Vergesellschaftung: der *Laiengemeinde.* Das gleiche Resultat kann aber auch von anderen Ausgangspunkten her erreicht werden. Wir sahen, daß die Priester, im Übergang von der Zaubererfunktion zum eigentlichen Priestertum, entweder selbst grundherrliche Priestergeschlechter waren oder Haus- und Hofpriester von Grundherren und Fürsten oder ständisch organisierte gelernte Opferpriester, an die sich im Bedarfsfall sowohl der Einzelne wie die Verbände wenden, welche aber im übrigen sich jeder nicht standeswidrigen Beschäftigung hingeben können. Oder endlich: Verbandspriester eines, sei es beruflichen oder anderen, vor allem auch: eines politischen Verbandes. Eine eigentliche „Gemeinde", gesondert von anderen Verbänden, besteht in all diesen Fällen nicht. Sie kann indessen entstehen, wenn es entweder einem Opferpriestergeschlecht gelingt, die Spezialanhängerschaft seines Gottes als Gemeinde exklusiv zu organisieren, oder – und meist – wenn der politische Verband vernichtet wird, die religiöse Anhängerschaft an den Verbandsgott und seine Priester aber als Gemeinde fortbesteht. Der erste von beiden Typen findet sich in Indien und Vorderasien durch mannigfache Zwischenstufen, verbunden mit dem Übergang mystagogischer oder exemplarischer Prophetie oder von religiösen Reformbewegungen zur Dauerorganisation von Gemeinden. Viele kleine hinduistische Denominationen sind durch Vorgänge dieser Art entstanden. Der Übergang vom politischen Verbandspriestertum zur religiösen Gemeinde dagegen ist zuerst in größerem Umfang mit der Entstehung der vorderasiatischen Weltreiche, vor allem des persischen, verknüpft gewesen. Die politischen Verbände wurden vernichtet, die Bevölkerung entwaffnet, die Priesterschaften dagegen, mit gewissen politischen Befugnissen ausgestattet, in ihrer Stellung garantiert. Ähnlich, wie die Zwangsgemeinde aus dem Nachbarschaftsverband zur Sicherung fiskalischer Interessen, so wurde hier die religiöse Gemeinde als ein Mittel der Domestikation der Unterworfenen verwertet. So entstand durch Erlasse der persischen Könige von Kyros bis Artaxerxes das Judentum als eine vom König anerkannte religiöse Gemeinde mit einem theokratischen Zentrum in Jerusalem. Ein Sieg der Perser hätte vermutlich dem delphischen Apollon und den Priestergeschlechtern anderer Götter, vielleicht auch orphischen Propheten, ähnliche Chancen gebracht. In Ägypten entwickelte das nationale Priestertum nach dem Untergang der politischen Selbständigkeit eine Art „kirchlicher" Organisation, die erste dieser Art, wie es scheint, mit Synoden. In Indien dagegen entstanden die religiösen Gemeinden in dem dortigen enger begrenzten Sinn als „exemplarische" Gemeinden, indem durch die Vielfalt der ephemeren politischen Gebilde hindurch zunächst die ständische Einheit des Brahmanentums und der Asketenregeln perennierte und infolgedessen auch die entstehenden Erlösungsethiken durch die politischen Grenzen hindurchgriffen. In Iran gelang es den zarathustrischen Priestern im Lauf der Jahrhunderte eine geschlossene religiöse Organisation zu propagieren, welche unter den Sassaniden politische „Konfession" wurde (die Achaemeniden waren nur Mazdasnanier, aber keine Zarathustrier, wie ihre Dokumente zeigen).

Die Beziehungen zwischen politischer Gewalt und religiöser Gemeinde, aus welcher der Begriff der „Konfession" entsteht, gehören in die Analyse der „Herrschaft". Hier ist nur festzustellen: *„Gemeindereligiosität"* ist eine verschieden eindeutig ausgeprägte und labile Erscheinung. Wir wollen nur da von ihrem Bestand reden, wo die Laien 1. zu einem *dauernden* Gemeinschaftshandeln vergesellschaftet sind, auf dessen Ablauf sie 2. irgendwie auch *aktiv* einwirken. Ein bloßer Verwaltungssprengel, der die Kompetenzen der Priester abgrenzt, ist eine Parochie, aber noch keine Gemeinde. Aber selbst der Parochiebegriff fehlt, als etwas von der weltlichen, politischen oder ökonomischen, Gemeinde Gesondertes, der chinesischen, altindischen und im allgemeinen auch der hinduistischen Religiosität. Die hellenischen und sonstigen antiken Phratrien und ähnliche Kultgemeinschaften sind keine Parochien, sondern politische oder sonstige Verbände, deren Gemeinschaftshandeln der Fürsorge eines Gottes untersteht. Die altbuddhistische Parochie ferner ist nur ein Bezirk, innerhalb dessen die wandernden Mönche, die sich jeweils gerade darin aufhalten, an den Halbmonatsversammlungen teilzunehmen verbunden sind. Die mittelalterliche okzidentale, anglikanische, lutherische, orientalische, christliche und islamische Parochie ist im wesentlichen ein passiver kirchlicher Lastenverband und Kompetenzbezirk des Pfarrers. In diesen Religionen hatte im allgemeinen auch die Gesamtheit aller Laien überhaupt keinerlei Gemeindecharakter. Kleine Reste von Gemeinderechten sind in einigen orientalischen christlichen Kirchen erhalten und fanden sich auch im katholischen Okzident und im Luthertum. Dagegen waren sowohl das altbuddhistische Mönchtum, wie die altislamische Kriegerschaft, wie das Judentum, wie die alte Christenheit Gemeinden mit freilich sehr verschieden strafferer, hier im einzelnen noch nicht zu erörternder Art der Vergesellschaftung. Übrigens ist ein gewisser *faktischer* Einfluß der Laien, der im Islam namentlich bei den Schiiten relativ groß, wenn auch rechtlich nicht verbürgt ist, – der Schah pflegt keinen Priester zu bestellen ohne der Zustimmung der örtlichen Laienschaft sicher zu sein, – mit dem *Fehlen* einer fest geregelten *örtlichen* Gemeindeorganisation vereinbar. Dagegen bildet es die später zu besprechende Eigenart jeder „Sekte", im eigentlich technischen Wortsinn, daß sie auf der geschlossenen Vergesellschaftung der einzelnen *örtlichen* Gemeinden geradezu als auf ihrer Grundlage beruht. Von diesem Prinzip, welches innerhalb des Protestantismus die Täufer und „Independenten", dann die „Kongregationalisten" vertraten, führen gleitende Übergänge bis zur typischen Organisation der reformierten Kirche, welche auch da, wo sie tatsächlich universelle Organisation ist, doch die Zugehörigkeit von dem vertragsmäßigen Eintritt in die einzelne Gemeinde abhängig macht. Auf die Problematik, welche sich aus diesen Verschiedenheiten ergibt, kommen wir zurück. Hier interessiert uns von den Konsequenzen der folgenschweren Entwicklung einer eigentlichen *Gemeinde*religiosität vor allem die eine: daß nun innerhalb der Gemeinde die Beziehung zwischen Priestern und Laien für die praktische Wirkung der Religiosität maßgebende Bedeutung gewinnt. Der großen Machtstellung der Priester steht, je mehr die Organisation spezifischen Gemeindecharakter trägt, desto mehr die Notwendigkeit gegenüber, im Interesse der Erhaltung und Propagierung der Anhängerschaft den Bedürfnissen der Laien Rechnung zu tragen. Im gewissen Umfang ist freilich jede Art von Priesterschaft in ähnlicher Lage. Um ihre Machtstellung zu behaupten, muß sie oft in weitgehendem Maße den Laienbedürfnissen entgegenkommen. Die drei im Kreise der Laien wirksamen Mächte aber, mit welchen das Priestertum sich auseinanderzusetzen hat, sind 1. die Prophetie, – 2. der Laientraditionalismus, – 3. der Laienintellektualismus. Diesen Mächten gegenüber wirken sich die Notwendigkeiten und Tendenzen des priesterlichen Betriebs rein als solchen als eine ebenfalls wesentlich mitbestimmende Macht aus. Wir sprechen zunächst von diesem letzteren Faktor in Verbindung mit dem zuerst genannten.

Der ethische und exemplarische Prophet ist regelmäßig selbst Laie und stützt seine Machtstellung jedenfalls auf die Laienanhängerschaft. Kraft ihres Sinns entwertet jede Prophetie, nur in verschiedenem Maße, die magischen Elemente des Priesterbetriebs. Der Buddha und seinesgleichen lehnen ebenso wie die israelitischen Propheten nicht nur die Zugehörigkeit zu den gelernten Magiern und Wahrsagern (die in den israelitischen Quellen ebenfalls Propheten genannt werden), sondern die Magie überhaupt als nutzlos ab. Nur die spezifisch religiöse, sinnhafte Beziehung zum Ewigen gibt das Heil. Zu den buddhistischen Todsünden gehört es, sich grundlos magischer Fähigkeiten zu rühmen, deren Existenz an sich, gerade auch bei den Ungläubigen, weder die indischen Propheten noch die israelitischen noch die christlichen Apostel und die altchristliche Tradition überhaupt je bezweifelt hat. Infolge jener Ablehnung stehen sie aber auch, nur in verschieden ausgeprägter Art, skeptisch zum eigentlichen Priesterbetrieb. Nicht Brandopfer will der Gott der israelitischen Propheten, sondern Gehorsam gegen sein Gebot. Mit vedischem Wissen und Ritual ist für die Erlösung des Buddhisten nichts getan, und das ehrwürdige Somaopfer ist dem Ahuramazda der ältesten Gathas ein Greuel. Daher besteht überall Spannung zwischen dem Propheten, seinem Laienanhang und den Vertretern der priesterlichen Tradition, und es ist eine Machtfrage, zuweilen auch, wie in Israel, durch die außenpolitische Lage bedingt, inwieweit der Prophet seiner Mission ungestört nachgehen kann oder zu ihrem Märtyrer wird. Zarathustra stützte sich neben seiner eigenen Familie auf Adels- und Fürstengeschlechter gegen den ungenannten Gegenpropheten, die indischen Propheten und Muhammed ebenso, die israelitischen auf den bürgerlichen und bäuerlichen Mittelstand. Alle aber nützten das Prestige aus, welches das prophetische Charisma als solches gegenüber den Technikern des Alltagskultes bei den Laien fand: die Heiligkeit neuer Offenbarung steht gegen die Heiligkeit der Tradition, und je nach dem Erfolge der beiderseitigen Demagogie schließt die Priesterschaft mit der neuen Prophetie Kompromisse, rezipiert oder überbietet ihre Lehre, beseitigt sie oder wird selbst beseitigt.

6. Heiliges Wissen. Predigt. Seelsorge.

In jedem Fall aber tritt an die Priesterschaft die Aufgabe heran, die siegreiche neue Lehre oder die gegen prophetische Angriffe behauptete alte Lehre systematisch festzulegen, abzugrenzen, was als heilig gilt oder nicht und dies dem Glauben der Laien einzuprägen, um ihre eigene Herrschaft zu sichern. Nicht immer ist es akute Gefährdung durch eine direkt priesterfeindliche Prophetie, was diese in Indien besonders uralte Entwicklung in Fluß bringt. Auch das bloße Interesse an der Sicherung der eigenen Stellung gegen mögliche Angriffe und die Notwendigkeit, die eigene bewährte Praxis gegenüber der Skepsis der Laien zu sichern, kann ähnliche Ergebnisse herbeiführen. Wo immer aber diese Entwicklung einsetzt, zeitigt sie zwei Erscheinungen: kanonische Schriften und Dogmen. Beide freilich, namentlich die letztere, in sehr verschiedenem Umfang. Kanonische Schriften enthalten die Offenbarungen und heiligen Traditionen selbst, Dogmen sind Priesterlehren über den Sinn beider. Die Sammlung der religiösen Offenbarung einer Prophetie oder umgekehrt des überlieferten Besitzes an heiligem Wissen kann in Form mündlicher Tradition geschehen. Lange Jahrhunderte hindurch ist das brahmanische heilige Wissen nur mündlich überliefert und die Schriftform direkt perhorresziert worden, – was der literarischen Form jenes Wissens dauernd den Stempel aufgedrückt und im übrigen auch die nicht ganz geringen Abweichungen der Texte der einzelnen Çakas (Schulen) bedingt hat. Der Grund war, daß jenes Wissen nur der Qualifizierte, zweimal Geborene besitzen durfte. Es dem Unwiedergeborenen, kraft seiner Kaste Ausgeschlossenen (dem Çudra) mitzuteilen, war schwerer Frevel. Diesen Charakter des Geheimwissens hat die magische Kunstlehre im Zunftinteresse ursprünglich überall. Aber überall gibt es Bestandteile schon des Wissens der Zauberer, welche zum Gegenstand einer systematischen Erziehung gerade auch der übrigen Volksgenossen gemacht wurden. Die Grundlage des ältesten, überall verbreiteten magischen Erziehungssystems ist die animistische Annahme: daß ebenso wie der Magier selbst für seine Kunst einer Wiedergeburt, des Besitzes einer neuen Seele bedürfe, so auch das Heldentum auf Charisma beruhe, daher geweckt, erprobt, durch magische Manipulationen in den Helden gebannt werden, daß auch der Held zum Heldentum wiedergeboren werden müsse. Die charismatische Erziehung in diesem Sinn, mit ihren Noviziaten, Mutproben, Torturen, Graden der Weihe und Würde, ihrer Jünglingsweihe und Wehrhaftmachung ist eine in Rudimenten fast überall erhaltene universelle Institution aller kriegerischen Vergesellschaftung. Wenn aus den zünftigen Zauberern in gleitendem Übergang Priester werden, so hört diese überaus wichtige Funktion der Laienerziehung nicht auf zu bestehen, und das Bestreben der Priesterschaft geht überall dahin, sie in der Hand zu behalten. Dabei schwindet das Geheimwissen als solches zunehmend, und aus der Priesterlehre wird eine literarisch fixierte Tradition, welche die Priesterschaft durch Dogmen interpretiert. Eine solche Buchreligion wird nun Grundlage eines Bildungssystems nicht nur für die eigenen Angehörigen der Priesterschaft, sondern auch und gerade für die Laien. – Nicht alle, aber die meisten kanonischen heiligen Sammlungen haben ihren Abschluß gegen profane oder doch religiös unverbindliche Elaborate im Kampf zwischen mehreren um die Herrschaft in der Gemeinde konkurrierenden Gruppen und Prophetien empfangen. Wo ein solcher Kampf nicht bestand, oder doch den Inhalt der Tradition nicht bedrohte, ist daher die Kanonisation der Schriften formell oft sehr allmählich erfolgt. So ist der jüdische Kanon charakteristischerweise erst, und zwar vielleicht als Damm gegen apokalyptische Prophetien auf der Synode von Jamnia (90 n. Chr.) bald nach dem Untergang des theokratischen Staats, und auch da noch nur dem Prinzip nach beschlossen worden. Die Veden offenbar erst infolge des Gegensatzes gegen intellektuelle Heterodoxie. Der christliche Kanon infolge der Gefährdung der auf die Frömmigkeit der Kleinbürgermassen aufgebauten Religiosität durch die intellektuelle Soteriologie der Gnostiker. Die alte buddhistische Intellektuellensoteriologie im Pali-Kanon umgekehrt infolge ihrer Gefährdung durch die propagandistische volkstümliche Erlösungsreligion des Mahayana. Die klassischen Schriften des Konfuzianismus sind ebenso wie Esras Priestergesetz von der politischen Gewalt oktroyiert, empfingen aber eben deshalb auch, die ersteren gar nicht, die letzteren erst spät, die Qualität eigentlicher Heiligkeit, welche stets Priesterwerk ist. Nur der Koran mußte schon deshalb auf Befehl des Khalifen redigiert werden und war sofort heilig, weil für den Halbanalphabeten Muhammed die Existenz eines heiligen Buchs als solchen als Merkmal des Prestiges einer Religion gegolten hatte. Dies hing mit verbreiteten Tabu-Vorstellungen über die magische Bedeutung von Schrifturkunden zusammen, wie sie auch, schon lange vor Schließung des Kanon, für die Thora und die als authentisch geltenden prophetischen Schriften bestanden, durch deren Berührung man sich „die Hände verunreinigte". Im einzelnen interessiert uns der Vorgang hier nicht. Ebenso nicht, was alles in kanonisierte heilige Schriften aufgenommen wird. Die magische Dignität der Sänger bedingt es, daß in die Veden neben Heldenepen auch Spottlieder auf den trunkenen Indra und Gedichte allen möglichen Inhalts, in den alttestamentlichen Kanon ein Liebeslied, die persönliche Bedeutsamkeit aller Äußerungen der Propheten, daß in den neutestamentlichen ein reiner Privatbrief des Paulus, in den Koran offenbar Suren über höchst menschliche Familienverdrießlichkeiten des Propheten hineingelangt sind. Die Schließung eines Kanons pflegt durch die Theorie gedeckt zu werden, daß eine bestimmte vergangene Epoche allein mit dem prophetischen Charisma gesegnet gewesen sei: so nach der rabbinischen Theorie die Zeit von Moses bis Alexander, nach der römischen nur das apostolische Zeitalter. Darin spricht sich das Bewußtsein des Gegensatzes prophetischer und priesterlicher Systematik im ganzen richtig aus. Ein Prophet ist Systematisator im Sinn der Vereinheitlichung der Beziehung der Menschen zur Welt aus letzten einheitlichen Wertpositionen heraus. Die Priesterschaft systematisiert den Gehalt der Prophetie oder der heiligen Überlieferungen im Sinn kasuistisch-rationaler Gliederung und Adaptierung an die Denk- und Lebensgewohnheiten ihrer eignen Schicht und der von ihr beherrschten Laien.

Das praktisch Wichtige an der Entwicklung einer Religiosität zur Buchreligion – sei es im vollen Sinne des Worts: Gebundenheit an einen als heilig geltenden Kanon oder in dem abgeschwächten Sinn der Maßgeblichkeit schriftlich fixierter heiliger Normen, wie etwa im ägyptischen Totenbuch, – ist die Entwicklung der priesterlichen Erziehung von dem ältesten rein charismatischen Stadium hinweg zur literarischen Bildung. Je wichtiger die Schriftkunde für die Führung auch rein weltlicher Geschäfte wird, je mehr diese also den Charakter der bürokratischen, nach Reglements und Akten prozedierenden Verwaltung annehmen, desto mehr gleitet die Erziehung auch der weltlichen Beamten und Gebildeten in die Hände der schriftkundigen Priesterschaft hinüber, oder aber diese selbst besetzt – wie in den Kanzleien des Mittelalters – ihrerseits die auf Schriftlichkeit des Verfahrens beruhenden Ämter. In welchem Maße eines von beiden geschieht, hängt neben dem Grade der Bürokratisierung der Verwaltung auch von dem Grade ab, in welchem andere Schichten, vor allem der Kriegsadel, ein eigenes Erziehungssystem entwickeln und in die eigenen Hände nehmen. Von der Gabelung der Erziehungssysteme, welche daraus resultieren kann, ferner von der gänzlichen Unterdrückung oder Nichtentwicklung eines rein priesterlichen Erziehungssystems, welche die Folge von Machtlosigkeit der Priester oder vom Fehlen einer Prophetie oder einer Buchreligion sein kann, wird später zu sprechen sein. –

Auch für die Entwicklung des spezifischen Inhalts der Priesterlehre bildet nicht den einzigen, wohl aber den stärksten Anreiz, die religiöse Gemeindebildung. Sie schafft die spezifische Wichtigkeit der Dogmen. Denn mit ihr tritt das Bedürfnis, gegen fremde konkurrierende Lehren sich abzugrenzen und propagandistisch die Oberhand zu behalten, beherrschend hervor und damit die Bedeutung der Unterscheidungslehre. Diese Bedeutung kann freilich durch außerreligiöse Motive wesentlich verstärkt werden. Daß Karl der Große für die fränkische Kirche auf dem filioque bestand – einem der Trennungsgründe zwischen Orient und Okzident, – und den bilderfreundlichen Kanon ablehnte, hatte politische gegen die byzantinische Kirchensuprematie gerichtete Gründe. Die Anhängerschaft an gänzlich unverständliche dogmatische Formeln, wie die monophysitische Lehre grade bei den breiten Massen im Orient und Ägypten, war Ausdruck des antikaiserlichen und antihellenischen separatistischen Nationalismus, wie ja später die monophysitische koptische Kirche die Araber als Herrscher den Römern vorzog. Und so oft. Aber regelmäßig ist es in der Hauptsache doch die priesterliche Bekämpfung des tiefverhaßten Indifferentismus, der Gefahr, daß der Eifer der Anhängerschaft erlahmt, ferner die Unterstreichung der Wichtigkeit der Zugehörigkeit zur eigenen Denomination und die Erschwerung des Übergangs zu anderen, was die Unterscheidungszeichen und Lehren so stark in den Vordergrund schiebt. Das Vorbild geben die magisch bedingten Tätowierungen der Totem- oder Kriegsverbandsgenossen. Die Unterscheidungsbemalung der hinduistischen Sekten steht ihr äußerlich am nächsten. Aber die Beibehaltung der Beschneidung und des Sabbattabu wird im Alten Testament wiederholt als auf die Unterscheidung von anderen Völkern abgezweckt hingestellt und hat jedenfalls mit unerhörter Stärke so gewirkt. Daß der christliche Wochenfeiertag auf den Tag des Sonnengottes gelegt wurde, war vielleicht durch die Übernahme des soteriologischen Mythos mystagogischer vorderasiatischer Erlösungslehren der Sonnenreligion mitbedingt, wirkte aber schroff scheidend gegen die Juden. Daß Muhammed seinen wöchentlichen Gottesdienst auf den Freitag verlegte, war, nachdem die Gewinnung der Juden mißglückte, vielleicht vornehmlich durch den Wunsch nach Unterscheidung bedingt, während sein absolutes Weinverbot in alter und neuer Zeit, schon bei den Rechabiten, bei Gottesstreitern, zu viel Analogien hat, um notwendig durch das Bedürfnis, einen Damm gegen die unter Weinzwang (beim Abendmahl) stehenden christlichen Priester aufzurichten, bedingt sein zu müssen, wie man geglaubt hat. Entsprechend dem Charakter der exemplarischen Prophetie haben die Unterscheidungslehren in Indien durchweg mehr rein praktisch-ethischen, oder, ihrer inneren Verwandtschaft mit der Mystagogie entsprechend, rituellen Charakter. Die berüchtigten 10 Punkte, welche auf dem Konzil von Vesali die große Spaltung des Buddhismus hervorriefen, enthalten lediglich Fragen der Mönchsregel, darunter offensichtlich Details, die nur zum Zweck der Begründung der mahayanischen Sonderorganisation betont wurden. Dagegen kennen die asiatischen Religionen fast gar keine Dogmatik als Unterscheidungsmerkmal. Zwar verkündet der Buddha seine vierfache Wahrheit über die großen Illusionen als Begründung der praktischen Erlösungslehre des edlen achtfältigen Pfades. Aber die Erfassung jener Wahrheiten um ihrer praktischen Konsequenzen willen ist Ziel der Erlösungsarbeit, nicht eigentlich ein Dogma im Sinne des Okzidents. Ebensowohl bei der Mehrzahl der älteren indischen Prophetien. Und während in der christlichen Gemeinde eins der allerersten wirklich bindenden Dogmen charakteristischerweise die Erschaffung der Welt durch Gott aus dem Nichts war, die Festlegung also des überweltlichen Gottes gegenüber der gnostischen Intellektuellenspekulation, bleiben in Indien die kosmologischen und sonstigen metaphysischen Spekulationen eine Angelegenheit der Philosophenschulen, denen in bezug auf Orthodoxie eine zwar nicht schrankenlose, aber immerhin weitgehende Latitüde gewährt wurde. In China lehnte die konfuzianische Ethik die Bindung an metaphysische Dogmen schon deshalb gänzlich ab, weil die Magie und der Geisterglauben im Interesse der Erhaltung der Ahnenkulte: die Grundlage der patrimonial-bürokratischen Obödienz (wie ausdrücklich gesagt ist) unantastbar bleiben muß. Auch innerhalb der ethischen Prophetie und ihrer Gemeindereligiosität ist das Maß von eigentlicher Dogmenproliferation verschieden stark. Der alte Islam begnügte sich mit dem Bekenntnis zu Gott und dem Propheten und den wenigen praktisch rituellen Hauptgeboten als Bedingung der Zugehörigkeit. Je mehr aber die Gemeinde und die Priester oder Gemeindelehrer Träger einer Religion sind, desto umfangreicher werden die dogmatischen Unterscheidungen praktischer und theoretischer Art. So bei den späteren Zarathustriern, den Juden, den Christen. Aber die Glaubenslehre der Juden teilt mit derjenigen des Islam die Eigenschaft so großer Einfachheit, daß für eigentlich dogmatische Erörterungen nur ausnahmsweise Anlaß war. Nur die Gnadenlehre, im übrigen aber praktisch-sittliche, rituelle und rechtliche Fragen stellen in beiden Fällen das Streitgebiet dar. Bei den Zarathustriern steht es erst recht so. Nur bei den Christen hat sich eine umfangreiche, streng bindende und systematisch rationalisierte Dogmatik theoretischer Art teils über kosmologische Dinge, teils über den soteriologischen Mythos (Christologie), teils über die Priestergewalt (die Sakramente) gebildet, zunächst auf dem Boden der hellenistischen Reichshälfte, im Mittelalter umgekehrt, im Abendland wesentlich stärker als in den orientalischen Kirchen, in beiden Fällen da am stärksten, wo eine starke Organisation der Priesterschaft gegenüber den politischen Gewalten das größte Maß von Selbständigkeit besaß. Aber vor allem die Eigenart des von der hellenischen Bildung herkommenden Intellektuellentums, die besonderen metaphysischen Voraussetzungen und Spannungen, welche der Christuskult schuf, und die Notwendigkeit der Auseinandersetzung mit der zunächst außerhalb der Christengemeinde gebliebenen Bildungsschicht einerseits, andrerseits die wieder sozial bedingte, den reinen Intellektualismus, im Gegensatz zu den asiatischen Religionen, mißtrauisch ablehnende Art der Stellung der christlichen Kirchen als einer *Gemeinde*religiosität von stark kleinbürgerlichen *Laien,* auf deren Stellung die Bischöfe Rücksicht zu nehmen hatten, waren es, welche im Alterum dieses Maß und diese Tendenz zur starken Dogmenentwicklung provozierten. Mit der Vernichtung der Έλληνικὴ παιδεία durch die im Orient stark aus kleinbürgerlichen unhellenischen Kreisen aufsteigenden Mönche war auch die rationale Dogmenbildung im Orient zu Ende. Daneben aber sprach auch die Organisationsform der Religionsgemeinschaften mit; das völlige und absichtsvolle Fehlen jeglicher hierarchischen Organisation im alten Buddhismus würde jede Einigung über die rationale Dogmatik nach christlicher Art, wenn die Erlösungslehre einer solchen überhaupt bedurft hätte, gehemmt haben. Denn damit die priesterliche Gedankenarbeit und der mit ihr konkurrierende, durch die priesterliche Erziehung geweckte Laienrationalismus die Einheit der Gemeinde nicht gefährde, pflegt eine Instanz postuliert zu werden, welche über die Orthodoxie einer Lehre entscheidet. In einer hier nicht zu erörternden langen Entwicklung hat die römische Gemeinde, aus der Hoffnung, daß Gott die Gemeinde der Welthauptstadt nicht werde irren lassen, das unfehlbare Lehramt ihres Bischofs entstehen lassen. Nur hier besteht diese konsequente Lösung, welche die Inspiration des Lehramtsträgers in Fällen der Lehrentscheidung voraussetzt. Sowohl der Islam wie die orientalische Kirche – der erstere in Anknüpfung an die Zuversicht des Propheten: daß Gott die Gemeinde der Gläubigen nie in einem Irrtum werde übereinstimmen lassen, die letztere in Anlehnung an die altkirchliche Praxis – hielten aus mehrfachen heterogenen, später zu erwähnenden Motiven an dem „Konsens" der berufenen Träger der kirchlichen Lehrorganisation, je nachdem also mehr der Priester oder mehr der Theologen, als Bedingung der Gültigkeit dogmatischer Wahrheit fest und haben damit die Dogmenproliferation gehemmt. Der Dalai Lama andererseits hat zwar neben der politischen eine kirchenregimentliche, aber bei dem magisch-ritualistischen Charakter der Religiosität keine eigentliche Lehramtsgewalt. Die Exkommunikationsgewalt hinduistischer Gurus wird aus ähnlichen Gründen, schwerlich aus dogmatischen Anlässen angewendet. –

Die priesterliche Arbeit an der Systematisierung der heiligen Lehre erhält ihre Nahrung fortwährend neu aus den neuen Bestandteilen der Berufspraxis der Priester gegenüber derjenigen der magischen Zauberer. Es entsteht in der ethischen Gemeindereligion die Predigt als etwas gänzlich neues und die rationale Seelsorge als etwas der Art nach, gegenüber der magischen Nothilfe, wesentlich anderes.

Predigt, d. h. Kollektivbelehrung über religiöse und ethische Dinge im eigentlichen Sinn des Worts, ist normalerweise Spezifikum der Prophetie und der prophetischen Religion. Wo sie außerhalb ihrer auftaucht, ist sie ihr nachgeahmt. Ihre Bedeutung schrumpft regelmäßig, wo immer die offenbarte Religion sich durch Veralltäglichung in einen Priesterbetrieb verwandelt hat und steht in umgekehrter Proportion zu den magischen Bestandteilen einer Religiosität. Der Buddhismus bestand, soweit die Laien in Betracht kamen, ursprünglich lediglich in Predigt, und in den christlichen Religionen bedeutet sie um so mehr, je vollständiger die magisch-sakramentalen Bestandteile eliminiert sind. Am meisten daher innerhalb des Protestantismus, wo der Priesterbegriff gänzlich durch den Predigerbegriff ersetzt ist.

Die *Seelsorge,* die religiöse Pflege der Individuen, ist in ihrer rational-systematischen Form gleichfalls ein Produkt prophetischer offenbarter Religion. Ihre Quelle ist das Orakel und die Beratung durch den Zauberer in Fällen, wo Krankheit oder andere Schicksalsschläge auf magische Versündigung schließen lassen, und es sich nun fragt, durch welche Mittel der erzürnte Geist oder Dämon oder Gott zu beruhigen sei. Hier ist auch die Quelle der „Beichte". Ursprünglich hat dies mit „ethischen" Einwirkungen auf die Lebensführung gar nichts zu tun. Das bringt erst die ethische Religiosität, vor allem die Prophetie. Die Seelsorge kann auch dann verschiedene Formen annehmen. Soweit sie charismatische Gnadenspendung ist, steht sie den magischen Manipulationen innerlich nahe. Sie kann aber auch individuelle Belehrung über konkrete religiöse Pflichten in Zweifelsfällen sein, oder endlich, in gewissem Sinn, zwischen beiden stehen, Spendung von individuellem religiösem Trost in innerer oder äußerer Not.

In dem Maß ihrer praktischen Einwirkung auf die Lebensführung verhalten sich Predigt und Seelsorge verschieden. Die Predigt entfaltet ihre Macht am stärksten in Epochen prophetischer Erregung. Schon weil das Charisma der Rede individuell ist, sinkt sie im Alltagsbetrieb ganz besonders stark bis zu völliger Wirkungslosigkeit auf die Lebensführung herab. Dagegen ist die Seelsorge in allen Formen das eigentliche Machtmittel der Priester gerade gegenüber dem Alltagsleben und beeinflußt die Lebensführung um so stärker, je mehr die Religion ethischen Charakter hat. Namentlich die Macht ethischer Religionen über die Massen geht ihrer Entfaltung parallel. Wo ihre Macht ungebrochen ist, da wird, wie in magischen Religionen (China) der berufsmäßige Divinationspriester, so hier der Seelsorger, in allen Lebenslagen um Rat angegangen, von Privaten sowohl wie von den Funktionären der Verbände. Die Ratschläge der Rabbinen im Judentum, der katholischen Beichtväter, pietistischen Seelenhirten und gegenreformatorischen Seelendirektoren im Christentum, der brahmanischen Purohitas an den Höfen, der Gurus und Gosains im Hinduismus, der Muftis und Derwisch-Scheikhs im Islam sind es, welche die Alltagslebensführung der Laien und die Haltung der politischen Machthaber kontinuierlich und oft sehr entscheidend beeinflußt haben. Die private Lebensführung namentlich da, wo die Priesterschaft eine ethische Kasuistik mit einem rationalen System kirchlicher Bußen verknüpft hat, wie es die an der römisch-rechtlichen Kasuistik geschulte, abendländische Kirche in virtuoser Weise getan hat. Vornehmlich diese praktischen Aufgaben von Predigt und Seelsorge sind es auch, welche die Systematisierung der kasuistischen Arbeit der Priesterschaft an den ethischen Geboten und Glaubenswahrheiten in Gang erhalten und sie überhaupt erst zur Stellungnahme zu den zahllosen konkreten Problemen zwingen, welche in der Offenbarung selbst nicht entschieden sind. Sie sind es daher auch, welche die inhaltliche Veralltäglichung der prophetischen Anforderungen in Einzelvorschriften einerseits kasuistischen und insofern (gegenüber der Prophetenethik) rationaleren Charakters, andererseits den Verlust derjenigen inneren Einheit mit sich ziehen, welche der Prophet in die Ethik gebracht hatte: der Ableitung des Gesollten aus einem spezifisch „sinnhaften" Verhältnis zu seinem Gott, wie er selbst es besitzt und kraft dessen er, statt nach der äußeren Erscheinung der einzelnen Handlung, nach deren sinnhafter Bedeutung für das Gesamtverhältnis zu Gott fragte.

Die Priesterpraxis bedarf der positiven Vorschriften und der Laienkasuistik, und der gesinnungsethische Charakter der Religiosität pflegt daher unvermeidlich zurückzutreten. Es versteht sich schon an sich, daß die positiven inhaltlichen Vorschriften der prophetischen und der sie kasuistisch umgestaltenden priesterlichen Ethik letztlich ihr Material den Problemen entnehmen müssen, welche die Gewohnheiten und Konventionen und die sachlichen Notwendigkeiten der Laienumwelt ihnen an Problematik zur seelsorgerischen Entscheidung vorlegen. Je mehr also eine Priesterschaft die Lebenspraxis auch der Laien dem göttlichen Willen entsprechend zu reglementieren und, vor allem, darauf ihre Macht und ihre Einkünfte zu stützen trachtet, desto weiter muß sie in der Gestaltung ihrer Lehre und ihres Handelns dem *traditionellen* Vorstellungskreise der Laien entgegenkommen. Dies ist ganz besonders dann der Fall, wenn keine prophetische Demagogie den Glauben der Massen aus seiner magisch motivierten Traditionsgebundenheit geworfen hat. Je mehr die breite Masse alsdann Objekt der Beeinflussung und Stütze der Macht der Priester wird, desto mehr muß deren systematisierende Arbeit gerade die traditionellsten, also die magischen Formen religiöser Vorstellungen und Praktiken ergreifen. Mit steigenden Machtansprüchen der ägyptischen Priesterschaft ist daher gerade der animistische Tierkult zunehmend in den Mittelpunkt des Interesses geschoben worden. Die systematische Denkschulung der Priester an sich in Ägypten war dabei gegenüber der Frühzeit sicher gewachsen. Ebenso war die Systematisierung des Kultus in Indien seit der Verdrängung des Hotar, des heiligen charismatischen Sängers, aus der ersten Stelle durch den Brahmanen, den geschulten Zeremonienmeister des Opfers, gestiegen. Der Atharvaveda ist als literarisches Produkt viel jünger als der Rigveda, und die Brahmanas sind abermals wesentlich jünger. Aber das im Atharvaveda systematisierte religiöse Material ist weit älterer Provenienz als das Ritual der vornehmen vedischen Kulte und als die sonstigen Bestandteile der älteren Veden; es ist wesentlich mehr reines Zauberritual als diese, und in den Brahmanas hat sich dieser Prozeß der Popularisierung und zugleich Magisierung der priesterlich systematisierten Religiosität noch weiter fortgesetzt. Die älteren vedischen Kulte sind eben – wie Oldenberg hervorhebt – Kulte der Besitzenden, das Zauberritual dagegen alter Massenbesitz. Ebenso ergeht es aber auch den Prophetien. Gegenüber dem auf den sublimsten Höhen vornehmer Intellektuellenkontemplation gewachsenen, alten Buddhismus ist die Mahayanareligiosität eine Popularisierung, welche zunehmend sich reiner Zauberei oder doch sakramentalem Ritualismus annäherte. Nicht anders ist es der Lehre Zarathustras, Laotses und der hinduistischen Religionsreformer, in weitem Umfang auch der Lehre Muhammeds, ergangen, sobald ihr Glaube Laienreligion wurde. Das Zendavesta hat selbst den von Zarathustra ausdrücklich und vornehmlich bekämpften Haomakult, nur vielleicht einiger von ihm perhorreszierter bacchantischer Bestandteile entkleidet, sanktioniert. Der Hinduismus zeigte immer wieder die Tendenz, zunehmend stärker zur Magie oder allenfalls zur halbmagischen Sakramentssoteriologie hinüberzuleiten. Die Propaganda des Islam in Afrika beruht vornehmlich auf der vom alten Islam verworfenen Unterschicht massiver Magie, durch die er alle andere Religiosität unterbietet. Dieser meist als „Verfall" oder Verknöcherung" der Prophetien bewertete Prozeß ist fast unvermeidlich. Denn zwar der Prophet selbst ist regelmäßig ein selbstherrlicher Laiendemagoge, der die überlieferte ritualistische

Priestergnade durch gesinnungsethische Systematisierung ersetzen will. Aber seine Beglaubigung bei den Laien beruht regelmäßig darauf, daß er ein Charisma hat, und das bedeutet in aller Regel: daß er ein Zauberer ist, nur ein viel größerer und mächtigerer als andere es auch sind, daß er noch nicht dagewesene Macht über die Dämonen, selbst über den Tod hat, Tote auferweckt, womöglich selbst von den Toten aufersteht oder andere Dinge tut, welche andere Zauberer nicht können. Es hilft ihm nichts, wenn er sich gegen solche Zumutungen verwahrt. Denn nach seinem Tode geht die Entwicklung über ihn hinweg. Um bei den breiten Laienschichten irgendwie fortzuleben, muß er entweder selbst Kultobjekt, also Inkarnation eines Gottes werden, oder die Bedürfnisse der Laien sorgen wengistens dafür, daß die ihnen angepaßteste Form seiner Lehre im Wege der Auslese überlebt.

Diese beiden Arten von Einflüssen: die Macht des prophetischen Charismas und die beharrenden Gewohnheiten der Masse wirken also, in vieler Hinsicht in entgegengesetzter Richtung, auf die systematisierende Arbeit der Priesterschaft ein. Allein auch abgesehen von der fast immer aus Laienkreisen hervorgehenden oder sich auf sie stützenden Prophetie existieren nun innerhalb der Laien nicht ausschließlich traditionalistische Mächte. Neben ihnen bedeutet auch der *Rationalismus der Laien* eine Macht, mit welcher die Priesterschaft sich auseinanderzusetzen hat. Träger dieses Laienrationalismus können verschiedene Schichten sein.

7. Stände, Klassen und Religion.

Das Los des Bauern ist so stark naturgebunden, so sehr von organischen Prozessen und Naturereignissen abhängig und auch ökonomisch aus sich heraus so wenig auf rationale Systematisierung eingestellt, daß er im allgemeinen nur da Mitträger einer Religiosität zu werden pflegt, wo ihm durch innere (fiskalische oder grundherrliche) oder äußere (politische) Mächte Versklavung oder Proletarisierung droht. Sowohl das eine wie das andere, zuerst äußere Bedrohung und dann Gegensatz gegen grundherrliche – und wie immer in der Antike zugleich stadtsässige – Mächte, traf z. B. auf die altisraelitische Religion zu. Die ältesten Dokumente, besonders das Deboralied, zeigen, daß der Kampf der dem Schwerpunkt nach bäuerlichen Eidgenossen, deren Verband etwa den Aitolern, Samniten, Schweizern zu vergleichen ist – den letzteren auch insofern, als die große, das Land der Israeliten durchschneidende Handelsstraße von Ägypten zum Euphrat eine dem „Paßstaat"-Charakter der Schweiz ähnliche Situation (frühe Geldwirtschaft und Kulturberührung) schuf –, sich gegen die stadtsässigen philistäischen und kanaanitischen Grundherren, von eisernen Wagen kämpfende Ritter, geschulte „Kriegsleute von Jugend auf" (wie es von Goliath heißt) richtete, welche versuchten, die Bauernschaft der Gebirgsabhänge, auf denen „Milch und Honig fließt", sich zinsbar zu machen. Es war eine Konstellation von großer Tragweite, daß dieser Kampf, ebenso wie die Ständeeinigung und Expansion der mosaischen Periode, sich immer erneut vollzog unter der Führung von Heilanden der Jahvereligion (Moschuach, Messias, wie Gideon und seinesgleichen, die sog. „Richter", genannt werden). Durch diese Beziehung kam schon in die alte Bauernfrömmigkeit eine über das Niveau der sonst üblichen Bauernkulte hinausreichende religiöse Pragmatik hinein. Zur eigentlich ethischen Religion wurde der mit den mosaischen Sozialgesetzen verknüpfte Jahvekult endgültig erst auf dem Boden der Polis Jerusalem. Freilich, wie der soziale Einschlag der Prophetie zeigt, auch hier wieder unter Mitbeteiligung von ackerbürgerlichem, gegen die stadtsässigen Großgrund- und Geldbesitzer gerichteten, Sozialmoralismus und unter Berufung auf die sozialen Bestimmungen des mosaischen Ständeausgleichs. Aber die prophetische Religiosität ist jedenfalls nicht spezifisch bäuerlich beeinflußt. Für den Moralismus des ersten und einzigen Theologen der offiziellen hellenischen Literatur: Hesiod, war ebenfalls ein typisches Plebejerschicksal mitverantwortlich. Aber auch er war ganz gewiß kein typischer „Bauer". Je stärker bäuerlich orientiert eine Kulturentwicklung ist: im Okzident in Rom, im fernen Osten in Indien, in Vorderasien in Ägypten, desto stärker fällt gerade dies Bevölkerungselement in die Wagschale des Traditionellen und desto mehr entbehrt wenigstens die Volksreligiosität der ethischen Rationalisierung. Auch in der späteren jüdischen und der christlichen Religionsentwicklung kommen die Bauern als Träger rational ethischer Bewegungen teils gar nicht oder direkt negativ, wie im Judentum, teils wie im Christentum, nur ausnahmsweise und dann in kommunistisch-revolutionärer Form vor. Die puritanische Donatistensekte im römischen Afrika, der Provinz der stärksten Bodenakkumulation, scheint allerdings stark in bäuerlichen Kreisen verbreitet gewesen zu sein, steht aber damit im Altertum wohl allein. Die Taboriten, soweit sie bäuerlichen Kreisen entstammen, ferner die Propaganda des „göttlichen Rechts" im deutschen Bauernkrieg, die englischen radikalen kleinbäuerlichen Kommunisten und vor allem die russischen Bauernsektierer haben regelmäßig in mehr oder minder ausgeprägten feldgemeinschaftlichen Institutionen agrarkommunistische Anknüpfungspunkte, sind mit Proletarisierung bedroht und wenden sich gegen die offizielle Kirche in erster Linie in deren Eigenschaft als Zehntempfängerin und Stütze fiskalischer und grundherrlicher Gewalten. Ihre Verbindung mit religiösen Forderungen ist in dieser Art überhaupt nur möglich gewesen auf dem Boden einer schon bestehenden ethischen Religiosität, welche spezifische Verheißungen enthält, die zu Anknüpfungspunkten für ein revolutionäres *Naturrecht* dienen können, – wovon anderwärts. Also nicht auf asiatischem Boden, wo Kombination religiöser Prophetie mit revolutionären Strömungen (in China) in ganz anderer Art, nicht als eigentliche Bauernbewegung vorkommt. Die Bauern sind nur sehr selten die Schicht, welche irgendeine nicht magische Religiosität ursprünglich getragen hat. Die Prophetie Zarathustras appelliert allerdings dem Anscheine nach an den (relativen) Rationalismus der bäuerlichen geordneten Arbeit und Viehzucht, im Kampf gegen die tierquälerische (vermutlich, wie bei dem Rauschkult, gegen den Moses kämpfte, mit bacchantischer Zerreißung von Rindern verknüpfte) Orgienreligiosität der falschen Propheten. Da dem Parsismus nur der beackerte Boden als magisch „rein", der Akkerbau also als das absolut Gottgefällige galt, so hat er auch nach der stark umgestaltenden Adaptierung an den Alltag, den er gegenüber der Urprophetie bedeutete, einen ausgeprägt agrarischen und infolgedessen in seinen sozialethischen Bestimmungen einen spezifisch antibürgerlichen Zug beibehalten. Aber soweit die zarathustrische Prophetie selbst ökonomische Interessen für sich in Bewegung setzte, dürften dies ursprünglich mehr solche von Fürsten und Grundherren an der Prästationsfähigkeit ihrer Bauern gewesen sein, als die von Bauern selbst. In der Regel bleibt die Bauernschaft auf Wetterzauber und animistische Magie oder Ritualismus, auf dem Boden einer ethischen Religiosität aber auf eine streng formalistische Ethik, des „do ut des" dem Gott und Priester gegenüber, eingestellt.

Daß gerade der Bauer als der spezifische Typus des gottwohlgefälligen und frommen Menschen gilt, ist – vom Zarathustrismus und den Einzelbeispielen einer meist durch patriarchalistisch-feudale oder umgekehrt durch intellektualistisch-weltschmerzliche Literatenopposition gegen die Stadtkultur und ihre Konsequenzen abgesehen – eine durchaus moderne Erscheinung. Keine der bedeutenderen ostasiatischen Erlösungsreligionen weiß davon etwas. Der indischen, am konsequentesten der buddhistischen Erlösungsreligiosität ist er religiös verdächtig oder direkt verpönt (wegen der ahimsa, des absoluten Tötungsverbots). Die israelitische Religiosität der vorprophetischen Zeit ist noch stark Bauernreligiosität. Die Verklärung des Ackerbaus als gottwohlgefällig dagegen in der nachexilischen Zeit ist literatenhafte und patriarchalistische Opposition gegen die bürgerliche Entwicklung. Die wirkliche Religiosität sah wohl schon damals anders aus und vollends später, zur Zeit der pharisäischen Epoche. Der spätjüdischen Gemeindefrömmigkeit der Chaberim ist „Landmann" und „gottlos" einfach identisch, der Nichtstädter sowohl politisch wie religiös ein Jude zweiter Klasse. Denn wie beim buddhistischen und hinduistischen, so ist es beim jüdischen Ritualgesetz praktisch so gut wie unmöglich, als Bauer wirklich korrekt zu leben. Die nachexilische und vollends die talmudische Rabbinentheologie ist in ihren praktischen Konsequenzen direkt landbauerschwerend. Die zionistische Besiedelung Palästinas stieß z. B. noch jetzt auf das spätjüdische Theologenprodukt des Sabbatjahrs als absolutes Hindernis, für welches die osteuropäischen Rabbinen (im Gegensatz zu dem Doktrinarismus der deutschen Orthodoxie) erst einen durch die spezifische Gottwohlgefälligkeit dieser Siedelung begründeten Dispens konstruieren mußten. Dem Frühchristentum heißt der Heide einfach Landmann (paganus). Noch die mittelalterlichen Kirchen in ihrer offiziellen Doktrin (Thomas v. Aquin) behandeln den Bauer im Grunde als Christen minderen Ranges, jedenfalls mit äußerst geringer Schätzung. Die religiöse Verklärung des Bauern und der Glaube an den ganz spezifischen Wert seiner Frömmigkeit ist erst Produkt einer sehr modernen Entwicklung. Sie ist zunächst dem Luthertum, in einem ziemlich stark fühlbaren Gegensatz zum Calvinismus und den meisten protestantischen Sekten, demnächst der modernen, slawophil beeinflußten, russischen Religiosität, spezifisch. Kirchlichen Gemeinschaften also, welche durch die Art ihrer Organisation in besonders starkem Maß mit fürstlichen und adeligen, autoritären Interessen verknüpft und von ihnen abhängig sind. Für das modernisierte Luthertum – denn die Stellung von Luther selbst ist das noch nicht – war der Kampf gegen den intellektualistischen Rationalismus und politischen Liberalismus, für die slawophile religiöse Bauernideologie daneben noch der Kampf gegen den Kapitalismus und modernen Sozialismus das leitende Interesse, während die Verklärung des russischen Sektierertums durch die „Narodniki" den antirationalistischen Protest des Intellektualismus mit der Revolte des proletarisierten Bauernstandes gegen die den herrschenden Gewalten dienstbare Bürokratenkirche in Beziehung setzen und dadurch beide religiös verklären möchte. In allen Fällen handelt es sich also dabei in sehr starkem Maße um Rückschläge gegen die Entwicklung des modernen Rationalismus, als dessen Träger die Städte gelten. Ganz im Gegensatz dazu gilt in der Vergangenheit die Stadt als Sitz der Frömmigkeit, und noch im 17. Jahrhundert erblickt Baxter in den (durch hausindustrielle Entwicklung herbeigeführten) Beziehungen der Weber von Kidderminster zur Großstadt London aus-drücklich eine Förderung der Gottseligkeit unter ihnen. Tatsächlich ist die früh-christliche Religiosität städtische Religiosität, die Bedeutung des Christentums steigt unter sonst gleichen Umständen, wie Harnack überzeugend dargetan hat, mit der Größe der Stadt. Und im Mittelalter ist die Kirchentreue ebenso wie die sektiererische Religiosität ganz spezifisch auf dem Boden der Städte entwickelt. Es ist ganz unwahrscheinlich, daß eine organisierte Gemeindereligiosität, wie die frühchristliche es wurde, sich so wie geschehen, außerhalb eines städtischen, und das heißt: eines im okzidentalen Sinn „städtischen" Gemeindelebens hätte ent-wickeln können. Denn sie setzt jene Sprengung der Tabuschranken zwischen den Sippen, jenen Amtsbegriff, jene Auffassung der Gemeinde als einer „Anstalt", ei-nes sachlichen Zwecken dienenden körperschaftlichen Gebildes, welches sie ih-rerseits verstärkte und deren Wiederaufnahme durch die entstehende Städteent-wicklung des europäischen Mittelalters sie sehr stark erleichterte, doch auch wie-der als schon vorhandene Konzeptionen voraus. Diese Konzeptionen aber sind in der Welt ausschließlich auf dem Boden der Mittelmeerkultur, speziell des helleni-stischen und endgültig des römischen Stadtrechts wirklich voll entwickelt wor-den. Aber auch die spezifischen Qualitäten des Christentums als ethischer Erlö-sungsreligion und persönlicher Frömmigkeit fanden ihren genuinen Nährboden auf dem Boden der Stadt und haben dort immer wieder neue Triebe angesetzt, im Gegensatz gegen die ritualistische, magische oder formalistische Umdeutung, welche durch das Übergewicht der feudalen Mächte begünstigt wurde.

Der Kriegsadel und alle feudalen Mächte pflegen nicht leicht Träger einer ra-tionalen religiösen Ethik zu werden. Der Lebensführung des Kriegers ist weder der Gedanke einer gütigen Vorsehung noch derjenige systematischer ethischer Anforderungen eines überweltlichen Gottes wahlverwandt. Begriffe wie „Sün-de", „Erlösung", religiöse „Demut" pflegen dem Würdegefühl aller politisch herrschenden Schichten, vor allem aber des Kriegsadels, nicht nur fern zu liegen, sondern es direkt zu verletzen. Eine Religiosität, welche mit diesen Konzeptio-nen arbeitet, zu akzeptieren und sich vor dem Propheten oder Priester zu beu-gen, muß einem Kriegshelden oder vornehmen Mann – dem Römeradel noch der taciteischen Zeit wie dem konfuzianischen Mandarinen – unvornehm und würdelos erscheinen. Den Tod und die Irrationalitäten des menschlichen Schick-sals innerlich zu bestehen, ist dem Krieger eine alltägliche Sache, und die Chan-cen und Abenteuer des Diesseits erfüllen sein Leben derart, daß er etwas ande-res als den Schutz gegen bösen Zauber und zeremonielle, dem ständischen Wür-degefühl adäquate und zu Bestandteilen der Standeskonvention werdende Ri-ten, allenfalls priesterliche Gebete für Sieg oder glücklichen, in einen Helden-himmel führenden Tod von einer Religiosität nicht verlangt und ungern akzep-tiert. Stets ist, wie schon in anderem Zusammenhang erwähnt, der gebildete Hellene, mindestens der Idee nach, auch ein Krieger geblieben. Der schlichte animistische Seelenglaube, der die Art der Jenseitsexistenz und letztlich diese selbst durchaus dahingestellt sein läßt, aber jedenfalls dessen ziemlich sicher ist, daß das dürftigste irdische Dasein dem Königtum über den Hades vorzuziehen sei, ist bei den Hellenen bis in die Zeit völliger Entpolitisierung der normale Glaube geblieben, über den nur die Mysterien mit ihrer Darbietung von Mitteln zur ritualistischen Verbesserung des Diesseits- und Jenseitsloses in gewissem Umfang, radikal aber nur die orphische Gemeindereligiosität mit ihrer Seelenwanderungslehre hinausführten. Zeiten starker prophetischer oder reformatorischer religiöser Erregung reißen allerdings auch und oft gerade den Adel in die Bahn der prophetischen ethischen Religiosität, weil sie eben alle ständischen und Klassenschichten durchbricht und weil der Adel der erste Träger der Laienbildung zu sein pflegt. Allein die Veralltäglichung der prophetischen Religiosität pflegt sehr bald den Adel aus dem Kreise der religiös erregten Schichten wieder auszuscheiden. Schon die Zeit der Religionskriege in Frankreich zeigt die ethischen Konflikte der Hugenottensynoden, z. B. mit einem Führer wie Condé über ethische Fragen. Der schottische ebenso wie der englische und französische Adel ist aus der calvinistischen Religiosität, innerhalb deren er oder wenigstens einige seiner Schichten anfänglich eine erhebliche Rolle gespielt hatte, schließlich fast vollständig wieder ausgeschieden.

Mit ritterlichem Standesgefühl vereinbar ist die prophetische Religiosität naturgemäß da, wo sie ihre Verheißungen dem *Glaubenskämpfer* spendet. Diese Konzeption setzt die Exklusivität des einen Weltgottes und die sittliche Verworfenheit der Ungläubigen als seiner Feinde, deren unbehelligte Existenz seinen gerechten Zorn erregt, voraus. Sie fehlt daher der Antike im Okzident ebenso wie aller asiatischen Religiosität bis auf Zarathustra. Aber auch hier fehlt noch der direkte Zusammenhang des Kampfs gegen den Unglauben mit den religiösen Verheißungen. Diesen hat zuerst der Islam geschaffen. Vorstufe und wohl auch Vorlage dafür waren die Verheißungen des jüdischen Gottes an sein Volk, wie sie Muhammed, nachdem er von einem pietistischen Konventikelführer in Mekka zum Podestà von Jathrib-Medina geworden und von den Juden als Prophet endgültig abgelehnt war, verstand und umdeutete. Die alten Kriege der israelitischen Eidgenossenschaft unter Jahves Heilanden galten der Überlieferung als „heilige" Kriege. Der heilige Krieg, d. h. der Krieg im Namen eines Gottes zur speziellen Sühnung eines Sakrilegs ist der Antike, speziell der hebräischen*, mit seinen Konsequenzen: Bannung und absolute Vernichtung der Feinde und aller ihrer Habe, auch sonst nicht fremd. Aber hier war das Spezifikum: daß das Volk Jahves als dessen spezielle Gemeinde dessen Prestige an seinen Feinden bewährt. Als Jahve der Universalgott geworden war, schuf daher die Prophetie und die Psalmenreligiosität statt des Besitzes des verheißenen Landes die weitergehende Verheißung der Erhöhung Israels als des Volkes Jahves über die anderen Völker, die alle dereinst Jahve zu dienen und Israel zu Füßen zu liegen gezwungen werden sollen. Hieraus machte Muhammed das Gebot des Glaubenskriegs bis zur Unterwerfung der Ungläubigen unter die politische Gewalt und Zinsherrschaft der Gläubigen. Ihre Vertilgung wird, soweit sie „Buchreligionen" angehören, nicht verlangt, im Gegenteil ihre Schonung schon im Interesse der Finanzen geboten. Erst der christliche Glaubenskrieg steht unter der augustinischen Devise „coge intrare": die Ungläubigen oder Ketzer haben nur die Wahl zwischen Konversion und Ausgerottetwerden. Der islamische Glaubenskrieg noch mehr, weil noch ausdrücklicher, als derjenige der Kreuzritter – denen Papst Urban die Notwendigkeit der Expansion zur Gewinnung von Lehen für den Nachwuchs sehr nachdrücklich nahezulegen nicht versäumte – war eine wesentlich an feudalen Renteninteressen orientierte Unternehmung zur grundherrlichen Landnahme. Der Glaubenskrieg ist in den Regeln für die Vergebung von Spahipfründen noch im türkischen Lehensrecht wichtiges Qualifikationsmerkmal für Vorzugsansprüche. Die Verheißungen, welche, abgesehen von der Herrscherstellung, selbst im Islam an die kriegerische Propaganda geknüpft sind, insbesondere also das islamische Paradies als Lohn für den Tod im Glaubenskrieg, sind natürlich so wenig Erlösungsverheißungen im eigentlichen Sinne dieses Wortes wie die Verheißung von Walhall, des Heldenparadieses, welches dem indischen Kshatriya, der in der Schlacht fällt – wie dem Kriegshelden, der des Lebens, sobald er den Sohn seines Sohnes sieht, satt wird, – verheißen ist, oder die irgendeines anderen Kriegerhimmels.

Und diejenigen religiösen Elemente des alten Islam, welche den Charakter einer ethischen Erlösungsreligion darstellen, traten demgegenüber denn auch, solange er wesentlich Kriegerreligion blieb, stark zurück. Die Religiosität der dem islamischen Kriegsorden entsprechenden, in den Kreuzzügen zunächst gegen den Islam geschaffenen, mittelalterlichen zölibatären Ritterorden aber, besonders der Templer, ebenso die der indischen, aus der Verbindung islamischer Ideen mit einem anfänglich streng pazifistischen Hinduismus entstandenen und durch die Verfolgung zum Ideal des rücksichtslosen Glaubenskampfes getriebenen Sikhs und endlich diejenige der zeitweilig politisch wichtigen japanischen kriegerischen Buddhamönche hatten ebenfalls mit „Erlösungsreligiosität" im allgemeinen nur formal etwas zu tun. Selbst ihre formale Orthodoxie war oft von zweifelhafter Echtheit.

Wenn so der Kriegerstand in den Formen des Rittertums der Erlösungs- und Gemeindereligiosität fast durchweg negativ gegenübersteht, so ist dies Verhältnis teilweise anders innerhalb „stehender", d. h. wesentlich bürokratisch organisierter Berufsheere mit „Offizieren". Das chinesische Heer allerdings hat einfach, wie jeder andere Beruf, seinen Spezialgott, einen staatlich kanonisierten Heros. Und die leidenschaftliche Parteinahme des byzantinischen Heeres für die Bilderstürmer entstammte nicht ewa puritanischen Prinzipien, sondern lediglich der durch den Islam beeinflußten Stellungnahme seiner Rekrutierungsprovinzen. Aber im römischen Heere des Prinzipats spielte, seit dem 2. Jahrhundert, neben gewissen anderen, hier nicht interessierenden, bevorzugten Kulten, die Gemeindereligion des Mithras, die Konkurrentin des Christentums, mit ihren Jenseitsverheißungen eine sehr bedeutende Rolle. Vor allem (aber nicht nur) innerhalb der Zenturionenschicht, also der Subalternoffiziere mit Zivilversorgungsanspruch. Nur sind die eigentlich ethischen Anforderungen der Mithrasmysterien bescheiden und sehr allgemein gehaltene: sie ist wesentlich ritualistische Reinheitsreligion, exklusiv männlich – die Frauen sind ausgeschlossen – in scharfem Gegensatz zum Christentum, überhaupt eine der maskulinsten Erlösungslehren, dabei in eine Hierarchie von Weihen und religiösen Rangordnungen abgestuft und im Gegensatz zum Christentum nicht exklusiv gegen die Teilnahme an anderen Kulten und Mysterien – welche vielmehr nicht selten vorkommt –, daher seit Commodus, der zuerst die Weihen nahm (etwa so wie früher die Preußenkönige die Logenmitgliedschaft), bis auf ihren letzten begeisterten Vertreter Julianus, von den Kaisern protegiert. Neben den Diesseitsverheißungen, welche auch hier wie immer mit den Verheißungen des Jenseits verknüpft waren, spielte bei der Anziehungskraft dieses Kults auf die Offiziere gewiß der wesentlich magisch-sakramentale Charakter der Gnadenspendung und das hierarchische Avancement in den Weihen eine Rolle.

Die gleichen Momente haben den Kult sicherlich den außermilitärischen *Beamten* empfohlen, in deren Kreisen er gleichfalls beliebt war. Zwar finden sich auch sonst innerhalb des Beamtentums Ansätze zu Neigungen für spezifische Erlösungsreligiosität. Die pietistischen deutschen Beamten – der Ausdruck dafür,

daß die bürgerlich-asketische Frömmigkeit in Deutschland als Vertreter spezifisch „bürgerlicher" Lebensführung nur die Beamten, nicht ein bürgerliches Un-
ternehmertum vorfand – und die allerdings mehr gelegentlich auftauchenden
wirklich „frommen" preußischen Generale des 18. und 19. Jahrhunderts sind Beispiele dafür. Aber in aller Regel ist nicht dies die Haltung einer herrschenden Bürokratie zur Religiosität. Sie ist stets Träger eines weitgehenden nüchternen Rationalismus einerseits, des Ideals der disziplinierten „Ordnung" und Ruhe als absoluten Wertmaßstabes andererseits. Eine tiefe Verachtung aller irrationalen Religiosität, verbunden mit der Einsicht in ihre Brauchbarkeit als Domestikationsmittel pflegt die Bürokratie zu kennzeichnen. So im Altertum schon die römischen Beamten. So heute die bürgerliche ebenso wie die militärische Bürokratie[1].
Die spezifische Stellungnahme einer Bürokratie zu den religiösen Dingen ist klassisch im Konfuzianismus niedergeschlagen: Absolutes Fehlen jeglichen „Erlösungsbedürfnisses" und überhaupt aller über das Diesseits hinausgreifenden Ver-
ankerungen der Ethik, die durch eine inhaltlich rein opportunistisch-utilitarische,
aber ästhetisch vornehme Kunstlehre eines bürokratischen Standeskonventiona-
lismus ersetzt ist, Ekrasierung jeder emotionellen und irrationalen individuellen,
über den traditionellen Geisterglauben hinausgehenden Religiosität, Erhaltung
des Ahnenkults und der Kindespietät als der universellen Grundlage der Subordination, „Distanz von den Geistern", deren magische Beeinflussung der aufgeklärte Beamte verachtet, der superstitiöse ähnlich mitmacht wie bei uns etwa den
Spiritismus, die beide aber als Volksreligiosität mit geringschätziger Gleichgültigkeit wuchern lassen und beide, soweit sie in anerkannten Staatsriten ihren Ausdruck findet, als Teil der ständisch-konventionellen Pflichten äußerlich respektie-
ren. Die ungebrochene Erhaltung der Magie, speziell des Ahnenkults als Garantie
der Fügsamkeit ermöglichte der Bürokratie hier die völlige Niederhaltung einer
selbständigen kirchlichen Entwicklung und aller Gemeindereligiosität. Die europäische Bürokratie sieht sich, bei durchschnittlich etwa gleicher innerer Verachtung aller ernst genommenen Religiosität, im Interesse der Massendomestikation
zur offiziellen Respektierung der bestehenden kirchlichen Religiosität genötigt. –

Wenn für die religiöse Stellung der normalerweise am stärksten positiv privilegierten Schichten, des Adels und der Bürokratie, sich bei allen sehr starken Unterschieden doch gewisse gleichartige Tendenzen angeben lassen, so zeigen die
eigentlich „bürgerlichen" Schichten die stärksten Kontraste. Und zwar auch ganz
abgesehen von den überaus starken ständischen Gegensätzen, welche diese
Schichten in sich selbst entfalten. Denn zunächst die „Kaufleute" sind teils Ange-
hörige der höchstprivilegierten Schicht, so der antike städtische Patriziat, teils
Parias, wie die besitzlosen Wanderhändler, teils privilegierte, aber hinter dem
Adel oder dem Beamtentum ständisch zurückstehende, oder nicht oder selbst
negativ privilegierte, aber faktisch mächtige Schichten, wie der Reihe nach die
römische „Ritterschaft", die hellenischen Metöken, die mittelalterlichen Ge-

---

[1] Ich erlebte es, daß Offizierkasinos beim ersten Auftreten des Herrn v. Egidy (Oberstleut-
nant a.D.) die bestimmte Erwartung hegten, S[eine] M[ajestät] würde, da doch das Recht dieser
Kritik eines Kameraden an der Orthodoxie ganz offenkundig sei, die Initiative dazu ergreifen,
daß im Militärgottesdienst fortan nicht mehr die alten Kindermärchen, die doch kein ehrlicher
Kerl zu glauben behaupten könne, aufgetischt würden. Als dies natürlich keineswegs geschah, lag
dann die Einsicht nahe, daß für die Rekruten die Kirchenlehre, wie sie sei, das beste Futter bilde.

wandschneider und verwandte Händlerschichten, ferner die Geldleute und großen Kaufleute in Babel, die chinesischen und indischen Händler, schließlich die „Bourgeoisie" der beginnenden Neuzeit. Die Stellung des kaufmännischen Patriziats zur Religiosität zeigt, unabhängig von diesen Unterschieden der Lage, in allen Epochen eigentümliche Kontraste. Die energisch diesseitige Einstellung ihres Lebens legt ihnen an sich den Anschluß an eine prophetische oder ethische Religiosität wenig nahe. Die Großkaufleute der Antike und des Mittelalters sind Träger des spezifischen, unstetigen, nicht betriebsmäßigen „Gelegenheitsgelderwerbes", Kapitalgeber der kapitallosen reisenden Händler, in historischer Zeit teils ein stadtsässiger, durch diesen Gelegenheitserwerb reich gewordener Adel mit ursprünglich grundherrlicher Basis, teils umgekehrt ein zu Grundbesitz gelangter Händlerstand mit Tendenz zum Aufstieg in die Adelsgeschlechter. Dazu treten mit geldwirtschaftlicher Deckung des politischen Bedarfs die Vertreter des politisch an Staatslieferungen und Staatskredit orientierten und des Kolonialkapitalismus, wie er in allen geschichtlichen Epochen sich fand. Alle diese Schichten sind nirgends primäre Träger einer ethischen oder Erlösungsreligiosität gewesen. Je privilegierter die Lage der Händlerschaft war, desto weniger zeigt sie überhaupt Neigung zur Entwicklung einer Jenseitsreligion. Die Religion der adeligen plutokratischen phönikischen Händlerstädte ist rein diesseitig gewendet und soweit bekannt gänzlich unprophetisch. Dabei aber ist die Intensität der Religiosität und die Angst vor den mit düsteren Zügen ausgestatteten Göttern sehr bedeutend. Der althellenische kriegerische, dabei aber halb seeräuberische, halb händlerische Seefahreradel dagegen hat das religiöse Dokument dessen, was ihm behagte, in der Odyssee mit ihrer immerhin starken Respektlosigkeit gegenüber den Göttern hinterlassen. Der chinesische taoistische Reichtumsgott, der von der Kaufmannschaft ziemlich universell verehrt wird, zeigt keine ethischen Züge, sondern ist rein magischen Charakters. Auch der Kult des hellenischen, freilich vorwiegend agrarischen Reichtumsgottes Pluto bildet einen Teil der eleusinischen Mysterien, welche abgesehen von ritueller Reinheit und Freiheit von Blutschuld keinerlei ethische Anforderungen stellen. Die Freigelassenenschicht mit ihrer sehr starken Kapitalkraft suchte Augustus in charakteristischer Politik zu spezifischen Trägern des Kaiserkults durch Schaffung der Augustalenwürde zu machen; eigene, ihr spezifische Richtungen religiösen Interesses weist diese Schicht sonst nicht auf. Der Teil der Kaufmannschaft in Indien, welcher hinduistischer Religiosität ist, namentlich auch jene Bankierskreise, die aus den alten staatskapitalistischen Geldgeber- oder Großhändlerkreisen hervorgegangen sind, sind meist Vallabhacharis, d. h. Anhänger der von Vallabha Swami reformierten, vischnuitischen Priesterschaft der Gokulastha Gosains und pflegen eine Form der erotomorphen Krischna- und Radhadevotion, deren Kultmahle zu Ehren des Heilandes zu einer Art von erlesenem Diner raffiniert sind. Die Großhändlerschaften der Guelfenstädte des Mittelalters, wie etwa die Arte di Calimala, sind zwar gut päpstlich in der Politik, fanden sich aber oft durch ziemlich mechanische und direkt wie Spott wirkende Mittel mit dem Wucherverbote der Kirche ab. Die großen und vornehmen Handelsherren des protestantischen Holland waren, als Arminianer, religiös spezifisch realpolitisch und die Hauptgegner des calvinistischen ethischen Rigorismus. Skepsis oder Gleichmut sind und waren überall eine sehr weit verbreitete Stellungnahme der Großhändler und Großgeldgeberkreise zur Religiosität.

Diesen leicht verständlichen Erscheinungen steht nun aber gegenüber: daß in der Vergangenheit die Neubildungen von Kapital, genauer ausgedrückt: von kontinuierlich betriebsmäßig in rationaler Weise zur Gewinnerzeugung verwertetem Geldbesitz, und zwar zumal von industriellen, also spezifisch modern verwertetem Kapital, in höchst auffallender Art und Häufigkeit mit rationaler ethischer Gemeindereligiosität der betreffenden Schichten verknüpft waren. Schon in den Handel Indiens teilen sich (geographisch) die Anhänger der noch in ihrer Modernisierung, welche die ritualistischen Reinheitsgebote als hygienische Vorschriften interpretiert, ethisch, besonders durch ihr bedingungsloses Wahrheitsgebot, rigoristischen Religion Zarathustras (Parsis), deren Wirtschaftsmoral ursprünglich nur den Ackerbau als Gott wohlgefällig anerkannte und allen bürgerlichen Erwerb perhorreszierte einerseits und andererseits die Jainasekte, also die am spezifischsten asketische Religiosität, welche es in Indien überhaupt gibt, mit den schon oben erwähnten Vallabhachianern (immerhin, bei allem antirationalen Charakter der Kulte, einer als Gemeindereligiosität konstituierten Erlösungslehre). Ob es richtig ist, daß die islamische Kaufmannsreligiosität besonders häufig Derwischreligiosität ist, kann ich nicht kontrollieren, doch ist es nicht unwahrscheinlich. Die ethisch rationale jüdische Gemeindereligiosität ist schon im Altertum sehr stark Händler- und Geldgeberreligiosität. In geringerem, aber doch merklichem Maße ist auch die mittelalterliche christliche, ketzerisch-sektiererische oder an das Sektentum streifende Gemeindereligiosität zwar nicht Händler-, aber doch „bürgerliche“ Religiosität, und zwar je ethisch rationaler sie war, desto mehr. Vor allem aber haben sich die sämtlichen Formen des west- und osteuropäischen asketischen Protestantismus und Sektentums: Zwinglianer, Calvinisten, Reformierte, Baptisten, Mennoniten, Quäker, reformierte und in geringerer Intensität auch lutherische Pietisten, Methodisten, ebenso die russischen schismatischen und ketzerischen, vor allem die rationalen pietistischen Sekten, unter ihnen speziell die Stundisten und die Skopzen, zwar in sehr verschiedener Art, durchweg aber auf das engste mit ökonomisch rationalen und – wo solche ökonomisch möglich waren – kapitalistischen Entwicklungen verknüpft. Und zwar wird die Neigung zur Anhängerschaft an eine ethisch rationale Gemeindereligiosität im allgemeinen um so stärker, je mehr man von jenen Schichten sich entfernt, welche Träger des vornehmlich politisch bedingten Kapitalismus waren, wie er seit Hammurabis Zeit überall, wo es Steuerpacht, Staatslieferantenprofit, Krieg, Seeraub, Großwucher, Kolonisation gab, existierte, und je mehr man sich denjenigen Schichten nähert, welche Träger moderner, rationaler Betriebsökonomik, d. h. also Schichten mit bürgerlichem ökonomischem Klassencharakter (im später zu erörternden Sinn) waren. Die bloße Existenz von „Kapitalismus“ irgendwelcher Art genügt offensichtlich ganz und gar nicht, um ihrerseits eine einheitliche Ethik, geschweige denn eine ethische Gemeindereligiosität aus sich zu erzeugen. Sie wirkt von sich aus offenbar nicht eindeutig. Die Art des Kausalzusammenhangs der religiösen rationalen Ethik mit der besonderen Art des kaufmännischen Rationalismus da, wo dieser Zusammenhang besteht, lassen wir vorläufig noch außer betracht und stellen zunächst nur fest: daß eine, außerhalb der Stätte des ökonomischen Rationalismus, also außerhalb des Okzidents, nur gelegentlich, innerhalb seiner aber deutlich, und zwar je mehr wir uns den klassischen Trägern des ökonomischen Rationalismus nähern, desto deutlicher zu beobachtende Wahlverwandtschaft zwischen ökonomischem Rationalismus und gewissen, später näher zu charakterisierenden Arten von ethisch-rigoristischer Religiosität zu beobachten ist. Verlassen wir nun die sozial oder ökonomisch privilegierten Schichten, so steigert sich anscheinend das Untypische der religiösen Haltung. Innerhalb der Schicht des Kleinbürgertums, speziell des Handwerks, bestehen die größten Gegensätze nebeneinander. Kastentabu und magische oder mystagogische Sakraments- oder Orgienreligiosität in Indien, Animismus in China, Derwischreligiosität im Islam, die pneumatisch-enthusiastische Gemeindereligiosität des antiken Christentums, namentlich im Osten des römischen Weltreichs, Deisidämonie neben Dionysosorgiastik im antiken Hellenentum, pharisäische Gesetzestreue im antiken großstädtischen Judentum, ein wesentlich idolatrisches Christentum neben allen Arten von Sektenreligiosität im Mittelalter und alle Arten von Protestantismus in der beginnenden Neuzeit – dies sind wohl die größten Kontraste, welche sich untereinander denken lassen. Eine spezifische Handwerkerreligiosität war allerdings von Anfang an das alte Christentum. Sein Heiland, ein landstädtischer Handwerker, seine Missionare wandernde Handwerksburschen, der größte von ihnen, ein wandernder Zelttuchmachergeselle, schon so sehr dem Lande entfremdet, daß er in einer seiner Episteln ein Gleichnis aus dem Gebiete des Okulierens handgreiflich verkehrt anwendet, endlich die Gemeinden, wie wir schon sahen, in der Antike ganz prononziert städtisch, vornehmlich aus Handwerkern, freien und unfreien, rekrutiert. Und auch im Mittelalter ist das Kleinbürgertum die frömmste, wenn auch nicht immer die orthodoxeste, Schicht. Aber auch im Christentum besteht nun die Erscheinung, daß innerhalb des Kleinbürgertums sowohl die antike pneumatische, Dämonen austreibende Prophetie, die unbedingt orthodoxe (anstaltskirchliche) mittelalterliche Religiosität und das Bettelmönchtum, wie andererseits gewisse Arten der mittelalterlichen Sektenreligiosität und zum Beispiel der lange der Heterodoxie verdächtige Orden der Humiliaten, ebenso aber das Täufertum aller Schattierungen und andererseits wieder die Frömmigkeit der verschiedenen Reformationskirchen, auch der lutherischen, bei den Kleinbürgern, scheinbar gleichmäßig, einen außerordentlich festen Rückhalt fanden. Also eine höchst bunte Mannigfaltigkeit, welche wenigstens dies beweist, daß eine eindeutige ökonomische Bedingtheit der Religiosität des Handwerkertums nie bestand. Immerhin liegt höchst deutlich eine ausgesprochene Neigung sowohl zur Gemeindereligiosität, wie zur Erlösungsreligiosität und schließlich auch zur rationalen ethischen Religiosität vor, verglichen mit den bäuerlichen Schichten, und es ist nur nachdrücklich daran zu erinnern, daß auch dieser Gegensatz von eindeutiger Determiniertheit sehr weit entfernt ist, wie denn die Ausbreitungsgebiete zum Beispiel der täuferischen Gemeindereligiosität anfänglich in sehr starkem Maße besonders auf dem platten Lande (Friesland) gelegen haben und in der Stadt (Münster) zunächst gerade ihre sozialrevolutionäre Form eine Stätte fand.

Daß nun speziell im Okzident Gemeindereligiosität und mittleres und kleineres Stadtbürgertum miteinander eng verknüpft zu sein pflegen, hat seinen natürlichen Grund zunächst in dem relativen Zurücktreten der Blutsverbände, namentlich der Sippe, innerhalb der okzidentalen Stadt. Den Ersatz dafür findet der Einzelne neben den Berufsverbänden, die im Okzident zwar, wie überall, kultische, aber nicht mehr tabuistische Bedeutung haben, in frei geschaffenen religiösen Vergemeinschaftungen. Diesen letzteren Zusammenhang determiniert aber nicht etwa die ökonomische Eigenart des bloßen Stadtlebens als solchen von sich aus. Sondern, wie leicht einzusehen, sehr häufig umgekehrt. In China halten die exklusive Bedeutung des Ahnenkults und die Sippenexogamie den einzelnen Stadtinsassen dauernd in fester Verbindung mit Sippe und Heimatsdorf. In Indien erschwert das religiöse Kastentabu die Entstehung oder beschränkt die Bedeutung der soteriologischen Gemeindereligiosität, in den stadtartigen Siedelungen ganz ebenso wie auf dem Lande. Und in beiden Fällen hemmten jene Momente sogar, sahen wir, die Entwicklung der Stadt zu einer „Gemeinde" weit stärker als die des Dorfes. Aber die Kleinbürgerschicht neigt allerdings begreiflicherweise relativ stark, und zwar aus Gründen ihrer ökonomischen Lebensführung, zur rationalen ethischen Religiosität, wo die Bedingungen für deren Entstehung gegeben sind. Es ist klar, daß das Leben des Kleinbürgers, zumal des städtischen Handwerkers und Kleinhändlers, der Naturgebundenheit, verglichen mit den Bauern, weit ferner steht, so daß die Abhängigkeit von magischer Beeinflussung der irrationalen Naturgeister für ihn nicht die gleiche Rolle spielen kann, wie für jene, daß umgekehrt seine ökonomischen Existenzbedingungen ganz wesentlich rationaleren, d. h. hier: der Berechenbarkeit und der zweckrationalen Beeinflussung zugänglicheren Charakter haben. Ferner legt seine ökonomische Existenz namentlich dem Handwerker, unter bestimmten spezifischen Bedingungen auch dem Händler, den Gedanken nahe, daß Redlichkeit in seinem eigenen Interesse liege, treue Arbeit und Pflichterfüllung ihren „Lohn" finde und daß sie auch ihres gerechten Lohnes „wert" sei, also eine ethisch rationale Weltbetrachtung im Sinn der Vergeltungsethik, die allen nicht privilegierten Schichten, wie noch zu erörtern, ohnehin naheliegt. Ungleich näher jedenfalls als den Bauern, die sich dem „ethischen" Vergeltungsglauben überall erst nach Ausrottung der Magie durch andere Gewalten zuwenden, während der Handwerker diese Ausrottung sehr oft aktiv mit vollzogen hat. Und vollends ungleich näher als dem Krieger oder ganz großen, am Kriege und politischen Machtentfaltungen ökonomisch interessierten Geldmagnaten, welche gerade den ethisch rationalen Elementen einer Religiosität am wenigsten zugänglich sind. Der Handwerker speziell ist zwar in den Anfängen der Berufsdifferenzierung ganz besonders tief in magische Schranken verstrickt. Denn alle spezifizierte, nicht alltägliche, nicht allgemein verbreitete, „Kunst" gilt als magisches Charisma, persönliches oder, und in aller Regel, erbliches, dessen Erwerb und Erhaltung durch magische Mittel garantiert wird, seinen Träger tabuistisch, zuweilen totemistisch, aus der Gemeinschaft der Alltagsmenschen (Bauern) absondert, oft vom Bodenbesitz ausschließt. Und das namentlich die in der Hand alter Rohstoffvölker, welche zuerst als „Störer", dann als einzelne ansässige Fremdbürtige, ihre Kunst anbieten, verbliebenen Gewerbe zur Bindung an Pariakasten verurteilt und auch die Manipulationen des Handwerkers, seine Technik, magisch stereotypiert. Wo immer aber dieser Zustand einmal durchbrochen ist – und das vollzieht sich am leichtesten auf dem Boden städtischer Neusiedelungen –, da kann dann der Umstand seine Wirkung entfalten: daß der Handwerker und ebenso der Kleinhändler, der erstere über seine Arbeit, der letztere über seinen Erwerb, wesentlich mehr rational zu denken hat als irgendein Bauer. Der Handwerker speziell hat ferner während der Arbeit wenigstens bei gewissen, in unserem Klima besonders stark stubengebundenen Gewerben – so in den Textilhandwerken, die daher überall besonders stark mit sektenhafter Religiosität durchsetzt sind – Zeit und Möglichkeit zum Grübeln. Selbst für den modernen maschinellen Webstuhl trifft dies in begrenztem Umfange unter Umständen noch zu, vollends aber für den Webstuhl der Vergangenheit. Überall, wo die Gebundenheit an rein magische oder rein ritualistische Vorstellungen durch Propheten oder Reformatoren gebrochen wird, neigen daher die Handwerker und Kleinbürger zu einer Art von freilich oft sehr primitiver, ethischer und religiös rationalistischer Lebensbetrachtung. Sie sind ferner schon kraft ihrer beruflichen Spezialisierung Träger einer spezifisch geprägten einheitlichen „Lebensführung". Die Determiniertheit der Religiosität durch diese allgemeinen Bedingungen der Handwerker- und Kleinbürgerexistenz ist in keiner Weise eine eindeutige. Die chinesischen, überaus „rechenhaften" Kleinhändler sind nicht Träger einer rationalen Religiosität, die chinesischen Handwerker, soviel bekannt, ebenfalls nicht. Sie hängen, neben der magischen, allenfalls der buddhistischen Karmanlehre an. Dies Fehlen einer ethisch rationalen Religiosität ist aber hier das Primäre und scheint seinerseits die immer wieder auffallende Begrenztheit des Rationalismus ihrer Technik einflußt zu haben. Die bloße Existenz von Handwerkern und Kleinbürgern hat aber nirgends genügt, die Entstehung einer ethischen Religiosität eines noch so allgemein zu umschreibenden Typus aus sich zu gebären. Wir sahen umgekehrt, wie das Kastentabu in Verbindung mit dem Seelenwanderungsglauben die indische Handwerkerethik beeinflußt und stereotypiert hat. Nur wo eine Gemeindereligiosität und speziell eine rational ethische Gemeindereligiosität entstand, da konnte sie dann begreiflicherweise gerade in städtischen Kleinbürgerkreisen ganz besonders leicht Anhänger gewinnen und dann die Lebensführung dieser Kreise ihrerseits unter Umständen nachhaltig beeinflussen, wie dies tatsächlich geschehen ist.

Endlich die ökonomisch am meisten negativ privilegierten Schichten: Sklaven und freie Tagelöhner, sind bisher nirgends in der Geschichte Träger einer spezifischen Religiosität gewesen. Die Sklaven in den alten Christengemeinden waren Bestandteile des städtischen Kleinbürgertums. Denn die hellenistischen Sklaven und z. B. die im Römerbrief erwähnten Leute des Narzissus (vermutlich des berühmten kaiserlichen Freigelassenen) gehören entweder – wie wahrscheinlich die letzteren – dem relativ gut und selbständig gestellten Hausbeamtentum und der Dienerschaft eines sehr reichen Mannes an, oder und meist, sind sie umgekehrt selbständige Handwerker, welche ihrem Herrn Zins zahlen und sich das Geld für ihren Freikauf aus ihren Ersparnissen zu erarbeiten hoffen, wie dies in der ganzen Antike und in Rußland bis in das 19. Jahrhundert üblich war, oder endlich wohl auch gutgestellte Staatssklaven. Auch die Mithrasreligion zählte, wie die Inschriften lehren, unter dieser Schicht zahlreiche Anhänger. Daß der delphische Apollon (ebenso wie sicherlich andere Götter) offenbar als, ihrer sakralen Geschütztheit wegen, gesuchte Sklavensparkasse fungierte und dann die Sklaven aus diesen Ersparnissen von ihrem Herrn „in die Freiheit" kaufte, soll nach Deissmanns ansprechender Hypothese von Paulus als Bild für den Loskauf der Christen mit dem Blut des Heilandes in die Freiheit von Gesetzes- und Sündenknechtschaft verwertet sein. Ist dies richtig – es ist immerhin die alttestamentliche Wendung *gâal* oder *padā* wohl auch als mögliche Quelle in Betracht zu ziehen –, dann zeigt es, wie sehr die christliche Propaganda gerade auch auf dieses ökonomisch rational lebende, weil strebsame unfreie Kleinbürgertum mitzählte. Das „sprechende Inventar" der antiken Plantagen dagegen, diese unterste Schicht des Sklaventums, war kein Boden für eine Gemeindereligiosität oder irgendwelche religiöse Propaganda überhaupt. Die Handwerksgesellen aller Zeiten ferner, als normalerweise nur durch eine Karenzzeit vom selbständigen Kleinbürgertum getrennt, haben die spezifische Kleinbürgerreligiosität meist geteilt. Allerdings besonders oft mit noch ausgesprochenerer Neigung zur unoffiziellen sektenhaften Religiosität, für deren sämtliche Formen die mit der Not des Tages, den Schwankungen des Brotpreises und der Verdienstgelegenheit kämpfende, auf „Bruderhilfe" angewiesene gewerbliche Unterschicht der Städte überall ein höchst dankbares Feld dargeboten hat. Die zahlreichen geheimen oder halb tolerierten Gemeinschaften der „armen Leute" mit ihrer bald revolutionären, bald pazifistisch-kommunistischen, bald ethisch-rationalen Gemeindereligiosität umfassen regelmäßig gerade auch die Kleinhandwerkerschicht und das Handwerksgesellentum. Vor allem aus dem technischen Grunde, weil die wandernden Handwerksgesellen die gegebenen Missionare jedes Gemeindeglaubens der Massen sind. Die ungeheuer schnelle Expansion des Christentums über die gewaltige Entfernung vom Orient bis Rom hin in wenigen Jahrzehnten illustriert diesen Vorgang hinlänglich.

Das moderne Proletariat aber ist, soweit es religiös eine Sonderstellung einnimmt, ebenso wie breite Schichten der eigentlich modernen Bourgeoisie durch Indifferenz oder Ablehnung des Religiösen ausgezeichnet. Die Abhängigkeit von der eigenen Leistung wird hier durch das Bewußtsein der Abhängigkeit von rein gesellschaftlichen Konstellationen, ökonomischen Konjunkturen und gesetzlich garantierten Machtverhältnissen zurückgedrängt oder ergänzt. Dagegen ist jeder Gedanke an Abhängigkeit von dem Gang der kosmisch-meteorologischen oder anderen, als magisch oder als providenziell bewirkt zu deutenden, Naturvorgängen ausgeschaltet, wie es s. Z. schon Sombart in schöner Form ausgeführt hat. Der proletarische Rationalismus ebenso wie der Rationalismus einer im Vollbesitz der ökonomischen Macht befindlichen, hochkapitalistischen Bourgeoisie, dessen Komplementärerscheinung er ist, kann daher aus sich heraus nicht leicht religiösen Charakter tragen, jedenfalls eine Religiosität nicht leicht erzeugen. Die Religion wird hier vielmehr normalerweise durch andere ideelle Surrogate ersetzt. Die untersten, ökonomisch unsteten Schichten des Proletariats, denen rationale Konzeptionen am schwersten zugänglich sind, und ebenso die proletaroiden oder dauernd notleidenden und mit Proletarisierung bedrohten sinkenden Kleinbürgergeschichten können allerdings religiöser Mission besonders leicht anheimfallen. Aber religiöser Mission ganz besonders in magischer Form, oder, wo die eigentliche Magie ausgerottet ist, von einem Charakter, welcher Surrogate für die magisch-orgiastische Begnadung bietet; dies tun z. B. die soteriologischen Orgien methodistischer Art, wie sie etwa die Heilsarmee veranstaltet. Zweifellos können weit leichter emotionale als rationale Elemente einer religiösen Ethik auf diesem Boden wachsen, und jedenfalls entstammt ihnen ethische Religiosität kaum jemals als ihrem primären Nährboden. Es gibt eine spezifische „Klassen"-Religiosität der negativ privilegierten Schichten nur in begrenztem Sinn. Soweit in einer Religion der *Inhalt* „sozialpolitischer" Forderungen als gottgewollt fundamentiert wird, haben wir uns bei Erörterung der Ethik und des „Naturrechts" kurz damit zu befassen. Soweit der Charakter der Religiosität als solcher in Betracht kommt, ist zunächst ohne weiteres verständlich, daß das „Erlösungs"-Bedürfnis, im weitesten Sinn des Worts, in den negativ privilegierten Klassen einen – wie wir später sehen werden –, freilich keineswegs den einzigen oder auch nur den hauptsächlichsten, Standort hat, während es innerhalb der „satten" und positiv privilegierten Schichten wenigstens den Kriegern, Bürokraten und der Plutokratie fern liegt. Ihren ersten Ursprung kann eine Erlösungsreligiosität sehr wohl innerhalb sozial privilegierter Schichten nehmen. Das Charisma des Propheten ist an ständische Zugehörigkeit nicht gebunden, ja es ist durchaus normalerweise an ein gewisses Minimum auch intellektueller Kultur gebunden. Die spezifischen Intellektuellenprophetien beweisen beides hinlänglich. Aber sie wandelt dann ihren Charakter regelmäßig, sobald sie auf die nicht spezifisch und berufsmäßig den Intellektualismus als solchen pflegenden Laienkreise, noch mehr, wenn sie auf diejenigen negativ privilegierten Schichten übergreift, denen der Intellektualismus ökonomisch und sozial unzugänglich ist. Und zwar läßt sich wenigstens ein normaler Grundzug dieser Wandlung, eines Produkts der unvermeidlichen Anpassung an die Bedürfnisse der Massen, allgemein bezeichnen: das Hervortreten des *persönlichen* göttlichen oder menschlich-göttlichen Erlösers als des Trägers, der religiösen Beziehungen zu ihm als der Bedingung des Heils. Als eine Art der Adaptierung der Religiosität an die Massenbedürfnisse lernten wir schon die Umformung kultischer Religiosität zur reinen Zauberei kennen. Die Heilandsreligiosität ist eine zweite typische Form und natürlich mit der rein magischen Umformung durch die mannigfachsten Übergänge verbunden. Je weiter man auf der sozialen Stufenleiter nach unten gelangt, desto radikalere Formen pflegt das Heilandsbedürfnis, wenn es einmal auftritt, anzunehmen. Die indischen Kartabhajas, eine vischnuitische Sekte, welche mit der, vielen Erlösungslehren theoretisch eigenen, Sprengung des Kastentabu am meisten Ernst gemacht und z. B. wenigstens eine begrenzte, auch private (nicht nur rein kultische) Tischgemeinschaft ihrer Angehörigen hergestellt hat, infolge davon aber auch wesentlich eine Sekte der kleinen Leute ist, treibt zugleich die anthropolatrische Verehrung ihres erblichen Guru am weitesten und bis zur Ausschließlichkeit dieses Kults. Und Ähnliches wiederholt sich bei anderen, vornehmlich aus den sozial untersten Schichten rekrutierten oder durch sie beeinflußten Religiositäten. Die Übertragung von Erlösungslehren auf die Massen läßt fast jedesmal den persönlichen Heiland entstehen oder stärker hervortreten. Der Ersatz des Buddhaideals, d. h. der exemplarischen Intellektuellenerlösung in das Nirwana, durch das Bodhisattvaideal zugunsten eines zur Erde niedersteigenden Heilands, der auf das eigene Eingehen in das Nirwana verzichtet, um die Mitmenschen zu erlösen, ebenso das Aufkommen der durch die Menschwerdung des Gottes vermittelten Erlösergnade in den hinduistischen Volksreligionen, vor allem im Vischnuismus, und der Sieg dieser Soteriologie und ihrer magischen Sakramentsgnade sowohl über die vornehme atheistische Erlösung der Buddhisten, wie über den alten, an die vedische Bildung gebundenen Ritualismus, sind Erscheinungen, die sich, nur in verschiedener Abwandlung, auch sonst finden. Überall äußert sich das religiöse Bedürfnis des mittleren und kleineren Bürgertums in emotionalerer, speziell in einer zur Innigkeit und Erbaulichkeit neigenden Legende statt der Heldenmythen bildenden Form. Sie entspricht der Befriedung und stärkeren Bedeutung des Haus- und Familienlebens gegenüber den Herrenschichten. Das Aufkommen der gottinnigen „Bhakti"-Frömmigkeit in allen indischen Kulten, in der Schaffung der Bodhisattvafigur so gut wie in den Krischnakulten, die Popularität der erbaulichen Mythen vom Dionysoskinde, vom Osiris, vom Christkind und ihre zahlreichen Verwandten, gehören alle dieser bürgerlichen Wendung der Religiosität ins Genrehafte an. Das

Auftreten des Bürgertums als einer, die Art der Frömmigkeit mitbestimmenden Macht unter dem Einfluß des Bettelmönchtums bedeutet zugleich die Verdrängung der vornehmen „Theotokos" der imperialistischen Kunst Nicolo Pisanos durch das Genrebild der heiligen Familie, wie es sein Sohn schuf, ganz wie das Krischnakind in Indien der Liebling der volkstümlichen Kulte ist.

Wie die Magie, so ist der soteriologische Mythos und sein menschgewordener Gott oder gottgewordener Heiland eine spezifisch volkstümliche und daher an den verschiedensten Stellen spontan entstandene religiöse Konzeption. Die unpersönliche, übergöttliche ethische Ordnung des Kosmos und die exemplarische Erlösung ist dagegen ein der spezifisch unvolkstümlichen, ethisch rationalen Laienbildung adäquater Intellektuellengedanke. Das gleiche gilt aber für den absolut überweltlichen Gott.

Mit Ausnahme des Judentums und des Protestantismus haben alle Religionen und religiösen Ethiken ohne Ausnahme den Heiligen- oder Heroen- oder Funktionsgötterkult bei ihrer Adaptierung an die Massenbedürfnisse wieder aufnehmen müssen. Der Konfuzianismus läßt ihn in Gestalt des taoistischen Pantheon neben sich bestehen, der popularisierte Buddhismus duldet die Gottheiten der Länder seiner Verbreitung als dem Buddha untergeordnete Kultempfänger, Islam und Katholizismus haben Lokalgötter, Funktionsgötter und Berufsgötter als Heilige, denen die eigentliche Devotion des Alltags bei den Massen gilt, rezipieren müssen.

Der Religiosität der negativ Privilegierten ist ferner, im Gegensatz zu den vornehmen Kulten des kriegerischen Adels, die gleichberechtigte Heranziehung der *Frauen* eigen. Der höchst verschieden abgestufte Grad der Zulassung und mehr oder minder aktiven oder passiven Beteiligung oder des Ausschlusses der Frauen von den religiösen Kulten ist wohl überall Funktion des Grades der (gegenwärtigen oder früheren) relativen Befriedung oder Militarisierung. Dabei besagt natürlich die Existenz von Priesterinnen, die Verehrung von Wahrsagerinnen oder Zauberinnen, kurz die äußerste Devotion gegen individuelle Frauen, denen übernatürliche Kräfte und Charismata zugetraut wurden, nicht das geringste für eine kultische Gleichstellung der Frauen als solcher. Und umgekehrt kann die prinzipielle Gleichstellung in der Beziehung zum Göttlichen, wie sie im Christentum und Judentum, in geringerer Konsequenz im Islam und offiziellen Buddhismus besteht, mit völliger Monopolisierung der Priesterfunktion und des Rechts zum aktiven Mitbestimmungsrecht in Gemeindeangelegenheiten durch die allein zur speziellen Berufsvorbildung zugelassenen oder qualifiziert gehaltenen Männer zusammen bestehen, wie dies tatsächlich in jenen Religionen der Fall ist. Die große Empfänglichkeit der Frauen für alle nicht exklusiv militärisch oder politisch orientierte religiöse Prophetie tritt in den unbefangen freien Beziehungen fast aller Propheten, des Buddha ebenso wie des Christus und etwa des Pythagoras, deutlich hervor. Höchst selten aber behauptet sie sich über diejenige erste Epoche der Gemeinde hinaus, in welcher die pneumatischen Charismata als Merkmale spezifischer religiöser Erhebung geschätzt werden. Dann tritt, mit Veralltäglichung und Reglementierung der Gemeindeverhältnisse, stets ein Rückschlag gegen die nun als ordnungswidrig und krankhaft empfundenen pneumatischen Erscheinungen bei den Frauen ein. So schon bei Paulus. Vollends jede politisch-militärische Prophetie – wie der Islam – wendet sich an die Männer allein. Und oft tritt der Kult eines kriegerischen Geistes (so im indischen Archipel des Duk-Duk und sonst oft ähnlicher periodischer Epiphanien eines Helden-Numen) ganz direkt in den Dienst der Domestikation und regelrechten Ausplünderung der Frauenhaushalte durch die kasino- oder klubartig vergesellschafteten Insassen des Kriegerhauses. Überall, wo die asketische Kriegererziehung mit ihrer „Wiedergeburt" des Helden herrscht oder geherrscht hat, gilt die Frau als der höheren, heldischen Seele entbehrend und ist dadurch religiös deklassiert. So in den meisten vornehmen oder spezifisch militaristischen Kultgemeinschaften. Von den offiziellen chinesischen, ebenso wie von den römischen und den brahmanischen Kulten ist die Frau gänzlich ausgeschlossen, und auch die buddhistische Intellektuellenreligiosität ist nicht feministisch; selbst in der Merowingerzeit konnten christliche Synoden die Gleichwertigkeit der Seele der Frau bezweifeln. Dagegen haben die spezifischen Kulte des Hinduismus sowohl wie ein Teil der chinesischen buddhistisch-taoistischen Sekten und im Okzident vor allem das alte Christentum, wie später die pneumatischen und pazifistischen Sekten in Ost- und Westeuropa gleichmäßig ihre propagandistische Kraft aus der Heranziehung und Gleichstellung der Frauen gezogen. Auch in Hellas hatte der Dionysoskult bei seinem ersten Auftreten ein dort sonst ganz unerhörtes Maß von Emanzipation der an den Orgien beteiligten Frauen von aller Konvention mit sich gebracht, eine Freiheit, die freilich je länger je mehr künstlerisch und zeremoniell stilisiert und reglementiert und damit gebunden, insbesondere auf Prozessionen und einzelne andere Festakte in den verschiedenen Kulten beschränkt wurde und so schließlich in ihrer praktischen Bedeutung gänzlich schwand. Der gewaltige Vorsprung der christlichen Propaganda innerhalb der kleinbürgerlichen Schichten gegenüber ihrem wichtigsten Konkurrenten: der Mithrasreligion, war, daß dieser extrem maskuline Kult die Frauen ausschloß. In einer Zeit universeller Befriedung nötigte dies seine Bekenner dazu, für ihre Frauen einen Ersatz in anderen Mysterien, z. B. denen der Kybele, zu suchen und zerstörte so von vornherein die Einheitlichkeit und Universalität der Religionsgemeinschaft selbst innerhalb der einzelnen Familien, in starkem Kontrast gegen das Christentum. Im Prinzip nicht ganz so, aber im Effekt vielfach ähnlich stand es mit allen eigentlichen Intellektuellenkulten gnostischer, manichäischer und ähnlicher Art. Keineswegs alle Religionen der „Bruder- und Feindesliebe" sind zu dieser Geltung durch Fraueneinfluß gelangt oder feministischen Charakters: die indische Ahimsareligiosität z. B. absolut nicht. Der Fraueneinfluß pflegt nur die emotionellen, hysterisch bedingten Seiten der Religiosität zu steigern. So in Indien. Aber es ist gewiß nicht gleichgültig, daß die Erlösungsreligiosität die unmilitärischen und antimilitärischen Tugenden zu verklären pflegt, wie dies negativ privilegierten Schichten und Frauen naheliegen muß.

Die speziellere Bedeutung der Erlösungsreligiosität für die politisch und ökonomisch negativ privilegierten Schichten im Gegensatz zu den positiv privilegierten läßt sich nun unter noch einige allgemeinere Gesichtspunkte bringen. – Wir werden bei Erörterung der „Stände" und „Klassen" noch davon zu reden haben, daß das Würdegefühl der höchstprivilegierten (und nicht priesterlichen) Schichten, speziell des Adels, die „Vornehmheit" also, auf dem Bewußtsein der „Vollendung" ihrer Lebensführung als eines Ausdrucks ihres qualitativen, in sich beruhenden, nicht über sich hinausweisenden *„Seins"* ruht und, der Natur der Sache nach, ruhen kann, jedes Würdegefühl negativ Privilegierter dagegen auf einer ihnen verbürgten „Verheißung", die an eine ihnen zugewiesene „Funktion", „Mission", „Beruf" geknüpft ist. Was sie zu „sein" nicht prätendieren können, ergänzen sie entweder durch die Würde dessen, was sie einst sein werden, zu sein „berufen" sind, in einem Zukunftsleben im Diesseits oder Jenseits oder (und meist zugleich) durch das, was sie, providentiell angesehen, „bedeuten" und „leisten".

Der Hunger nach einer ihnen, so wie sie und so wie die Welt sind, nicht zugefallenen Würde schafft diese Konzeption, aus welcher die rationalistische Idee einer „Vorsehung", einer Bedeutsamkeit vor einer göttlichen Instanz mit anderer Rangordnung der Würde entspringt.

Nach außen, gegen die anderer Schichten gewendet, ergibt diese innere Lage noch einige charakteristische Gegensätze dessen, was Religionen den verschiedenen sozialen Schichten „leisten" mußten. Jedes Erlösungsbedürfnis ist Ausdruck einer „Not", und soziale oder ökonomische Gedrücktheit ist daher zwar keineswegs die ausschließliche, aber naturgemäß eine sehr wirksame Quelle seiner Entstehung. Sozial und ökonomisch positiv privilegierte Schichten empfinden unter sonst gleichen Umständen das Erlösungsbedürfnis von sich aus kaum. Sie schieben vielmehr der Religion in erster Linie die Rolle zu, ihre eigene Lebensführung und Lebenslage zu „legitimieren". Diese höchst universelle Erscheinung wurzelt in ganz allgemeinen inneren Konstellationen. Daß ein Mensch im Glück dem minder Glücklichen gegenüber sich nicht mit der Tatsache jenes Glücks begnügt, sondern überdies auch noch das „Recht" seines Glücks haben will, das Bewußtsein also, es im Gegensatz zu dem minder Glücklichen „verdient" zu haben – während dieser sein Unglück irgendwie „verdient" haben muß –, dieses seelische Komfortbedürfnis nach der Legitimität des Glückes lehrt jede Alltagserfahrung kennen, mag es sich um politische Schicksale, um Unterschiede der ökonomischen Lage, der körperlichen Gesundheit, um Glück in der erotischen Konkurrenz oder um was immer handeln. Die „Legitimierung" in diesem innerlichen Sinne ist das, was die positiv Privilegierten innerlich von der Religion verlangen, wenn überhaupt irgend etwas. Nicht jede positiv privilegierte Schicht hat dies Bedürfnis in gleichem Maße. Gerade dem kriegerischen Heldentum sind die Götter Wesen, denen der Neid nicht fremd ist. Solon und die altjüdische Weisheit sind über die Gefahr gerade der hohen Stellung einig. Trotz der Götter, nicht durch die Götter, oft gegen sie, behauptet der Held seine überalltägliche Stellung. Die homerische und ein Teil der alten indischen Epik steht darin in charakteristischem Gegensatz sowohl gegen die bürokratisch-chinesische, wie gegen die priesterlich-jüdische Chronistik, daß in dieser die „Legitimität" des Glückes, als Lohn Gott wohlgefälliger Tugenden, so außerordentlich viel stärker ausgeprägt ist. Andererseits ist der Zusammenhang von Unglück mit dem Zorn und Neid von Dämonen oder Göttern ganz universell verbreitet. Wie fast jede Volksreligiosität, die altjüdische ebenso wie ganz besonders nachdrücklich z. B. noch die moderne chinesische, körperliche Gebrechen als Zeichen, je nachdem magischer oder sittlicher, Versündigung ihres Trägers oder (im Judentum) seiner Vorfahren behandelt, und wie z. B. bei den gemeinsamen Opfern der politischen Verbände der mit solchen Gebrechen Behaftete oder sonst von Schicksalsschlägen Heimgesuchte, weil er mit dem Zorn des Gottes beladen ist, vor dessen Angesicht im Kreise der Glücklichen und also Gottgefälligen nicht mit erscheinen darf, so gilt fast jeder ethischen Religiosität der positiv privilegierten Schichten und der ihnen dienstbaren Priester die positiv oder negativ privilegierte soziale Lage des Einzelnen als religiös irgendwie verdient, und nur die Formen der Legitimierung der Glückslage wechseln.

Entgegengesetzt entsprechend ist die Lage der negativ Privilegierten. Ihr spezifisches Bedürfnis ist Erlösung vom Leiden. Sie empfinden dies Erlösungsbedürfnis nicht immer in religiöser Form, – so z. B. nicht das moderne Proletariat. Und ihr religiöses Erlösungsbedürfnis kann, wo es besteht, verschiedene Wege einschlagen.

Vor allem kann es sich in sehr verschieden ausgeprägter Art mit dem Bedürfnis nach gerechter „Vergeltung" paaren, Vergeltung von eigenen guten Werken und Vergeltung von fremder Ungerechtigkeit. Nächst der Magie und verbunden mit ihr ist daher eine meist ziemlich „rechenhafte" Vergeltungserwartung und Vergeltungshoffnung die verbreitetste Form des Massenglaubens auf der ganzen Erde und sind auch Prophetien, welche ihrerseits wenigstens die mechanischen Formen dieses Glaubens ablehnten, bei ihrer Popularisierung und Veralltäglichung immer wieder dahin umgedeutet worden. Art und Grad der Vergeltungs- und Erlösungshoffnung aber wirken höchst verschieden je nach der Art der durch religiöse Verheißung erweckten Erwartungen, und zwar gerade dann, wenn diese aus dem irdischen Leben des Einzelnen heraus in eine jenseits seiner jetzigen Existenz liegende Zukunft projiziert werden. Ein besonders wichtiges Beispiel für die Bedeutung des Inhalts der religiösen Verheißungen stellt die (exilische und nachexilische) Religiosität des Judentums dar.

Seit dem Exil tatsächlich, und auch formell seit der Zerstörung des Tempels waren die Juden ein *„Pariavolk"*, d. h. im hier gemeinten Sinn (der mit der speziellen Stellung der indischen „Pariakaste" so wenig identisch ist wie z. B. der Begriff „Kadi-Justiz" mit den wirklichen Prinzipien der Rechtsprechung des Kadi): eine, durch (ursprünglich) magische, tabuistische und rituelle Schranken der Tisch- und Konnubialvergemeinschaftung nach außen einerseits, durch politische und sozial negative Privilegierung, verbunden mit weitgehender ökonomischer Sondergebarung andererseits, zu einer erblichen Sondergemeinschaft zusammengeschlossene Gruppe ohne autonomen politischen Verband. Die negativ privilegierten, beruflich spezialisierten, indischen Kasten mit ihrem durch Tabuierung garantierten Abschluß nach außen und ihren erblichen religiösen Pflichten der Lebensführung stehen ihnen relativ am nächsten, weil auch bei ihnen mit der Pariastellung als solcher Erlösungshoffnungen verknüpft sind. Sowohl die indischen Kasten wie die Juden zeigen die gleiche spezifische Wirkung einer Pariareligiosität: daß sie ihre Zugehörigen um so enger an sich und an die Pariastellung kettet, je gedrückter die Lage ist, in welcher sich das Pariavolk befindet, und je gewaltiger also die Erlösungshoffnungen, die sich an die gottgebotene Erfüllung der religiösen Pflichten knüpfen. Wie schon erwähnt, hingen gerade die niedersten Kasten besonders zähe an ihren Kastenpflichten als der Bedingung ihrer Wiedergeburt in besserer Lage. Das Band zwischen Jahve und seinem Volk wurde um so unzerreißbarer, je mörderischer Verachtung und Verfolgung auf den Juden lasteten. Im offensichtlichen Gegensatz z. B. gegen die orientalischen Christen, welche unter den Ommajaden der privilegierten Religion des Islam in solchen Massen zuströmten, daß die politische Gewalt im ökonomischen Interesse der privilegierten Schicht den Übertritt erschwerte, sind deshalb alle die häufigen zwangsweisen Massenbekehrungen der Juden, welche ihnen doch die Privilegien der herrschenden Schicht verschafften, vergebens geblieben. Das einzige Mittel der Erlösung war eben, für die indische Kaste wie für die Juden, die Erfüllung der religiösen Spezialgebote für das Pariavolk, denen niemand sich entziehen kann ohne bösen Zauber für sich befürchten zu müssen und seine oder seiner Nachfahren Zukunftschancen zu gefährden. Der Unterschied der jüdischen Religiosität aber gegenüber der hinduistischen Kastenreligiosität liegt nun in der Art der Erlösungshoffnung begründet. Der Hindu erwartet von religiöser Pflichterfüllung die Verbesserung seiner persönlichen Wiedergeburtschancen, also Aufstieg oder Neuinkarnation seiner Seele in eine höhere Kaste. Der Jude dagegen für seine Nachfahren die Teilnahme an einem messianischen Reich, welches seine gesamte Pariagemeinschaft aus ihrer Pariastellung zur Herrenstellung in der Welt erlösen wird. Denn mit der Verheißung, daß alle Völker der Erde vom Juden leihen werden und er von niemand, hatte Jahve nicht die Erfüllung in Gestalt kleinen Pfandleihwuchers vom Ghetto aus gemeint, sondern die Lage einer typischen antiken machtvollen Stadtbürgerschaft, deren Schuldner und Schuldknechte die Einwohner unterworfener Dörfer und Kleinstädte sind. Der Hindu arbeitet ebenso für ein künftiges menschliches Wesen, welches mit ihm nur unter den Voraussetzungen der animistischen Seelenwanderungslehre etwas zu tun hat: die künftige Inkarnation seiner Seele, wie der Jude für seine leiblichen Nachfahren, in deren animistisch verstandener Beziehung zu ihm seine „irdische Unsterblichkeit" besteht. Aber gegenüber der Vorstellung des Hindu, welche die soziale Kastengliederung der Welt und die Stellung seiner Kaste als solcher gänzlich unangetastet für immer bestehen läßt und das Zukunftslos seiner individuellen Seele gerade innerhalb dieser selben Rangordnung verbessern will, erwartete der Jude die eigene persönliche Erlösung gerade umgekehrt in Gestalt eines Umsturzes der geltenden sozialen Rangordnung zugunsten seines Pariavolks. Denn sein Volk ist das zum Prestige, nicht aber zur Pariastellung, berufene und von Gott erwählte.

Und daher gewinnt auf dem Boden der jüdischen ethischen Erlösungsreligiosität ein Element große Bedeutung, welches, von Nietzsche zuerst beachtet, aller magischen und animistischen Kastenreligiosität völlig fehlt: das Ressentiment. Es ist in Nietzsches Sinn Begleiterscheinung der religiösen Ethik der negativ Privilegierten, die sich, in direkter Umkehrung des alten Glaubens, dessen getrösten, daß die ungleiche Verteilung der irdischen Lose auf Sünde und Unrecht der positiv Privilegierten beruhe, also früher oder später gegen jene die Rache Gottes herbeiführen müsse. In Gestalt dieser Theodizee der negativ Privilegierten dient dann der Moralismus als Mittel der Legitimierung bewußten oder unbewußten Rachedurstes. Das knüpft zunächst an die „Vergeltungsreligiosität" an. Besteht einmal die religiöse Vergeltungsvorstellung, so kann gerade das „Leiden" als solches, da es ja gewaltige Vergeltungshoffnungen mit sich führt, die Färbung von etwas rein an sich religiös Wertvollem annehmen. Bestimmte asketische Kunstlehren einerseits, spezifische neurotische Prädispositionen andererseits können dieser Vorstellung in die Hände arbeiten. Allein den spezifischen Ressentimentscharakter erlangt die Leidensreligiosität nur unter sehr bestimmten Voraussetzungen: z. B. nicht bei den Hindus und Buddhisten. Denn dort ist das eigene Leiden auch individuell verdient. Anders beim Juden. Die Psalmenreligiosität ist erfüllt von Rachebedürfnis, und in den priesterlichen Überarbeitungen der alten israelitischen Überlieferungen findet sich der gleiche Einschlag: Die Mehrzahl aller Psalmen enthält – einerlei, ob die betreffenden Bestandteile vielleicht eine ältere, davon freie Fassung erst nachträglich hineingekommen sind – die moralistische Befriedigung und Legitimierung offenen oder mühsam verhaltenen Rachebedürfnisses eines Pariavolkes ganz handgreiflich. Entweder in der Form: daß dem Gott die eigene Befolgung seiner Gebote und das eigene Unglück und demgegenüber das gottlose Treiben der stolzen und glücklichen Heiden, die infolgedessen seiner Verheißungen und Macht spotten, vorgehalten werden. Oder in der anderen Form: daß die eigene Sünde demutsvoll bekannt, Gott aber gebeten wird, er möge nun endlich von seinem Zorn abstehen und seine Gnade dem Volke, das schließlich doch allein das seinige sei, wieder zuwenden. In beiden Fällen verbunden mit der Hoffnung: daß des endlich versöhnten Gottes Rache nun doppelt die gottlosen Feinde dereinst ebenso zum Schemel der Füße Israels machen werde, wie dies die priesterliche Geschichtskonstruktion den kananäischen Feinden des Volkes angedeihen läßt, solange dieses nicht Gottes Zorn durch Ungehorsam erweckt und dadurch seine eigene Erniedrigung unter die Heiden verschuldet. Wenn manche dieser Psalmen vielleicht, wie moderne Kommentatoren wollen, dem individuellen Zorn pharisäisch Frommer über die Verfolgungen unter Alexandros Jannaios entstammen, so ist ihre Auslese und Aufbewahrung das Charakteristische, und andere reagieren ganz offensichtlich auf die Pariastellung der Juden als solcher. In aller Religiosität der Welt gibt es keinen Universalgott von dem unerhörten Rachedurst Jahves, und den historischen Wert von Tatsachenangaben der priesterlichen Geschichtsüberarbeitung kann man fast genau daran erkennen: daß der betreffende Vorgang (wie etwa die Schlacht von Megiddo) *nicht* in diese Theodizee der Vergeltung und Rache paßt. Die jüdische Religiosität ist so die Vergeltungsreligiosität κατ' ἐξοχήν geworden. Die gottgebotene Tugend wird um der Vergeltungshoffnung willen geübt. Und diese ist in erster Linie eine kollektive: das Volk als Ganzes soll die Erhöhung erleben, nur dadurch kann auch der Einzelne seine Ehre wiedergewinnen. Daneben und damit sich vermischend geht natürlich die individuelle Theodizee des persönlichen Einzelschicksals – selbstverständlich von jeher – einher, deren Problematik vor allem in dem ganz anderen, unvolkstümlichen Schichten entstammenden Hiobbuch gipfelt, um dort in dem Verzicht auf eine Lösung des Problems und dem Sichfügen in die absolute Souveränität Gottes über seine Kreaturen den puritanischen Prädestinationsgedanken zu präludieren, der hätte entstehen müssen, sobald das Pathos der zeitlich ewigen Höllenstrafen hinzutrat. Aber er entstand eben nicht, und das Hiobbuch blieb in seinem vom Dichter gemeinten Ergebnis bekanntlich fast völlig unverstanden, so felsenfest stand der kollektive Vergeltungsgedanke in der jüdischen Religiosität. Die für den frommen Juden mit dem Moralismus des Gesetzes unvermeidlich verbundene, weil fast alle exilischen und nachexilischen heiligen Schriften durchziehende, Rachehoffnung, welche $2\frac{1}{2}$ Jahrtausende lang in fast jedem Gottesdienst des an den beiden unzerreißbaren Ketten: der religiös geheiligten Absonderung von der übrigen Welt und der Diesseitsverheißungen seines Gottes, festliegenden Volkes bewußt oder unbewußt neue Nahrung erhalten mußte, trat, da der Messias auf sich warten ließ, natürlich im religiösen Bewußtsein der Intellektuellenschicht immer wieder zugunsten des Werts der Gottinnigkeit rein als solcher oder eines milden stimmungsvollen Vertrauens auf göttliche Güte rein als solche und der Bereitschaft zum Frieden mit aller Welt zurück. Dies geschah besonders, so oft die soziale Lage der zu völliger politischer Machtlosigkeit verurteilten Gemeinden eine irgend erträgliche war, – während sie in Epochen, wie etwa den Verfolgungen der Kreuzzugszeit entweder zu einem ebenso penetranten wie fruchtlosen Racheschrei zu Gott wieder aufflammt oder zu dem Gebet: die eigene Seele möge vor den den Juden fluchenden Feinden „zu Staub werden", aber vor bösen

Worten und Taten sich wahren und sich allein auf die wortlose Erfüllung von
Gottes Gebot und die Offenhaltung des Herzens für ihn beschränken. Eine so
unerhörte Verzerrung es nun wäre, im Ressentiment das eigentlich maßgebende
Element der historisch stark wandelbaren jüdischen Religiosität finden zu wollen, so darf allerdings sein Einfluß auch auf grundlegende Eigenarten der jüdischen Religiosität nicht unterschätzt werden. Denn es zeigt gegenüber dem ihm
mit andern Erlösungsreligionen Gemeinsamen in der Tat einen der spezifischen
Züge und spielt in keiner anderen Religiosität negativ privilegierter Schichten
eine derartig auffällige Rolle. In irgendeiner Form allerdings ist die Theodizee
der negativ Privilegierten Bestandteil jeder Erlösungsreligiosität, welche in diesen Schichten vornehmlich ihre Anhängerschaft hat, und die Entwicklung der
Priesterethik ist ihr überall da entgegengekommen, wo sie Bestandteil einer vornehmlich innerhalb solcher Schichten heimischen Gemeindereligiosität wurde.
Seine fast völlige Abwesenheit, und ebenso das Fehlen fast aller sozialrevolutio-
nären, religiösen Ethik in der Religiosität des frommen Hindu und des buddhistischen Asiaten erklärt sich aus der Art der Wiedergeburtstheodizee; die Ordnung der Kaste als solche bleibt ewig und ist absolut gerecht. Denn Tugenden
oder Sünden eines früheren Lebens begründen die Geburt in die Kaste, das Verhalten im jetzigen Leben die Chancen der Verbesserung. Es besteht daher vor allem keine Spur jenes augenfälligen Konflikts zwischen der durch Gottes Verheißungen geschaffenen sozialen Prätension und der verachteten Lage in der Realität, welcher in dem dergestalt in ständiger Spannung gegen seine Klassenlage
und in ständiger Erwartung und fruchtloser Hoffnung lebenden Juden die Welt-
unbefangenheit vernichtete, und die religiöse Kritik an den gottlosen Heiden,
auf welche dann erbarmungsloser Hohn antwortete, umschlagen ließ in ein immer waches, oft erbittertes, weil ständig von geheimer Selbstkritik bedrohtes
Achten auf die eigene Gesetzestugend. Dazu trat kasuistisches, lebenslängliches
geschultes Grübeln über die religiösen Pflichten der Volksgenossen – von deren
Korrektheit ja Jahves schließliche Gnade abhing – und die in manchen Produk-
ten der nachexilischen Zeit so charakteristisch hervortretende Mischung von
Verzagtheit an jeglichem Sinn dieser eitlen Welt, Sichbeugen unter die Züchti-
gungen Gottes, Sorge, ihn durch Stolz zu verletzen und angstvoller, rituell-sittli-
cher Korrektheit, die den Juden jenes verzweifelte Ringen nicht mehr um die
Achtung der andern, sondern um Selbstachtung und Würdegefühl aufzwang. Ein
Würdegefühl, das – wenn schließlich doch die Erfüllung der Verheißungen Jahves der Maßstab des jeweiligen eigenen Werts vor Gott sein mußte, – sich selbst
immer prekär werden und damit wieder vor dem Schiffbruch des ganzen Sinnes
der eigenen Lebensführung stehen konnte.

Ein greifbarer Beweis für Gottes persönliche Gnade blieb in der Tat für den
Ghetto-Juden in steigendem Maße der Erfolg im Erwerb. Allein es paßt gerade
der Gedanke der „Bewährung" im gottgewollten „Beruf" für den Juden nicht in
dem Sinn, in welchem die innerweltliche Askese ihn kennt. Denn der Segen Gottes ist in weit geringerem Maße als bei dem Puritaner in einer systematischen asketischen rationalen Lebensmethodik als der dort *einzig* möglichen Quelle der
certitudo salutis verankert. Nicht nur ist z. B. die Sexualethik direkt antiasketisch
und naturalistisch geblieben und war die altjüdische Wirtschaftsethik in ihren po-
stulierten Beziehungen stark traditionalistisch, erfüllt von einer, jeder Askese
fremden, unbefangenen Schätzung des Reichtums, sondern die gesamte Werkhei-

ligkeit der Juden ist ritualistisch unterbaut und überdies häufig kombiniert mit dem spezifischen Stimmungsgehalt der Glaubensreligiosität. Nur gelten die traditionalistischen Bestimmungen der innerjüdischen Wirtschaftsethik selbstverständlich, wie bei aller alten Ethik, in vollem Umfang nur dem Glaubensbruder gegenüber, nicht nach außen. Alles in allem aber haben Jahves Verheißungen innerhalb des Judentums selbst in der Tat einen starken Einschlag von Ressentimentsmoralismus gezeitigt. Sehr falsch wäre es aber, sich das Erlösungsbedürfnis, die Theodizee oder die Gemeindereligiosität überhaupt als nur aus dem Boden der negativ privilegierten Schichten oder gar nur aus Ressentiment erwachsen vorzustellen, also lediglich als Produkt eines „Sklavenaufstandes in der Moral". Das trifft nicht einmal für das alte Christentum zu, obwohl es seine Verheißungen mit größtem Nachdruck grade an die geistig und materiell „Armen" richtet. An dem Gegensatz der Prophetie Jesus und ihren nächsten Konsequenzen kann man vielmehr erkennen, was die Entwertung und Sprengung der rituellen, absichtsvoll auf Abschluß nach außen abgezweckten Gesetzlichkeit und dessen Folge: *Lösung* der Verbindung der Religiosität mit der Stellung der Gläubigen als eines kastenartig geschlossenen Pariavolkes für Konsequenzen haben mußte. Gewiß enthält die urchristliche Prophetie sehr spezifische Züge von „Vergeltung" im Sinne des künftigen Ausgleichs der Lose (am deutlichsten in der Lazaruslegende) und der Rache, die Gottes Sache ist. Und das Reich Gottes ist auch hier ein irdisches Reich, zunächst offenbar ein speziell oder doch in erster Linie ein den Juden, die ja von alters her an den wahren Gott glauben, bestimmtes Reich. Aber gerade das spezifisch penetrante Ressentiment des Pariavolks ist das, was durch die Konsequenzen der neuen religiösen Verheißungen ausgeschaltet wird. Und die Gefahr des Reichtums für die Erlösungschance wird wenigstens in den als eigene Predigt Jesu überlieferten Bestandteilen selbst in keiner Art asketisch motiviert und ist erst recht nicht – wie die Zeugnisse der Tradition über seinen Verkehr nicht nur mit Zöllnern (das sind in Palästina meist Kleinwucherer) sondern mit andern wohlhabenden Vornehmen beweisen – aus Ressentiment motivierbar. Dazu ist die Weltindifferenz bei der Wucht der eschatologischen Erwartungen viel zu groß. Freilich, wenn er „vollkommen", das heißt: *Jünger* werden will, muß der reiche Jüngling bedingungslos aus der „Welt" scheiden. Aber ausdrücklich wird gesagt, daß bei Gott alles, auch das Seligwerden des Reichen, der von seinen Gütern zu scheiden sich nicht entschließen kann, wie immer erschwert, dennoch möglich sei. „Proletarische Instinkte" sind dem Propheten akosmistischer Liebe, der den geistig und materiell Armen die frohe Botschaft von der unmittelbaren Nähe des Gottesreiches und Freiheit von der Gewalt der Dämonen bringt, ebenso fremd wie etwa dem Buddha, dem das absolute Ausscheiden aus der Welt unbedingte Voraussetzung der Erlösung ist. Die Schranke der Bedeutung des „Ressentiments" und die Bedenklichkeit der allzu universellen Anwendung des „Verdrängungs"-Schemas zeigt sich aber nirgends so deutlich wie in dem Fehler Nietzsches, der sein Schema auch auf das ganz unzutreffende Beispiel des Buddhismus anwendet. Dieser aber ist das radikalste Gegenteil jedes Ressentimentsmoralismus, vielmehr die Erlösungslehre einer stolz und vornehm die Illusionen des diesseitigen wie des jenseitigen Lebens gleichmäßig verachtenden, zunächst fast durchweg aus den privilegierten Kasten, speziell der Kriegerkaste, rekrutierten Intellektuellenschicht und kann allenfalls mit der hellenistischen, vor allem der neuplatonischen oder auch der manichäischen oder der gnostischen Erlösungslehre, so gründlich verschieden diese von ihnen sind, der sozialen Provenienz nach verglichen werden. Wer die Erlösung zum Nirwana nicht will, dem gönnt der buddhistische bikkshu die ganze Welt einschließlich der Wiedergeburt im Paradiese. Gerade dies Beispiel zeigt, daß das Erlösungsbedürfnis und die ethische Religiosität noch eine andere Quelle hat, als die soziale Lage der negativ Privilegierten und den durch die praktische Lebenslage bedingten Rationalismus des Bürgertums: den Intellektualismus rein als solchen, speziell die metaphysischen Bedürfnisse des Geistes, welcher über ethische und religiöse Fragen zu grübeln nicht durch materielle Not gedrängt wird, sondern durch die eigene innere Nötigung, die Welt als einen *sinnvollen* Kosmos erfassen und zu ihr Stellung nehmen zu können.

In außerordentlich weitgehendem Maße ist das Schicksal der Religionen durch die verschiedenen Wege, welche der Intellektualismus dabei einschlägt, und durch dessen verschiedenartige Beziehungen zu der Priesterschaft und den politischen Gewalten und sind diese Umstände wiederum durch die Provenienz derjenigen Schicht bedingt gewesen, welche in spezifischem Grade Träger des Intellektualismus war. Das war zunächst das *Priestertum* selbst, insbesondere, wo es durch den Charakter der heiligen Schriften und die Notwendigkeit, diese zu interpretieren und ihren Inhalt, ihre Deutung und ihren richtigen Gebrauch zu lehren, eine Literatenzunft geworden war. Das ist gar nicht in den Religionen der antiken Stadtvölker, speziell der Phöniker, Hellenen, Römer einerseits, in der chinesischen Ethik andererseits geschehen. Hier geriet das infolge dessen nur bescheiden entwickelte, eigentlich theologische (Hesiod) und alles metaphysische und ethische Denken ganz in die Hände von Nichtpriestern. In höchstem Maße dagegen war das Gegenteil der Fall in Indien, Ägypten und Babylonien, bei den Zarathustriern, im Islam und im alten und mittelalterlichen, für die Theologie auch im modernen Christentum. Die ägyptische, zarathustrische und zeitweise die altchristliche und während des vedischen Zeitalters, also vor Entstehung der laienasketischen und der Upanishad-Philosophie auch die brahmanische, in geringerem, durch Laienprophetie stark durchbrochenen Maße auch die jüdische, in ähnlich begrenztem, durch die sufitische Spekulation teilweise durchbrochenem, Grade auch die islamische Priesterschaft haben die Entwicklung der religiösen Metaphysik und Ethik in sehr starkem Maße zu monopolisieren gewußt. Neben den Priestern oder statt ihrer sind es in allen Zweigen des Buddhismus, im Islam und im alten und mittelalterlichen Christentum vor allen Dingen Mönche oder mönchsartig orientierte Kreise, welche nicht nur das theologische und ethische, sondern alles metaphysische und beträchtliche Bestandteile des wissenschaftlichen Denkens überhaupt und außerdem der literarischen Kunstproduktion okkupierten und literarisch pflegten. Die Zugehörigkeit der Sänger zu den kultisch wichtigen Personen hat die Hineinbeziehung der epischen, lyrischen, satyrischen Dichtung Indiens in die Veden, der erotischen Dichtung Israels in die heiligen Schriften, die psychologische Verwandtschaft der mystischen und pneumatischen mit der dichterischen Emotion, die Rolle des Mystikers in der Lyrik im Orient und Okzident bedingt. Aber hier soll es nicht auf die literarische Produktion und ihren Charakter, sondern auf die Prägung der Religiosität selbst durch die Eigenart der sie beeinflussenden Intellektuellenschichten ankommen. Da ist nun der Einfluß des Priestertums als solcher auch da, wo es Hauptträger der Literatur war, sehr verschieden stark gewesen, je nach den nichtpriesterlichen Schichten, die ihm gegenüberstanden, und seiner eigenen Machtstellung. Wohl am stärksten spezifisch priesterlich beeinflußt ist die spätere Entwicklung der zarathustrischen Religiosität. Ebenso die ägyptische und babylonische. Prophetisch, dabei aber doch intensiv priesterlich geprägt ist das Judentum des deuteronomistischen und auch des exilischen Zeitalters. Für das Spätjudentum ist statt des Priesters der Rabbiner eine ausschlaggebende Figur. Sehr stark priesterlich, daneben mönchisch geprägt ist die christliche Religiosität der spätesten Antike und des Hochmittelalters, dann wieder die Gegenreformation. Intensiv pastoral beeinflußt ist die Religiosität des Luthertums und auch des Frühcalvinismus. In ganz außerordentlich starkem Grade brahmanisch geprägt und beeinflußt ist der Hinduismus im Schwerpunkt wenigstens seiner institutionellen und sozialen Bestandteile, vor allem dem Kastenwesen, welches überall entstand, wo Brahmanen zuwanderten und dessen soziale Hierarchie letztlich überall durch die Rangordnung, welche die Schätzung der Brahmanen den einzelnen Kasten zuweist, bedingt ist. Durch und durch mönchisch beeinflußt ist der Buddhismus in allen seinen Spielarten mit Einschluß vor allem des Lamaismus, in geringerem Maße auch breite Schichten der orientalisch-christlichen Religiosität. Uns interessiert nun aber hier speziell das Verhältnis einerseits der nicht priesterlichen, also neben der Mönchs- der Laienintelligenz zur priesterlichen und dann die Beziehungen von Intellektuellenschichten zu den Religiositäten und ihre Stellung innerhalb der religiösen Gemeinschaften. Da ist vor allem die grundlegend wichtige Tatsache festzustellen: daß die großen asiatischen religiösen Lehren alle Intellektuellenschöpfungen sind. Die Erlösungslehre des Buddhismus ebenso wie die des Jainismus und alle ihnen verwandte Lehren wurden getragen von vornehmen Intellektuellen mit (wenn auch nicht immer streng fachmäßiger) vedischer Bildung, wie sie zur vornehmen indischen Erziehung gehörte, von Angehörigen vor allem des Kschatriya-Adels, der sich im Gegensatz zum brahmanischen fühlte. In China waren sowohl die Träger des Konfuzianismus, vom Stifter selbst angefangen, wie der offiziell als Stifter des Taoismus geltende Laotse, entweder selbst klassisch-literarisch gebildete Beamte oder Philosophen mit entsprechender Bildung. Fast alle prinzipiellen Richtungen der hellenischen Philosophie finden in China wie in Indien ihr freilich oft stark modifiziertes Gegenbild. Der Konfuzianismus als geltende Ethik ist durchaus von der klassisch-literarisch gebildeten Amtsanwärterschicht getragen, während allerdings der Taoismus zu einer populären magischen Praxis geworden ist. Die großen Reformen des Hinduismus sind von brahmanisch gebildeten vornehmen Intellektuellen geschaffen worden, obwohl allerdings die Gemeindebildung nachher teilweise in die Hände von Mitgliedern niederer Kasten geriet, darin also anders verlief als die gleichfalls von fachmäßig geistlich gebildeten Männern ausgehende Kirchenreformation in Nordeuropa, die katholische Gegenreformation, welche zunächst in dialektisch geschulten Jesuiten, wie Salmeron und Lainez, ihre Stützen fand, und die, Mystik und Orthodoxie verschmelzende Umbildung der islamitischen Doktrin (Al Ghazali), deren Leitung in den Händen teils der offiziellen Hierarchie, teils einer aus theologisch Gebildeten, neu sich bildenden Amtsaristokratie blieb. Ebenso aber sind die vorderasiatischen Erlösungslehren des Manichäismus und der Gnosis beide ganz spezifische Intellektuellenreligionen, sowohl was ihre Schöpfer wie was ihre wesentlichen Träger und auch was den Charakter ihrer Erlösungslehre angeht. Und zwar sind es bei aller Verschiedenheit untereinander in allen diesen Fällen Intellektuellenschichten relativ sehr vornehmen Charakters, mit philosophischer Bildung, etwa den hellenischen Philosophenschulen oder dem durchgebildetsten Typus der klösterlichen oder auch der weltlich-humanistischen Universitätsschulung des ausgehenden Mittelalters entsprechend, welche die Träger der betreffenden Ethik oder Erlösungslehre sind. Intellektuellenschichten nun bilden innerhalb einer gegebenen religiösen Lage entweder einen schulmäßigen Betrieb aus, ähnlich etwa der platonischen Akademie und den verwandten hellenischen Philosophenschulen und nehmen, wie diese, offiziell gar keine Stellung zur bestehenden Religionspraxis, der sie sich äußerlich nicht direkt entziehen, die sie aber philosophisch umdeuten oder auch einfach ignorieren. Die offiziellen Kultvertreter ihrerseits, also in China die mit den Kultpflichten belastete Staatsbeamtenschaft, in Indien das Brahmanentum, behandelten deren Lehre dann entweder als orthodox oder (wie in China z. B. die materialistischen Lehren, in Indien die dualistische Samkhya-Philosophie) als heterodox. Diese vornehmlich wissenschaftlich gerichteten und nur indirekt mit der praktischen Religiosität zusammenhängenden Bewegungen gehen uns in unserem Zusammenhang nicht näher an. Sondern die anderen, ganz speziell auf Schaffung einer religiösen Ethik gerichteten oben erwähnten Bewegungen, zu denen in der okzidentalen Antike uns die Pythagoräer und Neuplatoniker die nächstliegenden Parallelen darstellen, – Intellektuellenbewegungen also, welche den sozial privilegierten Schichten entweder ausschließlich entstammen oder doch von Abkömmlingen jener geleitet oder vorwiegend beeinflußt werden.

Eine Erlösungsreligiosität entwickeln sozial privilegierte Schichten eines Volkes normalerweise dann am nachhaltigsten, wenn sie entmilitarisiert und von der Möglichkeit oder vom Interesse an politischer Betätigung ausgeschlossen sind. Daher tritt sie typisch dann auf, wenn die, sei es adligen, sei es bürgerlichen herrschenden Schichten entweder durch eine bürokratisch-militaristische Einheitsstaatsgewalt entwickelt und entpolitisiert worden sind, oder sich selbst aus irgendwelchen Gründen davon zurückgezogen haben, wenn also die Entwicklung ihrer intellektuellen Bildung in ihren letzten gedanklichen und psychologischen inneren Konsequenzen für sie an Bedeutung über ihre praktische Betätigung in der äußeren diesseitigen Welt das Übergewicht gewonnen hat. Nicht daß sie erst dann entständen. Im Gegenteil erwachsen die betreffenden gedanklichen Konzeptionen unter Umständen zeitlich gerade in politisch und sozial bewegten Zeiten als Folge voraussetzungslosen Nachdenkens. Aber die Herrschaft pflegen diese, zunächst unterirdisch bleibenden Stimmungen regelmäßig erst mit dem Eintritt der Entpolitisierung des Intellektuellentums zu gewinnen. Der Konfuzianismus, die Ethik eines machtvollen Beamtentums lehnt jede Erlösungslehre ab. Jainismus und Buddhismus – das radikale Gegenstück zur konfuzianischen Weltanpassung – waren greifbarer Ausdruck einer radikal antipolitisch, pazifistisch und weltablehnend gearteten Intellektuellengesinnung. Aber wir wissen nicht, ob ihre zeitweilig erhebliche Anhängerschaft in Indien durch Zeitereignisse vermehrt wurde, welche entpolitisierend wirkten. Die jeglichen politischen Pathos entbehrende Zwergstaaterei der indischen Kleinfürsten vor Alexanders Zeiten, welcher die imponierende Einheit des damals allmählich überall vordringenden Brahmanentums gegenüberstand, war an sich geeignet, die intellektuell geschulten Kreise des Adels ihre Interessen außerhalb der Politik suchen zu lassen. Die vorschriftsmäßige Weltentsagung des Brahmanen als Vanaprastha, sein Altenteil und dessen populäre Heilighaltung fand daher in der Entwicklung der nicht brahmanischen Asketen (Sramanas) Nachfolge – falls nicht umgekehrt die Empfehlung der Weltentsagung an den Brahmanen, der den Sohn seines Sohns sieht, die jüngere von beiden Erscheinungen und eine Übertragung ist. Jedenfalls übertrafen die Sramanas, als Inhaber asketischen Charismas, in der populären Schätzung bald das offizielle Priestertum. Der mönchische Apolitismus der Vornehmen war in Indien in dieser Form schon seit sehr frühen Zeiten endemisch, längst ehe die apolitischen philosophischen Erlösungslehren entstanden. Die vorderasiatischen Erlösungsreligionen, sei es mystagogischen, sei es prophetischen Charakters und ebenso die vom Laienintellektualismus getragenen, orientalischen und hellenistischen, sei es mehr religiösen, sei es mehr philosophischen Erlösungslehren, sind (soweit sie überhaupt sozial privilegierte Schichten erfassen) fast ausnahmslos Folgeerscheinung der erzwungenen oder freiwilligen Abwendung der Bildungsschichten von politischem Einfluß und politischer Betätigung. Die Wendung zur Erlösungsreligiosität hat die babylonische Religion, gekreuzt mit Bestandteilen außerbabylonischer Provenienz, erst im Mandäismus, die vorderasiatische Intellektuellenreligiosität zuerst durch Beteiligung an den Mithras- und anderen soteriologischen Kulten, dann in der Gnosis und im Manichäismus vollzogen, auch hier, nachdem jedes politische Interesse der Bildungsschicht abgestorben war. Erlösungsreligiosität hat es wohl schon vor der pythagoreischen Sekte, innerhalb der hellenischen Intellektuellenschicht, immer gegeben. Aber nicht sie beherrschte deren politisch maßgebende Schichten. Der Erfolg der Propaganda der Erlösungskulte und der philosophischen Erlösungslehre in den vornehmen Laienkreisen des Späthellenen- und des Römertums geht parallel der endgültigen Abwendung dieser Schichten von politischer Betätigung. Und das etwas geschwätzige sog. „religiöse" Interesse unserer deutschen Intellektuellenschichten in der Gegenwart hängt intim mit politischen Enttäuschungen und dadurch bedingter politischer Desinteressiertheit zusammen.

Der vornehmen, aus den privilegierten Klassen stammenden Erlösungssehnsucht ist generell die Disposition für die, mit spezifisch intellektualistischer Heilsqualifikation verknüpfte, später zu analysierende „Erleuchtungs"-Mystik eigen. Das ergibt eine starke Deklassierung des Naturhaften, Körperlichen, Sinnlichen, als – nach psychologischer Erfahrung – einer Versuchung zur Ablenkung von diesem spezifischen Heilsweg. Steigerung, anspruchsvolle Raffinierung und gleichzeitig Abdrängung der normalen Geschlechtlichkeit zugunsten von Ersatz-Abreaktionen dürften dabei ebenfalls, bedingt durch die Lebensführung des Nichtsals-Intellektuellen, zuweilen eine heute anscheinend von der Psychopathologie noch nicht in eindeutigen Regeln erfaßbare Rolle spielen, wie gewisse Erscheinungen, namentlich der gnostischen Mysterien – ein sublimer masturbatorischer Ersatz für die Orgien des Bauern – handgreiflich nahezulegen scheinen. Mit diesen rein psychologischen Bedingungen einer Irrationalisierung des Religiösen kreuzt sich das natürliche rationalistische Bedürfnis des Intellektualismus, die Welt als sinnvollen Kosmos zu begreifen, deren Produkt ebenso die (bald zu erwähnende) indische Karmanlehre und ihre buddhistische Abwandlung, wie etwa in Israel das vermutlich aus vornehmen Intellektuellenkreisen stammende Hiobbuch, verwandte Problemstellungen in der ägyptischen Literatur, die gnostische Spekulation und der manichäische Dualismus sind.

Die intellektualistische Provenienz einer Erlösungslehre und ebenso einer
Ethik hat, wenn dann die betreffende Religiosität Massenreligion wird, ganz regelmäßig die Konsequenz, daß entweder eine Esoterik oder doch eine vornehme
Standesethik für die Bedürfnisse der intellektuell Geschulten innerhalb der po-
pularisierten, magisch heilandssoteriologisch umgeformten und den Bedürfnissen
der Nichtintellektuellen angepaßten, offiziellen Religiosität entsteht. So die ganz
erlösungsfremde konfuzianische Standesethik der Bürokratie, neben welcher die
taoistische Magie und die buddhistische Sakraments- und Ritualgnade als Volks-
religiositäten petrifiziert, verachtet von den klassisch Gebildeten, weiterbestehen.
Ebenso die buddhistische Erlösungsethik des Mönchstandes neben der Zauberei
und Idolatrie der Laien, dem Fortbestand der tabuistischen Magie und der Neu-
entwicklung der hinduistischen Heilandsreligiosität. Ober aber es nimmt die Intellektuellenreligiosität die Form der Mystagogie mit einer Hierarchie von Weihen an – wie in der Gnosis und verwandten Kulten – von deren Erreichung der
unerleuchtete „Pistiker" ausgeschlossen bleibt.

Stets ist die Erlösung, die der Intellektuelle sucht, eine Erlösung von „innerer
Not" und daher einerseits lebensfremderen, andrerseits prinzipielleren und systematischer erfaßten Charakters, als die Erlösung von äußerer Not, welche den
nicht privilegierten Schichten eignet. Der Intellektuelle sucht auf Wegen, deren
Kasuistik ins Unendliche geht, seiner Lebensführung einen durchgehenden
„Sinn" zu verleihen, also „Einheit" mit sich selbst, mit den Menschen, mit dem
Kosmos. Er ist es, der die Konzeption der „Welt" als eines „Sinn"-Problems vollzieht. Je mehr der Intellektualismus den Glauben an die Magie zurückdrängt,
und so die Vorgänge der Welt „entzaubert" werden, ihren magischen Sinngehalt
verlieren, nur noch „sind" und „geschehen", aber nichts mehr „bedeuten", desto
dringlicher erwächst die Forderung an die Welt und „Lebensführung" je als Ganzes, daß sie bedeutungshaft und „sinnvoll" geordnet seien.

Die Konflikte dieses Postulats mit den Realitäten der Welt und ihren Ordnungen und den Möglichkeiten der Lebensführung in ihr bedingen die spezifische
Intellektuellenweltflucht, welche sowohl eine Flucht in die absolute Einsamkeit,
oder – moderner – in die durch menschliche Ordnungen unberührte „Natur"
(Rousseau) und die weltflüchtige Romantik, wie eine Flucht unter das durch
menschliche Konvention unberührte „Volk" (das russische Narodnitschestwo*)
sein, mehr kontemplativ oder mehr aktiv asketisch sich wenden, mehr individuelles Heil oder mehr kollektiv-ethisch-revolutionäre Weltänderung suchen kann.
Alle diese dem apolitischen Intellektualismus gleich zugänglichen Tendenzen nun
können auch als religiöse Erlösungslehren auftreten und haben dies gelegentlich
getan. Der spezifisch weltflüchtige Charakter der Intellektuellenreligiosität hat
auch hier eine seiner Wurzeln.

Diese philosophische, von – durchschnittlich – sozial und ökonomisch versorg-
ten Klassen, vornehmlich von apolitischen Adligen oder Rentnern, Beamten,
kirchlichen, klösterlichen, Hochschul- oder anderen Pfründnern irgendwelcher
Art getragene Art von Intellektualismus ist aber nicht die einzige und oft nicht
die vornehmlich religiös relevante. Daneben steht: der proletaroide Intellektualismus, mit dem vornehmen Intellektualismus überall durch gleitende Übergänge
verbunden, und nur in der Art der typischen Sinnesrichtung von ihm verschieden.
Die am Rande des Existenzminimums stehenden, meist nur mit einer als subal-
tern geltenden Bildung ausgerüsteten kleinen Beamten und Kleinpfründner aller

Zeiten, die nicht zu den privilegierten Schichten gehörigen Schriftkundigen in Zeiten, wo das Schreiben ein Spezialberuf war, die Elementarlehrer aller Art, die wandernden Sänger, Vorleser, Erzähler, Rezitatoren und ähnliche freie proletaroide Berufe gehören dazu. Vor allem aber: die autodidaktische Intelligenz der negativ privilegierten Schichten, wie sie in der Gegenwart in Europa im Osten am klassischsten die russische proletaroide Bauernintelligenz, außerdem im Westen die sozialistische und anarchistische Proletarierintelligenz repräsentiert, zu deren Beispiel aber – mit gänzlich anderm Inhalt – auch die berühmte Bibelfestigkeit der holländischen Bauern noch in der ersten Hälfte des 19. Jahrhunderts, im 17. Jahrhundert diejenige der kleinbürgerlichen Puritaner Englands, ebenso aber diejenige der religiös interessierten Handwerksgesellen aller Zeiten und Völker, vor allem und wiederum in ganz klassischer Art die jüdischen Frommen (Pharisäer, Chassidäer, und die Masse der frommen, täglich im Gesetz lesenden Juden überhaupt) gehören. Soweit es sich hier um „Paria"-Intellektualismus handelt, – wie bei allen proletaroiden Kleinpfründnern, den russischen Bauern, den mehr oder minder „fahrenden" Leuten, – beruht dessen Intensität darauf, daß die außerhalb oder am unteren Ende der sozialen Hierarchie stehenden Schichten gewissermaßen auf dem archimedischen Punkt gegenüber den gesellschaftlichen Konventionen, sowohl was die äußere Ordnung wie was die üblichen Meinungen angeht, stehen. Sie sind daher einer durch jene Konvention nicht gebundenen originären Stellungnahme zum „Sinn" des Kosmos und eines starken, durch materielle Rücksicht nicht gehemmten, ethischen und religiösen Pathos fähig. Soweit sie den Mittelklassen angehören, wie die religiös autodidaktischen Kleinbürgerschichten, pflegt ihr religiöses Bedürfen entweder eine ethisch-rigoristische oder okkultistische Wendung zu nehmen. Der Handwerksburschenintellektualismus steht in der Mitte zwischen beiden und hat seine Bedeutung in der Qualifikation des wandernden Handwerksburschen zur Mission.

In Ostasien und Indien fehlt der Paria-, ebenso wie der Kleinbürgerintellektualismus, so viel bekannt, fast gänzlich, weil das Gemeingefühl des Stadtbürgertums, welches für den zweiten, und die Emanzipation von der Magie, welche für beide Voraussetzung ist, fehlt. Ihre Ghatas nehmen sich selbst die auf dem Boden niederer Kasten entstandenen Formen der Religiosität ganz überwiegend von den Brahmanen. Einen selbständigen, inoffiziellen Intellektualismus gegenüber der konfuzianischen Bildung gibt es in China nicht. Der Konfuzianismus also ist die Ethik des „vornehmen Menschen", des „Gentleman" (wie schon Dvořak mit Recht übersetzt). Er ist ganz ausgesprochenermaßen eine Standesethik, richtiger: ein System von Anstandsregeln, einer vornehmen literarisch gebildeten Schicht. Ähnlich steht es im alten Orient und in Ägypten, soviel bekannt; der dortige Schreiberintellektualismus gehört, soweit er zu ethisch-religiösen Reflexionen geführt hat, durchaus dem Typus des, unter Umständen apolitischen, stets aber vornehmen und antibanausischen Intellektualismus an. Ebenso* in Israel. Der Verfasser des Hiob setzt als Träger des religiösen Intellektualismus auch die vornehmen Geschlechter voraus. Die Spruchweisheit und was ihr nahe steht, zeigt ihren von der Internationalisierung und gegenseitigen Berührung der höheren apolitischen Bildungsschichten, wie sie nach Alexander im Orient eintrat, stark berührten Charakter schon in der Form: die Sprüche geben sich teilweise direkt als Produkte eines nichtjüdischen Königs, und überhaupt hat ja alle mit „Salomo" abgestempelte Literatur irgend etwas von einem internationalen Kulturcharakter.

Wenn der Siracide gerade die Weisheit der Väter gegenüber der Hellenisierung betonen möchte, so beweist eben dies das Bestehen jener Tendenz. Und, wie Bousset mit Recht hervorhebt,der „Schriftgelehrte" jener Zeit ist dem Sirachbuch nach der weitgereiste Gentleman und Kulturmensch, es geht – wie auch Meinhold betont – ein ausgesprochen antibanausischer Zug, ganz nach Hellenenart, durch das Buch: wie kann der Bauer, der Schmied, der Töpfer die „Weisheit" haben, die nur Muße zum Nachdenken und zur Hingabe an das Studium zu erschließen vermag? Wenn Ezra als „erster Schriftgelehrter" bezeichnet wird, so ist doch einerseits die einflußreiche Stellung der um die Propheten sich scharenden, rein religiös interessierten Menschen, Ideologen, ohne welche die Oktroyierung des Deuteronomium nicht hätte gelingen können, weit älter, andererseits aber die überragende, dem Mufti des Islam praktisch fast gleichkommende Stellung der Schriftgelehrten, das heißt aber zunächst: der hebräisch verstehenden Ausleger der göttlichen Gebote, doch wesentlich jünger als die Stellung dieses vom Perserkönig bevollmächtigten offiziellen Schöpfers der Theokratie. Der soziale Rang der Schriftgelehrten hat nun aber Veränderungen erfahren. In der Zeit des Makkabäerreiches ist Frömmigkeit – im Grunde eine recht nüchterne Lebensweisheit, etwa wie die Xenophilie – und „Bildung" identisch, diese (musar, παιδεία) ist der Weg zur Tugend, die in demselben Sinn als lehrbar gilt, wie bei den Hellenen. Allerdings fühlt sich der fromme Intellektuelle schon der damaligen Zeit ganz ebenso wie die meisten Psalmisten im scharfen Gegensatz gegen die Reichen und Hochmütigen, bei denen Gesetzestreue selten ist. Aber sie selbst sind eine mit diesen sozial gleichstehende Klasse. Dagegen produzierten die Schriftgelehrtenschulen der herodianischen Zeit mit zunehmender innerer Bedrücktheit und Spannung durch die offensichtliche Unabwendbarkeit der Fremdherrschaft eine proletaroide Schicht von Gesetzesinterpreten, welche als seelsorgerische Berater, Prediger und Lehrer in den Synagogen – auch im Sanhedrin saßen Vertreter – die Volksfrömmigkeit der engen gesetzestreuen Gemeindejuden (Chaberim) im Sinne der Peruschim (Pharisaioi) prägten; diese Art des Betriebs geht dann in das Gemeindebeamtentum des Rabbinats der talmudischen Zeit über. Im Gegensatz zu ihnen ist eine ungeheure Verbreitung des kleinbürgerlichen und des Pariaintellektualismus durch sie erfolgt, wie sie in keinem andern Volk ihresgleichen sich findet: die Verbreitung der Schreibkunst ebenso wie die systematische Erziehung im kasuistischen Denken durch eine Art „allgemeiner Volksschulen" galt schon Philo für das Spezifikum der Juden. Der Einfluß dieser Schicht erst ist es, der beim jüdischen Stadtbürgertum die Prophetentätigkeit durch den Kult der Gesetzestreue und des buchreligiösen Gesetzesstudiums ersetzt hat.

Diese populäre jüdische, allem Mysterienwesen durchaus fremde Intellektuellenschicht steht sozial entschieden unter dem Philosophen- und Mystagogentum der vorderasiatisch-hellenistischen Gesellschaft. Aber zweifellos gab es andererseits schon in vorchristlicher Zeit im hellenistischen Orient einen durch die verschiedenen sozialen Schichten hindurchreichenden Intellektualismus, welcher in den verschiedenen sakramentalen Erlösungskulten und Weihen durch Allegorese und Spekulation ähnliche soteriologische Dogmatiken produzierte, wie die wohl gleichfalls meist den Mittelschichten angehörigen Orphiker es getan hatten. Mindestens einem Diasporaschriftgelehrten wie Paulus waren diese Mysterien und soteriologischen Spekulationen – der Mithraskult war in Kilikien als Seeräuberglauben zu Pompejus' Zeit verbreitet, wenn er auch speziell in Tarsos erst in nachchristlicher Zeit ausdrücklich inschriftlich bezeugt ist – sicher wohl bekannt und verhaßt. Wahrscheinlich aber liefen soteriologische Hoffnungen der verschiedensten Prägung und Provenienz auch innerhalb des Judentums, zumal des Provinzialjudentums, seit langem nebeneinander; sonst hätte neben den Zukunftsmonarchen des herrschenden jüdischen Volks nicht schon in prophetischer Zeit der auf dem Lastesel einziehende König der armen Leute stehen und die Idee des „Menschensohns" (eine grammatikalisch ersichtlich semitische Bildung) konzipiert werden können. An jeglicher komplizierten, über den reinen am Naturvorgang orientierten Mythos oder die schlichte Weissagung eines guten Zukunftskönigs, der irgendwo schon verborgen sitzt, hinausgehenden, Abstraktionen entfaltenden und kosmische Perspektiven eröffnenden Soteriologie aber ist stets Laienintellektualismus, je nachdem der vornehme, oder der Pariaintellektualismus, irgendwie beteiligt.

Jenes Schriftgelehrtentum nun und der dadurch gepflegte Kleinbürgerintellektualismus drang vom Judentum aus auch in das Frühchristentum ein. Paulus, ein Handwerker, wie dies anscheinend viele der spätjüdischen Schriftgelehrten, sehr im Gegensatz gegen die antibanausische Weisheitslehre der siracidischen Zeit, auch waren, ist ein sehr hervorragender Vertreter des Typus (nur daß in ihm freilich mehr und Spezifischeres als nur dies Element steckt); seine „Gnosis" konnte, obwohl sie dem, was das spekulative hellenistisch-orientalische Intellektuellentum darunter verstand, sehr fremd ist, immerhin später dem Marcionitismus Anhaltspunkte geben. Das Element von Intellektualismus, welches in dem Stolz darauf, daß nur die von Gott Berufenen den Sinn der Gleichnisse des Meisters verstanden, steckt, ist auch bei ihm in dem Stolz darauf, daß die wahre Erkenntnis „den Juden ein Ärgernis, den Hellenen eine Torheit ist", sehr ausgeprägt. Sein Dualismus von „Fleisch" und „Geist", obwohl in eine andere Konzeption eingebettet, hat dennoch auch Verwandtschaft mit der Stellungnahme der typischen Intellektuellensoteriologie zur Sinnlichkeit; eine vermutlich etwas oberflächliche Bekanntschaft mit hellenischer Philosophie scheint vorhanden. Vor allem ist seine Bekehrung nicht nur eine Vision im Sinne des halluzinatorischen Sehens, sondern zugleich des inneren pragmatischen Zusammensehens des persönlichen Schicksals des Auferstandenen mit den ihm wohlbekannten allgemeinen Konzeptionen der orientalischen Heilandssoteriologie und ihrer Kultpragmatiken, in welche sich ihm nun die Verheißungen der jüdischen Prophetie einordnen. Seine Episteln sind in ihrer Argumentation höchste Typen der Dialektik des kleinbürgerlichen Intellektualismus: man staunt, welches Maß von direkt „logischer Phantasie" in einem Schriftstück wie dem Römerbrief bei den Schichten, an die er sich wendet, vorausgesetzt wird, und allerdings ist ja wohl nichts sicherer, als daß nicht seine Rechtfertigungslehre, sondern seine Konzeptionen der Beziehung zwischen Pneuma und Gemeinde und die Art der relativen Anpassung an die Alltagsgegebenheiten der Umwelt damals wirklich rezipiert wurden. Aber die rasende Wut des Diasporajudentums, dem seine dialektische Methode als ein schnöder Mißbrauch der Schriftgelehrtenschulung erscheinen mußte, gerade gegen ihn, zeigt nur, wie genau jene Methodik dem Typus dieses Kleinbürgerintellektualismus entsprach. Er hat sich dann noch in der charismatischen Stellung der „Lehrer" (διδάσκαλοι) in den alten Christengemeinden (noch in der Didache) fortgesetzt, und Harnack findet im Hebräerbrief ein specimen seiner Auslegungsmethodik. Dann ist er mit dem allmählich immer stärker hervortretenden

Monopol der Bischöfe und Presbyter auf die geistliche Leitung der Gemeinden geschwunden, und ist das Intellektuellentum der Apologeten, dann der hellenistisch gebildeten, fast durchweg dem Klerus angehörigen Kirchenväter und Dogmatiker, der theologisch dilettierenden Kaiser an die Stelle getreten, bis schließlich, im Osten, das aus den untersten, nichthellenischen sozialen Schichten rekrutierte Mönchtum, nach dem Siege im Bilderstreit die Oberhand gewann. Niemals ist jene Art von formalistischer Dialektik, welche allen diesen Kreisen gemeinsam war, verbunden mit dem halbintellektualistischen, halb primitiv-magischen Selbstvergottungsideal in der östlichen Kirche ganz wieder auszurotten gewesen. Aber das Entscheidende für das Schicksal des alten Christentums war doch, daß es nach Entstehung, typischem Träger und dem von diesem für entscheidend angesehenen Gehalt seiner religiösen Lebensführung, eine Erlösungslehre war, welche, mochte sie manche Teile ihres soteriologischen Mythos mit dem allgemein orientalischen Schema gemein, vielleicht manches direkt umbildend, entlehnt und mochte Paulus schriftgelehrte Methodik übernommen haben, dennoch mit der größten Bewußtheit und Konsequenz sich vom ersten Anbeginn an *gegen* den Intellektualismus stellte. Sie stellte sich gegen die jüdische ritual-juristische Schriftgelehrsamkeit ebenso wie gegen die Soteriologie der gnostischen Intellektuellenaristokratie und vollends gegen die antike Philosophie. Daß die gnostische Degradation der „Pistiker" abgelehnt wurde, daß die „Armen am Geist" die pneumatisch Begnadeten, und nicht die „Wissenden" die exemplarischen Christen sind, daß der Erlösungsweg nicht über das geschulte Wissen, weder vom Gesetz noch von den kosmischen und psychologischen Gründen des Lebens und Leidens, noch von den Bedingungen des Lebens in der Welt, noch von den geheimen Bedeutungen von Riten, noch von den Zukunftsschicksalen der Seele im Jenseits führt, – dies, und der Umstand, daß ein ziemlich wesentlicher Teil der inneren Kirchengeschichte der alten Christenheit einschließlich der Dogmenbildung, die Selbstbehauptung gegen den Intellektualismus in allen seinen Formen darstellt, ist dem Christentum charakteristisch eigen. Will man die Schichten, welche Träger und Propagatoren der sog. Weltreligionen waren, schlagwörtlich zusammenfassen, so sind dies für den Konfuzianismus der weltordnende Bürokrat, für den Hinduismus der weltordnende Magier, für den Buddhismus der weltdurchwandernde Bettelmönch, für den Islam der weltunterwerfende Krieger, für das Judentum der wandernde Händler, für das Christentum aber der wandernde Handwerksbursche, sie alle nicht als Exponenten ihres Berufes oder materieller „Klasseninteressen", sondern als ideologische Träger einer solchen Ethik oder Erlösungslehre, die sich besonders leicht mit ihrer sozialen Lage vermählte.

Der Islam hätte außerhalb der offiziellen Rechts- und Theologenschulen und der zeitweiligen Blüte wissenschaftlicher Interessen, also im Charakter seiner eigentlichen ihm spezifischen Religiosität, einen intellektualistischen Einbruch nur gleichzeitig mit dem Eindringen des Sufismus erleben können. Allein nach dieser Seite lag dessen Orientierung nicht; gerade der rationale Zug fehlt der volkstümlichen Derwischfrömmigkeit ganz, und wo einzelne heterodoxe Sekten im Islam, wenn auch gelegentlich recht einflußreiche, trugen spezifisch intellektualistischen Charakter. Im übrigen entwickelte er, ebenso, wie das mittelalterliche Christentum, an seinen Hochschulen Ansätze einer Scholastik.

Wie es mit den Beziehungen des Intellektualismus zur Religiosität im mittelalterlichen Christentum bestellt war, kann hier nicht erörtert werden. Die Religiosität wurde in ihren soziologisch-relevanten Wirkungen jedenfalls nicht durch intellektualistische Mächte orientiert, und die starke Wirkung des Mönchsrationalismus liegt auf dem Gebiet der Kulturinhalte und könnte nur durch einen Vergleich des okzidentalen Mönchtums mit dem orientalischen und asiatischen klargestellt werden, der hier erst später sehr kurz skizziert werden kann. Denn vornehmlich in der Eigenart ihres Mönchtums liegt auch die Eigenart der Kulturwirkung der Kirche des Okzidents begründet. Einen religiösen Laienintellektualismus kleinbürgerlichen Charakters oder einen Pariaintellektualismus hat das okzidentale Mittelalter (in einem relevanten Maß) nicht gekannt. Er fand sich gelegentlich innerhalb der Sekten. Die Rolle der vornehmen Bildungsschichten innerhalb der kirchlichen Entwicklung ist nicht gering gewesen. Die intellektualistischen* Bildungsschichten der karolingischen, ottonischen und salisch-staufischen Zeit wirkten im Sinne einer kaiserlich-theokratischen Kulturorganisation, so wie die ossipijanischen Mönche im 16. Jahrhundert in Rußland es taten, vor allem aber war die gregorianische Reformbewegung und der Machtkampf des Papsttums getragen von der Ideologie einer vornehmen Intellektuellenschicht, welche mit dem entstehenden Bürgertum gemeinsam Front gegen die feudalen Gewalten machte. Mit zunehmender Verbreitung der Universitätsbildung und dem Streben des Papsttums nach Monopolisierung der Besetzung des gewaltigen Bestandes von Pfründen, welche diese Schicht ökonomisch trugen, zu fiskalischen oder bloßen Patronagezwecken, wendete sich die zunehmend verbreitete Schicht dieser Pfründeninteressenten zunächst wesentlich im ökonomischen nationalistischen Monopolinteresse, dann, nach dem Schisma, auch ideologisch von der Papstgewalt ab und gehörte zu den „Trägern" konziliarer Reformbewegung und weiterhin des Humanismus. Die an sich nicht uninteressante Soziologie der Humanisten, vor allem des Umschlags der ritterlichen und geistlichen in eine höfisch-mäzenatisch bedingte Bildung mit ihren Konsequenzen, gehört nicht hierher. Vornehmlich ideologische Motive bedingten ihr zwiespältiges Verhalten bei der Glaubensspaltung. Soweit diese Gruppe sich nicht in den Dienst der Bildung der Reformations- oder Gegenreformationskirchen stellte, wobei sie in Kirche, Schule und Entwicklung der Lehre eine überaus wichtige organisatorische und systematisierende, nirgends aber die ausschlaggebende Rolle spielte, sondern soweit sie Träger spezifischer Religiosität (in Wahrheit: einer ganzen Reihe von religiösen Einzeltypen) wurde, sind diese ohne dauernde Nachwirkung gewesen. Ihrem Lebensniveau entsprechend waren die klassisch gebildeten Humanistenschichten im ganzen antibanausisch und antisektiererisch gesinnt, dem Gezänk und vor allem der Demagogie der Priester und Prädikanten abhold, daher im ganzen erasmianisch oder irenisch* gesinnt und schon dadurch zur zunehmenden Einflußlosigkeit verurteilt.

Neben geistreicher Skepsis und rationalistischer Aufklärung findet sich bei ihnen, besonders auf anglikanischem Boden, eine zarte Stimmungsreligiosität oder, so im Kreise von Port Royal, ein ernster, oft asketischer Moralismus, oder, so gerade in der ersten Zeit in Deutschland und auch in Italien, individualistische Mystik. Aber der Kampf der mit ihren Macht- und ökonomischen Existenzinteressen Beteiligten wurde, wo nicht direkt gewaltsam, dann naturgemäß mit den Mitteln einer Demagogie geführt, der jene Kreise gar nicht gewachsen waren. Gewiß bedurften mindestens diejenigen Kirchen, welche die herrschenden Schichten, und vor allem die Universitäten in ihren Dienst stellen wollten, der klassisch gebildeten, d. h. theologischen Polemiker und eines ähnlich gebildeten Predigerstandes. Innerhalb des Luthertums zog sich, seinem Bunde mit der Fürstengewalt entsprechend, die Kombination von Bildung und religiöser Aktivität schnell wesentlich auf die Fachtheologie zurück. Die puritanischen Kreise verspottet dagegen noch der Hudibras wegen ihrer ostensiblen philosophischen Gelehrsamkeit.

Aber bei ihnen, und vor allen Dingen bei den täuferischen Sekten, war nicht der vornehme, sondern der plebejische und gelegentlich (bei den Täufern in den Anfängen der durch wandernde Handwerksburschen oder Apostel getragenen Bewegung) der Pariaintellektualismus das, was die unzerbrechliche Widerstandskraft gab. Eine spezifische Intellektuellenschicht mit besonderen Lebensbedingungen existierte hier nicht, es ist, nach dem Abschluß der kurzen Periode der missionierenden Wanderprediger, der Mittelstand, der davon durchtränkt wird. Die unerhörte Verbreitung der Bibelkenntnis und des Interesses für äußerst abstruse und sublime dogmatische Kontroversen, bis tief selbst in bäuerliche Kreise hinein, wie sie im 17. Jahrhundert in den puritanischen Kreisen sich fand, schuf einen religiösen Massenintellektualismus, wie er später nie wieder seinesgleichen gefunden hat und in der Vergangenheit nur mit dem spätjüdischen und dem religiösen Massenintellektualismus der paulinischen Missionsgemeinden zu vergleichen ist. Er ist, im Gegensatz zu Holland, Teilen von Schottland und den amerikanischen Kolonien, wenigstens in England selbst auch bald wieder kollabiert, nachdem die Machtsphären und -chancen im Glaubenskampf erprobt und festgestellt schienen. Aber die ganze Eigenart des angelsächsischen vornehmen Intellektualismus, namentlich seine traditionelle Deferenz gegenüber einer deistischaufklärerisch, in unbestimmter Milde, aber nie kirchenfeindlich gefaßten Religiosität, hat von jener Zeit her ihre Prägung behalten, welche an dieser Stelle nicht zu erörtern ist. Sie bildet aber in ihrer Bedingtheit durch die traditionelle Stellungnahme des politisch mächtigen Bürgertums und seiner moralistischen Interessen, also durch religiösen Plebejerintellektualimus, den schärfsten Gegensatz zu der Entwicklung der wesentlich höfischen, vornehmen Bildung der romanischen Länder zu radikaler Kirchenfeindschaft oder absoluter Kirchenindifferenz. Und beide, im Endeffekt gleich antimetaphysischen Entwicklungen bilden einen Gegensatz zu der durch sehr konkrete Umstände und nur in sehr geringem (wesentlich negativem) Maß durch solche soziologischer Art bedingten *deutschen* unpolitischen und doch nicht apolitischen oder antipolitischen vornehmen Bildung, die metaphysisch, aber nur wenig an spezifisch religiösen, am wenigsten an „Erlösungs"-Bedürfnissen orientiert war. Der plebejische und Pariaintellektualismus Deutschlands dagegen nahm ebenso wie derjenige der romanischen Völker, aber im Gegensatz zu demjenigen der angelsächsischen Gebiete, in welchen seit der Puritanerzeit die ernsteste Religiosität nicht anstaltsmäßig-autoritären, sondern sektiererischen Charakters war, zunehmend und seit dem Entstehen des sozialistischen ökonomisch eschatologischen Glaubens definitiv eine radikal-antireligiöse Wendung.

Nur diese antireligiösen Sekten verfügen über eine deklassierte Intellektuellenschicht, welche einen religionsartigen Glauben an die sozialistische Eschatologie wenigstens zeitweise zu tragen vermochte. Je mehr die ökonomischen Interessenten selbst ihre Interessenvertretung in die Hand nehmen, desto mehr tritt gerade dies „akademische" Element zurück; die unvermeidliche Enttäuschung der fast superstitiösen Verklärung der „Wissenschaft" als möglicher Produzentin oder doch als Prophetin der sozialen gewaltsamen oder friedlichen Revolution im Sinn der Erlösung von der Klassenherrschaft tut das Übrige, und die einzige in Westeuropa als wirklich einem religiösen Glauben äquivalent anzusprechende Spielart des Sozialismus: der Syndikalismus, gerät infolgedessen leicht in die Lage, in jenem Punkt zu einem romantischen Sport von Nichtinteressenten zu werden.

Die letzte große, von einem nicht einheitlichen, aber doch in wichtigen Punkten gemeinsamen Glauben getragene, insofern also religionsartige Intellektuellenbewegung war die der russischen revolutionären Intelligenz. Vornehme, akademische und adlige Intelligenz stand hier neben plebejischem Intellektualismus, der getragen wurde von dem in seinem soziologischen Denken und universellen Kulturinteressen sehr hochgeschulten proletaroiden unteren Beamtentum, speziell der Selbstverwaltungskörper, (das sog. „dritte Element"), von Journalisten, Volksschullehrern, revolutionären Aposteln und einer aus den russischen sozialen Bedingungen entspringenden Bauernintelligenz. Dies hatte die in den 70er Jahren des vorigen Jahrhunderts mit der Entstehung des sog. Narodnitschestwo (Volkstümlerei) beginnende, naturrechtliche, vorwiegend agrarkommunistisch orientierte Bewegung im Gefolge, welche in den 90er Jahren mit der marxistischen Dogmatik teils in scharfen Kampf geriet, teils sich in verschiedener Art verschmolz und mehrfach zuerst mit slawophil-romantischer, dann mit mystischer Religiosität oder doch Religionsschwärmerei in eine meist wenig klare Verbindung zu bringen gesucht wurde, bei manchen und zwar relativ breiten Intelligenzschichten aber, unter dem Einfluß Dostojewskys und Tolstois, eine asketische oder akosmistische persönliche Lebensführung bewirkte. In welcher Art diese Bewegung, sehr stark mit jüdischer, zu jedem Opfer bereiter proletaroider Intelligenz durchsetzt, nach der Katastrophe der russischen Revolution (von 1906) noch Leben gewinnen wird, steht dahin.

In Westeuropa haben aufklärerisch-religiöse Schichten schon seit dem 17. Jahrhundert, sowohl im angelsächsischen wie neuerdings auch französischen Kulturgebiet, unitarische, deistische oder auch synkretistische, atheistische, freikirchliche Gemeinden geschaffen, bei denen zuweilen buddhistische (oder dafür geltende) Konzeptionen mitgespielt haben. Sie haben in Deutschland auf die Dauer fast in den gleichen Kreisen wie das Freimaurertum Boden gefunden, d. h. bei ökonomischen Nichtinteressenten, besonders bei Kulturpublizisten, daneben bei deklassierten Ideologen und einzelnen halb und ganz proletarischen Bildungsschichten. Ein Produkt der Berührung mit europäischer Kultur ist andererseits die hinduistische (Brahma-Samaj) und persische Aufklärung in Indien. Die praktische Kulturbedeutung war in der Vergangenheit größer als sie wenigstens zur Zeit ist. Das Interesse der privilegierten Schichten an der Erhaltung der bestehenden Religion als Domestikationsmittel, ihr Distanzbedürfnis und ihr Abscheu gegen die ihr Prestige zerstörende Massenaufklärungsarbeit, ihr begründeter Unglaube daran, daß an überkommenen Glaubensbekenntnissen, von deren Wortlaut beständig jeder etwas fortdeutet, die „Orthodoxie" 10%, die „Liberalen" 90%, ein wirklich *wörtlich* von breiten Schichten zu akzeptierendes neues Bekenntnis substituiert werden könne, vor allem die verachtende Indifferenz gegenüber religiösen Problemen und der Kirche, deren schließlich höchst wenig lästige Formalitäten zu erfüllen kein schweres Opfer kostet, da jedermann weiß, daß es eben Formalitäten sind, die am besten von den offiziellen Hütern der Orthodoxie und Standeskonvention und weil der Staat sie für die Karriere fordert, erfüllt werden, – all dies läßt die Chancen für die Entstehung einer ernsthaften Gemeindereligiosität, die von den Intellektuellen getragen würde, ganz ungünstig erscheinen. Das Bedürfnis des literarischen, akademisch-vornehmen oder auch Kaffeehausintellektualismus aber, in dem Inventar seiner Sensationsquellen und Diskussionsobjekte die „religiösen" Gefühle nicht zu vermissen, das Bedürfnis von Schriftstellern, Bücher über diese interessanten Problematiken zu schreiben, und das noch weit wirksamere von findigen Verlegern, solche Bücher zu verkaufen, vermögen zwar den Schein eines weit verbreiteten „religiösen Interesses" vorzutäuschen, ändern aber nichts daran, daß aus derartigen Bedürfnissen von Intellektuellen und ihrem Geplauder noch niemals eine neue Religion entstanden ist und daß die Mode diesen Gegenstand der Konversation und Publizistik, den sie aufgebracht hat, auch wieder beseitigen wird.

8. Das Problem der Theodizee.

Streng „monotheistisch" sind im Grunde überhaupt nur Judentum und Islam, selbst dieser mit Abschwächungen durch den später eingedrungenen Heiligenkult. Nur wirkt die christliche Trinität im Gegensatz zu der tritheistischen Fassung der hinduistischen, spätbuddhistischen und taoistischen Trinitäten wesentlich monotheistisch, während der katholische Messen- und Heiligenkult faktisch dem Polytheismus sehr nahe steht. Ebensowenig ist jeder ethische Gott notwendig mit absoluter Unwandelbarkeit, Allmacht und Allwissenheit, kurz absoluter Überweltlichkeit ausgestattet. Spekulation und ethisches Pathos leidenschaftlicher Propheten verschafft ihnen diese Qualitäten, die von allen Göttern, in voller Rücksichtslosigkeit der Konsequenz, nur der Gott der jüdischen Propheten, welcher auch der Gott der Christen und Muhammeds wurde, erlangt hat. Nicht jede ethische Gotteskonzeption hat zu diesen Konsequenzen und überhaupt zum ethischen Monotheismus geführt, nicht jede Annäherung an den Monotheismus beruht auf einer Steigerung der ethischen Inhalte der Gotteskonzeption, und erst recht nicht jede religiöse Ethik hat einen überweltlichen, das gesamte Dasein aus dem Nichts schaffenden und allein lenkenden, persönlichen Gott ins Leben gerufen. Aber allerdings ruht jede spezifisch ethische Prophetie, zu deren Legitimation stets ein Gott gehört, der mit Attributen einer großen Erhabenheit über die Welt ausgestattet ist, normalerweise auf einer Rationalisierung auch der Gottesidee in jener Richtung. Art und Sinn dieser Erhabenheit kann freilich ein verschiedener sein, und dies hängt teils mit fest gegebenen metaphysischen Vorstellungen zusammen, teils ist es Ausdruck der konkreten ethischen Interessen des Propheten. Je mehr sie aber in der Richtung der Konzeption eines universellen überweltlichen Einheitsgottes verläuft, desto mehr entsteht das Problem: wie die ungeheure Machtsteigerung eines solchen Gottes mit der Tatsache der Unvollkommenheit der Welt vereinbart werden könne, die er geschaffen hat und regiert. Das so entstehende Problem der Theodizee ist in der altägyptischen Literatur wie bei Hiob und bei Äschylos, nur jedesmal besonderer Wendung, lebendig. Die ganze indische Religiosität ist von ihm in der durch die dort gegebenen Voraussetzungen bestimmten Art beeinflußt: auch ein sinnvolle unpersönliche und übergöttliche Ordnung der Welt stieß ja auf das Problem ihrer Unvollkommenheit. In irgendeiner Fassung gehört das Problem überall mit zu den Bestimmungsgründen der religiösen Entwicklung und des Erlösungsbedürfnisses. Nicht durch naturwissenschaftliche Argumente, sondern mit der Unvereinbarkeit einer göttlichen Vorsehung mit der Ungerechtigkeit und Unvollkommenheit der sozialen Ordnung motivierten noch in den letzten Jahren bei einer Umfrage Tausende von deutschen Arbeitern die Unannehmbarkeit der Gottesidee.

Das Problem der Theodizee ist verschieden gelöst worden, und diese Lösungen stehen im intimsten Zusammenhang mit der Gestaltung der Gotteskonzeption und auch der Art der Prägung der Sünden- und Erlösungsideen. Wir greifen die möglichst rational „reinen" Typen heraus.

Entweder der gerechte Ausgleich wird gewährt durch Verweisung auf einen diesseitigen künftigen Ausgleich: messianische Eschatologien. Der eschatologische Vorgang ist dann eine politische und soziale Umgestaltung des Diesseits. Ein gewaltiger Held, oder ein Gott, wird – bald, später, irgendwann – kommen und seine Anhänger in die verdiente Stellung in der Welt einsetzen. Die Leiden der jetzigen Generation sind Folge der Sünden der Vorfahren, für die der Gott die Nachfahren verantwortlich macht, ebenso wie ja der Bluträcher sich an die ganze Sippe hält und wie noch Papst Gregor VII. die Nachfahren bis in das siebente Glied mit exkommunizierte. Ebenso werden vielleicht nur die Nachfahren des Frommen infolge seiner Frömmigkeit das messianische Reich sehen. Der vielleicht nötige Verzicht auf eigenes Erleben der Erlösung schien nichts Befremdliches. Die Sorge für die Kinder war überall ein organisch gegebenes Streben, welches über die eigenen persönlichen Interessen auf ein „Jenseits" wenigstens des eigenen Todes hinwies. Den jeweils Lebenden bleibt die exemplarisch strenge Erfüllung der positiven göttlichen Gebote, einerseits um sich selbst wenigstens das Optimum von Lebenschancen kraft göttlichen Wohlwollens zu erwerben, andererseits um den eigenen Nachfahren die Teilnahme am Reich der Erlösung zu erringen. „Sünde" ist Bruch der Gefolgschaftstreue gegen den Gott, ein abtrünniger Verzicht auf Gottes Verheißungen. Der Wunsch, auch selbst am messianischen Reich teilnehmen zu können, treibt weiter. Gewaltige religiöse Erregung entsteht, wenn das Kommen des diesseitigen Gottesreiches unmittelbar bevorzustehen scheint. Immer wieder treten Propheten auf, die es verkünden. Aber wenn sein Kommen sich allzusehr hinauszieht, so ist eine Vertröstung auf eigentliche „Jenseits"-Hoffnungen fast unumgänglich.

Die Vorstellung von einem „Jenseits" ist im Keim mit der Entwicklung der Magie zum Seelenglauben gegeben. Zu einem besonderen Totenreich aber verdichtet sich die Existenz der Totenseelen keineswegs immer. Eine sehr häufige Vorstellung ließ vielmehr die Totengeister in Tieren und Pflanzen sich verkörpern, verschieden je nach Lebens- und Todesart, Sippe und Stand, – die Quelle der Seelenwanderungsvorstellungen. Wo ein Totenreich, zunächst an einem geographisch entlegenen Ort, später unter- oder überirdisch, geglaubt wird, ist das Leben der Seelen dort keineswegs notwendig zeitlich ewig. Sie können gewaltsam vernichtet werden oder durch Unterlassen der Opfer untergehen oder einfach irgendwann sterben (anscheinend die altchinesische Vorstellung). Eine gewisse Fürsorge für das eigene Schicksal nach dem Tode taucht, dem „Grenznutzgesetz" entsprechend, meist da auf, wo die notwendigsten diesseitigen Bedürfnisse gedeckt sind und ist daher zunächst auf die Kreise der Vornehmen und Besitzenden beschränkt. Nur sie, zuweilen nur Häuptlinge und Priester, nicht die Armen, selten die Frauen, können sich die jenseitige Existenz sichern und scheuen dann freilich oft die ungeheuersten Aufwendungen nicht, es zu tun. Vornehmlich ihr Beispiel propagiert die Beschäftigung mit den Jenseitserwartungen. Von einer „Vergeltung" im Jenseits ist keine Rede. Wo der Gedanke auftaucht, sind es zunächst nur rituelle Fehler, welche Nachteile nach sich ziehen: so in umfassendstem Maße noch im indischen heiligen Recht. Wer das Kastentabu verletzt, ist der Höllenpein sicher. Erst der ethisch qualifizierte Gott verfügt auch über die Schicksale im Jenseits unter ethischen Gesichtspunkten. Die Scheidung von Paradies und Hölle tritt nicht erst damit auf, ist aber ein relativ spätes Entwicklungsprodukt. Mit wachsender Macht der Jenseitshoffnungen, je mehr also das Leben in der diesseitigen Welt als eine nur provisorische Existenzform gegenüber der jenseitigen angesehen, je mehr jene als von Gott aus dem Nichts geschaffen und ebenso wieder vergänglich und der Schöpfer selbst als den jenseitigen Zwecken und Werten unterstellt gedacht und je mehr also das diesseitige Handeln auf das jenseitige Schicksal hin ausgerichtet wurde, desto mehr drängte sich auch das Problem des prinzipiellen Verhältnisses Gottes zur Welt und ihren Unvollkommenheiten in den Vordergrund des Denkens. Die Jenseitshoffnungen enthalten zuweilen eine direkte Umkehrung der urwüchsigen Auffassung, welche die Frage des Jenseits zu einer Angelegenheit der Vornehmen und Reichen machte, nach der Formel, „die Letzten werden die Ersten sein". Konsequent durchgeführt ist dies selbst in den religiösen Vorstellungen von Pariavölkern selten eindeutig. Aber es hat z. B. in der alten jüdischen Ethik eine große Rolle gespielt, und die Annahme, daß Leiden, vor allem auch freiwilliges Leiden, die Gottheit milde stimme und die Jenseitschancen bessere, findet sich unter sehr verschiedenen Motiven, zum Teil vielleicht auch aus den Mutproben der Heldenaskese und der magischen Mortifikationspraxis heraus, entwickelt, in viele Jenseitshoffnungen eingesprengt. Die Regel, zumal bei Religionen, die unter dem Einfluß herrschender Schichten stehen, ist umgekehrt die Vorstellung, daß auch im Jenseits die diesseitigen Standesunterschiede nicht gleichgültig bleiben werden, weil auch sie gottgewollt waren, bis zu den christlichen „hochseligen" Monarchen hinab. Die spezifisch ethische Vorstellung aber ist „Vergeltung" von konkretem Recht und Unrecht auf Grund eines Totengerichts, und der eschatologische Vorgang ist also normalerweise ein universeller Gerichtstag. Dadurch muß die Sünde den Charakter eines „crimen" annehmen, welches nun in eine rationale Kasuistik gebracht werden kann, und für welches im Diesseits oder Jenseits irgendwie Genugtuung gegeben werden muß, auf daß man schließlich gerechtfertigt vor dem Totenrichter stehe. Die Strafen und Belohnungen müßten der Bedeutung von Verdienst und Vergehen entsprechend abgestuft werden – wie es noch bei Dante in der Tat der Fall ist –, sie könnten also eigentlich nicht ewig sein. Bei der Blaßheit und Unsicherheit der Jenseitschancen aber gegenüber der Realität des Diesseits ist der Verzicht auf ewige Strafen von Propheten und Priestern fast immer für unmöglich gehalten worden; sie allein entsprachen auch dem Rachebedürfnis gegen ungläubige, abtrünnige, gottlose und dabei auf Erden straflose Frevler. Himmel, Hölle und Totengericht haben fast universale Bedeutung erlangt, selbst in Religionen, deren ganzem Wesen sie ursprünglich so fremd waren wie dem alten Buddhismus. Mochten nun aber „Zwischenreiche" (Zarathustra) oder „Fegefeuer" die Konsequenz zeitlich unbegrenzter ewiger „Strafen" für eine zeitlich begrenzte Existenz abschwächen, so blieb doch stets die Schwierigkeit bestehen, überhaupt eine „Bestrafung" von Handlungen der Menschen mit einem ethischen und zugleich *allmächtigen*, also schließlich für diese Handlungen allein verantwortlichen Schöpfer der Welt zu vereinbaren. Denn diese Konsequenz: einen unerhört großen *ethischen* Abstand des jenseitigen Gottes gegenüber den unausgesetzt in neue Schuld verstrickten Menschen, mußten diese Vorstellungen ja um so mehr nach sich ziehen, je mehr man über das unlösbare Problem der Unvollkommenheit der Welt angesichts der göttlichen Allmacht grübelte. Es blieb dann letztlich nichts übrig, als jene Folgerung, in welche der Allmacht- und Schöpferglaube schon bei Hiob umzuschlagen im Begriff steht: diesen allmächtigen Gott jenseits aller ethischen Ansprüche seiner Kreaturen zu stellen, seine Ratschläge für derart jedem menschlichen Begreifen verborgen, seine absolute Allmacht über seine Geschöpfe als so schrankenlos und also die Anwendung des Maßstabs kreatürlicher Gerechtigkeit auf sein Tun für so unmöglich anzusehen, daß das Problem der Theodizee als solches überhaupt fortfiel. Der islamitische Allah ist von seinen leidenschaftlichsten Anhängern so gedacht worden, der christliche „Deus absconditus" gerade von den Virtuosen christlicher Frömmigkeit ebenfalls. Gottes souveräner, gänzlich unerforschlicher und – eine Konsequenz seiner Allwissenheit – von jeher feststehender, freier Ratschluß hat entschieden, wie für das Schicksal auf Erden, so auch für das Schicksal nach dem Tode. Die Determiniertheit des irdischen, ebenso wie die Prädestination zum jenseitigen Schicksal stehen von Ewigkeit her fest. So gut wie die Verdammten über ihre durch Prädestination feststehende Sündhaftigkeit könnten die Tiere sich darüber beklagen, daß sie nicht als Menschen geschaffen sind (so ausdrücklich der Calvinismus). Ethisches Verhalten kann hier nie den Sinn haben, die eigenen Jenseits- oder Diesseitschancen zu verbessern, wohl aber den anderen, praktisch-psychologisch unter Umständen noch stärker wirkenden: *Symptom* für den eigenen, durch Gottes Ratschluß feststehenden Gnadenstand zu sein. Denn gerade die absolute Souveränität dieses Gottes zwingt das praktische religiöse Interesse, ihm wenigstens im Einzelfall dennoch in die Karten sehen zu wollen, und speziell das eigene Jenseitsschicksal zu wissen ist ein elementares Bedürfnis des Einzelnen. Mit der Neigung zur Auffassung Gottes als des schrankenlosen Herrn über seine Kreaturen geht daher die Neigung parallel, überall seine „Vorsehung", sein ganz persönliches Eingreifen in den Lauf der Welt zu sehen und zu deuten. Der „Vorsehungsglaube" ist die konsequente Rationalisierung der magischen Divination, an die er anknüpft, die aber eben deshalb gerade er prinzipiell am relativ vollständigsten entwertet. Es kann keinerlei Auffassung der religiösen Beziehung geben, die 1. so radikal aller Magie entgegengesetzt wäre, theoretisch wie praktisch, wie dieser, die großen theistischen Religionen Vorderasiens und des Okzidents beherrschende Glaube, keine auch, die 2. das Wesen des Göttlichen so stark in ein aktives „Tun", in die persönliche providentielle Regierung der Welt verlegte und dann keine, für welche 3. die göttliche, frei geschenkte Gnade und die Gnadenbedürftigkeit der Kreaturen, der ungeheure Abstand alles Kreatürlichen gegen Gott und daher 4. die Verwerflichkeit der „Kreaturvergötterung" als eines Majestätsfrevels an Gott so feststünde. Gerade weil dieser Glaube *keine* rationale Lösung des praktischen Theodizeeproblems enthält, birgt er die größten Spannungen zwischen Welt und Gott, Sollen und Sein.

Systematisch durchdachte Erledigungen des Problems der Weltunvollkommenheit geben außer der Prädestination nur noch zwei Arten religiöser Vorstellungen. Zunächst der Dualismus, wie ihn die spätere Entwicklung der zarathustrischen Religion und zahlreiche, meist von ihr beeinflußte vorderasiatische Glaubensformen mehr oder minder konsequent enthielten, namentlich die Endformen der babylonischen (jüdisch und christlich beeinflußten) Religion im Mandäertum und in der Gnosis, bis zu den großen Konzeptionen des Manichäismus, der um die Wende des 3. Jahrhunderts auch in der mittelländischen Antike dicht vor dem Kampf um die Weltherrschaft zu stehen schien. Gott ist nicht allmächtig und die Welt nicht seine Schöpfung aus dem Nichts. Ungerechtigkeit, Unrecht, Sünde, alles also, was das Problem der Theodizee entstehen läßt, sind Folgen der Trübung der lichten Reinheit der großen und guten Götter durch Berührung mit der ihnen gegenüber selbständigen Macht der Finsternis und, was damit identifiziert wird, der unreinen Materie, welche einer satanischen Macht Gewalt über die Welt gibt und die durch einen Urfrevel von Menschen oder Engeln oder – so bei manchen Gnostikern – durch die Minderwertigkeit eines subalternen Weltschöpfers (Jehovas oder des „Demiurgos“) entstanden ist. Der schließliche Sieg der lichten Götter in dem nun entstehenden Kampf steht meist – eine Durchbrechung des strengen Dualismus – fest. Der leidensvolle, aber unvermeidliche Weltprozeß ist eine fortgesetzte Herausläuterung des Lichtes aus der Unreinheit. Die Vorstellung des Endkampfs entwickelt naturgemäß ein sehr starkes eschatologisches Pathos. Die allgemeine Folge solcher Vorstellungen muß ein aristokratisches Prestigegefühl der Reinen und Erlesenen sein. Die Auffassung des Bösen, welche bei Voraussetzung eines schlechthin allmächtigen Gottes stets die Tendenz zu einer rein *ethischen* Wendung zeigt, kann hier einen stark spirituellen Charakter annehmen, weil der Mensch ja nicht als Kreatur einer absoluten Allmacht gegenübersteht, sondern Anteil am Lichtreich hat, und weil die Identifikation des Lichtes mit dem im Menschen Klarsten: dem Geistigen, der Finsternis dagegen mit dem alle gröberen Versuchungen an sich tragenden Materiellen, Körperlichen fast unvermeidlich ist. Die Auffassung knüpft dann leicht an den „Unreinheits“-Gedanken der tabuistischen Ethik an. Das Böse erscheint als Verunreinigung, die Sünde, ganz nach Art der magischen Frevel, als ein verächtlicher, in Schmutz und gerechte Schande führender Absturz aus dem Reich der Reinheit und Klarheit in das Reich der Finsternis und Verworrenheit. Uneingestandene Einschränkungen der göttlichen Allmacht in Gestalt von Elementen dualistischer Denkweise finden sich in fast allen ethisch orientierten Religionen.

Die formal vollkommenste Lösung des Problems der Theodizee ist die spezifische Leistung der indischen „Karman“-Lehre, des sog. Seelenwanderungsglaubens. Die Welt ist ein lückenloser Kosmos ethischer Vergeltung. Schuld und Verdienst werden innerhalb der Welt unfehlbar vergolten durch Schicksale in einem künftigen Leben, deren die Seele unendlich viele, in anderen tierischen oder menschlichen oder auch göttlichen Existenzen, neu zur Welt kommend, zu führen haben wird. Ethische Verdienste in diesem Leben können die Wiedergeburt im Himmel bewirken, aber stets nur auf Zeit, bis das Verdienstkonto aufgebraucht ist. Ebenso ist die Endlichkeit alles irdischen Lebens die Folge der Endlichkeit der guten oder bösen Taten in dem früheren Leben der gleichen Seele und sind die vom Vergeltungsstandpunkt aus ungerecht scheinenden Leiden des gegenwärtigen Lebens Bußen für Sünden in einem vergangenen Leben. Der Einzelne schafft sich sein eigenes Schicksal im strengsten Sinne ausschließlich selbst. Der Seelenwanderungsglaube knüpft an sehr geläufige animistische Vorstellungen von dem Übergang der Totengeister in Naturobjekte an. Er rationalisiert sie und damit den Kosmos unter rein ethischen Prinzipien. Die naturalistische „Kausalität“ unserer

Denkgewohnheiten wird also ersetzt durch einen universellen Vergeltungsmechanismus, bei dem keine *ethisch* relevante Tat jemals verloren geht. Die dogmatische Konsequenz liegt in der völligen Entbehrlichkeit und Undenkbarkeit eines in diesen Mechanismus eingreifenden allmächtigen Gottes: denn der unvergängliche Weltprozeß erledigt die ethischen Aufgaben eines solchen durch seine eigene Automatik. Sie ist daher die konsequente Folgerung aus der Übergöttlichkeit der ewigen „Ordnung" der Welt gegenüber der zur Prädestination drängenden Überweltlichkeit des persönlich regierenden Gottes. Bei voller Durchführung des Gedankens in seine letzten Konsequenzen, im alten Buddhismus, ist auch die „Seele" gänzlich eliminiert: es existieren nur die einzelnen, mit der Illusion des „Ich" verbundenen, für den Karmanmechanismus relevanten guten oder bösen *Handlungen*. Alle Handlungen aber sind ihrerseits Produkte des immer gleich ohnmächtigen Kampfs alles geformten und dadurch allein schon zur Vergänglichkeit verurteilten Lebens um seine eigene, der Vernichtung geweihte Existenz, des „Lebensdurstes", dem die Jenseitssehnsucht ebenso wie alle Hingabe an die Lust im Diesseits entspringt, und der, als unausrottbare Grundlage der Individuation, immer erneut Leben und Wiedergeburt schafft, solange er besteht. Eine „Sünde" gibt es streng genommen nicht, nur Verstöße gegen das wohlverstandene eigene Interesse daran, aus diesem endlosen „Rade" zu entrinnen oder wenigstens sich nicht einer Wiedergeburt zu noch peinvollerem Leben auszusetzen. Der Sinn ethischen Verhaltens kann nur entweder, bei bescheidenen Ansprüchen, in der Verbesserung der Wiedergeburtschancen oder, wenn der sinnlose Kampf um das bloße Dasein beendet werden soll, in der Aufhebung der Wiedergeburt als solcher bestehen. Die Zerspaltung der Welt in zwei Prinzipien besteht hier nicht, wie in der ethisch-dualistischen Vorsehungsreligiosität, in dem Dualismus der heiligen und allmächtigen Majestät Gottes gegen die ethische Unzulänglichkeit alles Kreatürlichen, und nicht wie im spiritualistischen Dualismus, in der Zerspaltung alles Geschehens in Licht und Finsternis, klaren und reinen Geist und finstere und befleckende Materie, sondern in dem ontologischen Dualismus vergänglichen Geschehens und Handelns der Welt und beharrenden ruhenden Seins der ewigen Ordnung und des mit ihr identischen, unbewegten, in traumlosem Schlaf ruhenden Göttlichen. Diese Konsequenz der Seelenwanderungslehre hat in vollem Sinne nur der Buddhismus gezogen, sie ist die radikalste Lösung der Theodizee, aber eben deshalb ebensowenig wie der Prädestinationsglaube eine Befriedigung ethischer Ansprüche an einen Gott.

9. Erlösung und Wiedergeburt.

Nur wenige Erlösungsreligionen haben von den vorstehend skizzierten reinsten Typen der Lösung des Problems der Beziehung Gottes zu Welt und Menschen einen einzelnen rein ausgebildet und, wo es geschah, ist diese meist nur für kurze Zeit festgehalten worden. Die meisten haben infolge gegenseitiger Rezeption und vor allem unter dem Druck der Notwendigkeit, den mannigfachen ethischen und intellektuellen Bedürfnissen ihrer Anhänger gerecht zu werden, verschiedene Denkformen miteinander kombiniert, so daß ihre Unterschiede solche im Grade der Annäherung an den einen oder anderen dieser Typen sind.

Die verschiedenen ethischen Färbungen des Gottes- und Sündengedankens stehen nun in innigstem Zusammenhang mit dem Streben nach „*Erlösung*", dessen Inhalt höchst verschieden gefärbt sein kann, je nachdem „wovon" und „wozu" man erlöst sein will. Nicht jede rationale religiöse Ethik ist überhaupt Erlösungsethik. Der Konfuzianismus ist eine „religiöse" Ethik, weiß aber gar nichts von einem Erlösungsbedürfnis. Der Buddhismus umgekehrt ist ganz ausschließlich Erlösungslehre, aber er kennt keinen Gott. Zahlreiche andere Religionen kennen „Erlösung" nur als eine in engen Konventikeln gepflegte Sonderangelegenheit, oft als einen Geheimkult. Auch bei religiösen Handlungen, welche als ganz spezifisch „heilig" gelten und ihren Teilnehmern ein nur auf diesem Wege erreichbares Heil versprechen, stehen sehr oft die massivsten utilitarischen Erwartungen an Stelle von irgend etwas, was wir gewohnt sind „Erlösung" zu nennen. Die pantomimisch-musikalische Feier der großen Erdgottheiten, welche zugleich den Ernteausfall und das Totenreich beherrschen, stellte den rituell reinen eleusinischen Mysten vor allem *Reichtum* in Aussicht, daneben eine Verbesserung des Jenseitsloses, aber ohne alle Vergeltungsideen, rein als Folge der Meßandacht. *Reichtum,* das, nächst langem Leben, höchste Gut in der Gütertafel des Schu King, hängt für die chinesischen Untertanen an der richtigen Ausführung des offiziellen Kultes und der eigenen Erfüllung der religiösen Pflichten, während irgendwelche Jenseitshoffnungen und Vergeltungen ganz fehlen. *Reichtum* vor allem erwartet, neben massiven Jenseitsverheißungen, Zarathustra für sich und seine Getreuen von der Gnade seines Gottes. Geehrtes und langes Leben und *Reichtum* stellt der Buddhismus als Lohn der Laiensittlichkeit hin, in voller Übereinstimmung mit der Lehre aller indischen religiösen innerweltlichen Ethik. Mit *Reichtum* segnet Gott den frommen Juden. *Reichtum* ist aber – wenn rational und legal erworben – auch eins der Symptome der „Bewährung" des Gnadenstandes bei den asketischen Richtungen des Protestantismus (Calvinisten, Baptisten, Mennoniten, Quäker, reformierte Pietisten, Methodisten). Freilich befinden wir uns mit diesen letzten Fällen bereits innerhalb einer Auffassung, welche trotzdem den Reichtum (und irgendwelche anderen diesseitigen Güter) sehr entschieden als ein „religiöses Ziel" ablehnen würden. Aber praktisch ist der Übergang bis zu diesem Standpunkt flüssig. Die Verheißungen einer Erlösung von Druck und Leid, wie sie die Religionen der Pariavölker, vor allem der Juden, ebenso aber auch Zarathustra und Muhammed, in Aussicht stellen, lassen sich nicht streng aus den Erlösungskonzeptionen dieser Religionen aussondern, weder die Verheißung der Weltherrschaft und des sozialen Prestiges der Gläubigen, welche der Gläubige im alten Islam als Lohn für den heiligen Krieg gegen alle Ungläubigen im Tornister trug, noch das Versprechen jenes spezifischen religiösen Prestiges, welches den Israeliten als Gottes Verheißung überliefert wurde. Insbesondere den Juden ist ihr Gott zunächst deshalb ein Erlöser, weil er sie aus dem ägyptischen Diensthaus befreit hat und aus dem Ghetto erlösen wird. Neben solchen ökonomischen und politischen Verheißungen tritt vor allem die Befreiung von der Angst vor den bösen Dämonen und bösem Zauber überhaupt, der ja für die Mehrzahl aller Übel des Lebens verantwortlich ist. Daß der Christus die Macht der Dämonen durch die Kraft seines Pneuma gebrochen habe und seine Anhänger aus ihrer Gewalt erlöse, war in der Frühzeit des Christentums eine sehr im Vordergrunde stehenden und wirksamsten seiner Verheißungen. Und auch das schon gekommene oder unmittelbar vor der Tür stehende Gottesreich Jesus' von Nazareth war ein Reich der von menschlicher Lieblosigkeit, Angst und Not befreiten Seligkeit auf dieser Erde, und erst später traten Himmel und Hades hervor. Denn alle diesseitigen Eschatologien haben naturgemäß durchweg die Tendenz zur Jenseitshoffnung zu werden, sobald die Parusie sich verzögert und nun der Nachdruck darauf fällt, daß die jetzt Lebenden, die sie nicht mehr im Diesseits schauen, sie nach dem Tode, von den Toten auferstehend, erleben wollen.

Der spezifische Inhalt der „jenseitigen" Erlösung kann mehr die Freiheit von dem physischen oder seelischen oder sozialen Leiden des Erdendaseins bedeuten, oder mehr Befreiung von der sinnlosen Unrast und Vergänglichkeit des Lebens als solchem, oder mehr von der unvermeidlichen persönlichen Unvollkommenheit, werde diese nun mehr als chronische Befleckheit oder als akute Neigung zur Sünde oder mehr spirituell als Gebanntheit in die dunkle Verworrenheit der irdischen Unwissenheit aufgefaßt.

Für uns kommt die Erlösungssehnsucht, wie immer sie geartet sei, wesentlich in Betracht, sofern sie für das *praktische Verhalten* im Leben Konsequenzen hat. Eine solche positive und diesseitige Wendung gewinnt sie am stärksten durch Schaffung einer, durch einen zentralen Sinn oder ein positives Ziel zusammengehaltenen, spezifisch religiös determinierten „ *Lebensführung"*, dadurch also, daß, aus religiösen Motiven, eine Systematisierung des praktischen Handelns in Gestalt seiner Orientierung an einheitlichen Werten entsteht. Ziel und Sinn dieser Lebensführung können rein jenseitig oder auch, mindestens teilweise, diesseitig gerichtet sein. In höchst verschiedenem Grade und in typisch verschiedener Qualität ist dies bei den einzelnen Religionen und innerhalb jeder einzelnen von ihnen wieder bei ihren einzelnen Anhängern der Fall. Auch die religiöse Systematisierung der Lebensführung hat natürlich, soweit sie Einfluß auf das ökonomische Verhalten gewinnen will, feste Schranken vor sich, und religiöse Motive, insbesondere die Erlösungshoffnung, *müssen* keineswegs notwendig Einfluß auf die Art der Lebensführung gewinnen, insbesondere nicht auf die ökonomische, aber sie können es in sehr starkem Maße.

Die weitgehendsten Konsequenzen für die Lebensführung hat die Erlösungshoffnung dann, wenn die Erlösung selbst als ein schon im Diesseits seine Schatten vorauswerfender oder gar als ein gänzlich diesseitiger *innerlicher* Vorgang verläuft. Also wenn sie entweder selbst als „Heiligung" gilt oder doch Heiligung herbeiführt oder zur Vorbedingung hat. Der Vorgang der Heiligung kann dann entweder als ein allmählicher Läuterungsprozeß oder als eine plötzlich eintretende Umwandlung der Gesinnung (Metanoia), eine „Wiedergeburt" auftreten.

Der Gedanke der Wiedergeburt als solcher ist sehr alt und findet sich gerade im magischen Geisterglauben klassisch entwickelt. Der Besitz des magischen Charisma setzt fast stets Wiedergeburt voraus: die ganz spezifische Erziehung der Zauberer selbst und der Kriegshelden durch sie und die spezifische Art der Lebensführung der ersteren erstrebt Wiedergeburt und Sicherung des Besitzes einer magischen Kraft, vermittelt durch „Entrückung" in Form der Ekstase und Erwerb einer neuen „Seele", die meist auch Namensänderung zur Folge hat, – wie diese ja als Rudiment solcher Vorstellungen noch bei der Mönchsweihe vorkommt. Die „Wiedergeburt" wird zunächst nur für den berufsmäßigen Zauberer, aus einer magischen Voraussetzung zauberischen oder heldischen Charisma, in den konsequentesten Typen der „Erlösungsreligionen", zu einer für das religiöse Heil unentbehrlichen *Gesinnungs*qualität, die der Einzelne sich aneignen und seiner Lebensführung bewähren muß.

10. Die Erlösungswege und ihr Einfluß auf die Lebensführung.

Der Einfluß einer Religion auf die Lebensführung und insbesondere die Voraussetzungen der Wiedergeburt sind nun je nach dem Erlösungs*weg* und – was damit aufs engste zusammenhängt – der psychischen Qualität des erstrebten Heilsbesitzes sehr verschieden.

I. Die Erlösung kann eigenstes, ohne alle Beihilfe überirdischer Mächte zu schaffendes Werk des Erlösten sein, wie z. B. im alten Buddhismus. Dann können die Werke, durch welche die Erlösung errungen wird,

1. rein *rituelle* Kulthandlungen und Zeremonien sein, sowohl innerhalb eines Gottesdienstes, wie im Verlauf des Alltags. Der reine *Ritualismus* ist an sich von der Zauberei in seiner Wirkung auf die *Lebensführung* nicht verschieden und steht zuweilen in dieser Hinsicht sogar insofern hinter der magischen Religiosität zurück, als diese unter Umständen eine bestimmte und ziemlich einschneidende Methodik der Wiedergeburt entwickelt hat, was der Ritualismus oft, aber nicht immer vollbringt. Eine Erlösungsreligion kann die rein formalen rituellen Einzelleistungen systematisieren zu einer spezifischen Gesinnung, der „Andacht", in welcher die Riten als Symbole des Göttlichen vollzogen werden. Dann ist diese Gesinnung der in Wahrheit erlösende Heilsbesitz. Sobald man sie streicht, bleibt der nackte formale magische Ritualismus übrig, und dies ist dann auch naturgemäß im Verlauf der Veralltäglichung aller Andachtsreligiosität immer wieder geschehen.

Die Konsequenzen einer ritualistischen Andachtsreligiosität können sehr verschiedene sein. Die restlose rituelle Reglementierung des Lebens des frommen Hindu, die für europäische Vorstellungen ganz ungeheuerlichen Ansprüche, welche Tag für Tag an den Frommen gestellt werden, würden bei wirklich genauer Durchführung die Vereinigung eines exemplarisch frommen, innerweltlichen Lebens mit intensivem Erwerb nahezu ausschließen. Dieser äußerste Typus der Andachtsfrömmigkeit bildet darin den äußersten Gegenpol gegen den Puritanismus. Nur der Besitzende, von intensiver Arbeit Entbundene könnte diesen Ritualismus durchführen.

Tieferliegend aber als diese immerhin vermeidbare Konsequenz ist der Umstand: daß die rituelle Erlösung, speziell dann, wenn sie den Laien auf die Rolle des Zuschauers oder auf eine Beteiligung nur durch einfache oder wesentlich rezeptive Manipulationen beschränkt und zwar gerade da, wo sie die rituelle Gesinnung möglichst zu stimmungsvoller Andacht sublimiert, den Nachdruck auf den „Stimmungsgehalt" des frommen Augenblicks legt, der das Heil zu verbürgen scheint. Erstrebt wird dann der Besitz einer inneren *Zuständlichkeit*, welche ihrer Natur nach *vorübergehend* ist und welche kraft jener eigentümlichen „Verantwortungslosigkeit", die etwa dem Anhören einer Messe oder eines mystischen Mimus anhaftet, auf die Art des Handelns, nachdem die Zeremonie vorüber ist, oft fast ebensowenig einwirkt, wie die noch so große Rührung eines Theaterpublikums beim Anhören eines schönen und erbaulichen Theaterstücks dessen Alltagsethik zu beeinflussen pflegt. Alle Mysterienerlösung hat diesen Charakter des Unsteten. Sie gewärtigt ihre Wirkung ex opere operato von einer frommen Gelegenheitsandacht. Es fehlen die inneren Motive eines *Bewährungs*anspruchs, der eine „Wiedergeburt" verbürgen könnte. Wo dagegen die rituell erzeugte Gelegenheitsandacht, zur perennierenden Frömmigkeit gesteigert, auch in den Alltag zu retten versucht wird, da gewinnt diese Frömmigkeit am ehesten einen mystischen Charakter: der Besitz einer *Zuständlichkeit* als Ziel bei der Andacht leitet ja dazu hinüber. Die Disposition zur Mystik aber ist ein individuelles Charisma. Es ist daher kein Zufall, daß gerade mystische Erlösungsprophetien, wie die indischen und anderen orientalischen, bei ihrer Veralltäglichung alsbald immer wieder in reinen Ritualismus umschlugen. Der letztlich erstrebte seelische Habitus ist beim Ritualismus – darauf kommt es für uns an – vom *rationalen Handeln* direkt *abführend*. Fast alle Mysterienkulte wirkten so. Ihr typischer Sinn ist die Spendung von „Sakramentsgnade": Erlösung von Schuld durch die Heiligkeit der Manipulation als solcher, also durch einen Vorgang, welcher die Tendenz jeder Magie teilt, aus dem Alltagsleben herauszufallen und dieses nicht zu beeinflussen. Ganz anders freilich kann sich die Wirkung eines „Sakraments" dann gestalten, wenn dessen Spendung an die Voraussetzung geknüpft ist, daß sie nur dem vor Gott ethisch Gereinigten zum Heil gereicht, anderen zum Verderben. Die furchtbare Angst vor dem Abendmahl wegen der Lehre: „Wer aber nicht glaubt und doch ißt, der ißt und trinkt ihm selber zum Gericht", war bis an die Schwelle der Gegenwart in weiten Kreisen lebendig und konnte beim Fehlen einer „absolvierenden" Instanz, wie im asketischen Protestantismus und bei häufigem Abendmahlsgenuß – der deshalb ein wichtiges Merkmal der Frömmigkeit war – das Alltagsverhalten in der Tat stark beeinflussen. Die Vorschrift der *Beichte* vor dem Sakrament innerhalb aller christlichen Konfessionen hing damit zusammen. Allein es kommt bei dieser Institution entscheidend darauf an, welches diejenige religiös vorgeschriebene Verfassung ist, in welcher das Sakrament mit Nutzen empfangen werden kann. Fast alle antiken und die meisten außerchristlichen Mysterienkulte haben dafür lediglich rituelle Reinheit verlangt, daneben galten unter Umständen schwere Blutschuld oder einzelne spezifische Sünden als disqualifizierend. Diese Mysterien kannten also meist keine Beichte. Wo aber die Anforderung ritueller Reinheit zur seelischen Sündenreinheit rationalisiert worden ist, da kommt es nun weiter auf die Art der Kontrolle und, wo die Beichte besteht, auf deren möglicherweise sehr verschiedenen Charakter für die Art und das Maß der ihr möglichen Einwirkung auf das Alltagsleben. In jedem Fall aber ist dann der Ritus als solcher, praktisch angesehen, nur noch das Vehikel, um das außerrituelle Handeln zu beeinflussen, und auf dieses Handeln kommt in Wahrheit alles an. So sehr, daß gerade bei vollster Entwertung des magischen Charakters des Sakraments und bei gänzlichem Fehlen aller Kontrolle durch Beichte – beides bei den Puritanern – das Sakrament dennoch, und zwar unter Umständen gerade deshalb, jene ethische Wirkung entfalten kann.

Auf einem anderen und indirekten Wege kann eine ritualistische Religiosität da ethisch wirken, wo die Erfüllung der Ritualgebote das *aktive* rituelle Handeln (oder Unterlassen) des Laien fordert und nun die formalistische Seite des Ritus zu einem umfassenden „Gesetz" derart systematisiert wird, daß es einer besonderen *Schulung* und Lehre bedarf, um es überhaupt genügend zu kennen, wie es im Judentum der Fall war. Daß der Jude schon im Altertum, wie Philo hervorhebt, im Gegensatz zu allen anderen Völkern, von früher Jugend an, nach Art unserer Volksschule, fortgesetzt intellektuell systematisch-kasuistisch trainiert wurde, daß auch in der Neuzeit z. B. in Osteuropa aus diesem Grunde nur die Juden systematische Volksschulbildung genossen, ist die Folge dieses Schriftgelehrsamkeitscharakters des jüdischen Gesetzes, welches die jüdischen Frommen schon im Altertum veranlaßte, den im Studium des Gesetzes Ungebildeten, den Amhaarez, mit den Gottlosen zu identifizieren. Eine derartige kasuistische Schulung des Intellekts kann sich natürlich auch im Alltag fühlbar machen, um so mehr, wenn es sich nicht mehr – wie vorwiegend im indischen Recht – um bloß rituelle kultische Pflichten, sondern um eine systematische Reglementierung auch der Alltagsethik handelt. Die Erlösungswerke sind dann eben bereits vorwiegend andere als kultische Leistungen, insbesondere

2. soziale Leistungen. Sie können sehr verschiedenen Charakter haben. Die Kriegsgötter z. B. nehmen sehr oft in ihr Paradies nur die in der Schlacht Gefallenen auf, oder diese werden doch prämiiert. Für den König empfahl die brahmanische Ethik direkt, daß er den Tod in der Schlacht suchen möge, wenn er den Sohn seines Sohnes sehe. Auf der andern Seite können sie Werke der „Nächstenliebe" sein. In jedem Fall aber kann die Systematisierung einsetzen, und es ist, wie wir sahen, regelmäßig die Funktion der Prophetie, eben dies zu finden. Die Systematisierung einer Ethik der „guten Werke" kann aber zweierlei verschiedenen Charakter annehmen. Die einzelnen Tugend- und Untugendhandlungen können entweder als einzelne gewertet und dem Erlösungsbedürftigen positiv und negativ zugerechnet werden. Der Einzelne als Träger seines Handelns erscheint dann als ein in seinem ethischen Standard labiles, je nach der inneren oder äußeren Situation den Versuchungen gegenüber bald stärkeres, bald schwächeres Wesen, dessen religiöses Schicksal von den tatsächlichen Leistungen in ihrem Verhältnis zueinander abhängt. Dies ist am eindeutigsten der Standpunkt der zarathustrischen Religion gerade in den ältesten Gathas des Stifters selbst, welche den Totenrichter Schuld und Verdienst der einzelnen Handlungen in genauer Buchführung gegeneinander abwägen und je nach dem Ergebnis dieser Kontokorrentrechnung dem Einzelnen sein religiöses Schicksal zumessen lassen. Es ist in noch gesteigertem Maße die Konsequenz der indischen Karmanlehre: daß innerhalb des ethischen Mechanismus der Welt keine einzelne gute oder böse Handlung jemals verloren geht, jede vielmehr unabwendbar und rein mechanisch ihre Konsequenzen, sei es in diesem Leben, sei es bei einer künftigen Wiedergeburt nach sich ziehen müsse. Das Kontokorrentprinzip ist im wesentlichen auch die populäre Grundanschauung des Judentums von dem Verhältnis des Einzelnen zu Gott geblieben. Und endlich stehen auch, wenigstens in ihrer Praxis, der römische Katholizismus und die orientalischen Kirchen diesem Standpunkt nahe. Denn die „intentio", auf welche es nach der Sündenlehre des Katholizismus für die ethische Bewertung des Handelns ankommt, ist nicht eine einheitliche Persönlichkeitsqualität, deren Ausdruck die Handlung ist, sondern sie ist, im Sinne etwa von bona fides, mala fides, culpa, dolus des römischen Rechts, die „Meinung" bei den konkreten einzelnen Handlung. Wo diese Auffassung konsequent bleibt, verzichtet sie auf das Verlangen der „Wiedergeburt" im strengen gesinnungsethischen Sinn. Die Lebensführung bleibt ein ethisch unmethodisches Nacheinander einzelner Handlungen.

Oder die ethische Systematisierung behandelt die Einzelleistung nur als Symptom und Ausdruck einer entsprechenden ethischen Gesamtpersönlichkeit, die sich darin ausspricht. Bekannt ist, daß der rigoristische Teil der Spartiaten einen Genossen, der den Tod in der Schlacht gefunden, aber auch gesucht hatte, um eine frühere Feigheit zu sühnen, – als eine Art von „Reinigungsmensur" also – für nicht rehabilitiert ansah, weil er „aus Gründen" tapfer gewesen sei, und nicht „aus der Gesamtheit seines Wesens heraus", würden wir uns etwa ausdrücken.

Religiös gewendet heißt das: an Stelle der formalen Werkheiligkeit durch äußere Einzelleistungen tritt auch hier der Wert des persönlichen Gesamthabitus, in diesem Fall: der habituellen Heldengesinnung. Ähnlich steht es mit allen sozialen Leistungen, sie mögen aussehen wie sie wollen. Sind sie solche der „Nächstenliebe", so fordert die Systematisierung den Besitz des Charisma der „Güte". In jedem Fall aber kommt es dann letztlich auf die Art der einzelnen Handlung nur soweit an, als sie wirklich „symptomatischen" Charakter hat, sonst aber, wenn sie ein Produkt des „Zufalls" ist, nicht. Die Gesinnungsethik kann also gerade nach ihrer systematisiertesten Form bei hoch gesteigerten Ansprüchen an das Gesamtniveau gegen einzelne Verstöße duldsamer sein. Aber sie ist es durchaus nicht immer, vielmehr ist sie meist die spezifische Form des ethischen Rigorismus. Der religiös positiv qualifizierte Gesamthabitus kann dabei entweder reines göttliches Gnadengeschenk sein, dessen Existenz sich eben in jener generellen Gerichtetheit auf das religiös Geforderte: einer einheitlich *methodisch* orientierten Lebensführung äußern. Oder er kann umgekehrt durch „Einübung" des Guten im Prinzip erwerbbar sein. Auch diese Einübung kann aber naturgemäß nur durch rationale *methodische* Richtung der Gesamtlebensführung, nicht durch einzelne zusammenhangslose Handlungen erfolgen. Das Resultat ist also praktisch in beiden Fällen sehr ähnlich. Damit rückt dann aber die sozial-ethische Qualität des Handelns gänzlich in die zweite Linie. Auf die religiöse Arbeit an der eigenen Person kommt vielmehr alles an. Die religiös qualifizierten, sozial gewendeten guten Werke sind dann lediglich Mittel

3. der *Selbstvervollkommung:* der „Heilsmethodik". Heilsmethodik kennt nicht erst die ethische Religiosität. Im Gegenteil spielt sie in oft hochgradig systematisierter Form eine sehr bedeutende Rolle bei der Erweckung zu jener charismatischen Wiedergeburt, welche den Besitz der magischen Kräfte, in animistischer Wendung: die Verkörperung einer neuen Seele innerhalb der eigenen Person, oder die Besessenheit von einem starken Dämon oder die Entrücktheit in das Geisterreich, in beiden Fällen aber die Möglichkeit übermenschlicher Wirkungen verbürgt. Nicht nur liegt dabei ein „jenseitiges" Ziel ganz fern. Sondern man braucht die Fähigkeit zur Ekstase zu den verschiedensten Zwecken: auch der Kriegsheld muß ja, um übermenschliche Heldentaten zu vollbringen, durch Wiedergeburt eine neue Seele erwerben. All jene Reste von Jünglingsweihe, von Bekleidung mit den Mannesinsignien (China, Indien – die Angehörigen der höheren Kasten heißen bekanntlich: die zweimal Geborenen), Rezeptionen in die religiöse Bruderschaft der Phratrie, Wehrhaftmachung haben ursprünglich den Sinn der „Wiedergeburt", je nachdem als „Held" oder als „Magier". Sie sind ursprünglich alle verknüpft mit Handlungen, welche *Ekstase* erzeugen oder symbolisieren, und die Vorübung darauf hat den Zweck, die Fähigkeit dafür zu erproben und zu wecken.

Die Ekstase als Mittel der „Erlösung" oder „Selbstvergottung", als welches sie uns hier allein angeht, kann mehr den Charakter einer akuten Entrücktheit und Besessenheit oder mehr den chronischen eines, je nachdem, mehr kontemplativ oder mehr aktiv gesteigerten spezifisch religiösen Habitus, sei es im Sinne einer größeren Lebensintensität oder auch Lebensfremdheit, haben. Für die Erzeugung der lediglich akuten Ekstase war natürlich nicht die planvolle Heilsmethodik der Weg, sondern ihr dienten vorzüglich die Mittel zur Durchbrechung aller organischen Gehemmtheiten: die Erzeugung akuten toxischen (alkoholisch oder durch

Tabak oder andere Gifte erzielten) oder musikalisch-orchestrischen oder erotischen Rausches (oder aller drei Arten zusammen): die *Orgie.* Oder man provo-
zierte bei dazu Qualifizierten hysterische oder epileptoide Anfälle, welche die orgiastischen Zustände bei den andern hervorriefen. Diese akuten Ekstasen sind
aber der Natur der Sache und auch der Absicht nach transitorisch. Sie hinterlassen für den Alltagshabitus wenig positive Spuren. Und sie entbehren des „sinnhaften" Gehalts, den die prophetische Religiosität entfaltet. Die milderen Formen einer, je nachdem, mehr traumhaft (mystischen) als „Erleuchtung" oder
mehr aktiv (ethischen) als Bekehrung empfundenen *Euphorie,* scheinen dagegen
den *dauernden* Besitz des charismatischen Zustands sicherer zu verbürgen, ergeben eine sinnhafte Beziehung zur „Welt" und entsprechen qualitativ den Wertungen einer „ewigen" Ordnung oder eines ethischen Gottes, wie ihn die Prophetie
verkündet. Schon die Magie kennt, wie wir sahen, eine systematische Heilsmethodik zur „Erweckung" der charismatischen Qualitäten neben der nur akuten Orgie. Denn der Berufszauberer und Berufskrieger bedarf nicht nur der akuten Ekstase, sondern des charismatischen Dauerhabitus. Die Propheten einer ethischen
Erlösung bedürfen aber des orgiastischen Rausches nicht nur nicht, – er steht der
systematischen ethischen Lebensführung, die sie verlangen, geradezu im Wege.
Gegen ihn vornehmlich, gegen den menschenunwürdigen und tierquälerischen
Rauschkult des Somaopfers, wendet sich daher der zornige ethische Rationalismus Zarathustras ganz ebenso wie derjenige des Moses gegen die Tanzorgie und
wie die meisten Stifter oder Propheten ethisch rationaler Religionen gegen die
„Hurerei", d. h. gegen die orgiastische Tempelprostitution sich gewendet haben.
Mit zunehmender Rationalisierung wird das Ziel der religiösen Heilsmethodik
daher immer mehr die Herabstimmung des durch die Orgie erreichten akuten
Rauschs in einen chronisch und vor allem *bewußt* besessenen Habitus. Die Entwicklung ist dabei auch durch die Art der Konzeption des „Göttlichen" bedingt.
Überall bleibt zunächst natürlich der höchste Zweck, dem die Heilsmethodik dienen kann, der gleiche, dem in akuter Form auch die Orgie dient: die Inkarnation
übersinnlicher Wesen, nunmehr also: eines Gottes, im Menschen: die *Selbstvergottung.* Nur soll dies jetzt möglichst zu einem Dauerhabitus werden. Die Heilsmethodik ist also auf diesseitigen *Besitz* des Göttlichen selbst ausgerichtet. Wo nun
aber ein allmächtiger überweltlicher Gott den Kreaturen gegenübersteht, da
kann Ziel der Heilsmethodik *nicht* mehr die Selbstvergottung in diesem Sinn
sein, sondern die Erringung der von jenem Gott geforderten religiösen Qualitäten: sie wird damit jenseitig und ethisch orientiert, will nicht Gott „besitzen" –
das kann man nicht – sondern entweder 1. Gottes *„Werkzeug"* oder 2. von ihm
zuständlich erfüllt sein. Der zweite Habitus steht ersichtlich der Selbstvergot-
tungsidee näher als der erste. Dieser Unterschied hat, wie später zu erörtern sein
wird, wichtige Folgen für die Art der Heilsmethodik selbst. Aber zunächst besteht
in wichtigen Punkten Übereinstimmung. Das Nichtgöttliche ist es ja in beiden
Fällen, das vom Alltagsmenschen abgestreift werden muß, damit er einem Gott
gleich sein könne. Und das Nichtgöttliche ist vor allem der Alltagshabitus des
menschlichen Körpers und die Alltagswelt so, wie beide naturhaft gegeben sind.
Hier knüpft die soteriologische Heilsmethodik direkt an die magische an, deren
Methoden sie nur rationalisiert und ihren andersartigen Vorstellungen vom Wesen des Übermenschlichen und von dem Sinn des religiösen Heilsbesitzes anpaßt.
Die Erfahrung lehrte, daß durch hysterisierende „Abtötung" es bei Qualifizierten

möglich war, den Körper unempfindlich oder kataleptisch starr zu machen, ihm allerhand Leistungen zuzumuten, welche eine normale Innervation niemals hervorbringen konnte, daß gerade dann besonders leicht alle Arten visionärer und pneumatischer Vorgänge, Zungenreden, hypnotische und andere suggestive Macht bei den einen, Leibhaftigkeitsgefühle, Dispositionen zur mystischen Erleuchtung und ethischen Bekehrung, zu tiefem Sündenschmerz und frohem Gottinnigkeitsgefühl, oft in jähem Wechsel miteinander, bei den andern sich einstellten, daß dagegen all dies bei rein „naturhafter" Hingabe an die Funktionen und Bedürfnisse des Körpers oder an ablenkende Alltagsinteressen wieder dahinschwand. Die Konsequenzen daraus für das Verhalten zur naturhaften Körperlichkeit und zum sozialen und ökonomischen Alltag sind bei entwickelter Erlösungssehnsucht überall irgendwie gezogen worden.

Die spezifischen Mittel der soteriologischen Heilsmethodik sind in ihrer raffiniertesten Entwicklung fast alle indischer Provenienz. Sie sind dort in unbezweifelbarer Anlehnung an die Methodik magischen Geisterzwangs entfaltet worden. In Indien selbst haben diese Mittel zunehmend die Tendenz gehabt, zur Selbstvergottungsmethodik zu werden und haben dort auch diesen Charakter nie wieder ganz verloren. Er ist vorherrschend vom Soma-Rauschkult der altvedischen Zeit bis zu den sublimen Methoden der Intellektuellenekstase einerseits und andererseits zu der die volkstümlichste hinduistische Religiosität: den Krischnakult, noch bis heute in grober oder feiner Form beherrschenden erotischen (realen oder in der Phantasie im Kult innerlich vollzogenen) Orgie. Durch den Sufismus ist die sublimierte Intellektuellenekstase sowohl wie andererseits auch die Derwischorgie, wenn auch in gemilderter Form, in den Islam getragen worden. Inder sind, bis nach Bosnien hinein (nach einer authentischen Mitteilung Dr. Franks aus den letzten Monaten) noch jetzt dort deren typische Träger. Die beiden größten religiös-rationalistischen Mächte der Geschichte: die römische Kirche im Okzident, der Konfuzianismus in China haben sie in diesen Gebieten konsequent unterdrückt oder doch zu den Formen der bernhardinischen halberotischen Mystik, der Marieninbrunst und des Quietimus der Gegenreformation oder dem Zinzendorfschen Gefühlspietismus sublimiert. Der spezifisch außeralltägliche, das Handeln im Alltag entweder gar nicht oder jedenfalls nicht im Sinne einer gesteigerten Rationalisierung und Systematisierung beeinflussende Charakter aller orgiastischen und speziell aller erotischen Kulte ist in der negativen Bedeutung der hinduistischen und ebenso (im allgemeinen) der Derwisch-Religiosität für die Schaffung einer Methodik der Alltagslebensführung greifbar.

Die Entwicklung zur Systematisierung und Rationalisierung der Aneignung religiöser Heilsgüter richtete sich aber gerade auf die Beseitigung dieses Widerspruchs zwischen alltäglichem und außeralltäglichem religiösem Habitus. Aus der unermeßlichen Fülle jener inneren Zuständlichkeiten, welche die Heilsmethodik erzeugen konnte, schälten sich schließlich einige wenige deshalb als eigentlich zentral heraus, weil sie nicht nur eine außeralltägliche, seelisch-körperliche Einzelverfassung darstellten, sondern das *sichere* und kontinuierliche Haben des spezifischen religiösen Heilsguts in sich zu schließen schienen: die *Gnadengewißheit* („certitudo salutis", „perseverantia gratiae"). Die Gnadengewißheit mochte nun mehr mystische oder mehr aktiv ethische Färbung haben – wovon sehr bald zu reden sein wird –, in jedem Fall bedeutete sie den *bewußten* Besitz einer *dauernden* einheitlichen Grundlage der *Lebensführung.* Im Interesse der *Bewußtheit* des religiösen Besitzes tritt an Stelle der Orgie einerseits, der irrationalen, lediglich irritierenden und emotionellen Abtötungsmittel andererseits, zunächst die planvolle Herabsetzung der körperlichen Funktionen: kontinuierliche Unterernährung, sexuelle Enthaltung, Regulierung der Atemfrequenz u. dgl. Ferner das Trainieren der seelischen Vorgänge und des Denkens in der Richtung systematischer Konzentration der Seele auf das religiös allein Wesentliche: die indische Yoga-Technik, die kontinuierliche Wiederholung heiliger Silben (des „Om"), das Meditieren über Kreise und andere Figuren, das Bewußtsein planmäßig „entleerende" Exerzitien u. dgl. Im Interesse der *Dauer* und *Gleichmäßigkeit* des religiösen Besitzes aber führt die Rationalisierung der Heilsmethodik schließlich wieder auch darüber hinaus und, scheinbar gerade umgekehrt, zu einer planvollen Begrenzung der Übungen auf solche Mittel, welche die *Kontinuierlichkeit* des religiösen Habitus verbürgten und das bedeutete: zur Ausschaltung aller hygienisch irrationalen Mittel. Denn wie jede Art von Rausch, die orgiastische Heldenekstase ebenso wie die erotischen Orgien und der Tanzrausch unvermeidlich mit physischem Kollaps wechselte, so die hysterische Erfülltheit vom Pneuma mit dem psychischen Kollaps, religiös gewendet: mit Zuständen tiefster Gottverlassenheit. Und wie deshalb die Pflege disziplinierten kriegerischen Heldentums bei den Hellenen die Heldenekstase schließlich zur stetigen Ausgeglichenheit der „Sophrosyne" ausbalancierte, welche nur die rein musikalisch-rhythmisch erzeugten Formen der Ekstasis duldete und auch dabei – ganz ebenso, nur nicht so weitgehend wie der die Pentatonik allein zulassende konfuzianische Rationalismus – sehr sorgsam das „Ethos" der Musik als „politisch" richtig abwog, so entwickelte sich die mönchische Heilsmethodik immer rationaler, in Indien ebenso bis zu derjenigen des alten Buddhismus, wie im Abendland bis zu der Methodik des historisch wirksamsten Mönchsordens: der Jesuiten. Immer mehr wird die Methodik dabei zu einer Kombination physischer und psychischer Hygienik mit ebenso methodischer Regulierung alles Denkens und Tuns, nach Art und Inhalt, im Sinn der vollkommensten *wachen,* willensmäßigen und triebfeindlichen *Beherrschung* der eigenen körperlichen und seelischen Vorgänge und einer systematischen Lebensreglementierung in Unterordnung unter den religiösen Zweck. Der Weg zu diesem Ziel und der nähere Inhalt des Zieles selbst sind an sich nicht eindeutig, und die Konsequenz der Durchführung der Methodik ist ebenfalls sehr schwankend.

Gleichviel aber nun, mit welchem Ziel und wie sie durchgeführt wird, so ist dabei die Grunderfahrung aller und jeder auf einer systematischen Heils*methodik* ruhenden Religiosität die *Verschiedenheit der religiösen Qualifikation* der Menschen. Wie nicht jeder das Charisma besaß, die Zustände, welche die Wiedergeburt zum magischen Zauberer herbeiführten, in sich hervorzurufen, so auch nicht jeder das Charisma, jenen spezifisch religiösen Habitus im Alltag kontinuierlich festzuhalten, welcher die dauernde Gnadengewißheit verbürgte. Die Wiedergeburt schien also nur einer Aristokratie der religiös Qualifizierten zugänglich. Ebenso wie die magisch qualifizierten Zauberer, so bildeten daher die ihre Erlösung methodisch erarbeitenden religiösen *Virtuosen* überall einen besonderen religiösen „Stand" innerhalb der Gemeinschaft der Gläubigen, dem oft auch das spezifische jeden Standes, eine besondere soziale Ehre, innerhalb ihres Kreises zukam. In Indien befassen sich in diesem Sinne alle heiligen Rechte mit den Asketen, die indischen Erlösungsreligionen sind Mönchsreligionen, im frühen Christentum werden sie in den Quellen als eine Sonderkategorie unter den Gemeindegenossen aufgeführt und bilden später die Mönchsorden, im Protestantismus die asketischen Sekten oder die pietistischen ecclesiae, unter den Juden bilden die Peruschim (Pharisaioi) eine Heilsaristokratie gegenüber den Amhaarez, im Islam die Derwische und innerhalb ihrer wieder deren Virtuosen, die eigentlichen Sufis, im Skopzentum die esoterische Gemeinde der Kastraten. Wir werden uns mit diesen wichtigen soziologischen Konsequenzen noch zu befassen haben.

In ihrer gesinnungsethischen Interpretation bedeutet die Heilsmethodik praktisch stets: Überwindung bestimmter Begehrungen oder Affekte der religiös nicht bearbeiteten rohen Menschennatur. Ob mehr die Affekte der Feigheit oder die der Brutalität und Selbstsucht oder die der sexuellen Sinnlichkeit oder welche sonst das vornehmlich zu Bekämpfende, weil am meisten vom charismatischen Habitus Ablenkende ist, bleibt Frage des speziellen Einzelfalls und gehört zu den wichtigsten inhaltlichen Charakteristiken jeder Einzelreligion. Stets aber ist eine in diesem Sinn methodische religiöse Heilslehre eine *Virtuosenethik*. Stets verlangt sie, wie das magische Charisma, die *Bewährung* des Virtuosentums. Ob der religiöse Virtuose ein welteroberner Ordensbruder, wie der Moslem in der Zeit Omars, oder ein Virtuose der weltablehnenden Askese, wie meist der christliche und, in geringerer Konsequenz, der jainistische, oder ein solcher der weltablehnenden Kontemplation, wie der buddhistische Mönch, ein Virtuose des passiven Märtyrertums wie der antike Christ oder ein Virtuose der innerweltlichen Berufstugend, wie der asketische Protestant, der formalen Gesetzlichkeit wie der pharisäische Jude oder der akosmistischen Güte wie der heilige Franz ist, in jedem Fall hat er – wie wir schon feststellten – die echte Heilsgewißheit nur dann, wenn sich seine Virtuosengesinnung unter Anfechtungen ihm selbst stets erneut bewährt. Diese Bewährung der Gnadengewißheit sieht nun aber verschieden aus, je nach dem Charakter, den das religiöse Heil selbst hat. Immer schließt sie die Behauptung des religiösen und ethischen Standard, also die Vermeidung wenigstens ganz grober Sünden ein, für den buddhistischen Arhat ebenso wie für den Urchristen. Ein religiös Qualifizierter, im Urchristentum also: ein Getaufter, kann, und folglich: darf nicht mehr in eine Todsünde fallen. „Todsünden" sind diejenigen Sünden, welche die religiöse Qualifikation aufheben, deshalb unvergebbar oder doch nur durch einen charismatisch Qualifizierten, auf dem Wege ganz neuer Begnadung mit dem religiösen Charisma, dessen Verlust sie dokumentieren, absolvierbar sind. Als diese Virtuosenlehre innerhalb der altchristlichen Massengemeinden praktisch unhaltbar wurde, hielt die Virtuosenreligiosität des Montanismus konsequent die eine Forderung fest: daß zum mindesten die Feigheitssünde unvergebbar bleiben müsse, – ganz ebenso wie die islamische kriegerische Heldenreligion die Apostasie ausnahmslos mit dem Tode bestrafte, – und trennte sich von der Massenkirche der Alltagschristen, als innerhalb dieser die dezianische und diokletianische Verfolgung auch diese Forderung vom Standpunkt der Interessen des Priesters an der quantitativen Erhaltung des Gemeindebestandes undurchführbar machte. Im übrigen aber ist der positive Charakter der Heilsbewährung und also auch des praktischen Verhaltens, wie schon mehrfach angedeutet, grundsätzlich verschieden vor allem je nach dem Charakter jenes Heilsguts, dessen Haben die Seligkeit verbürgt.

Entweder ist dies eine spezifische Gabe aktiv ethischen *Handelns* mit dem Bewußtsein, daß Gott dies Handeln lenke: daß man Gottes Werkzeug sei. Wir wollen für unsere Zwecke diese Art der durch religiöse Heilsmethodik bedingten

Stellungnahme eine religiös-"*asketische*" nennen – ohne irgendwie zu bestreiten, daß man den Ausdruck sehr wohl auch in anderem, weiteren Sinn brauchen kann und braucht: der Gegensatz dazu wird später deutlich werden.

Dann führt die religiöse Virtuosität stets dazu, neben der Unterwerfung der Naturtriebe unter die systematisierte Lebensführung auch die Beziehung zum sozialen Gemeinschaftsleben mit seinen unvermeidlich nicht heroischen, sondern utilitarisch konventionellen Tugenden einer ganz radikalen, religiös-*ethischen* Kritik zu unterwerfen. Die bloße "natürliche" Tugend innerhalb der Welt gewährleistet nicht nur das Heil nicht, sie gefährdet es durch Hinwegtäuschen über das eine, was allein not tut. Die sozialen Beziehungen, die "Welt" im Sinne des religiösen Sprachgebrauchs, ist daher Versuchung nicht nur als Stätte der vom Göttlichen gänzlich abziehenden, ethisch irrationalen Sinnenlust, sondern noch mehr als Stätte selbstgerechter Genügsamkeit mit der Erfüllung jener landläufigen Pflichten des religiösen Durchschnittsmenschen auf Kosten der alleinigen Konzentration des Handelns auf die aktiven Erlösungsleistungen. Diese Konzentration kann ein förmliches Ausscheiden aus der "Welt", aus den sozialen und seelischen Banden der Familie, des Besitzes, der politischen, ökonomischen, künstlerischen, erotischen, überhaupt aller kreatürlichen Interessen notwendig, jede Betätigung in ihnen als ein von Gott entfremdendes Akzeptieren der Welt erscheinen lassen: *weltablehnende Askese.* Oder sie kann umgekehrt die Betätigung der eigenen spezifisch heiligen Gesinnung, der Qualität als erwählten Werkzeugs Gottes gerade innerhalb und gegenüber den Ordnungen der Welt verlangen: *innerweltliche Askese.* Die Welt wird im letzteren Fall eine dem religiösen Virtuosen auferlegte "Pflicht". Entweder in dem Sinn, daß die Aufgabe besteht, sie den asketischen Idealen gemäß umzugestalten. Dann wird der Asket ein rationaler "naturrechtlicher" Reformer oder Revolutionär, wie ihn das "Parlament der Heiligen" unter Cromwell, der Quäkerstaat und in anderer Art der radikale pietistische Konventikel-Kommunismus gekannt hat. Stets aber wird dann, infolge der Verschiedenheit der religiösen Qualifikation, ein solcher Zusammenschluß des Asketentums eine aristokratische Sonderorganisation innerhalb oder eigentlich außerhalb der Welt der Durchschnittsmenschen, die sie umbrandet – darin von "Klassen" prinzipiell nicht unterschieden. Sie kann die Welt vielleicht beherrschen, aber nicht in ihrer Durchschnittsqualität auf die Höhe des eigenen Virtuosentums heben. Alle religiös rationalen Vergesellschaftungen haben diese Selbstverständlichkeit, wenn sie sie ignorieren, in ihren Konsequenzen an sich erfahren müssen. Die Welt als Ganzes bleibt, asketisch gewertet, eine "massa perditionis". Also bleibt die andere Alternative eines Verzichts darauf, daß sie den religiösen Ansprüchen genüge. Wenn nun dennoch die Bewährung *innerhalb* ihrer Ordnungen erfolgen soll, so wird sie eben gerade, *weil* sie unvermeidlich von Natur aus Gefäß der Sünde bleibt, gerade um der Sünde willen und zu deren möglichster Bekämpfung in ihren Ordnungen eine "Aufgabe" für die Bewährung der asketischen Gesinnung. Sie verharrt in ihrer kreatürlichen Entwertetheit: eine genießende Hingabe an ihre Güter gefährdet die Konzentration auf das Heilsgut und dessen Besitz und wäre Symptom unheiliger Gesinnung und fehlender Wiedergeburt. Aber die Welt ist dennoch, als Schöpfung Gottes, dessen Macht sich in ihr trotz ihrer Kreatürlichkeit auswirkt, das einzige Material, an welcher das eigene religiöse Charisma durch rationales ethisches Handeln sich bewähren muß, um des eigenen Gnadenstandes gewiß zu werden und zu bleiben. Als Gegenstand dieser aktiven Bewährung werden die Ordnungen der Welt für den Asketen, der in sie gestellt ist, zum „Beruf", den es rational zu „erfüllen" gilt. Verpönt also ist der Genuß von Reichtum, – „Beruf" aber die *rational* ethisch geordnete, in strenger Legalität geführte Wirtschaft, deren Erfolg, also: Erwerb, Gottes Segen für die Arbeit des Frommen und also die Gottgefälligkeit seiner ökonomischen Lebensführung sichtbar macht. Verpönt ist jeder Überschwang des Gefühls für Menschen als Ausdruck einer den alleinigen Wert der göttlichen Heilsgabe verleugnenden Vergötterung des Kreatürlichen, – „Beruf" aber die rational nüchterne Mitarbeit an den durch Gottes Schöpfung gesetzten sachlichen Zwecken der *rationalen Zweckverbände* der Welt. Verpönt ist die kreaturvergötternde Erotik, – gottgewollter Beruf „eine nüchterne Kindererzeugung" (wie die Puritaner es ausdrücken) innerhalb der Ehe. Verpönt ist Gewalt des Einzelnen gegen Menschen, aus Leidenschaft oder Rachsucht, überhaupt aus persönlichen Motiven – gottgewollt aber die rationale Niederhaltung und Züchtigung der Sünde und Widerspenstigkeit im zweckvoll geordneten Staate. Verpönt ist persönlicher weltlicher Machtgenuß als Kreaturvergötterung, – gottgewollt die Herrschaft der rationalen Ordnung des Gesetzes. Der „innerweltliche Asket" ist ein Rationalist sowohl in dem Sinn rationaler Systematisierung seiner eigenen persönlichen Lebensführung, wie in dem Sinn der Ablehnung alles ethisch Irrationalen, sei es Künstlerischen, sei es persönlich Gefühlsmäßigen innerhalb der Welt und ihrer Ordnung. Stets aber bleibt das spezifische Ziel vor allem: „wache" methodische Beherrschung der eigenen Lebensführung. In erster Linie, aber je nach seinen einzelnen Abschattierungen in verschiedener „Konsequenz", der asketische Protestantismus, welcher die Bewährung innerhalb der Ordnungen der Welt als einzigen Erweis der religiösen Qualifikationen kannte, gehörte diesem Typus der „innerweltlichen Askese" an.

Oder: das spezifische Heilsgut ist nicht eine aktive Qualität des Handelns, also nicht das Bewußtsein der Vollstreckung eines göttlichen Willens, sondern eine *Zuständlichkeit* spezifischer Art. In vorzüglichster Form: „mystische Erleuchtung". Auch sie ist nur von einer Minderheit spezifisch Qualifizierter und nur durch eine systematische Tätigkeit besonderer Art: „Kontemplation", zu erringen. Die Kontemplation bedarf, um zu ihrem Ziel zu gelangen, stets der Ausschaltung der Alltagsinteressen. Nur wenn das Kreatürliche im Menschen völlig schweigt, kann Gott in der Seele reden, nach der Erfahrung der Quäker, mit welcher nicht den Worten, wohl aber der Sache nach, alle kontemplative Mystik, von Laotse und Buddha bis zu Tauler, übereinstimmt. Die Konsequenz kann die absolute Weltflucht sein. Diese kontemplative Weltflucht, wie sie dem alten Buddhismus und in gewissem Maße fast allen asiatischen und vorderasiatischen Formen der Erlösung eigentümlich ist, sieht der asketischen Weltanschauung ähnlich, ist aber dennoch streng von ihr zu scheiden. Die weltablehnende Askese im hier gebrauchten Sinn des Worts ist primär auf Aktivität eingestellt. Nur Handeln bestimmter Art hilft dem Asketen diejenigen Qualitäten erreichen, welche er erstrebt, und diese wiederum sind solche eines aus göttlicher Gnade heraus Handeln-Könnens. In dem Bewußtsein, daß ihm die Kraft zum Handeln aus dem Besitz des zentralen religiösen Heils zufließe und er Gott damit diene, gewinnt er stets erneut die Versicherung seines Gnadenstandes. Er fühlt sich als Gotteskämpfer, einerlei, wie der Feind und die Mittel seiner Bekämpfung aussehen, und die Weltflucht selbst ist psychologisch keine Flucht, sondern ein immer neuer Sieg über immer neue Versuchungen, mit denen er immer erneut aktiv zu kämpfen hat. Der weltablehnende Asket hat mindestens die negative innere Beziehung vorausgesetzten *Kampfes* zur „Welt". Man spricht deshalb bei ihm zweckmäßigerweise von „Welt*ablehnung*", nicht von „Welt*flucht*", die vielmehr den kontemplativen Mystiker kennzeichnet. Die Kontemplation dagegen ist primär das Suchen eines „Ruhens" im Göttlichen und nur in ihm. *Nicht*handeln, in letzter Konsequenz Nichtdenken, Entleerung von allem, was irgendwie an die „Welt" erinnert, jedenfalls absolutes Minimisieren alles äußeren und inneren Tuns sind der Weg, denjenigen inneren Zustand zu erreichen, der als Besitz des Göttlichen, als unio mystica mit ihm, genossen wird: einen spezifischen Gefühlshabitus also, der ein „Wissen" zu vermitteln scheint. Mag dabei nun subjektiv mehr der besondere außerordentliche Inhalt dieses Wissens oder mehr die gefühlmäßige Färbung seines Besitzes im Vordergrunde stehen, objektiv entscheidet die letztere. Denn das mystische Wissen ist, je mehr es den spezifischen Charakter eines solchen hat, desto inkommunikabler: daß es *trotzdem* als Wissen auftritt, gibt ihm gerade seinen spezifischen Charakter. Es ist keine neue Erkenntnis irgendwelcher Tatsachen oder Lehrsätze, sondern das Erfassen eines einheitlichen Sinnes der Welt und in dieser Wortbedeutung, wie immer wieder in mannigfachster Formulierung von den Mystikern ausgesagt wird, ein *praktisches* Wissen. Seinem zentralen Wesen nach ist es vielmehr ein „Haben", von dem aus jene praktische Neuorientierung zur Welt, unter Umständen auch neue kommunikable „Erkenntnisse" gewonnen werden. Diese Erkenntnisse aber sind Erkenntnisse von Werten und Unwerten innerhalb der Welt. Sie interessieren uns hier nicht, sondern jene negative Wirkung auf das Handeln, welche im Gegensatz zur Askese im hier gebrauchten Wortsinn aller Kontemplation eigen ist. Der Gegensatz ist selbstverständlich, wie, vorbehaltlich eingehender Erörterung, schon hier sehr nachdrücklich betont sei, überhaupt und in ganz besonderem Maße zwischen weltablehnender Askese und weltflüchtiger Kontemplation flüssig. Denn zunächst muß die weltflüchtige Kontemplation zum mindesten mit einem erheblichen Grade systematisch rationalisierter Lebensführung verbunden sein. Nur diese führt ja zur Konzentration auf das Heilsgut. Aber sie ist nur das Mittel, das Ziel der Kontemplation zu erreichen, und die Rationalisierung ist wesentlich negativer Art und besteht in der *Abwehr* der Störungen durch Natur und soziale Umwelt. Damit wird die Kontemplation keineswegs ein passives Sichüberlassen an Träume, auch nicht eine einfache Autohypnose, obwohl sie dieser in der Praxis nahekommen kann. Sondern der spezifische Weg zu ihr ist eine sehr energische Konzentration auf gewisse „Wahrheiten", wobei nur für den Charakter des Vorgangs entscheidend ist: daß nicht der Inhalt dieser, für den Nichtmystiker oft sehr einfach aussehenden, Wahrheiten, sondern die Art ihrer Betontheit und die zentrale Stellung, in welche sie dadurch innerhalb des Gesamtaspekts der Welt rücken und diesen einheitlich bestimmen, entscheidet. Durch noch so eindeutiges Begreifen und selbst durch ausdrückliches Fürwahrhalten der scheinbar höchst trivialen Sätze des buddhistischen Zentraldogmas wird jemand noch kein Erleuchteter. Die Denkkonzentration und eventuelle sonstige heilsmethodische Mittel sind aber nur der Weg zum Ziel. Dieses Ziel selbst besteht vielmehr ausschließlich in der einzigartigen Gefühlsqualität, praktisch gewendet: in der gefühlten Einheit von Wissen und praktischer Gesinnung, welche dem Mystiker die entscheidende Versicherung seines religiösen Gnadenstandes bietet. Auch dem Asketen ist die gefühlte und bewußte Erfassung des Göttlichen von zentraler

100 *Religiöse Gemeinschaften*

Bedeutung. Nur ist dies Fühlen ein sozusagen „motorisch" bedingtes. Es ist dann vorhanden, wenn er in dem Bewußtsein lebt, daß ihm das einheitlich auf Gott bezogene, rational ethische Handeln als Gottes Werkzeug gelingt. Dies ethische – positiv oder negativ – kämpfende Handeln aber ist für den kontemplativen Mystiker, der niemals „Werkzeug", sondern nur „Gefäß" des Göttlichen sein will und kann, eine stete Veräußerlichung des Göttlichen an eine periphere Funktion: Nichthandeln, jedenfalls aber Vermeidung jedes rationalen Zweckhandelns („Handeln mit einem Ziel") als der gefährlichsten Form der Verweltlichung empfiehlt der alte Buddhismus als Vorbedingung der Erhaltung des Gnadenstandes. Dem Asketen erscheint die Kontemplation des Mystikers als träger und religiös steriler, asketisch verwerflicher Selbstgenuß, als kreaturvergötternde Schwelgerei in selbstgeschaffenen Gefühlen. Der Asket wird, vom Standpunkt des kontemplativen Mystikers aus gesehen, durch sein, sei es außerweltliches, Sichquälen und Kämpfen, vollends aber durch asketisch-rationales innerweltliches Handeln stetig in alle Belastetheit des geformten Lebens mit unlösbaren Spannungen zwischen Gewaltsamkeit und Güte, Sachlichkeit und Liebe verwickelt, dadurch stetig von der Einheit in und mit Gott entfernt und in heillose Widersprüche und Kompromisse hineingezwungen. Der kontemplative Mystiker denkt, vom Standpunkt des Asketen aus gesehen, nicht an Gott und die Mehrung von dessen Reich und Ruhm und an die aktive Erfüllung seines Willens, sondern ausschließlich an sich selbst; er existiert überdies, sofern er überhaupt lebt, schon durch die bloße Tatsache seiner unvermeidlichen Lebensfürsorge in konstanter Inkonsequenz. Am meisten aber dann, wenn der kontemplative Mystiker innerhalb der Welt und ihrer Ordnungen lebt. In gewissem Sinn ist ja schon der weltflüchtige Mystiker von der Welt „abhängiger" als der Asket. Dieser kann sich als Anachoret selbst erhalten und zugleich in der Arbeit, die er darauf verwendet, seines Gnadenstandes gewiß werden. Der kontemplative Mystiker dürfte, wenn er ganz konsequent bleiben wollte, nur von dem leben, was ihm *freiwillig* von Natur oder Menschen dargeboten wird: Beeren im Walde und, da diese nirgends dauernd zulänglich sind, von Almosen, – wie dies bei den indischen Sramanen in ihren konsequentesten Spielarten tatsächlich der Fall war (daher das besonders strenge Verbot aller indischen Bhikkṣhu-Regeln [auch der Buddhisten]: irgend etwas nicht freiwillig Gegebenes zu nehmen). Jedenfalls lebt er von irgendwelchen Gaben der Welt und könnte also nicht leben, wenn die Welt nicht konstant eben das täte, was er für sündig und gottentfremdend hält: Arbeit. Dem buddhistischen Mönch insbesondere ist Ackerbau, weil er gewaltsame Verletzung von Tieren im Boden bedingt, die verwerflichste aller Beschäftigungen, – aber das Almosen, das er einsammelt, besteht in erster Linie aus Ackerbauprodukten. Der unvermeidliche Heilsaristokratismus des Mystikers, der die Welt dem für alle Unerleuchteten, der vollen Erleuchtung Unzugänglichen nun einmal unvermeidlichen Schicksal überläßt, – die zentrale, im Grunde einzige Laientugend der Buddhisten ist ursprünglich: Verehrung und Almosenversorgung der allein zur Gemeinde gehörigen Mönche – tritt gerade darin drastisch hervor. Ganz generell „handelt" aber irgend wer, auch der Mystiker selbst, unvermeidlich und minimisiert sein Handeln nur, weil es ihm niemals die Gewißheit des Gnadenstandes geben, wohl aber ihn von der Vereinigung mit dem Göttlichen abziehen kann, während dem Asketen eben durch sein Handeln sich sein Gnadenstand bewährt. Am deutlichsten wird der Kontrast zwischen beiden Verhaltungsweisen, wenn die Konsequenz voller Weltablehnung oder Weltflucht nicht gezogen wird. Der Asket muß, wenn er innerhalb der Welt handeln will, also bei der innerweltlichen Askese, mit einer Art von glücklicher Borniertheit für jede Frage nach einem „Sinn" der Welt geschlagen sein und darum sich nicht kümmern. Es ist daher kein Zufall, daß die innerweltliche Askese sich gerade auf der Basis der absoluten Unerforschlichkeit der Motive des jedem menschlichen Maßstab entrückten, calvinistischen Gottes am konsequentesten entwickeln konnte. Der innerweltliche Asket ist daher der gegebene „Berufsmensch", der nach dem Sinn seiner sachlichen Berufsausübung innerhalb der *Gesamt*welt – für welche ja nicht er, sondern sein Gott die Verantwortung trägt – weder fragt noch zu fragen nötig hat, weil ihm das Bewußtsein genügt, in seinem persönlichen rationalen Handeln in dieser Welt den für ihn in seinem letzten Sinn unerforschlichen Willen Gottes zu vollstrecken. Dem kontemplativen Mystiker umgekehrt kommt es gerade auf das Erschauen jenes „Sinnes" der Welt an, den er in rationaler Form zu „begreifen" eben um deswillen außerstande ist, weil er ihn als eine Einheit *jenseits* aller realen Wirklichkeit erfaßt. Nicht immer hat die mystische Kontemplation die Konsequenz von Weltflucht im Sinn einer Meidung jeder Berührung mit der sozialen Umwelt. Auch der Mystiker kann umgekehrt als Bewährung der Sicherheit seines Gnadenstandes dessen Behauptung gerade *gegenüber* den Ordnungen der Welt von sich fordern: auch für ihn wird dann die Stellung in diesen Ordnungen zum „Beruf". Aber mit sehr anderer Wendung als bei der innerweltlichen Askese. Die Welt als solche wird weder von der Askese noch von der Kontemplation bejaht. Aber vom Asketen wird ihr kreatürlicher, ethisch irrationaler empirischer Charakter, ihre ethischen Versuchungen der Weltlust, des Genießens und Ausruhens auf ihren Freuden und Gaben, abgelehnt. Dagegen wird das eigene rationale Handeln innerhalb ihrer Ordnungen als Aufgabe und Mittel der Gnadenbewährung bejaht. Dem innerweltlich lebenden kontemplativen Mystiker dagegen ist Handeln, und vollends Handeln innerhalb der Welt, rein an sich eine Versuchung, gegen die er seinen Gnadenstand zu behaupten hat. Er minimisiert also sein Handeln, indem er sich in die Ordnungen der Welt, so wie sie sind, „schickt", in ihnen sozusagen inkognito lebt, wie die „Stillen im Lande" es zu aller Zeit getan haben, weil Gott es nun einmal so gefügt hat, daß wir darin leben müssen. Eine spezifische, demutsvoll gefärbte „Gebrochenheit" zeichnet das innerweltliche Handeln des kontemplativen Mystikers aus, von welchem hinweg er sich immer wieder in die Stille der Gottinnigkeit flüchten möchte und flüchtet. Der Asket ist, wo er in Einheit mit sich selbst handelt, sich dessen sicher, Gottes Werkzeug zu sein. Seine eigene pflichtgemäße kreatürliche „Demut" ist daher stets von zweifelhafter Echtheit. Der Erfolg seines Handelns ist ja ein Erfolg Gottes selbst, zu dem er ihm beigetragen hat, mindestens aber ein Zeichen seines Segens ganz speziell für ihn und sein Tun. Für den echten Mystiker kann dagegen der Erfolg seines *innerweltlichen* Handelns keinerlei Heilsbedeutung haben und ist die Erhaltung echter Demut in der Welt in der Tat die *einzige* Bürgschaft dafür, daß seine Seele ihr nicht anheimgefallen ist. Je mehr er innerhalb der Welt steht, desto „gebrochener" wird im allgemeinen seine Haltung zu ihr im Gegensatz zu dem stolzen Heilsaristokratismus der *außer*weltlichen irdischen Kontemplation. Für den Asketen bewährt sich die Gewißheit des Heils stets im rationalen, nach Sinn, Mittel und Zweck eindeutigen Handeln, nach Prinzipien und Regeln. Für den Mystiker, der im realen Besitz des zuständlich erfaßten Heilsgutes

ist, kann die Konsequenz dieses Zustandes gerade umgekehrt der Anomismus
sein: das Gefühl, welches sich ja nicht an dem Tun und dessen Art, sondern in einem gefühlten Zustand und dessen Qualität manifestiert, an keine Regel des
Handelns mehr gebunden zu sein, vielmehr in allem und jedem, was man auch
tue, des Heils gewiß zu bleiben. Mit dieser Konsequenz (dem πάντα μοι ἔξεστιν)
hatte unter anderem Paulus sich auseinanderzusetzen, und sie ist immer wieder
gelegentlich Folge mystischer Heilssuche gewesen.

Dem Asketen können sich ferner die Anforderungen seines Gottes an die
Kreatur bis zur Forderung einer bedingungslosen Beherrschung der Welt durch
die Norm der religiösen Tugend und bis zu deren revolutionärer Umgestaltung zu
diesem Zweck steigern. Aus der weltabgewendeten Klosterzelle heraus tritt dann
der Asket als Prophet der Welt gegenüber. Immer aber wird es eine ethisch rationale Ordnung und Disziplinierung der Welt sein, die er dabei, entsprechend seiner methodisch rationalen Selbstdisziplin, verlangt. Gerät dagegen der Mystiker
auf eine ähnliche Bahn, d. h. schlägt seine Gottinnigkeit, die chronische stille Euphorie seines kontemplativen einsamen Besitzes des göttlichen Heilsguts, in ein
akutes Gefühl heiliger Besessenheit durch den Gott oder heiligen Besitzes des
Gottes um, der in und aus ihm spricht, der kommen und das ewige Heil bringen
will, jetzt sofort, wenn nur die Menschen so wie der Mystiker selbst ihm die Stätte
auf Erden und das heißt: in ihren Seelen bereiten würden, – dann wird er entweder als ein Magier Götter und Dämonen in seiner Gewalt fühlen und der praktischen Folge nach zum Mystagogen werden, wie es so oft geschehen ist. Oder
wenn er diesen Weg nicht beschreiten kann – auf die möglichen Gründe dafür
kommen wir noch zu sprechen – sondern von seinem Gotte nur durch Lehre zeugen kann, dann wird seine revolutionäre Predigt an die Welt chiliastisch irrational,
jeden Gedanken einer rationalen „Ordnung" verschmähend. Die Absolutheit seines eigenen universellen akosmistischen Liebesgefühls wird ihm die völlig zuläng-
liche und allein gottgewollte, weil allein aus göttlicher Quelle stammende Grundlage der mystisch erneuerten Gemeinschaft der Menschen sein. Der Umschlag
vom weltabgewendeten mystischen zum chiliastisch-revolutionären Habitus ist
oft eingetreten, am eindrucksvollsten bei der revolutionären Spielart der Täufer
im 16. Jahrhundert. Für den entgegengesetzten Vorgang gibt z. B. die Bekehrung
John Lilburnes zu den Quäkern den Typus ab.

Soweit eine innerweltliche Erlösungsreligion durch kontemplative Züge determiniert ist, ist die normale Folge mindestens relativ weltindifferente, jedenfalls
aber demütige Hinnahme der gegebenen sozialen Ordnung. Der Mystiker Tau-
lerschen Gepräges sucht nach des Tages Arbeit des Abends die kontemplative
Einigung mit Gott und geht am anderen Morgen, wie Tauler stimmungsvoll ausführt, in der richtigen inneren Verfassung an seine gewohnte Arbeit. An der Demut und dem sich Kleinmachen vor dem Menschen erkennt man bei Laotse den
Mann, der die Einigung mit dem Tao gefunden hat. Der mystische Einschlag in
der lutherischen Religiosität, deren höchstes diesseitiges Heilsgut letztlich die
unio mystica ist, bedingte (neben noch anderen Motiven) die Indifferenz gegenüber der Art der äußeren Organisation der Wortverkündung und auch ihren an-
tiasketischen und traditionalistischen Charakter. Der typische Mystiker ist weder
ein Mann starken sozialen Handelns überhaupt, noch vollends der rationalen
Umgestaltung der irdischen Ordnungen an der Hand einer auf den äußeren Erfolg gerichteten methodischen Lebensführung. Wo auf dem Boden genuiner My-

stik Gemeinschaftshandeln entsteht, da ist es der Akosmismus des mystischen Liebesgefühls, der seinen Charakter prägt. In diesem Sinn kann die Mystik, entgegen dem „logisch" Deduzierbaren, psychologisch gemeinschaftsbildend wirken. Die feste Überzeugung, daß die christliche Bruderliebe, wenn hinlänglich rein und stark, zur Einheit in allen Dingen, auch im dogmatischen Glauben führen müsse, daß also Menschen, die sich hinlänglich, im johanneischen Sinne, mystisch lieben, auch gleichartig denken und gerade aus der Irrationalität dieses Fühlens heraus, solidarisch gottgewollt handeln, ist die Kernidee des orientalisch-mystischen Kirchenbegriffs, der deshalb die unfehlbare rationale Lehrautorität entbehren kann, und auch dem slavophilen Gemeinschaftsbegriff innerhalb und außerhalb der Kirche zugrunde liegt. In gewissem Maße war der Gedanke der alten Christenheit noch gemeinsam, er liegt Muhammeds Glauben an die Unnötigkeit formaler Lehrautoritäten und – neben andern Motiven – auch der Minimisierung der Organisation der altbuddhistischen Mönchsgemeinde zugrunde. – Wo dagegen eine innerweltliche Erlösungsreligion spezifisch asketische Züge trug, hat sie stets den praktischen Rationalismus im Sinn der Steigerung des rationalen Handelns als solchen, der methodischen Systematik der äußeren Lebensführung und der rationalen Versachlichung und Vergesellschaftung der irdischen Ordnungen, seien dies Mönchsgemeinschaften oder Theokratien, gefordert. Es ist nun der historisch entscheidende Unterschied der vorwiegend morgenländischen und asiatischen, gegenüber den vorwiegend okzidentalen Arten der Erlösungsreligiosität, daß die ersteren wesentlich in Kontemplation, die letzteren in Askese ausmünden. Daß der Unterschied ein flüssiger ist, daß ferner die mannigfachen stets wiederkehrenden Kombinationen von mystischen und asketischen Zügen, z. B. in der Mönchsreligiosität des Abendlands, die Vereinbarkeit dieser an sich heterogenen Elemente zeigen, dies alles ändert nichts an der großen Bedeutung des Unterschiedes selbst für unsere rein empirische Betrachtung. Denn der Effekt im Handeln ist es, der uns angeht. In Indien gipfelt selbst eine so asketische Heilsmethodik wie die der Jainamönche in einem rein kontemplativen mystischen letzten Ziel, in Ostasien ist der Buddhismus die spezifische Erlösungsreligiosität geworden. Im Okzident dagegen schlägt, wenn von den vereinzelten Vertretern eines spezifischen Quietismus, die erst der Neuzeit angehören, abgesehen wird, selbst ausgesprochen mystisch gefärbte Religiosität immer erneut in aktive und dann natürlich meist asketische Tugend um, oder vielmehr: es werden im Wege einer inneren Auslese der Motive die vorwiegend zu irgendeinem aktiven Handeln, gewöhnlich zur Askese weisenden bevorzugt und in die Praxis umgesetzt. Sowohl die bernhardinische wie die franziskanisch-spiritualistische, wie die täuferische und die jesuitische Kontemplation wie die Gefühlsschwelgerei Zinzendorfs hinderten nicht, daß bei der Gemeinde und oft beim Mystiker selbst, Handeln und Bewährung der Gnade im Handeln immer wieder, wenn auch freilich in sehr verschiedenem Maße, asketisch rein oder kontemplativ gebrochen, die Oberhand behielten. Und in Meister Eckhardt stellt schließlich Martha über Maria, dem Heiland zum Trotz. In einem gewissen Grade ist dies aber dem Christentum von Anfang an eigentümlich. Schon in der Frühzeit, als alle Arten von irrationalen charismatischen Gaben des Geistes als das entscheidende Merkmal der Heiligkeit galten, beantwortet dennoch die Apologetik die Frage: woran man denn die göttliche und nicht etwa satanische oder dämonische Provenienz jener pneumatischen Leistungen des Christus und der Christen erkennen könne, dahin: daß die offensichtliche Wirkung des Christentums auf die Sittlichkeit seiner Anhänger deren göttliche Herkunft bewähre. So hätte kein Inder antworten können.

Von den Gründen dieses fundamentalen Unterschieds ist an dieser Stelle auf folgende hinzuweisen:

1. Die Konzeption des einen überweltlichen, schrankenlos allmächtigen Gottes und der Kreatürlichkeit der von ihm aus dem Nichts geschaffenen Welt, welche, von Vorderasien aus, dem Okzident oktroyiert wurde. Der Erlösungsmethodik war damit der Weg zur Selbstvergottung und zum genuin mystischen Gottesbesitz wenigstens im eigentlichen Sinne des Worts als blasphemische Kreaturvergötterung und ebenso zu den letzten pantheistischen Konsequenzen verschlossen. Sie hat stets als heterodox gegolten. Alle Erlösung mußte immer erneut den Charakter einer ethischen „Rechtfertigung" vor jenem Gott annehmen, die letztlich nur durch ein irgendwie aktives Handeln zu leisten und zu gewähren war. Die „Bewährung" der wirklich göttlichen Qualität des mystischen Heilsbesitzes (vor dem eigenen Forum des Mystikers) führt eben nur durch diesen Weg, der in die Mystik selbst wieder Paradoxien, Spannungen und Ausschließung der letzten Abstandslosigkeit von Gott hineinträgt, welche der indischen Mystik erspart blieben. Die Welt des okzidentalen Mystikers ist ein „Werk", ist „geschaffen", nicht, auch nicht in ihren Ordnungen für alle Ewigkeit schlechthin gegeben, wie die des Asiaten. Weder konnte daher im Okzident die mystische Erlösung restlos im Bewußtsein der absoluten Einheit mit einer höchsten weisen „Ordnung" als dem einzig wahren „Sein" gefunden werden, noch war andererseits ein Werk von göttlicher Provenienz jemals in dem Sinn möglicher Gegenstand absolutester Flucht wie dort.

2. Diese Gegensätzlichkeit aber hing ferner mit dem Charakter der asiatischen Erlösungsreligionen als reiner Intellektuellenreligionen zusammen, welche die „Sinnhaftigkeit" der empirischen Welt nie aufgaben. Für den Inder konnte daher tatsächlich durch „Einsicht" in die letzten Konsequenzen der Karmankausalität ein Weg zur Erleuchtung und Einheit von „Wissen" und Handeln führen, der jeder Religiosität, welche vor der absoluten Paradoxie der „Schaffung" einer feststehendermaßen unvollkommenen Welt durch einen vollkommenen Gott stand, also durch intellektuelle Bewältigung dieser nicht zu Gott hin, sondern von ihm fortgeführt wurde, ewig verschlossen blieb. Die rein philosophisch unterbaute Mystik des Abendlands steht daher, praktisch angesehen, der asiatischen weitaus am nächsten.

3. Von praktischen Momenten kommt in Betracht, daß aus noch zu erörternden Gründen, der römische Okzident allein auf der gesamten Erde ein rationales Recht entwickelt hatte und behielt. Die Beziehung zu Gott wurde in spezifischem Maß eine Art von rechtlich definierbarem Untertanenverhältnis, die Frage der Erlösung entschied sich in einer Art von Rechtsverfahren, wie dies ja noch bei Anselm von Canterbury charakteristisch entwickelt ist. Eine unpersönliche göttliche Macht oder ein Gott, der nicht schlechthin über, sondern innerhalb einer ewigen, sich selbst durch die Karmankausalität regulierenden Welt stand, oder das Tao, oder die himmlischen Ahnengeister des chinesischen Kaisers, und vollends die asiatischen Volksgötter konnten eine solche Wendung der Heilsmethodik nie produzieren. Die höchsten Formen der Frömmigkeit wendeten sich hier immer pantheistisch und in ihren praktischen Antrieben kontemplativ.

4. Teils römischer, teils jüdischer Provenienz war der rationale Charakter der Erlösungsmethodik auch in anderer Hinsicht. Das Hellenentum schätzte, trotz aller Bedenken des Stadtpatriziates gegen den dionysischen Rauschkult, die Ekstase, die akut orgiastische als göttlichen Rausch, die milde Form der Euphorie, wie sie vor allem Rhythmus und Musik vermittelten, als ein Innewerden des spezifisch Göttlichsten im Menschen. Gerade die Herrenschicht der Hellenen lebte mit dieser milden Form der Ekstasis von Kindheit auf. Es fehlt in Hellas seit der Herrschaft der Hoplitendisziplin eine Schicht von solchem sozialen Prestige, wie der Amtsadel Roms es war. Die Verhältnisse waren in jeder Hinsicht kleiner und minder feudal. Das Würdegefühl des Römeradels, der ein rationaler Amtsadel war, auf zunehmend größtem Piedestal, schließlich mit Städten und Ländern in der Klientel der einzelnen Familien, lehnte dagegen schon in der Terminologie den der Ekstasis entsprechenden Begriff: die „superstitio", als das des vornehmen Mannes spezifisch Unwürdige, Unschickliche ebenso ab, wie den Tanz. Kultischer Tanz findet sich nur bei den ältesten Priesterkollegien und im eigentlichen Sinne des Tanzreigens nur bei den fratres arvales, und zwar charakteristischerweise hinter verschlossenen Türen nach Entfernung der Gemeinde. Im übrigen aber galt für den Römer das Tanzen als unschicklich, ebenso wie die Musik, in welcher daher Rom absolut unproduktiv blieb, und wie das nackte Ringen im Gymnasion, welches der spartiatische Exerzierplatz geschaffen hatte. Die dionysischen Rauschkulte verbot der Senat. Die Ablehnung jeder Art der Ekstase ebenso wie jeder Befaßtheit mit individueller Heilsmethodik seitens des weltbeherrschenden militärischen Amtsadels Roms – entsprechend etwa der jeder Heilsmethodik ebenfalls streng feindlichen konfuzianischen Bürokratie – war nun eine der Quellen jenes durchaus praktisch politisch gewendeten, streng sachlichen Rationalismus, den die Entwicklung der okzidentalen Christengemeinden als feststehenden Charakterzug aller auf eigentlich römischem Boden möglichen Religiosität vorfand und den die römische Gemeinde speziell ganz bewußt und konsequent übernahm. Von der charismatischen Prophetie angefangen bis zu den größten Neuerungen der Kirchenmusik hat diese Gemeinde keinerlei irrationales Element aus eigener Initiative der Religiosität oder der Kultur eingefügt. Sie war unendlich viel ärmer an theologischen Denkern nicht nur, sondern dem Eindruck der Quellen nach, ebenso an jeder Art von Äußerungen des „Pneuma", als der hellenistische Orient und etwa die Gemeinde von Korinth. Dennoch und eben deshalb aber hat ihr praktisch nüchterner Rationalismus, das wichtigste Erbteil des Römertums in der Kirche, bei der dogmatischen und ethischen Systematisierung des Glaubens bekanntlich fast überall den Ausschlag gegeben. Entsprechend war auch die weitere Entwicklung der Heilsmethodik im Okzident. Die asketischen Ansprüche der alten Benediktinerregel, ebenso aber der kluniazensischen Reform sind, an indischen und auch altorientalischen Maßstäben gemessen, äußerst bescheiden und auf Novizen aus vornehmen Kreisen zugeschnitten; als wesentliches Charakteristikum aber tritt andererseits gerade im Okzident als hygienisch asketisches Mittel die *Arbeit* hervor und steigert sich dann an Bedeutung in der ganz methodisch die rationalste Schlichtheit pflegenden Zisterzienserregel. Das Bettelmönchtum wird im Gegensatz zu den indischen Bettelmönchen alsbald nach seinem Entstehen in den hierarchischen Dienst gezwungen und dient rationalen Zwecken: systematischer Caritas – die im Okzident zum sachlichen „Betrieb" entwickelt wurde – oder der Predigt und der Ketzerjurisdiktion. Der Jesui-

tenorden endlich streifte die antihygienischen Elemente der alten Askese völlig ab und ist die vollendetste rationale Disziplinierung für Zwecke der Kirche. Diese Entwicklung aber hing offensichtlich ihrerseits damit zusammen, daß

5. die Kirche hier eine einheitliche rationale Organisation ist mit monarchischer Spitze und zentralisierter Kontrolle der Frömmigkeit, daß also neben dem persönlichen überweltlichen Gott auch ein innerweltlicher Herrscher von ungeheurer Machtfülle und der Fähigkeit aktiver Lebensreglementierung stand. Den ostasiatischen Religionen fehlt dies teils aus historischen Gründen, teils aus solchen der Religiosität. Der straff organisierte Lamaismus hat, wie später zu erörtern, nicht die Straffheit einer bürokratischen Organisation. Die asiatischen Hierarchen, etwa der taoistischen oder andere Erbpatriarchen chinesischer und indischer Sekten, werden immer teils Mystagogen, teils Objekte anthropolatrischer Verehrung, teils, wie der Dalai Lama und Taschilama, Chefs einer reinen Mönchsreligion magischen Charakters. Die außerweltliche Askese des Mönchstums ist nur im Okzident, wo sie undisziplinierte Truppe einer rationalen Amtsbürokratie wurde, zunehmend zu einer Methodik aktiv rationaler Lebensführung systematisiert worden. Der Okzident allein aber hat dann weiter auch die Übertragung der rationalen Askese in das Weltleben selbst im asketischen Protestantismus gesehen. Denn die innerweltlichen Derwischorden des Islam pflegen eine unter sich verschiedene, letztlich aber immer noch an die indisch-persischen entweder direkt orgiastischen oder pneumatischen oder kontemplativen, dem Wesen nach jedenfalls nicht in dem hier gebrauchten Sinne des Wortes asketischen, sondern mystischen Heilssuche der Sufis orientierte Heilsmethodik. Inder pflegen bei Derwischorgien führend beteiligt zu sein bis nach Bosnien hinein. Die Derwischaskese ist nicht, wie die Ethik des asketischen Protestanten, eine religiöse „Berufsethik", denn die religiösen Leistungen stehen mit den weltlichen Berufsansprüchen oft in gar keinem, höchstens aber in einem äußerlichen heilsmethodischen Zusammenhang. Gewiß kann jene Heilsmethodik indirekt Wirkungen auf das Berufsleben entfalten. Der schlicht fromme Derwisch ist unter sonst gleichen Umständen als Handwerker zuverlässiger als der irreligiöse, ebenso etwa wie der fromme Parse wegen des strengen Wahrheitsgebots als Kaufmann prosperiert. Aber eine prinzipielle und systematische ungebrochene Einheit von innerweltlicher Berufsethik und religiöser Heilsgewißheit hat in der ganzen Welt nur die Berufsethik des asketischen Protestantismus gebracht. Die Welt ist eben nur hier in ihrer kreatürlichen Verworfenheit ausschließlich und allein religiös bedeutsam als Gegenstand der Pflichterfüllung durch rationales Handeln, nach dem Willen eines schlechthin überweltlichen Gottes. Der rationale nüchterne, nicht an die Welt hingegebene Zweckcharakter des Handelns und sein Erfolg ist das Merkmal dafür, daß Gottes Segen darauf ruht. Nicht Keuschheit, wie beim Mönch, aber Ausschaltung aller erotischen „Lust", nicht Armut, aber Ausschaltung alles rentenziehenden Genießens und der feudalen lebensfrohen Ostentation des Reichtums, nicht die asketische Abtötung des Klosters, aber wache, rational beherrschte Lebensführung und Vermeidung aller Hingabe an die Schönheit der Welt oder die Kunst oder an die eigenen Stimmungen und Gefühle sind die Anforderungen, Disziplinierung und Methodik der Lebensführung das eindeutige Ziel, der „Berufsmensch" der typische Repräsentant, die rationale Versachlichung und Vergesellschaftung der sozialen Beziehungen die spezifische Folge der okzidentalen innerweltlichen Askese im Gegensatz zu aller anderen Religiosität der Welt. –

II. Die Erlösung kann ferner vollbracht werden nicht durch eigene Werke – welche dann als zu diesem Zweck völlig unzulänglich gelten –, sondern durch Leistungen, die entweder ein begnadeter Heros oder geradezu ein inkarnierter Gott vollbracht hat und die seinen Anhängern als Gnade ex opere operato zugute kommen. Entweder als direkt magische Gnadenwirkungen oder indem aus dem Überschuß der durch Leistungen verdienten Gnaden des menschlichen oder göttlichen Heilandes Gnade gespendet wird.

Im Dienst dieser Art von Erlösung steht die Entwicklung der soteriologischen Mythen, vor allem der Mythen vom kämpfenden oder leidenden, vom menschwerdenden oder zur Erde niedersteigenden oder in das Totenreich hinabfahrenden Gott in seinen mannigfachen Formen. Statt eines Naturgotts, besonders eines Sonnengotts, der mit anderen Naturmächten, namentlich also mit Finsternis und Kälte ringt und dessen Sieg den Frühling bringt, ersteht auf dem Boden der Erlösungsmythen ein Retter, der aus der Gewalt der Dämonen (wie Christus), oder aus der Verknechtung unter die astrologische Determiniertheit des Schicksals (die sieben Archonten der Gnostiker), oder, im Auftrag des verborgenen gnädigen Gottes, aus der ihrer Anlage nach durch den minderwertigen Schöpfungsgott (Demiurg oder Jehova) verderbten Welt (Gnosis), oder aus der hartherzigen Verstocktheit und Werkgerechtigkeit der Welt (Jesus) und der Bedrücktheit von dem durch das Wissen um die Verbindlichkeit ihrer unerfüllbaren Gesetzesforderungen erst entstandenen Sündenbewußtsein (Paulus, etwas anders auch Augustin, Luther) von der abgrundtiefen Verderbtheit der eigenen sündigen Natur (Augustin) den Menschen zur sicheren Geborgenheit in der Gnade und Liebe des gütigen Gottes führt. Der Heiland bekämpft dazu, je nach dem Charakter der Erlösung, Drachen und böse Dämonen, muß unter Umständen, da er ihnen nicht alsbald gewachsen ist (er ist oft ein sündenreines Kind), erst im Verborgenen heranwachsen oder von den Feinden geschlachtet werden und in das Totenreich hinab, um von dort erst wieder siegreich aufzuerstehen. Daraus kann sich die Vorstellung entwickeln, daß sein Tod ein Ablösungstribut für das durch die Sünde erworbene Anrecht des Teufels auf die Seele des Menschen sei (altchristlich). Oder umgekehrt sein Tod ist das Mittel, den Zorn Gottes zu versöhnen, bei dem er Fürsprecher ist, wie Christus, Muhammed und andere Propheten und Heilande. Oder er bringt den Menschen, wie die alten Heilande der magischen Religionen, die verbotene Kenntnis des Feuers oder der technischen Künste oder der Schrift, so seinerseits die Kenntnis der Mittel, die Dämonen in der Welt oder auf dem Wege zum Himmel zu überwinden (Gnosis). Oder endlich seine entscheidende Leistung liegt nicht in seinem konkreten Kämpfen und Leiden, sondern in der letzten metaphysischen Wurzel des ganzen Vorgangs: in der Menschwerdung eines Gottes rein als solcher (Abschluß der hellenischen Erlösungsspekulation bei Athanasius) als dem einzigen Mittel, die Kluft zwischen Gott und aller Kreatur zu schließen. Gottes Menschwerdung gab die Möglichkeit, den Menschen wesenhaften Anteil an Gott zu verschaffen, „die Menschen zu Göttern werden zu lassen", heißt es schon bei Irenäus und die nachathanasianische Philosophenformel: er habe durch Menschwerdung das Wesen (die platonische Idee) des Menschentums an sich genommen, zeigt die metaphysische Bedeutung des „ὁμοούσιος". Oder der Gott begnügt sich nicht mit einem einmaligen Akt der Menschwerdung, sondern in Konsequenz der Ewigkeit der Welt, wie sie dem asiatischen Denken fast durchweg feststeht, inkarniert er sich in Zwischenräumen oder auch kontinuierlich aufs neue: so die Idee des Bodhisattva, konzipiert im mahayanischen Buddhismus (einzelne Anknüpfungen schon in gelegentlichen Äußerungen des Buddha selbst, in welchem der Glaube an die begrenzte Dauer seiner Lehre auf Erden hervorzutreten scheint).

Der Bodhisattva wird dabei gelegentlich als das höhere Ideal gegenüber dem Buddha hingestellt, weil er auf das nur exemplarisch bedeutsame eigene Eingehen in das Nirwana verzichtet zugunsten seiner universellen Funktion im Dienst der Menschen: auch hier also „opfert" sich der Erlöser. Wie nun aber seinerzeit der Jesuskult den Erlösern der anderen konkurrierenden soteriologischen Kulte schon dadurch überlegen war, daß hier der Heiland ein leibhaftiger, von den Aposteln persönlich als von den Toten auferstanden gesehener Mensch war, so ist die kontinuierlich leibhaftig lebende Gottesinkarnation im Dalai Lama das logische Schlußglied jeder Inkarnationssoteriologie. Aber auch wo der göttliche Gnadenspender als Inkarnation lebt und erst recht wo er nicht mehr kontinuierlich auf Erden weilt, bedarf es angebbarer Mittel für die Masse der Gläubigen, seiner Gnadengaben nun auch persönlich teilhaftig zu werden. Und diese Mittel erst entscheiden über den Charakter der Religiosität, sind aber untereinander sehr mannigfaltig.

Wesentlich magisch ist die Vorstellung, daß man durch physischen Genuß einer göttlichen Substanz, eines heiligen Totemtiers, in dem ein machtvoller Geist inkarniert war, oder einer durch Magie in den göttlichen Leib verwandelten Hostie sich selbst Götterstärke einverleiben oder daß man durch irgendwelche Mysterien seines Wesens direkt teilhaftig und dadurch gegen die bösen Mächte gefeit werden könne („Sakramentsgnade"). Die Aneignung der Gnadengüter kann dann eine magische oder ritualistische Wendung nehmen und bedarf jedenfalls neben dem Heiland oder dem inkarnierten lebenden Gott noch der menschlichen Priester oder Mystagogen. Der Charakter der Gnadenspendung hängt dann weiter erheblich davon ab, ob von diesen Mittlern zwischen den Menschen und dem Heiland auch ihrerseits der persönliche Besitz und die Bewährung charismatischer Gnadengaben verlangt wird, so daß derjenige, der ihrer nicht teilhaftig ist, der Priester z. B., der in Todsünde lebt, die Gnade nicht vermitteln, das Sakrament nicht gültig spenden kann. Diese strenge Konsequenz *(charismatische Gnadenspendung)* zog z. B. die Prophetie der Montanisten, Donatisten und überhaupt die aller, auf dem Boden der prophetisch-charismatischen Herrschaftsorganisation der Kirche stehenden, Glaubensgemeinschaften der Antike: nicht jeder bloß durch „Amt" anstaltsmäßig und äußerlich beglaubigte Bischof, sondern allein der durch Prophetie oder die anderen Zeugnisse des Geistes Beglaubigte kann wirksam Gnade spenden, zum mindesten im Fall einer Todsünde des Gnadesuchenden. Sobald von dieser Forderung abgesehen wird, befinden wir uns bereits auf dem Boden einer anderen Auffassung. Die Erlösung erfolgt dann durch Gnaden, welche eine ihrerseits durch göttliche oder prophetische Stiftung beglaubigte, Anstaltsgemeinschaft kontinuierlich spendet: *Anstaltsgnade*. Sie kann ihrerseits wieder direkt durch rein magische Sakramente oder kraft der ihr übertragenen Verfügung über den Thesaurus der überschüssigen, gnadenwirkenden Leistungen ihrer Beamten oder Anhänger wirken. Immer aber gelten bei konsequenter Durchführung die drei Sätze: 1. extra ecclesiam nulla salus. Nur durch Zugehörigkeit zur Gnadenanstalt kann man Gnade empfangen. – 2. Das ordnungsmäßig verliehene Amt und nicht die persönliche charismatische Qualifikation des Priesters entscheidet über die Wirksamkeit der Gnadenspendung. – 3. Die persönliche religiöse Qualifikation des Erlösungsbedürftigen ist grundsätzlich gleichgültig gegenüber der gnadenspendenden Macht des Amts. Die Erlösung ist also universell und nicht nur den religiösen Virtuosen zugänglich. Der religiöse Virtuose kann sogar leicht und muß jedenfalls dann, wenn er auf eigenem besonderen Wege zu Gott zu gelangen hofft, statt letztlich auf die Anstaltsgnade zu vertrauen, in seinen Heilschancen und in der Echtheit seiner Religiosität sehr gefährdet erscheinen. Das, was Gott verlangt, so weit zu erfüllen, daß das Hinzutreten der gespendeten Anstaltsgnade zum Heil genügt, müssen prinzipiell alle Menschen zulänglich sein. Das Niveau der erforderlichen eigenen ethischen Leistung kann also dann nur nach der Durchschnittsqualifikation, und d. h. ziemlich tief. gegriffen werden. Wer mehr leistet, also der Virtuose, kann dadurch außer dem eigenen Heil noch Werke für den Thesaurus der Anstalt vollbringen, aus dem diese dem Bedürftigen spendet. – Dies ist der spezifische Standpunkt der *katholischen* Kirche, der ihren Charakter als Gnadenanstalt konstituiert und in jahrhundertelanger Entwicklung, abschließend seit Gregor dem Großen, festgelegt ist, in der Praxis schwankend zwischen mehr magischer und mehr ethisch-soteriologischer Auffassung. – Wie nun aber die charismatische Gnadenspendung und die Anstaltsgnadenspendung die Lebensführung beeinflussen, hängt von den Voraussetzungen ab, an welche die Gewährung der Gnadenmittel geknüpft wird. Die Verhältnisse liegen also ähnlich wie beim Ritualismus, mit welchem Sakramentsgnade und Anstaltsgnade denn auch intime Wahlverwandtschaft zeigen. Und noch in einem unter Umständen wichtigen Punkt fügt jede Art von eigentlicher Gnadenspendung durch eine Person, einerlei ob charismatisch oder amtlich legitimiert, der ethischen Religiosität eine in der gleichen Richtung wirkende, die ethischen Anforderungen abschwächende Besonderheit hinzu. Sie bedeutet stets eine innere *Entlastung* des Erlösungsbedürftigen, erleichtert ihm also das Ertragen von Schuld und erspart ihm unter sonst gleichen Verhältnissen wesentlich mehr die Entwicklung einer eigenen ethisch systematisierten Lebensmethodik. Denn der Sündigende weiß, daß er von allen Sünden immer wieder durch ein religiöses Gelegenheitshandeln Absolution erhalten kann. Und vor allem bleiben die Sünden einzelne Handlungen, denen andere einzelne Handlungen als Kompensation oder Buße gegenübergestellt werden. Nicht der gesamte, durch Askese oder Kontemplation oder beständig wache Selbstkontrolle und Bewährung stets neu festzustellende Habitus der Persönlichkeit, sondern das konkrete einzelne Tun wird gewertet. Es fehlt daher die Nötigung, die certitudo salutis selbst, aus eigener Kraft, zu erringen, und diese ganze, ethisch so wirksame Kategorie tritt überhaupt an Bedeutung zurück. Die unter Umständen sehr nachdrücklich wirksam gewesene ständige Kontrolle der Lebensführung durch einen Gnadenspender (Beichtvater, Seelendirektor) wird sehr oft weit überkompensiert durch den Umstand, daß eben immer erneut Gnade gespendet wird. Insbesondere das Institut der mit Sündenvergebung verbundenen Beichte zeigt in seiner praktischen Wirkung ein doppeltes Gesicht und fungiert verschieden, je nach der Handhabung. Die ganz allgemeine, wenig spezialisierte Art des Sündenbekenntnisses – oft in Form eines kollektiven Zugeständnisses, gesündigt zu haben –, welche speziell die russische Kirche praktiziert, ist kein Mittel nachhaltiger Einwirkung auf die Lebensführung, und auch die altlutherische Beichtpraxis war zweifellos wenig wirksam. Die Sünden- und Bußkataloge der indischen heiligen Schriften knüpfen den Ausgleich ritueller und ethischer Sünden in gleicher Weise fast durchweg an rein rituelle (oder durch das Standesinteresse der Brahmanen eingegebene) Obödienzleistungen, so daß von hier aus die Alltagslebensführung nur im Sinne des Traditionalismus beeinflußt werden konnte, und die Sakramentsgnade der hinduistischen Gurus schwächte die etwaige Nachhaltigkeit der Einwirkung eher noch weiter ab. Die katholische Kirche des Okzidents hat durch ihr in seiner Art in der ganzen Welt unerreichtes, unter Verbindung der römischen Rechtstechnik mit germanischen Wergeldsgedanken entwickeltes, Beicht- und Bußsystem die Christianisierung der westeuropäischen Welt mit einzigartiger Wucht durchgesetzt. Aber die Schranke der Wirksamkeit im Sinn der Entwicklung einer rationalen Lebensmethodik hätte auch ohne die unvermeidlich drohende laxe Ablaßpraxis bestanden. Dennoch ist z. B. etwa in der fühlbaren Hintanhaltung des Zweikindersystems bei frommen Katholiken die Beichteinwirkung noch heute zuweilen „ziffernmäßig" greifbar, so sehr sich in Frankreich die Schranken der kirchlichen Macht auch hierin zeigen. Aber daß das Judentum einerseits, der asketische Protestantismus andererseits keinerlei Beichte und Gnadenspendung durch irgendeine menschliche Person und keinerlei magische Sakramentsgnade kennen, hat historisch jenen ungeheuer scharfen Druck im Sinn der Entwicklung einer ethisch rationalen Lebensgestaltung geübt, der beiden Arten von Religiosität, so stark sie sonst voneinander abweichen, gemeinsam ist. Es fehlt eine solche Möglichkeit einer Entlastung, wie sie das Beichtinstitut und die Anstaltsgnade verschafft hatte. Nur etwa das Sündenbekenntnis in den Zwölferversammlungen der Methodisten war eine derart wirkende Beichte, nur in stark abweichendem Sinn und mit abweichender Wirkung. Allerdings aber konnte daraus die halb orgiastische Bußpraxis der Heilsarmee erwachsen.

Die Anstaltsgnade hat endlich und namentlich, der Natur der Sache nach, auch die Tendenz, als Kardinaltugend und entscheidende Heilsbedingung den Gehorsam, die Unterwerfung unter die Autorität, sei es der Anstalt als solcher oder des charismatischen Gnadespendenden, in Indien z. B. des zuweilen schrankenlose Autorität ausübenden Guru, zu entwickeln. Die Lebensführung ist in diesem Fall nicht eine Systematisierung von innen und aus einem Zentrum heraus, welches der Einzelne selbst errungen hätte, sondern sie speist sich aus einem außer ihr liegenden Zentrum. Das kann für den Inhalt der Lebensführung an sich keine auf ethische Systematisierung drängende Wirkung äußern, sondern nur das Gegenteil. Dagegen macht es allerdings, nur mit anderer Wirkung als die Gesinnungsethik, die Anpassung konkreter heiliger Gebote an veränderte äußere Bedingungen durch Steigerung ihrer Elastizität praktisch leichter. Beispielsweise ist in der katholischen Kirche im 19. Jahrhundert das Zinsverbot trotz seiner biblischen und durch päpstliche Dekretalen festgelegten ewigen Geltung dennoch faktisch außer Kraft gesetzt. Nicht offen in Gestalt seiner (unmöglichen) Aufhebung, sondern durch eine unscheinbare interne Anweisung des heiligen Offizium an die Beichtväter, fortan nach Verstößen gegen das Zinsverbot im Beichtstuhl nicht weiter zu forschen und die Absolution zu erteilen, *vorausgesetzt:* daß die Gewißheit bestehe, das Beichtkind würde, falls der Heilige Stuhl künftig einmal auf die alten Grundsätze zurückgreifen sollte, sich diesem Entscheid in Gehorsam fügen. In Frankreich agitierte zeitweilig der Klerus für eine ähnliche Behandlung des Zweikindersystems. Der rein als solcher verdienstliche Anstaltsgehorsam also, nicht die konkrete inhaltliche ethische Pflicht, aber auch nicht die methodisch selbst gewonnene ethische Virtuosenqualifikation ist der letzte religiöse Wert.

Formale Gehorsamsdemut ist das einzige, die Lebensführung einheitlich umspannende, in der Wirkung mit der Mystik durch die spezifische „Gebrochenheit" des Frommen verwandte Prinzip bei konsequenter Durchführung der Anstaltsgnade. Der Satz Mallinckrodts: die Freiheit des Katholiken bestehe darin, dem Papst gehorchen zu dürfen, ist in dieser Hinsicht von universeller Geltung.

Oder es wird die Erlösung an den *Glauben* geknüpft. Sofern dieser Begriff nicht identisch gesetzt wird mit der Unterwerfung unter praktische Normen, setzt er stets irgendein Fürwahrhalten irgendwelcher metaphysischer Tatsachen, also irgendeine Entwicklung von „Dogmen" voraus, deren Annahme als wesentliches Merkmal der Zugehörigkeit gilt. Wie wir sahen, ist aber das Maß der Dogmenentwicklung innerhalb der einzelnen Religionen ein sehr verschiedenes. Aber irgendein Maß von „Lehre" ist Unterscheidungsmerkmal der Prophetie und Priesterreligiosität gegenüber der reinen Magie. Natürlich beansprucht schon jede Magie den Glauben an die magische Macht des Zauberers. Zunächst seinen eigenen Glauben an sich selbst und sein Können. Das gilt für jede, auch die frühchristliche Religiosität. Weil die Jünger an ihrer eigenen Macht zweifelten, konnten sie, so belehrt sie Jesus, einen Besessenen nicht heilen. Wer dagegen vollkommen von seiner Fähigkeit überzeugt ist, ein Wunder zu tun, dessen Glaube kann Berge versetzen. Auf der anderen Seite aber benötigt auch die Magie – noch heute – den Glauben derjenigen, welche das magische Wunder verlangen. In seiner Heimat und gelegentlich in anderen Städten vermag Jesus kein Wunder zu tun und „wundert sich ihres Unglaubens". Weil Besessene und Krüppel an ihn und seine Macht glauben, heilt er sie, wie er wiederholt erklärt. Dies wird nun einerseits nach der ethischen Seite sublimiert. Weil die Ehebrecherin an seine Macht zur Sündenvergebung glaubt, kann er ihr die Sünden vergeben. Andererseits aber – und darum handelt es sich hier zunächst – entwickelt sich der Glaube zum Fürwahrhalten intellektuell verstandener Lehrsätze, die ihrerseits Produkt intellektueller Überlegung sind. Der Konfuzianismus, der von Dogmen gar nichts weiß, ist eben deshalb auch keine Erlösungsethik. Der alte Islam und das alte Judentum stellten keine eigentlich dogmatischen Ansprüche, sondern verlangen nur, wie die urwüchsige Religion überall, den Glauben an die Macht (und also: Existenz) des eigenen, jetzt als „einzig" angesehenen Gottes und die Mission seiner Propheten. Da sie aber Buchreligionen sind, so müssen immerhin die heiligen Bücher für inspiriert, im Islam sogar als gottgeschaffen, und also auch ihr Inhalt für wahr gehalten werden. Allein außer kosmogonischen, mythologischen und geschichtlichen Erzählungen enthalten Gesetz und Propheten und der Koran wesentlich praktische Gebote und verlangen an sich keine intellektuelle Einsicht bestimmter Art. Den Glauben als bloßes heiliges Wissen kennen nur die unprophetischen Religionen. Bei ihnen ist die Priesterschaft noch, wie die Zauberer, Hüterin des mythologischen und kosmogonischen Wissens und, als heilige Sänger, zugleich der Heldensage. Die vedische und die konfuzianische Ethik knüpfen an die ethische Vollqualifikation an die schulmäßig überlieferte literarische Bildung, die im weitesten Umfang mit bloßem gedächtnismäßigem Wissen identisch ist. Das intellektuelle „Verstehen" als Anforderung führt bereits zur philosophischen oder gnostischen Erlösungsform hinüber. Damit ist aber eine ungeheure Kluft zwischen den intellektuell voll Qualifizierten und den Massen geschaffen. Eine eigentlich offizielle „Dogmatik" gibt es damit aber noch nicht; nur mehr oder minder als orthodox geltende Philosophenmeinungen, wie das orthodoxe Vedanta, das heterodoxe Sankhya im Hinduismus. Dagegen haben die christlichen Kirchen mit zunehmendem Eindringen des Intellektualismus und zunehmender Auseinandersetzung mit ihm ein sonst unerreichtes Maß offizieller bindender rationaler Dogmen, einen Theologenglauben, entwickelt. Die Forderung universellen Wissens, Verstehens und Glaubens dieser Dogmen ist praktisch undurchführbar. Es fällt uns heute sogar schwer, uns vorzustellen, daß selbst nur der komplizierte Inhalt etwa des Römerbriefs von einer (vorwiegenden) Kleinbürgergemeinde wirklich intellektuell voll angeeignet worden sei, wie es doch anscheinend der Fall gewesen sein muß. Immerhin wird hier noch mit soteriologischen Vorstellungen gearbeitet, welche innerhalb einer an das Grübeln über die Bedingungen der Erlösung gewöhnten städtischen, dabei mit jüdischer oder hellenischer Kasuistik irgendwie vertrauten Proselytenschicht gangbar waren, und es ist andererseits bekannt, daß auch im 16. und 17. Jahrhundert breite Kleinbürgerkreise die Dogmen der Dortrechter und der Westminstersynode und die vielen komplizierten Kompromißformeln der Reformationskirchen sich intellektuell angeeignet haben. Allein unter normalen Verhältnissen ist eine solche Anforderung in Gemeindereligionen undurchführbar ohne die Konsequenz entweder des Ausschlusses aller nicht zu den philosophisch Wissenden (Gnostikern) Gehörigen (der „Hyliker" und der mystisch unerleuchteten „Psychiker") vom Heil oder doch der Beschränkung auf eine Seligkeit geringeren Grades für die unintellektuellen Frommen (Pistiker), wie sie in der Gnosis und ähnlich auch bei indischen Intellektuellenreligionen vorkommt. Im alten Christentum geht denn auch durch die ersten Jahrhunderte der Streit darüber: ob theologische „Gnosis" oder schlichter Glaube: „Pistis", die das höhere oder das einzige Heil verbürgende Qualität sei, ausdrücklich oder latent hindurch, im Islam sind die Mutaziliten die Vertreter der Theorie, daß das im gewöhnlichen Sinn „gläubige", nicht dogmatisch geschulte Volk gar nicht zur eigentlichen Gemeinschaft der Gläubigen gehöre, und überall haben die Beziehungen zwischen theologischem Intellektuellentum, dem intellektuellen Virtuosen der religiösen Erkenntnis und der Frömmigkeit der Unintellektuellen, vor allem aber der Virtuosenreligiosität der Askese und Kontemplation, die beide „totes Wissen" gleich wenig zur Erlösung qualifizierend finden mußten, die Eigenart einer Religiosität jeweils bestimmend geprägt.

Schon in den Evangelien selbst wird die Gleichnisform der Verkündigung Jesus als absichtliche Esoterik hingestellt. Soll diese Konsequenz einer Intellektuellenaristokratie nicht gezogen werden, dann muß der Glaube etwas anderes sein als ein wirkliches Verstehen und Fürwahrhalten eines theologischen Dogmensystems. Und tatsächlich ist er dies in allen prophetischen Religionen entweder von Anfang an gewesen oder mit Ausbildung der Dogmatik namentlich dann geworden, wenn sie Gemeindereligion wurden. Die Annahme der Dogmen ist, außer in den Augen der asketischen oder – und namentlich – mystischen Virtuosen, zwar nirgends irrelevant. Aber die ausdrückliche persönliche Anerkennung von Dogmen, im Christentum technisch „fides explicita" genannt, pflegt lediglich für bestimmte, im Gegensatz zu anderen Dogmen als absolut wesentlich angesehene „Glaubensartikel" gefordert zu werden. Verschieden weit für andere Dogmen. Die Ansprüche, welche in dieser Hinsicht der Protestantismus, auf Grund der „Rechtfertigung durch den Glauben", stellte, waren besonders hohe, und zwar namentlich (wenn auch nicht nur) die des asketischen Protestantismus, für den die Bibel eine Kodifikation göttlichen Rechts war. Die Einrichtung universeller Volksschulen nach jüdischer Art, die intensive Schulung namentlich des Sektennachwuchses, ist sehr wesentlich dieser religiösen Anforderung zu danken, die „Bibelfestigkeit" der Holländer etwa, ebenso der angelsächsischen Pietisten und Methodisten (im Gegensatz zu den sonstigen englischen Volksschulzuständen), erregte noch in der Mitte des 19. Jahrhunderts das Staunen der Reisenden. Hier war eben die Überzeugung von der dogmatischen Eindeutigkeit der Bibel die Grundlage des weitgehenden Verlangens eigener Kenntnis des Glaubens. Der Masse der Dogmen gegenüber kann in einer dogmenreichen Kirche dagegen nur die fides implicita, die allgemeine Bereitschaft der Unterstellung aller eigenen Überzeugung unter die im Einzelfall maßgebende Glaubensautorität verlangt werden, wie dies die katholische Kirche in weitestem Umfang tat und tut. Eine fides implicita aber ist tatsächlich eben kein persönliches Fürwahrhalten von Dogmen mehr, sondern eine Erklärung des Vertrauens und der Hingabe an einen Propheten oder an eine anstaltsmäßig geordnete Autorität. Damit verliert der religiöse Glaube aber seinen intellektualistischen Charakter. Sobald die Religiosität vorwiegend ethisch rational wird, besitzt er diesen ohnehin nur in nebensächlichem Maße. Denn das bloße Fürwahrhalten von Erkenntnissen genügt einer „Gesinnungsethik" höchstens als unterste Stufe des Glaubens, wie dies u. a. Augustin betont. Auch der Glaube muß eine Gesinnungsqualität werden. Die persönliche Anhänglichkeit an einen Sondergott ist mehr als „Wissen" und wird eben deshalb als „Glaube" bezeichnet. So im Alten wie Neuen Testament. Der „Glaube", welcher Abraham „zur Gerechtigkeit gerechnet" wird, ist kein intellektuelles Fürwahrhalten von Dogmen, sondern Vertrauen auf die *Verheißungen* Gottes. Genau das gleiche bedeutet der Glaube seinem zentralen Sinne nach bei Jesus und Paulus. Das Wissen und die Dogmenkenntnis treten weit zurück. Bei einer anstaltsmäßig organisierten Kirche pflegt mindestens in der Praxis, die Zumutung der fides explicita auf den dogmatisch geschulten Priester, Prediger, Theologen beschränkt zu werden. Jede systematisch theologisierte Religiosität läßt diese Aristokratie der *dogmatisch* Gebildeten und Wissenden in ihrer Mitte entstehen, welche nun, in verschiedenem Grade und mit verschiedenem Erfolge, den Anspruch erheben, deren eigentliche Träger zu sein. Die noch heute vielfach populäre Vorstellung der Laien, daß der Pfarrer mehr zu verstehen und zu glauben sich imstande zeigen müsse, als der gewöhnliche Menschenverstand fasse – eine namentlich bei den Bauern verbreitete Konzeption –, ist nur eine der Formen, in welchen die „ständische" Qualifikation durch „Bildung", die in der staatlichen, militärischen, kirchlichen und auch jeder Privatbürokratie sich äußert, hervortritt. Das Urwüchsigere ist demgegenüber die erwähnte, auch neutestamentliche Vorstellung von dem Glauben als einem spezifischen Charisma eines außeralltäglichen *Vertrauens* auf Gottes ganz persönliche Providenz, welches die Seelenhirten oder Glaubenshelden haben sollen. Kraft dieses Charisma eines über die gewöhnliche Menschenkraft hinausgehenden Vertrauens auf Gottes Beistand kann der Vertrauensmann der Gemeinde, als Glaubensvirtuose, praktisch anders handeln und praktisch andere Dinge vollbringen als der Laie vermag. Der Glaube gibt hier eine Art von Surrogat magischer Fähigkeiten. Diese spezifisch antirationale innere Haltung aber einer Religiosität des schrankenlosen Gottvertrauens, welche zuweilen bis zu akosmistischer Indifferenz gegen verstandesmäßig praktische Erwägungen, sehr oft zu jenem bedingungslosen Zutrauen auf Gottes Vorsehung führt, welches die Folgen des eigenen, als gottgewollt empfundenen Tuns grundsätzlich ihm allein anheimstellt, steht sowohl im Christentum wie im Islam und überall im schroffen Gegensatz zum „Wissen", gerade zum theologischen Wissen.

Sie kann stolze Glaubensvirtuosität sein oder umgekehrt, wo sie diese Gefahr kreaturvergötternden Dünkels meidet, eine Haltung unbedingter religiöser Hingabe und gottinniger Demut, welche vor allem anderen die Abtötung des intellektuellen Hochmuts verlangt. Sie spielt besonders im alten Christentum bei Jesus und Paulus, weiterhin im Kampf gegen die hellenische Philosophie, dann in der Theologenfeindschaft der mystisch-pneumatischen Sekten des 17. Jahrhunderts in Westeuropa, des 18. und 19. in Osteuropa eine beherrschende Rolle. Jede, wie immer geartete, genuin religiöse Glaubensfrömmigkeit schließt direkt oder indirekt an irgendeinem Punkte das „Opfer des Intellekts" ein, zugunsten jener überintellektuellen spezifischen Gesinnungsqualität der absoluten Hingabe und des vertrauensvollen: credo, non quod, *sed quia* absurdum est. Hier wie überall betont die Erlösungsreligiosität der Religionen mit überweltlichem Gott die Unzulänglichkeit der eigenen intellektuellen Kraft gegenüber der Erhabenheit Gottes und ist daher etwas spezifisch gänzlich anderes als der buddhistische Verzicht auf das Wissen vom Jenseits – weil es der allein erlösenden Kontemplation nicht frommt – oder der allen Intellektuellenschichten aller Zeiten, den hellenistischen Grabschriften so gut wie den höchsten Renaissanceprodukten (etwa Shakespeare), wie der europäischen, chinesischen, indischen Philosophie, wie dem modernen Intellektualismus gemeinsame, skeptische Verzicht auf die Kenntnis eines „Sinns" der Welt, den sie vielmehr schroff bekämpfen muß. Der Glaube an das „Absurde", der schon in den Reden Jesu hervortretende Triumph darüber, daß es die Kinder und Unmündigen, nicht die Wissenden, sind, denen dies Charisma des Glaubens von Gott gegeben ist, deutet die ungeheure Spannung dieser Religiosität gegen den Intellektualismus an, den sie doch zugleich immer wieder für ihre eigenen Zwecke zu verwenden trachtet. Sie fördert ihn kraft ihrer zunehmenden Durchtränkung mit hellenischen Denkformen schon im Altertum, dann erneut und weit stärker noch im Mittelalter durch die Schaffung der Universitäten eigens als Stätten der Pflege der *Dialektik,* die sie, unter dem Eindruck der Leistungen der romanistischen Juristen für die konkurrierende Macht des Kaisertums, ins Leben rief. Glaubensreligiosität setzt jedenfalls stets einen persönlichen Gott, Mittler, Propheten voraus, zu dessen Gunsten an irgendeinem Punkt auf Selbstgerechtigkeit und eigenes Wissen verzichtet wird. Sie ist daher den asiatischen Religiositäten in dieser Form spezifisch fremd.

Der „Glaube" kann, sahen wir, je nach seiner spezifischen Wendung verschiedene Formen annehmen. Nicht dem urwüchsigen, noch in der Jahvereligion und im alten Islam vorwaltenden, Vertrauen des Kriegers auf die gewaltige Macht des eigenen Gottes, wohl aber der „Erlösung" suchenden Glaubensreligiosität befriedeter Schichten ist eine gewisse, freilich sehr verschieden starke Verwandtschaft mit der kontemplativen Mystik gemeinsam. Denn stets hat ein solches als „Erlösung" erstrebtes Heilsgut wenigstens die Tendenz, zu einer vorwiegend „zuständlichen" Beziehung zum Göttlichen, einer unio mystica, zu werden. Und gerade je systematischer dann der praktische Gesinnungscharakter des Glaubens herauspräpariert wird, desto leichter können, ganz wie bei aller Mystik, direkt anomistische Konsequenzen auftreten. Schon die Paulusbriefe zeigen, ebenso wie gewisse Widersprüche in den überlieferten Äußerungen von Jesus, die große Schwierigkeit eine, auf „Glauben" in diesem Sinn einer Vertrauensbeziehung ruhende, eigentliche „Erlösungs"-Religiosität mit bestimmten ethischen Anforderungen in eindeutige Beziehung zu setzen. Mit den naheliegenden Konsequenzen seiner eigenen Anschauung hat denn auch Paulus fortwährend in sehr komplizierten Deduktionen zu kämpfen. Die konsequente Durchführung der paulinischen Glaubenserlösung im Marcionitismus vollends zeigte die anomistischen Folgerungen.

Normalerweise wirkt die Glaubenserlösung, je mehr der Nachdruck auf sie fällt, innerhalb einer Alltagsreligion nicht leicht in der Richtung ethisch aktiver Rationalisierung der Lebensführung, wie dies beim Propheten persönlich naturgemäß sehr wohl der Fall sein kann. Unter Umständen wirkt sie direkt im antirationalen Sinn, im einzelnen sowohl wie im Prinzip. Wie im kleinen manchen gläubigen Lutheranern der Abschluß von Versicherungsverträgen als Bekundung ungläubigen Mißtrauens in Gottes Vorsehung erschien, so erscheint im großen jede rationale Heilsmethodik, jede Art von Werkgerechtigkeit, vor allem jede Überbietung der normalen Sittlichkeit durch asketische Leistungen der Glaubensreligiosität als frevelhaftes Pochen auf Menschenkraft. Wo sie konsequent entwickelt ist, lehnt sie – wie der alte Islam – jedenfalls die überweltliche Askese, insbesondere das Mönchtum, ab. Sie kann dadurch, wie es der lutherische Protestantismus getan hat, der religiösen Wertung der innerweltlichen Berufsarbeit direkt zugute kommen und deren Antriebe namentlich dann stärken, wenn sie auch die priesterliche Buß- und Sakramentsgnade zugunsten der alleinigen Wichtigkeit der persönlichen Glaubensbeziehung zu Gott entwertet. Dies hat das Luthertum prinzipiell von Anfang an, noch verstärkt in seiner späteren Entwicklung nach völliger Beseitigung der Beichte und speziell in den Formen des von Spener und Francke her asketisch, durch quäkerische und andere ihnen selbst wenig bewußte Kanäle, beeinflußten Pietismus getan. Aus der lutherischen Bibelübersetzung zuerst stammt überhaupt das deutsche Wort „Beruf", und die Wertung der innerweltlichen Berufstugend als einziger Form gottwohlgefälligen Lebens ist dem Luthertum von Anfang an durchaus wesentlich. Da aber die „Werke" weder als Realgrund der Seelenrettung, wie im Katholizismus, noch als Erkenntnisgrund der Wiedergeburt, wie im asketischen Protestantismus, in Betracht kamen, und da überhaupt der Gefühlshabitus des Sichgeborgenwissens in Gottes Güte und Gnade die vorwaltende Form der Heilsgewißheit blieb, so blieb auch die Stellung zur Welt ein geduldiges „Sich-Schicken" in deren Ordnungen, im ausgeprägten Gegensatz gegen alle jene Formen des Protestantismus, die zur Heilsgewißheit eine Bewährung (bei den Pietisten fides efficax, bei den islamischen Charidschiden „'amal") in guten Werken oder einer spezifisch methodischen Lebensführung forderten, und vollends zu der Virtuosenreligion der asketischen Sekten. Es fehlen dem Luthertum jegliche Antriebe zu sozial oder politisch revolutionärer oder auch nur rational-reformerischer Haltung. Es gilt in der Welt und gegen sie das Heilsgut des Glaubens zu bewahren, nicht sie rational ethisch umzugestalten. Wo nur das Wort rein und lauter verkündet wird, findet sich alles für den Christen Wesentliche von selbst, und es ist die Gestaltung der äußeren Ordnung der Welt, selbst der Kirche, ein Adiaphoron. Dieser fügsame, relativ weltindifferente, im Gegensatz zur Askese „weltoffene" Gefühlscharakter des Glaubens ist allerdings erst Entwicklungsprodukt. Die spezifische Glaubensreligiosität kann nicht leicht antitraditionalistisch rationale Züge der Lebensführung erzeugen, und es fehlt ihr aus sich heraus jeder Antrieb zu einer rationalen Beherrschung und Umgestaltung der Welt.

Der „Glaube" in der Form, wie ihn die Kriegerreligionen des alten Islam und auch der älteren Jahvereligion kennen, trägt das Gepräge der einfachen Gefolgschaftstreue gegen den Gott oder Propheten, ganz wie sie allen Beziehungen zu anthropomorphen Göttern urwüchsig eigen ist. Für die Gefolgschaftstreue lohnt der Gott, Untreue straft er. Andere Qualitäten gewinnt diese persönliche Beziehung zu Gott erst, wo befriedete Gemeinden und speziell Anhänger aus bürgerlichen Schichten Träger einer Erlösungsreligiosität sind. Dann erst kann der Glaube als Erlösungsmittel seinen gefühlsmäßigen Charakter gewinnen und dabei die Züge der Gottes- oder Heilands*liebe* annehmen, wie sie schon in der exilischen und nachexilischen Religiosität des Judentums und verstärkt im frühen Christentum, vor allem bei Jesus und Johannes, auftreten. Gott erscheint als gnädiger Dienstherr oder als Hausvater. Zwar ist es ein gröblicher Unfug, wenn man in der Vaterqualität des Gottes, den Jesus verkündet, einen Einschlag unsemitischer Religiosität hat finden wollen, weil die Götter der (meist semitischen) Wüstenvölker die Menschen „schaffen", die hellenischen sie „zeugen". Denn der christliche Gott hat niemals daran gedacht, Menschen zu zeugen (γεννηθέντα μὴ ποιηθέντα, gezeugt und nicht geschaffen, ist gerade das auszeichnende Prädikat des trinitarisch vergotteten Christus im Gegensatz zum Menschen), und er ist, obwohl er die Menschen mit übermenschlicher Liebe umfängt, ganz und gar kein zärtlicher moderner Papa, sondern vorwiegend ein wohlwollender, aber auch zorniger und strenger königlicher Patriarch wie schon der jüdische Gott. Aber allerdings kann nun das Stimmungsmäßige der Glaubensreligiosität durch das Gotteskindschaftsbewußtsein (statt der asketischen Gotteswerkzeugvorstellung) weiter gesteigert, die Einheit der Lebensführung dadurch noch mehr im gefühlsmäßigen Stimmungsgehalt und Gottvertrauen, statt im ethischen Bewährungsbewußtsein gesucht und so ihr praktisch rationaler Charakter noch weiter abgeschwächt werden. Schon der mit der „Sprache Kanaans" seit der Renaissance des Pietismus eingerissene, winselnde Tonfall typischer lutherischer Kanzelreden in Deutschland deutet jene Gefühlsforderung an, die kraftvolle Männer so oft aus der Kirche gescheucht hat.

Vollends antirational wirkt auf die Lebensführung die Glaubensreligiosität normalerweise da, wo die Beziehung zu Gott oder Heiland den Charakter der leidenschaftlichen Devotion, der Glaube also einen latent oder offen erotischen Einschlag zeigt. So in den verschiedenen Spielarten der sufistischen Gottesliebe und der bernhardinischen Hohe-Lied-Mystik, im Marien- und Herz-Jesu-Kult und anderen hierher gehörigen Devotionsformen und auch in einzelnen gefühlsschwelgerischen Entfaltungen des spezifisch lutherischen Pietismus (Zinzendorf). Vor allem aber in der spezifisch hinduistischen, die stolze und vornehme Intellektuellenreligiosität des Buddhismus seit dem 5./6. Jahrhundert radikal verdrängenden Bhakti-(Liebes-)Frömmigkeit, der dort populären Form der Massenerlösungsreligion, insbesondere der soteriologischen Formen des Vischnuismus. Die Devotion zu dem aus dem Mahabharata durch Apotheose zum Heiland erhobenen Krischna, namentlich zum Krischnakinde, wird hier durch die vier Stufen der Kontemplation: Dienerschafts-, Freundschafts-, Kindes- (oder Eltern-)Liebe bis zur höchsten Stufe der ausdrücklich erotisch, nach Art der Gopisliebe (der Liebe von Krischnas Maitressen zu ihm), gefärbten Devotion gesteigert. Diese Religiosität, welche überdies schon infolge ihrer alltagsfeindlichen Form der Heilsgewinnung stets irgendwelchen Grad sakramental-priesterlicher Gnadenvermittlung durch die Gurus und Gosains voraussetzt, ist, auf ihre praktische Wirkung hin angesehen, ein sublimierteres Seitenstück der in den untersten Schichten populären hinduistischen Saktireligiosität, einer Devotion für die Götterweiber, welche nicht selten erotischen Orgienkult einschloß, immer aber der Orgienreligiosität nahesteht. Sie steht namentlich den christlichen Formen der reinen Glaubensreligiosität: dem kontinuierlichen unerschütterlichen Zutrauen in Gottes Vorsehung, in jeder Hinsicht fern. Die erotisch gefärbte Heilandsbeziehung wird wesentlich technisch, durch Devotionsübung, erzeugt. Der christliche Vorsehungsglaube dagegen ist ein *willens*mäßig festzuhaltendes Charisma.

Die Erlösung kann endlich ganz freies grundloses Gnadengeschenk eines in seinen Ratschlüssen unerforschlichen, kraft seiner Allwissenheit notwendig unwandelbaren, durch menschliches Verhalten überhaupt nicht zu beeinflussenden Gottes sein: *Prädestinationsgnade.* Sie setzt den überweltlichen Schöpfergott am unbedingtesten voraus und fehlt daher aller antiken und asiatischen Religiosität. Sie scheidet sich von der in kriegerischen Heldenreligionen sich findenden Vorstellung an ein übergöttliches Verhängnis durch ihren Charakter als Vorsehung, d.h. als eine zwar vom Menschen aus gesehen irrationale, dagegen von Gott aus gesehen rationale Ordnung, an ein Weltregiment. Dagegen schaltet sie die Güte Gottes aus. Er wird zu einem harten majestätischen König. Sie selbst teilt mit dem Verhängnisglauben die Konsequenz, Vornehmheit und Härten zu erzielen, obwohl oder vielmehr gerade weil diesem Gott gegenüber die völlige Entwertung aller eigenen Kraft des Einzelnen die Voraussetzung der Errettung allein aus freier Gnade ist. Leidenschaftslose, ernst sittliche Naturen wie Pelagius konnten an die Zulänglichkeit der eigenen Werke glauben. Die Prädestination ist unter den Propheten der Glaube von Menschen, die entweder, wie Calvin und Muhammed, ein rationaler religiöser Machttrieb übermächtig beseelt: die Sicherheit der eigenen, weniger aus persönlicher Fleckenlosigkeit als aus der Situation der Welt und aus Gottes Willen folgenden Mission, oder die, wie Augustinus und ebenfalls wieder Muhammed, ungeheure Leidenschaften zu bändigen hatten und in dem Gefühle lebten, daß dies, soweit überhaupt, nur durch eine außer ihnen und über ihnen waltende Macht gelungen sei. In der gewaltig erregten Zeit nach seinen schweren Sündenkämpfen kannte sie daher auch Luther, um sie später mit zunehmender Weltanpassung zurücktreten zu lassen.

Die Prädestination gewährt dem Begnadeten das Höchstmaß von Heilsgewißheit, *wenn* er einmal sicher ist, zu der Heilsaristokratie der wenigen zu gehören, die auserwählt sind. Ob aber der Einzelne dies unvergleichlich wichtige Charisma besitzt, dafür muß es – da die absolute Ungewißheit dauernd nicht ertragen wird – Symptome geben. Da nun Gott sich herbeigelassen hat, immerhin einige positive Gebote für das ihm wohlgefällige Handeln zu offenbaren, so können jene Symptome nur in der hier, wie für jedes religiös aktive Charisma, ausschlaggebenden Bewährung der Fähigkeit liegen, als Gottes Werkzeug an ihrer Erfüllung mitzuwirken, und zwar kontinuierlich und methodisch, da man die Gnade entweder immer hat oder nie. Nicht einzelne Verstöße – die dem Prädestinierten als Kreatur wie allen Sündern widerfahren –, sondern das Wissen, daß nicht diese Verstöße, sondern das gottgewollte Handeln aus der eigentlichen, durch die geheimnisvolle Gnadenbeziehung gestifteten inneren Beziehung zu Gott fließt, die zentrale und konstante Qualität der Persönlichkeit also, gibt Gewißheit des Heils und der Gnadenperseveranz. Anstatt der scheinbaren „logischen" Konsequenz des Fatalismus hat daher der Prädestinationsglaube gerade bei seinen konsequentesten Anhängern die denkbar stärksten Motive gottgewollten Handelns anerzogen. Naturgemäß je nach dem primären Inhalt der Prophetie verschieden geartet.

Die rücksichtslose Selbstvergessenheit der unter dem religiösen Gebot des Glaubenskrieges zur Welteroberung stehenden, islamitischen Glaubenskämpfer der ersten Generationen, ebenso wie der ethische Rigorismus, die Legalität und rationale Lebensmethodik der unter dem christlichen Sittengesetz stehenden Puritaner folgten beide aus dem Einfluß jenes Glaubens. Disziplin im Glaubenskriege war die Quelle der Unüberwindlichkeit der islamischen ebenso wie der Cromwellschen Kavallerie, innerweltliche Askese und disziplinierte Heilssuche im gottgewollten Beruf die Quelle der Erwerbsvirtuosität bei den Puritanern. Die radikale und wirklich endgültige Entwertung aller magischen, sakramentalen und anstaltsmäßigen Gnadenspende gegenüber Gottes souveränem Willen ist die unvermeidliche Folge jeder konsequent durchgeführten Prädestinationsgnade und ist auch, wo immer sie in voller Reinheit bestand und erhalten blieb, eingetreten. Die weitaus stärkste Wirkung hatte sie in dieser Hinsicht im Puritanismus. Die islamische Prädestination kannte einerseits das doppelte Dekret nicht: die Prädestination zur Hölle wagte man Allah nicht zuzuschreiben, sondern nur die Entziehung seiner Gnade und damit die „Zulassung" des – bei der Unzulänglichkeit des Menschen – unvermeidlichen Irrens. Und sie hatte, dem Charakter der Kriegerreligion entsprechend, insofern die Färbung der hellenischen „moira", als einerseits die spezifisch rationalen Elemente des „Weltregiments" und andererseits die Determination des religiösen Jenseitsschicksals des Einzelnen dabei weit schwächer entwickelt waren. Die Vorstellung waltete vor, daß nicht das jenseitige, sondern gerade das diesseitige außeralltägliche Schicksal, die Frage z. B. (und namentlich): ob der Glaubenskämpfer in der Schlacht falle oder nicht, durch Prädestination bestimmt sei. Das jenseitige Schicksal des Einzelnen war dagegen schon durch seinen bloßen Glauben an Allah und den Propheten hinlänglich gesichert und bedurfte daher – nach der älteren Vorstellung wenigstens – keiner Bewährung in der Lebensführung: ein rationales System der Alltagsaskese war dieser Kriegerreligion ursprünglich fremd. Daher entfaltete die Prädestination im Islam ihre Macht zwar stets erneut in den Glaubenskämpfen, wie noch in denen des Mahdi, büßte sie dagegen mit jeder „Verbürgerlichung" des Islam ein, weil sie keine inneralltägliche Lebensmethodik stiftete, wie im Puritanismus, wo die Prädestination gerade das Jenseitsschicksal betraf und also die „certitudo salutis" gerade an der *inner*alltäglichen Tugendbewährung hing, daher allein mit der Verbürgerlichung der Religiosität Calvins ihre Bedeutung gegenüber dessen eigenen ursprünglichen Anschauungen stieg. Höchst charakteristischerweise ist – während der puritanische Prädestinationsglaube den Autoritäten überall als staatsgefährlich und autoritätsfeindlich, weil jeder weltlichen Legitimität und Autorität gegenüber skeptisch, galt – das als spezifisch „weltlich" verschriene Ommajadengeschlecht Anhänger des Prädestinationsglaubens gewesen, weil es seine eigene illegitim erworbene Herrschaft durch den prädestinierenden Willen Allahs legitimiert zu sehen erwartete: man sieht, wie die Wendung zur Determination konkreter Weltvorgänge, statt des Bezugs auf das Jenseitsschicksal, sofort den ethisch rationalen

Charakter der Prädestination schwinden läßt. Und soweit sie asketisch wirkte – was bei den alten schlichten Glaubenskämpfern immerhin auch der Fall war –, wurde diese Wirkung im Islam, der an die Sittlichkeit überdies vornehmlich äußere und im übrigen rituelle Anforderungen stellte, im Alltag zurückgedrängt und nahm ihres weniger rationalen Charakters halber in der Volksreligiosität leicht fatalistische Züge (Kismet) an, verdrängte auch eben deshalb die Magie aus der Volksreligion nicht. Dem Charakter der konfuzianischen Ethik der chinesischen Patrimonialbürokratie endlich entspricht es, daß dort das Wissen um ein „Verhängnis" einerseits als das gilt, was die vornehme Gesinnung garantiert, andererseits dies Verhängnis im magischen Massenglauben zuweilen fatalistische Züge, im Glauben der Gebildeten aber eine gewisse Mittelstellung zwischen Vorsehung und „moira" annimmt. Wie die moira und der Trotz, sie zu bestehen, den kriegerischen Heldenstolz, so speist die Prädestination den („pharisäischen") Stolz heroistischer bürgerlicher Askese. Nirgends aber ist der Stolz der prädestinierten Heilsaristokratie so eng mit dem Berufsmenschentum und mit der Idee: daß der Erfolg *rationalen* Handelns Gottes Segen erweise, verknüpft, nirgends daher die Wirkung der asketischen Motive auf die Wirtschaftsgesinnung so intensiv wie im Geltungsbereich der puritanischen Prädestinationsgnade. Auch die Prädestinationsgnade ist der Glaube religiösen Virtuosentums, welches allein den Gedanken des „doppelten Dekrets" von Ewigkeit her erträgt. Mit zunehmendem Einströmen in den Alltag und in die Massenreligiosität wird der düstere Ernst der Lehre immer weniger ertragen, und als caput mortuum blieb schließlich im okzidentalen asketischen Protestantismus jener Beitrag zurück, den speziell auch diese Gnadenlehre in der rational kapitalistischen Gesinnung: dem Gedanken der methodischen Berufsbewährung im Erwerbsleben, als Einschlag zurückgelassen hat. Der Kuypersche Neocalvinismus wagt die reine Lehre nicht mehr voll zu vertreten. Aber wirklich ausgerottet ist der Glaube als solcher nicht. Er wechselt nur die Form. Denn unter allen Umständen war der Prädestinationsdeterminismus ein Mittel der denkbar intensivsten systematischen Zentralisierung der „Gesinnungsethik". Die „Gesamtpersönlichkeit", wie wir heute sagen würden, ist durch „göttliche Wahl" mit dem Ewigkeitswertakzent versehen, nicht irgendeine einzelne Handlung. Das religionslose, auf diesseitig gewendetem Determinismus ruhende Pendant dieser religiösen Glaubenswertung ist jene spezifische Art von „Scham" und – sozusagen – gottlosem Sündengefühl, welche dem modernen Menschen ebenfalls kraft einer, einerlei wie metaphysisch unterbauten, ethischen Systematisierung zur Gesinnungsethik eignen. Nicht daß er dies getan hat, sondern daß er, ohne sein Zutun, kraft seiner unabänderlichen Geartetheit so *„ist"*, daß er es tun *konnte,* ist die geheime Qual, die er trägt, und ebenso das, was der deterministisch gewendete „Pharisäismus" der anderen in ihrer Ablehnung ihm zum Ausdruck bringt, – ebenso menschlichkeitsfremd, weil ebenso ohne die sinnvolle Möglichkeit einer „Vergebung" und „Reue" oder eines „Wiedergutmachens", in ganz der gleichen Art wie der religiöse Prädestinationsglauben selbst es war, der immerhin irgendeine geheime göttliche ratio vorstellen konnte.

11. Religiöse Ethik und „Welt".

Die Erlösungsreligiosität bedeutet, je systematischer und „gesinnungsethisch" verinnerlichter sie geartet ist, eine desto tiefere Spannung gegenüber den Realitäten der Welt. Solange sie einfach rituelle oder Gesetzesreligiosität ist, tritt diese Spannung in wenig prinzipieller Art hervor. Sie wirkt in dieser Form wesentlich ebenso wie die magische Ethik. Das heißt, allgemein gesprochen: sie gibt erst den von ihr rezipierten Konventionen die unverbrüchliche Weihe, weil auch hier an der Vermeidung des göttlichen Zornes, also an der Bestrafung des Übertretens der Normen die Gesamtheit der Anhänger des Gottes als solche interessiert ist. Wo daher einmal ein Gebot die Bedeutung einer göttlichen Ordnung erlangt hat, steigt es damit aus dem Kreise veränderlicher Konventionen zum Rang der Heiligkeit auf. Es hat nun, wie die Ordnungen des Kosmos, von jeher gegolten und wird für immer gelten, es kann nur interpretiert, nicht geändert werden, es sei denn, daß der Gott selbst ein neues Gebot offenbart. Wie der Symbolismus in bezug auf bestimmte inhaltliche Kulturelemente und die magischen Tabuvorschriften in bezug auf konkrete Arten von Beziehungen zu Menschen und Sachgütern stereotypierend wirken, so die Religion in diesem Stadium auf das gesamte Gebiet der Rechtsordnung und der Konventionen. Die heiligen Bücher sowohl der Inder wie des Islam, der Parsen wie der Juden und ebenso die klassischen Bücher der Chinesen behandeln Zeremonial- und Ritualnormen und Rechtsvorschriften völlig auf gleicher Linie. Das Recht ist „heiliges" Recht. Die Herrschaft religiös stereotypierten Rechtes bildet eine der allerwichtigsten Schranken für die Rationalisierung der Rechtsordnung und also der Wirtschaft. Auf der anderen Seite kann die Durchbrechung von stereotypierten magischen oder rituellen Normen durch ethische Prophetie tiefgreifende – akute oder allmähliche – Revolutionen auch der Alltagsordnung des Lebens und insbesondere der Wirtschaft nach sich ziehen. In beiden Richtungen hat selbstverständlich die Macht des Religiösen ihre Schranken. Bei weitem nicht überall, wo sie mit Umgestaltung Hand in Hand geht, ist sie das treibende Element. Sie stampft insbesondere nirgends ökonomische Zustände aus dem Boden, für welche nicht mindestens die Möglichkeiten, oft sehr intensive Antriebe in den bestehenden Verhältnissen und Interessenkonstellationen gegeben waren. Und ihre konkurrierende Gewalt ist mächtigen ökonomischen Interessen gegenüber auch hier begrenzt. Eine allgemeine Formel für die relative inhaltliche Macht der verschiedenen Entwicklungskomponenten und der Art ihrer „Anpassung" aneinander ist nicht zu geben. Die Bedürfnisse des ökonomischen Lebens machen sich entweder durch Umdeutung der heiligen Gebote geltend oder durch ihre kasuistisch motivierte Umgehung, zuweilen auch durch einfache praktische Beseitigung, im Wege der Praxis der geistlichen Buß- und Gnadenjurisdiktion, die z. B. innerhalb der katholischen Kirche eine so wichtige Bestimmung wie das Zinsverbot in bald zu erwähnender Weise auch in foro conscientiae völlig ausgeschaltet hat, ohne es doch – was unmöglich gewesen wäre – ausdrücklich zu abrogieren. Dem ebenso verpönten „Onanismus matrimonialis" (Zweikindersystem) dürfte es ebenso ergehen. Die Konsequenz der an sich naturgemäß häufigen Vieldeutigkeit oder des Schweigens religiöser Normen gegenüber neuen Problemen und diesen Praktiken ist das unvermittelte Nebeneinanderstehen absolut unerschütterlicher Stereotypierungen einerseits mit außerordentlicher Willkür und völliger Unberechenbarkeit des davon wirklich Geltendem andererseits. Von der islamischen Scherī'a ist im Einzelfall kaum angebbar, was heut noch in der Praxis gilt, und das gleiche trifft für alle heiligen Rechte und Sittengebote zu, welche formal ritualistisch-kasuistischen Charakter haben, vor allem auch für das jüdische Gesetz. Demgegenüber schafft nun gerade die prinzipielle Systematisierung des religiös Gesollten zur *„Gesinnungsethik"* eine wesentlich veränderte Situation. Sie sprengt die Stereotypierung der Einzelnormen zugunsten der „sinnhaften" Gesamtbeziehung der Lebensführung auf das religiöse Heilsziel. Sie kennt kein „heiliges Recht", sondern eine „heilige Gesinnung", welche je nach der Situation verschiedene Maximen des Verhaltens sanktionieren kann, also elastisch und anpassungsfähig ist. Statt stereotypierend kann sie, je nach der Richtung der Lebensführung, die sie schafft, von innen heraus revolutionierend wirken. Aber sie erkauft diese Fähigkeit um den Preis einer wesentlich verschärften und „verinnerlichten" Problematik. Die innere Spannung des religiösen Postulats gegen die Realitäten der Welt nimmt in Wahrheit nicht ab, sondern zu. An Stelle des äußerlichen Ausgleichspostulats der Theodizee treten mit steigender Systematisierung und Rationalisierung der Gemeinschaftsbeziehungen und ihrer Inhalte die Konflikte der Eigengesetzlichkeiten der einzelnen Lebenssphären gegenüber dem religiösen Postulat und gestalten so die „Welt", je intensiver das religiöse Bedürfen ist, desto mehr zu einem Problem; dieses müssen wir zunächst an den Hauptkonfliktspunkten uns verdeutlichen.

Die religiöse Ethik greift in die Sphäre der sozialen Ordnung sehr verschieden tief ein. Nicht nur die Unterschiede der magischen und rituellen Gebundenheit und der Religiosität entscheiden hier, sondern vor allem ihre prinzipielle Stellung zur Welt überhaupt. Je systematisch-rationaler diese unter religiösen Gesichtspunkten zu einem Kosmos geformt wird, desto prinzipieller kann ihre ethische Spannung gegen die innerweltlichen Ordnungen werden, und zwar um so mehr, je mehr diese selbst ihrerseits nach ihrer Eigengesetzlichkeit systematisiert werden. Es entsteht die weltablehnende religiöse Ethik, und dieser fehlt, eben als solcher, der stereotypierende Charakter der heiligen Rechte. Gerade die Spannung, welche sie in die Beziehungen zur Welt hinträgt, ist ein starkes dynamisches Entwicklungsmoment.

Soweit die religiöse Ethik lediglich die allgemeinen Tugenden des Weltlebens übernimmt, bedürfen diese hier keiner Erörterung. Die Beziehungen innerhalb der Familie, daneben Wahrhaftigkeit, Zuverlässigkeit, Achtung fremden Lebens und Besitzes, einschließlich desjenigen an Weibern, versteht sich von selbst. Aber der Akzent der verschiedenen Tugenden ist charakteristisch verschieden. So die ungeheure Betonung der Familienpietät im Konfuzianismus, magisch motiviert infolge der Bedeutung der Ahnengeister, praktisch geflissentlich gepflegt von einer patriarchalen und patrimonialbürokratischen politischen Herrschaftsorganisation, welcher, nach einem Ausspruch des Konfuzius, „Insubordination schlimmer als gemeine Gesinnung" gilt und daher die Subordination den Familienautoritäten gegenüber, wie dies ebenfalls ausdrücklich gesagt wird, auch als Merkmal der gesellschaftlichen und politischen Qualitäten gelten mußte. Im polaren Gegensatz dazu die Sprengung aller Familienbande durch die radikalere Form der Gemeindereligiosität: wer nicht seinen Vater hassen kann, kann nicht Jesu Jünger sein. Oder etwa die strengere Wahrheitspflicht der indischen und zarathustrischen Ethik gegenüber der des jüdisch-christlichen Dekalogs (Beschränkung auf die gerichtliche Zeugenaussage) und andererseits das völlige Zurücktreten der Wahrheitspflicht gegenüber den zeremoniellen Schicklichkeitsgeboten in der Standesethik der konfuzianischen chinesischen Bürokratie. Oder das, über die ursprünglich durch die antiorgiastische Stellung des Zarathustra bedingte, Tierquälereiverbot seiner Religion weit hinausgehende, in animistischen (Seelenwan-

derungs-)Vorstellungen begründete, absolute Verbot der Tötung irgendeines lebenden Wesens (ahimsa) bei aller spezifisch indischen Religiosität im Gegensatz
zu fast allen anderen.

Im übrigen ist der Inhalt jeder, über magische Einzelvorschriften und die Familienpietät hinausgehenden, religiösen Ethik zunächst bedingt durch die beiden
einfachen Motive, welche das nicht familiengebundene Alltagshandeln bestimmen: gerechte Talion gegen Verletzer und brüderliche Nothilfe für den befreun-
deten Nachbarn. Beides ist Vergeltung: der Verletzende „verdient" die Strafe, deren Vollziehung den Zorn besänftigt, ebenso wie der Nachbar die Nothilfe. Daß
man den Feinden Böses mit Bösem vergelte, versteht sich für die chinesische, vedische und zarathustrische Ethik ebenso wie bis in die nachexilische Zeit für die
der Juden. Alle gesellschaftliche Ordnung scheint ja auf gerechter Vergeltung zu
beruhen, und daher lehnt die weltanpassende Ethik des Konfuzius die in China
teils mystisch, teils sozialutilitarisch motivierte Idee der Feindesliebe direkt als
gegen die Staatsräson gehend ab. Akzeptiert wird sie von der jüdischen nachexilischen Ethik im Grunde, wie Meinhold ausführt, auch nur im Sinn einer um so
größeren, vornehmen Beschämung des Feindes durch eigene Guttaten und vor
allem mit dem wichtigen Vorbehalt, den auch das Christentum macht: daß die
Rache Gottes ist und er sie um so sicherer besorgen wird, je mehr der Mensch
sich ihrer enthält. Den Verbänden der Sippe, der Blutsbrüder und des Stammes
fügt die Gemeindereligiosität als Stätte der Nothilfepflicht den Gemeindegenossen hinzu. Oder vielmehr, sie setzt ihn an die Stelle des Sippengenossen: wer
nicht Vater und Mutter verlassen kann, kann nicht Jesu Jünger sein, und in diesem Sinn und Zusammenhang fällt auch das Wort, daß er gekommen sei, nicht
um den Frieden zu bringen, sondern das Schwert. Daraus erwächst dann das Gebot der „Brüderlichkeit", welches der Gemeindereligiosität – nicht etwa aller,
aber doch gerade ihr – spezifisch ist, weil sie die Emanzipation vom politischen
Verbande am tiefsten vollzieht. Auch in der frühen Christenheit, z. B. bei Klemens von Alexandrien, gilt die Brüderlichkeit in vollem Umfang nur innerhalb
des Kreises der Glaubensgenossen, nicht ohne weiteres nach außen. Die brüderliche Nothilfe stammt, sahen wir, aus dem Nachbarverband. Der „Nächste" hilft
dem Nachbar, denn auch er kann seiner einmal bedürfen. Erst eine starke Mischung der politischen und ethnischen Gemeinschaften, und die Loslösung der
Götter als universeller Mächte vom politischen Verband führt zur Möglichkeit
des Liebesuniversalismus. Gegen die fremde Religiosität wird sie gerade bei Hervortreten der Konkurrenz der Gemeindereligiositäten und dem Anspruch auf
Einzigkeit des eigenen Gottes sehr erschwert. Die Jainamönche wundern sich in
der buddhistischen Überlieferung, daß der Buddha seinen Jüngern geboten hat,
auch ihnen Speise zu geben.

Wie nun die Gepflogenheiten nachbarschaftlicher Bittarbeit und Nothilfe bei
ökonomischer Differenzierung auch auf die Beziehungen zwischen den verschiedenen sozialen Schichten übertragen werden, so schon sehr früh auch in der religiösen Ethik. Die Sänger und Zauberer als die ältesten vom Boden gelösten „Berufe" leben von der Freigebigkeit der Reichen. Diese preisen sie zu allen Zeiten,
den Geizigen aber trifft ihr Fluch. In naturalwirtschaftlichen Verhältnissen nobili-
tiert aber überhaupt, sahen wir, nicht der Besitz als solcher, sondern die freigebig
gastfreie Lebensführung. Daher ist das *Almosen* universeller und primärer Bestandteil auch aller ethischen Religiosität. Die ethische Religiosität wendet dies

Motiv verschieden. Das Wohltun an den Armen wird noch von Jesus gelegentlich ganz nach den Vergeltungsprinzipien so motiviert: daß gerade die Unmöglichkeit diesseitiger Vergeltung seitens des Armen die jenseitige durch Gott um so sicherer mache. Dazu tritt der Grundsatz der Solidarität der Glaubensbrüder, der unter Umständen bis zu einer an „Liebeskommunismus" grenzenden Brüderlichkeit geht.

Das Almosen gehört im Islam zu den fünf absoluten Geboten der Glaubenszugehörigkeit, es ist im alten Hinduismus ebenso wie bei Konfuzius und im alten Judentum das „gute Werk" schlechthin, im alten Buddhismus ursprünglich die einzige Leistung des frommen Laien, auf die es wirklich ankommt, und hat im antiken Christentum nahezu die Dignität eines Sakraments erlangt (noch in Augustins Zeit gilt Glaube ohne Almosen als unecht). Der unbemittelte islamische Glaubenskämpfer, der buddhistische Mönch, die unbemittelten Glaubensbrüder des alten Christentums (zumal der jerusalemitischen Gemeinde) sind ja alle, ebenso wie die Propheten, Apostel und oft auch die Priester der Erlösungsreligionen selbst vom Almosen abhängig, und die Chance des Almosens und der Nothilfe ist im alten Christentum und später bei den Sekten, bis in die Quäkergemeinden hinein, als eine Art von religiösem Unterstützungswohnsitz, eines der ökonomischen Hauptmomente der Propaganda und des Zusammenhalts der religiösen Gemeinde. Daher verliert es sofort mehr oder minder an Bedeutung und mechanisiert sich ritualistisch, wenn eine Gemeindereligiosität diesen ihren Charakter einbüßt. Dennoch bleibt es grundsätzlich bestehen. Im Christentum erscheint trotz dieser Entwicklung das Almosen für einen Reichen als so unbedingt erforderlich zur Seligkeit, daß die Armen geradezu als ein besonderer und unentbehrlicher „Stand" innerhalb der Kirche gelten. In ähnlicher Weise kehren die Kranken, die Witwen und Waisen als religiös wertvolle Objekte ethischen Tuns wieder. Denn die Nothilfe erstreckt sich natürlich weit über das Almosen hinaus: unentgeltlicher Notkredit und Notversorgung seiner Kinder erwartet man vom Freund und Nachbar, daher auch vom Glaubensbruder – noch die an die Stelle der Sekten tretenden säkularisierten Vereine in Amerika stellen vielfach diese Ansprüche. Und speziell erwartet er dies von der Generosität der Mächtigen und der eigenen Gewalthaber. Innerhalb bestimmter Grenzen ist ja Schonung und Güte auch gegen die eigenen Gewaltunterworfenen ein eigenes wohlverstandenes Interesse des Gewalthabers, da von deren Gutwilligkeit und Zuneigung, in Ermangelung rationaler Kontrollmittel, seine Sicherheit und Einkünfte weitgehend abhängen. Die Chance, Schutz und Nothilfe von einem Mächtigen zu erlangen, ist andererseits für jeden Besitzlosen, speziell die heiligen Sänger, ein Anreiz, ihn aufzusuchen und seine Güte zu preisen. Überall, wo patriarchale Gewaltverhältnisse die soziale Gliederung bestimmen, haben daher – besonders im Orient – die prophetischen Religionen eine Art von „Schutz der Schwachen", Frauen, Kinder, Sklaven, auch schon in Anknüpfung an jene rein praktische Situation schaffen können. So namentlich die mosaische und islamische Prophetie. Dies erstreckt sich nun auch auf die Klassenbeziehungen. Im Kreise der minder mächtigen Nachbarn gilt rücksichtslose Ausnutzung derjenigen Klassenlage, welche der vorkapitalistischen Zeit typisch ist: rücksichtslose Schuldverknechtung und Vermehrung des eigenen Landbesitzes (was beides annähernd identisch ist), Ausnutzung der größeren Kaufkraft durch Aufkauf von Konsumgütern zur spekulativen Ausnutzung der Zwangslage der anderen, als ein mit schwerer sozialer Mißbilligung, daher auch mit religiösem Tadel beantworteter Verstoß gegen die Solidari-

tät. Andererseits verachtet der alte Kriegsadel den durch Gelderwerb Emporge-
kommenen als Parvenu. Überall wird deshalb diese Art des „Geizes" religiös perhorresziert, in den indischen Rechtsbüchern ganz ebenso wie im alten Christentum und im Islam; im Judentum mit dem charakteristischen Institut des Schulder-
laß- und Freilassungsjahres zugunsten der Glaubensgenossen, aus welchem dann
theologische Konsequenzmacherei und Mißverstand einer rein stadtsässigen
Frömmigkeit das „Sabbatjahr" konstruierte. Die gesinnungsethische Systematisierung konzipiert aus all diesen Einzelansprüchen die spezifisch religiöse Liebesgesinnung: die „caritas".

In fast allen ethischen Lebensreglementierungen kehrt nun auf ökonomischem
Gebiet als Ausfluß dieser zentralen Gesinnung die Verwerfung des Zinses wieder.
Gänzlich fehlt sie in der religiösen Ethik außerhalb des Protestantismus nur da,
wo, wie im Konfuzianismus, diese eine reine Weltanpassung geworden ist oder,
wie in der altbabylonischen Ethik und in den antiken Mittelmeerethiken, das
Stadtbürgertum, insbesondere der stadtsässige und am Handel interessierte Adel
die Entwicklung einer durchgreifenden karitativen Ethik überhaupt verhindert.
In den indischen religiösen Rechtsbüchern gilt wenigstens für die beiden höchsten Kasten das Zinsnehmen als verpönt. Bei den Juden unter Volksgenossen, im
Islam und im alten Christentum zunächst unter Glaubensbrüdern, dann unbedingt. Im Christentum ist das Zinsverbot als solches vielleicht nicht ursprünglich.
Gott wird nicht vergelten, wo man ohne Risiko leiht, – so wird bei Jesus die Vorschrift: auch den Unbemittelten zu leihen, motiviert. Aus dieser Stelle hat dann
ein Lese- und Übersetzungsfehler das Verbot des Zinses gemacht (μηδὲν statt
μηδένα ἀπελπίζοντες, daraus die Vulgata: „nihil inde sperantes"). Der ursprüngliche Grund der Zinsperhorreszierung liegt durchweg in dem Bittleistungscha-
rakter des primitiven Notdarlehens, welche den Zins „unter Brüdern" als Verstoß
gegen die Nothilfepflicht erscheinen lassen mußte. Für die steigende Einschär-
fung des Verbots im Christentum unter ganz anderen Bedingungen aber waren
teilweise andere Motive maßgebend. Nicht etwa das Fehlen des Kapitalzinses infolge der allgemeinen Bedingungen der Naturalwirtschaft, deren „Wiederspiege-
lung" angeblich das Verbot (nach geschichtsmaterialistischer Schablone) sein
sollte. Denn wir sehen gerade im Gegenteil, daß die christliche Kirche und ihre
Diener, einschließlich des Papstes, selbst im frühen Mittelalter, also gerade im
Zeitalter der Naturalwirtschaft, ganz unbedenklich Zins genommen und erst
recht ihn geduldet haben, und daß vielmehr fast genau parallel mit dem Beginn
der Entwicklung wirklich kapitalistischer Verkehrsformen und speziell des Er-
werbskapitals im Überseehandel die kirchliche Verfolgung des Darlehenszinses
entstand und immer schärfer einsetzte. Es handelt sich also um einen prinzipiellen Kampf der ethischen mit der ökonomischen Rationalisierung der Wirtschaft.
Erst im 19. Jahrhundert mußte die Kirche, wie wir sahen, den nunmehr unabänderlichen Tatsachen gegenüber das Verbot in der früher erwähnten Art beseitigen.

Der eigentlich religiöse Grund der Antipathie gegen den Zins lag tiefer und
hing mit der Stellung der religiösen Ethik zu der Gesetzlichkeit des rationalen
geschäftlichen Erwerbs als solchem zusammen. Jeder rein geschäftliche Erwerb
wird in urwüchsigen Religionen, gerade solchen, welche den Besitz von Reichtum
an sich sehr stark positiv werten, fast durchweg sehr ungünstig beurteilt. Und
zwar ebenfalls nicht nur unter vorherrschender Naturalwirtschaft und dem Ein-

fluß des Kriegsadels. Sondern gerade unter relativ entwickeltem Geschäftsverkehr und in bewußtem Protest dagegen. Zunächst führt jede ökonomische Rationalisierung des Tauscherwerbs zur Erschütterung der Tradition, auf welcher die Autorität des heiligen Rechts überhaupt beruht. Schon deshalb ist der Trieb nach Geld als Typus rationalen Erwerbsstrebens religiös bedenklich. Wenn möglich, hat daher die Priesterschaft (so anscheinend in Ägypten) die Erhaltung der Naturalwirtschaft begünstigt, wo nicht etwa die eigenen ökonomischen Interessen der Tempel als sakral geschützter Depositen- und Darlehenskassen dem allzusehr entgegenstanden. Vor allem aber ist es der *unpersönliche,* ökonomisch rationale, eben deshalb aber ethisch irrationale, Charakter rein geschäftlicher Beziehungen als solcher, der auf ein niemals ganz klar ausgesprochenes, aber um so sicherer gefühltes Mißtrauen gerade bei ethischen Religionen stößt. Jede rein persönliche Beziehung von Mensch zu Mensch, wie immer sie sei, einschließlich der völligsten Versklavung, kann ethisch reglementiert, an sie können ethische Postulate gestellt werden, da ihre Gestaltung von dem individuellen Willen der Beteiligten abhängt, also der Entfaltung karitativer Tugend Raum gibt. Nicht so aber geschäftlich rationale Beziehungen, und zwar je rational differenzierter sie sind, desto weniger. Die Beziehungen eines Pfandbriefbesitzers zu dem Hypothekenschuldner einer Hypothekenbank, eines Staatsschuldscheininhabers zum Staatssteuerzahler, eines Aktionärs zum Arbeiter der Fabrik, eines Tabakimporteurs zum fremden Plantagenarbeiter, eines industriellen Rohstoffverbrauchers zum Bergarbeiter sind nicht nur faktisch, sondern prinzipiell nicht karitativ reglementierbar. Die Versachlichung der Wirtschaft auf der Basis der Marktvergesellschaftung folgt durchweg ihren eigenen sachlichen Gesetzlichkeiten, deren Nichtbeachtung die Folge des ökonomischen Mißerfolgs, auf die Dauer des ökonomischen Untergangs nach sich zieht. Rationale ökonomische Vergesellschaftung ist immer Versachlichung in diesem Sinn, und einen Kosmos sachlich rationalen Gesellschaftshandelns kann man nicht durch karitative Anforderungen an konkrete Personen beherrschen. Der versachlichte Kosmos des Kapitalismus vollends bietet dafür gar keine Stätte. An ihm scheitern die Anforderungen der religiösen Karitas nicht nur, wie überall im einzelnen, an der Widerspenstigkeit und Unzulänglichkeit der konkreten Personen, sondern sie verlieren ihren Sinn überhaupt. Es tritt der religiösen Ethik eine Welt interpersonaler Beziehungen entgegen, die sich ihren urwüchsigen Normen grundsätzlich gar nicht fügen *kann.* In eigentümlicher Doppelseitigkeit hat daher die Priesterschaft immer wieder, auch im Interesse des Traditionalismus, den Patriarchalismus gegenüber den unpersönlichen Abhängigkeitsbeziehungen gestützt, obwohl andererseits die Prophetie die patriarchalen Verbände sprengt. Je prinzipieller aber eine Religiosität ihren Gegensatz gegen den ökonomischen Rationalismus als solchen empfindet, desto näher liegt dem religiösen Virtuosentum als Konsequenz die *antiökonomische Weltablehnung.*

In der Welt der Tatsachen hat dabei die religiöse Ethik infolge der unvermeidlichen Kompromisse, verschiedene Schicksale gehabt. Von jeher ist sie ganz direkt für rationale ökonomische Zwecke, insbesondere auch der Gläubiger, benutzt worden. Namentlich da, wo die Schuld rechtlich noch streng an der Person des Schuldners haftete. Dann wurde die Ahnenpietät der Erben ausgenutzt. Die Pfändung der Mumie des Toten in Ägypten oder die in manchen asiatischen Religiositäten verbreitete Vorstellung, daß wer ein Versprechen, also auch ein

Schuldversprechen, namentlich ein eidliches, nicht halte, im Jenseits gequält werde und daher seinerseits die Ruhe der Nachfahren durch bösen Zauber stören könne, gehören dahin. Im Mittelalter ist, worauf Schulte hinwies, der Bischof besonders kreditwürdig, weil im Fall des Bruchs der Zusage, zumal der eidlichen, die Exkommunikation seine ganze Existenz vernichtete (darin ähnlich der spezifischen Kreditwürdigkeit unserer Leutnants und Couleurstudenten). In eigentümlicher Paradoxie gerät vor allen Dingen, wie schon mehrfach erwähnt, die Askese immer wieder in den Widerstreit, daß ihr rationaler Charakter zur Vermögensakkumulation führt. Namentlich die Unterbietung, welche die billige Arbeit asketischer Zölibatäre gegenüber dem, mit dem Existenzminimum einer Familie belasteten, bürgerlichen Erwerb bedeutet, führt zur Expansion des eigenen Erwerbs, im Spätmittelalter, wo die Reaktion des Bürgertums gegen die Klöster eben auf deren gewerblicher „Kulikonkurrenz" beruht, wie bei der Unterbietung der weltlichen verheirateten Lehrer durch die Klostererziehung. Sehr oft erklären sich Stellungnahmen der Religiosität aus ökonomischen Erwerbsgründen. Die byzantinischen Mönche waren an den Bilderdienst ökonomisch gekettet wie die chinesischen es an die Produkte ihrer Buchdruckereien und Werkstätten sind, und die moderne Fabrikation von Schnaps in Klöstern – ein Hohn auf die religiöse Alkoholbekämpfung – ist nur ein extremes Beispiel in ähnlichem Sinne. Derartige Momente wirken jeder prinzipiellen antiökonomischen Weltablehnung entgegen. Jede Organisation, insbesondere jede Anstaltsreligiosität bedarf auch der ökonomischen Machtmittel, und kaum eine Lehre ist mit so fürchterlichen päpstlichen Flüchen bedacht worden, namentlich durch den größten Finanzorganisator der Kirche, Johann XXII., wie die konsequente Vertretung der biblisch beglaubigten Wahrheit: daß Christus seinen echten Jüngern Besitzlosigkeit geboten habe, durch die Franziskanerobservanten. Schon von Arnold von Brescia angefangen zieht sich die Zahl der Märtyrer dieser Lehre durch die Jahrhunderte.

Die praktische Wirkung der christlichen Wucherverbote und des für den geschäftlichen, speziell den kaufmännischen Erwerb, geltenden Satzes: „Deo placere non potest", ist generell schwer abzuschätzen. Das Wucherverbot zeitigte juristische Umgehungsformen aller Art. So gut wie unverhüllten Zins mußte schließlich die Kirche selbst nach hartem Kampf in den karitativen Anstalten der Montes pietatis (endgültig seit Leo X.) für Pfandleihegeschäfte zugunsten der Armen zulassen. Für den nur gegen festen Zins zu deckenden Notkreditbedarf des Mittelstandes sorgte das Judenprivileg. Im übrigen aber ist zu bedenken, daß im Mittelalter der feste Zins zunächst gerade bei den damals sehr stark risikobelasteten, namentlich den für überseeische Geschäfte geschlossenen, Erwerbskreditverträgen (wie sie z. B. auch für Mündelgelder in Italien universell benutzt wurden) ohnehin die seltene Ausnahme war gegenüber einer verschieden begrenzten und zuweilen (im Pisaner Constitutum Usus) tarifierten Teilnahme an Risiko und Gewinn des Geschäfts (commenda dare ad proficuum de mari). Die großen Händlergilden jedoch schützten sich gegen die Einrede der usuraria pravitas teils durch Ausschluß aus der Gilde, Boykott und schwarze Listen (wie etwa gegen den Differenzeinwand unserer Börsengesetzgebungen), die Mitglieder aber für ihr persönliches Seelenheil durch von der Zunft beschaffte Generalablässe (so in der Arte* di Calimala) und massenhafte testamentarische Gewissensgelder oder Stiftungen. Der tiefe Zwiespalt zwischen den geschäftlichen Unvermeidlichkeiten und dem christlichen Lebensideal wurde indessen oft sehr tief gefühlt und hielt jedenfalls gerade die frömmsten und ethisch rationalsten Elemente dem Geschäftsleben fern, wirkte vor allem immer wieder in der Richtung einer ethischen Deklassierung und Hemmung des rationalen Geschäftsgeistes. Die Auskunft der mittelalterlichen Anstaltskirche: die Pflichten ständisch abzustufen je nach religiösem Charisma und ethischem Beruf und daneben die Ablaßpraxis ließen jedoch eine geschlossene ethische Lebensmethodik auf ökonomischem Gebiete überhaupt nicht entstehen. (Der Ablaßdispens und die äußerst laxen Prinzipien der jesuitischen probabilistischen Ethik nach der Gegenreformation änderten daran nichts, daß eben ethisch lax denkende, nicht aber ethisch rigoristische Menschen dem Erwerb als solchem sich zuwenden konnten.) Die Schaffung einer kapitalistischen Ethik leistete – durchaus nicht der Absicht nach – erst die innerweltliche Askese des Protestantismus, welche gerade den frömmsten und ethisch rigorosesten Elementen den Weg in das Geschäftsleben öffnete und ihnen vor allem den Erfolg im Geschäftsleben als Frucht rationaler Lebensführung zuwendete. Das Zinsverbot selbst wurde vom Protestantismus, speziell vom asketischen Protestantismus, auf Fälle konkreter Lieblosigkeit beschränkt. Der Zins wurde jetzt gerade da, wo ihn die Kirche selbst in den Montes pietatis faktisch geduldet hatte: bei Kredit an die Armen, als liebloser Wucher perhorresziert, – die Juden sowohl wie die christliche Geschäftswelt empfanden seit langem deren Konkurrenz als lästig, – dagegen wurde er als eine Form der Teilnahme des Kapitalgebers an dem mit geliehenem Gelde gemachten Geschäftsprofit und überhaupt für den Kredit an die Mächtigen und Reichen (politischer Kredit an Fürsten) legitimiert. Theoretisch ist dies die Leistung des Salmasius. Vor allem vernichtete aber ganz allgemein der Calvinismus die überkommenen Formen der Karitas. Das planlose Almosen war das erste, was er beseitigte. Allerdings war schon seit der Einführung fester Normen für die Verteilung der Gelder des Bischofs in der späteren Kirche und dann durch die Einrichtung des mittelalterlichen Spitals der Weg zur Systematisierung der Karitas betreten, wie im Islam die Armensteuer eine rationale Zentralisation bedeutet hatte. Aber seine Bedeutung als gutes Werk hatte das planlose Almosen behauptet. Die zahllosen karitativen Stiftungen aller ethischen Religionen haben der Sache nach ebenfalls entweder zu einer direkten Züchtung des Bettels geführt und überdies, wie etwa in der fixierten Zahl der täglichen Armensuppen in byzantinischen Klosterstiftungen und in dem chinesischen offiziellen Suppentage, die Karitas zu einer rein rituellen Geste werden lassen. Der Calvinismus machte dem allen ein Ende. Vor allem der freundlichen Beurteilung der Bettler. Für ihn hat der unerforschliche Gott seine guten Gründe, wenn er die Glücksgüter ungleich verteilt und bewährt sich der Mensch ausschließlich in der Berufsarbeit. Der Bettel wird direkt als eine Verletzung der Nächstenliebe gegen den Angebettelten bezeichnet, und vor allem gehen alle puritanischen Prediger von der Auffassung aus, daß Arbeitslosigkeit Arbeitsfähiger ein für allemal selbstverschuldet sei. Für Arbeitsunfähige aber, für Krüppel und Waisen, ist die Karitas rational zu organisieren zu Gottes Ehre, nach Art etwa der noch jetzt in einer eigentümlich auffallenden, an Narrentrachten erinnernden Kleidung, möglichst ostensibel durch die Straßen Amsterdams zum Gottesdienst geführten Waisenhausinsassen. Die Armenpflege wird unter dem Gesichtspunkt der Abschreckung von Arbeitsscheuen gestellt, wofür etwa die englische puritanische Armenpflege im Gegensatz zu den von H[ermann] Levy sehr gut geschilderten anglikanischen Sozialprinzipien den Typus abgibt. Jedenfalls wird Karitas

selbst nur ein rationaler „Betrieb" und ihre religiöse Bedeutung ist damit entweder ausgeschaltet oder direkt in ihr Gegenteil verkehrt. So die konsequente asketisch-rationale Religiosität.

Den entgegengesetzten Weg gegenüber der Rationalisierung der Wirtschaft
muß eine mystische Religiosität gehen. Gerade das prinzipielle Scheitern der
Brüderlichkeitspostulate an der lieblosen Realität der ökonomischen Welt, sobald in ihr rational gehandelt wird, steigert hier die Forderung der Nächstenliebe
zu dem Postulat der schlechthin wahllosen „Güte", die nach Grund und Erfolg
der absoluten Selbsthingabe, nach Würdigkeit und Selbsthilfefähigkeit des Bit-
tenden überhaupt nicht fragt und das Hemd gibt, wo der Mantel erbeten ist, für
die aber eben deshalb in ihren letzten Konsequenzen auch der einzelne Mensch,
für den sie sich opfert, sozusagen fungibel und in seinem Wert nivelliert wird, der
„Nächste" der jeweils zufällig in den Weg kommende ist, relevant nur durch seine
Not und seine Bitte: eine eigentümliche Form mystischer Weltflucht in Gestalt
objektlos liebender Hingabe nicht um des Menschen, sondern um der Hingabe,
der „heiligen Prostitution der Seele" (Baudelaire), willen.

Gleich scharf und aus gleichen Gründen gerät der religiöse Liebesakosmismus,
in irgendeiner Weise aber jede rationale ethische Religiosität in Spannung mit
dem Kosmos des *politischen* Handelns, sobald eine Religion dem politischen Verband gegenüber überhaupt einmal Distanz gewonnen hat.

Der alte politische Lokalgott freilich, auch ein ethischer und universell mächtiger Gott, ist lediglich für den Schutz der politischen Interessen seines Verbandes
da. Auch der Christengott wird ja noch heute als „Schlachtengott" oder „Gott
unserer Väter" wie ein Lokalgott einer antiken Polis angerufen, ganz ebenso wie
etwa der christliche Pfarrer am Nordseestrand jahrhundertelang um „gesegneten
Strand" (zahlreiche Schiffbrüche) zu beten hatte. Die Priesterschaft ihrerseits
hängt meist direkt oder indirekt von dem politischen Verbande ab, sehr stark
schon in den heutigen auf Staatspension gesetzten Kirchen, erst recht aber wo
die Geistlichen Hof- oder Patrimonialbeamte der Herrscher oder Grundherren,
wie in Indien der purohita oder wie der byzantinische Hofbischof Konstantins,
oder wo sie selbst weltlich belehnte Feudalherren wie im Mittelalter oder adelige
Priestergeschlechter mit weltlicher Macht waren. Die heiligen Sänger, deren Produkte fast überall in die heiligen Schriften eingingen, in die chinesischen und indischen wie in die jüdischen, preisen den Heldentod, der den brahmanischen heiligen Rechtsbüchern für den Kshatriya in dem Alter, in welchem er „den Sohn
seines Sohnes sieht", als ebenso ideale Kastenpflicht gilt, wie im gleichen Fall für
den Brahmanen die Zurückziehung zur Meditation in den Wald. Den Begriff des
„Glaubenskampfs" freilich konzipiert eine magische Religiosität nicht. Aber politischer Sieg und vor allem Rache an den Feinden sind für sie und auch für die
alte Jahvereligion der eigentliche Gotteslohn.

Je mehr aber die Priesterschaft sich selbständig gegenüber der politischen Gewalt zu organisieren versucht und je rationaler ihre Ethik wird, desto mehr ver-
schiebt sich diese ursprüngliche Position. Der Widerspruch zwischen der Predigt
der Brüderlichkeit der Genossen und der Verherrlichung des Krieges den Außenstehenden gegenüber pflegt freilich für die Deklassierung der kriegerischen Tugenden nicht entscheidend zu sein, da hier ja der Ausweg der Unterscheidung
von „gerechten" und „ungerechten" Kriegen blieb, – ein pharisäisches Produkt,
von welchem die alte genuine Kriegerethik nichts wußte. Weit wichtiger war die

Entstehung von Gemeindereligionen politisch entwaffneter und priesterlich domestizierter Völker, wie etwa der Juden, und das Entstehen breiter, mindestens relativ unkriegerischer, aber für den Unterhalt und die Machtstellung der Priesterschaft, wo sie sich selbständig organisierte, zunehmend bedeutsamer Schichten.

Die Priesterschaft mußte die spezifischen Tugenden dieser Schichten um so exklusiver rezipieren, als diese: Einfachheit, geduldiges Sichschicken in die Not, demütige Hinnahme der gegebenen Autorität, freundliches Verzeihen und Nachgiebigkeit gegenüber dem Unrecht, gerade auch diejenigen Tugenden waren, welche der Unterwerfung unter die Fügung des ethischen Gottes und der Priester selbst zugute kamen, und als sie alle ferner in gewissem Maß Komplementärtugenden der religiösen Grundtugend der Mächtigen: der großmütigen Karitas, darstellten, und als solche von den patriarchalen Nothelfern selbst bei den von ihnen Unterstützten erwartet und gewünscht werden. Politische Umstände wirken mit, die Ethik des Beherrschten religiös um so mehr zu verklären, je mehr eine Religiosität „Gemeinde"-Religiosität wird. Die jüdische Prophetie, in realistischer Erkenntnis der außenpolitischen Lage, hat das Sichschicken in das gottgewollte Schicksal der Herrschaft der Großmächte gepredigt. Und die Domestikation der Massen, welche sowohl Fremdherrschaften (so zuerst systematisch die Perser) wie schließlich auch die eigenen heimischen Gewalthaber den von ihnen anerkannten Priestern zuweisen, gibt, verbunden mit der Eigenart ihrer persönlichen unkriegerischen Tätigkeit und der Erfahrung von der überall besonders intensiven Wirkung religiöser Motive auf Frauen, mit zunehmender Popularisierung der Religion zunehmende Gründe, jene wesentlich femininen Tugenden der Beherrschten als spezifisch religiös zu werten. Aber nicht dieser priesterlich organisierte „Sklavenaufstand" in der Moral allein, sondern jedes Emporwachsen asketischer und vor allem mystischer persönlicher Heilssuche des Einzelnen, von der Tradition Gelösten führt, wie wir sahen, kraft Eigengesetzlichkeit in die gleiche Richtung. Typische äußere Situationen aber wirken verstärkend. Sowohl der sinnlos scheinende Wechsel der, gegenüber einer universalistischen Religiosität und (relativen) sozialen Einheitskultur (wie in Indien), partikulären und ephemeren, kleinen politischen Machtgebilde, wie gerade umgekehrt auch die universelle Befriedung und Austilgung alles Ringens um Macht in den großen Weltreichen, und speziell die Bürokratisierung der politischen Herrschaft (wie im Römerreich), alle Momente also, welche den politischen und sozialen, am kriegerischen Machtkampf und sozialen Ständekampf verankerten Interessen den Boden entziehen, wirken sehr stark in der gleichen Richtung der *antipolitischen Weltablehnung* und der Entwicklung gewaltablehnender religiöser Brüderlichkeitsethik. Nicht aus „sozialpolitischen" Interessen, womöglich aus „proletarischen" Instinkten heraus, sondern gerade aus dem völligen Wegfall dieser Interessen erwuchs die Macht der apolitischen christlichen Liebesreligion ebenso wie die zunehmende Bedeutung aller Erlösungslehren und Gemeindereligiositäten seit dem ersten und zweiten Jahrhundert der Kaiserzeit überhaupt. Es sind dabei keineswegs nur, oft nicht einmal vorwiegend, die beherrschten Schichten und ihr moralistischer Sklavenaufstand, sondern vor allem die politisch desinteressierten, weil einflußlosen oder degoutierten Schichten der Gebildeten, welche Träger speziell antipolitischer Erlösungsreligiositäten werden.

Die ganz universelle Erfahrung: daß Gewalt stets Gewalt aus sich gebiert, daß überall soziale oder ökonomische Herrschaftsinteressen sich mit den idealsten

Reform- und vollends Revolutionsbewegungen vermählen, daß die Gewaltsamkeit gegen das Unrecht im Endergebnis zum Sieg nicht des größeren Rechts, sondern der größeren Macht oder Klugheit führt, bleibt mindestens der Schicht der intellektuellen Nichtinteressenten nicht verborgen und gebiert immer neu die radikalste Forderung der Brüderlichkeitsethik: dem Bösen nicht mit Gewalt zu widerstehen, welche dem Buddhismus mit der Predigt Jesu gemeinsam ist. Sie eignet aber auch sonst speziell mystischen Religiositäten, weil die mystische Heilssuche mit ihrer das Inkognito in der Welt als einzige Heilsbewährung suchenden Minimisierung des Handelns diese Haltung der Demut und Selbstaufgabe fordert und sie überdies auch rein psychologisch aus dem akosmistischen objektlosen Liebesempfinden, welches ihr eignet, erzeugen muß. Jeder reine Intellektualismus aber trägt die Chance einer solchen mystischen Wendung in sich. Die innerweltliche Askese dagegen kann mit der Existenz der politischen Gewaltordnung paktieren, die sie als Mittel rationaler ethischer Umgestaltung der Welt und der Bändigung der Sünde schätzt. Allein das Handinhandgehen ist hier bei weitem nicht so leicht wie mit den ökonomischen Erwerbsinteressen. Denn in ungleich höherem Maße als der private ökonomische Erwerb nötigt die auf menschliche Durchschnittsqualitäten, Kompromisse, List und Verwendung anderer ethisch anstößiger Mittel und vor allem Menschen, daneben auf Relativierung aller Zwecke abgestellte, eigentlich politische Tätigkeit zur Preisgabe ethisch-rigoristischer Forderungen. So sehr fällt dies in die Augen, daß unter der ruhmvollen Makkabäerherrschaft, nachdem der erste Rausch des Freiheitskriegs verraucht war, gerade unter den frömmsten Juden eine Partei entstand, welche die Fremdherrschaft dem nationalen Königtum ähnlich vorzog, wie manche puritanischen Denominationen nur die Kirchen unter dem Kreuz, also unter ungläubiger Herrschaft, als solche von erprobter Echtheit der Religiosität ansahen. In beiden Fällen wirkte einerseits der Gedanke, daß die Echtheit nur im Martyrium bewährt werden könne, andererseits aber die prinzipielle Vorstellung: daß echt religiöse Tugenden, sowohl die kompromißlose rationale Ethik wie andererseits die akosmistische Brüderlichkeit, innerhalb des politischen Gewaltapparats unmöglich eine Stätte finden können. Die Verwandtschaft der innerweltlichen Askese mit der Minimisierung der Staatstätigkeit („Manchestertum") hat hier eine ihrer Quellen.

Der Konflikt der asketischen Ethik sowohl wie der mystischen Brüderlichkeitsgesinnung mit dem allen politischen Bildungen zugrunde liegenden Gewaltapparat hat die verschiedensten Arten von Spannung und Ausgleich gezeigt. Die Spannung zwischen Religion und Politik ist natürlich da am geringsten, wo, wie im Konfuzianismus, die Religion Geisterglauben oder schlechthin Magie, die Ethik aber lediglich kluge Weltanpassung des gebildeten Mannes ist. Ein Konflikt besteht andererseits da gar nicht, wo eine Religiosität die gewaltsame Propaganda der wahren Prophetie zur Pflicht macht, wie der alte Islam, der auf Universalismus der Bekehrung bewußt verzichtete und die Unterjochung wie die Unterwerfung der Glaubensfremden unter die Herrschaft eines dem Glaubenskampf als Grundpflicht gewidmeten herrschenden Ordens, nicht aber die Erlösung der Unterworfenen als Ziel kennt. Denn dies ist dann eben keine universalistische Erlösungsreligion. Der gottgewollte Zustand ist gerade die Gewaltherrschaft der Gläubigen über die geduldeten Ungläubigen, und also die Gewaltsamkeit als solche kein Problem. Eine gewisse Verwandtschaft damit zeigt die innerweltliche

Askese dann, wenn sie, wie der radikale Calvinismus, die Herrschaft der zur „reinen" Kirche gehörigen religiösen Virtuosen über die sündige Welt zu deren Bändigung als gottgewollt hinstellt, wie dies z. B. der neuenglischen Theokratie, wenn nicht ausgesprochenermaßen, so doch in der Praxis, natürlich mit allerhand Kompromissen, zugrunde lag.

Ein Konflikt fehlt aber auch da, wo, wie in den indischen intellektualistischen Erlösungslehren (Buddhismus, Jainismus) jede Beziehung zur Welt und zum Handeln in ihr abgebrochen, eigene Gewaltsamkeit ebenso wie Widerstand gegen die Gewalt absolut verboten, aber auch gegenstandslos ist. Nur faktische Einzelkonflikte konkreter Staatsanforderungen mit konkreten religiösen Geboten entstehen da, wo eine Religiosität Pariareligion einer von der politischen Gleichberechtigung ausgeschlossenen Gruppe, ihre Verheißung aber die gottgewirkte Wiederherstellung des richtigen Kastenranges ist, wie das Judentum, welches Staat und Gewalt nie verworfen, im Gegenteil mindestens bis zur hadrianischen Tempelzerstörung im Messias einen eigenen politischen Gewaltherrscher erwartet hatte.

Der Konflikt führt zum Martyrium oder zu passiver antipolitischer Duldung der Gewaltherrschaft, wo eine Gemeindereligiosität jede Gewaltsamkeit als widergöttlich verwirft, und die Fernhaltung davon für ihre Mitglieder wirklich durchsetzen, dabei aber doch nicht die Konsequenz der absoluten Weltflucht ziehen, sondern irgendwie innerhalb der Welt bleiben will. Der religiöse Anarchismus hat nach historischer Erfahrung bisher nur als kurzlebige Erscheinung bestanden, weil die Intensität der Gläubigkeit, die ihn bedingt, persönliches Charisma ist. Selbständige politische Bildungen auf einer nicht schlechthin anarchistischen, aber prinzipiell pazifistischen Grundlage haben existiert. Die wichtigste war das Quäkergemeinwesen in Pennsylvanien, dem es zwei Menschenalter lang tatsächlich gelang, im Gegensatz zu allen Nachbarkolonien, ohne Gewaltsamkeit gegen die Indianer auszukommen und zu prosperieren. Bis zuerst die bewaffneten Konflikte der Kolonialgroßmächte den Pazifismus zu einer Fiktion machten, und schließlich der amerikanische Unabhängigkeitskrieg, welcher im Namen grundlegender Prinzipien des Quäkertums, aber unter Fernhaltung der orthodoxen Quäker wegen des Nichtwiderstandsprinzips, geführt wurde, dies Prinzip auch innerlich tief diskreditierte. Und die ihm entsprechende, tolerante Zulassung Andersdenkender hatte in Pennsylvanien selbst die Quäker zunächst zu einer immer peinlicher empfundenen Wahlkreisgeometrie, schließlich aber zur Abdikation vom Mitregiment gezwungen. Der grundsätzlich passive Apolitismus, wie ihn typisch das genuine Mennonitentum und ähnlich die meisten täuferischen Gemeinden, überhaupt aber zahlreiche, besonders russische, Sekten in verschieden motivierter Art, in den verschiedensten Teilen der Erde festgehalten haben, hat bei der absoluten Fügsamkeit, welche aus der Verwerfung der Gewaltsamkeit folgt, zu akuten Konflikten vornehmlich nur da geführt, wo persönliche militärische Dienstleistungen verlangt wurden. Das Verhalten auch der nicht absolut apolitischen religiösen Denominationen zum Kriege im speziellen ist ein verschiedenes gewesen, je nachdem es sich um Schutz der Glaubensfreiheit gegen Eingriffe der politischen Gewalt oder um rein politische Kriege handelte. Für beide Arten der kriegerischen Gewaltsamkeiten sind zwei extreme Maximen vertreten: einerseits rein passive Duldung fremder Gewalt und Renitenz gegen die Zumutung eigener Beteiligung an Gewaltsamkeiten mit der eventuellen Konsequenz des persönlichen Martyriums. Dies ist nicht nur die Stellung des absolut

weltindifferenten mystischen Apolitismus und der prinzipiell pazifistischen Arten
der innerweltlichen Askese, sondern für die religiöse Vergewaltigung eignet sich
auch die reine persönliche Glaubensreligiosität ihn öfters als Konsequenz an, da
sie eine gottgewollte rationale äußere Ordnung und eine gottgewollte rationale
Beherrschung der Welt nicht kennt. Luther verwarf wie den Glaubenskrieg so
auch die Glaubensrevolution schlechthin. Auf der anderen Seite steht der Standpunkt des gewaltsamen Widerstandes wenigstens gegen Vergewaltigung des
Glaubens. Die Glaubensrevolution liegt dem innerweltlichen asketischen Rationalismus, der heilige, gottgewollte Ordnungen der Welt kennt, am nächsten. So
innerhalb des Christentums namentlich im Calvinismus, der die gewaltsame Ver-
teidigung des Glaubens gegen Tyrannen zur Pflicht macht (wenn auch, dem an-
staltskirchlichen Charakter entsprechend, bei Calvin selbst nur auf Initiative be-
rufener – ständischer – Instanzen). Die Propagandakampfreligionen und ihre
Derivate, wie die mahdistischen und andere islamische Sekten, auch die islamisch
beeinflußte, eklektische, anfangs sogar pazifistische hinduistische Sekte der Sikhs,
kennen selbstverständlich auch die Pflicht der Glaubensrevolution. Bezüglich des
religiös indifferenten rein politischen Krieges stellen sich dagegen die Vertreter
der beiden entgegengesetzten Standpunkte unter Umständen praktisch genau
umgekehrt. Religiositäten, welche ethisch rationale Anforderungen an den politischen Kosmos stellen, müssen zu rein politischen Kriegen einen wesentlich nega-
tiveren Standpunkt einnehmen, als solche, welche die Ordnungen der Welt als
gegeben und relativ indifferent hinnehmen. Die unbesiegte Cromwellsche Armee
petitionierte beim Parlament um Abschaffung der Zwangsaushebung, weil der
Christ nur an Kriegen teilnehmen dürfe, deren Recht sein eigenes Gewissen beja-
he. Das Soldheer muß von diesem Standpunkt aus als eine relativ sittliche Einrichtung gelten, weil es der Söldner mit Gott und seinem eigenen Gewissen abzu-
machen hat, ob er diesen Beruf ergreifen will. Staatliche Gewaltsamkeit aber ist
nur soweit sittlich, als sie zu Gottes Ehre die Sünde bändigt und göttlichem Unrecht entgegentritt, also zu Glaubenszwecken. Für Luther dagegen, der Glaubenskrieg, Glaubensrevolution und aktiven Widerstand absolut verwirft, ist bei
politischen Kriegen die weltliche Obrigkeit, deren Sphäre durch rationale Postulate der Religion gar nicht berührt wird, allein verantwortlich für das Recht eines
Krieges, und der Untertan belastet sein Gewissen nicht, wenn er ihr hier wie in
allem, was nicht seine Beziehung zu Gott zerstört, auch aktiv gehorcht.

Die Stellung des alten und mittelalterlichen Christentums aber zum Staat als
Ganzem hat geschwankt oder richtiger gesagt: den Schwerpunkt gewechselt, zwischen mehreren Standpunkten: 1. Völlige Perhorreszierung des bestehenden Rö-
merreichs, dessen Dauer bis ans Ende der Welt in der ausgehenden Antike jedermann, auch den Christen, für selbstverständlich galt, als der Herrschaft des Antichrist. – 2. Völlige Staatsindifferenz, also passive Duldung der (stets und immer
unrechtmäßigen) Gewalt, daher auch aktive Erfüllung aller religiös nicht direkt
das Heil gefährdenden Zwangsnotwendigkeiten, so insbesondere der Steuerzah-
lung; daß man „dem Kaiser geben solle, was des Kaisers ist", bedeutet nicht etwa,
wie moderne Harmonisierung, positive Anerkennung, sondern gerade die
absolute Gleichgültigkeit des Treibens dieser Welt. – 3. Fernhaltung vom konkreten politischen Gemeinwesen, weil und insoweit die Beteiligung an ihm notwendig in Sünde (Kaiserkult) bringt, aber positive Anerkennung der Obrigkeit, auch
der ungläubigen, als immerhin gottgewollt, wenn auch selbst sündig, aber, wie

alle Ordnungen der Welt eine gottverordnete Sündenstrafe, die durch Adams
Fall über uns gebracht ist und die der Christ gehorsam auf sich nehmen muß. – 4.
Positive Wertung der Obrigkeit, auch der ungläubigen, als im Sündenstande unentbehrliches Bändigungsmittel der schon kraft der gottgegebenen natürlichen
Erkenntnis des religiös unerleuchteten Heiden verwerflichen Sünden und als allgemeine Bedingung aller gottgewollten irdischen Existenz. – Die beiden erstge-
nannten von diesen Standpunkten gehören vornehmlich der Periode eschatologi-
scher Erwartung an, sind aber auch später immer erneut gelegentlich hervorge-
treten. Über den zuletzt genannten Standpunkt ist das antike Christentum auch
nach seiner Anerkennung als Staatsreligion prinzipiell nicht wirklich hinausge-
kommen. Die große Wandelung in den Beziehungen zum Staat vollzieht sich
vielmehr erst in der mittelalterlichen Kirche, wie es Tröltschs Untersuchungen
glänzend beleuchtet haben. Das Problem aber, in welchem sich das Christentum
dabei befand, gehört zwar nicht ausschließlich ihm an, ist aber teils aus innerreli-
giösen, teils aus außerreligiösen Gründen nur in ihm zu derartig konsequenter
Problematik gediehen. Es handelt sich um die Stellung des sogenannten „Naturrechts" einerseits zur religiösen Offenbarung, andererseits zu den positiven politischen Gebilden und ihrem Gebaren. Wir werden darauf teils gelegentlich der
Erörterung der religiösen Gemeinschaftsformen, teils bei Besprechung der Herrschaftsformen noch kurz einzugehen haben. Prinzipiell ist hier nur über die Art
der Lösung für die individuelle Ethik zu sagen: Das allgemeine Schema, nach
welchem eine Religion, wenn sie in einem politischen Verbande die vorherrschende, von ihm privilegierte, und namentlich dann, wenn sie eine Religiosität
der Anstaltsgnade ist, die Spannungen zwischen religiöser Ethik und den anethi-
schen oder antiethischen Anforderungen des Lebens in der staatlichen und ökonomischen Gewaltordnung der Welt zu lösen pflegt, ist die Relativierung und
Differenzierung der Ethik in Form der „organischen" – im Gegensatz zur asketischen – *Berufsethik.* Teils nimmt sie, wie z. B. Thomas von Aquino im Gegensatz –
wie Tröltsch mit Recht betont – zur stoischen antik-christlichen Lehre vom goldenen Zeitalter und seligen Urstand der allgemeinen anarchischen Gleichheit
der Menschen, die schon dem animistischen Seelen- und Jenseitsglauben vielfach
geläufige Vorstellung von der natürlichen, auch von allen Folgen der Sünde abgesehen, rein natürlichen Verschiedenheit der Menschen, welche ständische Unterschiede des Diesseits- und Jenseitsschicksals bedingt, auf. Daneben aber dedu-
ziert sie die Gewaltverhältnisse des Lebens metaphysisch. Entweder kraft Erbsünde oder kraft individueller Karmankausalität oder kraft dualistisch motivierten Weltverderbs sind die Menschen verurteilt, Gewalt, Mühsal, Leiden, Lieblosigkeit zu ertragen, insbesondere auch die Unterschiede der ständischen und
Klassenlage. Providenziell sind nun die Berufe oder Kasten derart eingerichtet,
daß jedem von ihnen eine spezifische unentbehrliche, gottgewollte oder von der
unpersönlichen Weltordnung vorgeschriebene Aufgabe zufällt und damit für jeden andere ethische Anforderungen gelten. Sie gleichen den einzelnen Teilen eines Organismus. Menschliche Gewaltverhältnisse, die sich daraus ergeben, sind
gottgewollte Autoritätsbeziehungen, und die Auflehnung dagegen oder die Erhebung anderer Lebensansprüche, als sie der ständischen Rangfolge entsprechen,
gottwidriger und die heilige Tradition verletzender kreatürlicher Hochmut. Innerhalb dieser organischen Ordnung ist den Virtuosen der Religiosität, seien sie
asketischen oder kontemplativen Charakters, ihre spezifische Aufgabe: die Schaf-

fung des Thesaurus der überschüssigen guten Werke, aus dem die Anstaltsgnade spendet, zugewiesen, ebenso wie den Fürsten, Kriegern und Richtern, dem Handwerk und den Bauern ihre besonderen Funktionen. Durch Unterwerfung unter die offenbarte Wahrheit und rechte Liebesgesinnung erwirbt gerade innerhalb dieser Ordnungen der Einzelne diesseitiges Glück und jenseitigen Lohn. Für den Islam war diese „organische" Konzeption und die ganze Problematik weit fernliegender, weil er auf Universalismus verzichtend, die ideale ständische Schichtung der Welt als eine solche in herrschende Gläubige und Ungläubige, den Gläubigen den Unterhalt reichende, im übrigen aber in der Art der Regulierung ihrer religiös ganz indifferenten eigenen Lebensverhältnisse ganz und gar sich selbst überlassene Pariavölker konzipierte. Hier gibt es wohl den Konflikt mystischer Heilssuche und asketischer Virtuosenreligiosität mit der Anstaltsorthodoxie, ferner den überall, wo positive heilige Rechtsnormen bestehen, entstehenden Konflikt heiligen und profanen Rechts und Fragen der Orthodoxie in der theokratischen Verfassung, aber nicht das grundsätzlich letzte religiös naturrechtliche Problem der Beziehung zwischen religiöser Ethik und weltlicher Ordnung überhaupt. Dagegen statuieren die indischen Rechtsbücher die organisch traditionalistische Berufsethik im Schema ähnlich, nur konsequenter als die mittelalterlich katholische Lehre und vollends als die höchst dürftige lutherische Doktrin vom status ecclesiasticus, politicus und oeconomicus. Und in der Tat ist die ständische Ordnung in Indien, wie wir früher sahen, gerade als Kastenethik mit einer spezifischen Erlösungslehre: der Chance des immer weiteren Aufstiegs in einem künftigen Erdenleben eben durch die Erfüllung der sei es auch noch so sozial verachteten Pflichten der eigenen Kaste, vereinigt. Sie hat dadurch am radikalsten im Sinne der Akzeptierung der irdischen Ordnung, und zwar gerade bei den niedrigsten Kasten, gewirkt, welche bei der Seelenwanderung am meisten zu gewinnen haben. Die christlich-mittelalterliche Perpetuierung der ständischen Unterschiede des kurzen Erdendaseins in eine zeitlich „ewige" jenseitige Existenz hinein dagegen – wie sie etwa Beatrice im Paradiso erläutert – würde der indischen Theodizee absurd erschienen sein und nimmt dem strikten Traditionalismus der organischen Berufsethik ja in der Tat gerade alle unbegrenzten Zukunftshoffnungen des an die Seelenwanderung und also die Möglichkeit stets weiter gehobener irdischer Existenz glaubenden frommen Hindu. Ihre Wirkung ist daher, auch rein religiös angesehen, in weit unsichererem Maße eine Stütze der traditionellen Berufsgliederung gewesen als die eisenfeste Verankerung der Kaste an andersartigen Verheißungen der Seelenwanderungslehre. Überdies aber ruhte die mittelalterliche wie die lutherische traditionalistische Berufsethik auch rein faktisch auf einer zunehmend schwindenden allgemeinen Voraussetzung, welche beiden mit der konfuzianischen Ethik gemeinsam ist: dem rein personalistischen Charakter ebenso der ökonomischen wie der politischen Gewaltverhältnisse, bei welchem die Justiz und vor allem die Verwaltung ein Kosmos des Sichauswirkens persönlicher Unterwerfungsverhältnisse ist, beherrscht durch Willkür und Gnade, Zorn und Liebe, vor allem aber durch gegenseitige Pietät des Herrschenden und Unterworfenen nach Art der Familie. Ein Charakter der Gewaltbeziehungen also, an welche man ethische Postulate in dem gleichen Sinn stellen kann wie an jede andere rein persönliche Beziehung. Aber nicht nur die „herrenlose Sklaverei" (Wagner) des modernen Proletariats, sondern vor allem der Kosmos der rationalen Staatsanstalt, des von der Romantik perhorreszierten „Rackers von

Staat", hat absolut nicht mehr diesen Charakter, wie wir s. Zt. zu erörtern haben werden. Daß man nach Ansehen der Person verschieden verfahren müsse, versteht sich der personalistischen ständischen Ordnung von selbst und nur in welchem Sinn wird gelegentlich, auch bei Thomas von Aquino, zum Problem. „Ohne Ansehen der Person", „sine ira et studio", ohne Haß und deshalb ohne Liebe, ohne Willkür und deshalb ohne Gnade, als sachliche Berufspflicht und nicht kraft konkreter persönlicher Beziehung erledigt der homo politicus ganz ebenso wie der homo oeconomicus heute seine Aufgabe gerade dann, wenn er sie in idealstem Maße im Sinn der rationalen Regeln der modernen Gewaltordnung vollzieht. Nicht aus persönlichem Zorn oder Rachebedürfnis, sondern persönlich ganz unbeteiligt und um sachlicher Normen und Zwecke willen bringt die moderne Justiz den Verbrecher vom Leben zum Tode, einfach kraft ihrer immanenten rationalen Eigengesetzlichkeit, etwa wie die unpersönliche Karmanvergeltung im Gegensatz zu Jahves wildem Rachedurst. Zunehmend versachlicht sich die innerpolitische Gewaltsamkeit zur „Rechtsstaatsordnung", – religiös angesehen nur der wirksamsten Art von Mimicry der Brutalität. Die gesamte Politik aber orientiert sich an der sachlichen Staatsräson, der Pragmatik und dem absoluten – religiös angesehen fast unvermeidlich völlig sinnlos erscheinenden – Selbstzweck der Erhaltung der äußeren und inneren Gewaltverteilung. Erst damit gewinnt sie einen Aspekt und ein eigentümlich rationales, von Napoleon gelegentlich glänzend formuliertes fabulistisches Eigenpathos, das jeglicher Brüderlichkeitsethik als in der Wurzel ebenso fremd erscheinen wird, wie die rationalen ökonomischen Ordnungen. – Die Anpassungen nun, welche die heutige kirchliche Ethik dieser Situation gegenüber vornimmt, sind hier nicht näher zu schildern. Im wesentlichen bedeuten sie ein Sichabfinden damit von Fall zu Fall und, namentlich soweit die katholische Kirche in Betracht kommt, vor allem eine Salvierung der eigenen, ebenfalls zunehmend zur „Kirchenräson" versachlichten priesterlichen Machtinteressen mit den gleichen und ähnlichen modernen Mitteln, wie sie das weltliche Machtstreben benützt. Wirklich innerlich adäquat ist der Versachlichung der Gewaltherrschaft – mit ihren rationalen ethischen Vorbehalten, in welchen die Problematik steckt – nur die Berufsethik der innerweltlichen Askese. Zu den tatsächlichen Folgen der Gewaltsamkeitsrationalisierung aber, die in verschieden starkem Grade und auch in der Art unterschiedlich sich äußernd, überall da aufzutreten pflegten, wo jene Hinwegentwicklung der Gewaltsamkeit von der personalistischen Helden- und Gesellschaftsgesinnung zum nationalen „Staat" sich entfaltete, gehört die gesteigerte Flucht in die Irrationalitäten des apolitischen Gefühls. Entweder in die Mystik und akosmistische Ethik der absoluten „Güte" oder in die Irrationalitäten der außerreligiösen Gefühlssphäre, vor allem der Erotik. Mit den Mächten dieser letzteren Sphäre geraten nun aber die Erlösungsreligionen gleichfalls in spezifische Spannungen. Vor allem mit der gewaltigsten Macht unter ihnen, der geschlechtlichen Liebe, der neben den „wahren" oder ökonomischen und den sozialen Macht- und Prestigeinteressen universellsten Grundkomponente des tatsächlichen Ablaufes menschlichen Gemeinschaftshandelns.

Die Beziehungen der Religiosität zur *Sexualität* sind, teils bewußt, teils unbewußt, teils direkt, teils indirekt, ganz außerordentlich intime. Wir lassen die zahllosen Zusammenhänge magischer und animistischer Vorstellungen und Symboliken, bei denen solche bestehen, als für uns unwichtig beiseite und halten uns an ganz wenige soziologisch relevante Züge. Zunächst ist der sexuelle Rausch in typischer Art Bestandteil des primitiven religiösen Gemeinschaftshandelns des Laien: der Orgie. Er behält diese Funktion auch in relativ systematisierter Religiosität, gelegentlich ganz direkt und beabsichtigt.

So bei der Aktireligiosität in Indien noch fast nach Art der alten Phalluskulte und Riten der die Zeugung (der Menschen, des Viehs, des Samenkorns) beherrschenden sehr verschiedenen Funktionsgottheiten. Teils und häufiger aber ist die erotische Orgie wesentlich ungewollte Folgeerscheinung der durch andere orgiastische Mittel, namentlich Tanz, erzeugten Ekstase. So von modernen Sekten noch bei der Tanzorgiastik der Chlysten, – was, wie wir sahen, die Veranlassung zur Bildung der Skopzensekte gab, die eben diese askesefeindliche Konsequenz auszuschalten trachtete. Gewisse, viel mißdeutete Institutionen, so namentlich die Tempelprostitution, knüpfen an orgiastische Kulte an. In ihrer praktischen Funktion hat die Tempelprostitution dann sehr häufig die Rolle eines Bordells für die reisenden, sakral geschützten Kaufleute angenommen, die ja auch heute der Natur der Sache nach überall typisches Bordellpublikum sind. Die Zurückführung der sexuellen außeralltäglichen Orgiastik auf eine endogene Sippen- oder Stammes-„Promiscuität" als eigentlich primitive Institution des Alltags ist schlechthin töricht.

Die sexuelle Rauschorgie kann nun, wie wir sahen, zur, ausgesprochen oder unausgesprochen, erotischen Gottes- oder Heilandsliebe sublimiert werden. Es können aber auch aus ihr und daneben aus magischen Vorstellungen anderer Art oder aus der Tempelprostitution religiöse Verdienstlichkeiten der sexuellen Selbstpreisgabe herauswachsen, die uns hier nicht interessieren. Andererseits ist aber zweifellos, daß auch ein erheblicher Bruchteil gerade der antierotischen mystischen und asketischen Religiositäten eine stellvertretende Befriedigung sexual bedingter physiologischer Bedürfnisse darstellt. Indessen interessieren uns an der religiösen Sexualfeindschaft nicht die in wichtigen Punkten noch ziemlich strittigen neurologischen, sondern für unsere Zwecke die „sinnhaften" Zusammenhänge. Denn der „Sinn", welcher in die sexualfeindliche Haltung hineingedeutet wird, kann bei neurologiv (gänzlich gleicher Lage sehr erhebliche praktische Verschiedenheiten des Verhaltens zur Konsequenz haben, die uns hier übrigens auch nur zum Teil angehen. Ihre begrenzteste Form: die lediglich kultische Keuschheit, also eine zeitweilige Abstinenz der fungierenden Priester oder auch der Kultteilnehmer als Vorbedingung der Sakramentsspendung, hängt wohl vornehmlich in mannigfacher Art mit Tabunormen zusammen, denen aus magischen und deisidämonischen, im einzelnen hier nicht interessierenden Motiven die Sexualsphäre unterworfen wird. Die charismatische Keuschheitsaskese der Priester und Religionsvirtuosen dagegen, also die dauernde Abstinenz, geht wohl vornehmlich von der Vorstellung aus, daß die Keuschheit als ein höchst außeralltägliches Verhalten teils Symptom von charismatischen, teils Quelle von ekstatischen Qualitäten sei, welche ihrerseits als Mittel magischen Gotteszwangs verwertet werden. Später, speziell im Christentum des Abendlandes, ist dann für das Priesterzölibat wesentlich einerseits die Notwendigkeit, die ethische Leistung der Amtsträger nicht hinter den asketischen Virtuosen (Mönche) zurückstehen zu lassen, andererseits aber das hierarchische Interesse von der Vermeidung des faktischen Erblichwerdens der Pfründe maßgebend gewesen. Auf der Stufe der ethischen Religiosität entwickeln sich nun an Stelle der verschiedenen Arten magischer Motive zwei andere typische sinnhafte Beziehungen der Sexualfeindschaft. Entweder gilt die sexuelle Abstinenz als zentrales und unentbehrliches Mittel mystischer Heilssuche durch kontemplative Abscheidung von der Welt, deren intensivste Versuchung eben dieser stärkste, an das Kreatürliche bindende Trieb darstelle: Standpunkt der mystischen Weltflucht.

Oder die asketische Annahme: daß die rationale asketische Wachheit, Beherrschtheit und Lebensmethodik durch die spezifische Irrationalität dieses einzigen, wenigstens in seiner letzten Gestalt niemals rational formbaren Aktes am meisten gefährdet werde. Oft natürlich durch beides motiviert. Allein auch ausnahmslos alle eigentlichen Prophetien und auch die unprophetischen priesterlichen Systematisierungen befassen sich aus solchen Motiven mit den Sexualbeziehungen und zwar durchweg im gleichen Sinn: zunächst Beseitigung der sexuellen Orgie (der „Hurerei" der jüdischen Priester) – wie dies der erörterten allgemeinen Stellung speziell der Prophetien zur Orgiastik entspricht, – aber weiterhin auch Beseitigung der freien Sexualbeziehungen überhaupt zugunsten reglementierter und sakral legitimierter „Ehe". Dies gilt selbst für einen Propheten, der persönlich und in der Art seiner Jenseitsverheißungen an die Glaubenskrieger der sexuellen Sinnlichkeit so rücksichtslos Raum gab wie Muhammed (welcher sich für seine Person bekanntlich durch eine eigene Sure von der sonst gültigen Maximalzahl von Weibern dispensieren ließ). Die bis dahin legalen Formen eheloser Liebe und die Prostitution sind im orthodoxen Islam mit einem bis heute sonst kaum zu findenden durchschlagenden Erfolge proskribiert. Für die christliche und indische außerweltliche Askese versteht sich die ablehnende Stellung von selbst. Die mystischen indischen Prophetien der absoluten kontemplativen Weltflucht lehnen natürlich als Voraussetzung der vollen Erlösung jede Sexualbeziehung ab. Aber auch der konfuzianischen Ethik der absoluten Weltanpassung gilt die irreguläre Erotik als minderwertige Irrationalität, weil sie die innere Contenance des Gentleman stört und das Weib ein irrationales, schwer zu regierendes Wesen ist. Der mosaische Dekalog wie die hinduistischen heiligen Rechte und die relativistischen Laienethiken der indischen Mönchsprophetien verpönen den Ehebruch, und die Prophetie Jesus geht mit der Forderung der absoluten und unlöslichen Monogamie in der Einschränkung der zulässigen legitimen Sexualität über alle anderen hinaus; Ehebruch und Hurerei gelten im frühesten Christentum fast als die einzige absolute Todsünde, die „Univira" als ein Spezifikum der Christengemeinde innerhalb der durch Hellenen und Römer zwar zur Monogamie, aber mit freier Scheidung, erzogenen mittelländischen Antike. Die persönliche Stellung zur Frau und dieser in der Gemeinde ist bei den Propheten naturgemäß sehr verschieden, je nach dem Charakter ihrer Prophetie, insbesondere je nachdem diese spezifisch femininer Emotionalität entspricht. Dadurch freilich, daß der Prophet (auch Buddha) geistreiche Frauen gern zu seinen Füßen sieht und als Propagandistinnen ausnützt (wie Pythagoras), ist allein noch nichts für die Stellung der Gattung getan. Das individuelle Weib ist dann „heilig", die Gattung Gefäß der Sünde. Immerhin: fast alle orgiastische und Mystagogenpropaganda einschließlich der des Dionysos hat wenigstens temporär und relativ eine „Emanzipation" der Frauen befördert, wo nicht andere Religionstendenzen und die Ablehnung hysterischer Frauenprophetie sie überdeckten, wie bei den Jüngern Buddhas, ebenso wie im Christentum schon bei Paulus, oder mönchische Weiberfurcht, wie am extremsten bei Sexualneurasthenikern z. B. Alfons von Liguori. Am stärksten ist die Bedeutung der Frauen in pneumatischen (hysterischen oder

138 *Religiöse Gemeinschaften*

sakramentalen) wie z. B. auch manchen chinesischen Sektenkulten. Wo ihre Bedeutung für die Propaganda ganz fehlt wie bei Zarathustra und in Israel, ist die Lage von vornherein anders. Die legal reglementierte Ehe selbst gilt der prophetischen und priesterlichen Ethik durchweg, übrigens durchaus in Übereinstimmung mit der hellenischen, römischen und überhaupt mit allen sich selbst darüber Rechenschaft gebenden Ethiken der Erde nicht als „erotischer" Wert, sondern in Anknüpfung an die nüchterne Auffassung der sog. „Naturvölker" lediglich als eine ökonomische Institution zur Erzeugung und Aufzucht von Kindern als Arbeitskräften und Trägern des Totenkults. Die altjüdische Motivierung der Freiheit des jungen Ehemanns von politischen Pflichten: daß er seiner jungen Liebe froh werden solle, steht sehr vereinsamt. Der alttestamentliche Fluch über die Sünde Onans (coitus interruptus), den die katholische Perhorreszierung der sterilisierten Begattung als Todsünde übernahm, zeigt, daß auch im Judentum keine Konzessionen an die in bezug auf die Folgen rational von jenem Sinn losgelöste Erotik gemacht wurden. Daß die Beschränkung des legitimen Geschlechtslebens auf jenen rationalen Zweck der Standpunkt jeder innerweltlichen Askese ist, vor allem des Puritanismus, versteht sich von selbst. Auf seiten der Mystik andererseits haben die anomistischen und halborgiastischen Konsequenzen, zu welchen ihr akosmistisches Liebesgefühl sie unter Umständen führen kann, die Eindeutigkeit nur gelegentlich verschoben. Die wertende Stellungnahme der prophetischen und auch der priesterlich rationalen Ethik zum (legitimen und normalen) Geschlechtsverkehr rein als solchen endlich, also die letzte Beziehung zwischen Religiösem und Organischem, ist nicht eindeutig. Wenn im Konfuzianismus wie im alten Judentum teils animistische, teils ihnen nachgebildete, sehr universell (auch in der vedischen und hinduistischen Ethik) verbreitete Vorstellungen von der Bedeutung der Nachkommenschaft ein direktes Gebot der Kinderzeugung zur Folge hatten, so ist dagegen das gleiche positive Ehegebot schon im talmudischen Judentum, ebenso im Islam, wenigstens teilweise schon ebenso motiviert wie der Ausschluß der ehelosen Ordinierten von den (niederen) Pfarrpfründen in den orientalischen Kirchen, nämlich durch die Vorstellung von der absoluten Unüberwindlichkeit des Geschlechtstriebs für den Durchschnittsmenschen, dem daher ein legitim reglementierter Kanal geöffnet werden müsse. Diesem Standpunkt entspricht nicht nur die Relativierung der Laienethik der indischen kontemplativen Erlösungsreligionen mit ihrem Ehebruchsverbot für die Upāsakas, sondern auch der Standpunkt des Paulus, dem die, bei ihm auch aus einer hier nicht interessierenden mystischen Motivierung gefolgerte, Würde der absoluten Abstinenz als ein rein persönliches Charisma der religiösen Virtuosen gilt, ebenso diejenige der Laienethik des Katholizismus. Es ist aber auch der Standpunkt Luthers, der die innereheliche Sexualität letztlich doch nur als das geringere Übel zur Vermeidung der Hurerei ansah und die Notwendigkeit für Gott, dieser Art von legitimer Sünde „durch die Finger zu sehen", als eine Folge der durch die Erbsünde geschaffenen absoluten Unüberwindlichkeit der Konkupiszenz, – eine Annahme, die zum Teil seinen, demjenigen Muhammeds ähnlichen, zunächst nur relativ ablehnenden, Standpunkt gegenüber dem Mönchtum erklärt. Im Gottesreiche Jesu, wohlgemerkt: einem irdischen Zukunftsreich, gibt es keine Sexualität, und alle offizielle christliche Theorie hat gerade die innere, gefühlsmäßige Seite aller Sexualität als „Konkupiszenz" und Folge des Sündenfalls perhorresziert.

Dem immer noch verbreiteten Glauben, daß dies eine Spezialität des Christentums sei, steht die Tatsache gegenüber, daß es keinerlei spezifische Erlösungsreligiosität gibt, deren Standpunkt prinzipiell ein anderer wäre. Dies aber erklärt sich aus einer Anzahl ganz allgemeiner Ursachen. Zunächst aus der Art der Entwicklung, welche durch Rationalisierung der Lebensbedingungen die Sexualsphäre innerhalb des Lebens selbst zunehmend einnimmt. Auf der Stufe des Bauern ist der Geschlechtsakt ein Alltagsvorgang, der bei vielen Naturvölkern weder die geringsten Schamgefühle zuschauenden Reisenden gegenüber noch irgendwelchen als überalltäglich empfundenen Gehalt in sich schließt. Die für unsere Problematik entscheidende Entwicklung ist nun, daß die Geschlechtssphäre zur Grundlage spezifischer Sensationen, zur „Erotik" sublimiert, damit eigenwertgesättigt und *außer*alltäglich wird. Die beiden erheblichsten Momente, welche dahin wirken, sind einerseits die durch ökonomische Sippeninteressen und weiterhin durch ständische Konventionen zunehmend eingeschalteten Hemmungen für den Geschlechtsverkehr, der zwar auf gar keiner bekannten Stufe der Entwicklung von sakraler und ökonomischer Reglementierung frei ist, aber ursprünglich meist weniger mit den, an die ökonomischen sich allmählich angliedernden, konventionellen Schranken umgeben wird, die ihm später spezifisch sind. Der Einfluß speziell der modernen „ethischen" Schranken als angeblicher Quelle der Prostitution ist freilich fast immer falsch eingeschätzt worden. Gewerbliche „Prostitution", heterosexuelle und auch homosexuelle (Abrichtung von Tribaden) findet sich, da irgendeine sakrale oder militärische oder ökonomisch bedingte Schranke nirgends fehlt, auch auf den primitivsten Kulturstufen. Nur ihre absolute Proskribierung datiert erst vom Ende des 15. Jahrhunderts. Aber die Ansprüche der Sippe für die Sicherung der Kinder des Mädchens und die Lebenshaltungsansprüche der jungen Eheleute selbst steigen mit raffinierter Kultur fortwährend. Damit tritt ein weiteres Entwicklungselement immer mehr hervor. Denn weit tiefer noch, wenn auch weit weniger bemerkt, wirkt auf die Beziehung zur Ethik das Heraustreten des zunehmend rationalisierten Gesamtdaseinsinhalts des Menschen aus dem organischen Kreislauf des einfachen bäuerlichen Daseins.

Wie zu der stärksten irrationalen Macht des persönlichen Lebens gerät nun die ethische, speziell die Brüderlichkeitsreligiosität auch zur Sphäre der *Kunst* in tiefe innere Spannung. Die ursprüngliche Beziehung beider zueinander ist freilich die denkbar intimste. Idole und Ikonen aller Art, die Musik als Mittel der Ekstase oder des Exorzismus oder apotropäischer Kulthandlungen, als heilige Sänger, als Zauberer, die Tempel und Kirchen als größte künstlerische Bauten, die Paramente und Kirchengeräte aller Art als Hauptobjekte der kunstgewerblichen Arbeit machen die Religion zu einer unerschöpflichen Quelle künstlerischer Entfaltungsmöglichkeit. Je mehr aber die Kunst als eine eigengesetzliche Sphäre sich konstituiert, – ein Produkt der Laienbildung, – desto mehr pflegt sie gegenüber den religiös-ethischen ganz disparaten Rangordnungen der Werte, welche damit konstituiert werden, hervorzutreten. Alle unbefangene rezeptive Stellung zur Kunst geht zunächst von der Bedeutsamkeit des Inhalts aus, und dieser kann Gemeinschaft stiften. Das spezifisch Künstlerische überhaupt *bewußt* zu entdecken ist intellektualistischer Zivilisation vorbehalten. Eben damit aber schwindet das Gemeinschaftstiftende der Kunst ebenso wie ihre Verträglichkeit mit dem religiösen Erlösungswillen. Nicht nur wird dann jene innerweltliche Erlösung, welche die Kunst nur rein als Kunst zu geben beansprucht, als widergöttlich und jeder

Erlösung von der ethischen Irrationalität der Welt feindlich von der ethischen Religiosität ebenso wie von der echten Mystik perhorresziert, und vollends der eigentlichen Askese ist jede Hingabe an künstlerische Werte rein als solche eine bedenkliche Verletzung der rationalen Systematisierung der Lebensführung. Sondern noch mehr steigert sich die Spannung mit Zunahme der dem Intellektualismus eigenen, der ästhetischen nachgebildeten Haltung in ethischen Dingen. Die Ablehnung der Verantwortung für ein ethisches Urteil und die Scheu vor dem Schein beschränkter Traditionsgebundenheit, wie sie intellektualistische Zeitalter hervorbringen, veranlaßt dazu, ethisch gemeinte in ästhetisch ausgedeutete Urteile umzuformen (in typischer Form: „geschmacklos" statt „verwerflich"). Aber die subjektivistische Inappellabilität jedes Geschmacksurteils über menschliche Beziehungen, wie es in der Tat der Kultus des Ästhetentums anzuziehen pflegt, kann gegenüber der religiös-ethischen Norm, der sich der Einzelne, ethisch ablehnend, aber im Wissen von der eigenen Kreatürlichkeit menschlich miterlebend, für sich selbst ebenso unterstellt wie denjenigen, dessen Tun er im Einzelfall beurteilt und deren Konsequenzen und Berechtigung vor allem dem Prinzip nach diskussionsfähig erscheinen, von der Religiosität sehr wohl als eine tiefste Form von spezifischer Lieblosigkeit, verbunden mit Feigheit, angesehen werden. Jedenfalls bereitet der ästhetischen Stellungnahme als solcher die konsequente Brüderlichkeitsethik, welche ihrerseits stets direkt antiästhetisch orientiert ist, keine Stätte, und umgekehrt gilt das gleiche.

Die so bedingte religiöse Entwertung der Kunst geht naturgemäß im ganzen ziemlich genau parallel mit der Entwertung der magischen, orgiastischen, ekstatischen und ritualistischen Elemente der Religiosität zugunsten von asketischen und spiritualistisch-mystischen. Ferner mit dem rationalen und literarischen Charakter der Priester- und Laienbildung, wie ihn eine Buchreligion stets nach sich zu ziehen pflegt. Vor allem aber wirkt bei der eigentlichen Prophetie zweierlei in antiästhetischer Richtung. Einmal die ihr stets selbstverständliche Ablehnung der Orgiastik und, meist, der Magie. Die ursprünglich magisch bedingt gewesene jüdische Scheu vor dem „Bildnis und Gleichnis" deutet die Prophetie spiritualistisch aus ihrem absolut überweltlichen Gottesbegriff heraus um. Und irgendwann zeigt sich dann die Spannung der zentral ethisch religiösen Orientierung der prophetischen Religion gegen das „Menschenwerk", die aus dessen, vom Propheten aus gesehen, Scheinerlösungsleistung folgt. Die Spannung ist um so unversöhnlicher, je überweltlicher und gleichzeitig je heiliger der prophetisch verkündete Gott vorgestellt wird.

Auf der anderen Seite findet sich die Religiosität immer wieder vor die Empfindung der unablehnbaren „Göttlichkeit" künstlerischer Leistungen gestellt, und gerade die Massenreligion ist auf „künstlerische" Mittel für die erforderliche Drastik ihrer Wirkungen immer wieder direkt hingewiesen und zu Konzessionen an die überall magisch idolatrischen Massenbedürfnisse geneigt. Ganz abgesehen davon, daß eine organisierte Massenreligiosität nicht selten mit der Kunst durch ökonomische Interessen eng verknüpft ist, wie z. B. bei dem Ikonenhandel der byzantinischen Mönche, welche Gegner der, auf das bilderstürmerische, weil aus den Grenzprovinzen des damals noch streng spiritualistischen Islam rekrutierte Heer gestützten, cäsaropapistischen Kaisergewalt waren, während diese ihrerseits umgekehrt gerade durch Abschneidung dieser Verdienstquelle diesem gefährlichsten Gegner ihrer Kirchenherrschaftspläne die Existenz abschneiden wollte. Und innerlich führt von jeder orgiastischen oder ritualistischen Stimmungsreligiosität, aber auch von der auf mystische Sprengung der Individuation ausgehenden Liebesreligiosität bei aller Heterogenität des letztlich gemeinten „Sinnes" psychologisch der Weg äußerst leicht zur Kunst zurück; von der ersteren besonders zu Sang und Musik, von der zweiten zur bildenden Kunst, von der letzten zur Lyrik und Musik. Alle Erfahrungen, von der indischen Literatur und Kunst und den weltoffenen sangesfrohen Sufis bis zu den Liedern des Franziskus und den unermeßlichen Einflüssen religiöser Symbolik und gerade mystisch bedingter Stimmungen zeigen diesen Zusammenhang. Aber nicht nur die einzelnen Formen der empirischen Religiosität verhalten sich grundverschieden zur Kunst, sondern innerhalb jeder auch deren verschiedene Strukturformen, Schichten und Träger: Propheten anders als Mystagogen und Priester, Mönche anders als fromme Laien, Massenreligionen anders als Virtuosensekten, und von diesen die asketischen sehr anders und zwar im Effekt naturgemäß prinzipiell kunstfeindlicher als die mystischen. Dies gehört nicht mehr in unseren Zusammenhang. Ein wirklicher innerer Ausgleich religiöser und künstlerischer Stellungnahme aber, dem letzten (subjektiv gemeinten) Sinne nach, wird allerdings zunehmend erschwert, wo immer das Stadium der Magie oder des reinen Ritualismus endgültig verlassen ist. Für uns ist nur wichtig die Bedeutung der Ablehnung aller eigentlich künstlerischen Mittel durch bestimmte, in diesem Sinn spezifisch rationale Religionen in starkem Maße im Synagogengottesdienst und dem alten Christentum, dann wieder im asketischen Protestantismus. Sie ist, je nachdem, Symptom oder Mittel der Steigerung des rationalisierenden Einflusses einer Religiosität auf die Lebensführung. Daß das zweite Gebot geradezu die entscheidende Ursache des jüdischen Rationalismus sei, wie manche Vertreter einflußreicher jüdischer Reformbewegungen annehmen, geht wohl zu weit. Daß aber die systematische Verdammung aller unbefangenen Hingabe an die eigentlichen Formungswerte der Kunst, deren Wirksamkeit ja durch Maß und Art der Kunstproduktivität der frommen jüdischen und puritanischen Kreise genügend belegt ist, in der Richtung intellektualistischer und rationaler Lebensmethodik wirken muß, ist andererseits nicht im mindesten zu bezweifeln.

12. Die Kulturreligionen und die „Welt".

Die dritte in gewissem Sinn „weltangepaßte", jedenfalls aber „weltzugewendete", nicht die „Welt", sondern nur die geltende soziale Rangordnung in ihr ablehnende Religion ist das Judentum in seiner uns hier allein angehenden nachexilischen, vor allem talmudischen Form, über deren soziologische Gesamtstellung bereits früher einiges gesagt wurde. Seine Verheißungen sind, dem gemeinten Sinn nach, Diesseitsverheißungen, und kontemplative oder asketische Weltflucht ist ihnen in ähnlicher Art nur als Ausnahmeerscheinung bekannt, wie der chinesischen Religiosität und dem Protestantismus. Vom Puritanismus unterscheidet es sich durch das (wie immer: *relative*) Fehlen systematischer Askese überhaupt. Die „asketischen" Elemente der frühchristlichen Religiosität entstammen nicht etwa dem Judentum, sondern finden sich gerade in den heidenchristlichen Gemeinden der Paulusmission. Die Erfüllung des jüdischen „Gesetzes" ist sowenig „Askese" wie die Erfüllung irgendwelcher Ritual- und Tabunormen. Die Beziehung der jüdischen Religiosität zum Reichtum einerseits, zum Sexualleben andererseits ist nicht im mindesten asketisch, vielmehr höchst naturalistisch. Reichtum ist eine Gabe Gottes, die Befriedigung des Sexualtriebs, natürlich in legaler Form, ist geradezu unabweislich, so sehr, daß der nach einem bestimmten Lebensalter Nichtverehelichte dem Talmud direkt als moralisch verdächtig gilt. Die Auffassung der Ehe als bloß ökonomischer, der Erzeugung und Aufzucht von Kindern bestimmten Einrichtung ist an sich nichts spezifisch Jüdisches, sondern universell. Daß der nicht legale Geschlechtsverkehr strikt (und innerhalb der frommen Kreise höchst wirksam) verpönt ist, teilt das Judentum mit dem Islam und allen prophetischen Religionen, außerdem mit dem Hinduismus, die Reinigungsschonzeiten mit der Mehrzahl der ritualistischen Religionen, so daß von einer *spezifischen* Bedeutung der Sexualaskese nicht gesprochen werden darf. Die von Sombart zitierten Reglementierungen reichen nicht an die katholische Kasuistik des 17. Jahrhunderts heran und finden in manchen anderen Tabukasuistiken Analogien. Unbefangener Lebensgenuß, selbst Luxus, ist an sich nirgends verboten, sofern die positiven Verbote und Tabuierungen des „Gesetzes" dabei innegehalten werden. Das soziale, dem Geist des mosaischen Gesetzes widersprechende *Unrecht,* welches so oft bei der Erwerbung des Reichtums gegen den jüdischen Volksgenossen begangen wird, und ferner die Versuchung zur Laxheit in der Gesetzestreue, zu hoffärtiger Verachtung der Gebote und damit der Verheißungen Jahves sind es, was den Reichtum bei den Propheten, in den Psalmen, in der Spruchweisheit und später als etwas sehr leicht Bedenkliches erscheinen läßt. Es ist nicht leicht, den Versuchungen des Reichtums zu entgehen, aber eben deshalb um so verdienstlicher: „Heil dem Reichen, der unsträflich erfunden wird." Da der Prädestinationsgedanke oder entsprechend wirkende Vorstellungen fehlen, so kann die rastlose Arbeit und der Erfolg im Erwerbsleben andererseits auch nicht in dem Sinn als Zeichen der „Bewährung" gewertet werden, wie dies am stärksten den calvinistischen Puritanern, in gewissem Maße aber (wie z. B. John Wesleys Bemerkung darüber zeigt) allem asketischen Protestantismus eigen war. Immerhin liegt der Gedanke, in erfolgreichem Erwerb ein Zeichen gnädiger göttlicher Fügung zu erblicken, selbstverständlich der jüdischen Religiosität nicht nur ebenso nahe, wie etwa der chinesischen, laienbuddhistischen und überhaupt jeder nicht weltablehnenden Religiosität der Welt, sondern noch wesentlich näher in einer Religion, welche sehr spezifische Verheißungen eines überweltlichen Gottes, in Verbindung mit sehr sichtbaren Zeichen seines Zornes über das doch von ihm selbst erwählte Volk vor sich hatte. Es ist klar, daß die Bedeutung des, unter Innehaltung der Gebote Gottes, erreichten Erwerbs in der Tat als Symptom persönlicher Gottwohlgefälligkeit gewertet werden konnte und mußte. Dies ist denn in der Tat auch wieder und wieder geschehen. Aber die Situation für den erwerbenden (frommen) Juden war dennoch eine von der des Puritaners grundsätzlich gänzlich verschiedene, und diese Verschiedenheit ist nicht ohne praktische Wirkungen für die wirtschaftsgeschichtliche Bedeutung des Judentums geblieben. Zunächst: worin ungefähr bestand diese Bedeutung?

Es hätte in der Polemik gegen Sombarts geistvolles Buch die Tatsache nicht ernstlich bestritten werden sollen: daß das Judentum an der Entfaltung des kapitalistischen Wirtschaftssystems in der Neuzeit sehr stark mitbeteiligt gewesen ist. Nur bedarf diese These Sombarts m.E. einer etwas weiteren Präzisierung. Was sind die *spezifischen* ökonomischen Leistungen des Judentums im Mittelalter und Neuzeit? Darlehen, vom Pfandleihgeschäft bis zur Finanzierung von Großstaaten, bestimmte Arten des Warenhandels mit sehr starkem Hervortreten des Kleinkram- und Wanderhandels und des spezifisch ländlichen „Produktenhandels", gewisse Teile des Engros- und vor allem der Wertpapierhandel, beide speziell in Form des Börsenhandels, Geldwechsel und die damit üblicherweise zusammenhängenden Geldüberweisungsgeschäfte, Staatslieferungen, Kriegs- und in sehr hervorragendem Maße Kolonialgründungsfinanzierung, Steuerpacht, (natürlich außer der Pacht verpönter Steuern, wie der an die Römer), Kredit- und Bankgeschäfte und Emissionsfinanzierungen aller Art. Von diesen Geschäften sind nun dem *modernen* okzidentalen Kapitalismus (im Gegensatz zu dem der Antike, des Mittelalters, der ostasiatischen Vergangenheit) eigentümlich gewisse (allerdings höchst wichtige) *Formen* der Geschäfte, rechtliche sowohl wie ökonomische. So, auf der rechtlichen Seite: die Wertpapier- und kapitalistischen Vergesellschaftungsformen. Diese aber sind nicht spezifisch jüdischer Provenienz. Sondern soweit die Juden in spezifischer Art sie im Okzident neu eingeführt haben, sind sie vielleicht gemeinorientalischer (babylonischer) und dadurch vermittelt: hellenistischer und byzantinischer und erst durch dies Medium hindurch jüdischer Herkunft, überdies meist Juden und Arabern gemeinsam. Zum anderen Teil aber sind sie okzidental-mittelalterliche Schöpfungen mit zum Teil sogar spezifisch germanischem Einschlag. Der Nachweis führte hier im einzelnen zu weit. Ökonomisch aber ist z. B. die Börse als „Markt der Kaufleute" nicht von Juden, sondern von christlichen Kaufleuten geschaffen, ist die besondere Art, wie die mittelalterlichen Rechtsformen rationalen Betriebszwecken adaptiert, wie z. B. Kommanditen, Maonen, privilegierte Kompagnien aller Art, schließlich Aktiengesellschaften geschaffen wurden, von spezifisch jüdischem Einfluß nicht abhängig, so sehr später die Juden sich an der Gründung beteiligten. Endlich sind die spezifisch neuzeitlichen Prinzipien der öffentlichen und privaten Kreditbedarfsdeckung auf dem Boden der mittelalterlichen Städte zuerst keimhaft entwickelt, und dann ist ihre zum Teil gänzlich unjüdische mittelalterliche Rechtsform ökonomisch den Bedürfnissen der modernen Staaten und sonstigen Kreditnehmer angepaßt worden. Aber vor allem: es fehlt in der gewiß großen Liste der jüdischen ökonomischen Betätigung eine Sparte, wenn auch nicht völlig, so doch relativ in auffallendstem Maße, und zwar die dem modernen Kapitalismus gerade eigentümliche: die Organisation der *gewerblichen* Arbeit in Hausindustrie, Manufaktur, Fabrik. Wie kommt es doch, angesichts des massenhaften Ghettoproletariats in Zeiten, wo für jede Industriegründung fürstliche Patente und Privilegien (gegen entsprechende pekuniäre Leistungen) zu haben waren, und wo auch zunft*freie* Betätigungsgebiete für industrielle Neuschöpfungen durchaus hinlänglich zur Verfügung standen, – wie kommt es, daß angesichts alles dessen kein frommer Jude darauf verfiel, mit frommen jüdischen Arbeitskreisen im Ghetto ganz ebenso eine Industrie zu schaffen, wie es so viele fromme puritanische Unternehmer mit frommen christlichen Arbeitern und Handwerkern taten? Und daß auch auf dem Boden breiter notleidender jüdischer Handwerkerschichten noch bis an die Schwelle der neuesten Zeit keine spezifisch moderne, und das heißt: *industrielle,* jene jüdische Arbeit hausindustriell ausnutzende Bourgeoisie von irgendwelcher erheblichen Bedeutung entstanden war? Staatslieferungen, Steuerpachten, Kriegsfinanzierungen, Kolonie- und speziell Plantagenfinanzierung, Zwischenhandel, Darlehenswucher, hat es ja seit Jahrtausenden fast in der ganzen Welt immer wieder als Form kapitalistischer Besitzverwertung gegeben.

Gerade an dieser, fast allen Zeiten und Ländern, insbesondere auch der ganzen
Antike geläufigen Geschichte sind nun die Juden beteiligt, in denjenigen spezifisch modernen Rechts- und Betriebsformen, welche schon das Mittelalter, aber
nicht die Juden, geschaffen hatte.

Dagegen bei dem spezifisch Neuen des moder-
nen Kapitalismus: der rationalen Organisation der Arbeit, vor allem der gewerblichen, im industriellen „Betrieb" fehlen sie (relativ betrachtet) so gut wie gänzlich. Und vor allem: jene Wirtschaftsgesinnung, welche allem urwüchsigen Händlertum, dem antiken, ostasiatischen, indischen, mittelalterlichen Händlertum, dem
Krämertum im kleinen, dem Großgeldgebertum im großen, typisch war und ist:
der Wille und das Verständnis, rücksichtslos jede Chance des Gewinns auszunut-
zen – „um Gewinnes willen durch die Hölle zu fahren, und wenn sie die Segel
versengt" –, diese ist auch den Juden recht stark eigen. Aber gerade sie ist weit
entfernt davon, etwas dem *modernen* Kapitalismus gegenüber *anderen* kapitalistischen Epochen Eigentümliches zu sein. Im graden Gegenteil. Weder das spezifisch Neue des modernen Wirtschafts*systems* noch das spezifisch Neue an der
modernen Wirtschafts*gesinnung* sind spezifisch jüdisch. Die letzten prinzipiellen
Gründe dafür hängen wieder mit dem besonderen Pariavolkscharakter des Judentums und seiner Religiosität zusammen. Zunächst schon die rein äußeren
Schwierigkeiten der Beteiligung an der Organisation der gewerblichen Arbeit:
die rechtlich und faktisch prekäre Lage der Juden, die wohl der Handel, vor allem der Geldhandel, nicht aber ein rationaler gewerblicher Dauerbetrieb mit ste-
hendem Kapital erträgt. Dann aber auch die innerliche ethische Situation. Das
Judentum, als Pariavolk, bewahrte die doppelte Moral, welche im Wirtschaftsver-
kehr jeder Gemeinschaft urwüchsig ist. Was „unter Brüdern" perhorresziert ist,
ist dem Fremden gegenüber erlaubt. Den Mitjuden gegenüber ist die jüdische
Ethik durchaus unbezweifelbar traditionalistisch, vom Standpunkt der „Nahrung" ausgehend, und soweit auch – worauf Sombart gewiß mit Recht hinweist –
die Rabbinen dabei Konzessionen, und zwar auch für das innerjüdische Ge-
schäftsgebaren machten: es blieben eben Zugeständnisse an die Laxheit, durch
deren Benutzung diejenigen, welche sie sich machen ließen, eben hinter den
höchsten Anforderungen der jüdischen Geschäftsethik zurückblieben, nicht jedoch: sich „bewährten". Das Gebiet des geschäftlichen Verhaltens zu Fremden
aber ist bei Dingen, welche unter Juden verpönt waren, weitgehend eine Sphäre
des ethisch Indifferenten. Dies ist nicht nur in der ganzen Welt bei allen Völkern
die urwüchsige Geschäftsethik, sondern daß es dauernd so blieb, ist für den Juden, dem der Fremde schon im Altertum fast überall als „Feind" entgegentrat,
einfach eine Selbstverständlichkeit. Alle wohlbekannten Ermahnungen der Rabbinen zu Treu und Glauben gerade auch gegenüber dem Fremden konnten doch
natürlich an dem Eindruck der Tatsache nichts ändern, daß das Gesetz den Zins
von Juden verbot, von Fremden dagegen erlaubte, und daß (wie wiederum Sombart mit Recht hervorhob) der Grad der *vorschrifts*mäßigen Legalität (z. B. bei
der Benutzung von Irrtümern des anderen) dem Fremden, und das heißt: dem
Feinde, gegenüber nun einmal ein geringerer war. Und es bedarf gar keines Beweises (denn das Gegenteil wäre schlechthin unbegreiflich), daß auf die durch die
Verheißungen Jahves, wie wir sahen, geschaffene Pariastellung und die daraus
folgende stete Verachtung von seiten der Fremden ein Volk gar nicht anders reagieren konnte als dadurch, daß seine Geschäftsmoral im Fremdverkehr dauernd
eine andere blieb wie dem Mitjuden gegenüber.

Die gegenseitige Situation von Katholiken, Juden und Puritanern beim wirtschaftlichen Erwerb läßt sich also etwa so zusammenfassen: der strenggläubige
Katholik bewegte sich im Erwerbsleben fortwährend in der Sphäre oder an der
Grenze eines Verhaltens, welches teils gegen päpstliche Konstitutionen verstieß
und nur rebus sic stantibus im Beichtstuhl ignoriert oder nur durch laxe (probabi-
listische) Moral gestattet, teils direkt bedenklich, teils wenigstens nicht positiv
gottwohlgefällig war. Der fromme Jude kam dabei unvermeidlich in die Lage,
Dinge zu tun, welche unter Juden direkt gesetzwidrig oder traditionell bedenklich oder nur kraft laxer Interpretation zulässig und nur dem Fremden gegenüber
erlaubt, nie aber mit positiven ethischen Wertvorzeichen versehen waren; sein
ethisches Verhalten konnte nur, als dem Durchschnitt des Üblichen entsprechend
und formal nicht gesetzwidrig, von Gott erlaubt und als sittlich indifferent gelten.
Eben hierauf beruht ja das, was an den Behauptungen von dem geringeren Lega-
litätsstandard der Juden wirklich wahr gewesen ist. Daß Gott es mit Erfolg krön-
te, konnte zwar ein Zeichen dafür sein, daß er auf diesem Gebiet nichts direkt
Verbotenes getan und auf *anderen* Gebieten sich an Gottes Gebote gehalten hatte, nicht leicht aber konnte er gerade durch das spezifisch moderne ökonomische
Erwerbshandeln sich ethisch bewähren. Eben dies letztere aber war bei dem
frommen Puritaner der Fall, der gerade nicht kraft laxer Interpretation oder dop-
pelter Moral oder weil er etwas ethisch Indifferentes und auf dem eigentlichen
Geltungsgebiet des Ethischen Verpöntes tat, sondern umgekehrt mit dem denkbar besten Gewissen, eben dadurch, daß er, rechtlich und sachlich handelnd, die
rationale Methodik seiner gesamten Lebensführung im „Betrieb" objektivierte,
sich vor sich selbst und im Kreise seiner Gemeinde legitimierte und eben auch
nur soweit und dadurch legitimierte, als und weil die absolute, nicht relativierte,
Unanfechtbarkeit seines Verhaltens völlig feststand. Kein wirklich frommer Puritaner – darauf kommt es an – hätte je durch Pfandwucher, durch Ausnutzung des
Irrtums des Gegenparts (was dem Juden gegen den Fremden zustand), durch
Feilschen und Schachern, durch Beteiligung an politischen oder kolonialen Raub-
verdiensten erworbenes Geld für gottwohlgefälligen Gewinn halten können. Der
feste Preis, die absolut sachliche, jeden Durst nach Geld verschmähende, bedingungslos legale Geschäftsgebarung jedermann gegenüber ist es, deren Bewährt-
heit vor den Menschen die Quäker und Baptisten es zugeschrieben haben, daß
gerade die Gottlosen bei ihnen und nicht bei ihresgleichen kauften, ihnen, nicht
ihresgleichen ihr Geld in Verwahrung und in Kommandite anvertrauten und sie
reich machten, und eben diese Qualitäten bewährten sie vor ihrem Gott. Das
Fremdenrecht, in der Praxis: das Pariarecht der Juden dagegen gestattete, trotz
noch so vieler Vorbehalte, dem Nichtjuden gegenüber die Betätigung gerade derjenigen Gesinnung, welche der Puritaner als erwerbsdurstigen Krämergeist ver-
abscheute, die aber beim frommen Juden mit der strengsten Rechtlichkeit, mit
voller Erfüllung des Gesetzes und mit der ganzen Gottinnigkeit seiner Religiosität und der opferbereitesten Liebe zu den ihm in Familie und Gemeinde Verbundenen und mit Erbarmen und Milde gegen alle Gottesgeschöpfe vereinbar war.
Niemals galt, gerade in der Praxis des Lebens, der jüdischen Frömmigkeit die
Sphäre jenes erlaubten Erwerbs im Geltungsbereich des Fremdenrechts als diejenige, in welcher sich die Echtheit des Gehorsams gegen Gottes Gebote bewährt.
Niemals hat ein frommer Jude den inneren Standard seiner Ethik daran bemes-
sen, was er hier für erlaubt hielt. Sondern wie dem Konfuzianer der zeremoniell

und ästhetisch allseitig entwickelte, literarisch gebildete und sein Leben lang weiter die Klassiker studierende Gentlemen, so ist dem Juden der kasuistisch Gesetzeskundige, der Schriftgelehrte, der auf Kosten seines Geschäfts, das er sehr oft der Frau überläßt, immer weiter in den heiligen Schriften und Kommentaren forschende „Intellektuelle" das eigentliche Lebensideal.

Gegen eben diesen intellektualistischen, schriftgelehrtenhaften Zug des genuinen Spätjudentums lehnt sich Jesus auf. Nicht die in ihn hineininterpretierten „proletarischen" Instinkte, sondern die Art der Gläubigkeit und das Niveau der Gesetzeserfüllung des Kleinstädters und Landhandwerkers, im Gegensatz zu den Virtuosen des Gesetzeswissens ist es, was in dieser Hinsicht seinen Gegensatz bildet gegen die auf dem Boden der Polis Jerusalem gewachsenen Schichten, die ganz wie jeder Großstadtbürger der Antike fragen: „Was kann von Nazareth Gutes kommen?" Seine Art der Gesetzeserfüllung und Gesetzeskenntnis ist jener Durchschnitt, welchen der praktisch arbeitende Mann, der auch am Sabbat nicht sein Schaf im Brunnen liegen lassen kann, wirklich leistet. Die für den eigentlich Frommen obligatorische jüdische Gesetzeskenntnis dagegen geht, schon in der Art der Jugenderziehung, nicht nur quantitativ, sondern qualitativ weit über die Bibelfestigkeit des Puritaners hinaus und ist nur allenfalls mit den Ritualgesetzen der Inder und Perser zu vergleichen, nur daß sie eben in weit größerem Umfang neben bloßen rituellen und Tabunormen auch sittliche Gebote enthält. Das ökonomische Verhalten der Juden bewegte sich einfach in der Richtung des geringsten Widerstandes, den diese Normen ihnen ließen, und das hieß eben praktisch: daß der in *allen* Schichten und Nationen verbreitete, nur verschieden wirkende, „Erwerbstrieb" auf den Handel mit Fremden, also „Feinden", ausgerichtet wurde. Der fromme Jude schon der Zeit des Josias, erst recht der nachexilische Jude̩ ist ein Stadtmensch. Das ganze Gesetz ist darauf zugeschnitten. Weil ein Schächter notwendig war, lebte der orthodoxe Jude nicht isoliert, sondern möglichst in Gemeinden (auch jetzt Spezifikum der Orthodoxie gegenüber den Reformjuden z. B. in Amerika). Das Sabbatjahr – in der jetzigen Fassung der Bestimmungen doch wohl sicher eine nachexilische Schöpfung städtischer Schriftgelehrter – machte, in seinem Geltungsbereich, die rationelle intensive Landwirtschaft unmöglich: noch jetzt haben die deutschen Rabbinen seine Anwendung auf die zionistische Palästinasiedelung, die daran gescheitert wäre, erzwingen wollen, und der Epoche der Pharisäer war ein „Landmann" gleichbedeutend mit einem Juden zweiten Ranges, der das Gesetz nicht voll hält und halten kann. Die Teilnahme an den Gelagen einer Zunft, überhaupt jede Tischgemeinschaft mit den Nichtjuden, in der Antike wie im Mittelalter die unentbehrliche Grundlage jeder Einbürgerung in die Umwelt, verbot das Gesetz. Dagegen begünstigte (und begünstigt) die gemeinorientalische, ursprünglich auf dem Ausschluß der Töchter vom Erbe beruhende Sitte des „Brautschatzes" die Tendenz, sich gleichzeitig mit der Verheiratung als Kleinkrämer zu etablieren (das wirkt teilweise noch jetzt nach in Form des geringen „Klassenbewußtseins" der jüdischen Handlungsgehilfen). In allen anderen Hantierungen ist, wie der fromme Hindu, so der Jude auf Schritt und Tritt gehemmt durch Rücksichten auf das Gesetz. Wirkliches Gesetzesstudium konnte – das hat Guttmann* mit Recht hervorgehoben – am leichtesten mit dem relativ wenig stetige Arbeit erfordernden Geldleihgeschäft vereinigt werden. Die Wirkung des Gesetzes und der intellektualistischen Gesetzesschulung ist die „Lebensmethodik" des Juden und sein „Rationalismus". „Nie ändere der Mensch einen Brauch" ist ein Talmudgrundsatz. Einzig und allein auf Gebiet des ökonomischen Verkehrs mit Fremden hat die Tradition die Lücke des ethisch (relativ) Irrelevanten gelassen. Sonst nirgends. Die Tradition und ihre Kasuistik herrscht auf dem ganzen Gebiet des vor Gott Relevanten, nicht ein rational, voraussetzungslos, aus einem „Naturrecht" heraus, selbstorientiertes methodisches Zweckhandeln. Die „rationalisierende" Wirkung der Gesetzesangst ist eine überaus penetrante, aber gänzlich indirekte. „Wach" und immer bei sich, stets beherrscht und gleichmäßig ist auch der Konfuzianer, der Puritaner, der buddhistische und jeder Mönch, der arabische Scheich, der römische Senator. Grund und Sinn der Selbstbeherrschtheit aber sind das Verschiedene. Die wache Beherrschtheit des Puritaners folgt aus der Notwendigkeit der Unterwerfung des Kreatürlichen unter die rationale Ordnung und Methodik im Interesse der eigenen Heilsgewißheit, die des Konfuzianers aus der Verachtung pöbelhafter Irrationalität seitens des zu Anstand und Würde erzogenen klassisch Gebildeten, die des altfrommen Juden aus dem Grübeln über dem Gesetz, an dem sein Intellekt geschult ist, und der Notwendigkeit steter Aufmerksamkeit auf seine genaue Erfüllung. Dies aber gewann seine spezifische Färbung und Wirkung durch das Bewußtsein des frommen Juden daran: daß nur er und sein Volk dies Gesetz haben und um deswillen von aller Welt verfolgt und mit Schmutz beworfen sind, daß es gleichwohl verbindlich ist und daß eines Tages durch eine Tat, die über Nacht kommt, deren Zeitpunkt niemand wissen, zu dessen Beschleunigung auch niemand beitragen kann, Gott die Rangordnung der Erde umkehren wird in ein messianisches Reich für die, welche in allem dem Gesetz treu geblieben sind. Er wußte: daß nun schon ungezählte Geschlechter allem Spott zum Trotz so gewartet haben und warten und mit dem Gefühl einer gewissen „Überwachheit", die daraus folgte, verband sich für ihn die Notwendigkeit, je länger voraussichtlich noch weiter vergeblich gewartet werden müßte, desto mehr das eigene Würdegefühl aus dem Gesetz und seiner peinlichen Befolgung, um seiner selbst willen, zu speisen. Endlich und nicht zuletzt die Notwendigkeit, stets auf der Hut zu sein und nie seiner Leidenschaft freien Lauf zu lassen gegen ebenso übermächtige wie erbarmungslose Feinde, verbunden mit der früher besprochenen Wirkung des „Ressentiment" als eines in Jahves Verheißungen und in den dadurch verschuldeten, in aller Geschichte unerhörten Schicksalen dieses Volks begründeten unvermeidlichen Einschlags. – Diese Umstände sind es, welche, im wesentlichen, den „Rationalismus" des Judentums begründen. Nicht aber „Askese". „Asketische" Züge gibt es im Judentum, aber sie sind allerdings nicht ihrerseits das Zentrale, sondern nur teils Konsequenzen des Gesetzes, teils aus der eigentümlichen Problematik der jüdischen Frömmigkeit gekommen, jedenfalls aber ebenso sekundär wie alles, was es an eigentlicher Mystik besitzt. Über die letztere ist hier nicht zu reden, da weder ihre kabbalistische noch ihre chassidistische noch andere Formen typische Motive für das praktische Verhalten der Juden zur Wirtschaft abgegeben haben, so symptomatisch wichtig die beiden genannten religiösen Erzeugnisse sind. Die „asketische" Abwendung von allem Künstlerischen hat, neben dem zweiten Gebot, welches in der Tat das Umschlagen der s. Z. weit entwickelten Angelologie in künstlerische Formung hinderte, vor allem in dem reinen Lehr- und Gebotscharakter des typischen synagogalen Gottesdienstes (in der Diaspora schon lange vor der Zerstörung des Tempelkults) seinen Grund: schon die Prophetie hatte gerade die plastischen Elemente des Kults herabgesetzt, die orgiastischen und orchestrischen im

Erfolg so gut wie gänzlich ausgemerzt. Das Römertum und der Puritanismus sind (aber aus sehr verschiedenen Motiven) darin im Effekt ähnliche Wege gegangen. Plastik, Malerei, Drama entbehrten also der überall normalen religiösen Anknüpfungspunkte, und das starke Zurückebben alles (weltlich) Lyrischen und speziell der erotischen Sublimierung des Sexuellen gegenüber dem noch ganz derben sinnlichen Höhepunkt, welchen das Hohelied darstellt, hat in dem Naturalismus der ethischen Behandlung dieser Sphäre seinen Anlaß. Für alle diese Ausfälle im ganzen aber gilt: daß die stumme, glaubende und fragende Erwartung einer Erlösung aus der Hölle dieser Existenz eines doch von Gott erwählten Volks sich immer wieder nur auf das Gesetz und die alten Verheißungen hingewiesen fand und daß demgegenüber, auch wenn entsprechende Aussprüche der Rabbinen nicht überliefert wären, in der Tat alle unbefangene Hingabe an die künstlerische und poetische Verklärung einer Welt, deren Schöpfungszweck schon den Zeitgenossen des späteren Makkabäerreichs gelegentlich recht problematisch geworden war, als höchst eitel und von den Wegen und Zielen des Herrn abführend erscheinen mußte. Aber gerade was der „innerweltlichen Askese" ihren entscheidenden Zug verleiht: die einheitliche Beziehung zur „Welt" aus dem Gesichtspunkt der certitudo salutis als Zentrum, aus welchem alles gespeist wird, fehlt. Der Pariacharakter der Religiosität und die Verheißungen Jahves sind auch hier der letzte entscheidende Grund. Eine innerweltlich asketische Behandlung der Welt – dieser jetzt, infolge der Sünden Israels, so grundverkehrten, aber eben nur durch ein von Menschen nicht zu erzwingendes und nicht zu beschleunigendes freies Wunder Gottes zurechtzurückenden Welt – als einer „Aufgabe" und als des Schauplatzes eines religiösen „Berufs", der diese Welt, gerade auch die Sünde in ihr, unter die rationalen Normen des geoffenbarten göttlichen Willens zwingen will, zu Gottes Ruhm und zum Wahrzeichen der eigenen Erwählung, – diese calvinistische Stellungnahme war natürlich das Allerletzte, was einem traditionell frommen Juden je hätte in den Sinn kommen können. Er hatte ein weit schwereres inneres Schicksal zu überwinden als der seiner „Erwählung" für das Jenseits sichere Puritaner. Der Einzelne muß sich mit der Tatsache der Verheißungswidrigkeit der bestehenden Welt, solange Gott sie zuläßt, eben abfinden und sich genügen lassen, wenn Gott ihm Gnade und Erfolg schenkt im Verkehr mit den Feinden seines Volks, denen er, wenn er den Ansprüchen seiner Rabbinen genügen will, legal und nüchtern rechnend, ohne Liebe und ohne Haß, „sachlich" gegenübertritt und sie so behandelt, wie es ihm Gott erlaubt hat. Unrichtig ist es, wenn gesagt wird: nur die Äußerlichkeit der Gesetzesbefolgung sei religiöses Erfordernis gewesen. Das ist der naturgemäße Durchschnitt. Aber das Postulat stand höher. Allerdings aber ist es die einzelne Handlung, welche als einzelne mit anderen einzelnen verglichen und aufgerechnet wird. Und wenn auch die Auffassung der Beziehung zu Gott als eines Kontokorrentes (sie findet sich übrigens gelegentlich auch bei Puritanern) der einzelnen guten und bösen Werke mit ungewissem Gesamtergebnis nicht die offiziell herrschende war, so ist allerdings die zentrale methodisch-asketische Orientiertheit der Lebensführung, wie sie den Puritanismus kennzeichnet, von den schon erwähnten Gründen abgesehen, einmal infolge der doppelten Moral eine unvermeidlich ungleich schwächere als dort. Dann aber deshalb: weil hier in der Tat, wie im Katholizismus, das Tun der einzelnen Gesetzmäßigen ein Produzieren der eigenen Heilschancen ist, mag auch (hier wie dort) Gottes Gnade die menschliche Unzulänglichkeit – die übrigens (wie im Katholizismus) durchaus nicht universell anerkannt war – ergänzen müssen. Die kirchliche Anstaltsgnade war, seit dem Verfall der alten palästinensischen Beichte (theschuba), weit unentwickelter als im Katholizismus, und diese Selbstverantwortlichkeit und Mittlerlosigkeit gab der jüdischen Lebensführung in der Tat notwendig etwas wesentlich Eigenmethodischeres, Systematischeres als der durchschnittlichen katholischen. Aber das Fehlen der spezifisch puritanischen asketischen Motive und der im Prinzip ungebrochene Traditionalismus der jüdischen Binnenmoral setzte auch da der Methodisierung eine Grenze. Es sind also zahlreiche nach Art der Asketen wirkende Einzelmotive da, nur fehlt gerade das religionseinigende Band des asketischen Grundmotivs. Denn die höchste Form der Frömmigkeit des Juden liegt nach der Seite der „Stimmung" und nicht des aktiven Handelns: wie sollte er sich in dieser grundverkehrten und – wie er seit der Zeit Hadrians weiß – nicht durch menschliche Tat zu ändernden, ihm feindlichen Welt jemals als Vollstrecker von Gottes Willen durch deren rationale Neuordnung fühlen? Das kann der jüdische Freigeist tun, nie der fromme Jude. Das Puritanertum hat denn auch stets die innere Verwandtschaft sowohl wie deren Grenze empfunden. Die Verwandtschaft ist bei aller Grundverschiedenheit in der Bedingtheit doch prinzipiell die gleiche wie schon beim Christentum der Anhänger des Paulus. Die Juden waren für die Puritaner wie für die Urchristen stets das einmal von Gott erwählt gewesene Volk. Die für das Urchristentum unerhört folgenreiche Tat des Paulus war aber: einerseits das jüdische heilige Buch zu einem – damals: dem einzigen – heiligen Buch der Christen zu machen und damit allen Einbrüchen des hellenischen (gnostischen) Intellektualismus eine ganz feste Grenze zu setzen (wie namentlich Wernle betont hat). Andererseits hie und da unter Mithilfe einer Dialektik, wie sie nur ein Rabbine besitzen konnte – gerade das Spezifische und im Judentum spezifisch Wirkende am „Gesetz": die Tabunormen und die ganz spezifischen, in ihrer Wirkung so furchtbaren messianischen Verheißungen, welche die Kettung der ganzen religiösen Würde des Juden an die Pariastellung begründeten, als durch den geborenen Christus teils abrogiert, teils erfüllt herauszubrechen, unter dem triumphierenden, höchst eindrucksvollen Hinweis: daß gerade die Erzväter Israels ja vor dem Erlaß jener Normen dem göttlichen Willen gemäß gelebt und dennoch, kraft ihres Glaubens, der das Unterpfand von Gottes Erwählung war, selig geworden seien. Der ungeheure Schwung, den das Bewußtsein, dem Parialose entronnen, den Hellenen ebenso ein Hellene wie den Juden ein Jude sein zu können und dies nicht auf dem Wege der glaubensfeindlichen Aufklärung, sondern innerhalb der Paradoxie des Glaubens selbst erreicht zu haben, – dieses leidenschaftliche Befreiungsgefühl ist die treibende Kraft der unvergleichlichen paulinischen Missionsarbeit. Er war tatsächlich frei geworden von den Verheißungen des Gottes, von dem sein Heiland sich am Kreuze verlassen fühlte. Der hinlänglich bezeugte furchtbare Haß gerade der Diasporajudenschaft gegen diesen einen Mann, Schwanken und Verlegenheit der christlichen Urgemeinde, der Versuch des Jakobus und der „Säulenapostel", im Anschluß an die Laiengesetzlichkeit von Jesus selbst ein „ethisches Minimum" von Gesetzesgeltung als allgemeinverbindlich zu konstruieren, schließlich die offene Feindschaft der Judenchristen, waren die Begleiterscheinung einer solchen Sprengung gerade der entscheidenden, die Pariastellung des Judentums festlegenden Ketten. Den menschenbezwingenden Jubel des aus dem hoffnungslosen „Sklavengesetz" mit dem Blut des Messias in die Freiheit Erkauften fühlen wir aus jeder Zeile, die Paulus schrieb. Die Möglichkeit christlicher Weltmission aber war die Folge. Ganz ebenso übernahmen die Puritaner gerade nicht das talmudische und auch nicht das alttestamentliche spezifisch jüdische rituelle Gesetz, sondern die sonstigen im Alten Testament bezeugten – schwankend, in welchem Umfang noch maßgebenden – Willensäußerungen Gottes, oft bis in Einzelheiten, und fügten sie zusammen mit den neutestamentlichen Normen. Nicht die frommen, orthodoxen Juden, wohl aber die der Orthodoxie entronnenen Reformjuden, noch jetzt z. B. Zöglinge der Educational Alliance, und vollends die getauften Juden werden in der Tat gerade von den puritanischen Völkern, speziell den Amerikanern, früher ohne weiteres und trotz allem auch noch jetzt relativ leicht bis zur absoluten Spurlosigkeit des Unterschieds resorbiert, während sie etwa in Deutschland durch lange Generationen eben „Assimilationsjuden" bleiben. Auch darin manifestiert sich die tatsächliche „Verwandtschaft" des Puritanismus mit dem Judentum. Aber gerade das Unjüdische am Puritanismus ist es, was diesen zu seiner Rolle in der Entwicklung der Wirtschaftsgesinnung ebenso befähigt hat, wie zu diesen Resorptionen von jüdischen Proselyten, welche religiös anders orientierten Völkern nicht gelungen ist.

Wieder in einem gänzlich anderen Sinne „weltangepaßt" ist der durch alttestamentliche und judenchristliche Motive stark mitbedingte Spätling des vorderasiatischen Monotheismus: der Islam. Die in seiner ersten mekkanischen Periode noch in einem weltabgewendeten städtischen Pietistenkonventikel auftretende eschatologische Religiosität Muhammeds schlug schon in Medina und dann in der Entwicklung der frühislamitischen Gemeinschaft in eine national-arabische und dann vor allem: ständisch orientierte Kriegerreligion um. Diejenigen Bekenner, deren Übertritt den entscheidenden Erfolg des Propheten darstellte, waren durchweg Anhänger mächtiger Geschlechter. Das religiöse Gebot des heiligen Krieges galt nicht in erster Linie Bekehrungszwecken, vielmehr: „bis sie (die Anhänger fremder Buchreligionen) in Demut den Zins (dschizja) zahlen", bis also der Islam der an sozialem Prestige in dieser Welt Erste gegenüber Tributpflichtigen anderer Religionen sein wird. Nicht nur dies alles in Verbindung mit der Bedeutung der Kriegsbeute in den Ordnungen, Verheißungen und, vor allem, Erwartungen gerade des ältesten Islam, stempelte ihn zur Herrenreligion, sondern auch die letzten Elemente seiner Wirtschaftsethik sind rein feudal. Gerade die Frömmsten schon der ersten Generation waren die Reichsten oder richtiger: die durch Kriegsbeute (im weitesten Sinn) am meisten Bereicherten von allen Genossen. Die Rolle aber, die dieser durch Kriegsbeute und politische Bereicherung geschaffene Besitz und der Reichtum überhaupt im Islam spielt, ist höchst entgegengesetzt der puritanischen Stellungnahme. Die Tradition schildert mit Wohlgefallen den Kleiderluxus, die Parfüms und die sorgsame Bartcoiffüre der Frommen, und es ist das äußerste Gegenteil aller puritanischen Wirtschaftsethik, entspricht dagegen feudalen Standesbegriffen, wenn die Überlieferung Muhammed begüterten Leuten, die vor ihm in dürftigen Aufzug erscheinen, sagen läßt: daß Gott, wenn er einen Menschen mit Wohlstand segne, es liebe, daß „dessen Spuren auch an ihm sichtbar seien", in unserer Sprache etwa: daß ein Reicher auch „standesgemäß zu leben" verpflichtet sei. Die strikte Ablehnung zwar nicht aller und jeder Askese (vor Fastern, Betern, Büßern bekundet Muhammed seinen Respekt), wohl aber jedes Mönchtums (rahbanija) im Koran mag, soweit dabei die Keuschheit in Betracht kommt, bei Muhammed persönlich ähnliche Gründe gehabt haben wie in den bekannten Aussprüchen, in denen Luthers derb-sinnliche Natur hervortritt; also in der auch dem Talmud eigenen Überzeugung, daß, wer mit einem bestimmten Alter nicht verheiratet sei, ein Sünder sein müsse. Aber wenn ein Prophetenspruch den Charakter dessen anzweifelt, der 40 Tage kein Fleisch genießt, oder wenn einer anerkannten, teilweise als Mahdi gefeierten Säule des alten Islam auf die Frage, warum er, im Gegensatz zu seinem Vater Ali, Haarkosmetika brauche, die Antwort: „um bei den Frauen Erfolg zu haben" in den Mund gelegt wird – so stände Derartiges wohl einzig in der Hagiologie einer ethischen „Erlösungsreligion" da. Allein eine solche ist der Islam in dieser Ausprägung eben überhaupt nicht. Der Begriff „Erlösung" im ethischen Sinn des Worts ist ihm direkt fremd. Sein Gott ist ein unbegrenzt machtvoller, aber auch ein gnädiger Herr, und seinen Geboten zu entsprechen geht durchaus nicht über Menschenkraft. Die Beseitigung der Privatfehde im Interesse der Stoßkraft nach außen, die Regulierung des legitimen Geschlechtsverkehrs im streng patriarchalen Sinn und die Verpönung aller illegitimen Formen (infolge des Fortbestandes des Konkubinats mit Sklavinnen und der Leichtigkeit der Scheidung faktisch eine ausgeprägte sexuelle Privilegierung der Begüterten), die Verpönung des „Wuchers" sowie die Abgaben für den Krieg und die Unterstützung Verarmter waren Maßregeln wesentlich politischen Charakters. Zu ihnen traten als spezifische Unterscheidungspflichten im wesentlichen: das bloße Bekenntnis zum einen Gott und seinem Propheten als einzige dogmatische Anforderung, die einmalige Pilgerschaft nach Mekka, das Fasten unter Tags im Fastenmonat, die einmal wöchentliche Gottesdienstpräsenz und die täglichen Gebete; ferner für das Alltagsleben: Bekleidung (eine ökonomisch wichtige Vorschrift noch jetzt bei Bekehrungen wilder Völkerschaften), die Meidung gewisser unreiner Speisen, des Weins und des Hasardspiels (was ebenfalls, für die Haltung zu Spekulationsgeschäften, wichtig wurde). Individuelle Heilssuche und Mystik ist dem alten Islam fremd. Reichtum, Macht, Ehre sind die altislamitischen Verheißungen für das Diesseits: Soldatenverheißungen also, und ein sinnliches Soldatenparadies sein Jenseits. Ähnlich feudal orientiert erscheint der ursprünglich genuine „Sünden"-Begriff. Die „Sündlosigkeit" des starken sinnlichen Leidenschaften und Zornausbrüchen aus kleinem Anlaß unterworfenen Propheten ist späte theologische Konstruktion, ihm selbst im Koran ganz fremd, ebenso aber auch seit seiner Übersiedelung nach Medina jede Art einer „Tragik" des Sündengefühls, und dieser letztere Zug ist dem orthodoxen Islam geblieben: „Sünde" ist ihm teils rituelle Unreinheit, teils Religionsfrevel (wie die schirk: die Vielgötterei), teils Ungehorsam gegen die positiven Gebote des Propheten, teils ständische Würdelosigkeit durch Verletzung der Sitte und Schicklichkeit. Die Selbstverständlichkeit der Sklaverei und der Hörigkeit, die Polygamie und die Art der Frauenverachtung und -domestikation, der vorwiegend ritualistische Charakter der religiösen Pflichten, verbunden mit großer Einfachheit der hierher gehörigen Ansprüche und noch größerer Bescheidenheit in den ethischen Anforderungen sind ebenso deutliche Merkmale spezifisch ständischen feudalen Geistes. Die große Spannweite, welche der Islam durch Entstehung der theologisch-juristischen Kasuistik und der teils aufklärerischen, teils pietistischen Philosophenschulen einerseits, durch das Eindringen des persischen, von Indien herkommenden Sufismus und die Bildung der noch bis heute sehr stark von Indern beeinflußten Derwischorden andererseits gewann, hat ihn dem Judentum und Christentum in den entscheidenden Punkten nicht näher gebracht. Diese waren ganz spezifisch bürgerlich-städtische Religiositäten, während für den Islam die Stadt nur politische Bedeutung hatte. Die Art des offiziellen Kultus sowohl wie die sexuellen und rituellen Gebote können in der Richtung einer gewissen Nüchternheit der Lebensführung wirken. Das Kleinbürgertum ist in sehr starkem Maß 'Träger der fast universell verbreiteten Derwischreligiosität, welche, stets zunehmend an Macht, die offizielle Kirchenreligiosität überragte. Aber diese teils orgiastische, teils mystische, stets aber außeralltägliche und irrationale Religiosität und ebenso die durch ihre große Einfachheit propagandistisch wirksame offizielle, durchaus traditionalistische Alltagsethik weisen die Lebensführung in Bahnen, welche im Effekt gerade entgegengesetzt der puritanischen und jeder innerweltlich-asketischen Lebensmethodik verlaufen. Gegenüber dem Judentum fehlt die Anforderung einer umfassenden Gesetzeskenntnis und jene kasuistische Denkschulung, welche dessen „Rationalismus" speist. Der Krieger, nicht der Literat, ist das Ideal der Religiosität. Und es fehlen auch alle jene Verheißungen eines messianischen Reichs auf Erden in Verbindung mit der peinlichen Gesetzestreue, welche im Zusammenhang mit der priesterlichen Lehre von der Geschichte, Erwählung, Sünde und Verbannung Israels, den Pariacharakter der jüdischen Religiosität und alles was aus ihm folgte begründeten. Asketische Sekten hat es gegeben. Ein gewisser Zug zur „Einfachheit" war breiten Kreisen der altislamischen Kriegerschaft eigen und ließ sie von Anfang an in Gegensatz gegen die Ommajadenherrschaft treten. Ihre heitere Weltfreude galt als Verfall gegenüber der straffen Zucht in den Lagerfestungen, in denen Omar die islamische Kriegerschaft im Eroberungsgebiet konzentriert hatte, und an deren Stelle nun die Entstehung einer Feudalaristokratie trat. Aber es ist eben Askese des Kriegslagers oder eines kriegerischen Ritterordens, nicht mönchische und erst recht nicht bürgerliche asketische Systematik der Lebensführung – immer nur periodisch wirklich herrschend und stets zum Umschlagen in Fatalismus disponiert. Über die durchaus andere Wirkung, welche unter solchen Verhältnissen der Vorsehungsglaube entfalten mußte, wurde schon gesprochen. Das Eindringen des Heiligenkults und schließlich der Magie hat vollends von jeder eigentlichen Lebensmethodik abgeführt.

Diesen im Effekt spezifisch ökonomisch-innerweltlichen religiösen Ethiken steht als extremste Ethik der Weltablehnung gegenüber die mystische Erleuchtungskonzentration des genuinen alten Buddhismus, nicht natürlich die völlig umgestalteten Abwandlungen, die er in der tibetanischen, chinesischen, japanischen Volksreligiosität erfuhr. Auch diese Ethik ist „rational" im Sinn einer stetigen wachen Beherrschung aller natürlichen Triebhaftigkeit, aber mit gänzlich anderem Ziel. Nicht Erlösung von Sünde und Leid allein, sondern von der Vergänglichkeit an sich, von dem „Rade" der Karmankausalität in die ewige Ruhe wird gesucht. Diese ist und kann nur sein das eigenste Werk des einzelnen Menschen. Es gibt keine Prädestination, aber auch keine göttliche Gnade, kein Gebet und keinen Gottesdienst. Die Karmankausalität des kosmischen Vergeltungsmechanismus setzt automatisch Prämien und Strafen auf jede einzelne gute und böse Tat, immer proportional, daher immer zeitlich begrenzt, und immer wieder, solange der Lebensdurst zum Handeln treibt, muß der Einzelne aus tierischem, himmlischem oder höllischem Dasein in immer neuem menschlichen Leben die Früchte seines Handelns auskosten und sich neue Zukunftschancen schaffen. Der edelste Enthusiasmus wie die schmutzigste Sinnlichkeit führen beide gleichmäßig immer wieder hinein in diese Verkettung der Individuation (für die buddhistische Metaphysik, die keine Seele kennt, sehr mit Unrecht „Seelenwanderung" genannt), solange nicht der „Durst" nach Leben, diesseitigem wie jenseitigem, der ohnmächtige Kampf um die eigene individuelle Existenz mit all ihren Illusionen, vor allem derjenigen einer einheitlichen Seele und „Persönlichkeit", absolut ausgerottet ist.

Jedes rationale Zweckhandeln als solches – außer der inneren Tätigkeit konzentrierter, die Seele vom Weltdurst entleerender Kontemplation – und jede Verbindung mit welchen Interessen der Welt auch immer führt vom Heil ab. Dies Heil zu erreichen, ist aber nur wenigen selbst von denjenigen beschieden, welche sich entschließen, besitzlos, keusch, arbeitslos (denn Arbeit ist Zweckhandeln), also vom Bettel lebend und außer in der großen Regenzeit ewig unstet wandernd, losgelöst von allen persönlichen Banden an Familie und Welt, in Erfüllung der Vorschriften des richtigen Weges (Dharma) das Ziel der mystischen Erleuchtung zu erstreben. Ist es erreicht, so gibt es durch die hohe Freude und das zarte objektlose Liebesgefühl, welches ihr eignet, die höchste diesseitige Seligkeit bis zum Eingehen in den ewigen traumlosen Schlaf des Nirwana, den einzigen, keinem Wechsel unterworfenen Zustand. Alle anderen mögen durch Annäherung an die Vorschriften der Regel und Enthaltung von groben Sünden die Chancen desjenigen künftigen Lebens verbessern, welches nach der Karmankausalität vermöge des nicht ausgeglichenen ethischen Kontos und des sozusagen nicht „abreagierten" Lebensdurstes durch neue Individuation unvermeidlich irgendwo zusammenschießt, wenn ihr eigenes erlischt, das wahrhafte ewige Heil aber bleibt ihnen unvermeidlich verschlossen. – Keinerlei Weg führt von dieser einzigen wirklich konsequent weltflüchtigen Position zu irgendeiner Wirtschafts- oder rationalen Sozialethik. Die universelle, auf alle Kreatur sich erstreckende „Mitleidsstimmung", rational die Konsequenz der durch die gemeinschaftliche Karmankausalität hergestellten Solidarität aller lebenden und daher vergänglichen Wesen und psychologisch der Ausfluß des mystischen, euphorischen, universellen und akosmistischen Liebesempfindens, trägt keinerlei rationales Handeln, sondern führt von ihm direkt ab.

Der Buddhismus gehört in den Kreis jener Erlösungslehren, wie sie der Intellektualismus vornehmer indischer Laienbildungsschichten in größerer Zahl vorher und nachher geschaffen hat, und ist nur deren konsequenteste Form. Seine kühle und stolze, den Einzelnen auf sich selbst stellende Befreiung vom Dasein als solchen konnte nie ein Massenerlösungsglaube werden. Seine Wirkung über den Kreis der Gebildeten hinaus knüpfte an das gewaltige Prestige an, welches der „Sramana" (Asket) von jeher dort genoß und welches vorwiegend magischanthropolatrische Züge trug. Sobald er selbst eine missionierende „Volksreligiosität" wurde, verwandelte er sich demgemäß in eine Heilandsreligion auf der Basis der Karmanvergeltung mit Jenseitshoffnungen, welche durch Andachtstechniken, Kultus- und Sakramentsgnade und Werke der Barmherzigkeit garantiert werden und zeigt naturgemäß die Neigung, rein magische Vorstellungen zu rezipieren. In Indien selbst erlag er in den Oberschichten der Renaissance der auf vedischem Boden stehenden Erlösungsphilosophie, bei den Massen der Konkurrenz der hinduistischen Heilandsreligionen, namentlich der verschiedenen Formen des Vischnuismus, der tantristischen Zauberei und der orgiastischen Mysterienreligiosität, vor allem der Bhakti-(Gottesliebe-)Frömmigkeit. Im Lamaismus wurde der Buddhismus eine reine Mönchsreligiosität, deren religiöse Macht über die theokratisch beherrschten Laien durchaus magischen Charakters ist. In seinem ostasiatischen Verbreitungsgebiet ist er in sehr starker Umwandlung seines genuinen Charakters, konkurrierend und in mannigfachen Kreuzungen kombiniert mit dem chinesischen Taoismus, die spezifische, über das diesseitige Leben und den Ahnenkult hinausweisende, Gnade und Erlösung darbietende Volksreligiosität geworden. Aber weder die buddhistische noch die taoistische noch die hinduistische Frömmigkeit enthalten Antriebe zur rationalen Lebensmethodik. Die letztere insbesondere ist, wie schon früher ausgeführt, nach ihren Voraussetzungen die stärkste traditionalistische Macht, welche es überhaupt geben kann, weil sie die konsequenteste religiöse Begründung der „organischen" Gesellschaftsauffassung und die schlechthin bedingungslose Rechtfertigung der gegebenen, aus Schuld und Verdienst in einem früheren Dasein der Beteiligten, kraft mechanisch proportionaler Vergeltung folgenden Verteilung von Macht und Glück ist. Alle diese asiatischen volkstümlichen Religiositäten gaben dem „Erwerbstrieb" des Krämers ebenso wie dem „Nahrungs"-Interesse des Handwerkers und dem Traditionalismus des Bauern Raum und ließen daneben die philosophische Spekulation und ständisch konventionelle Lebensorientierung der privilegierten Schichten ihre eigenen Wege gehen, welche in Japan feudale, in China patrimonial-bürokratische und daher stark utilitarische, in Indien teils ritterliche, teils patrimoniale, teils intellektualistische Züge behielten. Keine von ihnen konnte irgendwelche Motive und Anweisungen zu einer *rationalen* ethischen Formung einer kreatürlichen „Welt" gemäß einem göttlichen Gebot enthalten. Denn für alle war diese Welt vielmehr etwas fest Gegebenes, die beste aller möglichen Welten, und für den höchsten Typus des Frommen: den Weisen, stand nur die Wahl frei: entweder sich dem „Tao", dem Ausdruck der unpersönlichen Ordnung dieser Welt, als dem einzigen spezifisch Göttlichen, anzupassen, oder gerade umgekehrt aus ihrer unerbittlichen Kausalverkettung sich selbst durch eigene Tat in das einzig Ewige: den traumlosen Schlaf des Nirvana, zu erlösen.

„*Kapitalismus*" hat es auf dem Boden all dieser Religiositäten gegeben. Eben solchen, wie es ihn in der okzidentalen Antike und in unserem Mittelalter auch gab. Aber keine Entwicklung, auch *keine Ansätze* einer solchen, zum *modernen* Kapitalismus und vor allem: keinen „kapitalistischen Geist" in dem Sinn, wie er dem asketischen Protestantismus eignete. Es hieße den Tatsachen in das Gesicht schlagen, wollte man dem indischen oder chinesischen oder islamischen Kaufmann, Krämer, Handwerker, Kuli einen geringeren „Erwerbstrieb" zuschreiben als etwa dem protestantischen. So ziemlich das gerade Gegenteil ist wahr: gerade die rationale ethische Bändigung der „Gewinnsucht" ist das dem Puritanismus Spezifische. Und jede Spur eines Beweises dafür fehlt: daß geringere natürliche „Begabung" für technischen und ökonomischen „Rationalismus" den Grund des Unterschieds abgeben. Alle diese Völker lassen sich heut eben dies „Gut" als wichtigstes Erzeugnis des Okzidents importieren, und die Hemmungen dabei liegen nicht auf dem Gebiet des Könnens oder Wollens, sondern der gegebenen festen Traditionen, ebenso wie bei uns im Mittelalter. Soweit dabei nicht die später zu erörternden rein politischen Bedingungen (die inneren Strukturformen der „Herrschaft") mitspielen, ist der Grund vornehmlich in der Religiosität zu suchen. Nur der asketische Protestantismus machte der Magie, der Außerweltlichkeit der Heilssuche und der intellektualistischen kontemplativen „Erleuchtung" als deren höchster Form wirklich den Garaus, nur er schuf die religiösen Motive, gerade in der Bemühung im innerweltlichen „Beruf" – und zwar im Gegensatz zu der streng traditionalistischen Berufskonzeption des Hinduismus: in methodisch *rationalisierter* Berufserfüllung – das Heil zu suchen. Für die asiatische volkstümliche Religiosität jeder Art blieb dagegen die Welt ein großer Zaubergarten, die Verehrung oder Bannung der „Geister" oder ritualistische, idolatrische, sakramentale Heilssuche der Weg, sich in ihr, für das Diesseits und Jenseits, praktisch zu orientieren und zu sichern. Und so wenig wie von der Weltanpassung des Konfuzianismus oder der Weltablehnung des Buddhismus oder der Weltwaltung des Islam oder den Pariahoffnungen und dem ökonomischen Pariarecht des Judentums führte von jener magischen Religiosität der asiatischen Nichtintellektuellen ein Weg zur rationalen Lebensmethodik.

Magie und Dämonenglauben stehen nun auch an der Wiege der zweiten großen, in einem spezifischen Sinn „weltablehnenden" Religion: des alten *Christentums*. Sein Heiland ist vor allen Dingen ein Magier, das magische Charisma eine nie fortzudenkende Stütze seines spezifischen Selbstgefühls. Aber dessen Eigenart ist nun im besonderen bedingt durch die in aller Welt einzigartigen Verheißungen des Judentums – das Auftreten Jesu fällt in eine Epoche intensivster messianischer Hoffnungen – einerseits und durch den intellektualistischen Schriftgelehrsamkeitscharakter der jüdischen Frömmigkeit höchster Ordnung. Das christliche Evangelium entstand demgegenüber als eine Verkündigung eines *Nicht*intellektuellen nur an Nichtintellektuelle, an die „geistlich Armen". Das „Gesetz", von dem Jesus keinen Buchstaben fortnehmen wollte, handhabte und verstand er so, wie die Unvornehmen und Ungelehrten, die ländlichen und kleinstädtischen Frommen es meist verstanden und den Bedürfnissen ihres Berufs anpaßten, im Gegensatz zu den hellenisierten Vornehmen und Reichen und zu dem kasuistischen Virtuosentum der Schriftgelehrten und Pharisäer: meist, so namentlich in den rituellen Vorschriften, speziell in der Sabbatheiligung, milde, in einigen Hinsichten, so in den Ehescheidungsgrundsätzen, strenger. Und es scheint, daß hier der paulinischen Auffassung insofern präludiert ist, wenn die Anforderungen des mosaischen Gesetzes als durch die Sündhaftigkeit der angeblich Frommen bedingt bezeichnet werden. In jedem Fall stellt Jesus gelegentlich so eigene Gebote pointiert der alten Tradition gegenüber. Nicht angebliche „proletarische Instinkte" aber geben ihm jenes spezifische Selbstgefühl, das Wissen: daß er eins ist mit dem göttlichen Patriarchen, daß durch ihn und nur durch ihn der Weg zu jenem führt. Sondern daß er, der Nichtschriftgelehrte, das Charisma der Dämonenherrschaft und seiner gewaltigen Predigt besitzt, so besitzt, wie beide keinem Schriftgelehrten und Pharisäer zu Gebote stehen, daß er die Dämonen zwingen kann, wo die Menschen an ihn glauben, nur dort, sonst nicht, aber dann auch bei den Heiden, daß er in seiner Vaterstadt, bei seiner Familie, bei den Reichen und Vornehmen des Landes, bei den Schriftgelehrten und Gesetzesvirtuosen diesen Glauben, der ihm die magische Wunderkraft gibt, nicht findet, wohl aber bei den Armen und Bedrängten, bei Zöllnern, Sündern und selbst bei römischen Soldaten, – *dies* sind, was nie vergessen werden sollte, absolut entscheidende Komponenten seines messianischen Selbstgefühls. Deshalb erklingt das „Wehe" über die Galiläerstädte ganz ebenso wie der zornige Fluch über die widerspenstigen Feigenbaum, und deshalb wird ihm die Erwählung Israels immer wieder problematisch, die Bedeutung des Tempels zweifelhaft und die Verwerfung der Pharisäer und Schriftgelehrten zur Sicherheit.

Zwei absolute „Todsünden" kennt Jesus: die eine ist die „Sünde gegen den Geist", die der Schriftgelehrte begeht, der das Charisma und seine Träger verachtet. Die andere ist: zum Bruder zu sagen: „Du Narr" – der unbrüderliche Hochmut des Intellektuellen gegen den geistlich Armen. Dieser antiintellektualistische Zug, die Verwerfung der hellenischen wie der rabbinischen Weisheit, ist das einzige „ständische" und höchst spezifische Element der Verkündigung. Diese ist im übrigen weit davon entfernt, eine Verkündigung für Jedermann und alle Schwachen zu sein. Gewiß, das Joch ist leicht, aber nur für die, welche wieder werden können wie die Kinder. In Wahrheit stellt sie gewaltige Anforderungen und ist streng heilsaristokratisch. Nichts liegt Jesus ferner als der Gedanke an einen Universalismus göttlicher Gnade, gegen den vielmehr seine ganze Verkündigung streitet: *wenige* sind auserwählt, durch die enge Pforte zu gehen, sie, die Buße tun und an ihn glauben; die anderen verstockt und verhärtet Gott selbst, und es sind naturgemäß gerade die Stolzen und Reichen, die am meisten diesem Schicksal verfallen. Das war gegenüber anderen Prophetien nichts völlig Neues: auch die altjüdische Prophetie hatte schließlich angesichts der Hoffahrt der Großen dieser Erde den Messias als einen König kommen sehen, der auf dem Lasttier der Armen in Jerusalem einzieht. Keinerlei „soziale" Position spricht daraus. Jesus speist bei wohlhabenden Leuten, die den Gesetzesvirtuosen ein Greuel sind. Auch dem reichen Jüngling wird das Verschenken des Reichtums ausdrücklich nur für den Fall geboten, daß er „vollkommen", d. h.: ein Jünger, sein wolle. Das freilich setzt die Loslösung aus allen Banden der Welt voraus, aus der Familie so gut wie aus dem Besitz, wie bei Buddha und allen ähnlichen Propheten auch. Aber freilich – obwohl bei Gott alles möglich ist – bleibt die Anhänglichkeit an den „Mammon" eins der schwersten Hemmnisse für die Errettung zum Gottesreich. Sie lenkt von dem religiösen Heil, auf das allein alles ankommt, ab. Nicht ausdrücklich gesagt ist: daß sie auch zur Unbrüderlichkeit führe. Aber der Gedanke liegt in der Sache. Denn die verkündeten Gebote enthalten an sich auch hier die urwüchsige Nothilfeethik des Nachbarschaftsverbandes der kleinen Leute. Aber freilich ist alles „gesinnungsethisch" zur brüderlichen Liebesgesinnung systematisiert, dies Gebot „universalistisch" auf jeden, der jeweils gerade der „Nächste" ist, bezogen und zur akosmistischen Paradoxie gesteigert an der Hand des Satzes: daß Gott allein vergelten wolle und werde. Bedingungsloses Verzeihen, bedingungsloses Geben, bedingungslose Liebe auch des Feindes, bedingungsloses Hinnehmen des Unrechts, ohne dem Übel mit Gewalt zu widerstehen, – diese Forderungen an den religiösen Heroismus könnten ja Produkt eines mystisch bedingten Liebesakosmismus sein. Aber es darf doch nicht, wie es oft geschieht, übersehen werden, daß sie bei Jesus überall mit dem jüdischen Vergeltungsgedanken in Beziehung gesetzt werden: Gott wird dereinst vergelten, rächen und lohnen, darum soll es der Mensch nicht tun und sich auch seiner Guttat nicht rühmen: sonst hat er sich seinen Lohn vorweggenommen. Deshalb, um sich Schätze im Himmel zu sammeln, soll man auch dem leihen, von dem man vielleicht nichts wiederbekommen wird, – denn sonst ist es: kein Verdienst. Mit dem gerechten Ausgleich der Schicksale wird stark in der Lazaruslegende und auch sonst gelegentlich operiert: schon deshalb also ist Reichtum eine gefährliche Gabe. Im übrigen ist aber völlig entscheidend die absolute Indifferenz der Welt und ihrer Angelegenheiten. Das Himmelreich, ein Reich der leidlosen und schuldlosen Freude auf Erden, ist ganz nahe herbeigekommen, dies Geschlecht wird nicht aussterben, ohne es zu sehen, es wird kommen wie der Dieb in der Nacht, ja es ist eigentlich schon mitten unter den Menschen im Anbruch begriffen. Man mache sich Freunde mit dem ungerechten Mammon, statt an ihm zu hängen. Man gebe dem Kaiser, was sein ist, – was liegt an solchen Dingen? Man bete zu Gott um das tägliche Brot und sorge sich nicht um den kommenden Tag. Das Kommen des Reichs kann ein menschliches Tun nicht beschleunigen. Aber man bereite sich darauf vor, daß es komme.

Und hier wird dann, obwohl das Gesetz formell nicht aufgehoben wird, allerdings doch schlechthin alles auf die Art der Gesinnung abgestellt, der ganze Inhalt von Gesetz und Propheten mit dem einfachen Gebot der Gottes- und Nächstenliebe identifiziert und der weittragende Satz hinzugefügt: daß man die echte Gesinnung an ihren Früchten, an ihrer Bewährung also, erkennen solle.

Nachdem dann die Auferstehungsvisionen, wohl sicher mit unter dem Einfluß der rundum weit verbreiteten soteriologischen Mythen, einen gewaltigen Ausbruch pneumatischer Charismata und die Gemeindebildung, mit der eigenen, bisher ungläubigen Familie an der Spitze, und die folgenschwere Bekehrung des Paulus die Zerbrechung der Pariareligiosität unter Erhaltung der Kontinuität mit der alten Prophetie und die Heidenmission zur Folge gehabt hatte, blieb für die Stellung der Gemeinden des Missionsgebiets zur „Welt" die Wiederkunftserwartung einerseits, die überwältigende Bedeutung der charismatischen Gaben des „Geistes" andererseits, maßgebend. Die Welt bleibt wie sie ist, bis der Herr kommt. Der Einzelne bleibe ebenso in seiner Stellung und seinem „Beruf" (κλῆσις) untertan der Obrigkeit, es sei denn, daß sie die Sünde von ihm verlangt.

Nachwort

Ein unfertiger Schlüsseltext

Als Weber im Sommer 1913 an dem Text schrieb, der Jahre später unter der Überschrift „Religionssoziologie (Typen religiöser Vergemeinschaftung.)" als Teil von „Wirtschaft und Gesellschaft" veröffentlicht wurde, erhielt er von seinem Freund und ehemaligem Freiburger Kollegen Heinrich Rickert einen Sonderdruck „Vom System der Werte". In seinem Dankesschreiben vom Juli 1913 kündigte Weber „als Gegengabe das Mscr. meiner Religionssystematik" an (MWG II/8, S. 262). Ende November schrieb er Rickert in einem weiteren Brief, er werde ihm seine „empirische Kasuistik der Contemplation und aktiven Religiosität" schicken, wenn sie „abgetypt" sei (MWG II/8, S. 411). In dem Brief vom 22. Juni 1915 an den Verleger Paul Siebeck charakterisierte Weber den Text noch einmal ähnlich: die Aufsätze zur Wirtschaftsethik der Weltreligionen seien „Vorarbeiten und Erläuterungen der systematischen Religions-Soziologie im ‚G.d.S.Ö.'" (MWG II/9).

Den Text als „Systematik" zu bezeichnen, ist gewagt. Ephraim Fischoff, der die amerikanische Übersetzung „The Sociology of Religion" vornahm, sprach von der „Kluft zwischen der Präzision von seinem [Webers] Denken und der natürlichen Unordnung seines Ausdrucksstiles". Zur Bekräftigung berief sich Fischoff auf Äußerungen, die Karl Jaspers über Webers Stil gemacht hatte. Liest man Jaspers Worte nach, sind sie jedoch wesentlich nuancierter. Anders als Ephraim Fischoff und übrigens auch als Friedrich Meinecke sah Karl Jaspers in Webers Stil mehr als nur Mängel. Im Gegenteil! Er warf zwar Weber eine Gleichgültigkeit gegenüber der sprachlichen Form vor. „Weil aber Max Weber ganz bei der Sache und nie bei der Sprache war, gelang ihm ohne Wollen der eigentliche Sprung auch in der Sprache: die wahrhaft unverkünstelten Klänge menschlichen Geistes in der Gegenwart". Jaspers Bemerkungen sollte man bei der Lektüre des Textes im Ohr behalten. Welcher Religionswissenschaftler hat je aus dem Meer der religionshistorischen Daten jemals so prägnante Metaphern geschaffen, die in die schwer zugängliche Innenwelt menschlichen Handelns führen? Es ist nur zu begreiflich, daß sich Ann Swidler in ihrem Vorwort zur amerikanischen Übersetzung von Webers Religionssoziologie anders als Ephraim Fischoff äußerte. Sie hielt gerade diesen Text für besonders brillant und lebendig. Er enthülle die dynamische Schubkraft von Webers Denken.

Da Weber den Text nicht mehr zur Veröffentlichung fertig stellen konnte, ist er alles andere als systematisch. Wohl aber lebt er von einer durchgehenden und in diesem Sinne systematischen Idee. In Abwehr eines Materialismus, der menschliches Handeln aller Zeiten und Kulturen auf berechenbare Zwecke und Interessen zurückschneidet, vertiefte Weber sich in die Religionen, um dem menschlichen Handeln sowohl das Subjekt als auch dessen vorausgesetzte Deutung der Welt zurückzugeben. Am Leitfaden der Geschichte der Religionen legte Weber die dramatisch konträren Sinndeutungen menschlichen Handelns offen. Weber gebrauchte in seiner Darstellung nicht ohne Grund oft das Präsens. Die ermittelten Handlungstypen sind auch noch in der Gegenwart gültig. Es überrascht und berührt die Leser, wie eng und unlösbar Weber ganz alltägliches Handeln mit einem Streben nach Heil verknüpft sah. Mehr noch: darin lag ein Antrieb ganz eigener Art. Dies ist es, was Weber interessierte: „Denn der Effekt im Handeln ist es, der uns angeht" (oben im Text, S. 103).

Daß Webers „Systematik" schwer lesbar bleibt, hat allerdings auch einen Grund in der Systematik selber. Weber spricht nicht von Religion als solcher. „Eine Definition dessen, was Religion ‚ist', kann unmöglich an der Spitze, sondern könnte allenfalls am Schlusse einer Erörterung wie der nachfolgenden stehen" (oben im Text, S. 1). Ähnlich hatte er sich in der „Protestantischen Ethik" geäußert: „Die endgültige begriffliche Erfassung kann [...] nicht am Anfang, sondern muß am *Schluß* der Untersuchung stehen". Es liege im Wesen der „historischen

Begriffsbildung", daß sie „für ihre methodischen Zwecke die Wirklichkeit nicht in abstrakte Gattungsbegriffe einzuschachteln, sondern in konkrete genetische Zusammenhänge von stets und unvermeidlich *individueller* Färbung einzugliedern strebt" (MWG I/18). Auch „Religion" kann als Teil der Wirklichkeit nicht abstrakt gefaßt werden.

Nur wenn individuelle Handlungen nicht anders als durch die Annahme einer Orientierung an Religionen verstanden und erklärt werden können, kann man von einer Realität der Religionen sprechen. Weber bleibt kritisch. Er nimmt den Ideologieverdacht der materialistischen Geschichtsphilosophie von Karl Marx genauso ernst wie Sigmund Freuds These der Sublimierung des Verdrängten oder Friedrich Nietzsches These, religiöse Ethik sei aus „Ressentiment" entstanden. Ideen müssen im Lichte der sie tragenden Interessen, Interessen im Lichte ihrer Legitimationen gelesen werden. Diese systematischen Vorentscheidungen erschweren die Darstellung, die gezwungenermaßen immer wieder die Ebenen wechseln muß. Eine Wiedergabe der systematischen Achse kann den Einstieg in den Text daher erleichtern.

Wiedergabe des Textes

Religiöse Gemeinschaften: Religion ist ein Gemeinschaftshandeln, das diesseitige Zwecke mit Hilfe außeralltäglicher Kräfte erreichen will. Diese Kräfte manifestieren sich in bestimmten Dingen wie Fetischen oder individuellen bzw. gemeinschaftlichen Fähigkeiten wie Rauschzuständen. „Alle Kreise menschlicher Tätigkeit werden in diesen symbolistischen Zauberkreis hineingerissen" (oben im Text, S. 5), Wirtschaft ebenso wie Recht und Herrschaft. Wenn Weber später darauf zu sprechen kommt, daß Intellektuelle den umgekehrten Prozeß der Entzauberung vorantreiben, kehren die gleichen Worte noch einmal wieder. Je mehr „die Vorgänge der Welt ‚entzaubert' werden [...], nur noch ‚sind' und ‚geschehen', aber nichts mehr ‚bedeuten', desto dringlicher erwächst die Forderung an die Welt und ‚Lebensführung' je als Ganzes, daß sie bedeutungshaft und ‚sinnvoll' geordnet seien" (oben im Text, S. 73). Doch bis zu dem Moment ist es bei Weber noch ein langer Weg. Es bedarf der persönlichen Träger von außeralltäglicher Kraft, damit religiöses Handeln allmählich von den diesseitigen Zwecken unabhängig werden kann. Die Abfolge von Zauberer – Priester – Prophet verlagert das Prinzip des religiösen Gemeinschaftshandelns von Magie auf Kult, von Kult auf Ethik. Die Erfolglosigkeit des freiberuflichen Zauberers wurde zur Chance der Priester. Im Auftrag eines politischen Verbands wollen sie die Götter nicht zwingen, sondern durch Kult beeinflussen. Sie sind es, die die Welt als einen dauernd sinnvoll geordneten Kosmos konzipieren. Für Mißerfolge machen sie die Gläubigen selber verantwortlich, insofern sie die göttliche Ordnung mißachtet hätten. Propheten gaben dieser Erklärung eine ethische Wendung und vereinheitlichten die „Beziehung des Menschen zur Welt aus letzten einheitlichen Wertpositionen heraus" (oben im Text, S. 41). Um sie herum bilden sich Gemeinden, die auf einer Ethik basieren. Dabei wird der Unterschied folgenreich, daß der Prophet in Vorderasien, wo die Konzeption eines persönlichen überweltlichen ethischen Gottes vorherrscht, als Überbringer von Gottes Wort gilt und eine Ethik des Gehorsams lehrt, der Prophet in Indien aber, wo die Vorstellung einer göttlichen kosmischen Ordnung vorherrscht, den weltflüchtigen Heilsweg exemplarisch vorlebt, wie beispielsweise Buddha. Prophetische Gemeinden können aber nur dann dauerhaft bestehen, wenn Priester die verbindlichen Lehren festlegen und mittels Predigt und Seelsorge auf die Lebensführung der Laien einwirken.

Klassenbedingtheit der Religionen. Die Leistung der Religionen für das Gemeinschaftshandeln ist davon abhängig, welcher Schicht die Laien angehören. Die Abhängigkeit der *Bauern* von der unberechenbaren Natur ist ein Grund dafür, daß Bauern nur ausnahmsweise wie im antiken Judentum Träger einer rationalen Ethik sind. Häufiger findet man sie auf der Seite von Tradition und Magie. *Krieger* sind für die Idee eines aktiven Glaubenskampfes empfänglich, nicht aber einer gütigen Vorsehung oder systematisch ethischer Anforderungen eines überweltlichen Gottes. *Beamte* schätzen irrationale Religiosität höchstens als Mittel der Domestikation der Untertanen. Weniger festgelegt ist die Haltung *bürgerlicher Schichten. Privilegierte bürgerliche Schichten*, normalerweise einer Jenseitsreligion abgeneigt, favorisieren nur im Falle ihrer Entpolitisierung Erlösungsreligiosität, da sie ihr das Bewußtsein fortdauernder Würde entlehnen können, wie den asiatischen Erlösungslehren, beim vorderasiatischen Manichäismus und der Gnosis. Wo bürgerliche Schichten *Handwerk und Gewerbe* betreiben und Stadtgemeinden bilden, können sie Träger rationaler ethischer Gemeindereligiosität werden, wie im Kleinbürgertum okzidentaler, nicht aber chinesischer und indischer Städte. Wenn *negativ Privilegierte* wie das Proletariat Träger einer Erlösungsreligion werden, änderte diese ihren Charakter und wird Heilandsverehrung oder magischer Kultus. Weber differenziert Erlösungsreligiosität nach ihrer unterschiedlichen Leistung für *positiv* oder *negativ privilegierte* Schichten. Das Würdegefühl der positiv Privilegierten beruht auf ihrem Sein, das Würdegefühl negativ Privilegierter auf dem Bewußtsein einer zukünftigen Mission. Im ersten Fall legitimiert sie das Glück Besitzender, im zweiten Fall das Bedürfnis nach Vergeltung. Das antike Judentum ist ein Beispiel dafür. Auf dem Boden seines Gesetzesmoralismus gewinnt das Ressentiment an Bedeutung, eine Theodizee der negativ Privilegierten. Das Christentum sprengt diesen Gesetzesmoralismus und schaltet so das Ressentiment aus. Es ist Nietzsches Fehler, seine Ressentiment-These auch auf den Buddhismus anzuwenden. Denn das Erlösungsbedürfnis hat neben den negativ Privilegierten und dem Bürgertum noch eine dritte Quelle, den Intellektualismus: das metaphysische Bedürfnis des Geistes, der durch innere Nötigung dazu gedrängt wird, die Welt als sinnvollen Kosmos zu erfassen. Art und Träger von Intellektualismus sind bestimmend für die Geschichte der Religionen: ob Priester, Mönche, Sänger, Rabbinen, gebildete Laien. Weber nimmt dann schlagwortartig eine Zuordnung von Weltreligionen und deren Trägern bzw. Propagatoren vor: für den Konfuzianismus ist es der weltordnende Bürokrat, für den Hinduismus der weltordnende Magier, für den Buddhismus der weltdurchwandernde Bettelmönch, für den Islam der weltunterwerfende Krieger, für das Judentum der wandernde Händler, für das Christentum der wandernde Handwerksbursche.

Kulturreligionen und Wirtschaftsgesinnung. Das religiöse Gemeinschaftshandeln ist nicht allein von der sozialen Schicht der Laien abhängig, sondern auch von der Verarbeitung der Erfahrung der Unvollkommenheit der Welt durch Intellektuelle. Es gibt insgesamt nur wenige konsequente Lösungen: die protestantische Prädestinationslehre, den Dualismus, die indische Seelenwanderungslehre. Diese Theodizeen kodifizieren die Irrationalität der Welt und eröffnen unterschiedlichste Wege für die Erlangung von Erlösung. Erlösung kann entweder mittels eigener Werke erlangt werden (aktive Weltablehnung oder mystische Weltflucht), oder ein Geschenk der Gnade sein, das in der alltäglichen Lebensführung bewährt werden muß. Besonders folgenreich für das religiöse Gemeinschaftshandeln werden die beiden Typen von Ethik. Gesetzesethik unterstützt bestehende Verhältnisse. Gesinnungsethik jedoch kann die Geltung traditioneller Normen sprengen und die Lebensführung revolutionieren. Letztere verwandelt das nachbarschaftliche Gebot der Brüderlichkeit in ein konsequentes Postulat der Gemeindereligiosität. Konflikte dieses Postulats mit den Realitäten der Welt (Ökonomie, Staat, Sexualität, Kunst) führen dazu, daß die Eigengesetzlichkeiten der Lebenssphären hervortreten, zugleich damit aber auch in ihnen gesinnungsethische Alternativen des Einzelnen möglich werden. Gesinnungsethik stellt sich gegen ökonomische Ordnungen, da diese nicht karitativ reglementierbar sind. Askese kann dabei ungewollt zur Vermögensakkumulation beitragen. Eine ähnliche Spannung gibt es im Verhältnis zum politischen Handeln. Hier zieht Erlösungsreligiosität entweder Apolitismus oder Glaubensrevolutionen nach sich. Auch zur Sexualität tritt die Gesinnungsethik in Gegensatz. Sexualfeindschaft wird zum Mittel der Heilssuche, kann aber auch zur Erotik sublimiert werden. Schließlich gerät Gesinnungsethik zur Kunst in Konflikt. Am Ende zieht Weber alle idealtypischen Bestimmungen religiösen Gemeinschaftshandelns zusammen und bestimmt die Weltreligionen hinsichtlich Weltanpassung bzw. Weltablehnung. Der Abschnitt ist fragmentarisch und beginnt ebenso abrupt wie er abbricht. Der Weg, der aus dem Zaubergarten herausführt, ist weder der weltangepasste Konfuzianismus noch der weltablehnende Buddhismus noch der weltzugewandte Islam noch die Pariahoffnung des Judentums. Zwar sehen auch Juden im erfolgreichen Erwerb ein Zeichen göttlicher Fügung. Jedoch fehlt ihnen die einheitliche Beziehung zur „Welt" aus dem Gesichtspunkt der certitudo salutis als Zentrum heraus. Erst das Christentum verallgemeinert die Nothilfeethik des Nachbarschaftsverbandes zur universalen brüderlichen Liebesgesinnung. Damit wird es zur Triebkraft der Herausbildung verselbständigter Ordnungen und rationaler methodischer Lebensführung.

Von der „Protestantischen Ethik" zu den „Religiösen Gemeinschaften"

Der Text „Religiöse Gemeinschaften" wurde 1921/22 im Zusammenhang anderer nachgelassener Texte in „Wirtschaft und Gesellschaft" veröffentlicht. Er stammte aus einer Jahre zurückliegenden Forschungsphase, die deshalb besonders interessant ist, weil sie mit Webers Übergang von seiner Studie „Die protestantische Ethik und der ‚Geist' des Kapitalismus" aus den Jahren 1904/05 (vgl. MWG I/9 und MWG I/18) zur Aufsatzreihe „Die Wirtschaftsethik der Weltreligionen" (ab 1915) zusammenfällt. Als Friedrich H. Tenbruck 1975 die These aufstellte, daß nicht „Wirtschaft und Gesellschaft", sondern „Die Wirtschaftsethik der Weltreligionen" das Zentrum und Hauptwerk von Weber seien, hat Wolfgang Schluchter den Blick auf den Text „Religiöse Gemeinschaften" gelenkt. In einer werkgeschichtlichen Rekonstruktion hat er zeigen können, daß in diesem *einen* Text alle beiden Vorhaben miteinander verklammert sind. Die „Religiösen Gemeinschaften" sind ein integraler Bestandteil von „Wirtschaft und Gesellschaft" und bilden zugleich eine Voraussetzung für „Die Wirtschaftsethik der Weltreligionen". Dieser Text nimmt die Frage einer sozialen Bedingtheit von Religionen wieder auf, die bereits in der „Protestantischen Ethik" als ein Gesichtspunkt präsent war. Da Weber sich mit diesem Text Begriffe erarbeitete, die zu Voraussetzungen für „Die Wirtschaftsethik der Weltreligionen" wurden, findet sich in ihm die innere Verbindung aller drei Vorhaben Webers.

Weber wandte sich in einem Moment der Mammutaufgabe des Studiums der Weltreligionen zu, als er 1910 die Debatte um die „Die protestantische Ethik und der ‚Geist' des Kapitalismus" mit einem „Schlußwort" beenden wollte. Er erinnerte noch einmal daran, was seine Schrift beabsichtigt hatte: „[...] eine bestimmte, konstitutive Komponente des *Lebensstils,* der an der Wiege des modernen Kapitalismus stand, [...] zu analysieren und in ihren Wandlungen und ihrem Schwinden zu verfolgen" (MWG I/19). Diese These hatte seiner Ansicht nach der Diskussion standgehalten. In einem Rückblick kurz vor seinem Tode im Jahre 1920 hat Weber anläßlich seiner Neubearbeitung von „Die protestantische Ethik und der Geist des Kapitalismus" die Gründe dafür genannt, warum seine Forschung gerade diese Richtung genommen habe. Da waren einmal die Arbeiten seines Freundes und Kollegens Ernst Troeltsch. Sie hätten manches erledigt, was er als Nicht-Theologe selber nicht so gut gekonnt hätte. Es sei daran erinnert, daß Ernst Troeltsch 1906 an Stelle Webers auf dem 9. Historikertag den Vortrag gehalten hat: „Die Bedeutung des Protestantismus für die Entstehung der modernen Welt". In ihm erläuterte Troeltsch den Historikern die Unterscheidung, die Weber zwischen dem „kapitalistischen System" und dem „kapitalistischen Geist" vorgenommen habe. Basierend darauf sei Weber der Nachweis gelungen, daß der Frühkapitalismus in Holland, England und Amerika auf dem Boden einer calvinistischen Wirtschaftsgesinnung entstanden sei. Troeltsch machte mit diesem Vortrag deutlich, daß er die Fragen, an denen Weber arbeitete, auch als seine eigenen ansah. Möglicherweise fühlte Weber sich dadurch bestärkt, die so dringlich notwendige Weiterarbeit an der christlichen Religionsgeschichte ausgewiesenen Fachleuten überlassen zu können. Schon 1908 hatte Weber Worte der Bewunderung für Ernst Troeltsch mit der Bemerkung verbunden, er wolle „unnützes Parallelarbeiten" vermeiden (vgl. MWG I/9). Als Troeltschs Studien über die „Soziallehren der christlichen Kirchen und Gruppen" seit 1908 zu erscheinen begannen, hat Weber offensichtlich befürchtet, daß sich ihre Arbeitsgebiete allzu sehr überschneiden, was nicht ohne Einfluß auf seine Arbeitspläne blieb, wie Marianne Weber in ihrem „Lebensbild" berichtet (S. 346).

Weber nannte 1920 auch den eigentlichen Grund für seine Hinwendung zur Religionsgeschichte. „Um diese Ausführungen [‚Protestantische Ethik'] ihrer Isoliertheit zu entkleiden und in die Gesamtheit der Kulturentwicklung hineinzustellen", habe er sich entschlossen, „zunächst die Resultate vergleichender Studien über die universalgeschichtlichen Zusammenhänge von Religion und Gesellschaft niederzuschreiben" (vgl. GARS I, S. 206). Zwar beziehen sich diese Worte auf die Skizzen zur Wirtschaftsethik der Weltreligionen. Da er die Skizzen jedoch als „Vorarbeiten und Erläuterungen der systematischen Religions-Soziologie im ‚G.d.S.Ö.'" verstanden wissen wollte, hat Weber damit indirekt auch etwas über die Gründe des systematischen Textes gesagt.

Der „Geist" des Kapitalissmus und das Judentum

Schon vor Max Weber hatte Werner Sombart nach den „seelischen" Vorbedingungen und Ursachen des kapitalistischen Geistes gesucht, wie Ernst Troeltsch in seinem Vortrag 1906 vor den Historikern deutlich machte. Sombart hat tatsächlich Jahre vor Weber das Problem beim Namen benannt: „Unzureichend scheint mir auch eine Begründung modern-kapitalistischen Wesens mit der Zugehörigkeit zu bestimmten *Religionsgemeinschaften*.

Daß der Protestantismus, zumal in seinen Spielarten des Calvinismus und Quäkertums, die Entwicklung des Kapitalismus wesentlich gefördert hat, ist eine zu bekannte Thatsache, als daß sie des weiteren begründet zu werden brauchte. Wenn jedoch jemand [...] einwenden wollte: die protestantischen Religionssysteme seien zunächst vielmehr Wirkung als Ursache des modern-kapitalistischen Geistes, so wird man ihm schwer die Irrtümlichkeit seiner Auffassung darthun können, es sei denn mit Hilfe eines empirischen Nachweises *konkret-historischer Zusammenhänge*".Diesen Nachweis hat Weber zwei Jahre später geführt. Der Protestantismus war kein Überbau über eine bestimmende ökonomische Basis. Er hat aktiv dazu beigetragen, den Kapitalismus hervorzubringen. Als Weber den Begriff des „Geistes" des Kapitalismus in seine eigene Studie übernahm, unterließ er es nicht, auf Sombart hinzuweisen, auch wenn seine eigene „Problemstellung" eine „etwas andere" sei (vgl. GARS I, S. 34, Fn. 1). Er brauche nicht besonders zu betonen, wieviel seine eigenen Studien der Tatsache verdankten, „daß Sombarts große Arbeiten mit ihren scharfen Formulierungen vorliegen, [...] auch – *und gerade* – da, wo sie andere Wege gehen" (GARS I, S. 42, Fn. 2).

Werner Sombart war von Webers Nachweis nicht überzeugt. 1911 legte er einen eigenen Erklärungsversuch vor. Max Webers Untersuchungen hätten ihn dazu gebracht, dem Einfluß der Religion auf das Wirtschaftsleben noch mehr als zuvor nachzugehen. Die Prüfung habe etwas anderes ergeben, daß nämlich „alle diejenigen Bestandteile des puritanischen Dogmas, die mir von wirklicher Bedeutung für die Herausbildung des kapitalistischen Geistes zu sein scheinen, Entlehnungen aus dem Ideenkreis der jüdischen Religion" waren. Der Puritanismus habe dem Kapitalismus nur deshalb eine Wirtschaftsgesinnung einhauchen können, weil er sich die jüdische Tradition angeeignet habe. In Wirklichkeit seien die Juden die hauptsächlichen Träger der Entwicklung zum Kapitalismus gewesen.

Mit dieser Schrift Sombarts, „Die Juden und das Wirtschaftsleben", wendete sich die Debatte über den Ursprung der kapitalistischen Wirtschaftsgesinnung einer nicht-christlichen Religion zu. Ob Zufall oder nicht: im demselben Jahr, in dem Werner Sombart der Debatte eine religionswissenschaftliche Richtung gab, nahm Max Weber sein Studium der großen Religionen auf. Als Weber im letzten Abschnitt der „Religiösen Gemeinschaften" auf das Judentum als Kulturreligion und seiner Wirkung auf die „Welt" einging, setzte er sich sogleich mit der Arbeit von Sombart auseinander. Weber würdigte Sombarts Leistung. „Es hätte in der Polemik gegen Sombarts geistvolles Buch die Tatsache nicht ernstlich bestritten werden soll: daß das Judentum an der Entfaltung des kapitalistischen Wirtschaftssystems in der Neuzeit sehr stark mitbeteiligt gewesen ist. Nur bedarf diese These Sombarts m.E. einer etwas weiteren Präzisierung" (oben im Text, S. 142). Die spezifisch ökonomischen Leistungen des Judentums lägen im Darlehen. Hingegen fehle ihm „die Organisation der *gewerblichen* Arbeit in Hausindustrie, Manufaktur, Fabrik" (ebd., S. 143). „Weder das spezifisch Neue der modernen Wirtschafts*systems* noch das spezifisch Neue an der modernen Wirtschafts*gesinnung* sind spezifisch jüdisch" (ebd., S. 144). Die unterschiedliche Behandlung der Fremden, von denen Zins genommen werden dürfe, gegenüber den eigenen Brüdern – die „doppelte Moral" – sei nie ein Bereich gewesen, in dem sich der Gehorsam gegen Gottes Gebote zu bewähren habe (ebd., S. 145). Nicht die (typisch puritanische) Unterwerfung des Kreatürlichen unter die rationale Ordnung, sondern das Vertrauen auf das messianische Reich begründe die „,Überwachheit'" und das Würdegefühl von Juden (ebd., S. 147). Eine einheitliche Beziehung zur „Welt" aus dem Gesichtspunkt der certitudo salutis als Zentrum heraus habe ihm daher gefehlt. „Der Einzelne muß sich mit der Tatsache der Verheißungswidrigkeit der bestehenden Welt, solange Gott sie zuläßt, eben abfinden" (ebd., S. 148). Diese Ausführungen zeigen trotz aller Differenzen durchaus ähnliche Perspektiven. Wie Weber nimmt auch Werner Sombart eine kulturwissenschaftliche Analyse des Kapitalismus vor. Und wie Weber ist es auch für ihn die Fremdheit in der Welt, die eine rationale Lebensmethodik erzeugt.

Als Weber im Jahre 1919 die „Protestantische Ethik" für die Gesammelten Aufsätze überarbeitete, ging er am Rande noch einmal auf Werner Sombarts These ein. Juden hätten wie die Puritaner das Theodizeeproblem und die Fragen nach dem „Sinn" der Welt ausgeschaltet, wenn auch „aus ganz andern Gründen" (GARS I, S. 101). In einer neuen Fußnote legte er den Finger auf das, was er für Sombarts schwache Stelle hielt. Sombart habe nicht verstanden, daß nicht Lehren allgemein, sondern nur „ein religiöser Glauben, der *Heilsprämien* auf eine bestimmte (in diesem Fall: methodisch-rationale) Lebensführung" setzt, eine lebensumwälzende Macht entwickeln könne. Die Auseinandersetzung mit Sombart hat Max Weber offenbar in der Annahme bestärkt, daß nicht nur der Protestantismus, sondern auch andere Religionen zu Rationalisierungen von Lebensführung imstande sind.

Werner Sombarts Schrift war nicht der erste Versuch gewesen, die Ursprünge der modernen Wirtschaftsmentalität in der Religionsgeschichte zu suchen. Ein anderer stammte aus England und war Weber gleichfalls bekannt. „Wenn also, wie mehrfach schon die Zeitgenossen, so auch neuere Schriftsteller die ethische Grundstimmung speziell des englischen Puritanismus als ‚English Hebraism' bezeichnen [...], so ist dies, richtig verstanden, durchaus zutreffend" (GARS I, S. 108f.). Weber scheint schon zur Zeit der ersten Auflage der „Protestantischen Ethik" Matthew Arnold zu kennen. In der Überarbeitung der „Protestantischen Ethik" heißt es von Arnold, er habe über den „Zusammenhang" von Protestantismus und kapitalistischem Geist gehandelt. Matthew Arnold war ein seinerzeit bekannter Kritiker der englischen Gesellschaft. Als ein sensibler und kritischer Beobachter der rasanten Industrialisierung Englands beanstandete er die Einseitigkeit des englischen Mittelstandes, der nichts anderes im Sinn habe als die praktische Erwerbstätigkeit. In seinem Buch „Culture and Anarchy. An Essay in Political and Social Criticism", dessen moderner Titel in merkwürdigem Kontrast zu seinem Ersterscheinungsdatum 1869 steht, ging er mit dem Provinzialismus des puritanischen englischen Mittelstandes hart ins Gericht. Dieser hätte es versäumt, sein praktisches Engagement um die gebotene kritische Reflexion zu ergänzen. Dabei verwendete er das Begriffspaar „hebraism and hellenism", die für zwei Fähigkeiten des Menschen stünden: gewissenhaft zu handeln und frei von praktischen Interessen zu denken. Nur wenn beide Fähigkeiten im Gleichgewicht seien, könne man von einer funktionierenden Kultur sprechen. Der englische Mittelstand habe jedoch dieses Gleichgewicht verloren. Praktische Interessen dominierten über intellektuelles Erkennen. Die Puritaner hätten den Glaubensgehorsam der Renaissance des griechischen Denkens vorgezogen. Damit hätten sie ihren Glauben jedoch pervertiert. Denn die Arbeit, die anfangs auch im Puritanismus durchaus noch ein Fluch und nur ein notwendiges Mittel zum Überleben gewesen sei, sei durch diese Liaison zum Selbstzweck geworden. Religion sei zur seelenlosen Maschine verkommen. Wer meine, es seien die Werke, durch die Menschen sich als die Kinder Gottes erwiesen, dem empfiehlt Arnold einen Blick auf London, eine „Großstadt unaussprechlicher Widerwärtigkeit". Arnold blieb nicht bei der Diagnose stehen. Er verlangte gegen die Bevorzugung des „Hebraismus" einen neuen „Hellenismus": eine Rückkehr zum interessefreien spontanen Erkennen. Nur so könnten beide Hälften der menschlichen Existenz wieder zusammengefügt werden: das spontane Erkennen und das praktische Handeln. Arnolds Denken war ein früher Versuch, die mentalen Voraussetzungen des ökonomischen Umbruches aus der Religionsgeschichte verständlich zu machen.

Religion in einer Debatte des Ersten Deutschen Soziologentages 1910

Die Resonanz, die Webers Schrift „Die protestantische Ethik und der Geist des Kapitalismus" in Deutschland gefunden hat, erfaßte noch den Ersten Deutschen Soziologentag. Gegen die materialistische Geschichtsphilosophie bestanden zahlreiche deutsche Wissenschaftler darauf, daß der Aufstieg des Kapitalismus, aber auch anderer moderner Institutionen wie der Menschenrechte, nicht ohne Berücksichtigung der Ideen der Handelnden analysiert werden durften. In Deutschland, wo die Erfahrung eines Traditionsbruches, wie ihn die Revolution 1789 in Frankreich bewirkt hatte, fehlte, lag es nahe, auch ausgesprochen moderne Institutionen als Produkte kulturhistorischer Kontinuität zu erklären. Allerdings mußte zur soziologischen Betrachtung eine kulturwissenschaftliche treten, die sich auf die Religionsgeschichte stützte, wie umgekehrt auch die Religionsgeschichte unter dieser Perspektive als Teil einer gegenwartsbezogenen Kulturwissenschaft betrieben wurde. Weber hatte mit seiner Schrift den Nerv dieser Bestrebungen getroffen. Umgekehrt war er selber mit seiner Weiterarbeit am Religionsthema ein Teil dieses Stromes von Diskussionen und Publikationen.

Einen selten klaren Einblick in die Fragestellungen und Gegenstände, die unter dieser Perspektive relevant wurden, gibt der Erste Deutsche Soziologentag in Frankfurt. Auf ihm sprach Ernst Troeltsch am 21. Oktober 1910 zum Thema: „Das stoisch-christliche Naturrecht und das moderne profane Naturrecht". Warum, so fragte Troeltsch, konnte das Christentum trotz seiner Gleichgültigkeit gegenüber der Welt Soziallehren hervorbringen, die die profanen Lebensverhältnisse geformt haben? Die christliche Idee eines überweltlichen Reiches der Liebe habe sich nämlich von Beginn an in drei Typen soziologisch ausgeformt: der Kirche als einer Heilsanstalt, der Sekte als einer Gemeinschaft der Vollkommenen und schließlich der Mystik als eines radikalen gemeinschaftslosen Individualismus. Es sind dies drei verschiedene regulative Prinzipien der Gläubigen für ihre Beziehungen zu den Erfordernissen des natürlichen und sozialen Lebens. „Die universalhistorisch wichtigste unter ihnen [den Typen] ist selbstverständlich die Kirche. Sie hat die stärkste Fortpflanzungs-, Ausbreitungs- und Organisationskraft". Diese soziologische Selbstgestaltung der christlichen Idee sei – und das ist der zweite Schritt in der Argumentation von Ernst Troeltsch – durch Eingliederung und Revisionen des stoischen Konzepts des Naturrechtes möglich geworden. Die Stoa hatte Gemeinschaft als eine Angelegenheit freier, gleicher, vernunftgeleiteter Menschen konstruiert. Da dieser Zustand allerdings nur in der Utopie, nicht aber in der Realität bestehe, unterschieden stoische Philosophen vom absoluten Naturgesetz ein relatives. Dieses relative Naturgesetz lehre die Menschen, wie sie ihre Leidenschaften beherrschen und Institutionen wie Macht, Familie, Eigentum relativ vernünftig gebrauchen könnten. Christen, gleichfalls mit der Aufgabe konfrontiert, mit den Gesetzen der „Welt" zu leben, ohne den Glauben an das „Reich Gottes" aufzugeben, machten sich diese Konzeption zu eigen. Der „Kirchengedanke" habe die Differenz zwischen Naturzustand und Gnadenzustand wie in der Stoa als etwas Relatives gedeutet und so den Verzicht auf eine strenge Vollkommenheit sowie Kompromisse mit den tatsächlichen Ordnungen der Welt gerechtfertigt. Dieses christliche Naturrecht war ambivalent, identifizierte es in der gegenwärtigen Ordnung sowohl die Macht der Sünde wie die Gnade der Schöpfung. Der „Rigorismus" der Sekten hingegen anerkannte nur ein absolutes Naturrecht, das mit dem „strengen Liebesgesetz Christi" identisch war. Kompromisse waren von Übel. Die Mystik schließlich war der Welt und ihren Gesetzen gegenüber indifferent und hatte mit dem Naturrecht nichts im Sinn. Sie nahm ein inneres Licht an, das mit der göttlichen Vernunft zusammenfällt. Mit diesem Vortrag war Ernst Troeltsch eine Erklärung dafür gelungen, wieso das Christentum, das von der Idee eines überweltlichen Gottesreiches beseelt war, derartig differierende Konzeptionen des Verhältnisses der Gläubigen zur Welt hat ausbilden können.

An Ernst Troeltschs Ausführungen schloß sich eine Debatte an, an der sich außer Max Weber auch Ferdinand Tönnies, Georg Simmel, Eberhard Gothein, Martin Buber und Hermann Kantorowicz beteiligten. Ferdinand Tönnies bekannte sich zu der materialistischen Annahme einer Klassenbedingtheit des Christentums und vertrat die Ansicht, es sei das mittelalterliche städtische Bürgertum gewesen, das gegen die Heiligkeit der kirchlichen Institution rebelliert und das Naturrecht der Sekten durchgesetzt habe. Als Weber nach ihm das Wort ergriff, wandte er sich erst gegen die Annahme von Tönnies, religiöse Gegensätzlichkeiten seien „Exponenten irgendwelcher ökonomischer Gegensätze". Eine „Verwandtschaft der Sektenreligiosität mit der Stadt" anzunehmen, sei eine „allzu gradlinige Konstruktion". In der Antike seien die christlichen Sekten auf dem Lande daheim gewesen. Im Mittelalter gäbe es sie zwar in der Stadt, doch sei auf deren Boden auch der Kirchengedanke ausgebildet worden. Man könne daher die religiöse Entwicklung nicht als Reflex ökonomischer Situationen betrachten. Anschließend ging Weber auf Ernst Troeltsch kritisch ein. Er stimme den von Troeltsch gebildeten drei Typen zu, wiewohl man sich vergegenwärtigen müsse, daß sich alle drei gegenseitig durchdringen. So konnte der Calvinismus mit seinem Prädestinationsglauben nicht kirchliche Anstalt bleiben, sondern mußte eine Gemeinschaft derer werden, die den Glauben im rechten Lebenswandel praktizierten. Die griechische Kirche wiederum sei von einem Mystizismus durchsetzt, einem Glauben an die Bruderliebe, der auch noch den Untergrund der russischen Literatur Tolstois oder Dostojewskis sowie eines spezifischen Naturrechts bilde (Weber, Verhandlungen 1910, S. 199 f.). Weber wies zugleich darauf hin, daß naturrechtliche Lehren Konsequenzen haben könnten, die nicht beabsichtigt gewesen seien. So sei aus der asketischen Bewährung der Berufsmensch hervorgegangen, auf dem der Kapitalismus ruhe. Weber widersprach der Auffassung von Troeltsch, wonach die „Kirche" im Vergleich zur Sekte „die stärkste Fortpflanzungs-, Ausbreitungs- und Organisationskraft" besitze. Er hielt dagegen, daß in den USA – „nicht nur quantitativ, sondern auch qualitativ gemessen, [das] religiöseste Land" – „das Christentum weit vorwiegend die Form der Sekten angenommen" habe. „Gerade, weil der religiöse Typus dort faktisch der Sektentypus ist, ist die Religion dort Volkssache, und *weil* dieser Sektentypus nicht universal, sondern exklusiv ist, und *weil* exklusiv, seinen Anhängern innerlich und äußerlich ganz bestimmte Vorzüge bietet, *darum* ist dort die Stätte des Universalismus der effektiven Zugehörigkeit zu religiösen Gemeinschaften" (Weber, Verhandlungen 1910, S. 201f.).

Georg Simmel bezweifelte, daß das Christentum überhaupt ihm adäquate soziale Gestalten habe annehmen können. Im Christentum sei die Liebe „aus den Verhältnissen des empirischen Lebens [...] in die ganz andere Schicht hineintransponiert worden [...], in der allein die Seele und ihr Gott steht". Das sei „der Grund dieser prinzipiellen Gleichgültigkeit der Christen gegen alles Soziale". Es war dies ein für Simmel typischer Gedankengang, der auch in seinen Schriften wiederkehrt. Religiosität bestand bei ihm aus einer eigenartigen Mischung „von sinnlicher Unmittelbarkeit und unsinnlicher Abstraktion". Aus „religiösen Halbprodukten" wie der familiären Liebe entstehe auf dem Wege einer Differenzierung ein religiöses Gut. Religiöse Gefühle äußerten sich nicht allein in der Religion, aber Religion stellte sie rein und abstrakt dar. Weber hielt diesem Einwand Simmels entgegen, es ginge nicht um den Sinn der christlichen Religiosität, sondern um die individuelle Bewährung des Glaubens. Darin stecke immer ein soziales Moment, sei es der Bewährungsgedanke des Calvinismus oder der mystische Liebesakosmismus der Brüderlichkeit, der an die alte Tradition der naturgewachsenen Brüderschaftsverhältnisse anknüpfte. Für die „*Formungen* der Welt ablehnenden Religiositäten" sei bestimmend, wie der Einzelne psychologisch seiner Beziehung zum Ewigen gewiß werde (vgl. Weber, Verhandlungen 1910, S. 210f.).

Auch Martin Buber griff in die Debatte ein. Er hatte damals gerade im Eugen-Diederichs-Verlag eine Sammlung mystischer Selbstzeugnisse veröffentlicht. In den „Ekstatischen Konfessionen" – so der Titel des Buches – überraschte er seine Leserschaft mit einer provozierenden Behauptung. „Zuerst scheint der Mensch mit dem Namen Gottes vornehmlich das erklärt zu haben, was er an der Welt nicht verstand, dann aber immer öfter das, was der Mensch an sich nicht verstand. So wurde die Ekstase – das, was der Mensch an sich am wenigsten verstehen konnte – zu Gottes höchster Gabe". Es ist von einer solchen Sicht aus begreiflich, daß Martin Buber in der Diskussion in Frankfurt die Frage stellte, ob Mystik überhaupt eine soziologische Kategorie sei oder nicht vielmehr eine rein psychologische, die jede Gemeinschaft negiere und mit dem Naturrecht nichts zu tun habe. Hierzu nahm am Ende Ernst Troeltsch kritisch Stellung.

Was läßt sich aus dieser Debatte für Webers Text erkennen? Sie macht deutlich, daß Fragestellungen, Themen und methodische Zugriffe in den „Religiösen Gemeinschaften" sich in einem Feld vor bereits abgesteckten Positionen und Gegenpositionen bewegten. Die deutschen Wissenschaftler, die 1910 in Frankfurt debattierten, nahmen alle an, daß die Weltablehnung, die die Religionen brachten, in hohem Grade sozial produktiv war. Ob aber die Freiräume, die so eröffnet wurden, vom Einzelnen allein, oder nur im Zusammenhang religiöser Gemeinschaften eingelöst werden konnten, war eine der Streitfragen, die dabei aufkamen. Eine andere war, ob Religionen als Ideologie von Klassen zu lesen seien oder Ausdruck einer vorrationalen Erfahrung. Die Eigenart der deutschen Debatte wird noch einmal anders deutlich, wenn man auf die damaligen britischen und französischen Religionswissenschaftler blickt. Sie konzipierten Religion nicht als eine Macht, eine Spannung zur Welt begründet. Ihre Analysen richteten sich auf elementare Rituale, die sie für den Ursprungsort aller sozialen Verbindlichkeiten hielten. Ausgehend vom Totemismus konzipierten sie Religion als jene Macht, die den Einzelnen moralisch an das Kollektiv bindet. Weltablehnung spielte bei ihnen keinerlei Rolle.

Max Webers Entdeckung

Weber wußte, daß seine These von der Einwirkung des asketischen Protestantismus auf die kapitalistische Lebensführung der „Ergänzung, Interpretation und weiteren Prüfung" bedurfte. „Die Gegenprobe und nähere Interpretation, die *versprochen* ist, *fehlt* bisher", stellte er 1908 fest. Seit 1911 erarbeitete Weber sich einen Fundus an soliden religionsgeschichtlichen Kenntnissen. Mehrere Vorhaben kamen zusammen und weckten Webers besonderes wissenschaftliches Interesse an der Religionsgeschichte. Neben seiner Absicht, die „Protestantische Ethik" in einen größeren Rahmen zu stellen, ergaben sich aus der Planung eines „Handbuchs der Politischen Ökonomie", dem späteren „Grundriß der Sozialökonomik", neue Aufgaben. Weber habe mit seinen „universalsoziologischen Studien" seine religionssoziologischen Abhandlungen fortsetzen und zugleich seinen Beitrag zum GdS vorbereiten wollen, weiß Marianne Weber zu berichten (Lebensbild, S. 346). Im Stoffverteilungsplan zum „Handbuch der Politischen Ökonomie" von 1910 sah Weber sich selbst vor als Verfasser eines Abschnitts „Wirtschaft und Kultur (Kritik des historischen Materialismus)". Die Formulierung läßt eine Brücke zu den früheren Studien erkennen. Anscheinend wollte Weber das Verhältnis von Wirtschaft und Kultur in einer Weise behandeln, wie er dies bereits in der „Protestantischen Ethik" getan hatte: nämlich als einer impliziten Kritik des historischen Materialismus. Den äußeren Bedingungen des Wirtschaftshandelns sollten die inneren Bedingungen, die Kultur, hinzugefügt werden. Weber wird von Anfang an auch Religion ins Auge gefaßt haben, zumal der Begriff „Kultur" in allen Spielarten deutscher Wissenschaftstheorien nachdrücklich Religionen mit einschloß.

Wenn man Marianne Webers Biographie liest, wird etwas von der Faszination spürbar, die diese Untersuchungen auf Weber selbst ausübten. Mit den religionshistorischen Studien sei eine Entdeckung verbunden gewesen, die Weber selbst für eine seiner wichtigsten gehalten habe: „[…] der *Rationalisierungs*prozeß löst die magischen Vorstellungen auf, ‚entzaubert‛ und entgöttert zunehmend die Welt. Religion wandelt sich aus Magie in Lehre. Und nun zeigen sich nach Zerfall des primitiven Weltbildes zwei Tendenzen: Einmal zur *rationalen* Beherrschung der Welt und andrerseits zum *mystischen* Erlebnis. Aber nicht nur die Religionen empfangen ihren Stempel durch das sich zunehmend entfaltende Denken – der Rationalisierungsprozeß bewegt sich in mehreren Geleisen, und seine Eigengesetzlichkeit ergreift alle Kulturgebilde: Wirtschaft, Staat, Recht, die Wissenschaft und die Kunst. Vor allem die *abendländische* Kultur wird in all' ihren Formen entscheidend bestimmt durch eine zuerst im Griechentum entwickelte methodische *Denkart*, der sich im Zeitalter der Reformation auch eine an bestimmten Zwecken orientierte methodische *Lebensführung* zugesellt: Diese Vereinigung von theoretischem und praktischem Rationalismus scheidet die moderne Kultur von der antiken, und die Eigenart beider scheidet die moderne abendländische von der asiatischen Kultur. Freilich vollzogen sich auch im Orient Rationalisierungsprozesse, aber weder der wissenschaftliche, noch der staatliche, noch der wirtschaftliche, noch der künstlerische sind in die dem Okzident eignen Bahnen eingelenkt. – Für Weber bedeutet diese Erkenntnis der Besonderheit der okzidentalen *Rationalismus* und der ihm zugefallenen Rolle für die abendländische Kultur eine seiner wichtigsten Entdeckungen. Infolge davon erweitert sich die ursprüngliche Fragestellung nach dem Verhältnis von Religion und Wirtschaft zu der noch umfassenderen, nach der *Eigenart der ganzen abendländischen Kultur* […]" (Weber, Marianne, Lebensbild, S. 348f.).

Man wird diesen Bericht kaum als Stilisierung eines Heros abtun können, obwohl das „Lebensbild" zu einer Gattung gehört, die davon nicht frei ist. Wie will man Max Webers gewaltige Arbeitsintensität anders erklären als aus einer Vision eines ganz neuartigen Zuganges zur Kulturgeschichte? „Ein Durchbruch hatte sich ereignet", schreibt Wolfgang Schluchter. Dazu paßt gut, daß Weber Teile der neuen Untersuchungen „Freunden vorgelesen" hat (MWG I/19, S. 83f.). Die Fußnote, die dies erwähnt, wird von Georg Lukács bestätigt. Nach Empfang von Sonderdrucken der „Wirtschaftsethik der Weltreligionen. Religionssoziologische Skizzen. Einleitung. Konfuzianismus und Taoismus" schrieb Lukács Mitte Dezember 1915 an Weber: „Das bisher Gelesene hat denselben großen Eindruck auf mich gemacht, wie seinerzeit die Vorlesung in Heidelberg […]". Den Daten der Auslieferung des Archiv-Heftes mit Webers Artikel zufolge (14. Oktober 1915) können nur die „Einleitung" und/oder Teile der Studie zum Konfuzianismus gemeint sein. Die Zwischenbetrachtung wurde erst mit Heft 2 am 23. Dezember 1915 ausgeliefert und kommt weniger in Frage.

Es gibt noch andere Indizien für den „Durchbruch": Webers „Musiksoziologie", im gleichen Zeitraum entstanden, rückte die Musik unter die Besonderheiten des okzidentalen Rationalismus (MWG I/14). Marianne Weber berichtete darüber 1925 im Vorwort zur 2. Auflage von „Wirtschaft und Gesellschaft". „Was ihn bei der erstmaligen Durchforschung der musikalischen Gebilde des Orients und Okzidents so packte, war die Entdeckung, daß auch und gerade in der Musik – dieser scheinbar am reinsten aus dem Gefühl quellenden Kunst – die Ratio eine so bedeutsame Rolle spielt und daß ihre Eigenart im Okzident, ebenso wie die seiner Wissenschaft und aller staatlichen und gesellschaftlichen Institutionen, durch einen spezifisch gearteten Rationalismus bedingt ist". Daß diese Entdeckung in Wirklichkeit nicht ganz so einzigartig ist, wie die Worte nahelegen, sondern auf soliden Vorarbeiten anderer basiert, hat Hubert Treiber nachgewiesen. Zeitgenössische musikwissenschaftliche Nachschlagewerke hätten die Anfänge des modernen Tonsystems mit der Geschichte des Abendlandes in Verbindung gebracht. Die Frage muß gestellt werden: Was heißt dann Entdeckung? Max Weber hat am Ende seiner Studie zur Entstehung des modernen Kapitalismus eine Bemerkung gemacht, die darauf ein Licht werfen könnte: daß „der moderne Mensch im ganzen selbst beim besten Willen nicht imstande zu sein pflegt, sich die Bedeutung, welche religiöse Bewußtseinsinhalte auf die Lebensführung, die Kultur und die Volkscharaktere gehabt haben, *so* groß vorzustellen, wie sie tatsächlich gewesen ist" (GARS I, S. 205). Demnach braucht die Entdeckung nicht in den Fakten zu liegen, sondern in der unerwarteten Erkenntnis, daß auch ästhetische Erscheinungen der modernen Kultur eine religionsgeschichtliche Genealogie haben. Oder wie Weber auch sagen kann: in der Tragweite des Religiösen auf Gebieten, wo man sie nicht sucht.

Den überzeugendsten Beweis für Webers Entdeckung liefert jedoch sein Beitrag „Die Wirtschaft und die gesellschaftlichen Ordnungen und Mächte" zum „Grundriß der Sozialökonomik" selber. Dieser machte mit seiner religionswissenschaftlichen Erklärung gegenwärtiger gesellschaftlicher Sachverhalte nämlich nicht mehr bei der Wirtschaftsgesinnung halt. Weber setzte bei seiner Arbeit voraus, daß auch andere Lebensordnungen von einer fortdauernden Macht der Religionen beeinflußt waren. Aufgrund dieser Annahme machte er sich die Mühe, seine Analysen von Gemeinschaften, Religion, Recht und Herrschaft nicht nur mit Wirtschaft, sondern auch untereinander zu verknüpfen. Zahlreiche Vor- und Rückverweise zwischen den Texten haben den Zweck zu zeigen, daß die Handlungen auch noch in diesen Ordnungen von der religiösen Entwicklung bedingt waren, wie auch umgekehrt die religiöse Entwicklung von der Handlungsrationalität sozialer Ordnungen einschließlich der ökonomischen vorangetrieben wurde.

Eine Erklärung moderner sozialer Tatbestände aus der Religionsgeschichte kam zur damaligen Zeit auch außerhalb Deutschlands vor. Vergleichbare Ansätze finden sich bei Émile Durkheim (1853–1917) und seinen Schülern in Frankreich. Allerdings zeigt ein näherer Blick auch, wie unterschiedlich die Durchführung sein konnte. Durkheim hatte in seiner Studie zum Selbstmord den Beweis angetreten, daß Menschen auch dann, wenn sie Handlungen vollkommen freiwillig auszuführen meinten, dabei durchaus einem Zwang gehorchen können, der im Falle des Selbstmordes von der Zugehörigkeit zu einer der Religionsgemeinschaften ausging. Derartige Handlungen, die weder einem Naturgesetz unterstehen noch aus freien Stücken geschehen, faßte er zu einer eigenen Klasse zusammen: „faits sociaux". Sie bestehen aus „Arten des Handelns, Denkens und Fühlens, die außerhalb der Einzelnen stehen und mit zwingender Gewalt ausgestattet sind, kraft derer sie sich aufdrängen". Menschen könnten den obligatorischen Charakter derartiger Handlungen nicht durch Introspektion erkennen. Erkennbar würden sie erst, wenn man sich den Religionen zuwende. Im Vorwort zum zweiten Band der L'Année sociologique 1897/98 hatte sich Durkheim in Sachen Religion direkt an die Leserschaft gewandt: „Man wird erstaunt sein über den besonderen Vorrang, den wir dieser Art Erscheinungen eingeräumt haben. Aber sie sind der Keim, aus dem alle anderen [Erscheinungen] – oder fast so gut wie alle anderen – hervorgegangen sind. Die Religion enthält in sich im Prinzip, aber in einem noch ungeklärten Zustande, alle die Elemente, die dadurch, daß sie sich trennen, sich festlegen und sich auf tausendfache Weise wieder miteinander verbinden, die verschiedenen Manifestationen des kollektiven Lebens hervorgebracht haben". Für Durkheim ist Religionsgeschichte nicht mehr *explanandum*, sondern *explanans*. Um die soziale Bindung des Menschen in der arbeitsteiligen Gesellschaft zu erkennen, bedarf es der Erkenntnis elementarer Religion.

Der Heidelberger „Eranos"-Kreis
und die religionsgeschichtliche Genealogie moderner Tatbestände

Eine Entdeckerfreude dieser Art grassierte schon länger unter Forschern in Heidelberg. Viele waren von dem Staats- und Völkerrechtler Georg Jellinek beeindruckt, der nachgewiesen hatte, daß die modernen Menschenrechte nicht ein Produkt der Religionskritik der Aufklärung waren. Es seien religiöse Nonkonformisten des 17. Jahrhunderts gewesen, die als erste, und noch vor der Aufklärung, das fundamentale Grundrecht auf Glaubens- und Gewissensfreiheit verbrieft hätten. Unmittelbares Vorbild für die Erklärung der Rechte, die die französische Nationalversammlung am 26. August 1789 abgegeben habe, sei nicht Rousseaus Gesellschaftsvertrag gewesen, sondern die „bills of rights" der Verfassungen nordamerikanischer Bundesstaaten von 1776 und später. Daß der einzelne Bürger ein angeborenes und nicht vom Staat verliehenes Recht besitzt, sei aus der reformatorischen Idee einer Religions- und Gewissensfreiheit gewonnen worden.

Im religionswissenschaftlichen Gesprächskreis „Eranos", der 1904 gegründet worden war und dem auch Weber angehörte, hatte Georg Jellinek 1904 vorgetragen: „Die religiösen und metaphysischen Grundlagen des Liberalismus". Das „Eranos"-Album notierte als Inhalt: „Zunächst wird auf den ununterbrochenen Zusammenhang der politischen Werthaltungen mit den religiösen Grundauffassungen hingewiesen und der Einfluß der christlichen Lehre und der alten und mittelalterlichen Kirche auf das Bewußtsein von einer dem Staat gegenüber selbständigen Sphäre des Individuums dargelegt". Daß Jellineks Arbeiten Max Weber beeindruckt haben, bekannte dieser freimütig in einer Rede, die er im März 1911 anläßlich der Hochzeit von Jellineks Tochter Dora Busch gehalten hat. Er habe wesentlichste Anregungen aus Jellineks großen Arbeiten bekommen: so den „Nachweis religiöser Einschläge in der Genesis der ‚Menschenrechte' für die Untersuchung der Tragweite des Religiösen überhaupt auf Gebieten, wo man sie zunächst nicht sucht".

Der Neutestamentler Adolf Deißmann hatte 1904 den „Eranos", das „wissenschaftliche Kränzchen", wie Marianne Weber die Professorenrunde nannte (Weber, Marianne, Lebensbild, S. 358), zusammen mit dem Altertumswissenschaftler Albrecht Dieterich gegründet. Die Satzung sah vor, daß bei den Treffen einmal im Monat während des Semesters der Gastgeber „ein Referat über ein religionswissenschaftliches Thema" erstattet oder „einen Bericht über Entdeckungen, Publikationen etc. aus dem Gebiet der Religionswissenschaft und ihrer Grenzdisziplinen" gibt. An den monatlichen Treffen des „Freundesmahls" – das ist die Bedeutung des griechischen Wortes eranos – nahmen u.a. der Philosoph Wilhelm Windelband, der systematische Theologe und Religionsphilosoph Ernst Troeltsch, der Staats- und Völkerrechtler Georg Jellinek, der Nationalökonom und Kulturhistoriker Eberhard Gothein teil. In seinen späteren Erinnerungen hielt Deißmann fest: „Daß Nichttheologen die große Mehrheit dieses religionswissenschaftlichen Kreises bildeten, [...] war von ungemein anregender Wirkung. [...] Die Weltgeltung der Religion und ihre tiefe Verflochtenheit in alle Gebiete des geistigen Lebens, politische Geschichte, Recht, Wirtschaft, Kunst, Philosophie kam in diesen Sonntagsfeierstunden zu einem ganz plastischen Ausdruck." Weber hat im „Eranos" laut dem vorliegenden Protokollbuch zweimal referiert, einmal über das Thema „Die protestantische Askese und das moderne Erwerbsleben" am 5. Februar 1905 und dann noch einmal am 29. Februar 1908 über den „Kapitalismus im Altertum". Das Album verzeichnet Zusammenkünfte bis zum Januar 1909. Wie lange der Kreis danach noch bestanden hat, ist nicht bekannt.

Religion als Gemeinschaftshandeln; Max Webers Fragestellung

Webers Darstellung gehört zum Genre „Handbuch" und privilegiert Sachverhalte auf Kosten einer Explikation von vorausgesetzter Fragestellung und Theorie. Die dem Text „Religiöse Gemeinschaften" vorausgehenden Abschnitte in „Wirtschaft und Gesellschaft" können nur eingeschränkt helfen. Das Problem wird insbesondere durch den Ersten Teil von WuG[1] nicht gelöst, sondern verschärft. Der von Weber 1920 zum Druck gegebene Erste Teil seines Grundriß-Beitrages ist später abgefaßt worden und paßt weder von der Terminologie noch von der

Systematik her zu den älteren Manuskripten, die in der Ausgabe von Marianne Weber und Melchior Palyi den Zweiten Teil bilden.

Wenn Weber Religion als Gemeinschaftshandeln bestimmt, wie er gleich zu Beginn tut, verbindet er damit mehrere konzeptionelle Annahmen. Die erste ist eine gewisse Eigengesetzlichkeit. In „Wirtschaft und Gesellschaft im allgemeinen" (MWG I/22–1, S. 81) nennt Weber „Eigengesetzlichkeit" als Merkmal einer Strukturform von Gemeinschaftshandeln, zu der auch Religion gehört. Diese Eigengesetzlichkeit ergibt sich daraus, daß sich „an die Vergesellschaftung [...] regelmäßig eine ‚übergreifende' Vergemeinschaftung [knüpft]". Diese Eigengesetzlichkeit des Gemeinschaftshandelns ist dynamisch. Weber spricht in „Die Wirtschaft und die Ordnungen" (MWG I/22–3) von einem „Rationalisierungs- und Vergesellschaftungsprozess", „dessen fortschreitendes Umsichgreifen in allem Gemeinschaftshandeln wir auf allen Gebieten als wesentliche Triebkraft der Entwicklung zu verfolgen haben werden" (WuG[1], S. 382). Dazu kommt, daß die unterschiedlichen Typen des religiösen Gemeinschaftshandelns in einer Wechselwirkung mit den anderen gesellschaftlichen Ordnungen und Mächten stehen. Welcher Art die „Wahlverwandtschaften" bzw. „Adäquanzbeziehungen" sind, darüber lassen sich jedoch keine allgemeinen Regeln aufstellen. Sehr wohl aber nimmt Weber laut einer Aussage in dem Abschnitt „Staat und Hierokratie" an, daß die Rationalisierung des Religiösen ihre Eigengesetzlichkeit hat, „auf welche ökonomische Bedingungen nur als ‚Entwicklungswege' wirken [...]" (WuG[1], S. 775).

Weitere Auskünfte gibt Webers sog. „Kategorienaufsatz". 1913 veröffentlichte er in „Logos. Internationale Zeitschrift für Philosophie der Kultur" eine methodische Abhandlung „Über einige Kategorien der verstehenden Soziologie" (MWG I/12). In einer Fußnote wies Weber auf den Zusammenhang mit dem geplanten Handbuch hin:
„Der zweite Teil [dieses Aufsatzes] ist ein Fragment aus einer schon vor längerer Zeit geschriebenen Darlegung, welche der methodischen Begründung sachlicher Untersuchungen, darunter eines Beitrages (Wirtschaft und Gesellschaft [...]) für ein demnächst erscheinendes Sammelwerk dienen sollte [...]. Die pedantische Umständlichkeit der Formulierung entspricht dem Wunsch, den subjektiv gemeinten Sinn von dem objektiv gültigen zu scheiden (darin teilweise abweichend von Simmels Methode)" (Kategorienaufsatz S. 253).

Der zweite Teil, von dem Weber hier spricht, muß – wie Hiroshi Orihara und Wolfgang Schluchter gezeigt haben – in den Abschnitten IV–VII vorliegen. Sie sind älter als die vorangehenden. Die Abschnitte I–III sind hingegen jünger und auf sie bezieht sich die Bemerkung über Georg Simmel. So spiegeln die beiden Teile des Kategorienaufsatzes zwei unterschiedliche Arbeitsphasen wider, die auch sonst in Webers hinterlassenen GdS-Manuskripten erkennbar sind. Wenn man speziell den theoretischen Einstieg in die Thematik der „Religiösen Gemeinschaften" sucht, kommt also nur der jüngere Teil des Kategorienaufsatzes in Frage. Tatsächlich enthält er Überlegungen zur Religionstheorie, die in Zusammenhang mit einer Abgrenzung von Georg Simmel zur Sprache kommen und für den gesamten Text höchst aufschlußreich sind. Simmel schied wie Weber das objektive Verstehen eines Sinnes von der subjektiven Deutung von Motiven Handelnder. „Im ersteren Fall ‚verstehen' wir das Gesprochene, im letzteren den Sprechenden (oder Handelnden)" (MWG I/7), so Webers Erläuterung zu Simmels Unterscheidung. Weber warf Simmel jedoch im Kategorienaufsatz und später vor, die Unterscheidung nicht konsequent durchzuhalten. Daß dieser Einwand stichhaltig ist, läßt sich daran erkennen, wie Georg Simmel die Genese von Religion aus sozialen Formen als „religiösen Halbprodukten" herleitete. Diese bilden den Ausgangspunkt einer Verfeinerung und Verselbständigung. In diese Richtung gingen auch Simmels Äußerungen in der Debatte auf dem Soziologentag in Frankfurt 1910. Weber hingegen unterschied die Motive sozialer Akteure von dem durch den Forscher rekonstruierten objektiven Sinnzusammenhang. Um Caesar zu verstehen, brauche man nicht Caesar zu sein: auf diese Formel brachte Weber seine Auffassung in einem Brief an Karl Jaspers (2. November 1912) (MWG II/7, S. 729) und wiederholte damit nur eine bereits früher von ihm vertretene Position. Wenn man – wie Weber es in seiner „Verstehenden Soziologie" tut – „Handeln" bestimmt „als ein verständliches, und das heißt ein durch irgendeinen [...] (subjektiven) Sinn spezifiziertes Sichverhalten zu ‚Objekten'" (Kategorienaufsatz, S. 255), wird „Sinn" eine objektive und unvermeidliche Größe in der Beziehung der Subjekte zur Welt. „Sinn" muß dann allerdings von den Motiven der Einzelnen prinzipiell unterschieden und vom Wissenschaftler rekonstruiert werden. Die Wirkung auf die Analyse ist erheblich. Religion besitzt keine ihr eigene Evidenz, wie die Lebensphilosophie annahm. Sie muß aus den Handlungen selber erhoben werden. Religion kommt nur als regulative Leistung in den Blick, nicht als irrationales Erleben.

Eine weitere Unterscheidung hängt ebenfalls damit zusammen, die Unterscheidung zwischen einer Rationalität von Handeln und seiner Richtigkeit.

„Subjektiv zweckrational orientiertes und am objektiv Gültigen ‚richtig‘ orientiertes (‚richtigkeitsrationales‘) Handeln sind an sich gänzlich zweierlei. Dem Forscher kann ein von ihm zu erklärendes Handeln im höchsten Grade zweckrational, dabei aber an für ihn ganz ungültigen Annahmen des Handelnden orientiert erscheinen" (ebd., S. 258).

Ein rationales Handeln brauche keineswegs auf richtigen Annahmen zu beruhen, sondern könne in Wirklichkeit durch ganz irrationale Motive historisch ins Leben gerufen sein, wie Friedrich Nietzsche oder die Theorie des ökonomischen Materialismus aufgedeckt hätten. Das Argument ist deutlich: Nicht irgendeine Evidenz von Richtigkeit, sondern eine praktisch wirksame Sinndeutung stehen am Ursprung rationalen Handelns. Dieser Ausgangspunkt führt direkt in die Religionsgeschichte:

„An magischen Vorstellungen orientiertes Handeln beispielsweise ist subjektiv oft weit zweckrationaleren Charakters als irgend ein nicht magisches ‚religiöses‘ Sichverhalten, da die Religiosität ja gerade mit zunehmender Entzauberung der Welt zunehmend (subjektiv) zweckirrationalere Sinnbezogenheiten (‚gesinnungshafte‘ oder mystische z.b.) anzunehmen genötigt ist" (ebd., S. 258 f.).

Es ist vor allem diese Bemerkung, in der man ein tragendes Element von Webers Religionsabschnitt in „Wirtschaft und Gesellschaft" wiedererkennt. Religiös oder magisch motiviertes Handeln sei diesseitig ausgerichtet, heißt es dort. Zwar würden „wir, vom Standpunkt unserer heutigen Naturanschauung aus, […] dabei objektiv ‚richtige‘ und ‚unrichtige‘ Kausalzurechnungen unterscheiden", jedoch stellen auch unrichtige Zurechnungen „ein mindestens relativ rationales Handeln" dar (oben im Text, S. 1). Webers beide Unterscheidungen, die von subjektiven Motiven und objektiv gültigem Sinn sowie die von Zweckrationalität und richtigen Kausalitätsannahmen, sind eiserne Voraussetzungen der Analyse religiösen Gemeinschaftshandelns. Man muß beide zusammennehmen, um die Konstruktion als ganze zu erkennen. Rationale Weltverhältnisse ergeben sich nicht aus einer Evidenz des Richtigen, sondern aus der Abhängigkeit des Handelns von religiösen Weltbildern und Ethiken. In diesem Zusammenhang kaum verständlich ist die Bemerkung, die Entzauberung der Welt lasse Religiosität ‚gesinnungshaft‘ oder mystisch werden. Hingegen ist dies ein Leitmotiv des Abschnittes „Religiöse Gemeinschaften". Je „weltfremder" Religiosität werde, um so irrationaler werde das Handeln im Blick auf magische Zwecke.

Die historischen Religionen aus der Sicht von Kulturwissenschaft

Als Weber sich daran machte, Religion als eine der „kulturbedeutsamen Gemeinschaften" (MWG I/22–1, S. 81) zu studieren, war eine Klärung der Beziehung von Religion und Kultur notwendig. Nur wenn die Eigenständigkeit und Besonderheit von Religion im Verhältnis zu anderen kulturellen Ordnungen bestimmt war, konnten die wechselseitigen Beziehungen dieser Größen empirisch beschrieben werden. Weber fand die hierfür ergiebigsten Ansätze bei Vertretern einer Kant fortführenden philosophischen Richtung: der sog. „Südwestdeutschen Schule". Sie war an der damals hoch aktuellen Wendung der Philosophie zur Wissenschaftstheorie beteiligt, an der Weber selbst aktiv mitwirkte.

Wilhelm Windelband (1848–1915), nicht erst durch den „Eranos"-Kreis Weber persönlich bekannt, hatte 1894 in einer Rektoratsrede zu Straßburg mit dem Titel „Geschichte und Naturwissenschaft" der Philosophie die Aufgabe zugewiesen, Wissenschaftstheorie zu betreiben. Sie solle sich nicht darauf beschränken, nur ihre eigene Geschichte zu studieren oder sich gar zur Psychologie zu wandeln. Statt dessen solle sie sich den Erkenntnisvorgängen in den Wissenschaften zuwenden, ihre Struktur ergründen, in eine allgemeine Form fassen und ihre Grenzen bestimmen. „Niemals ist eine fruchtbare Methode aus abstrakter Konstruktion oder rein formalen Überlegungen der Logiker erwachsen: diesen fällt nur die Aufgabe zu, das erfolgreich am Einzelnen Ausgeübte auf seine allgemeine Form zu bringen und danach seine Bedeutung, seinen Erkenntniswert und die Grenzen seiner Anwendung zu bestimmen". Das herkömmliche Natur-Geist-Schema sei dafür nicht geeignet. Statt dessen schlug er vor, die Erfahrungswissenschaften in solche zu gliedern, die im Wirklichen das Allgemeine in Form eines Naturgesetzes, und in solche, die im Wirklichen einzelne Tatsachen oder Ereignisse suchten. Die einen seien Gesetzeswissenschaften („Naturwissenschaften"), die anderen Ereigniswissenschaften („Historik"); die einen nomothetisch, die anderen idiographisch. Nicht der Inhalt des Wissens, sondern die Behandlung des Wirklichen begründe den Unterschied zwischen beiden.

Wilhelm Windelband hat 1902 in einem glasklaren Beitrag mit dem Titel „Das Heilige" diese Wendung zur Wissenschaftstheorie auch für die Religionsgeschichte vorgenommen. Windelband ging es um die „wirkliche Religion – die Religion, wie wir sie alle kennen und erleben", nicht um eine philosophisch konstruierte Vernunftreligion. Im Blick auf diese ließ er die Religionsphilosophie Revue passieren. Immanuel Kant habe den religionsphilosophischen Standpunkt von der theoretischen Vernunft – dem Wissen und Erkennen – in die praktische Vernunft – die Ethik – umgelegt. Danach habe Friedrich Schleiermacher ihn in die ästhetische Vernunft verlegt. Beide Operationen fand Windelband jedoch bezogen auf die historischen Religionen einseitig. Die Religionsphilosophie dürfe das Heilige nicht in einer gesonderten Sphäre suchen, sondern müsse ihren Ausgang von demjenigen Grundverhältnis nehmen, das dem logischen, dem ethischen und dem ästhetischen Bewußtsein gemeinsam sei. Dieses sei die Antinomie des Bewußtseins: der Widerspruch zwischen dem Sollen und dem Sein, der Norm und dem Naturgesetz – eine Kluft übrigens, für die ein Schüler Windelbands Emil Lask die Bezeichnung „hiatus irrationalis" schuf. Das menschliche Bewußtsein, so Windelband, sei durch beides gekennzeichnet: die Norm und das Normwidrige. Nur dadurch sei es dem Menschen möglich, sich gegen bestehende Normen aufzulehnen und statt dessen auf andere transzendent gültige zu berufen. Wenn diese transzendenten Normen „heilig" genannt würden, hieße dies auch, daß diese Normen letztlich unbestimmt und unaussagbar seien. Sie seien heilig, weil sie weder Produkte des persönlichen Seelenlebens noch des empirischen Gesellschaftsbewußtseins seien, sondern Wertinhalt einer transzendenten Wirklichkeit.

Windelbands Konstruktion gab dem „Heiligen" einen Ort sowohl in der Kultur wie jenseits von ihr. Wenn das „Heilige" eine transzendente Instanz gegenüber dem Kognitiven, dem Ethischen und Ästhetischen ist, dann ist es in diesen Bereichen sowohl präsent wie ihnen gegenüber transzendent. Die Religion nimmt allen Ordnungen gegenüber eine Sonderstellung ein. Neben den großen „Kulturfunktionen der Menschheit", Wissenschaft, Moral, Recht, Geschichte und Kunst, steht noch eine „andere Kulturmacht, vielleicht die größte, die Religion. […] Tatsächlich greift ja die Religion in alle drei hinein". Windelband spielte diese besondere Stellung der Religion zuerst theoretisch durch, wobei er die „Verschiedenheit der positiven Religionen" systematisch als Hauptformen transzendenten Vorstellens begriff: als Pantheismus und Deismus, als Theismus und Dualismus. Alsdann bestimmte er das praktische Verhältnis der Religion zu den Kulturmächten. Diese Beschreibung verdient deshalb besondere Beachtung, weil ihr eine ähnliche Idee zugrunde liegt wie Webers Konzeption der Spannungen von ethischer Erlösungsreligion zu den säkularen Lebensordnungen. Windelband betonte, die religiöse Gesinnung bedinge „eine Entwertung des Weltlichen im Gegensatz oder wenigstens im Verhältnis zum Göttlichen. Sie setzt alle empirischen Werte herab, – in extremer Konsequenz, indem sie geneigt ist, sie grundsätzlich zu verneinen". Eine „Vergleichgültigung gegen die empirischen Werte wie Besitz und Ehre" sei die Folge. „Familie und Vaterland, Freundschaft und Berufspflicht verlieren ihre Macht über den Menschen. So entwickelt sich gelegentlich in religiösen Gemeinschaften […] eine bedenkliche Gleichgültigkeit gegen alles Weltliche, auch gegen Wissenschaft und Kunst, gegen Staat und Sittlichkeit". Windelbands Worte kommen Webers Konzeption einer Spannung von religiöser Ethik und Welt recht nahe, nur daß Windelband solche Spannung „bedenklich", ja „fanatisch" fand. Die religiöse Ethik greife in die Sphäre der sozialen Ordnungen sehr verschieden tief ein, bemerkte Weber in Worten, die an Windelband erinnern. Je prinzipieller ihre Spannung mit den innerweltlichen Ordnungen werde, um so mehr würden diese in ihrer Eigengesetzlichkeit konstituiert, worin Weber „ein starkes dynamisches Entwicklungsmoment" sah (dem im Text, S. 121).

An dieser Stelle kommt man um die Frage nicht herum, wie Weber die Beziehung der „Lebenssphären" von Nachbarschaft, Religion, Recht, Herrschaft, Wirtschaft zueinander sah. Sind sie gleich in Rang und Gewicht? Dagegen spricht, daß offensichtlich nur Religion im Stande ist, Vergesellschaftung dauerhaft zu verbürgen (vgl. oben im Text, S. 9). Wenn das so ist, würde es kein Zufall sein, daß Weber Religion den rechtlichen und herrschaftlichen Beziehungen vorgeordnet hat. Anders steht es mit dem Nachbarschaftsverband. Ihm scheint nicht nur in der Gliederung von WuG[1] (MWG I/22–1), sondern auch sachlich eine Vorrangstellung vor der Religionsgemeinschaft zuzukommen. Dafür spricht die Bemerkung Webers, die religiöse Gemeinde habe sich neben dem „aus ökonomischen, fiskalischen oder anderen politischen Gründen vergesellschafteten Nachbarschaftsverband" als „zweite Kategorie von Gemeinde" gebildet (oben im Text, S. 36). Sie ist deshalb sachlich nachgeordnet, weil die von Propheten inaugurierte religiöse Gemeinschaft die Nothilfepflicht der Nachbarschaftsverbände übernahm und daraus das Gebot der „Brüderlichkeit" machte (MWG I/22–1, S. 123 f.). Man wird kaum fehlgehen in der Annahme, daß Weber an dieser Stelle an Ferdinand Tönnies anknüpfte, der von der Gemeinschaft des Blutes (der Verwandtschaft) die Gemeinschaft des Ortes (Nachbarschaft) unterschied, die – im Gegensatz zu Gesellschaft, die durch Tausch und Vertrag zustande kommt – durch das pure Zusammenleben soziale Bande hervorbringt.

Geschichte als heterogenes Kontinuum

Während Wilhelm Windelband einen Zusammenhang von Fragen und Begriffen ausformulierte, in dem auch Weber stand, wurde Heinrich Rickert (1863–1936) für Webers Methodologie in engerem Sinne von Bedeutung. Mit ihm war Weber seit seiner Studentenzeit befreundet. Rickert gehörte wie Windelband zur Südwestdeutschen Schule. Wie dieser war Rickert an dem Versuch beteiligt, dem historischen Wissen einen gleichen Status zu geben wie dem naturwissenschaftlichen. Die RGG[1] stellt ihn mit den Worten vor: „Die Rechtfertigung historischer Wissenschaft in ihrer Selbständigkeit und Eigenart ist das Ziel seiner Arbeit. [...] eine Erkenntnistheorie der Geschichte soll das eigentümliche Recht der Geschichtswissenschaft gewinnen und wahren".

Welche Perspektive sich mit der erstrebten Gleichstellung von Natur- und Kulturwissenschaft verband, hat Georg Simmel beschrieben. Die Naturwissenschaften würden den Menschen als Teil der natürlichen Welt studieren und die Kausalität der Natur in Gesetze menschlichen Erkennens verwandeln. So werde die Natur zu einer Form des menschlichen Geistes. „Damit ist von den zwei Vergewaltigungen, die den modernen Menschen bedrohen: durch die Natur und durch die Geschichte, die eine aufgehoben". Es bedürfe nun auch noch einer Befreiung von der Macht der Geschichte. Der Erkenntniskritik müsse es gelingen, auch sie souverän nach eigenen Kategorien zu formen. Erst wenn man sich diese Problemstellung vor Augen führt, wird das Vorhaben von Heinrich Rickert begreiflich, das eigentümliche Recht der Geschichtswissenschaft nachzuweisen. Doch auch auf Max Webers Vorhaben fällt ein Licht. Weber hatte Rickerts Überlegungen schon länger mit Interesse, ja Zustimmung verfolgt. „In welchem Sinne *gibt* es ‚objektiv gültige Wahrheiten' auf dem Boden der Wissenschaften vom Kulturleben *überhaupt?*" hatte Weber 1904 in einem methodologischen Artikel gefragt (MWG I/7, WL S. 147). Seine Antwort ging in die gleiche Richtung wie die von Rickert: Wer Werte untersucht, könne nicht deren Geltung, sondern nur deren Erkennbarkeit zum Gegenstand machen. In dieser Differenz war begründet, daß Weber den Text „Religiöse Gemeinschaften" nicht mit einer Definition von Religion eröffnete. Wenn Hartmann Tyrell meint, Weber sei einer Definition von Religion „ausgewichen" und habe Religion „begriffsbildnerisch" nicht gut zurechtgekommen, wird er dieser Methodologie nicht gerecht. Die Wirklichkeit stellt ein „heterogenes Kontinuum" dar: Kontinuität und Heterogenität, Kausalität und Normativität sind in ihr vermischt. Es ist das wissenschaftliche Erkennen, das diese Wirklichkeit zergliedert: in ein von Gesetzen konstituiertes homogenes Kontinuum einerseits und in die Heterogenität von Subjekten und ihren Normen andererseits. Zur Erkenntnis der Wirklichkeit als ganzer gehört daher auch das Unwirkliche. Nur durch die Analyse gut dokumentierter Handlungsabläufe kann die „sinnhafte Konstitution der kulturellen Wirklichkeit" erkannt werden. Mit Blick auf die Religion aber heißt dies, daß die bekannte Duplizität von institutionalisierter Religion und individueller Religiosität um ein weiteres Element erweitert wird: Religion als Bestandteil empirischer Kultur.

Heinrich Rickert stellte in dem Aufsatz, den er seinem Freund Weber 1913 schickte, als dieser sich mitten in der Abfassung der „Religiösen Gemeinschaften" befand, die Frage nach dem möglichen Systemcharakter aller Werte. „Mögen wir noch so fest davon überzeugt sein, daß Werte unabhängig von uns gelten und unserm Dasein ‚objektiven' Sinn verleihen, so sind sie doch unserer Kenntnis nur soweit zugänglich, als sie an wirklichen Gütern haften, und diese stellen sich uns stets als das Produkt einer geschichtlichen Entwicklung dar. Alles Geschichtliche aber hat seinem Wesen nach etwas Unabgeschlossenes". Die Philosophie müsse die Werte zuerst an den historischen Kulturgütern finden, um sie dann zu ordnen. Dafür wollte Rickert formale Voraussetzungen nennen, die „dem Strom der Entwicklung entzogen sind". Dies seien: Werte, die gelten (logische, ästhetische, ethische und religiöse); Güter, an denen die „unwirklichen gültigen Werte haften"; Menschen, die als Subjekte zu Werten und Gütern Stellung nähmen. Im Rahmen dieser Kasuistik von „Wertverwirklichung" trifft man dann auch jene Kategorien an, die Weber im Postskriptum eines Briefes vom November 1913 an Rickert (MWG II/ 8) nennt: Kontemplation und Aktivität. Wenn man das Verhältnis von Weber und Rickert betrachtet, besteht an dieser Stelle ein hohes Maß an Übereinstimmung beider, während Weber den späteren Versuchen Rickerts, Werte in irgendeiner Weise doch direkt erkennen zu wollen, skeptisch gegenüber stand. Nachdem Weber Rickerts Darlegungen gelesen hatte, schrieb er ihm im besagten Brief, die Lektüre des Aufsatzes habe ihm Vergnügen bereitet. „Sowohl die Idee vom ‚offenen Systems' wie die Sechsteilung und der Parallelismus sind höchst glücklich und wertvoll, – gerade weil die Werthe in unserer empirischen Arbeit in so absolut heterogener, irrationaler Art untereinander verknüpft sind".

Max Webers „Religiöse Gemeinschaften" lassen eine Nähe zu Rickerts Theorie erkennen, insofern er sich ganz auf „Sachen" bzw. „Personen" richtet, an denen Werte „haften". Weber rekonstruiert die Entwicklung der Religion im Blick erstens auf die Träger außeralltäglicher Kraft, zweitens auf Laien als Trägern von Weltbildern und schließlich drittens auf mögliche Lebensführungen (darunter Rickerts Wertverwirklichungen Askese und Kontemplation). Rickert hat 1914 seine Kasuistik der Generierung von Werten noch einmal anders zusammengefaßt: „Alle objektiven Güter, an denen Werte haften, lassen sich in *Sachen* und *Personen* einteilen, und das subjektive Verhalten zu ihnen kann, wenn ihm überhaupt ein Sinn mit Rücksicht auf Werte innewohnen soll, nur entweder *Kontemplation* oder *Aktivität* sein". Auch diese Zusammenfassung wirft ein Licht auf Webers Methodologie. Nach einem solchen Gesichtspunkt entwarf Weber auf der Basis des religionswissenschaftlichen Wissens seiner Zeit eine Theorie der Religionsgeschichte.

Der Religionsbegriff zu Webers Zeit

Weber vertiefte sich seit 1911 in die Religionsgeschichte. Marianne Weber weiß in ihrem „Lebensbild" zu berichten, es habe Weber in den Orient gezogen, als er um 1911 seine religionssoziologischen Studien wieder aufnahm: „nach China, Japan und Indien, dann zum Judentum und Islam. Er will nun das Verhältnis der fünf großen Weltreligionen zur Wirtschaftsethik durchforschen" (Lebensbild, S. 347). Der Text „Religiöse Gemeinschaften" ist eine erste schriftliche Auswertung dieser Forschungen. Aus dem Text geht weiterhin hervor, daß Weber sich auch noch intensiv mit den Religionen der Antike, des Iran sowie mit den Stammesreligionen befaßt hat. Wie gesonderte Schichten laufen Aussagen über diese Religionen durch den Text. Webers Ausführungen lassen öfters durchschimmern, auf welche Fachliteratur er sich bezog.

Als Weber sich der Religionswissenschaft zuwandte, war diese noch eine junge Disziplin, die erst durch eine Serie aufsehenerregender Entzifferungen fremder Schriften möglich geworden war: der indischen Veden, des zoroastrischen Awesta, der ägyptischen Hieroglyphen, der mesopotamischen Keilschriften. Ethnologische Berichte lieferten Informationen über die Religionen außereuropäischer Völker. Ein weiterer Anstoß, in seiner Bedeutung kaum zu überschätzen, war von der Archäologie gekommen: die Entdeckung der alle Vorstellungen sprengenden Räume der menschlichen Prähistorie, die im selben Moment zur Gewißheit wurde, als Charles Darwin seine Erkenntnisse der biologischen Evolution veröffentlichte. Die neuen Erkenntnisse stimulierten Wissenschaftler verschiedener Disziplinen, für die Religionen etwas gleiches zu versuchen wie zuvor schon für die Sprache und die natürlichen Arten: durch vergleichende

Verfahren die Geschichte der menschlichen Religionen für Zeiträume, aus denen es keine Quellen gab, zu rekonstruieren. „In der Wissenschaft von Recht und Gesellschaft meint alt nicht alt in der Chronologie, sondern in der Struktur: das ist am archaischsten, was dem Beginn menschlichen Fortschritts als Entwicklung am nächsten steht, und das am modernsten, das von jenem Beginn am weitesten entfernt ist". Diese Formel des schottischen Rechtshistorikers John Ferguson MacLennan lag der Methode des Vergleichens zugrunde. Der Vergleich von Überbleibseln („Survivals") früherer Entwicklungsstufen im Denken und Handeln zivilisierter Völker mit Analogien bei den außereuropäischen Völkern sollte einen Blick in die vorgeschichtlichen Räume unter der obersten Zivilisationsschicht erlauben.

Religionsgeschichte zu treiben, ohne den Religionsbegriff zu bestimmen, ist umöglich. Das lateinische Wort „religio" wurde schon in der Antike ganz unterschiedlich etymologisch hergeleitet. Cicero sah es als Derivat von „relegere", „gewissenhaft beobachten", der christliche Theologe Lactantius leitete es ab von „religare", „anbinden". Zur Zeit Webers (und heute noch) gilt die Etymologie Ciceros als die richtige. Die paganen Römer verstanden religio als sorgfältige und gewissenhafte Ausführung des Götterkultes und ordneten den Begriff der Sphäre des Handelns zu. Gegenbegriffe waren „superstitio" („Irrglaube") bzw. „magia" („Magie"). Erst Christen wie Lactantius deuteten „religio" als Bindung an den biblischen Schöpfergott, als Glaubensanschauung, und bestimmten es etymologisch anders. „Religio" als Bezeichnung einer „richtigen" Praxis gegenüber einer „falschen" ging jedoch auch im Sprachgebrauch der christlichen Kultur nicht völlig unter. Als sich das Bürgertum von der klerikalen Kultur emanzipierte, berief es sich auf eine jedem Menschen zugängliche innere Religion. Von diesem Begriff nahm die bürgerliche Religionsphilosophie ihren Ausgang. Jean-Jacques Rousseau, Immanuel Kant, David Hume, Georg Wilhelm Friedrich Hegel, um nur diese zu nennen, verstanden Religion als eine Instanz, die von der kirchlichen Theologie unabhängig war und gegen sie kritisch ausgespielt werden konnte. Diese spezielle Konstellation hat im Begriff etwas hinterlassen, was Ernst Feil eine „unvermittelte Duplizität" genannt hat: er stand einerseits für eine äußere Institution, andererseits für eine innere davon zu unterscheidende innere Welt. Religion wurde ein Fundamentalbegriff der bürgerlichen Philosophie des 18. und 19. Jahrhunderts, in Frankreich, England und Deutschland gleichermaßen, der nicht nur der Kritik der klerikalen Bevormundung diente, sondern zugleich auch der Bezeichnung einer originären Dimension menschlichen Lebens. Der klassifikatorische und normative Begriff bot daher „ständig Anlaß zu immer neuen Fragen über Religion, so daß er selbst" – wie Friedrich H. Tenbruck ausführt – „den Antrieb für seinen unaufhörlichen Bedeutungswandel bereit stellte und damit letztlich auch für die besondere Dynamik der europäischen Religionsgeschichte sorgte". Dabei zeichneten sich zwischen den großen Philosophienationen durchaus Unterschiede der Perspektiven ab, die allerdings aufgrund des intellektuellen Austauschs zwischen den Ländern schnell europäisches Gemeingut wurden. Britische Religionsforscher haben in der Geschichte der Religionen (mit David Hume) den Versuch gesehen, die unberechenbare Macht der Natur zu verstehen und zu beherrschen. Für Edward Burnett Tylor war im Laufe der Geschichte diese erklärende Funktion von Religion weitgehend auf die Wissenschaft übergegangen, von der Seelenkonzeption abgesehen, die auch in der rationalen Zivilisation erhalten blieb und im Spiritismus neu belebt wurde. James George Frazer (1854–1941) ging weiter und hielt die moderne Zivilisation insgesamt für ein dünnes Firnis über einem potentiell zerstörerischen Reich von Gewalttätigkeit. Hier zeigt sich, daß die wissenschaftlichen Berichte über Religionen auch kritische Reflexionen auf die Gegenwart waren.

Die Verzahnung von religionshistorischer Darstellung und Gegenwartsdiagnose gilt es im Auge zu behalten, wenn man sich den unterschiedlichen Perspektiven deutscher und französischer Religionswissenschaftler zuwendet. Die französische Debatte über die Religion wurde schon im 18. Jahrhundert ganz von der Frage ihrer Beziehung zur Moral beherrscht. Aus dem Sündenerlebnis sei in Frankreich das moralische Bewußtsein geworden, aus der Sünde gegen Gott das Vergehen gegen die soziale Ordnung, beobachtete Bernhard Groethuysen. Als die Französische Revolution scheiterte, nährte dies einen Zweifel, ob eine aufgeklärte Gesellschaft überhaupt imstande wäre, im Namen der Vernunft eine verbindliche soziale Moral hervorzubringen. Die sich bildende Religionswissenschaft stand in Frankreich, so Michel Despland in seinen gründlichen Studien, im Zeichen des Problems kollektiver Bindung. Man traute der Religion eine Leistung zu, zu der die Vernunft nicht imstande sei. Die deutsche Problematik sah anders aus. Hier, wo keine Revolution die traditionalen Bindungen zerstört hatte, befürchtete man beim Aufkommen der Moderne weniger die Bindungslosigkeit des Einzelnen in der Gesellschaft, als den ihm drohenden Verlust an Freiheit und Spontaneität.

Religion wurde von Kant, von Schleiermacher oder Hegel als ein Prinzip gedeutet, das das Subjekt gegen die Gesellschaft stark macht: sei es als moralisches Gewissen oder ästhetisches Erleben des Universums oder als Entzweiung des Subjekts mit der Welt.

Es kann kaum überraschen, daß diese Komplexität des Religionsbegriffes eine beträchtliche Wirkung auf die wissenschaftliche Begriffsgeschichte gehabt hat. Keiner der kulturwissenschaftlichen Hauptbegriffe ist gleichermaßen durch divergierende Perspektiven fragmentiert worden wie dieser. James H. Leuba zählte im Jahre 1912 nicht weniger als 48 Definitionen von Religion auf. Auch wenn man sie auf vier große Typen reduziert, bleibt das Problem bestehen. Man hat Religion definiert 1) intellektualistisch als „belief in supernatural beings"; 2) funktionalistisch als Macht sozialer Integration; 3) ästhetisch als Gefühl schlechthinniger Abhängigkeit; 4) lebenspraktisch als Bezug auf außeralltägliche Werte. Jonathan Z. Smith hat mit Hinweis auf dieses Dilemma argumentiert, daß Religion kein Begriff der Gläubigen selber ist, sondern ein Begriff, den Wissenschaftler für ihre Erkenntniszwecke geschaffen haben. Inzwischen mehren sich die Versuche, die unlösbare Frage nach der „richtigen" Definition aufzugeben und sich einer Analyse der Pragmatik dieser Definitionen zu widmen.

Friedrich Max Müller hatte bereits 1889 das Problem der Definition von Religion scharf gesehen und ihr in seinen Gifford Lectures an der Universität von Glasgow zu „Natural Religion" nicht weniger als drei volle Vorlesungen gewidmet. Abgesehen von der Pluralität der Definitionen, die auch ihm auffiel, kam er mit einer klugen Beobachtung, die er zudem noch in ein beeindruckendes Bild kleidete: Wenn man Europa verlasse und in östliche Länder reise, werde der Tausch zunehmend schwieriger, mit dem richtigen Geld ebenso wie mit der intellektuellen Münze. Auch wenn es kaum vorstellbar sei, suche man doch in einer so reichen Sprache und Literatur wie dem Sanskrit vergeblich nach einem Wort für „Religion". Erst wenn man gelernt habe, in zwei Sprachen zu denken, würde man erkennen, wie viele Elemente des Denkens nicht durch das Sieb einer anderen Sprache gingen. Diese Beobachtung des führenden Indologen Friedrich Max Müller (1823–1900) macht deutlich, daß es den Spezialisten schon damals völlig bewußt war, daß Religion ein Konzept des Wissenschaftlers war. Es war alles andere als selbstverständlich, Hinduismus eine „Religion" zu nennen, davon noch abgesehen, daß die Bezeichnung „Hinduismus" selber ein Wort der kolonialen Sprache war. Das gleiche Problem hat man bei Buddhismus, Judentum oder Islam.

Die Konstruktion von Religionsgeschichte im Handbuch „Die Kultur der Gegenwart"

Friedrich Max Müllers Bild trifft das, was in der wissenschaftlichen Arbeit geschah, genau: Die intellektuelle Währung des kolonisierenden Westens wurde zur Leitwährung, um die Tatbestände fremder Kulturen als „Religion" zu handeln. Wie die Tauschoperation in der deutschen Religionswissenschaft ablief, gibt ein Hauptartikel der RGG[1] „Erscheinungswelt der Religion (Phänomenologie der Religion)" zu erkennen: Die Phänomenologie beschäftige sich mit der Religion, „insofern diese in die Welt der Erscheinungen hinaustritt und als eine empirische und historische Größe beobachtet werden kann [...]. Diese *äußeren* Erscheinungen setzen ein *inneres* Leben voraus [...]. Im allgemeinen läßt sich sagen, daß auf den niederen Stufen das Äußere, auf den höheren das Innere besonders hervortritt".

Ein angebliches „inneres Leben" äußerer Tatbestände war die Währung, die historische Tatbestände zu zirkulierenden Gütern werden ließ. Obwohl damalige Wissenschaftler den Konstruktionscharakter von „Religion" durchschauten, widerstanden sie den damals um sich greifenden Versuchen, diese Konstrukte aufzuheben, um zu den „echten" Gegenständen vorzudringen. Ernst Troeltsch schrieb dazu im Jahre 1906: „Die naive Religion, soweit man ihrer habhaft werden kann, führt auf die wesentlichen Grundzüge des Phänomens, aber sie ist darum nicht etwa die echtere, reinere, wahrere Religion, der gegenüber die wissenschaftlich reflektierte die unechtere, gefälschte, mit fremdem Beisatz vermengte wäre". „Die durch die Einwirkung der Wissenschaft hindurchgegangene Religion wird eine andere werden und muß eine andere werden".

Es war Ernst Troeltsch nicht alleine, der erkannt hatte, daß auch die Religionsgeschichte von den Konstruktionen der Wissenschaftler abhängt, mithin subjektiv ist. Religionsgeschichte war in die Krise des Historismus verstrickt. Auch in diesem Fach war es die Stellung zur Gegenwart, die das Verhältnis zur Vergangenheit bestimmte. Blickt man aus späterer Zeit zurück, wie Edward W. Said es in seinem Buch „Orientalismus" tut, wird erkennbar, daß das Wissen über den Orient in diesem Sinne kulturell konstruiert war. Nun wird man Said recht geben müssen, daß Wissenschaftler einen Beitrag zur kolonialen Beherrschung des Orients geliefert haben, indem sie ihn zu einem textlichen Universum verdinglicht haben. Die aus den Texten ermittelten Ideen und Institutionen haben den kolonialistischen Staaten dazu gedient, die fremden orientalischen Kulturen beherrschbar zu machen. Die intensive Diskussion, die Said mit dieser Behauptung ausgelöst hat, hat jedoch auch gewisse Einseitigkeiten seiner Deutung aufgezeigt. Eine besteht in der Auslassung der deutschen Orientalistik, der ein zwingender kolonialer Kontext fehlte. Nach welchen Kriterien sie ihre Rekonstruktionen vornahm, darüber schweigt Said.

Als Max Weber sich an das Studium der Entwicklung der Religionen machte, hat er sich überwiegend, aber nicht nur, auf die deutsche Wissenschaft gestützt. Viele Hinweise auf die Fachliteratur hatte Weber von Ernst Troeltsch sowie von den Kollegen des „Eranos"-Kreises erhalten. Zudem lebte er in einer Zeit, in der sich in Deutschland ein bestimmter Typus religionsgeschichtlicher Forschung auf hohem Niveau herausbildete. Eine Plattform hierfür hatte Paul Hinneberg mit seinem Handbuch „Die Kultur der Gegenwart" geschaffen. In diesem Werk erschienen im Jahre 1906 die Teilbände „Die Orientalischen Religionen" und die „Christliche Religion mit Einschluss der israelitisch-jüdischen Religion". Aus der Untersuchung der „Religiösen Gemeinschaften" ergab sich, daß Weber im Blick auf das Judentum Julius Wellhausen viel verdankt, im Blick auf den Islam Ignaz Goldziher und im Blick auf Hinduismus und Buddhismus Hermann Oldenberg. Ob Zufall oder nicht: alle diese Wissenschaftler sind in den beiden genannten Bänden als Autoren vertreten. Man kann daher an ihren konzisen Beiträgen die Konstruktionen von Religionsgeschichte gut erkennen.

Julius Wellhausen (1844–1918) ging in seinem Beitrag „Die israelitisch-jüdische Religion" von einer Erkenntnis der Quellenkritik aus: daß die Anordnung der biblischen Bücher trotz ihrer inneren Logik nicht der historischen Abfolge ihrer Entstehung entsprach. Dreh- und Angelpunkt seiner Argumentation war das Fünfte Buch Mose, das Deuteronomium. Es war aller Wahrscheinlichkeit nach identisch mit dem Buch, das im Jahre 621 v. Chr. im Tempel von Jerusalem gefunden und König Josia gebracht worden war (2. Könige 22 f.). Als das Dokument einer reformatorischen Partei verlangte es die Konzentration des Kultus in Jerusalem und die Zerstörung aller anderen Anbetungsstätten Jahwes im Lande. Bis dahin hatten die Könige an vielen Stätten Altäre errichtet, wie die Bücher Samuel und Könige berichten. Und die Opfer waren überaus heitere Mahle der Menschen mit ihrem Gott bzw. Göttern. Eine exklusive Verehrung Jahwes habe es nicht gegeben. Erst die Propheten hätten diesen Zustand zu beenden verlangt. Als dem Nord- und dann dem Südreich der militärische Untergang bevorstand, hätten sie dem Volke Israel vorgeworfen, den Bund mit Gott übertreten zu haben, und Gerechtigkeit statt Opfer verlangt. Das Deuteronomium habe diese Sicht kanonisiert und dem Judentum mit der kultischen Zentralisierung eine neue Organisation gegeben. Die prophetischen Ideen erhielten eine priesterliche „Verschalung", um nicht verloren zu gehen. Die Moral, nicht der Kultus, wurde zur Quintessenz der göttlichen Forderungen. „Jetzt mußte sich der geborene Jude […] selbst zum Juden machen".

Julius Wellhausen brachte durch eine historisch-kritische Methode die biblischen Schriften in eine neue Sequenz, die er als Phasen einer „stufenmäßigen Entwicklung der Tradition" ansah. Erst kam die Prophetie, dann die Gesetzesreligion. Aus einer heiteren offenen kultischen Gemeinschaft Israels mit seinem Gott war eine rituelle Religion geworden, die die endgültige Rechtfertigung des Einzelnen erst vor der Endzeit erwartete. Damit hatte sich das religiöse Zentralproblem verlagert: von dem drohenden Untergang des Staates, auf den die Propheten reagiert hatten, zum unerklärlichen Leiden des gerechten Frommen. Wellhausen stand mit seiner Arbeit im Bann des deutschen Historismus, der Religionsgeschichte aus der Perspektive von Sinndeutung las. Weber, auf der Suche nach dem objektiven Sinn subjektiven Handelns, hat aus dieser Rekonstruktion zentrale Elemente seiner Konzeption geschöpft: den Gegensatz von Kult und Ethik, die Zuordnung von Ethik und Prophetie, die Ideen einer Systematisierung und Veralltäglichung der Prophetie durch eine Priesterschaft, die Unterscheidung von Gesinnungs- und Gesetzesethik, die Dynamik des Theodizeeproblems.

Im Bereich des Islam war es Ignaz Goldziher (1850–1921), dessen „Vorlesungen über den Islam" Weber an entscheidenden Stellen seiner Darstellung folgte (vgl. oben S. 24, 44, 51, 115, 150–152). Ignaz Goldziher gehörte zu jenen deutschsprachigen Orientalisten, denen es um das „innere Leben" in den islamischen Reichen ging und die eine subjektive Teilnahme des Wissenschaftlers an den Objekten der Forschung befürworteten. Goldzihers „Die Religion des Islams" in Hinnebergs Handbuch behandelte den Islam als „Weltanschauung" und „Lebensführung". Der Prophet Mohammed wollte die von Juden und Christen verdorbene Religion Abrahams wiederherstellen. Daß der Islam mit Judentum und Christentum rivalisierte und in diesem Prozeß seine Besonderheiten ausbildete, war ein wiederkehrendes Thema Goldzihers, das auch Weber sich zu eigen machte. Der Islam sei, als er entstand, von christlichen Gedanken der Askese und Weltverneinung umgeben gewesen. Jedoch wurden diese „verdrängt, sobald der Islam eine kriegerische, erobernde Religion geworden war und das Ziel der Weltbeherrschung ins Auge gefaßt hatte". An die Stelle des Mönchtums trat der Religionskrieg. Zugleich lenkte Ignaz Goldziher den Blick auf eine konträre Erscheinung, den Sufismus, den er als Widerstand gegen die Verrechtlichung des Islam deutete. Mit ihm „gewinnt die nicht aus gesetzlichen Gesichtspunkten, sondern aus freier Neigung der Seele erwählte Askese eine normale und anerkannte Stellung innerhalb der islamischen Frömmigkeit". Den dogmatischen Verzweigungen und Sektenbildungen wurde dadurch die Schärfe genommen, daß die Feststellung von Rechtgläubigkeit oder Ketzerei eine Sache des Konsensus der Gläubigen blieb und nicht, wie im Christentum, von Institutionen wurde. Meinungsverschiedenheiten in der Gemeinde konnten selbst als ein Zeichen göttlicher Barmherzigkeit gewertet werden. Nur die Schia hat die kollektive Autorität der Gesamtgemeinde zu Gunsten der persönlichen des Imam zurückgedrängt. Am Ende der Darstellung gab Goldziher dem Mahdismus eine herausgehobene Stelle. Er drücke die Erwartungen eines neuen rechtgeleiteten Herrschers aus und habe sich in zwei Formen auskristallisiert: in der einen Version (z.B. der Wahhabiten) werde der Mahdi die Zustände des Anfangs wiederherstellen, in der anderen Version (z.B. der Babis) eine universale Weltreligion gründen, die das Religionsgesetz hinter sich läßt. Für Ignaz Goldziher – wie schon für Ernst Troeltsch – überschritten solche historischen Konstruktionen eine rein wissenschaftliche Bedeutung. „Zu einer höheren Stufe des religiösen Lebens freilich werden die Bekenner des Islams, deren Gesamtzahl heute über 200 Millionen beträgt, erst durch die historische Betrachtung der Dokumente ihrer Religion erheben können". Die von christlichen Theologen und jüdischen Historikern ausgehende Debatte über das Wesen von Christentum und Judentum würde demnach auch dem Islam gut tun.

Hermann Oldenberg (1854–1920) hat in dem Abschnitt „Die indische Religion" in Hinnebergs Handbuch einen Entwurf vorgelegt, der von der Veda-Religion über die Spekulation zum Buddhismus und schließlich zum Hinduismus führt. Die frühen Götter seien Naturgottheiten gewesen und hätten die wichtigsten Naturphänomene personifiziert, daneben jedoch auch bestimmte Typen des Handelns vertreten. Diese Epoche neigte sich zu Ende, als sich die Bedürfnisse des sozialen Lebens meldeten und nach einem Gott verlangten, der das Recht schützt. Diesem Gott machte sich der Mensch mit dem Opfer geneigt. Von Vergeistigung sei noch wenig zu spüren gewesen, das menschliche Dasein nicht als Ganzes erfaßt. Neben dem Kultus, oft mit ihm jedoch verschlungen, gab es „Zauberriten, die ohne Hilfe göttlicher Bundesgenossen direkt auf das Geschehen einzuwirken suchen". Kosmologische Spekulation über die Wirksamkeit des Opfers führten zur Vorstellung einer Allsubstanz, dem Brahma, die zugleich im eigenen Ich als Atman vorhanden sei. Verbunden mit dem Glauben, die Seele sei aufgrund der Macht des Karma zu Wanderungen gezwungen, wurde diese Allsubstanz zur Grundlage eines Erlösungsglaubens. Asketentum breitete sich aus. Aus dieser Umwälzung gingen nicht nur die Sekte des Jaina, sondern insbesondere der Buddhismus hervor. Er steigerte die Abwendung von der Welt und ersehnte das Nirvana, das Erlöschen von Begierden und Wiedergeburt. Der alte Glaube ging jedoch nicht unter, sondern erstarkte neu in zwei Göttern: Vischnu-Krischna und dem orgiastischen Schiva.

Was zeigt ein Blick auf diese Konstruktion von Religionsgeschichte? Für den deutschen Orientalismus, so stellt Georg Stauth richtig fest, sei eine auf Innerlichkeit abstellende Aneignungsform typisch gewesen. Sie habe sich von einer äußeren Bemächtigung, wie Edward W. Said sie darstellte und kritisierte, unterschieden. Sie sei machtvoll gewesen, da sie egalitär war.

Allerdings, wendet Stauth ein, habe sie ein bestimmtes Verständnis des anderen einfach unterstellt und „den selbstkonstitutiven Akt der Fremderkenntnis verschleiert". Ob der Zeigefinger, den Stauth erhebt, wirklich berechtigt ist oder eher heutige Unkenntnis über die damals voll vorhandene Einsicht in den Konstruktionscharakter von Geschichte widerspiegelt, sei dahingestellt. Der Hinweis auf die Bedeutung von Innerlichkeit in Deutschland geht jedoch in die richtige Richtung. In allen drei Fällen verwandelten die Religionswissenschaftler historische Daten in ein Bild von Welt, das einem angenommenen Bedürfnis nach Sinn entsprach. Die deutsche Religionsphilosophie hatte mit ihrer Aufwertung des Subjektes gegen rationale Ordnungen die Voraussetzungen hierfür geschaffen. Um noch einmal das Bild von Friedrich Max Müller von der intellektuellen Münze „Religion" aufzugreifen: in Deutschland wurden *„äußere* Erscheinungen" als *„inneres* Leben" gewertet und gehandelt.

Robert Ranulph Maretts Präanimismus

„Eine Definition dessen, was Religion ‚ist', kann unmöglich an der Spitze, sondern könnte allenfalls am Schlusse einer Erörterung wie der nachfolgenden stehen" (oben im Text, S. 1). Diese Worte am Anfang der „Religiösen Gemeinschaften" waren eine Konsequenz von Webers Auffassung von historischer Begriffsbildung (vgl. oben, S. 159f.). Sie kamen jedoch einer Konzeption von Religion entgegen, die sich seit Beginn des Jahrhunderts schnell durchzusetzen begann: dem Präanimismus. Weber griff ihn auf, als er davon sprach, daß für den religiös oder magisch Handelnden die Annahme außeralltäglicher Kräfte typisch sei. Die Worte „mana", „orenda", „tabu", „präanimistisch", die auch Weber verwendet, waren seit der Jahrhundertwende ins Zentrum der Religionstheorie gerückt.

Der Präanimismus brachte eine Kehrtwendung in der Religionswissenschaft. Es war die zweite seit ihrem Beginn als akademischer Disziplin in den sechziger Jahren des 19. Jahrhunderts. Die erste war von dem englischen Anthropologen Edward Burnett Tylor (1832–1917) eingeleitet worden, als dieser an die Stelle von Friedrich Max Müllers Erklärung der Mythologie aus einer „Krankheit" der Sprache (der Verdinglichung von Bezeichnungen zu mythischen Wesen) die einleuchtendere These einer frühen Denkform setzte, die natürliche Ereignisse nach Analogie beseelter geistiger Wesen erklärte. Im Laufe der Entwicklung sei zwar Wissenschaft an die Stelle dieser Erklärung getreten, die Konzeption einer immateriellen persönlichen Seele habe jedoch noch in der zivilisierten Gesellschaft „überlebt". Tylors Konzeption von „Survivals", die frühere Stufen der Religion in der entwickelten Zivilisation aufspürte und so den Nachweis von Entwicklung erbrachte, blieb bis 1900 vorherrschend. Das sollte sich mit Robert Ranulph Marett zu Beginn des Jahrhunderts schlagartig ändern.

1899 hatte Robert Ranulph Marett (1866–1943), Philosoph aus Oxford mit Liebe zur Ethnologie („anthropology" im Englischen), auf der Tagung der Britischen Anthropologischen Gesellschaft in Dover einen Vortrag „Pre-animistic Religion" gehalten und damit einen überwältigenden Erfolg erzielt, der sich ein Jahr später mit der Publikation in der Zeitschrift „Folk-Lore" fortsetzte. Tylors bekannte Formel von „belief in spiritual beings" sei zu starr und zu intellektualistisch, fand Marett. Der begrifflichen Vorstellung von Beseelung müsse etwas anderes vorausgegangen sein. Ein Gefühl von Ehrfurcht („feeling of awe") bringe „den Menschen dazu, in persönliche Beziehungen mit dem Übernatürlichen einzutreten, bevor er darüber nachdenkt und theoretisiert". Nicht Gefühle an sich, sondern der existentielle Bezug des Menschen auf Gegenständliches war für Marett der genuine Ort von Religion, wie Martin Riesebrodt richtig präzisierte. Konzeptionen wie das melanesische „mana" brächten die Erfahrung des Übernatürlichem im Unterschied zum Natürlichen, des Anomalen im Unterschied zum Normalen zum Ausdruck. Eine solche existentielle Beziehung zur Welt sei der Ort der Deutung von Erscheinungen wie Traum und Trance, Krankheit und Tod. Mit diesem sog. „Präanimismus" oder „Animatismus" wollte Marett die Religionsforscher von dem Zwang befreien, für die explosionsartig zunehmenden Gegenstände der Religionsgeschichte immer neue Schubladen („pigeon-holes") anzulegen.

Robert Ranulph Marett ließ seinem aufsehenerregenden Aufsatz drei weitere folgen, die ganz ähnlich wie der erste als Prüfung vorliegender Klassifikationen und als Vorschläge neuer „experimenteller Formeln" angelegt waren.

Es sei falsch, so Marett in dem Aufsatz „From Spell to Prayer" aus dem Jahre 1904, Magie als eine systematische Verkehrung von Zeichen und Bezeichnetem zu deuten: daß der Primitive glaube, die Vernichtung des Bildes seines Feindes bewirke automatisch dessen Vernichtung. Marett distanzierte sich von dieser typisch britischen Erklärung von Magie. Er widersprach vor allem James George Frazer, der ein magisches Weltbild der Religion vorangehen ließ. Religion sei aus der Erkenntnis des Versagens der Magie entstanden. Dieser Sicht hielt Marett entgegen, daß die Eingeborenen ohne Kenntnis der Gesetze der Kausalität nicht überleben könnten und sehr wohl das Symbol vom Symbolisierten zu unterscheiden wüßten. Marett lenkte den Blick von der Theorie auf die Praxis der Magie. In ihr kämen regelmäßig Zaubersprüche vor. Das weise darauf hin, daß der Magie Praktizierende mit einem Spruch an einen persönlichen Träger übernatürlicher Kraft appelliere. Die Wirksamkeit der eigenen Handlung beruhe nicht auf der Annahme unpersönlicher Gesetze, sondern persönlicher Mächte, und ähnele in dieser Hinsicht dem Gebet. Die Vorstellung einer Entwicklung von Magie zu Religion sei unhaltbar. Es ist unschwer zu erkennen, daß Weber dieser Auffassung folgte, nicht der von Frazer oder Tylor. Ähnlich argumentierte Marett im Blick auf „tabu". Maretts Aufsatz „Is Taboo a Negative Magic?" aus dem Jahre 1907 stellte eine andere Behauptung von Frazer in Frage: daß die Vermeidung bestimmter Berührungen den Zweck habe, einen unerwünschten Transfer von Eigenschaften von einer Person zu einer anderen zu vermeiden. James George Frazer nahm auch hier ein Gesetz der falschen Anwendung der Verbindung von Idee und Sache in Anspruch. Robert Ranulph Marett wies demgegenüber darauf hin, daß eine solche Denkform nicht erklären könne, warum mit dem „tabu" das Gefühl des Übernatürlichen und Mysteriösen verbunden sei. Und wie wolle man gar die schweren Sanktionen, die mit seiner Übertretung einher gingen, erklären? Maretts Neudeutung setzte hier an: Wer ein „tabu" verletze, werde deshalb als Verbrecher behandelt, weil er eine übernatürliche Macht angreife. Die schwere Strafe könne aus einem Gesetz der Sympathie nicht erklärt werden. Unter Bezug auf drei große Tabus primitiver Gesellschaften, das der Frau, des Fremden, und des Herrschers, zeigte Marett, daß es sich nicht um die Anwendung einer magischen Denkform handelt, sondern um die Furcht von einer mysteriösen Macht. „Tabu" ist ein negatives „mana".

In seinem Vortrag „The Conception of Mana" vor dem Dritten Internationalen Kongreß für Religionsgeschichte in Oxford im September 1908 bündelte Marett seine diversen Kritiken und Neuansätze zu einer umfassenden Theorie der elementaren Religion. Der melanesische „mana"-Begriff rückte dabei ins Zentrum. In der Wahl eines indigenen Wortes sah er die Chance, den dunklen Kräften elementarer Religionen näher zu kommen. Denn dieses Wort sei das Ergebnis einer ersten noch ganz rudimentären Reflexion. Wenn es der vergleichenden Religionswissenschaft gelänge, die Bedeutung eines solchen Wortes zu explizieren, könne es eine grundlegende wissenschaftliche Kategorie werden. Aus der ethnograpischen Literatur der Südsee wußte Marett, daß „mana" eine spezifische Erfahrung und Gewahrwerdung der Welt und des Lebens darstellt. „Mana" sei der positive Modus des Übernatürlichen, dessen negativer Modus „tabu" sei. Beide Termini drückten eine Beziehung existentieller Art zum Übernatürlichen aus, eine Beziehung, die rein faktischer Natur sei, bar jeder Moral. Marett verglich sie mit der Elektrizität, die an verschiedenen Objekten haften und sowohl Nutzen wie Schaden bringen könne. Die „tabu-mana Formel" sei besser als der Animismus geeignet, eine minimale Definition der elementaren Religion abzugeben. Auch wenn der persönliche Gottesglaube im Laufe der Geschichte immer mehr die Überhand bekommen habe, sei es ihm jedoch nie gelungen, diese ältere Konzeption von Religion ganz zu verdrängen. Eine Version dieses Aufsatzes veröffentlichte Marett 1909 im deutschen „Archiv für Religionswissenschaft".

In dem Beitrag „A Sociological View of Comparative Religion" nahm Marett 1908 die Auseinandersetzung mit Émile Durkheim auf. Britische Ethnologen hätten die vergleichende Religionswissenschaft als Zweig der Psychologie behandelt. Die Gegenposition hätten Schulen eingenommen, die Religionen aus objektiven Bedingungen erklärten. Die Schule von Émile Durkheim habe beide Perspektiven verbunden, weshalb die Britische Schule von ihr lernen könne. Zwar seien die Durkheimianer zu weit gegangen, als sie das Subjekt ganz in den objektiven Ordnungen aufgehen ließen. Jedoch müsse die vergleichende Religionswissenschaft zum

Zweig einer Sozialpsychologie werden, da Religion wesentlich eine Angelegenheit der Gesellschaft, nicht des Individuums sei.

Als Robert Ranulph Marett seine Aufsätze 1909 zu „The Threshold of Religion" zusammenstellte, ging er in seinem Vorwort auf Kritiker an seinen Arbeiten wie Wilhelm Wundt ein, um seine Position zu präzisieren. Ihm sei es nicht um eine neue Ursprungstheorie von Religion gegangen, sondern um einen Religionsbegriff, der Religion als einen zusammenhängenden Komplex von Denken, Emotion und Handeln auffasse. Gegen James George Frazer behauptete er, Religion und Magie seien aus einem gemeinsamen „Plasma" entstanden. An anderer Stelle sprach er von „Theoplasma oder Gott-Material". Doch Marett mußte sich nicht nur mit Kritik auseinandersetzen. Er notierte auch, daß seine Erkenntnisse von anderen bestätigt worden seien, so 1902 von John Napoleon Brinton Hewitt in dem Aufsatz „Orenda and a Definition of Religion" oder von Henri Hubert und Marcel Mauss, die in ihrem „Entwurf einer allgemeinen Theorie der Magie" aus dem Jahre 1902/03 im melanesischen „mana" ein Grundphänomen erkannt hatten, aus dem heraus sich Magie und Religion bildeten. In seiner späteren Biographie bemerkte er dazu, die Durkheim-Schule in Frankreich und er selbst in England hätten, ohne voneinander zu wissen, auf denselben Vogel geschossen. Zwar habe ihr Schuß, wie er selbstironisch feststellte, ein größeres Kaliber gehabt, er jedoch habe als erster geschossen. Marett hatte mit seiner Religionstheorie den Nerv der Zeit berührt. Nicht nur daß er der vergleichenden Religionswissenschaft einen Weg aus einer Sackgasse gewiesen hat. Damals lösten Naturwissenschaftler die sichtbare Welt in Wellen, Strahlen und Ströme auf. Der Röntgen-Schock ließ Evidenzen und Sicherheiten schwinden. Der damit einhergehende naturwissenschaftliche Paradigmenwechsel ließ auch Religionswissenschaftler nicht unbeeindruckt.

Religiöses Gemeinschaftshandeln statt Totemismus

Trotz seines Interesses an Religion als Gemeinschaftshandeln konzipierte Weber die soziale Funktion „primitiver Religion" nicht – wie in der zeitgenössischen britischen und französischen Anthropologie üblich – als Totemismus. Der schottische Rechtshistoriker John Ferguson MacLennan (1827–1881) hatte die Bezeichnung „Totemismus" 1869/70 geprägt. Bis dahin hatten die Informationen über die primitiven Religionen, als „Fetischismus" charakterisiert, im Blick auf die dazugehörigen Sozialordnungen in der Luft gehangen. Erst durch MacLennan erhielten sie einen Ort im sozialen Leben der primitiven Völker. „Totemismus war Fetischismus, dem jedoch eine soziologische Verankerung in der [...] Urgesellschaft gegeben wurde", beschrieb Adam Kuper diesen Schritt. Diese Konzeption des Totemismus hatte anfangs einen durchschlagenden Erfolg. Erst allmählich meldeten sich Zweifler zu Wort, was Weber nicht entgangen war. Sein Studium des Phänomens hatte ihn davon überzeugt, dieser Konzeption besser nicht mehr zu folgen. „Der Glaube an die einst universelle Geltung und erst recht die Ableitung fast aller sozialen Gemeinschaften und der gesamten Religion aus dem Totemismus, ist als eine gewaltige Übertreibung heute wohl durchweg aufgegeben" (oben im Text, S. 24). Im Blick auf die Verbrüderung durch kultische Tischgemeinschaft hielt Weber jedoch durchaus an einem zentralen Element des Totemismus fest. Nur daß Weber gerade im Ende dieser rituellen Tischgemeinschaft (dem Tag von Antiochia) den Beginn der westlichen Religionsgeschichte sah.

Weber setzte nicht mit dem Totemismus ein, sondern mit dem Typus des Gemeinschaftshandelns. Wie in anderen Fällen von Gemeinschaftshandeln, könne ein Verständnis „auch hier nur von den subjektiven Erlebnissen, Vorstellungen, Zwecken des Einzelnen – vom ‚Sinn' – aus gewonnen werden" (oben im Text, S. 1). Max Weber griff an dieser Stelle die Vorarbeit auf, die der Präanimismus geleistet hatte. Religiöses Handeln hat seinen Ort in der Beziehung des Subjektes zur Welt, ist also diesseitig. Weber schreibt dieser Handlung eine hohe Erwartung zu, die er in ein biblisches Zitat kleidet: „auf daß es dir wohl gehe und du lange lebst auf Erden" (Epheser 6, 2 f.). Der religiös oder magisch Handelnde rechne mit „außeralltäglichen Kräften", die an Objekten oder Personen „hafteten" – eine Ausdrucksweise, die ihre philosophische Verankerung in der Wertphilosophie Heinrich Rickerts nicht verbirgt. Die außeralltäglichen Kräfte mit Namen „mana", „orenda" und „maga", wolle er – so Weber im Stile einer Begriffsfestsetzung – ein für allemal „Charisma" nennen (vgl. oben im Text, S. 1). Weber brauchte diese

Vereinheitlichung. Nur sie machte es ihm möglich, Zauberer, Priester, Propheten als persönliche Träger außeralltäglicher Kraft in Beziehung zu einander zu setzen und eine Korrelation herzustellen zwischen ihnen und den jeweils anderen Erwartungen der Gläubigen.

Weber ordnete Magie ganz in der Linie von Robert Ranulph Marett in den Präanimismus ein: als den Typus einer Sinndeutung des alltäglichen Handelns, die mit außeralltäglichen Kräften rechnete. Für Weber hatte diese Sinndeutung um sich gegriffen und die gesamte Auffassung von Welt bestimmt: „Immer mehr Dinge und Vorgänge attrahieren außer der ihnen wirklich oder vermeintlich innewohnenden realen Wirksamkeit noch ‚Bedeutsamkeiten', und durch bedeutsames Tun sucht man reale Wirkungen zu erzielen. [...] Alle Kreise menschlicher Tätigkeit werden in diesen symbolistischen Zauberkreis hineingerissen." „[...] eine Flutwelle symbolischen Handelns begräbt den urwüchsigen Naturalismus unter sich" (oben im Text, S. 4 f.). Terminologisch bewegte Weber sich hierbei auch auf der Bahn von Hermann Oldenberg. Dieser hatte vom vedischen Opfer geschrieben: „Was beim Opfer dem Auge erscheint, ist nicht nur, was es *ist* oder zu sein *scheint*, sondern es ist noch ein zweites, das es *bedeutet*".

Die Macht des Rausches.
Die Aufnahme einer Konzeption von Erwin Rohde

Die charismatische Begabung des Zauberers lag für Weber überraschender Weise vor allem in der „Ekstase". Bei der Beschreibung der entsprechenden Sozialform schloß er sich dem 1898 verstorbenen Heidelberger klassischen Philologen Erwin Rohde (1845–1898) an. Rohde hatte sich in seinem Monumentalwerk „Psyche. Seelenglaube und Unsterblichkeitsglaube der Griechen" kritisch mit Edward Burnett Tylors Konzeption des primitiven Seelenglaubens auseinandergesetzt. Die griechische Religion habe zwar einen Seelenglauben gekannt, wie die Schriften Homers zeigten. Jedoch hielt Rohde es für unmöglich, daß die griechische primitive Seelenkonzeption aus sich heraus zu einer Entwicklung imstande gewesen wäre, an deren Ende die metaphysische Identität der Seele gestanden hätte, wie Tylor in „Primitive Culture" annahm. Die griechische Seelenkonzeption habe eines Anstoßes von außen bedurft. Dieser sei in Gestalt des Dionysoskultes gekommen. Dionysos sei ein Fremdling aus Thrakien gewesen und habe der griechischen Religiosität einen bahnbrechenden Anstoß gegeben: den Unsterblichkeitsglauben. Denn nur Ekstasen hätten einen Glauben an die unsterbliche Seele hervorbringen können. In diesem „Aufregungskult" seien Gott und Mensch miteinander verschmolzen. Wenn Weber – was häufig geschieht – von „Ekstase", „Orgie" oder „Rausch" spricht, folgt er im allgemeinen Rohdes Charakterisierungen. Besonders deutlich wird dies, wenn er schreibt, die Vorstellung von der „Seele" als eines vom Körper verschiedenen Wesens sei im Zusammenhang mit Orgien entstanden (oben im Text, S. 2). Bei Rohde hatte Weber außerdem noch gelesen, daß der thrakische Begeisterungskult die „Kundgebung eines religiösen Triebes [sei], der über die ganze Erde hin überall und immer wieder, auf allen Stufen der Culturentwicklung, hervorbricht". Weber ist Rohde darin gefolgt. Wie ein roter Faden zieht sich durch Webers Konstruktion von Religionsgeschichte die Macht von Rausch und Orgie. Sie kommt vor bei den indischen Religionen (oben im Text, S. 94; dazu auch MWG I/20, s. 221f.), beim Zarathustrismus (vgl. oben im Text, S. 30f., 48, 93), beim Griechentum (vgl. oben im Text, S. 29–31, 105), beim Römertum (vgl. oben im Text, S. 105) und beim Judentum (vgl. oben im Text, S. 48, 93). Damit fällt auf den Topos der Magie noch einmal ein Licht. Magie wird nicht durch bessere Naturerkenntnis, sondern durch Prophetie überwunden.

Genauso universal wie die Erscheinung von Rauschkult waren nämlich Propheten, denen es gelang, Rauschkult und Zauber zu überwinden und eine Systematisierung von Lebensführung durchzusetzen. „Die Propheten einer ethischen Erlösung bedürfen aber des orgiastischen Rausches nicht nur nicht, – er steht dem systematischen ethischen Lebensführung, die sie verlangen, geradezu im Wege" (oben im Text, S. 93). Weber war nicht der einzige, so zu argumentierte, wie ein Blick auf Werner Sombart zeigt. Dieser hatte den Rationalismus einen Grundzug jüdischer Religion genannt und hinzugefügt, sie kenne „nicht den Zustand des Rausches, in dem sich der Gläubige mit der Gottheit vereinigt: also den Zustand, den alle anderen Religionen als den höchsten und heiligsten preisen".

Systematisierung von Lebensführung setzte eine Überwindung der Hochschätzung von Ekstase voraus. Allerdings nahm Weber kein vollkommenes Verschwinden der Erscheinung an. Er wußte um moderne Surrogate, wie die soteriologischen Orgien der Heilsarmee (vgl. oben im Text, S. 59) und sah den prophetischen Kampf gegen Ekstase, Rausch und Orgie als Kapitel eines immer noch andauernden Sublimierungsprozesses an. „Mit zunehmender Rationalisierung wird das Ziel der religiösen Heilsmethodik daher immer mehr die Herabstimmung des durch die Orgie erreichten akuten Rauschs in einen chronisch und vor allem *bewußt* besessenen Habitus. Die Entwicklung ist dabei auch durch die Art der Konzeption des ‚Göttlichen‘ bedingt" (oben im Text, S. 93). Auch die anfänglich sexuelle Orgie konnte auf diese Weise sublimiert werden. Durch die Spannung, die die religiöse Ethik auch in die Beziehung zur Sexualität bringt, können mehrere Sinndeutungen von Sexualität entstehen: Sexualität kann legitimiert werden als eheliches Geschlechtsleben oder zur Erotik sublimiert werden (vgl. oben im Text, S. 137 ff.). Weber brachte auf diese Weise selbst noch die erotische Bewegung seiner Tage mit einer inneren Logik der Religionsgeschichte in Zusammenhang.

Die Idee eines sinnvoll geordneten Kosmos

Um sein Studium fortschreitender Systematisierung von religiösem Gemeinschaftshandelns umzusetzen, stützte Weber sich auf Hermann Useners Studie „Götternamen. Versuch einer Lehre von der religiösen Begriffsbildung". Usener lenkte – gegen den Strom einer Schleiermacher-Renaissance schwimmend, die dem direkten Erleben einen Vorrang vor dem indirekten Ausdruck einräumte – den Blick auf Götternamen als Mittel der Repräsentation des Heiligen: „Wir suchen eine geschichte der vorstellungen, welche die vorzeit von den dingen außer und in uns sich bildete". Dieser Zugang traf auf Webers Interesse, das ja den unterschiedlichen Konzeptionalisierungen außeralltäglicher Kräfte galt. Auch aus Webers Sicht verdankten die Götter sich einem Akt der Rationalisierung, nicht der Intuition. Jedes Gemeinschaftshandeln benötigt einen Spezialgott, wenn – wie Weber erläutert – „die Vergesellschaftung dauernd verbürgt sein soll" (oben im Text, S. 9). Wo immer Verbände auf mehr beruhen als der willkürlichen Macht eines einzelnen Gewalthabers, haben sie Götter nötig, die die Rechtsordnung garantieren. Es ist dieser Sachverhalt, der zur Einrichtung eines regelmäßigen Kultusbetriebes führt (vgl. oben im Text, S. 17 f.). Der Priester steht im Dienst eines vergesellschafteten Verbandes. Dabei folgte Weber nicht dem negativen Auffassungen von Priestertum, wie sie in seiner Zeit von protestantischen Theologen vertreten wurden. Wie für Julius Wellhausen, wäre auch für Weber die Prophetie ohne das Priestertum untergegangen.

Das Priestertum war, wie schon der Magier, mit dem Problem des Mißerfolges konfrontiert. Wie sollen Priester den Mitgliedern des Verbandes, für den sie amtieren, Mißerfolge kultischen Handelns erklären? Laut Weber müßten sie entweder die selbständige Existenz böser Mächte postulieren oder aber Mißerfolge auf die Götter abschieben. Beides würde das Prestige der Götter wie der Priester beeinträchtigen. So blieb ihnen kaum etwas anderes übrig, als die Gläubigen selber für schuldig an ihrem Unglück zu erklären. Es ist diese Lösung des Dilemmas, die eine neue Entwicklung einleitet. Erst wenn Götter Hüter der Rechtsordnung und selber in ihrem Handeln an sie gebunden sind, kann sich das Handeln der Gläubigen an der Idee „eines dauernd sinnvoll geordneten Kosmos" orientieren. Frömmigkeit wird sublimiert zu „*Lebensführung*" (vgl. oben im Text, S. 21, 26). Damit tritt die religiöse Ethik neben die Magie und neben den Kult, die ihrerseits durchaus weiterbestanden. Weber operierte nicht mit der suggestiven Idee einer geschlossenen Gemeinschaft oder einer Gesellschaft, die nur eine Religion kennen. Statt dessen lenkt er den Blick auf die Ausdifferenzierung von drei Typen von religiösem Gemeinschaftshandeln. Sie ist die Voraussetzung dafür, daß Stände, Schichten und Klassen jeweils andere praktische religiöse Orientierungen haben konnten.

Prophetie als Stufe in der Religionsgeschichte

Aus der Literatur, die Weber zur Geschichte der Religionen durcharbeitete, drängte sich ihm geradezu die Idee von Entwicklung und Stufen der Religionen auf. Schon bevor Marett das ethnologische Entwicklungsmodell von Edward Burnett Tylor revidierte, hatte der holländische Religionswissenschaftler Cornelis Petrus Tiele (1830–1902) eine Klassifikation von Religionen vorgenommen, die nicht mehr an der Leine von Tylors Zivilisationsgeschichte lief, sondern internen religiösen Kriterien folgte und die große Verbreitung gefunden hatte. Tiele, Fachmann auf dem Gebiet der antiken vorderasiatischen Religionen, war einer der Begründer der wissenschaftlichen Religionsforschung. In einem frühen holländischen Aufsatz aus dem Jahre 1874, dessen Titel übersetzt „Über die Gesetze der Entwicklung der Religion" lautet, hatte Tiele den typischen Verlauf der Religionsentwicklung beschrieben: „Man sieht die Religion sich dadurch entwickeln, daß sie ihre Anhängerschaft erweitert, ihr Gebiet ausbreitet, nacheinander die Ketten sprengt, die sie an Familie, Stamm, Volk, zum Schluß sogar an den Staat fesselten. Mit der mehr äußerlichen Entwicklung geht eine innere einher, oder besser: sie ist nicht anderes als die Folge der inneren". Für die Entwicklung von einer Stufe zur anderen – Familien-, Stamm-, Volks- und Weltreligion – gäbe es „Gesetze". Eines dieser Gesetze formulierte Tiele 1886 wie folgt: „Je weiter die Geschichte fortschreitet, um so unabhängiger wird Religion von Sprache und Nationalität". In seinen Gifford Lectures 1896 und 1898, die in Deutschland unter dem Titel: „Einleitung in die Religionswissenschaft" erschienen, hat Tiele seine Theorie einer religiösen Entwicklung weiter konsolidiert. Das Schema von „Stufen" und „Richtungen" der „Entwicklung" beherrschte seine Rekonstruktion der Existenzformen (morphai) der Religionen. Die Naturreligionen hätten ihren Ursprung in der Deutung von Naturerscheinungen als beseelter mächtiger Wesen. Zauber und Magie dominierten die Verehrung. Eine weitere Gruppe von Religionen gehe auf Propheten zurück, die sich gegen die Magie gewandt und eine ethische Religion verkündet hätten. Die Ablösung der einen Religion durch die andere sei nicht bruchlos geschehen. „Wenn aber ethische Religionen die Stelle von Naturreligionen einnehmen, dann ist dies in der Regel die Folge einer Revolution, wenigstens einer beabsichtigten Reformation". Diese „ethischen Religionen", die zum Monotheismus tendierten, entwickelten sich dann entweder zu partikularistischen Nationalreligionen oder zu universalistischen Weltreligionen (Buddhismus, Christentum, Islam).

Vieles spricht dafür, daß Weber das Werk von Cornelis Petrus Tiele gekannt und benutzt hat. Gottfried Küenzlen kam am Ende seiner Untersuchung von Webers religionssoziologischen Quellen zu dem Schluß, es sei „deutlich, daß Weber in zentralen, ebenso wie in eher nebensächlichen Sachverhalten aus dem Material der von Tiele begründeten Richtung der Religionswissenschaft geschöpft, in manchen ihrer Begriffe gedacht und geschrieben hat". Zentrale Deutungselemente Max Webers entsprechen tatsächlich so sehr dem Modell von Tiele, daß vieles für diese These spricht. Zum Beispiel, daß „überall auf der Erde sehr ähnliche Stufen der Magie" überwunden und die Religionen zu einer Metaphysik und religiösen Ethik fortentwickelt worden seien (vgl. oben im Text, S. 18). Oder wenn Weber von einer „Stufe der ethischen Religiosität" neben dem magischen spricht. Ethische Prophetie könne magische und rituelle Normen durchbrechen und „tiefgreifende – akute oder allmähliche – Revolutionen […] der Alltagsordnung des Lebens und insbesondere der Wirtschaft nach sich ziehen" (oben im Text, S. 120). Das Konzept von Entwicklung, terminologisch dominant in Webers Darstellung, könnte von Tiele stammen. Gleiches darf man von der Annahme, Religion habe eine eigengesetzliche Entwicklung durchlaufen, vermuten.

Die Vorstellung von der epochalen Bedeutung der Propheten, die in die Welt von Rausch und Opferkult eine Bresche schlugen und eine systematische Lebensführung propagierten, kam allerdings nicht nur bei Cornelis Petrus Tiele vor. Unabhängig von ihm vertraten deutsche Historiker die Auffassung – für die Karl Jaspers später die Bezeichnung „Achsenzeit" prägte – daß die Prophetie nicht auf Israel beschränkt war, sondern auch andere Kulturen nachhaltig geprägt habe. Schlägt man z.B. Wilhelm Boussets „Wesen der Religion" auf, trifft man auf die Auffassung, das „prophetische Zeitalter" habe vom 8. bis zum 6. Jahrhundert vor Christus in Israel, in Griechenland, in Indien (Buddha), in Iran, in China (Konfuzius) zu gewaltigen Umbrüchen geführt. Damals seien in allen diesen Kulturen große Persönlichkeiten aufgetreten und hätten sich im Namen einer höheren Macht gegen die Verbindlichkeit der Tradition aufgelehnt. Sie hätten „eine einheitliche, in sich abgeschlossene Überzeugung vom Inhalt und Wesen des Lebens" verkündet. Verbunden mit dieser neuen „Religion als eines innerlich-einheitlichen Lebensganzen" sei die Befreiung von äußerer Sitte und nationalem Kult gewesen.

Richtungen in der Religionsgeschichte: Transformation
einer philologischen Entdeckung

Weber stellte sich mit noch einer anderen Deutung in eine Wissenschaftstradition, die entscheidend von Cornelis Petrus Tiele geprägt worden war: mit seiner Auffassung, die indische und chinesische Vorstellung einer übergöttlichen unpersönlichen rationalen Weltordnung sei fundamental verschieden von der vorderasiatischen Konzeption eines überweltlichen persönlichen Gottes (vgl. oben im Text, S. 33 f.). Man muß sich für diese Deutung in die achtziger Jahre des 19. Jahrhunderts zurückbegeben. Als sich damals die Sonnenmythologie Friedrich Max Müllers allmählich, wie Richard M. Dorson den Sachverhalt ironisch beschrieb, „verfinsterte", entging *eine* Entdeckung Müllers diesem Schicksal. Müller hatte mittels der vergleichenden Philologie die frühgeschichtlichen Religionen zu rekonstruieren begonnen und sie dazu entsprechend den Sprachfamilien in u.a. „arische" und „semitische Religionen" eingeteilt. Durch Vergleiche zwischen den beiden Sprachfamilien wie auch ihrer einzelnen Glieder wollte er Einblicke in Ursprung und Art der Gotteskonzeptionen erhalten. Seine Befunde faszinierten die Menschen damals in ganz Europa über alle Maßen. In der Frühgeschichte der arischen Sprachen fand er etwas, was er für die wichtigste Entdeckung des 19. Jahrhunderts im Blick auf die Frühgeschichte der Menschheit hielt: nämlich die Gleichung: *Zeus pater* (griech.) = *Jupiter* (lat.) = *Dyaus pitar* (skt.) = *Tyr* (altnorwegisch). Alle diese Namen würden auf eine gemeinsame ältere Form *dyau pitar* zurückgehen, die wörtlich übersetzt heißt: „o Vater Himmel". In den Hibbert Lectures über den Ursprung und die Entwicklung der indoeuropäischen Religion schrieb Müller dazu: „Diese Namen sind nicht bloß Namen, sie sind Zaubersprüche, welche die ältesten Väter des Arischen Geschlechts uns so nahe bringen, als sähen wir sie von Angesicht zu Angesicht, wie sie Tausende von Jahren vor Homer und vor den Dichtern des Veda ein unsichtbares Wesen mit ein und demselben Namen anriefen, einem Namen so geistig und erhaben, wie ihr damaliges Wörterbuch ihn nur liefern konnte, dem Namen für Himmel und für Licht". „In diesen Worten liegt das älteste menschliche Gebet, die älteste Poesie". Friedrich Max Müller verglich diesen Befund mit der semitischen Religion. Was ergab er? Das hervorstechende Merkmal der arischen Religion sei, „um es mit einem Worte zu sagen, eine Verehrung *Gottes in der Natur*, eine Erkenntniss des Göttlichen, wie es hinter dem prächtigen Schleier der Natur waltet, nicht wie es sich, verhüllt im Schleier des Allerheiligsten, im menschlichen Herz offenbart". „Eine Verehrung *Gottes in der Geschichte*" möchte er dagegen das hervorstehende Merkmal aller semitischen Religionen nennen. „Sie glaubten alle an einen Gott, der das Schicksal der Einzelnen, der Stämme und Völker in seinen Händen hielt, und kümmerten sich viel weniger um Gott, als den Beherrscher der Natur". Soweit die Entdeckung Friedrich Max Müllers, die wie jede echte Entdeckung auch die Züge einer Erfindung trug.

Cornelis Petrus Tiele setzte sich mit dem Werk von Müller in seinem Artikel „Religions" in der Encyclopedia Britannica auseinander – in derselben Enzyklopädie, in der ein scharfer Verriß der Mythentheorien Friedrich Max Müllers aus der Feder von Andrew Lang erschienen war. Was Tiele unter dem Lemma „Religions" schrieb, führte zu einer anderen Beurteilung. Nach eingehender Prüfung hielt Tiele die Auffassung Müllers für richtig, daß Arier und Semiten unterschiedliche Basiskonzeptionen (in seinen Worten „religious root-ideas or principles") für das Verhältnis der Götter zur Welt ausgebildet hätten, von Tiele als „theanthropisch" bzw. „theokratisch" bezeichnet. Im Fall der Arier offenbare sich das Göttliche in Natur und Mensch, im Fall der Semiten stehe die Gottheit Natur und Mensch als absoluter Herrscher gegenüber. Jedoch sah Tiele darin keine zwei voneinander unabhängige Ursprünge von Religionen. Es waren für ihn zwei unterschiedliche Entwicklungsrichtungen, die sich überdies nicht ausschlossen, sondern ergänzten. In den Gifford Lectures hat Tiele später seine Neuinterpretation dargelegt. Die vergleichende Sprachwissenschaft habe zwar gezeigt, daß den beiden Sprachfamilien auch zwei eng verwandte Religionsgruppen entsprochen hätten, jedoch sei es falsch, dies einfach auf die Religionswissenschaft zu übertragen. Man finde in jeder Religion beide Richtungen. Alle Religionen seien notwendigerweise sowohl theanthropisch als auch theokratisch. Auf diesem Wege löste Tiele die beiden Richtungen aus ihren Fundierungen in Sprache. An deren Stelle setzte er ein genuines religiöses Erleben: „Aus zwei unentbehrlichen Elementen setzt sich der religiöse Gedanke zusammen, die wir kurzweg nennen können: das

Unendliche in uns und über uns, oder in der Sprache der Religion: Gottes Souveränität und des Menschen Verwandtschaft mit Gott. Nun wird, wir wie sahen, auch bei einseitiger Pflege des einen Prinzips das andere niemals völlig vernachlässigt". Aus dieser Passage wird deutlich, daß für Cornelis Petrus Tiele das wissenschaftliche Studium der Religionsgeschichte der Auftakt zur Erkenntnis der wahren Natur der Religion (im Singular) sein sollte. So begreift man auch, warum seine Darstellung von der historischen „Außenseite" zur theologischen „Innenseite" ging, von der Morphologie zur Ontologie. Die Suche nach der wahren Religion führte ihn zum Christentum, denn im „Christentum erreicht dieses Zusammenfließen der beiden großen Entwicklungsströme seine Vollendung". Ein Vergleich mit Buddhismus und Islam dient der Untermauerung, daß allein das Christentum die beiden Gegensätze vereint und daher die vielseitigste aller Religionen ist. Hinter den grundverschiedenen praktischen Weltverhältnissen taucht eine universale Instanz religiösen Erlebens auf.

Weber hat die von Cornelis Petrus Tiele revidierte Version der zwei grundsätzlich verschiedenen Gotteskonzeptionen (hier ein persönlicher, fordernder Schöpfergott, dort ein unpersönliches, nur kontemplativ zugängliches Wesen) aufgenommen und umgebildet: „Es ist nun der historisch entscheidende Unterschied der vorwiegend morgenländischen und asiatischen, gegenüber den vorwiegend okzidentalen Arten der Erlösungsreligiosität, daß die ersteren wesentlich in Kontemplation, die letzteren in Askese ausmünden" (oben im Text, S. 102 f.). Die Differenz zwischen diesen beiden Weltverhältnissen habe über die Geschichte ganzer Kulturen entschieden und bis heute verschiedene Pfade der Entwicklung vorgezeichnet. In Indien würde selbst eine rein asketische Heilsmethodik in eine kontemplative Mystik umschlagen, im Okzident mystische Religiosität ebenso regelhaft in Aktivismus. Die Gründe für die Vormacht der beiden Konzeptionen lägen in einer Reihe von äußeren Umständen, die Weber im einzelnen nennt: daß asiatische Religionen Intellektuellenreligionen waren; daß im Abendland die Gottesbeziehung verrechtlicht wurde; daß die Römer Ekstase und Tanz ablehnten; daß die Kirche bürokratisch organisiert war. Allerdings meinte Weber, Anzeichen dafür zu sehen, daß die kontemplative Option auch im Abendland an Macht gewinnt.

Webers Umbau von C. P. Tieles Konzept der „Weltreligionen"

Cornelis Petrus Tiele rechnete mit „universalen Weltreligionen" als einer eigenen Stufe oberhalb der ethischen Religionen. Tiele hatte dieses Konzept selber schon vorgefunden und seinem Entwicklungsgesetz entsprechend neu bestimmt. „The term ,world religions' might still be retained for practical use, to distinguish the three religions [Buddhismus, Christentum, Islam] which have found their way to different races and peoples and all of which profess the intention to conquer the world, from such communities as are generally limited to a single race or nation, and, where they have extended farther, have done so only in the train of, and in connexion with, a superior civilization". Dieses Szenario einer Universalisierung von Religionen ergab sich aus Tieles sog. „Entwicklungsgesetz". Im Laufe ihrer Geschichte tendierten Religionen dazu, sich von allen sprachlichen, ethnischen, sozialen Fesseln zu lösen. Dabei hatte Tiele in puncto Islam allerdings Zweifel. Wenigstens heißt es in den Gifford Lectures über den Islam, er sei „viel partikularistischer als der Buddhismus oder das Christentum". Tieles Entwicklungsgesetz faßte die Universalisierung von Religionen als vollständige Entbettung aus allen sprachlichen, sozialen und kulturellen Ordnungen auf. Da er kein Kriterium für Rangordnungen zwischen den Religionen sah, ist der Vorwurf einer kolonialen Perspektive nicht unangebracht. Eine ähnliche, aber anders begründete Auffassung zum Islam vertrat Max Weber. Der Islam habe in seiner Frühzeit die Glaubensfremden nur unterwerfen, nicht aber bekehren wollen, weshalb er auf einen Universalismus bewußt verzichtet habe (vgl. oben im Text, S. 130, 133 f.). Dabei fußte Weber allerdings nicht auf Cornelis Petrus Tiele, sondern auf Ignaz Goldzihers Rekonstruktion der islamischen Geschichte, wonach anfängliche Ansätze zur Weltablehnung von den kriegerischen Interessen, die ihn trugen, abgeschnürt worden seien.

Mitten in Max Webers Erörterung von „Stände, Klassen und Religion" (oben im Text, S. 47–81) findet sich eine rigide Zuordnung von „Weltreligionen" zu sozialen Schichten bzw. Klassen. Sie paßt nun überhaupt nicht mehr zu Tieles Entwicklungsgesetz. „Will man die Schichten, welche Träger und Propagatoren der sog. Weltreligionen waren, schlagwörtlich zusammenfassen, so sind dies für den Konfuzianismus der weltordnende Bürokrat, für den Hinduismus der weltordnende Magier, für den Buddhismus der weltdurchwandernde Bettelmönch, für den Islam der weltunterwerfende Krieger, für das Judentum der wandernde Händler, für das Christentum aber der wandernde Handwerksbursche, sie alle nicht als Exponenten ihres Berufes oder materieller ‚Klasseninteressen‘, sondern als ideologische Träger einer solchen Ethik oder Erlösungslehre, die sich besonders leicht mit ihrer sozialen Lage vermählte" (oben im Text, S. 77). Es ist nicht zu übersehen, daß Weber die Bezeichnung „Weltreligionen" aufgreift, aber sich sofort von ihr wieder distanziert. Wenn man bedenkt, daß für Tiele genuine Weltreligionen sich gerade von jeder Fessel gelöst haben, dann mußte Webers Auffassung, daß die Leistungen der Weltreligionen schichtbezogen waren, sie als Weltreligionen in Tieles Sinne disqualifizieren. Denn eine derartige Zurechnung von Ideen zu Interessen isoliert die Idee kognitiv und ihren Gültigkeitsanspruch sozial, Restriktionen, die aus Tieles Sicht mit Weltreligionen gerade unvereinbar waren. In seiner Einleitung zur „Wirtschaftsethik der Weltreligionen" hat Weber die Bezeichnung „Weltreligionen" ebenfalls benutzt, sie aber auch dort ihrer Implikationen beraubt und „wertfrei" als „Systeme der Lebensreglementierung verstanden, welche besonders große *Mengen* von Bekennern um sich zu scharen gewußt haben: die konfuzianische, hinduistische, buddhistische, christliche, islamitische religiöse Ethik" (MWG I/19, S. 83). Dazu kommt das Judentum. Religion ist für Weber ein konstitutives Prinzip von Handlungen, getragen von spezifischen sozialen Schichten. Sie ist sicher nicht ein ästhetisches Erleben des Unendlichen im Endlichen, das sich in seiner Entwicklung immer reiner herausbildet, wie dies bei Tiele der Fall ist. Es ist gerade die Bindung von Religion an soziale Schichten, die deren Leistung begründet, damit zugleich aber in ihrem Geltungsbereich beschränkt. Religiöses Gemeinschaftshandeln – so Weber – ist ein Verhalten zu Objekten, das durch Sinn spezifiziert wird. Das aber heißt, daß jede normierte Lebensführung analytisch in zwei Komponenten zerfällt: in praktische ökonomische Zwänge und in Sinndeutung. Es waren die praktischen Zwänge der verschiedenen sozialen Klassen (Bauern, Krieger, Beamte, bürgerliche Schichten, Sklaven, Proletarier) sowie ihrer sozialen Lagen (negativ oder positiv privilegiert), die Gegenstand religiöser Legitimation waren (vgl. oben im Text, S. 63 f.). Dies war es, was „Religionen den verschiedenen sozialen Schichten ‚leisten' mußten" (oben im Text, S. 63).

Eine besondere Stellung hatten bürgerliche Schichten, die Handwerk und Gewerbe betrieben und die kraft ihrer beruflichen Spezialisierung rational handeln mußten. Für sie bestand ein größerer Spielraum bei der Wahl von Religion als bei anderen. „Die Determiniertheit der Religiosität durch diese allgemeinen Bedingungen der Handwerker- und Kleinbürgerexistenz ist in keiner Weise eine eindeutige" (oben im Text, S. 58). Diese Offenheit wurde dadurch noch verstärkt, daß diese Schichten weder wie die positiv Privilegierten von der Religion eine Legitimierung ihres Glücks noch wie die negativ Privilegierten eine zukünftige Vergeltung erwarteten (vgl. oben im Text, S. 63 f.). Nur in der okzidentalen Stadt gelang es dieser Schicht jedoch, den Schritt zu einer rationalen Gemeindereligiosität zu tun. Weber ist an diesem Punkt viel gelegen. Dies zeigt seine Auseinandersetzung mit Nietzsches Ressentimentthese und Freuds Verdrängungsschema. Weber muß darauf bestehen, daß es neben dem Wunsch nach Erlösung aus äußerer Not noch eine ganz andere Quelle des Erlösungsbedürfnisses gibt: „den Intellektualismus rein als solchen, speziell die metaphysischen Bedürfnisse des Geistes, welcher über ethische und religiöse Fragen zu grübeln nicht durch materielle Not gedrängt wird, sondern durch die eigene innere Nötigung, die Welt als einen *sinnvollen* Kosmos erfassen und zu ihr Stellung nehmen zu können" (oben im Text, S. 69).

Intellektuellenreligiosität

Nichts Geringeres als das „Schicksal der Religionen" (oben im Text, S. 69) hing von den Wegen ab, die der Intellektualismus einschlug. Webers Ausgangspunkt, wonach es keine Evidenz von Religion geben kann, führte ihn nicht nur zur Theodizee als kodifizierter Erkenntnis, daß in dieser Welt Sinnerwartungen zerbrechen, sondern auch zur Figur des Intellektuellen. Weber griff eine damals junge Bezeichnung auf. Das Wort ‚intellectuels' war in Frankreich in Zusammenhang mit der Dreyfus-Affäre aufgekommen und von Beginn an ambivalent. In den Augen ihrer Gegner waren die Befürworter einer Neueröffnung des Verfahrens gegen den zu Unrecht verurteilten jüdischen Hauptmann Alfred Dreyfus, die ihre Forderung am 14. Januar 1898 in einem Manifest der Intellektuellen („protestation des intellectuels") vorgetragen hatten, „abstrakt, antinational, jüdisch, dekadent und inkompetent". Die so Bezeichneten machten sich jedoch das Wort zu eigen und erhoben als Intellektuelle die Forderung, nur der Vernunft verpflichtet, sich politisch einzumischen und für das republikanisch-demokratische Ideal des Rechtsstaates eintreten zu dürfen. Sie sahen in dem Schimpfwort ein Identifikationsangebot. „Ideologische Polysemie" nennt Dietz Bering den Sachverhalt. Über Zeitungsberichte gelangte die Bezeichnung bald nach Deutschland. Daß dabei die Polysemie ganz verloren gegangen und Intellektueller zum reinen Schimpfwort geworden sei, wie Bering meint, ist allerdings unzutreffend.

Max Weber jedenfalls schloß sich der negativen Bewertung des „Intellektuellen" nicht an. In gewissem Sinne war er selber „ein politischer Intellektueller im Deutschen Kaiserreich". Heidelberg war eine Stadt, in der Intellektuelle, die anderswo verfolgt wurden, leben konnten, wie Paul Honigsheim berichtete – ein wenig idealisierend allerdings, denn auch hier standen ihnen studentische Korporationen und Bürger nur zu oft ablehnend gegenüber. Manche von diesen Intellektuellen zog es sonntagnachmittags ins Haus Webers, um zu diskutieren. Zu den regelmäßigen oder unregelmäßigen Teilnehmern dieses Kreises gehörten Georg Lukács und Ernst Bloch. Es war ein Widerhall der Diskussionen in diesem Kreis, daß Weber zwischen dem Intellektualismus und den Religionen eine Verbindung herstellte. Brücke war das Sinn-Problem. Paul Honigsheim wußte sich zu erinnern, Tolstoi und Dostojewskij seien bei den Gesprächen im Weberhaus „man möchte fast sagen, leibhaftig präsent" gewesen. Hartmann Tyrell hat überzeugend nachgewiesen, daß die Verknüpfung der Theodizee-Thematik mit der Sinn-Frage aus diesen Quellen stammt. Schon zuvor hatte Edith Hanke die Bedeutung von Tolstoi für die deutsche Kulturdiskussion zur damaligen Zeit aufgearbeitet. Typisch hierfür ist etwa dieses Detail: Als Max Weber in seiner Rede „Wissenschaft als Beruf" darauf zu sprechen kam, daß Wissenschaft keine Sinnfragen zu lösen imstande sei, läßt er Tolstoi in aller Namen die Frage stellen: „Was sollen wir denn tun?" (MWG I/17, S. 95, 103).

Bei aller Sympathie hat Weber den Intellektuellen seiner Zeit jedoch keine echte religiöse Erneuerung zugetraut (vgl. oben im Text, S. 80f.). Das heißt aber nicht, daß er sie für ohne jeden Einfluß hielt. Weil der Einzelne unweigerlich mit dem „Sinn"-Defizit der Welt konfrontiert wird, bleibt er mit seinen sozialen Handlungen auf eine der Lösungen dieses Sinn-Problems angewiesen, ob ihm dies nun bewußt ist oder nicht. Nur sie vermag in einer irrationalen Welt die Objektivität subjektiven Sinns zu garantieren. Das heißt aber auch, daß für Weber diese Lösungen ihren Ort im handelnden und reflektierenden Subjekt hatten: „Je mehr der Intellektualismus den Glauben an die Magie zurückdrängt, und so die Vorgänge der Welt ‚entzaubert' werden, ihren magischen Sinngehalt verlieren, nur noch ‚sind' und ‚geschehen', aber nichts mehr ‚bedeuten', desto dringlicher erwächst die Forderung an die Welt und ‚Lebensführung' je als Ganzes, daß sie bedeutungshaft und ‚sinnvoll' geordnet seien" (oben im Text, S. 73). Was die Intellektuellen der Gegenwart betrifft, so diagnostizierte Weber unterschiedliche Haltungen zur Religion in England, Frankreich, Deutschland und Rußland, wobei er angelsächsischen Deismus, romanische Kirchenfeindschaft, deutsche unpolitische Metaphysik und russische revolutionäre Gesinnung nennt. Dieselbe Schicht konnte vollkommen entgegengesetzte Haltungen zur Religion entwickeln, wie ein Vergleich des Pariaintellektualismus zeigt, der in Deutschland eine antireligiöse Wendung nahm, dagegen in den angelsächsischen Gebieten einen sektiererischen Charakter hatte (vgl. oben im Text, S. 73–81). Weber konnte einer Bestandsaufnahme zeitgenössischer intellektualistischer Tendenzen diese religionsgeschichtliche Einordnung folgen lassen: „Alle diese dem apolitischen Intellektualismus gleich zugänglichen Tendenzen nun können auch als religiöse Erlösungslehren auftreten und haben dies gelegentlich auch getan. Der spezifisch weltflüchtige Charakter der Intellektuellenreligiosität hat auch hier eine seiner Wurzeln" (oben im Text, S. 73 f.). Es ist überaus charakteristisch für Weber, daß die großen religionshistorischen Richtungen auch noch die gegenwärtigen Optionen subjektiver Lebensführung beherrschen.

Hermann Siebecks Konzept der „Erlösungsreligionen"

Der Begriff der „Erlösung" scheint so allgemein und vage, daß man von ihm keine spezifische Konstruktionsleitung von Religionsgeschichte erwartet. Doch täuscht der Eindruck. Um sich davon zu überzeugen, muß man einen Blick in Hermann Siebecks „Lehrbuch der Religionsphilosophie" aus dem Jahre 1893 werfen, das Weber wahrscheinlich für seine Analyse ausgewertet hat. Anders als der Titel erwarten läßt, liest sich das Lehrbuch wie eine systematische Einleitung in die vergleichende Religionswissenschaft.

Wie Cornelis Petrus Tiele teilte auch Hermann Siebeck (1842–1921) Religionen nach dem Schema der drei Stufen ein. Allerdings beschrieb er ihren „genetisch-kausalen Zusammenhang" anders. Er sah in ihnen eine Entfaltung von Inhalten des religiösen Bewußtseins: der Überzeugung vom Dasein Gottes und der Tatsächlichkeit des äußeren Übels bzw. des inneren Bösen. Dementsprechend sahen Siebecks Typen von Religionen anders aus als Tieles. „Naturreligionen" rechneten mit Göttern als Rettern von äußerem Übel. Einen Begriff von „Welt" besaßen sie noch nicht. „Moralitätsreligionen" vertrauten auf Götter als Garanten der natürlichen und der moralischen Ordnung. Ihnen sei das „Bedürfniss, die Welt als Kosmos zu begreifen", eigen. Hermann Siebeck hielt sie jedoch für Übergangsgebilde, die notwendigerweise prophetischen „Erlösungsreligionen" weichen müßten, die die Welt wegen der Macht des Bösen in ihr verneinten. Die Vorstellung Gottes diente auf dieser Stufe der Verneinung der Welt. Jetzt erst würde sich der Einzelne von der sozialen Gemeinschaft lösen und der Welt als individuelle eigenständige Person gegenübertreten können. Weber hat sich diese Konstruktion in wesentlichen Zügen zu eigen gemacht. Manchmal stimmt er bis in haarfeine Konzeptionen hinein mit ihr überein. So, wenn es bei ihm heißt, daß erst mit dem Priestertum die Idee „eines dauernd sinnvoll geordneten Kosmos" (oben im Text, S. 21) gekommen sei, oder daß für Propheten ein Zusammenstoß der Forderung nach einer systematischen Lebensführung mit den Realitäten der Welt essentiell war (vgl. oben im Text, S. 35). Wirklich deutlich aber wird diese Gemeinsamkeit erst, wenn man noch einmal auf Cornelis Petrus Tiele schaut.

Siebecks Konstruktion von Religionsgeschichte ist nicht ohne Widerspruch geblieben. Besonders erwähnenswert sind in unserem Zusammenhang kritische Einwände Tieles, die angesichts der Behauptung Gottfried Küenzlens, Weber habe in zentrale wie nebensächliche Sachverhalten aus Tiele und der von ihm begründeten Richtung der Religionswissenschaft geschöpft, nicht nur überraschen müssen, sondern auch vor Fehlinterpretation Webers bewahren können. Cornelis Petrus Tiele hat sich in seinen Gifford Lectures kritisch bis ablehnend mit Hermann Siebecks Auffassung auseinander gesetzt. Zwar stimmten die ersten beiden Kategorien Siebecks mit seiner eigenen Einteilung überein, da er ebenfalls Naturreligionen von ethischen Religionen unterscheide. Jedoch müsse er Erlösungsreligionen als eine distinkte Klasse von Religionen ablehnen. Fasse man Erlösung allgemein als Befreiung von Übel auf, träfe sie auf alle Religionen zu und sei als Klasse zu groß. Im strengen Sinne weltablehnende Religionen aber seien nur Buddhismus und das paulinische Christentum, als die Klasse zu klein werden lasse. In seiner Auseinandersetzung mit Siebeck machte Tiele überdies eine Bemerkung, die erkennen läßt, daß er die deutschen religionsphilosophischen Voraussetzungen gekannt und durchschaut hat: „Übrigens hängt seine [Siebecks] ganze Klassifikation aufs engste mit seiner Auffassung als Weltverneinung zusammen, welche nur auf eine Art von Religionen anwendbar ist, und der ich im allgemeinen nicht beizupflichten vermag".

Max Weber hat das kritische Urteil Tieles über Hermann Siebeck nicht geteilt. Es ist unschwer zu erklären, warum Siebecks Ansatz für Webers Fragestellung leistungsfähiger war als der Tieles. Tieles Entwicklungsgesetz siedelte die Weltreligionen als selbständige Größen jenseits der Handlungsebene in einer amorphen religiösen Erfahrung an. Es bot keinen Ansatzpunkt, Religion als Faktor zu erkennen, der praktische Alltagsbeziehungen durch Sinngebung reguliert und unterschiedliche Prinzipien subjektiver Lebensführung konstituiert. Wahlverwandtschaften oder Adäquanzbeziehungen zwischen Religionen und nicht-religiösen Handlungsabläufen lagen außerhalb seiner Reichweite. Siebecks Konzeption eröffnete da ganz andere Möglichkeiten. Vor allem: für Siebeck generierten historische Religionen subjektive Religiosität. Hermann Siebeck gehörte zu jenen, die Immanuel Kants Auffassung von den historischen Religionen als nur äußeren „Vehikeln" der reinen Religion ablehnten. Siebeck sah zwischen dem Subjektiven der Religion (religiöse Gedanken, Gefühle, Stimmungen und Ahnungen) und dem Objektiven (überlieferte Lehren, Dogmen, Gebote und Verbote, Verheißungen und Handlungen) eine Wechselbeziehung. Wie die objektive Seite ihren Wert nur durch „stetige Bezugnahme auf den Geist oder das Subjektive" erhalte, so könne sich der subjektive Bewußtseinsinhalt nur durch Objektivation behaupten. Durch die historischen Erlösungsreligionen würden zwei unterschiedliche subjektive Prinzipien begründet, die verschiedene kulturelle Wirklichkeiten konstituieren. Diese Aufwertung von Kants äußeren „Vehikeln" der reinen Religion zu entgegengesetzten Verwirklichungen des religiösen Geistes ging letztlich auf Georg Wilhelm Friedrich Hegel zurück.

Konstruktionen von Religionstypen in „Religion in Geschichte und Gegenwart" (RGG¹)

Mit Cornelis Petrus Tiele und Hermann Siebeck, mit „Weltreligionen" und „Erlösungsreligionen", trafen zwei Konzeptionen religiöser Eigengesetzlichkeit aufeinander, für die es beide in der Erstauflage von der „Religion in Geschichte und Gegenwart" Beispiele gibt. Theophil Steinmann, Autor des Artikels „Stufenfolge der Religionen", folgte im wesentlichen Tiele. Steinmann zufolge „türmen" sich über den Naturreligionen und den auf sie folgenden Kulturoder Moralitätsreligionen die „Weltreligionen". „Deren äußerlich in die Augen springendes Merkmal ist die Lösung von einem bestimmten Volkstum und seinen besonderen Kulturverhältnissen". Beim Übergang zur dritten Stufe vollziehe sich „eine Unterordnung des Volkstums unter die menschheitliche Kulturleistung. [...] Diese *Verselbständigung der Religion* geht meist Hand in Hand mit der entsprechenden Verselbständigung der Sittlichkeit."

Cajus Fabricius, der Verfasser des sehr umfangreichen Artikels „Typen der Religion", entfaltete die Grundformen anders, mehr im Sinne von Hermann Siebeck. Ausgehend von dem Material der Religionsgeschichte beschränkt sich Fabricius streng erfahrungswissenschaftlich auf die „Beziehungen zwischen Frömmigkeit und Weltleben". Dabei identifiziert er drei Grundtypen, in der der Fromme sich zur Welt stellt: weltförmig, weltflüchtig, weltüberwindend. Sittlichkeit gehöre ganz dem ersten Typus an, Askese und Mystik hingegen dem zweiten. Sie sind von Buddhismus und Christentum hervorgebracht worden. Nur dem Christentum aber sei es gelungen, ein aktives Verhältnis zur abgelehnten Welt zu begründen und damit die Welt zu überwinden.

Ernst Troeltsch hat in seinem Artikel „Erlösung: II. Dogmatik" in der RGG¹ in geraffter Form skizziert, wie es über das Konzept der „Erlösung" möglich ist, durch einen Religionsvergleich normatives Wissen zu erzeugen. Troeltsch, der Systematiker unter den Religionsgeschichtlern, hatte sich wie kaum ein anderer den Problemen gestellt, die sich aus der historischen Betrachtungsweise des Christentums ergaben. Wenn das Christentum wie alle anderen Religionen eine durch und durch historische Erscheinung sei, könne es für normatives Wissen gar keine andere Quelle mehr geben als die Religionsgeschichte selbst. Die Geschichte, so hatte er in seinem bekannten Vortrag über „Die Absolutheit des Christentums und die Religionsgeschichte" dargelegt, zeige durchgehend die „Tendenz", daß Religionen von ihrer natürlichen Gebundenheit an Natur, Ort und Gesellschaft unabhängig würden. Je weiter die Geschichte voranschreite, desto mehr würden sie mit der natürlichen und der sozialen Welt brechen. Dabei würden sie auch die Menschen von der vorgefundenen Wirklichkeit unabhängig und zu autonomen Individuen machen. Am konsequentesten geschehe dies in den Erlösungsreligionen. In diesem RGG¹-Beitrag hat Troeltsch seine Konstruktion von Religionsgeschichte mit einem Religionsvergleich verbunden. „Alle Religionsgebiete, denen es vergönnt ist, einen tiefen und reichen ethisch-religiösen Gehalt auszuleben, münden in irgendeiner Weise in den E[rlösung]sglauben aus. Je stärker und einheitlicher die Gottheit emporsteigt zum Inbegriff alles Guten und Vollkommenen und zum Inbegriff aller wahren und ewigen Realität, um so mehr steigert sich der Abstand des Menschen und die Sehnsucht nach Überwindung dieses Abstandes, um so deutlicher tritt auch das Hemmende, zwischen Gott und Mensch Stehende, heraus als Welt, sei es nun daß die Welt zum Prinzip des Scheins und des Irrtums, sei es, daß sie zu dem der Vergänglichkeit und des Leidens, oder daß sie zu dem der Sünde und Gottentfremdung wird". Als Beispiele nannte Troeltsch neben dem Christentum den Hinduismus, den Parsismus, die griechische Religion, die „dunkle gnostisch-synkretistische vorderasiatische Religionsbewegung" und die israelitische Religion. Nur der Islam und das sich gegen das Christentum abschließende Judentum seien ohne Erlösungsgedanken und in ihrem Wesen moralistisch geblieben.

Man beachte, wie Troeltsch Judentum und Islam vom Christentum abrückte, und zwar mit Blick auf *das* konstitutive Element der Moderne: die Autonomie der Person. Nur dem Christentum sei es möglich gewesen, den Abstand, der zwischen Gott und Welt bestehe, so zu vertiefen, daß die freie Persönlichkeit eine reale Macht werden konnte. Dies sei eine besondere und einzigartige Leistung des Christentums, zu der das Judentum (so wird stillschweigend unterstellt) nicht imstande gewesen sei. Aber auch die andere große lebende Erlösungsreligion, der Buddhismus, habe dies nicht vermocht. Er habe nämlich Gott nicht als Urgrund aller persönlichen Freiheitswerte betrachtet, sondern als einen Bereich des Unpersönlichen, vor dem sich die Idee der Persönlichkeit als Irrtum und falscher Schein erweise. Die beiden Erlösungsreligionen Christentum und Buddhismus haben aus der Sicht von Troeltsch – in diesem Punkte Hegel verpflichtet – zwei konträre Konzeptionen von menschlicher Identität hervorgebracht.

Max Webers Konzept der Kulturreligionen

Was besagt es, daß Weber sich nicht mit dem Begriff der „Erlösungsreligionen" begnügte, sondern darüber hinaus noch den Begriff der „Kulturreligionen" benötigte? Der Begriff „Kulturreligionen" kommt in der „Einteilung des Gesamtwerkes" des GdS von 1914 als „Kulturreligionen und Wirtschaftsgesinnung" vor und kehrt als Überschrift zu Abschnitt 12 wieder: „Die Kulturreligionen und die ‚Welt'". Darüber hinaus verwendete Weber ihn in einem Brief an Werner Sombart vom 2. Dezember 1913, in dem er von den „Aufsätzen über die Culturreligionen" sprach, die nach „Wirtschaft und Gesellschaft" erscheinen sollten (MWG II/8). Auch kommt er später in Zusammenhang mit den Aufsätzen zur „Wirtschaftsethik der Weltreligionen" vor, allerdings ohne erkennbare besondere Bedeutung. Wolfgang Schluchter hat eine These vorgetragen, die ein guter Ausgangspunkt für eine Klärung des Begriffes darstellt: Jede ethische Religion sei Kulturreligion, nicht aber jede Kulturreligion auch schon Erlösungs- oder Weltreligion, so daß „nicht die Unterscheidung in Weltreligion und Kulturreligion, wohl aber die in Erlösungsreligion und Kulturreligion systematisch von Bedeutung" sei. Bei einem Blick auf die damalige Religionswissenschaft scheint der Sachverhalt anders zu liegen. Antipoden sind „Weltreligionen" im Sinne von Cornelis Petrus Tiele und „Erlösungsreligionen" im Sinne Hermann Siebecks, wobei Weber aus systematischen Gründen überwiegend Siebeck folgte. Die Frage stellt sich, welchen Erkenntnisgewinn der Begriff der Kulturreligion zusätzlich zu dem der Erlösungsreligion brachte.

Ein erneuter Blick auf Hermann Siebecks „Lehrbuch der Religionsphilosophie" gibt darauf eine Antwort. Siebeck richtete sich in diesem Handbuch vom ersten Moment an auf das Verhältnis von Religion und Kultur. „Die Stellung der Religion im Kulturleben" lautet der Titel des ersten Abschnitts, dem dann ein untergeordnetes Kapitel „Bejahung und Verneinung des Weltlichen" folgt. Schon der allererste Satz lohnt, zitiert zu werden, ähnelt ihm doch Webers Eröffnung: „Als Ausgangspunkt einer religionsphilosophischen Untersuchung, die über Begriff, Inhalt, Entwickelung und Wahrheit ihres Gegenstandes nichts voraussetzen, sondern alles erst im Verlaufe ihrer Erörterungen bestimmen will, kann füglich nichts anderes dienen als der Hinweis auf die *Thatsächlichkeit* der Religion". Religion, so erklärt Siebeck seinen Zugriff, sei etwas Bekanntes: ein Kulturfaktor neben den anderen „Sprache und Sitte, Moral und Recht, Familie und Staat, Schule und Erziehung, Kunst und Technik, Wissenschaft und Praxis". Im Unterschied zu den anderen Gebieten nehme dieser Faktor jedoch „zu dem Gesamtwert der Kultur eine kritische, und hierdurch für sich selbst im Kreise jener eine *problematische* Stellung ein. Religion helfe zwar zusammen mit den anderen, die Welt auszubilden. Jedoch nähme sie allein das Recht für sich in Anspruch, die Endgültigkeit des Irdischen zu verneinen und über die Welt als ganze ein ablehnendes Urteil zu fällen. „Es gewinnt den Anschein, daß in die Einheitlichkeit des Kulturlebens durch das Vorhandensein der Religion ein Zwiespalt kommt, der ohne sie nicht vorhanden wäre". Die „Differenzierung zwischen der Religion und anderweitigen Bethätigungen des geistigen Lebens" beende diesen Zwiespalt nicht. Der Widerstreit zwischen einer „Autarkie des Weltlebens" und den Ansprüchen der Religion bestimme auch den „historischen Entwicklungsgang der Religion". Im Verlaufe seiner Darlegung führt Siebeck dann noch die wichtige Unterscheidung zwischen „Weltflucht" und „Weltüberwindung" ein: „Der Unterschied ferner von der Erlösungs-Religion des Buddhismus liegt in der Verschiedenheit des Begriffs der Weltüberwindung. Für die christliche Weltanschauung sind Weltüberwindung und Weltflucht verschiedene Dinge". Die eine Form von Weltablehnung, nämlich die Weltflucht, sei für die indischen Religionen, die zweite, Weltüberwindung, für das Christentum typisch. Was Wilhelm Windelband als religiösen Fanatismus abtat, bestimmte Hermann Siebeck als einen Entwicklungsfaktor, darin später von Max Weber gefolgt.

Zusammenfassung

Uns liegt ein Arbeitstext Webers vor, der noch weit von seiner Fertigstellung entfernt war. Dies ist jedoch nicht nur ein Nachteil. Um so leichter können wir beobachten, wie Weber in der Religionsentwicklung ein Grundelement der menschlichen Kulturgeschichte frei legte. Es war dies eine Konsequenz seiner Auffassung von sozialem Handeln. Für Weber ergab sich die Rationalität des Handelns nicht wie von selbst aus einer richtigen Auffassung von der Welt und ihren Gesetzen. Ein subjektiv rationales Handeln braucht seiner Ansicht nach auch gar nicht auf richtigen Annahmen zu beruhen. Das heißt aber nicht, daß rationales Handeln in rein persönlichen Interessenabwägungen seinen Ursprung hätte. Der Sinn, den das soziale Handeln hat, kann ihm nicht von dem Einzelnen beigelegt werden. Sinndeutungen dürfen daher auch keineswegs mit persönlichen Motiven verwechselt werden. Weber zufolge befindet sich der Handelnde mit ihnen, ob gewollt oder nicht, in der Domäne der Religionen.

Religionen konnten für Weber auf keine andere Berechtigung verweisen als auf die Erfahrung der Sinnwidrigkeit und Heillosigkeit der Welt. Daß Religionen aus einem irrationalen religiösen Erleben hervorgingen und darin ihre Evidenz fänden, wie von Lebensphilosophen behauptet, lehnte Weber entschieden ab. Weber sah sie aus einem unerfüllbaren Verlangen nach Heil hervorgehen. Sein Interesse galt den möglichen Typen der Verarbeitung dieses Grundproblems allen menschlichen Lebens. Dabei hatte Weber einen wuchtigen Partner in der damaligen Religionswissenschaft, welche die historischen Religionen als äußere Vermittlungen von inneren Sachverhalten rekonstruierte. Hegels Revision von Kants Kategorien des Verstandes hatte die Voraussetzung für diese Deutung geschaffen. Hatte Immanuel Kant die reinen Kategorien des Denkens unabhängig von den Dingen an sich bestimmt, so waren für Georg Wilhelm Friedrich Hegel Denken und Sein immer schon gegenständlich vermittelt. In seinem Kielsog begriffen deutsche Religionsphilosophen und -historiker die historischen Religionen als Modi theoretischer Weltbilder und praktischer Weltverhältnisse. Daß Weber bei seiner Suche nach den für subjektives Handeln konstitutiven Sinngebungen in der Religionswissenschaft fündig wurde, war daher kein Zufall. Die historischen Studien zu den großen Religionen brachten ihm die gewünschte Klarheit über die Vielfalt der Konstruktionen theoretischer und praktischer Beziehungen der Menschen zur Welt.

Die damals noch frischen Studien zur Magie, zum priesterlichen Kult und zur prophetischen Ethik deutete Weber als Typen von Weltverhältnissen. Weber fügte den vorliegenden Erkenntnissen zwei weitere Elemente hinzu. Da war erstens das religiöse Gemeinschaftshandeln. In einer Welt der Zauberer bestand dies in wiederkehrendem gemeinschaftlichem Rausch und Orgie. Priester standen dem Opferkult eines politischen Verbandes vor und propagierten die Vorstellung eines geordneten Kosmos. Die Anhänger der Propheten schließlich erwarteten Heil überhaupt nicht mehr von der Welt, sondern nur von der Lebensführung. Es waren enttäuschte Heilserwartungen, die den Glauben erst an die Zauberer, dann an die Priester untergruben, bis Propheten die bittere Botschaft eines heillosen Kosmos verbreiteten. Weber verknüpfte diese „Stufen" nicht wie Religionswissenschaftler über ein Entwicklungsgesetz, wonach Religionen zunehmend von Familie, Stamm, Nation und Staat unabhängig würden. Magie und priesterlicher Kult galten ihm als bleibende Größen der Religionsgeschichte, die bis heute Leistungen für beispielsweise naturabhängige Schichten wie Bauern (so Magie) oder politische Verbände (so Kult) erbringen. Das vorgefundene Stufenmodell mit den universalen Weltreligionen an der Spitze wich einem Schichtenmodell, das die Geltung von Religionen an ihre Leistungen für die verschiedenen sozialen Klassen knüpfte. Es gibt keine Gesellschaft mit nur einer Religion. Jede Gesellschaft kennt entsprechend ihrer inneren sozialen Architektur ganz verschiedene Religionen. Auch wenn bei Weber der Begriff der „Weltreligion" noch begegnet: das vorausgesetzte Entwicklungsgesetz hatte er aufgegeben.

Weber zufolge ließ die Religionsgeschichte erkennen, daß die prophetische Aufwertung von Lebensführung ebenso gut in mystischer Kontemplation wie in innerweltlicher religiöser Ethik münden konnte. Er nahm an, daß die Religionen des Ostens und des Westens zwei konträre Lösungen der Entzweiung von Leben und Sinn kodifiziert hätten: dort eine weltflüchtige passive Versenkung in die Ursubstanz, hier eine weltüberwindende aktive Lebensführung. Beide Prinzipien sind dadurch, daß sie im sozialen Handeln der Menschen effektiv werden, an der Erzeugung komplexer, jedoch grundverschiedener entgegengesetzter kultureller Wirklichkeiten beteiligt. Weber machte die Religionen ursächlich für die ganz unterschiedliche Entwicklung der Kultur im Orient und im Abendland verantwortlich. Religionen sind keine frei verfügbaren Überzeugungen. Man kann sie aber auch nicht aus den materiellen Verhältnissen herleiten, wie der Materialismus es behauptete. Gesellschaftliche Klassen sind quasi gezwungen, Religionen zur Bestimmung ihres Weltverhältnisses zu wählen. Dadurch werden sie zu einer gesellschaftlichen Ordnungsmacht.

Es ist diese Konstruktion von Religionsgeschichte, die dem Abschnitt „Religiöse Gemeinschaften" eine Schlüsselrolle sowohl in der Behandlung der „Wirtschaftsethik der Weltreligionen" wie bei der Bestimmung der Beziehung der Wirtschaft zu den gesellschaftlichen Ordnungen und Mächten zukommen läßt. Religionen begründen theoretische und praktische Weltverhältnisse. Weber hat es nicht anders gesehen als Ernst Troeltsch: „Geistige Mächte können herrschen, auch wenn man sie bestreitet".

Anhang

197

Zur Textkonstitution

Die vorliegende Ausgabe beruht auf dem entsprechenden Band 1/22–2 der Max Weber-Gesamtausgabe (MWG); sie enthält den Abschnitt „Religionssoziologie (Typen religiöser Vergemeinschaftung)" des sog. Zweiten Teiles von „Wirtschaft und Gesellschaft". Der Text stammt aus Max Webers Nachlaß. Max Weber hat ihn 1913/14 als Beitrag zu dem von ihm verfaßten Teil „Wirtschaft und Gesellschaft" im „Grundriß der Sozialökonomik" geschrieben. Die 1914 vorgesehene „Einteilung des Gesamtwerkes" sah eine Behandlung von „Religiöse Gemeinschaften. Klassenbedingtheit und Religionen; Kulturreligionen und Wirtschaftsgesinnung" vor. Auch wennn die Überschriften des posthum erst 1921/22 veröffentlichten Abschnittes „Religionssoziologie" andere sind, entspricht sein Inhalt im großen und ganzen diesem Plan. Der Edition liegt diese Veröffentlichung in der Erstauflage von „Wirtschaft und Gesellschaft" zugrunde.

Die Textkonstitution folgt durchweg den Grundsätzen der MWG. Entsprechend den allgemeinen Editionsregeln wurden Texteingriffe auf ein Minimum beschränkt, d.h. nur bei Textverderbnissen vorgenommen. Griechische, hebräische und arabische Wörter und Namen werden in der Herausgeberrede entsprechend der vierten, seit 1998 erscheinenden Auflage der RGG transkribiert.

Die am Text vorgenommenen Emendationen sind im textkritischen Apparat von MWG 1/22–2 nachgewiesen. Darüber hinaus sind in folgenden Fällen stillschweigende Texteingriffe, ebenfalls gemäß den Verfahren der MWG, vorgenommen worden:

a) Bei Umlauten: Sie werden – soweit sie Folge der zu Webers Zeiten üblichen Drucktechniken sind – der heutigen Schreibweise angeglichen (Ä statt Ae). Die Schreibweise ss für ß wird zu ß vereinheitlicht.

b) Bei Abkürzungen: Sie werden, sofern sie schwer verständlich und heute nicht mehr üblich sind, in eckigen Klammern ausgeschrieben.

c) Bei offensichtlichen Druckfehlern: Banale Fehler bei Begriffen sowie Personen- und Ortsnamen werden berichtigt.

d) Bei Interpunktionsfehlern: Sie werden korrigiert, sofern dies für das Verständnis des Textes erforderlich ist.

Emendationen

Dem Text liegt die erste Druckfassung zu Grunde. Druckfehler wurden stillschweigend berichtigt. Eingriffe in den Text, die den Sinn verändern, sind mit einem Stern * markiert. Hier folgt eine Auflistung der Worte, die von von einer Emendation betroffen waren.

S. 7 alii cuti
S. 7 incubi
S. 8 indizitieren
S. 9 „seiner nicht" ergänzt
S.10 Laienkult
S. 14 Vorstöße
S. 51 hellenischen
S. 73 Umodnitschestwo
S. 74 Anders
S. 78 imperialistischen
S. 78 erastianisch oder irenäisch
S. 126 Acta
S. 146 Gollmann

Zur Entstehung und Überlieferung des Textes

I. Zur Entstehung

Der Edition von Max Webers „Religiöse Gemeinschaften" liegt ein Text zugrunde, der im Zweiten Teil der Erstauflage von „Wirtschaft und Gesellschaft" als Kapitel IV unter dem Titel „Religionssoziologie (Typen religiöser Vergemeinschaftung.)" 1921/22 posthum veröffentlicht wurde. Der Text ist vermutlich 1913 aus religionswissenschaftlichen Studien hervorgegangen, die Max Weber seit 1911 mit großer Intensität betrieben hat. Weber hatte 1919/20 vor, diesen Text nach einer gründlichen Umarbeitung als „Religionssoziologie" in „Wirtschaft und Gesellschaft" aufzunehmen. Da es dazu nicht mehr gekommen ist, haben die Herausgeber der Max Weber-Gesamtausgabe in Übereinstimmung mit Formulierungen Webers dem Text in der historisch-kritischen Edition die Überschrift „Religiöse Gemeinschaften" gegeben.

Einen ersten, jedoch noch vagen Hinweis auf ein religionswissenschaftliches Vorhaben findet man in Planungen Max Webers für das „Handbuch der Politischen Ökonomie". In dem im Mai 1910 versandten, von ihm entworfenen „Stoffverteilungsplan" untergliederte Weber das geplante Kapitel „Wirtschaft und Gesellschaft" in drei Teilbereiche, die er selber bearbeiten wollte: „4. Wirtschaft und Gesellschaft. a) Wirtschaft und Recht (1. prinzipielles Verhältnis, 2. Epochen der Entwicklung des heutigen Zustands). (*Prof. Max Weber*) b) Wirtschaft und soziale Gruppen (Familien- und Gemeindeverband, Stände und Klassen, Staat). (*Prof. Max Weber*) c) Wirtschaft und Kultur (Kritik des historischen Materialismus) (*Prof. Max Weber*)". Der zuletzt genannte Teilbereich nimmt indirekt Bezug auf die Aufsätze „Die Protestantische Ethik und der ‚Geist' des Kapitalismus" sowie die von ihnen ausgelöste Debatte. In ihnen hatte Weber eine Erklärung der kapitalistischen Wirtschaftsgesinnung vorgetragen, die gegen die einseitige Sichtweise des historischen Materialismus gerichtet war und diese um eine Erklärung aus kulturellen, speziell religionshistorischen Tatbeständen ergänzen sollte. Man kann annehmen, daß der Teilbereich „Wirtschaft und Kultur" hierfür vorgesehen war.

Als 1914 nach vielen Verzögerungen der erste Teilband des „Grundrisses der Sozialökonomik", wie das Werk nun hieß, erschien, fügten „Schriftleitung und Verlag", d.h. Max Weber und Paul Siebeck, dem auf den 2. Juni 1914 datierten Vorwort eine „Einteilung des Gesamtwerkes" hinzu. Danach war in dem ersten Buch des GdS („Grundlagen der Wirtschaft."), Abteilung III, unter Punkt C als Webers eigener Grundrißbeitrag „Wirtschaft und Gesellschaft. I. Die Wirtschaft und die gesellschaftlichen Ordnungen und Mächte" mit einem Abschnitt 5 „Religiöse Gemeinschaften. Klassenbedingtheit der Religionen; Kulturreligionen und Wirtschaftsgesinnung" vorgesehen.

Ein erster Hinweis auf eine Niederschrift der „Religiösen Gemeinschaften" findet sich in einem Brief Webers vom Juli 1913 an seinen Freiburger Freund Heinrich Rickert. Weber bedankte sich für einen angekündigten oder bereits erhaltenen Sonderdruck „Vom System der Werte": „Ich freue mich sehr auf Ihre Systematik, schicke Ihnen dann als Gegengabe das Mscr. meiner Religionssystematik". Ende November 1913 kam Weber in einem Brief an Rickert noch einmal auf sein eigenes Vorhaben zu sprechen: *NB. Ich würde Ihnen ganz gern meine (empirische)* Casuistik der Contemplation und aktiven Religiosität schicken. Aber sie ist nur zu ³/₄ abgetypt" (MWG II/8, S. 411). Wie schon im ersten Brief nahm Weber auch in diesem auf Begriffe Rickerts Bezug. Rickert hatte in seinem Aufsatz „Vom System der Werte" das „auf Wertverwirklichung gerichtete Verhalten" des Menschen nach formalen Kriterien unterschieden und „entweder als Aktivität oder als Kontemplation" charakterisiert. Sucht man nach einem entsprechenden Text in den „Religiösen Gemeinschaften", kommt dafür nur Abschnitt 10 in Frage: „Die Erlösungswege und ihr Einfluß auf die Lebensführung". Weber unterscheidet hier – ähnlich wie Rickert – zwischen einem „kontemplativen" und einem „mehr aktiv gesteigerten spezifisch religiösen Habitus" (vgl. oben im Text, S. 92, 98 f.). Ein weiterer Hinweis auf das Manuskript stammt vom Ende des Jahres 1913. Weber teilte in einem Brief am 30. Dezember 1913 seinem Verleger die Existenz eines neuen umfangreichen Manuskriptes mit: „Da *Bücher* ja – ‚Entwicklungsstufen‘ – ganz unzulänglich ist, habe ich eine geschlossene soziologische Theorie und Darstellung ausgearbeitet, welche alle großen Gemeinschaftsformen zur Wirtschaft in Beziehung setzt: von der Familie und Hausgemeinschaft zum ‚Betrieb‘, zur Sippe, zur ethnischen Gemeinschaft, zur Religion (*alle* großen Religionen der Erde umfassend: Soziologie der Erlösungslehren und der religiösen Ethiken, – was Tröltsch gemacht hat, jetzt für *alle* Religionen, nur wesentlich knapper) endlich eine umfassende soziologische Staats- und Herrschafts-Lehre. Ich darf behaupten, daß es noch *nichts* dergleichen giebt, auch kein ‚Vorbild‘. Von *Bücher* fallen *4* Bogen fort. *6* + *4* =*10* Bogen Raum hätte ich also. Aber es werden *25* Bogen sein, vielleicht etwas mehr und die Schicksalsfrage wird sein: ‚geht das‘? Ich schicke Ihnen in 14 Tagen erst einmal die Inhaltsübersicht. An allen Ecken ist noch zu bessern und zu ergänzen, es war eine sehr stramme Arbeiterei" (MWG II/8, S. 450). Als Weber diesen Brief schrieb, war ihm klar, daß er den geplanten Umfang des Textes bereits überschritten hatte. Auch nach diesem Zeitpunkt aber muß er am Text weiter geschrieben haben. Der gedruckte nachgelassene Text von „Wirtschaft und Gesellschaft" besteht aus 39 Bogen von jeweils 16 Seiten (zuzüglich 11 weiterer Seiten). Der Text der „Religiösen Gemeinschaften" allein umfaßt 8 Bogen zuzüglich 8 Seiten, insgesamt 136 Druckseiten.

Neben den „Religiösen Gemeinschaften" gab es noch weitere Ergebnisse von Webers religionswissenschaftlichen Untersuchungen, die er offensichtlich ebenfalls 1913 niedergeschrieben hatte. Hierüber gibt seine erste Fußnote der „Einleitung" in die „Wirtschaftsethik der Weltreligionen. Religionssoziologische Skizzen" Aufschluß: „Die nachstehenden Darlegungen erscheinen unverändert so wie sie vor zwei Jahren niedergeschrieben und Freunden vorgelesen waren. Einziehung zum Dienst machte es unmöglich, den wissenschaftlichen ‚Apparat‘, wie beabsichtigt, beizufügen". Erinnerungen von Marianne Weber bestätigen diese Angabe. Zur „Wirtschaftsethik der Weltreligionen" bemerkte sie im „Lebensbild", die geschichtsphilosophische „Einleitung" sowie die ersten Kapitel über den „Konfuzianismus" (MWG I/19), 1915 veröffentlicht, seien zwei Jahre zuvor niedergeschrieben worden. Auch die „Zwischenbetrachtung" stamme aus der Zeit vor dem Krieg (Weber, Marianne, Lebensbild, S. 561). Die „Einleitung" läuft streckenweise parallel mit den „Religiösen Gemeinschaften" und stammt offensichtlich aus derselben Arbeitsphase. Schwieriger ist die Bemerkung zur „Zwischenbetrachtung". Sie kann in der gedruckten Version erst nach Ausbruch des Ersten Weltkrieges fertiggestellt worden sein. Weber schrieb nämlich in ihr: „Die Gemeinschaft des im Felde stehenden Heeres fühlt sich heute, wie in den Zeiten der Gefolgschaft, als eine Gemeinschaft bis zum Tode: die größte ihrer Art" (MWG I/19, S. 492 f.). Da die „Zwischenbetrachtung" insgesamt aus einer Umarbeitung von Abschnitt 11 („Religiöse Ethik und ‚Welt‘") der „Religiösen Gemeinschaften" hervorgegangen ist, muß die Vorlage aus der Zeit vor dem Ersten Weltkrieg stammen. Nur auf diesen Text kann sich die Bemerkung von Marianne Weber beziehen. In dem oben erwähnten Vorwort zum ersten Teilband der „Grundrisses der Sozialökonomik", datiert vom 2. Juni 1914, kündigten „Schriftleitung und Verlag", Max Weber und Paul Siebeck, gemeinsam eine baldige Veröffentlichung der Abteilung mit Webers Beitrag an: „[…] Abteilung III (Buch I, dritter Abschnitt) [gehen] im Oktober in Satz. Das Ganze soll im Laufe des Jahres 1915 gedruckt vorliegen". Vergleicht man die „Einteilung der Gesamtwerkes" bezogen auf Webers Beitrag im „Grundriß der Sozialökonomik" mit Webers Brief an den Verleger von Ende 1913, zeigen sich große Übereinstimmungen. In der Einteilung kehren die „großen Gemeinschaftsformen" wieder, die Weber laut Brief an den Verleger in „geschlossenen soziologischen Theorie und Darstellung" zur Wirtschaft in Beziehung gesetzt habe: Hausgemeinschaft, Betrieb, Sippe, ethnische Gemeinschaft, Religion, Staat und Herrschaft. Man wird annehmen können, daß Weber seine briefliche Ankündigung mehr gemacht und den Charakter einer „Inhaltsübersicht" seiner Darstellung dieses Textes hatte.

Zur Datierung

Als Herausgeberin von „Wirtschaft und Gesellschaft" schrieb Marianne Weber im Oktober 1921 im Vorwort zum Zweiten Teil der Erstauflage, die Schriften aus dem Nachlaß seien „bis auf einige später eingeschobene Ergänzungen aus den Jahren 1911–1913" fixiert worden. Einen

Hinweis Webers auf „eine authentische Mitteilung Dr. Franks" versah sie mit der Fußnote: „Etwa 1912–13 geschrieben". Weitere Indizien bietet die von Weber benutzte Literatur. Bei der editorischen Arbeit am Text konnte kein einziger Titel ermittelt werden, der aus dem Zeitraum nach 1913 stammt. Ins Jahr 1913 weist der Bezug Webers auf Julius Guttmann sowie der erratische Hinweis auf „John Wesleys Bemerkung". In der Überarbeitung der „Protestantischen Ethik" teilte Weber mit, ein Brief von Professor Sir William James Ashley aus dem Jahr 1913 habe ihn auf die Bemerkung Wesleys aufmerksam gemacht, daß Religion zwar Fleiß und Sparsamkeit hervorbringe, der daraus entstehende Reichtum aber zum Niedergang eben genau dieser Religion führe. Zahlreiche Äußerungen Webers spielen auf zeitgenössische Ereignisse oder Diskussionen an. Wo Weber in diesen Zusammenhängen von „heute" oder „neuerdings" oder „jetzt" spricht oder sich auf andere Weise auf Aktuelles bezieht, paßt auch dies auf einen Zeitraum *bis* 1913, wie die Erläuterungen an Ort und Stelle zeigen. Genauere Datierungen ergeben sie jedoch nicht. Alle Indizien zusammengenommen – die Hinweise auf Niederschriften, die benutzte Literatur, die beiläufigen Erwähnungen zeitgenössischer Sachverhalte – , stützen die Annahme, daß Weber den vorliegenden Text hauptsächlich im Jahre 1913 abgefaßt hat. Bei Webers Arbeitsweise läßt sich eine frühere Entstehung einiger Teile des Textes jedoch nicht ausschließen, ist umgekehrt eher wahrscheinlich. Man kann dies für Abschnitt 11 vermuten. In diesem Abschnitt kündigt Weber an, er werde auf die Stellung des sog. „Naturrrechts" zur religiösen Offenbarung „gelegentlich der Erörterung der religiösen Gemeinschaftsformen" zurückkommen (vgl. oben im Text, S. 133). Von keinem der Texte in WuG[1] wird diese Ankündigung eingelöst. Auch gehen Ausführungen zur „religiösen Gemeinschaft" dem Abschnitt 11 *voraus* und *folgen* ihm nicht. Es liegt nahe, Webers Worte als Ankündigung eines Vorhabens zu lesen, nicht als Teil der Verweisstruktur. Die Ausführung – so die Annahme – ist später beim Einbau der Verweise versehentlich stehen geblieben. Das Thema des Naturrechts hatte Weber anläßlich eines Vortrages von Ernst Troeltsch auf dem Ersten Deutschen Soziologentag in Frankfurt 1910 beschäftigt. Für ein relativ höheres Alter des Abschnitts 11 spricht auch, daß Weber in ihm ankündigte, er werde „in bald zu erwähnender Weise" die Ausschaltung des Zinsverbots in der katholischen Kirche behandeln (vgl. oben im Text, S. 120). Tatsächlich hat er das in dem vorangehenden Abschnitt 10 getan (S. 110).

Bearbeitungspläne

Äußerungen Webers hatten beim Verleger Paul Siebeck die Hoffnung auf einen baldigen Druck des gesamten Manuskripts seines GdS-Beitrages geweckt. Optimistisch hatte Weber im Frühjahr 1914 den Beginn der Drucklegung von Abteilung III „Wirtschaft und Gesellschaft" des „Grundriß der Sozialökonomik" angekündigt: *„Mein* Mscr. wird 15. IX. druckfertig werden, so daß der Satz beginnen kann" (MWG II/8, S. 634, Brief vom 21. April 1914 an Paul Siebeck). In einem Schreiben vom 27. Juli 1914 beklagte Weber sich bei seinem Verleger zwar bitter über die Arbeit am GdS („das Unglück meines Lebens"), fügte dann aber unvorsichtigerweise hinzu: *„Natürlich* kann ich Ihnen bald große Teile schicken. Aber sie stehen dann *Monate* im Satz! Und bedrücken mich! Also! *so* geht das *nicht*" (MWG II/8, S. 776). Der Verleger zog daraus seine Folgerungen und kündigte im August 1914 auf dem Einband des „Archivs für Sozialwissenschaft und Sozialpolitik" das Erscheinen von Webers „Soziologie" (als Abteilung III des GdS) für Ende 1914 an.

Der Ausbruch des Krieges machte diese Planung zunichte. Weber meldete sich beim örtlichen Garnisonskommando, das ihm, der wegen seines Alters nicht mehr felddiensttauglich war, den Posten des Disziplinoffiziers bei der Reservelazarettkommission und die Einrichtung von Reservelazaretten in Heidelberg übertrug (vgl. MWG I/15, S. 23). Während der Zeit des Dienstes, der bis zum Herbst 1915 dauern sollte, ging die Korrespondenz mit dem Verleger über die Veröffentlichung weiter. Im Februar 1915 mahnte Paul Siebeck und schlug Weber vor, das Manuskript so, wie es vorliegt, zu drucken. Weber reagierte darauf aber strikt ablehnend. Der Verleger sah sich gezwungen, seine Initiative Weber gegenüber zu rechtfertigen: „Was ich über Ihren eigenen Beitrag schrieb, geschah in der Annahme, dass Sie Ihr Manuscript einfach so drucken lassen *könnten*, wie es ist. Schrieben Sie mir doch am 28. Juli vorigen Jahres: ,natürlich kann ich Ihnen bald grosse Teile schicken, sie stehen dann Monate im Satz'. Ich meine, von hier aus angesehen, war meine Anfrage wenigstens halbwegs entschuldbar. Es wäre doch auch immerhin eine schöne und gute Sache gewesen, wenn Ihre ‚Soziologie‘ *vor* dem Michels'schen Lexikon erschienen wäre“.

Um dem Verleger Paul Siebeck entgegenzukommen, bot Weber ihm zum Ausgleich eine Reihe von Aufsätzen über die „Wirtschaftsethik der Weltreligionen“ an. Diese Aufsätze seien „Vorarbeiten und Erläuterungen der systematischen Religions-Soziologie im ‚G.d.S.Ö.‘“, sie seien „ziemlich umfangreich“. „Es wird dem G.d.S.Ö. zu Gute kommen, wenn sie *bald* gedruckt werden, wenigstens einige von ihnen. Denn die Darstellung im G.d.S.Ö. muß viel gedrängter und ‚systematisch‘ sein“, schrieb Weber an seinen Verleger. Diesen Worten zufolge war Weber sich damals schon im klaren, daß eine Überarbeitung seines gesamten Grundriß-Beitrages nötig war, bevor er veröffentlicht werden konnte. Als dann die Aufsätze vom Oktober 1915 an publiziert wurden, konnte dies ebenfalls nicht ohne Wirkung auf den geplanten religionssoziologischen Abschnitt bleiben. Denn diese Aufsätze und sein Beitrag in „Wirtschaft und Gesellschaft“ standen in einem inneren Zusammenhang, wie Weber in der „Einleitung“ zur „Wirtschaftsethik der Weltreligionen“ erläuterte, die 1915 im 41. Band des „Archivs für Sozialwissenschaft und Sozialpolitik“ erschien: „Diese Aufsätze waren nebenbei auch bestimmt, gleichzeitig mit der im ‚Grundriß der Sozialökonomik‘ enthaltenen Abhandlung über ‚Wirtschaft und Gesellschaft‘ zu erscheinen, den religionssoziologischen Abschnitt zu interpretieren und zu ergänzen (allerdings auch in vielen Punkten durch ihn interpretiert zu werden). Dieser Aufgabe werden sie wohl auch in ihrem jetzigen Zustand dienen können, [...]. Auch in ihrer jetzigen Form können sie aber vielleicht zur Ergänzung der Problemstellungen der Religions- und hie und da wohl auch der Wirtschafts-Soziologie in einigen Punkten nützlich sein“ (MWG I/19, S. 83f., Fn. 1). Nach der Veröffentlichung der Aufsätze war eine Überarbeitung des Textes „Religionssoziologie. (Typen religiöser Vergemeinschaftung.)“ in WuG¹ in Richtung auf eine systematische Religionssoziologie unausweichlich, ist jedoch nicht mehr geschehen.

Als Weber im Sommersemester 1918 an der Universität Wien eine einstündige Vorlesung hielt, um zu prüfen, ob er den Ruf dorthin annehmen könne, war „Wirtschaft und Gesellschaft (Positive Kritik der materialistischen Geschichtsauffassung)“ das Thema. Wie im Stoffverteilungsplan von vor acht Jahren war die Kritik der materialistischen Geschichtsauffassung dabei der entscheidende Gesichtspunkt. Dem Verleger machte Weber im April 1918 noch einmal Hoffnung, er werde dadurch „das *große Buch*“ [„Wirtschaft und Gesellschaft“] stark fördern (MWG II/10). Weber hat das Manuskript anscheinend seiner Vorlesung zugrunde gelegt, jedoch können wir Spuren einer Bearbeitung an keiner Stelle des Textes nachweisen. Hätte Weber das Manuskript bearbeitet, hätte er unter den Satz geändert: Die „Unmöglichkeit, zwei Dutzend Heilige in einem Jahre durch Fortfall der ihnen heiligen Tage gefährlich zu kränken, hindert die Annahme des gregorianischen Kalenders in Rußland noch heute“ (vgl. oben im Text, S. 5), da im Februar 1918 dieser Kalender in Rußland eingeführt worden war. Weber begann damals damit, die bereits veröffentlichten Aufsätze zur „Wirtschaftsethik der Weltreligionen“ „durch Ergänzung mit Material (für China) und Umarbeitung (für die letzten Partien: Kürzung) [für die Gesammelten Aufsätze zum Druck] vorzubereiten“. Das „große Buch“ aber blieb liegen. Erst im Wintersemester 1919/20 machte er dem Verleger erneut Hoffnung: „Das Kolleg strapaziert sehr und hindert an *stetiger* Fortarbeit; erst Weihnachten kann ich wieder ganz *stramm* arbeiten. Das dicke *alte* Manuskript muß ganz gründlich umgestaltet werden und dabei bin ich (bezw. war ich) eben“ (MWG II/10, Brief vom 27. Oktober 1919 an Paul Siebeck). Spuren einer Überarbeitung sind im Text „Religiöse Gemeinschaften“ allerdings wie schon bemerkt, nicht zu entdecken.

Weber gab 1919 die überarbeiteten Aufsätze als „Gesammelte Aufsätze zur Religionssoziologie“ zum Druck. In seiner „Vorbemerkung“ wies er darauf hin, daß er bei der Erfassung der Einflüsse kulturtragender Schichten und deren Lebensführung mehr als bisher die Ethnologie berücksichtigen müsse. Das solle bei der anstehenden Bearbeitung des Textes „Religionssoziologie“ innerhalb von WuG geschehen: „Es sei also nachdrücklich zugestanden und betont: daß hier eine Lücke besteht, welche der Ethnograph mit gutem Recht beanstanden muß. Einiges zu ihrer Ausfüllung hoffe ich bei einer systematischen Bearbeitung der Religionssoziologie tun zu können“ (MWG I/18). Je länger die Bearbeitung hinzog, um so mehr empfand er die Notwendigkeit einer tiefgreifenden Neubearbeitung. Dazu aber kam er wegen seines plötzlichen, frühen Todes nicht mehr.

Max Weber verstarb am 14. Juni 1920. Marianne Weber übergab dem Verlag im März 1921 einen Text zur Veröffentlichung, der in verschiedener Hinsicht unfertig war. Der Niederschrift von 1913 fehlte die Überarbeitung, für die Weber im Frühjahr 1914 noch ein halbes Jahr veranschlagt hatte. Dazu kam, daß der Text als Teil von „Wirtschaft und Gesellschaft" zu lang geraten war. Die Notwendigkeit einer Bearbeitung nahm zu, als Weber ab 1915 die Aufsätze zur „Wirtschaftsethik der Weltreligionen" veröffentlichte. Der Akzent des Textes hätte nun im Bereich einer religionssoziologischen Systematik liegen müssen. Schließlich dürfte auch die Weiterarbeit an der Rationalitätsthematik Änderungen gefordert haben. Weber war 1913 davon ausgegangen, daß Rationalität ein Produkt einer spezifischen Form von religiöser Vergemeinschaftung und Gesellschaftshandeln demnach ein spezieller Fall von Gemeinschaftshandeln sei. In den folgenden Jahren trat jedoch die Konzeption einer fortschreitenden Rationalisierung aller Sozialbeziehungen in den Vordergrund. Die „Vergemeinschaftung" wurde zu einem davon unterschiedenen besonderen Typus sozialen Handelns (MWG I/23).

Die Verweisstruktur: die Stellung der „Religiösen Gemeinschaften" in WuG[1]

Der Text „Religiöse Gemeinschaften" enthält insgesamt 80 Verweise auf andere Weber-Texte, überwiegend auf Teiltexte von WuG[1]. Studien Hiroshi Oriharas verdanken wir den Nachweis, daß diese Verweise authentisch sein müssen. Bei einer Auswertung für die Stellung des Textes im Zusammenhang von „Wirtschaft und Gesellschaft" kann man allerdings nur drei der von Orihara gebildeten vier Verweiskategorien gebrauchen: Rückverweise (etwa: „wie früher erwähnt"), Vorverweise (etwa: „wie noch zu erörtern") und Andernortsverweise (etwa: „die bei der Kasuistik der Herrschaftsformen noch zu erörtern sein wird"). Einige Verweise sind textintern. Der stilistische Bruch, den Wolfgang Schluchter zwischen den Abschnitten 1–6 und 7–12 der „Religiösen Gemeinschaften" beobachtet hat, wird von den Verweisen nicht bestätigt. Zahlreiche Verweise aus den Abschnitten 1–6 beziehen sich auf Abschnitte 7–12 und umgekehrt. Allerdings darf man daraus nicht den Schluß ziehen, daß alle Abschnitte von Weber in derselben Arbeitsphase verfaßt worden sein. Man wird mit mehreren Bearbeitungsschichten zu rechnen haben, die durch die Verweise verknüpft sind. Manche der Verweise sind nicht viel mehr als Hinweise auf ähnliche Ausführungen anderswo. Außerdem gibt es zahlreiche Doppelnennungen derselben Sachverhalte, ohne daß Weber auf sie verweist. Die Gründe hierfür konnten nicht geklärt werden. Andere Verweise führen in andere Teiltexte von „Wirtschaft und Gesellschaft", einer darüber hinaus auch in den ersten Aufsatz zur „Wirtschaftsethik der Weltreligionen". Diese Verweise sind interessant im Blick auf das Verhältnis von Webers Texten zueinander. Schaut man sich eine Gesamtübersicht über alle Verweise an, die sowohl *aus* dem WuG-Beitrag „Religiöse Gemeinschaften" auf andere Teile von WuG[1] führen sowie aus anderen Teilen *in* den Teil „Religiöse Gemeinschaften", erkennt man drei unterschiedliche Fälle von Beziehungen. Von Webers 17 übrigen Beiträgen der Erstauflage von „Wirtschaft und Gesellschaft" sind zehn mit dem Text „Religiöse Gemeinschaften" durch Verweise verbunden, sieben andere nicht. Betrachtet man diese zehn Teiltexte näher, erkennt man, daß in fünf Fällen die Verknüpfung einseitig ist, in fünf Fällen gegenseitig. Einseitig ist die Verweisrichtung zwischen den „Religiösen Gemeinschaften" und folgenden Teiltexten von WuG[1]: „Legitimität" und „Patrimonialismus" beziehen sich in Form von Rückverweisen auf die „Religiösen Gemeinschaften", ohne daß diese sich auf diese beiden WuG-Texte beziehen. Dagegen verweist der Text „Religiöse Gemeinschaften" auf „Ethnische Gemeinschaften" und „Umbildung des Charisma", ohne daß diese Abschnitte sich auch umgekehrt auf ihn bezögen. Ein Textverweis löst sich in „Die Stadt" auf. Wechselseitig ist die Verweisrichtung zwischen den „Religiösen Gemeinschaften" und den folgenden sechs Teiltexten von WuG[1]: „Wirtschaft und Gesellschaft im allgemeinen", „Typen der Vergemeinschaftung und Vergesellschaftung", „Rechtssoziologie (Wirtschaft und Recht)", „Klasse, Stand, Parteien", „Wirkungen des Patrimonialismus und des Feudalismus" sowie „Staat und Hierokratie". Ob man aus diesem Befund auf eine zeitliche Abfolge der Niederschrift von Textteilen schließen darf, ist allerdings angesichts seiner schmalen Basis fraglich. Eher sprechen einige Indizien dafür, daß Weber zwischen früheren und späteren Texten „Brücken" baute.

Es muß besonders erwähnt werden, daß nicht alle Textteile des „alten Manuskripts" durch Verweise mit den „Religiösen Gemeinschaften" verknüpft sind. Was liegt näher, als diesen Befund mit Webers Brief vom 30. Dezember 1913 (vgl. oben, S. 199) zu vergleichen? Er habe – so schrieb er dem Verleger Paul Siebeck – die großen Gemeinschaftsformen zur Wirtschaft in Beziehung gesetzt, und zwar in der Reihenfolge: von der Familie und Hausgemeinschaft zum Betrieb, zur Sippe, zur ethnischen Gemeinschaft, zur Religion, zu Staat und Herrschaft. Die Reihenfolge der Texte, die sich aus den Vor- und Rückverweisen des nachgelassenen Manuskriptes ergibt, entspricht in WuG[1] diesen Angaben. Die Verweisstruktur läßt sich daher auch als eine Unterstreichung der Behauptung Webers im Brief an den Verleger lesen, es handele sich um eine „geschlossene soziologische Theorie und Darstellung". Die Verweisstruktur stimmt übrigens auch mit der Stellung der „Religiösen Gemeinschaften" in der Einteilung des Gesamtwerkes von 1914 überein. Hier steht er zwischen Hausgemeinschaft, Nachbarschaftsverband, ethnischen Gemeinschaften einerseits und Marktvergemeinschaftung, politischem Verband und Herrschaft andererseits.

Die Stellung des Textes „Religiöse Gemeinschaften" in der Anlage des „Grundrisses der Sozialökonomik" ist demnach nicht zufällig, sondern systematisch begründet. Mehr beiläufig heißt es einmal von der ‚Gemeinde' im religiösen Sinn, sie sei „die zweite Kategorie von Gemeinde neben dem aus ökonomischen, fiskalischen oder anderen politischen Gründen vergesellschafteten Nachbarschaftsverband" (vgl. oben im Text, S. 36). Diese Bemerkung wird durch eine Aussage Webers im einleitenden Text „Wirtschaft und Gesellschaft im allgemeinen" verständlich, wonach sich an die „Vergesellschaftung" regelmäßig eine „übergreifende' Vergemeinschaftung" knüpft (MWG I/22‒1, S. 91). Man wird aus dieser Anordnung schließen können, daß Weber für die Behandlung des politischen Verbandes und der Herrschaftsformen der Behandlung der religiösen Gemeinschaften benötigte, wie er umgekehrt für die Analyse der religiösen Gemeinschaften die Nachbarschaftsverbände brauchte. Einschränkend ist allerdings hinzuzufügen, daß Weber die geplante Arbeit an seinem Grundrißbeitrag nicht in allen Bereichen gleich weit vorangetrieben hatte. Wenn Marianne Weber im Vorwort zur zweiten Lieferung 1921 darüber klagt: Die „Einteilung des Gesamtwerkes" von 1914 „gab zwar noch Anhaltspunkte, war aber in wesentlichen Punkten verlassen", dann haben wir es bei den Verweisen mit den noch erkennbaren Anhaltspunkten zu tun, ohne die es ihr und Melchior Palyi kaum möglich gewesen wäre, die richtige Reihenfolge der Teile von „Wirtschaft und Gesellschaft" zu finden. Besondere Beachtung verdienen die Verweise zwischen der „Wirtschaftsethik der Weltreligionen" und dem Text „Religiöse Gemeinschaften". Die „Religiösen Gemeinschaften" verweisen in Abschnitt 7, S. 75, auf eine Ausführung andernorts: „Stets ist, wie schon in anderem Zusammenhang erwähnt, der gebildete Hellene, mindestens der Idee nach, auch ein Krieger geblieben". Eine entsprechende Erwähnung findet sich nur im ersten Aufsatz der „Wirtschaftsethik der Weltreligionen", der Konfuzianismusstudie (MWG I/19, S. 305). Da dieser Text ebenfalls 1913 entstanden ist und erst zwei Jahre nach der Abfassung veröffentlicht wurde, konnte Weber schon bei der Niederschrift der „Religiösen Gemeinschaften" auf ihn verweisen. An anderer Stelle verweist Weber auf einen Sachverhalt, den er erst in der „Zwischenbetrachtung" ausführt. Weber schreibt in Abschnitt 11 der „Religiösen Gemeinschaften", die Tanzorgiastik der Chlysten gab, „wie wir sahen, die Veranlassung zur Bildung der Skopzensekte" (oben im Text, S. 136). Obwohl Weber bereits zuvor die ‚esoterische Gemeinde der Kastraten im Skopzentum" erwähnt hat (oben im Text, S. 96), machte er jedoch an dieser Stelle keine Angaben zur Entstehung. Erst in der „Zwischenbetrachtung" findet sich die Präzisierung: „Die Gründung der Skopzen-(Kastraten-)Sekte in Rußland ging aus dem Streben hervor, dieser als sündlich gewerteten Folge des orgiastischen Tanzes (Radjenie) der Chlüsten zu entrinnen" (MWG I/19, S. 502, Fn. 3). Umgekehrt verweist die „Einleitung" zur „Wirtschaftsethik der Weltreligionen" auf Webers geplanten Beitrag zu „Wirtschaft und Gesellschaft", allerdings nicht speziell auf die „Religiösen Gemeinschaften", sondern auf die „Herrschaft" (MWG I/22‒4). Bezüge und Verweise der „Religiösen Gemeinschaften" auf die späteren Aufsätze über die Wirtschaftsethik von „Hinduismus und Buddhismus" und vom „Antiken Judentum" gibt es nicht. Diese Fehlanzeigen sichern das bisherige Ergebnis. Die relative Chronologie des Textes „Religiöse Gemeinschaften" in „Wirtschaft und Gesellschaft" bestätigt die Vermutung einer Abfassung in wesentlichen im Jahr 1913.

II. Zur Überlieferung und Edition

Zwei Wochen nach dem Tod ihres Mannes (14. Juni 1920) teilte Marianne Weber dem Verleger Paul Siebeck mit, was sie mit den von Weber hinterlassenen Manuskripten zu tun gedenke: „Ich habe heute schon einen Teil der Manuskripte meines Mannes zur Soziologie zur Durchprüfung an einen jungen Gelehrten Dr. Palyi hier gegeben. [...] Es ist offenbar druckfertig vorhanden: Religionssoziologie, Rechtssoziologie, dann Formen der Gesellschaft: (Ethnische Gemeinschaft, Sippen Nation Staat u. Hierokratie etc.) – ferner Formen der Herrschaft: (Charismatismus Patrimonialismus Feudalismus Bürokratismus) u. ein großes Konvolut: Formen der Stadt, u. schließlich ein höchst interessanter Abschnitt über Musiksoziologie". Wenn man sich erinnert, wie ablehnend Weber 1915 auf das Vorhaben des Verlegers reagiert hatte, den Text samt allen weiteren Teilen der „geschlossenen soziologischen Theorie und Darstellung" zu veröffentlichen, ist diese Einschätzung überraschend. Nimmt man alle Äußerungen Webers zusammen, kommt man kaum um die Feststellung herum: Marianne Weber gab einen Text zum Druck, der bei Kriegsausbruch noch nicht druckfertig war und den Weber selbst ohne erhebliche Umarbeitung nicht für druckfertig gehalten hatte.

Es folgte eine Zeit intensiver redaktioneller Arbeit an den Manuskripten. Die Erstherausgeber formulierten für die einzelnen Abschnitte Inhaltsübersichten. An einigen Stellen finden sich im Text erläuternde Bemerkungen. Im März 1921 konnte Marianne Weber Oskar Siebeck, der zusammen mit seinem Bruder Werner Siebeck den Verlag nach dem Tode von Paul Siebeck im November 1920 weiterführte, von München aus mitteilen: „Ich habe soeben das Manuskript eingepackt. [...] Dem Manuskript liegt ein genaues Verzeichnis der Kapitelfolge[,] so wie ich sie in Gemeinschaft mit Dr. M. Palyi festgestellt habe, bei. Zwei Kapitel sind leider unvollendet. Einige Seiten müssen noch abdiktiert werden, ich habe sie zurückbehalten u. schicke sie von Heidelberg aus oder aber lege sie der Fahnenkorrektur bei. Ob wir an der vorläufig beschlossenen Reihenfolge der Abschnitte genau festhalten können[,] läßt sich heute noch nicht übersehen. Es ist möglich, daß Verschiebungen vorgenommen werden müssen, das würde ja aber für die Druckerei nichts ausmachen. Ich nehme an, daß die Manuskripte mindestens zwei Bände füllen werden. Natürlich wäre es zweckmäßig[,] die Fahnenkorrektur erst umzubrechen, wenn der eine Band völlig gesetzt ist; denn erst[,] wenn alles im Satz vorliegt, kann man den genauen Überblick gewinnen und die Reihenfolge definitiv festsetzen". Diese Worte lassen etwas von den Schwierigkeiten erahnen, welche die nachgelassenen Manuskripte Marianne Weber bereiteten. Marianne Weber bestätigte das im Vorwort der zweiten Lieferung der Erstausgabe von WuG vom Oktober 1921, mit der von ihr und Palyi herausgegebene Teil des Werks beginnt: „Die Herausgabe dieses nachgelassenen Hauptwerkes des Verfassers bot naturgemäß manche Schwierigkeiten. Für den Aufbau des Ganzen lag kein Plan vor. Der ursprüngliche, auf S. X und XI Band I des „Grundrisses der Sozialökonomik" skizzierte gab zwar noch Anhaltspunkte, war aber in wesentlichen Punkten verlassen. Die Reihenfolge der Kapitel mußte deshalb von der Erstherausgeberin und ihrem Mitarbeiter entschieden werden. Einige Abschnitte sind unvollendet und müssen so bleiben. Die Inhaltsangabe der Kapitel war nur für die ‚Rechtssoziologie' fixiert". Mit keinem Wort ging Marianne Weber allerdings darauf ein, daß der Plan von 1914 teilweise von Weber noch gar nicht erfüllt worden war. Die inhaltlichen Entscheidungen, die Marianne Weber und ihr Mitarbeiter Melchior Palyi getroffen haben, lassen sich hinsichtlich der „Religiösen Gemeinschaften" nicht sicher rekonstruieren. Vom Manuskript, das dem Setzer vorgelegen hat, ist nur ein Fragment vom Umfang einer Druckseite erhalten. Zwar enthielt ein Brief von Heinz Maus aus Marburg an Johannes Winckelmann einen weiteren vielversprechenden Hinweis: „Max Graf zu Solms, hier in Marburg, besitzt zwei handgeschriebene Manuskriptseiten der Religionssoziologie". Nachforschungen führten jedoch zu einem Manuskript, das nicht zum Text „Religiöse Gemeinschaften" gehört, sondern zu dem WuG[1]-Text „Staat und Hierokratie" (WuG[1], S. 782–790, MWG I/22–4). Das wenige noch erhaltene Material zeigt in aller Deutlichkeit, wie schwierig die Entzifferung von Webers Handschrift war.

Der Titel „Religiöse Gemeinschaften"

Als Weber 1919 den Ersten Teil von WuG[1] verfaßte, wies er an zwei Stellen auf einen als „Religionssoziologie" angekündigten Text hin. Im Kapitel I „Soziologische Grundbegriffe" heißt es bei der Gegenüberstellung von „Kirche" und „Sekte" im Zusammenhang mit den Begriffen „Anstalt" und „Verein": „Das Nähere gehört in die Religionssoziologie" (MWG I/23). Im Kapitel III „Die Typen der Herrschaft", § 12, heißt es bei der Erwähnung der Buddhisten und der hinduistischen Sekten: „siehe Religionssoziologie" (MWG I/23). In beiden Fällen kann aber nicht der nachgelassene Text gemeint sein. Weber wollte den Religionstext vor der Veröffentlichung erst noch überarbeiten. Außerdem war der theoretische Bezugsrahmen 1919 ein anderer als der von 1913. So wird man der Frage nicht ausweichen können, was der Titel des nachgelassenen Textes gewesen sein mag. Um den Titel des vorliegenden Textes unabhängig von seiner Funktion in WuG[1] zu ermitteln, muß man in die Zeit seiner Entstehung im Jahre 1913 zurückgehen.

Es gibt einen guten Grund, den vorliegenden, aus dem Nachlaß edierten Text statt unter dem bisherigen Titel „Religionssoziologie", wie er seit der ersten Auflage von WuG hieß, als „Religiöse Gemeinschaften" zu edieren. Die „Einteilung des Gesamtwerkes", die dem ersten und weiteren Bänden des „Grundrisses der Sozialökonomik" seit 1914 beigegeben war, beschrieb den Abschnitt mit den Worten: „Religiöse Gemeinschaften. Klassenbedingtheit der Religionen; Kulturreligionen und Wirtschaftsgesinnung". Da die Indizien dafür sprechen, daß der Text im wesentlichen 1913 abgefaßt wurde, steht diese Inhaltsübersicht dem Text zeitlich am nächsten. Nur wenn die „Einteilung des Gesamtwerkes" nicht von Weber stammen würde oder der Teil erst danach von ihm verfaßt worden wäre, wäre die Sachlage eine andere. Dazu kommt, daß die drei im Werkplan von 1914 genannten Programmschwerpunkte dem inhaltlichen Aufbau des nachgelassenen Textes entsprechen.

Max Weber hat sich zum WuG-Beitrag „Religiöse Gemeinschaften" auch später wiederholt geäußert. Nachdem er sich für die Veröffentlichung der Aufsätze zur „Wirtschaftsethik der Weltreligionen" im Jahre 1915 entschieden hatte, tauchte in den Quellen eine andere Charakterisierung des Textes auf. In einem Brief an den Verleger sprach Weber von der „systematischen Religions-Soziologie im ‚G.d.S.Ö.‘", in einer Fußnote zur „Einleitung" in die „Wirtschaftsethik der Weltreligionen" aus dem Sommer 1915 von dem „religionssoziologischen Abschnitt in ‚Wirtschaft und Gesellschaft‘". In der „Vorbemerkung" zu den „Gesammelten Aufsätzen zur Religionssoziologie" äußerte er schließlich 1919/20 die Hoffnung, einiges zur Ausfüllung der Lücken in den Aufsätzen „bei einer systematischen Bearbeitung der Religionssoziologie tun zu können" (GARS I, S. 15). Diese Abfolge von Charakterisierungen zeigt, wie Weber sich schrittweise von seiner einstigen Auffassung von Religion als einer speziellen Form von Gemeinschaftshandeln entfernte. Als Weber 1919 den Ersten Teil von WuG[1] verfaßte, wies er an zwei Stellen auf einen als „Religionssoziologie" angekündigten Text hin. Diese Hinweise haben Marianne Weber und Melchior Palyi aufgegriffen und dem hier edierten Text den Titel „Religionssoziologie" gegeben.

Zur Frage der Authentizität von Überschriften, Inhaltsübersichten und Textuntergliederung

Daß alle Abschnittsüberschriften von Max Weber selber stammen, muß man bezweifeln. Als das Manuskript „Wirtschaft und Gesellschaft" beim Verlag eintraf, schickte Oskar Siebeck eine stichwortartige Bestätigung des Inhalts der Sendung an Marianne Weber. Dort finden sich unter der Überschrift „Religionssoziologie" folgende Angaben, die hier vergleichend mit den Überschriften und Zwischenüberschriften der Erstausgabe von „Wirtschaft und Gesellschaft" (rechte Spalte) wiedergegeben werden:

Religionssoziologie	Religionssoziologie. (Typen religiöser Vergemeinschaftung.)
1. – - -	§ 1. Die Entstehung der Religionen.
2. Zauber, Priester	§ 2. Zauberer – Priester.
3. Gottesbegriff, Ethik, Tabu	§ 3. Gottesbegriff. Religiöse Ethik. Tabu.
4. „Prophet"	§ 4. „Prophet".
5. Gemeinde	§ 5. Gemeinde.
6. Heil. Wissen, Predigt, Seelsorge	§ 6. Heiliges Wissen. Predigt. Seelsorge.
7. Stände und Klassen u. Religion	§ 7. Stände, Klassen und Religion.
8. Theodizee	§ 8. Das Problem der Theodizee.
9. Erlösung und Wiedergeburt	§ 9. Erlösung und Wiedergeburt.
10. Erlösungswege	§ 10. Die Erlösungswege und ihr Einfluß auf die Lebensführung
11. Religiöse Ethik und „Welt"	§ 11. Religiöse Ethik und „Welt".
12. Die Kulturreligion und die Welt (Unvollendet)	§ 12. Die Kulturreligionen und die „Welt".

Offensichtlich fehlte für den ersten Abschnitt eine Überschrift; sie muß von Marianne Weber oder Melchior Palyi nachträglich eingefügt worden sein. Allerdings muß im Manuskript mindestens eine Ziffer, vielleicht auch ein unleserlicher Titel, gestanden haben, so daß Oskar Siebeck in seiner Aufstellung eine Freistelle ließ. Noch einen weiteren Eingriff kann man erschließen. Siebeck gab keine Paragraphenzählung an, wie sie später in der Erstauflage verwendet wurde, sondern nur numerierte Abschnitte. Die hier vorliegende Edition gliedert den Text daher ebenfalls in numerierte Abschnitte, die Paragraphenzeichen entfallen in der Edition. Wenn nachweislich einer der Abschnittstitel von Marianne Weber oder Melchior Palyi eingefügt worden ist, wird man dasselbe bei den anderen nicht sicher ausschließen können, auch wenn es für den hier zu edierenden Text keine brieflichen Hinweise gibt. Man kann die Echtheit der Überschriften nur noch durch eine Prüfung des Textes selber zu klären versuchen. Eine solche Prüfung ist möglich. Weber kommt nämlich wiederholt auf die Grundlinien seiner Darstellung zu sprechen. Am Ende von Abschnitt 2 (Zauberer – Priester) kündigt er die Behandlung dreier „Faktoren" an: der rationalen Metaphysik und Ethik von Priestern (Abschnitt 3, Gottesbegriff. Religiöse Ethik. Tabu), der „Propheten" (Abschnitt 4) und drittens der „Laien" (Abschnitt 5, Gemeinde) (vgl. oben im Text, S. 18 f.). Am Ende von Abschnitt 3 wiederholt Weber, daß er die Beziehung der drei Faktoren Priester, Propheten, Laien behandeln wolle (vgl. oben im Text, S. 27). Am Ende des vierten Abschnitts folgt die Ankündigung, er wolle nun „die gegenseitigen Beziehungen von Priestern, Propheten und Nichtpriestern näher erörtern" (oben im Text, S. 35), was in Abschnitt 5 (Gemeinde) geschieht. Allerdings ist dieser Abschnitt trotz seiner zentralen inhaltlichen Bedeutung nicht nur merkwürdig kurz geraten (nur fünf Seiten), sondern die Überschrift des folgenden Abschnittes 6 (Heiliges Wissen. Predigt. Seelsorge) unterbricht den laufenden Text. Abschnitt 6 bildet mit Abschnitt 5 eine Einheit. In beiden geht es um die angekündigten gegenseitigen Beziehungen von Priestern, Propheten und Laien. Ein gesonderter Abschnitt „Heiliges Wissen. Predigt. Seelsorge" ist von Webers eigener Textmoderation nicht vorgesehen. Am Ende von Abschnitt 6 stellt Weber den weiteren Gang der Darstellung vor und weist auf die Laien als Träger rationaler Lebensführung hin. Damit leitet er zu Abschnitt 7 „Stände, Klassen und Religion" über (vgl. oben im Text, S. 47). Die Abschnitte 8 bis 11 werden von Weber anders verknüpft: nicht durch vorausgreifende moderierende Bemerkungen, sondern durch eine innere Logik von Religion als Entzweiung von „Sinn" und „Welt", von Sollen und Sein. Weber behandelt erst die Erfahrung der Unvollkommenheit der Welt und ihrer Verarbeitung in der Theodizee (Abschnitt 8). Dann folgen zwei Abschnitte „Erlösung und Wiedergeburt" (Abschnitt 9) und „Die Erlösungswege und ihr Einfluß auf die Lebensführung" (Abschnitt 10). Der kurze Abschnitt 9 gehört zum folgenden, die Überschrift paßt nicht recht. Abschnitt 11 („Religiöse Ethik und ‚Welt'") legt die möglichen Spannungen zwischen religiöser Ethik und Welt dar. Abschnitt 12 beginnt und endet abrupt und mit Textverlust. Weber charakterisiert in ihm die Weltreligionen, die Gemeinden gebildet haben, im Blick auf ihr Wirtschaftsethos.

Nimmt man alle Beobachtungen zusammen, kommt man zu dem Schluß, daß wir hier einen Text vor uns haben, dessen Zwischenüberschriften bis auf zwei zu den Ankündigungen des Autors passen. Einer der beiden Zweifelsfälle war Gegenstand der Korrespondenz zwischen Marianne Weber und dem Verleger Oskar Siebeck über die zweite Lieferung von WuG¹. Der Verleger war empört: „Nachdem er [Palyi] die ganze Korrektur zweimal in Fahnen bekommen hat, ist es für mich jedenfalls überraschend, dass er jetzt noch Einfügungen verlangt, die ohne ein Umbrechen ganzer Seiten und Bogen gar nicht möglich sind. [...] Bei Seite 261 [von WuG¹, jetzt: S. 40] vollends stehen wir nahezu vor einer technischen Unmöglichkeit. Würde die Inhaltsübersicht, die auf zwei Zeilen kaum unterzubringen sein wird, hier noch nachträglich eingefügt, so sehe ich keine andere Möglichkeit, für diese nachträgliche Einfügung Raum zu schaffen, als dass auf Seite 272 [von WuG¹, jetzt: S. 53] die Fußnote gestrichen wird. Auch dann müssen aber ³/₄ Bogen ganz neu umbrochen werden. Da nun aber die Inhaltsübersichten ohnehin nicht allen Paragraphen vorgesetzt sind, wäre m.E. höchstens ein Schönheitsfehler, wenn sie bei § 6 wegbliebe. Vielleicht kann ein gewisser Ersatz durch ein paar weitere Sperrungen im Text geschaffen werden. [...]". In ihrer Antwort bat Marianne Weber den Verleger am 23. September 1921, er möge die von Palyi eingefügten Anmerkungen auf S. 188 [von WuG¹, MWG I/22–1] übernehmen, „sie sind für das Verstehen des historischen Sinnes des Textes nicht unwichtig. Dagegen müssen die § Überschriften [Inhaltsübersichten] auf S. 261 [von WuG¹, jetzt: S. 40] fortbleiben. Umbrechung des Bogens sind sie nicht wert. Ich hatte, da § 6 so kurz ist[,] absichtlich die Untereinteilung, die freilich an sich doch erwünschenswert gewesen wäre, fortgelassen. Palyi hat leider bei der 2. Lesung der Fahnen keine Zeit gehabt – darum erst jetzt diese Einschiebungen. Falls die Einschiebung auf S. 267 [von WuG[1], Inhaltsübersichten von § 7, jetzt: S. 47] Schwierigkeiten macht, muß sie fortbleiben, sonst wäre sie gut [...]".

Dieser Ausschnitt aus der Korrespondenz zeigt in aller gewünschten Klarheit, daß Marianne Weber (und Melchior Palyi) mit den von ihnen selbst verfaßten Textzusätzen anders umgingen als mit den von Weber hinterlassenen Texten. Die Inhaltsübersichten – von ihr „Überschriften" und „Untereinteilung" genannt – konnten weggelassen werden, wenn drucktechnische Notwendigkeiten es geboten. Was hätte näher gelegen, auch den Abschnittstitel von 6 zu entfernen und den Text mit dem Abschnitt 5 (Gemeinde) zusammenzufassen, wenn dieser von ihr geschaffen worden wäre? Sie tat es nicht, obwohl sie ihn selber zu kurz fand. Verständlich wird das nur, wenn für die Erstherausgeber die Abschnittstitel zum Text Max Webers gehörten, die Inhaltsübersichten aber nicht. Daß sie dennoch nachweislich einen Titel eingefügt hat (Abschnitt 1, Die Entstehung der Religionen), hing mit dem außergewöhnlichen Umstand zusammen, daß Weber für den ersten Abschnitt zwar eine Numerierung, aber keine Überschrift hinterlassen hat.

Zum Abschluß muß die Frage gestellt werden, wie sich die Inhaltsangabe in der „Einteilung des Gesamtwerkes" von 1914 zu den Abschnittstiteln des nachgelassenen Textes verhält. Ist es möglich, daß beide gleichermaßen authentisch sind? Bei einer Antwort müßte man bedenken, daß Weber den Text erst noch fertigstellen mußte. Ein halbes Jahr veranschlagte er im Frühjahr 1914 dafür. Diese Fertigstellung ist nicht mehr erfolgt. Es ist daher nicht zu entscheiden, ob die Überschriften aus dem nachgelassenen Text des Jahres 1913 stammen oder erst später eingefügt wurden.

Der Erstdruck

Der gedruckte Text der Erstausgabe enthält zahlreiche Fehler. „Palyi hat leider bei der 2. Lesung der Fahnen keine Zeit gehabt", bemerkte Marianne Weber in einem Brief an den Verleger Oskar Siebeck vom 23. September 1921. Daher habe sie erst jetzt die Inhaltsangaben einzelner Abschnitte einschieben können. Marianne Weber wies im Vorwort vom Oktober 1921 zur zweiten Lieferung auf die Gefahr von Fehlern hin: „Die Entzifferung der Manuskripte, für welche den Text des Verlages ein großes Verdienst zukommt, namentlich die richtige Lesart der zahlreichen fremdsprachigen Fachwörter außereuropäischer Einrichtungen u. dgl. gab zu mancherlei Zweifeln und Nachfragen Anlaß, und es ist möglich, daß trotz des freundlichen Beistands verschiedener Fachgelehrter Unstimmigkeiten unterlaufen" sind. Welche Schwierigkeiten die Entzifferung machte, zeigt das aufgefundene Handschriftenfragment. Als Albert Salomon im Zuge der Arbeiten an einem Register zu den „Gesammelten Aufsätzen zur Religionssoziologie" auch den Text von WuG[1] durcharbeitete, erkannte er, wie viele Sinn- und Druckfehler der Text enthielt und teilte seine Beobachtung dem Verleger mit. In einem Brief an Marianne Weber schrieb der Verleger Oskar Siebeck am 29. Juni 1922: „Grosse Sorge bereitete mir eine Bemerkung, die Herr Dr. Salomon am Schlusse seines Brief macht. Er schreibt wörtlich: ,Außerdem erlaube ich mir mitzuteilen, dass in der 2. Lieferung von Max Weber, Wirtschaft und Gesellschaft eine ganze Reihe schwerer, zum Teil sinnentstellender Druckfehler vorkommt, was mir auch von anderer Seite bestätigt wird'". Rückblickend attestierten die Verleger Melchior Palyi „saumselige Erledigung der Korrekturen des Werkes": „[...] die Korrekturarbeit des Herrn Dr. Palyi scheint nach der technischen Seite unter keinem glücklichen Stern zu stehen". Neben den Schwierigkeiten, die der Setzer mit der Entzifferung der Vorlagen hatten, gab es noch eine andere Fehlerquelle. Wie wir aus dem oben zitierten Brief Marianne Webers vom 25. März 1921 erfahren, mußten noch einige Seiten aus dem nachgelassenen Manuskript „abdiktiert" werden, bevor sie an den Verlag abgingen. Eine Verschreibung, die ebenso in den „Religiösen Gemeinschaften" (S. 383) wie in „Staat und Hierokratie" (WuG[1], S. 802) vorkommt: „Acta di Calimala" statt richtig „Arte di Calimala", muß daher nicht unbedingt auf einem Fehler des Setzers, sondern kann auf einem mißverstandenen Diktat beruhen, das selber nicht mehr mit der Handschrift kollationiert worden ist.

Nimmt man an, daß Weber aus dem Abschnitt 11 der „Religiösen Gemeinschaften" Teile entnommen hat, um die „Zwischenbetrachtung" fertig zu stellen, könnte dies eine Textlücke in

Abschnitt 12 erklären. Abrupt beginnt der Abschnitt mit dem Satz: „Die dritte in gewissem Sinn ‚weltangepaßte‘, jedenfalls aber ‚weltzugewendete‘, nicht die ‚Welt‘, sondern nur die geltende soziale Rangordnung in ihr ablehnende Religion ist das Judentum in seiner uns hier allein angehenden nachexilischen, vor allem talmudischen Form, über deren soziologische Gesamtstellung bereits früher einiges gesagt wurde" (vgl. oben im Text, S. 141). Nach dem Judentum spricht Weber vom Islam, um sich dann den weltablehnenden Religionen von Buddhismus und dem alten Christentum zuzuwenden. Es fehlen offensichtlich Konfuzianismus und Hinduismus: die Teile, die für die anstehenden Aufsätze über die „Wirtschaftsethik der Weltreligionen" relevant waren und die Weber dafür entnommen haben könnte. Auch am Ende ist der Abschnitt unvollständig. „Nach Notizen im Manuskript sollte dieser Abschnitt weitergeführt werden", teilten die Erstherausgeber mit.

Zu dieser Edition

Der Edition von Max Webers „Religiöse Gemeinschaften" liegt, von einem Handschriftenfragment abgesehen, ein Text zugrunde, der im Zweiten Teil der Erstauflage von „Wirtschaft und Gesellschaft" als Kapitel IV unter dem Titel „Religionssoziologie. (Typen religiöser Vergemeinschaftung.)" im Grundriß der Sozialökonomik, Abteilung III: Wirtschaft und Gesellschaft. – Tübingen: J.C.B. Mohr (Paul Siebeck) 1921/22, S. 227–363, posthum veröffentlicht wurde. Dieser Band wurde in vier Lieferungen publiziert. Die zweite Lieferung vom Oktober 1921 enthielt die Seiten 227 bis 356, den weitaus größten Teil der „Religiösen Gemeinschaften". Die letzten sieben Seiten von Abschnitt 12 (Die Kulturreligionen und die „Welt", WuG[1], S. 357– 363) erschienen erst mit der dritten Lieferung 1922. Das zum Schluß gedruckte Inhaltsverzeichnis der Erstauflage des Bandes folgte dem der zweiten Lieferung und gab fälschlicherweise für die gesamte „Religionssoziologie" die Seiten 227 bis 356 an. Tatsächlich hätte es aber 227 bis 363 heißen müssen. Die Zwischenüberschriften zu den Abschnitten 1–12 werden aus der Erstausgabe von „Wirtschaft und Gesellschaft" übernommen. Ist die Authentizität nicht gesichert, so erfolgt die Wiedergabe in eckigen Klammern. Auf die Wiedergabe der Inhalts- und Seitenübersichten, wie sie sich in der Erstausgabe von „Wirtschaft und Gesellschaft" zu einzelnen Abschnitten finden, wird in der vorliegenden Edition verzichtet, da sie als nicht Weber-authentisch anzusehen sind (vgl. oben, S. 206 f.).

Personenverzeichnis

Dieses Verzeichnis berücksichtigt nur Personen, die im Text Webers selbst Erwähnung finden, mit Ausnahme allgemein bekannter Persönlichkeiten. Mythische Personen und Dynastien werden im Glossar aufgeführt.

Abraham (ursprüngl.: 'abrām) (beide Namen entsprechen in der Bedeutung der Grundform 'äbîrām, sem.: „[mein] Vater ist erhaben". In 1. Mose 17, 5 wird der Name Abraham als „Vater einer Menge" (hebr.: ab-hamon) gedeutet. Religiöser Stammvater des Judentums, des Christentums und des Islam und Träger der Verheißung Gottes; 1. Mose 12–15 schildert seinen Auszug aus dem chaldäischen Ur ins Land Kanaan und seine weitere Lebensgeschichte.
Achan; Tl. (hebr.): ʿĀkān (unsichere Namensbedeutung). Biblische Gestalt. Josua 7, 1–26 berichtet, daß Achan im eroberten Jericho, auf dem Jahwes Bann lag, trotz Zutrittsverbots geplündert habe. Dies habe den Zorn Jahwes auf das gesamte israelitische Volk nach sich gezogen; → Josua stellte den Frevler und ließ ihn mitsamt seiner ganzen Familie steinigen.
Aeschylos; Tl. (griech.): Aischylos (525/4–456/5 v. Chr.). Athenischer Tragiker. Führte den Auftritt mehrerer Schauspieler sowie bühnentechnische Innovationen ein. Neben Fragmenten sind sieben seiner Tragödien erhalten.
Alexander (III.) der Große (Juli 356–13. 6. 323 v. Chr.). König von Makedonien (seit 336 v. Chr.) und Gründer eines Großreiches, das sich seit 327/326 v. Chr. bis nach Indien erstreckte. Einer der bedeutendsten Feldherren und Eroberer der Antike.
Alexandros Jannaios. König der Makkabäer (103–77 v. Chr.). Hohepriester und Herrscher der Juden. Führte Kriege gegen die Ptolemäer, Seleukiden und Nabatäer, Moabiter und Galaaditer und trug einen sechsjährigen Bürgerkrieg mit den Pharisäern aus.
Ali; Tl. (arab.): ʿAlī b. Abī Ṭālib (um 600–24. 1. 661). Vetter und Schwiegersohn → Muhammeds, dessen Tochter Fatima er heiratete, vierter Kalif (seit 656). Vater des → Muḥammed b. Al-Ḥanafīya. Nach Muhammeds Tod 632 kam es zum Konflikt zwischen Ali und Abu Bakr um die Leitung der Gemeinde. Alis Anhänger bildeten die „Schia", die „Partei Alis". Ali gilt den Schiiten als erster Imam.
Amenophis IV. (ägypt.: „Amun ist zufrieden"); benannte sich um in **Echnaton** (ägypt.: „dem Aton wohlgefällig"). Ägyptischer Pharao (1378–1361 v. Chr.). Verlegte die Reichshauptstadt von Theben nach Achet-Aton (Tell-el-Amarna) in Mittelägypten; sein religiöser Reformversuch, die ausschließliche Verehrung des Gottes Aton (der Sonnenscheibe als Lebensspenderin) zu fordern, wurde nach seinem Tod von den ägyptischen Amunpriestern rückgängig gemacht. Er erhob die gesprochene Sprache zur Schriftsprache.
Amos; Tl. (hebr.): Amasja („Jahwe trägt"). Biblischer Prophet; zuvor Hirte aus Tekoa an der Grenze der Wüste Juda während der Regierungszeit Jerobeams II. (783–743 v. Chr.). Amos betonte die ethischen Forderungen der Jahwereligion, wandte sich gegen Korruption, soziale Ungerechtigkeiten und rein formale Riten; kündigte für den „Tag Jahwes" ein göttliches Strafgericht über Israel an.
Anselm von Canterbury (1033/34–21. 4. 1109). Benediktinerabt, Erzbischof von Canterbury. Bekämpfte den weltlichen Einfluß auf die Kirche. Mitbegründer der mittelalterlichen Scholastik; die Wahrheit des Glaubens war für ihn nur über die Vernunft zu erreichen („Credo ut intelligam"; „ich glaube, um zu verstehen"); versuchte, einen ontologischen Gottesbeweis zu erbringen.
Artaxerxes; Tl. (iran.): Artachšasa („der ein Reich der Gerechtigkeit hat"). Name mehrerer persischer Könige. Das biblische Buch Esra (7, 13–26) überliefert den „Erlaß des Artaxerxes", ein Dokument, das → Esra bevollmächtigt, nach der Babylonischen Gefangenschaft Israels das mosaische Gesetz unter den Heimkehrern in Jerusalem wieder zu etablieren. Aufgrund der abweichenden Chronologien in den Büchern Esra und Nehemia ist es unsicher, ob Artaxerxes I. (465–425/24 v. Chr.) oder Artaxerxes II. (404–359 v. Chr.) gemeint ist.

Athanasius (295–2. 5. 373). Bischof von Alexandrien (ab 328); griech. Kirchenvater. Gegner des alexandrinischen Presbyters Arius und dessen Lehre über die Wesensungleichheit von Gott und Christus. Athanasius wurde fünfmal verbannt.

Augustin(us), Aurelius (13. 11. 354–28. 8. 430). Kirchenlehrer. Seit 396 Bischof von Hippo Regius in Nordafrika; bekämpfte in seinem Bischofsamt den Manichäismus, dem er vor seiner Konversion zum Christentum als Auditor verbunden war; Gegner des Donatismus und der Anhänger des → Pelagius; lehrte die göttliche Vorherbestimmtheit des Menschen; gab dem Trinitätsdogma seine endgültige Form; sein literarisches Hauptwerk ist „De civitate Dei".

Augustus (eigentl.: Gaius Octavius, nach seiner Adoption: Octavian(us)) (63 v. Chr.–14 n. Chr.). Römischer Kaiser (ab 27 v. Chr.). Adoptivsohn Caesars. Der Ehrentitel „augustus" (lat.: „der Erhabene") wurde ihm vom Senat am 16. Januar 27 v. Chr. verliehen. Der Titel hatte sakralen Charakter und wurde Bestandteil der Kaisertitulatur. Augustus belebte als Pontifex Maximus die römischen Kulte neu und ließ verfallene Tempelanlagen restaurieren; seine Hausgottheit, die Vesta Augusta, verknüpfte er mit dem Staatskult; genoß bereits zu Lebzeiten als „Imperator Caesar Divi Filius" göttliche Verehrung; wurde nach seinem Tod vom römischen Senat zum Gott erklärt.

Bartholomae, Christian (21. 1. 1855–9. 8. 1925). Iranist und Indogermanist. Studium in Erlangen, München und Leipzig, 1879 Habilitation in Halle; 1884 a.o. Professor ebd., 1885 in Münster, 1898 o. Professor für indogermanische Sprachen in Gießen, 1909 in Straßburg und Heidelberg.

Baudelaire, Charles (9. 4. 1821–31. 8. 1867). Französischer Dichter, Kunstkritiker und Essayist. Seine bekanntesten Werke sind „Les fleurs du mal" (1857) und „Petits poèmes en proses" (1868). Er entwarf eine neue Ästhetik, die über den klassischen Schönheitsbegriff hinausging und auch dem Bösen und Häßlichen einen ästhetischen Wert zubilligte.

Beatrice (ca. 1266–1290). Jugendliebe von → Dante Alighieri. Gattin des Simone de Bardi. Sie wird mit Bice, der Tochter des Folco Portinari identifiziert, eines wohlhabenden und wohltätigen Nachbarn von Dantes Familie. Sie starb im Alter von 24 Jahren, nach Dantes Angabe im Juni 1290. Die literarische Figur der Beatrice in Dantes „Divina Comedia" verkörpert die Führerin des Dichters zu Gott.

Bernhard von Clairvaux (1090–20. 8. 1153). Theologe und Kirchenlehrer. Abt von Clairvaux und Förderer der Zisterzienser. In seinen Predigten über das erotisch gefärbte, alttestamentliche Hohelied entwickelte er seine „Mystik der Jesusliebe", die innige Verehrung Jesu als Bräutigam der Seele.

Bousset, Wilhelm (3. 9. 1865–8. 3. 1920). Evangelischer Theologe. Theologiestudium in Erlangen, Leipzig und Göttingen; 1889 Privatdozent; 1896 a.o. Professor für neutestamentliche Theologie und Exegese in Göttingen; 1916 Berufung nach Gießen durch die Fürsprache Adolf von → Harnacks. Mitbegründer der sog. „Religionsgeschichtlichen Schule" in Göttingen, die Judentum und Christentum als historische Erscheinung im Kontext der antiken Religionsgeschichte studierte. Seine Hauptforschungsgebiete waren das antike Judentum, Jesus sowie das Urchristentum. Bousset war mit Ernst → Troeltsch befreundet.

Breysig, Kurt (5. 7. 1866–16. 6. 1940). Kulturhistoriker. 1889 Promotion zum Dr. phil. in Berlin bei Gustav Schmoller, 1892 Habilitation ebd.; 1896 a.o. Professor für neuere Geschichte, 1923–34 o. Professor für Soziologie in Berlin. Seine empirischen Forschungen sollten universalhistorische Entwicklungsgesetze nachweisen, nach denen sich die Menschheit zu immer höheren Kulturstufen entwickelt.

Buddha → Siddharta.

Calvin, Johannes (eigentl.: Jean Cauvin) (10. 7. 1509–27. 5. 1564). Theologe und Reformator, der vor allem in Genf wirkte; sein theologischer Einfluß, insbesondere seine Prädestinationslehre, prägte die reformatorische Entwicklung in weiten Teilen Europas.

Camillus (eigentl.: Marcus Furius Camillus) (gest. ca. 365 v. Chr.). Sagenumwobener römischer Politiker; Mitglied der etruskischen gens Furia. Begann seine Ämterlaufbahn 403 v. Chr. als Zensor, hatte sechs Konsulartribunate inne; 396 v. Chr. Eroberung der etruskischen Stadt Veji nördlich von Rom. Erfolgreicher Kampf gegen fremde Eroberungsversuche.

Çankara; Tl. (Skt.): Śaṅkara („er, der Segen bringt") (6. Jahrhundert n. Chr.; seine Lebensdaten: 788–820, sind später konstruiert). Hinduistischer Metaphysiker und religiöser Führer. Gilt als Vedantaphilosoph und Hauptvertreter des Advaita (einer monistischen Richtung des Vedanta, in der der Schöpfung, das Atman und das Brahman identisch sind). Ihm werden

zahlreiche Kommentare zu den Upanishaden, der Bhagavadgita (ein ins Mahabharata, einem altindischen Epos, eingefügtes Lehrgedicht) sowie selbständige Werke zugeschrieben.
Charondas (wahrscheinlich zweite Hälfte des 6. Jahrhunderts v. Chr.), Gesetzgeber aus Katane. Auf ihn werden die Gesetze der chalkidischen Kolonien Sizilien und Unteritalien zurückgeführt, über deren Inhalte es keine zuverlässigen Quellen gibt. Platon und Diodorus Siculus erwähnen Charondas in ihren Schriften.
Commodus (eigentl.: Marcus Aurelius Gaius Antoninus) (161–31. 12. 192). Römischer Kaiser. 177 wurde er zum Augustus ernannt; seit 17. 3. 180 Alleinherrscher. Als Garant eines „goldenen Zeitalters" (Saeculum Commodianum) förderte er die Kulte der orientalischen Mysteriengötter und -göttinnen und war auch den Christen gegenüber tolerant; Gegner im Senat ließen ihn ermorden.
Condé → Louis I. de Bourbon.
Cromwell, Oliver (25. 4. 1599–3. 9. 1658). Englischer Heerführer und Staatsmann. Seit 1628 Mitglied des Unterhauses; 1640–53 Mitglied des „Langen Parlaments" und einer der Führer gegen die absolutistische Politik Karls I. Cromwell ließ als Oberhaupt des Staatsrates 1649 den König hinrichten und proklamierte das „Commonwealth of England". Seit 1653 Lord-Protector.
Dante Alighieri (Mai 1265–14. 9. 1321). Italienischer Dichter, Verfasser des allegorischen Lehrgedichtes „Divina Comedia". Anhänger der antipäpstlichen Guelfenpartei, wurde 1302 aus Florenz verbannt.
Deissmann, Gustav Adolf (7. 11. 1866–5. 4. 1937). Evangelischer Theologe und Religionshistoriker. 1892 Habilitation in Marburg; 1895–97 Lehrer des Theologischen Seminars Herborn; 1897–1908 o. Professor in Heidelberg und 1908–1934 in Berlin; 1914 Mitglied der Preußischen Generalsynode; 1914–21 Herausgeber des „Evangelischen Wochenbriefes". Gehörte zu den Gründern und Führern der „Ökumenischen Bewegung". Gründete in Heidelberg den religionswissenschaftlichen „Eranos"-Kreis (erste Protokolleintragung von 1904), an dem sich auch Max Weber beteiligte.
Dezius (eigentl.: Gaius Messius Quintus Traianus Decius) (um 200–251). Römischer Kaiser (249–251). Im Juni 249 wurde er von den Truppen zum Imperator ausgerufen. Im Herbst 249 ordnete er nach einer supplicatio, einem Befehl, den römischen Göttern zu opfern, die erste reichsweite Verfolgung der sich verweigernden Christen im römischen Reich an. Sie dauerte bis zu seinem Tod im Kampf gegen die über die Donau vordringenden Goten.
Diokletian (eigentl.: Gaius Aurelius Valerius Diocletianus) (nach 230–3. 12. 313). Römischer Kaiser (17. 11. 284–305). Gemeinsam mit Maximianus, Constantius I. und Galerius bildete er eine Tetrarchie, eine Viererherrschaft. Diokletian erhob den Kult des Gottes Jupiter zum verbindlichen Staatskult, ging 297 gegen die Manichäer vor. Er sicherte die Reichsgrenzen gegen Germanen und Perser, teilte die Mehrzahl der Provinzen in kleinere Verwaltungsgebiete auf, setzte eine Steuerreform und Münzordnung durch. 301 Erlaß eines Höchstpreisedikts. Eine Christenverfolgung unter Diokletian begann mit mehreren Edikten aus dem Jahr 303, die die Christen ihrer Kirchen, heiligen Schriften und liturgischen Geräte beraubten. Durch ein Edikt von 304 wurde der Opferzwang für die römischen Götter verschärft; bei Nichteinhaltung drohte Zwangsarbeit oder Tod. Die Repressalien gegenüber den Christen dauerten bis 311 an, obwohl Diokletian bereits 305 abdankte.
Dostojewsky; Tl. (russ.): Dostoevskij, Fedor Michajlovič (11. 11. 1821–9. 2. 1881). Russischer Dichter. 1838–43 Studium an der Militäringenieursschule in Sankt Petersburg; Anhänger der später als „utopischer Sozialismus" bezeichneten Bewegung. 1849 Verhaftung wegen Mitgliedschaft in einem politischen Geheimbund, acht Monate später zum Tode verurteilt, zu einer mehrjährigen Zuchthausstrafe in Sibirien begnadigt (1850–54); 1859 Rückkehr nach Rußland. Herausgeber mehrerer Zeitschriften.
Dvořák, Rudolf (12. 11. 1860–1. 2. 1920). Orientalist und Begründer der tschechischen Orientalistik. 1884 Privatdozent, 1890 a.o. Professor, 1896 o. Professor der tschechischen Universität in Prag. Kenner der hebräischen, arabischen, persischen und türkischen Sprache; der chinesischen Kultur- und Literaturgeschichte. Sein zweibändiges Werk „Chinas Religionen" (Confucius 1895 und Lao-tsï 1903) zählten zu den bedeutendsten Arbeiten über China zu seiner Zeit. Er übersetzte Teile des Alten Testaments (Ruth, Psalmen, Hiob) und das chinesische Shu-ching („klassisches Buch der Urkunden"), eine angeblich von Konfuzius vorgenommene Zusammenstellung von historischen und mythologischen Texten, die teilweise aus

212 Personenverzeichnis

dem 10. bis 5. Jahrhundert v. Chr. stammen, ins Tschechische. 1908 Herausgeber der Poesie des türkischen Lyrikers Baki.

Echnaton → Amenophis IV.

Eckhardt, Meister Eckhart oder Eckehart (ca. 1260–vor 30. 4. 1328). Mystiker, Dominikaner. Hauptvertreter der deutschen Mystik, Lehrer von Johannes → Tauler und Heinrich Seuse; lehrte die Rückkehr der menschlichen Seele zu Gott und die zu erstrebende Einheit des begnadeten Menschen mit Gott, die „Unio mystica". 1326 eröffnete Erzbischof Heinrich von Virneburg ein Häresieverfahren gegen ihn; 1329 verurteilte Papst → Johannes XXII. in seiner Bulle „In agro dominico" einige von Eckharts Lehrsätzen.

Egidy, Christoph Moritz (29. 8. 1847–29. 12. 1898). Preußischer Offizier. Verfechter eines dogmenfreien Christentums. 1890 Veröffentlichung seiner Schrift „Ernste Gedanken", in der er die kirchlichen Dogmen und die christlichen Wundererzählungen verwarf; daraufhin im gleichen Jahr Ausschluß aus dem Militärdienst; Herausgeber der Zeitschriften „Das einige Christentum" (ab 1892) und „Versöhnung" (ab 1894).

Elia; Tl. (hebr.): 'Elijjā („Jahwe ist Gott") (griech.: Elias). Biblischer Prophet des 9. Jahrhunderts v. Chr. im Nordreich. Militanter Bekämpfer des kanaanitischen Baalglaubens; wurde der Legende nach in einem Feuerwagen in den Himmel entrückt. Der Elia-Zyklus ist in 1. Könige 17–2. Könige 2 aufgezeichnet.

Empedokles (483–423 v. Chr.). Griechischer Vorsokratiker, Arzt, Philosoph, Priester. Schöpfer der klassischen Lehre von den vier Elementen Feuer, Wasser, Erde, Luft; er ging davon aus, daß es weder Werden noch Vergehen gibt, sondern nur Mischung und Trennung; zwei fragmentarische Dichtungen („Über die Natur" und die „Reinigungen") sind erhalten.

Erasmus von Rotterdam (seit 1496 nannte er sich Erasmus Desiderius) (28. 10. 1466–12. 7. 1536). Theologe und Humanist. 1492 Priesterweihe; 1495–99 Theologiestudium in Paris, 1506–09 in Italien, 1506 Promotion ebd., 1506–14 Aufenthalt in London bei Thomas Morus. Erasmus übte Kritik an der Macht des Klerus und am Reliquienkult. Er verwarf Martin Luthers Bestreitung der menschlichen Willensfreiheit und dessen Position im Bauernkrieg. 1516 Veröffentlichung einer eigenständigen Exegese des Neuen Testaments, zwischen 1520 und 1530 erschienen Neubearbeitungen der Werke einiger Kirchenväter. Erasmus versuchte, zwischen den verschiedenen Konfessionen zu vermitteln.

Esra; Tl. (hebr.): 'Ezrā („Gott ist Hilfe"). Schriftgelehrter aus priesterlichem Geschlecht. Beamter („Schreiber") für jüdische Angelegenheiten am Hof des Perserkönigs → Artaxerxes (I. oder II.); kehrte nach dem Babylonischen Exil mit einer großen Gruppe von Juden nach Jerusalem zurück; stellte den Jahwekult wieder her (Esra 3) und annullierte die Ehen von Juden mit Nicht-Jüdinnen (Esra 9 und 10).

Fox, George (Juli 1624–13. 1. 1691). Begründer der Quäker. Zunächst Schuhmacher, brach er 1643 mit seiner bisherigen Lebensweise, zog durch Mittelengland, suchte Gespräche mit Klerikalen und Sektierern; hatte mehrere Auditionen, in denen er Gottes Stimme zu hören glaubte; wurde mehrfach inhaftiert; 1652 Niederlassung in Swarthmoor Hall, rasche Gemeindebildung; ab 1670 Missionsreisen nach Westindien, Nordamerika, Deutschland und Holland. Fox vermutete ein „inneres Licht" (gestützt auf Johannes 1, 9) in jedem Menschen, das zur Erleuchtung führt. Er forderte für seine Gemeinden die Autonomie von kirchlichen Institutionen, der Bibel und den Sakramenten; bekämpfte Sklaverei, Luxus und Trunksucht; trat für die Gleichberechtigung der Frauen ein.

Francke, August Hermann (22. 3. 1663–8. 6. 1727). Hauptvertreter des Halleschen Pietismus. Studium in Erfurt, Kiel und Leipzig; 1685 Magister der Theologie. 1687 hatte er in Lüneburg ein Bekehrungserlebnis. In Leipzig, wo er seit 1689 Dozent war, hielt er unter dem Einfluß Philipp Jakob → Speners „erweckliche theologische Vorlesungen" (Collegia biblica) und wurde deshalb 1690 aus Leipzig vertrieben. 1690 Diakon an der Augustinerkirche in Erfurt; erhielt nach kurzer Zeit Vorlesungs- und Versammlungsverbot und mußte Erfurt verlassen; 1692 Berufung als Professor für orientalische Sprachen an die Universität Halle, gleichzeitig Pfarrer an der Georgenkirche in Glaucha bei Halle; 1698 Professor der Theologie; 1715 Pfarrer an der Ulrichskirche in Halle. Francke gründete und leitete die nach ihm benannten „Franckeschen Stiftungen", Erziehungsanstalten für Kinder unterschiedlicher sozialer Herkunft, die teilweise mit Waisenhäusern verbunden waren und in denen Kinder „zur beständigen Furcht und Liebe des allgegenwärtigen Gottes" erzogen werden sollten. „Den Schulen angegliedert waren die Ostindische Missionsgesellschaft (1705) und die Cansteinsche Bibel-

anstalt (1710). Seit 1946 sind die „Franckeschen Stiftungen" der Universität Halle angegliedert.
Frank, Dr. Die gemeinte Person konnte nicht zweifelsfrei identifiziert werden.
Franziskus, Franz von Assisi (1181/82–3. 10. 1226). Gründer des Franziskanerordens. Sein Bekehrungserlebnis von 1204/05 führte ihn zu einer Lebensweise in Armut und Demut; seit etwa 1211 bildeten sich in Italien, später in ganz Europa, franziskanische Bruderschaften, aus denen 1223 mit päpstlicher Bestätigung der Franziskanerorden hervorging; 1228 Heiligsprechung.
Al Ghazzali; Tl. (arab.): Abū Ḥāmid Muḥammed b. Muḥammed Al-Ṭūsī Al-Šāfʿī (um 1059–19. 12. 1111). Islamischer Denker und Theologe. Nach seiner Lehrtätigkeit an der Hochschule in Bagdad wandte er sich dem Sufismus zu, den er als Methode der inneren Vervollkommnung des Menschen verstand, und lebte fortan als wandernder Derwisch; im Anschluß an seine Mekkawallfahrt im Jahr 1097 lebte er mehrere Jahre in Zurückgezogenheit; Ghazzali lehrte, daß die eigene Erfahrung die einzige zuverlässige Quelle der Gotteserkenntnis sei; Kritiker des Avicenna (Ibn Sīnā, 980–1037) und des al-Farābi (870–950).
Gideon (hebr.: „Haudegen", auch: „mit verletzter Hand"). Biblischer Richter Israels aus dem Stamm Manasse (Richter 6, 11–8, 32); erhielt von Jahwe den Auftrag, das Volk Israel von den Midianitern zu befreien.
Goliath. Legendärer Held der Philister. Zeichnete sich durch seine Körperkraft und seine Ausrüstung aus. 1. Samuel 40–54 schildert seinen Kampf gegen den noch jugendlichen David, den späteren König Israels, der ihn tötete.
Gregor (I.) der Große (540–11. 3. 604). Papst (seit 3. 9. 590). Kirchenlehrer, Benediktinermönch. 572/73 römischer Stadtpräfekt; Gründer des Benediktinerklosters Sankt Andreas in Rom; 577 Weihe zum Regionaldiakon; Neuordnung der Verwaltung des päpstlichen Grundbesitzes; Auseinandersetzungen mit den Langobarden. Gregor der Große gab erste Anstöße zur Christianisierung Britanniens, förderte Kirchengesang und Liturgie; Namensgeber der „Gregorianischen Gesänge".
Gregor VII. (Klostername: Hildebrand; um 1020–25. 5. 1085). Papst (seit 22. 4. 1073) und Kirchenreformer. Er setzte eine Kirchenreform in Gang, die den päpstlichen Jurisdiktions- und Lehrprimat und die Unterordnung des weltlichen Herrschers unter den Papst forderte. Zugleich bekämpfte er den Kauf geistlicher Ämter (Simonie) und die Priesterehe. Seine Forderungen formulierte Gregor VII. im „Dictatus Papae". 1075 Erlaß des Verbotes der Laieninvestitur (der Besetzung der Bischofsstühle und Abteien durch weltliche Herren, speziell des Königs oder Kaisers), was zum Investiturstreit mit König Heinrich IV. führte.
Guttmann, Julius (15. 4. 1880–20. 5. 1950). Religionsphilosoph. 1919 Dozent für jüdische Religionsphilosophie an der Hochschule für die Wissenschaft des Judentums in Berlin; 1934 Emigration nach Jerusalem; o. Professor an der Hebräischen Universität ebd. Rezensierte 1913 im „Archiv für Sozialwissenschaft und Sozialpolitik" Werner → Sombarts Buch „Die Juden und das Wirtschaftsleben".
Hadrian (eigentl.: Publius Aelius Hadrianus) (24. 1. 76–10. 7. 138). Römischer Kaiser (seit 117). Er ließ die römischen Provinzen ausbauen, führte eine Heeresreform durch, stärkte die Stellung des Senats, reformierte die Rechtsprechung. Hadrians Absichten, in Jerusalem die römische Kolonie Aelia Capitolina zu gründen und an die Stelle des alten Jerusalemer Jahweheiligtums einen Tempel für Jupiter Capitolinus zu errichten, führten zum jüdischen Aufstand unter Bar-Kochba (132–135). Nach der Einnahme Jerusalems durch die Römer und der Vernichtung der jüdischen Widerstandsgruppen wurde aus Judäa die römische Provinz Syria Palästina.
Hammurabi (auch: Hammurapi) (ca. 1728–1686 v. Chr.). Altbabylonischer Herrscher. Sechster König der 1. Dynastie von Babylon. Reformer der Rechtsprechung; richtete eine zentralistisch organisierte Verwaltung ein; der 1902 publizierte „Codex Hammurapi", der auf älteren sumerischen und babylonischen Rechtssammlungen fußte, regelte Fragen des öffentlichen und privaten Rechts auf der Basis von Talionsrecht; der Gott Schamaš sollte die Gerechtigkeit der Gesetze garantieren.
Harnack, Adolf (seit 1914) von (7. 5. 1851–10. 6. 1930). Evangelischer Theologe. 1873 Promotion in Leipzig, 1874 Habilitation ebd.; 1876 a.o. Professor für Kirchengeschichte ebd., 1879 o. Professor in Gießen, 1886 in Marburg, 1888–1921 in Berlin; 1890 Mitbegründer des Evangelisch-sozialen Kongresses, dessen Vorsitzender er von 1903–11 war; 1905–21 Generaldirek-

tor der Preußischen Staatsbibliothek; Begründer und erster Präsident der 1911 ins Leben gerufenen Kaiser-Wilhelm-Gesellschaft zur Förderung der Wissenschaften; aus seinem Schülerkreis konstituierte sich 1886/87 die „Christliche Welt"; 1892 trat er im sog. „Apostolikumsstreit" für eine zeitgemäße Neufassung des apostolischen Glaubensbekenntnisses ein; 1893/94 war er führend an der Bewegung gegen den Agendenentwurf der preußischen Landeskirche beteiligt. Harnack trat schon früh unter dem Einfluß von Albrecht Ritschl für eine historische Betrachtung des Christentums ein. Die kirchliche Dogmenbildung betrachtete er als eine hellenistische Überfremdung der Botschaft Jesu Christi. In seinen Vorlesungen „Wesen des Christentums" entdogmatisierte Harnack die christliche Botschaft zugunsten ihres ethischen Gehaltes.

Herodes I. (der Große) (um 73–4 v. Chr.). König von Judäa, Idumäa, Samaria und Galiläa (37–4 v. Chr.). Durch Eheschließung sicherte er sich die Unterstützung der Dynastie des Hohepriesters Hyrkanos II. im Kampf gegen die Parther (41–37 v. Chr.). Von → Augustus unterstützt, macht Herodes Judäa zu einem föderierten Staat mit Kaiserkult in Samaria und Caesarea Palaestinae. Innerjüdische Opposition unterdrückte er.

Hesekiel; Ezekiel, Tl. (hebr.): J^ehezqe'l („Gott gebe Stärke/Härte"). Jüdischer Priester und Prophet des 6. Jahrhunderts v. Chr.; wurde nach Babylon deportiert; konzipierte einen politischen und religiösen Entwurf für die Nachexilszeit.

Hesiod (um 700 v. Chr.). Griechischer Dichter. In seinen Hauptwerken schilderte er die Entstehung der Göttinnen und Götter („Theogonie") und die fünf Weltalter („Werke und Tage").

Hiskia (hebr.: „meine Kraft ist Jahwe") (716–687 v. Chr.). 13. Herrscher des Königreiches von Juda. Der Bedrohung des assyrischen Königs Sanherib soll sich Hiskija zunächst durch Tributzahlungen entzogen haben. Die Belagerung Jerusalems duch Sanheribs Truppen („im vierzehnten Jahr des Königs Hiskija"), die Verhandlungen zwischen den Parteien, die wundersame Rettung Jerusalems und den anschließenden Abzug der Assyrer schildern mehrere biblische Berichte (2 Könige 18, 13–19, 37; 2 Chronik 32, 1–22 und Jesaia 36–38). Verschiedene alttestamentliche Bücher berichten über Hiskijas religiöse Reformen und seine Bautätigkeit in Jerusalem.

Hosius (Ossius) von Cordoba (257–357/8). Theologischer Berater Kaiser → Konstantins (seit 313); um 296 Weihung zum Bischof. Im Rahmen des sog. „Arianischen Streits" (318–337) zwischen dem alexandrinischen Bischof Arius und Bischof Alexander, ausgelöst wegen unterschiedlicher Auffassungen über die Christologie, schickte Konstantin Hosius als Vermittler nach Alexandrien. Sein Verhandlungsversuche scheiterten. Hosius führte u.a. den Vorsitz auf dem Konzil von Nicäa (Juni/Juli 325) und in Serdika (342/43). Kurz vor seinem Tod ließ ihn Konstantin in Sirmium ein arianisches Glaubensbekenntnis unterzeichnen.

Irenäus (um 140/50–202). Theologe. Schüler des Polykarp von Smyrna. Seit 177/78 Bischof von Lyon (Lugdunum). Seine Schrift „Adversus haereses" bekämpfte die gnostischen Gruppierungen des zweiten nachchristlichen Jahrhunderts.

Jakobus („Bruder von Jesus Christus" laut Matthäus 13, 55 und Markus 6, 3). Spielte in der Jerusalemer Urgemeinde eine herausragende Rolle (Apostelgeschichte 15, 13–21 und 21, 18–26). Laut 1. Korinther 15, 7 ist er dem auferstandenen Christus begegnet. Ihm wird der neutestamentliche „Jakobusbrief" zugeschrieben. Er gilt als einer der „Säulenapostel" (Galater 2, 9).

Jesaia (hebr: „Jahwe ist Rettung") (griech.: Isaias). Jüdischer Prophet, wirkte in der zweiten Hälfte des 8. vorchristlichen Jahrhunderts; 740 v. Chr. Berufung zum Propheten; klagte die führenden Schichten Israels und Judas wegen ihres Hochmuts an und prophezeite ihren Untergang. Jesaia war auch politisch aktiv, war Ratgeber von König Hiskija, dem 13. König von Juda (716–687 v. Chr.).

Jesus Sirach (auch: Jesus ben Sira) (griech.: Sirach) (2. Jahrhundert v. Chr.). Verfasser des biblischen Buches Jesus Sirach.

Johannes; Tl. (hebr.): Jôḥānān („Jahwe hat Gnade erwiesen"). Namensgeber des vierten kanonischen Evangeliums, verfaßt von „dem Jünger, den Jesus liebte" (21, 24). Die historische Autorenschaft des Johannesevangeliums ist unklar. Die frühe Tradition (Irenäus und Eusebius) benennt Johannes, den Sohn des Zebedäus. Johannes der Zebedaide gilt als Augenzeuge Jesu und zählte zu dem Kreis der zwölf Teilnehmer am letzten Mal Jesu.

Johannes XXII. (eigentl.: Jacques Duèze) (um 1245 – 4. 12. 1334). Papst (7. 8. 1316 – 4. 12. 1334). 1310 Bischof von Avignon; 1312 Kardinalbischof von Porto; Auseinandersetzungen im „deutschen Thronstreit" mit Ludwig IV., dem Bayern, den Johannes 1324 exkommunizierte und seiner Königswürde enthob. 1327 erhob Ludwig gegen Johannes XXII. den Verdacht der Ketzerei und stellte, mittlerweile zum Kaiser gekrönt, einen Gegenpapst auf. Johannes verdammte in der Bulle „In agro dominico" einige Lehrsätze Meister → Eckharts. Die Meinungen über Johannes XXII. als Papst sind geteilt. Man wirft ihm Vetternwirtschaft und Willkür vor, honoriert aber auch seine Neueinteilung der Bistümer und die Neuordnung des Benefizien- und Provisionswesens.

Josia; Tl.: (hebr.): Jošîjāhû („Jahwe unterstützt"). 16. König des Südreiches Juda (639 – 609 v. Chr.). Er erweiterte das Staatsgebiet Judas nach Norden hin und fiel im Krieg gegen den mit den Assyrern verbündeten Pharao Necho II. 609 v. Chr. in der Schlacht von Megiddo; reinigte den Jahwekult von kanaanitischen und assyrischen Einflüssen.

Josua; Tl. (hebr.): Jᵉhôšuᵃᶜ („Jahwe hilft"). Nachfolger von → Moses bei der Führung der Israeliten ins Gelobte Land; aus dem Stamm Ephraim.

Julianus (eigentl.: Flavius Claudius Iulianus) (Beiname: Apostata, lat.: „der Abtrünnige") (Ende 331 – 26. 6. 363). Römischer Kaiser (361 – 63). Schüler des Neuplatonikers Maximus von Tyros; wollte das Heidentum im Römischen Reich wieder einführen; erteilte den Christen per Edikt vom 17. 6. 362 Lehrverbot; förderte besonders die Kulte des Sol Invictus und des Mithras.

Klemens von Alexandrien (eigentl.: Titus Flavius Clemens) (ca. 150 – vor 215). Früher Philosoph des Christentums. Hellenistisch gebildet, konvertierte er zum christlichen Glauben und leitete eine Katechetenschule. Klemens sah die Philosophie als Vorstufe zur christlichen Wahrheit an, als Wegbereiterin zur vollständigen Erkenntnis des göttlichen Logos.

Konfuzius; Ts. (chin.): K'ung Ch'iu (auch: K'ung-tzu, K'ung-fu-tzu, Kung Tse, Kung-fuh-tze; latinisierte Form: Konfuzius) (551 – 479 v. Chr.). Chinesischer Philosoph, auf den die weltanschauliche, ethische und staatspolitische Lehre des Konfuzianismus zurückgeht. Hatte zunächst eine niedere Beamtenstelle in seinem Heimatstaat Lu inne, wirkte später dort als Lehrer. Er verfaßte einige klassische Werke der chinesischen Literatur.

Konstantin (I.) der Große (eigentl.: Flavius Valerius Constantinus) (um 285 – 337). Römischer Kaiser (25. 6. 306 – 337). Nach seinem Übertritt zum Christentum 312 Förderer des christlichen Glaubens. Mit Konstantin endete die Zeit der Christenverfolgungen, offiziell durch das Mailänder Toleranzedikt vom Herbst 313. Konstantin berief 325 das Konzil in Nicäa ein; ging mit staatlicher Gewalt gegen den Arianismus vor, der Lehre des alexandrinischen Presbyters Arius, der behauptete, Christus sei nicht dem Vater gleich, sondern nur sein vornehmstes Geschöpf. Ließ die Donatisten verfolgen.

Kuyper, Abraham (29. 10. 1837 – 8. 11. 1920). Holländischer Publizist, Theologe und Politiker. 1862 Promotion in Theologie; 1863 Pfarrer in Bees, 1867 in Utrecht, 1870 in Amsterdam; 1871 Chefredakteur des Wochenblattes „Héraut"; 1872 gründete er die Tageszeitung „De Standaard"; seit 1874 Abgeordneter im Parlament; 1880 Professor für Systematik an der Vrije Universiteit in Amsterdam; 1886 Gründung eines eigenen Kirchenverbandes, der „Doleantje"; 1901 – 05 niederländischer Innenminister; 1913 – 20 Senator.

Kyros II. (griech. Form von altpers.: kuruš, „Hirte"). Achämenidischer Großkönig (559 – 529 v. Chr.). Er befreite Persien von der medischen Oberherrschaft und legte mit seinen Eroberungen den Grundstein für das persische Weltreich; 539 v. Chr. Eroberung der Stadt Babylon, was für die Juden das Ende der Babylonischen Gefangenschaft bedeutete; Kyros respektierte in den eroberten Ländern die lokalen religiösen Kulte; das biblische Buch Esra (1, 2 – 4) enthält den Erlaß des Königs aus dem Jahr 538 v. Chr. zur Rückkehr der Juden nach Jerusalem.

Lainez, Diego (auch: Jakob Laynez) (1512 – 19. 1. 1565). Zweiter Ordensgeneral der Jesuiten. Empfing 1537 zusammen mit Ignatius von Loyola die Priesterweihe; 1552 Provinzial der Ordensprovinz Toskana; 1556 Generalvikar; 1558 Generaloberer des Jesuitenordens; erlangte von Papst Pius IV. das Recht, daß sein Orden akademische Grade verleihen durfte. Berater der Kardinallegaten bei den Tagungen des Tridentinums (des Konzils von Trient in drei Tagungsperioden) 1546, 1551 und 1562; Teilnehmer an den Religionsgesprächen von Poissy 1561/62; unterstützte den Primat des Papstes, verwarf die Priesterehe und den Laienkelch.

Laotse; Tl. (chin.): Lao-tzu. Chinesischer Ehrentitel mit der Bedeutung „alter Meister". Historisch schwer faßbarer chinesischer Philosoph. Nach neueren Datierungsversuchen im 4. oder 3. Jahrhundert v. Chr. anzusetzen, nicht im 6. vorchristlichen Jahrhundert, das in der chinesischen Überlieferung angegeben wird. Ihm wird die Verfasserschaft am „Tao-te-ching", der Grundschrift des Taoismus, zugeschrieben. Wird im taoistischen Pantheon als Gottheit aufgefaßt, gilt als Personifikation des Tao.

Leo X. (eigentl.: Giovanni de Medici) (11. 12. 1475 – 1. 12. 1521). Papst (1513 – 1521). Verhängte 1521 mit der Bulle „Decet Romanum Pontificem" den Kirchenbann über Luther.

Levy, Hermann (22. 5. 1881 – 16. 1. 1949). Nationalökonom. 1902 Promotion in München, 1905 Habilitation in Halle, 1907 Umhabilitation in Heidelberg; 1910 a.o. Professor ebd., 1907 – 20 hauptamtlicher Dozent an der Handelshochschule Mannheim, 1920 – 33 a.o. Professor an der TH Berlin. Während des Ersten Weltkrieges wirtschaftspolitischer Berater der deutschen Regierung. 1933 Emigration nach England; 1934 Lehrauftrag in Cambridge, 1935 in Oxford.

Liguori, Alfonso Maria von (27. 9. 1696 – 1. 8. 1787). Italienischer Bischof. 1726 Priesterweihe; 1732 Mitbegründer des zunächst nur in Italien verbreiteten, den Jesuiten nahestehenden Ordens der Redemptoristen, der „Kongregation vom Heiligsten Erlöser". Liguori lebte als extremer Asket, praktizierte die Selbstgeißelung, lehnte jede Form der Sexualität entschieden ab, huldigte der Marienverehrung und sah in Maria als keuscher Jungfrau das Vorbild für das Leben von Menschen.

Lilburne, John (auch: Johann Lilburn) (1618 – 29. 8. 1657). Englischer Republikaner. Anführer der „levellers", einer politisch-religiösen Gruppe der englischen Revolution, die aus den Independenten hervorgegangen war und um 1647 besonders in der Armee → Cromwells zahlreiche Anhänger hatte. Sie kämpften für die Aufhebung der sozialen Unterschiede, Abschaffung des Königtums, Kontrolle des Parlaments, Gleichheit aller Menschen vor dem Gesetz und für religiöse Freiheit. Ihre Forderungen kamen besonders im „Agreement of the People" (1648) zum Ausdruck. Lilburne wurde wegen seiner kritischen Schriften gegen die Bischöfe und die Regierung mehrfach inhaftiert; 1652 Verbannung aus England, Aufenthalt in den Niederlanden. In seinen letzten Lebensjahren bekannte er sich zum Quäkertum und lebte als Prediger.

Titus **Livius** (59 v. Chr. – 17 n. Chr.). Römischer Geschichtsschreiber; schrieb in 142 Büchern die Geschichte Roms von der Gründung bis zum Tod des Drusus (9 v. Chr.) auf.

Louis I. de Bourbon, erster Prince de Condé (7. 5. 1530 – 13. 3. 1569). Führer der Hugenotten und Feldherr. Beim Ausbruch der Religionskriege in Frankreich zwischen Katholiken und Hugenotten stellte er sich zusammen mit Gaspard de Coligny (1519 – 1572) an die Spitze der ☞ französischen Protestanten. Wegen seiner Teilnahme an der „Verschwörung von Amboise" (1560) wurde er im Oktober 1560 verhaftet und zum Tode verurteilt, letztendlich aber freigelassen. Erneute Inhaftierung am 19. Dezember 1562, Freilassung im März 1563. Wurde in der Schlacht von Jarnac mit katholischen Heer unter dem Herzog von Anjou gefangen genommen und erschossen.

Mahavira → Vardhamana.

Mallinckrodt, Hermann von (5. 2. 1821 – 26. 5. 1874). Zentrumspolitiker und Publizist; Mitbegründer der Zentrumspartei. 1838 – 42 Studium der Rechts- und Kameralwissenschaften in Berlin und Bonn; 1850 – 51 kommissarischer Bürgermeister in Erfurt; 1852 – 63 und 1868 Mdpr.AH; 1859 Mitarbeit im Preußischen Ministerium des Innern in Berlin; 1860 – 67 Regierungsrat in Düsseldorf; 1867 Versetzung nach Merseburg; 1867 – 71 Mitglied des Norddeutschen Reichstags; 1871 – 74 MdR; seit 1871 im Vorstand der Zentrumspartei.

Mani (um 216 – ca. 276). Persischer Stifter des Manichäismus. Wuchs in der Taufsekte der Elkesaiten in Südbabylonien auf, in einer Umwelt mit stark synkretistischen Einflüssen; im Alter von 24 Jahren erhielt er göttliche Offenbarungen und den Auftrag, eine neue Lehre zu verbreiten; unternahm unter dem Schutz von König Schahpur I. (242 – 273) ausgedehnte Missionsreisen; unter Bahram I. (274 – 277) wurde Mani wegen seiner Lehre inhaftiert und starb als Märtyrer; verstand sich selbst als „Siegel der Propheten" und wollte die Lehren Buddhas, Zarathustras und Jesu mit seinen eigenen verbinden.

Meinhold, Johannes (Hans) (12. 8. 1861 – Juni 1937). Evangelischer Theologe, Alttestamentler. Schüler von Franz Delitsch und August Dillmann; 1884 Privatdozent in Greifswald; 1888 a.o. Professor ebd., 1889 a.o. Professor in Bonn, 1903 o. Professor ebd.; 1928 Emeritierung. Meinhold setzte sich im Vorwort der von Weber erwähnten Abhandlung „Jesus und das Alte Testament" (1896) u.a. mit den Angriffen des Schweizer Theologen Hans Conrad von Orelli auseinander, dem das Alte Testament als Dokument der Offenbarung Gottes galt, während Meinhold es mit Hilfe historisch-kritischer Exegese auslegte.

Montanus (gest. vor 179 n. Chr.). Begründer des Montanismus. Montanus erhob den Anspruch, der im Neuen Testament (Johannes 14–16) angekündigte Paraklet („Fürsprecher", „Tröster"; griech. Bezeichnung für den Heiligen Geist, der nach Jesu Tod die Gemeinde leiten sollte) zu sein und prophezeite mit den Prophetinnen Maximilla und Prisca das bevorstehende Ende der Welt.

Moses; Tl. (hebr.): Mošeh (ägyptischer Name) (griech.: Moyses). Lebte vermutlich im 13. Jahrhundert v. Chr.; gilt als Sohn einer levitischen Familie, der, auf dem Nil ausgesetzt, von einer ägyptischen Prinzessin gerettet und erzogen wurde; am Horeb erschien ihm Jahwe und erteilte ihm den Auftrag, die Hebräer aus Ägypten ins Land Kanaan zu führen; nach dem Exodus aus Ägypten und der vierzigjährigen Wüstenwanderung erhielt Moses von Jahwe den Dekalog, die Zehn Gebote.

Muhammed; Tl. (arab.): Muḥammad (um 570–9. 6. 632). Arabischer Prophet und Stifter des Islam. Hatte im Alter von ca. 40 Jahren am Berg Hira ein Offenbarungserlebnis, das ihn als Prophet Allahs zunächst in Mekka auftreten ließ; pries die Schöpfergewalt Allahs und prophezeite das kommende Jüngste Gericht; seine, der Tradition nach vom Erzengel Gabriel diktierten, Suren sind im Koran verzeichnet. Im September 622 verließ er Mekka und emigrierte mit einigen Anhängern nach Yathrib, dem späteren Medina. Gründete eine Gemeinde (Umma) seiner Gläubigen, der er selbst mit göttlicher Autorität vorstand. Nach dem Sieg über Mekka 631 wurden die noch nicht islamisierten arabischen Stämme mit Waffengewalt zur Annahme des neuen Glaubens gezwungen.

Muḥammed b. Al-Ḥanafīya (637–700/01). Sohn des → Ali und einer Kriegsgefangenen aus dem Stamm der Banū Ḥanīfa. Nach dem Abdanken bzw. dem Tod der beiden anderen Söhne des Ali, Ḥasan und Ḥusain, führte er die Linie seines Vaters fort. Der politischen Bewegung unter Muhtār im Irak gegenüber verhielt er sich zurückhaltend, den Titel „al-Mahdī" lehnte er ab (Ibn Saʿd V, 68). Seine politische Passivität gilt als religiös motiviert, seine Vorliebe für kostbare Kleidung und kosmetische Mittel ist sprichwörtlich. Nach schiitischem Glauben ist Muḥammad auf ein nicht reales Reich auf dem Berg Radwā westlich von Medina entrückt worden, von wo er als siegreicher Heerführer zurückkehren soll.

Müller, Friedrich Max (6. 12. 1823–28. 10. 1900). Sprachwissenschaftler, Indologe und Religionswissenschaftler. 1854–75 o. Professor in Oxford. Begründer der Vergleichenden Religionswissenschaft auf der Grundlage der Vergleichenden Sprachforschung; zu seinen wissenschaftlichen Hauptleistungen zählt die Edition und Übersetzung des Rigveda und die Herausgabe der „Sacred Books of the East", einer 50-bändigen Übersetzungsreihe religiöser Texte aus dem Orient.

Nietzsche, Friedrich (15. 10. 1844–25. 8. 1900). Philosoph und Religionskritiker. 1864–68 Studium der klassischen Philologie in Bonn und Leipzig; 1869 Professor für klassische Philologie in Basel; Teilnahme am deutsch-französischen Krieg als Krankenpfleger; 1879 krankheitsbedingte Aufgabe seiner Professur; 1888 Zusammenbruch, verbrachte die letzten Lebensjahre in geistiger Umnachtung; Freund von Erwin → Rohde. Nietzsche kritisierte in seinen Werken den blinden Fortschrittsglauben, die anerkannten Wertmaßstäbe und moralischen Urteile, lehnte die Existenz eines Jenseits ab, da die Erkenntnisse des Menschen übersteigt und seine Erfahrungen überdauert, und griff das Christentum mit seiner „Sklavenmoral" und seiner „Mitleidsethik" an.

Novatianus (3. Jahrhundert n. Chr.). Theologe und Gegenpapst zu Cornelius. Er lehnte die Wiederaufnahme von unter den Christenverfolgungen des römischen Kaisers Decius (→ Dezius) abtrünnig gewordenen Christen ab, was zum sog. „novatianischen Schisma" führte. Die Kirche hätte kein Recht, die Sünde der Apostasie zu vergeben; wurde 251 exkommuniziert und starb als Märtyrer, wohl unter Valerian. Seine Gegenkirche der „Reinen" bestand noch bis ins 7. Jahrhundert.

Oldenberg, Hermann (31. 10. 1854–18. 3. 1920). Sanskritist, Buddhologe und Religionshistoriker. 1875 Promotion in klassischer und indischer Philologie in Berlin, 1878 Habilitation; 1898–1908 o. Professor in Kiel, 1908–20 in Göttingen.

Omar; Tl. (arab.): ʿUmar b. Al-Khaṭṭāb (um 592–3. 11. 644). Zweiter Kalif des Islam (634–644), enger Vertrauter → Muhammeds. Unter seiner Herrschaft entstanden angeblich alle politischen Institutionen des islamischen Staates. Den Sunniten gilt Omar als vorbildlicher Muslim, den Schiiten ist er verhaßt.

Paulus (jüd. Name: Saulus) (ca. 10–63/64 n. Chr.). Bedeutendster Heidenmissionar des frühen Christentums. In Tarsos geborener Jude mit römischem Bürgerrecht; zunächst Bekämpfer des Christentums; nach seiner Christusvision vor Damaskus (Apostelgeschichte 9, 1–18 und Galater 1, 15–24) Übertritt zum Christentum; fand wohl unter Nero den Märtyrertod. In seinen Briefen entfaltete er die Gottessohnschaft Christi und die Erlösung aller Menschen durch den Glauben an Jesus Christus.

Pausanias (5. Jahrhundert v. Chr.). Spartiate aus dem Geschlecht der Agiaden und Oberbefehlshaber über die siegreichen Griechen bei der Schlacht von Plataiai im südlichen Böotien (479 v. Chr.) gegen das persische Landheer unter Mardonios.

Pelagius (um 354–nach 418). Theologe und mönchischer Asket. In Rom als Häretiker verurteilt. Er unterstützte die gegenseitige religiöse Unterweisung von Laien; seine Verwerfung der Erbsünde und der Lehre von der Sündenvergebung führten zu Auseinandersetzungen mit → Augustinus.

Petrus (Geburtsname: Simon). Apostel. Führende Gestalt im Kreise der zwölf Jünger um Jesus; nach dem Tod Jesu führte er die Gemeinde in Jerusalem, war danach als Missionar tätig; ihm werden die beiden Petrusbriefe des Neuen Testaments zugeschrieben. Laut Petrusakten hat er unter Nero in Rom den Märtyrertod gefunden (64 oder 67).

Philo von Alexandrien (um 25 v. Chr.–ca. 50 n. Chr.). Jüdisch-griechischer Philosoph. Er verband das Judentum mit der griechischen Philosophie (beeinflußt durch → Platon, die ältere Stoa und → Pythagoras) und hatte großen Einfluß auf die christlichen Kirchenväter. Bereits im Pentateuch (den fünf Büchern Mosis) seien Ergebnisse der griechischen Philosophie festzustellen, der Dekalog (die Zehn Gebote) sei eine Sammlung natürlicher Gesetze. Der Logos, die oberste Idee und erster Sohn Gottes, vermittle zwischen Gott und der Welt. Askese und ekstatische Gottesschau proklamierte Philo als religiöses Ideal.

Pisano, Giovanni (ca. 1250–nach 1314). Italienischer Bildhauer. Sohn von → Nicolo Pisano.

Pisano, Nicolo (auch: Nicola oder Niccolò) (um 1225–nach 1278). Italienischer Bildhauer.

Platon (um 427–ca. 347 v. Chr.). Griechischer Philosoph und Schüler des → Sokrates. Nach dem Tod des Sokrates gründete er eine eigene Schule, die Akademie. Platons Ideentheorie und Erkenntnisproblematik beruhte auf einem dualistischen Weltbild: Der Welt des Wahrnehmbaren und Vergänglichen steht eine Welt der ewigen Ideen gegenüber. Ausgehend von der Lehre der Eleaten (den Vertretern der Philosophenschule in Elea, die im 6./5. vorchristlichen Jahrhundert von Xenophanes gegründet wurde), daß Gleiches nur durch Gleiches erkannt werden kann, lehrte Platon, daß ein Teil der menschlichen Seele mit den Ideen verwandt sei und diese erkennen könne. Die höchste Idee sei das Gute, der Grund alles Seienden, den jeder Mensch anstrebe. Seine Staatstheorie basierte auf der Annahme, daß die Struktur der menschlichen Seele analog der Struktur des idealen Staates sei; sein überliefertes Werk ist überwiegend in Dialogform abgefaßt.

Pompejus (eigentl.: Cnaeus Pompeius) (Beiname: Magnus, lat.: „der Große") (106–28. 9. 48 v. Chr.). Römischer Feldherr und Politiker.

Pythagoras (um 570–ca. 496 v. Chr.). Griechischer Philosoph, Mathematiker und Astronom. Begründer der Religionsgemeinschaft der Pythagoräer im süditalienischen Crotone (Kroton).

Ramanuja (um 1050–1137). Religionsstifter. Südindischer Brahmane und Begründer des „qualifizierten Monismus" (vishishta advaita). Es gab für ihn drei Prinzipien: Gott/die höchste Seele, die unbeseelte Welt und die Einzelseele. Alle drei Prinzipien zusammen bilden eine Einheit, das Brahma, wobei Gott der innere Lenker der Welt und der Einzelseele ist. Den Weg zur Erlösung bietet die Bhakti, durch die die Einzelseele mit Gott lebt, ohne ins Samsara (in den Kreislauf der Wiedergeburten) einzutreten.

Rohde, Erwin (9. 10. 1845–11. 1. 1898). Klassischer Philologe. 1872 Professor für klassische Philologie in Kiel, 1876 in Jena, 1878 in Tübingen, 1886 in Leipzig und Heidelberg. Studien zum griechischen Roman; seine bekannteste Veröffentlichung ist „Psyche. Seelencult und Unsterblichkeitsglaube der Griechen" (1890–94). Befreundet mit Friedrich → Nietzsche.

Rousseau, Jean Jacques (28. 6. 1712 – 2. 7. 1778). Philosoph und Kulturkritiker. In seiner 1752 erschienenen Schrift „Discours qui a remporté le prix à l'Académie de Dijon en l'année 1750: Sur cette question proposées par la même Académie: Si le rétablissement des sciences et des arts a contribué à épurer les mœurs" schilderte er den glücklichen natürlichen Urzustand der Menschen in unberührter Natur mit Rechtsgleichheit, der durch Wissenschaft und Zivilisation zerstört worden sei. Mit der Einführung von Eigentum seien Unterdrückung, Armut und Egoismus entstanden. In seinem „Contrat social" (1762) entwarf Rousseau eine normative Gesellschaftsordnung: Gesellschaft war für ihn das Ergebnis eines vertraglichen Übereinkunft von Individuen, wobei der Gesamtwille Recht und Gesetz bestimmen sollte. 1762 Erscheinen des „Émile", einer pädagogischen Schrift, die sich für eine natürliche Erziehung von Kindern einsetzte; sie stellte die Intuition in den Vordergrund.

Salmasius, Claudius (auch: Claude de Saumaise) (15. 4. 1588 – 3. 9. 1653). Philologe, Historiker, Publizist und Rechtsanwalt. 1604 konvertierte er zum Calvinismus. 1632 Professor in Leiden als Nachfolger des Philologen und Historikers Joseph Justus Scaliger. Salmasius betonte in der Auseinandersetzung mit dem englischen Dichter John Milton das göttliche Recht der Monarchie. 1638 veröffentlichte er seine Schrift „De usuris", in der er den Kapitalzins verteidigte und das Zinsgeschäft für naturrechtlich erklärte.

Salmeron, Alphonso (9. 6. 1515 – 13. 2. 1585). Spanischer Theologe. Gefährte des Ignatius von Loyola. 1541 – 1542 apostolischer Nuntius in Irland; 1549 Promotion in Bologna und Professor in Ingolstadt; gründete 1551 das Jesuitenkolleg in Neapel; 1558 – 76 Provinzial von Neapel; 1561 Generalvikar; 1562 Theologe der päpstlichen Indexkommission. Nahm mit Diego → Lainez 1546, 1551 und 1562 am Konzil von Trient teil.

Salomo (hängt mit hebr.: šālôm, „Gedeihen", „Wohlergehen", „Frieden" zusammen) (ca. 970 – 931 v. Chr.). Israelitischer König. Sohn und Erbe Davids. 1. Könige 3 – 11 schildert seine berühmt gewordene Weisheit, seinen Reichtum, die Pracht seiner Bauten, sein diplomatisches statt kriegerisches Vorgehen. Im Alter wendete er sich paganen Gottheiten zu. Nach seinem Tod 931 v. Chr. spaltete sich das Reich in die „beiden Häuser Israels" (Jesaia 8, 14), d. h. in die zehn Stämme des Nordreiches und in das Reich Juda.

Schulte, Aloys (2. 8. 1857 – 4. 2. 1941). Historiker. 1879 Promotion in Münster; 1879 – 83 Bearbeiter des Urkundenbuchs der Stadt Straßburg; 1883 – 85 Archivsekretär in Donaueschingen, 1885 – 92 Archivrat in Karlsruhe; 1893 Professor in Freiburg i.Br., 1896 in Breslau, 1903 – 25 in Bonn. 1902/03 leitete er das Preußische Historische Institut in Rom. Neben dem landesgeschichtlichen Forschungsschwerpunkt betrieb er Studien zur Sozial-, Wirtschafts- und Verfassungsgeschichte des Mittelalters.

Siddharta; Tl.: Siddhārtha (persönlicher Name des historischen Buddha; Klanname: Gautama). Indischer Stifter des Buddhismus mit dem Ehrentitel **Buddha** (Skt.: „der Erwachte", „der Erleuchtete"). Seine Lebensdaten werden traditionell im sechsten oder fünften vorchristlichen Jahrhundert angesetzt. Nach eigener Auffassung verstand er sich als Wiederentdecker alter Weisheiten; in seinen Reden bezeichnete er sich häufig als „Tathagata" („der so [auf dem Heilsweg] Gegangene"); wählte anstelle eines Lebens in Luxus die Heimatlosigkeit und den Verzicht. Laut Überlieferung erlangte er im Alter von 35 Jahren unter einem Bodhibaum die Erleuchtung; zog danach als Wanderprediger und -lehrer bis zu seinem Tod im 80. Lebensjahr durch Nordostindien und sammelte eine Mönchsgemeinde um sich.

Siracide → Jesus Sirach.

Smith, Joseph jun. (23. 12. 1805 – 27. 6. 1844). Stifter der „Church of Jesus Christ of Latter-Day Saints" (am 6. April 1830), die als Wiederherstellung der seit der Apostelzeit fehlenden Kirche Christi gilt. Laut eigenen Angaben im „Prophet, Seher und Offenbarer". Übersetzer des „Book of Mormon", der „heiligen Schrift" des Mormonentums. Auf der Basis „göttlicher Offenbarungen" organisierte Smith eine kirchliche Hierarchie: Erste Präsidentschaft (Prophet und zwei Ratgeber), Melchisedekisches Priestertum (12 Apostel, Patriarchen, Hohepriester, Siebziger, Älteste) und Aaronitisches Priestertum (Priester, Lehrer). „Totentaufe" (Kirchenmitglieder können durch eine erneute Taufe verstorbene Verwandte zu Mitgliedern machen) und Polygamie sind üblich. 1841 kandidierte Smith für die US-Präsidentenwahl und wurde im Juni 1844 bei einem Fluchtversuch aus einem Gefängnis in Carthage, Illinois, erschossen.

220 Personenverzeichnis

Sokrates (um 470–399 v. Chr.). Athenischer Philosoph. Verzichtete auf die schriftliche Niederlegung seiner Philosophie; die „sokratischen Gespräche" sind von → Platon und Xenophon überliefert. In den „Gesprächen" brachte Sokrates, der als seine Lebensaufgabe ansah, Scheinwissen zu zerstören, seine Gesprächspartner dazu, über ihr vermeintliches Wissen nachzudenken, denn wirkliches Wissen führe nur über die Erkenntnis der eigenen Unwissenheit; Gegner der Naturphilosophen. Er befaßte sich mit anthropologischer Ethik. Sittlichkeit sei erkennbar und vermittelbar, ein Wissen um Sittlichkeit ziehe ein sittliches Verhalten nach sich.

Solon (um 640–ca. 560 v. Chr.). Athenischer Gesetzgeber. Mit einer Schuldentilgung (griech.: seisachtheia) befreite er Attika von den Hypothekensteinen (horoi) und die Bürger von der Schuldknechtschaft. Er zählte zu den „Sieben Weisen" der Antike; ihm wird die Maxime „Nichts zu sehr" zugeschrieben.

Sombart, Werner (19. 1. 1863–18. 5. 1941). Nationalökonom. 1888 Promotion zum Dr. phil. bei Gustav Schmoller in Berlin; 1888 Syndikus der Handelskammer in Bremen; 1890–1906 a.o. Professor in Breslau, 1906 o. Professor an der Handelshochschule in Berlin, 1917–31 als Nachfolger von Adolph → Wagner o. Professor an der Universität Berlin; ab 1892 im Ausschuß des „Vereins für Socialpolitik", 1930 stellvertretender und 1932 Erster Vorsitzender des Vereins; 1909 Mitbegründer der „Deutschen Gesellschaft für Soziologie". 1904–20 zusammen mit Edgar Jaffé und Max Weber Mitherausgeber des AfSSp, das er nach dem Tod von Max Weber verließ. Mitarbeiter am „Grundriß der Sozialökonomik". Er betrieb umfangreiche Kapitalismusstudien auf systematisch-empirischer Grundlage, mit denen sich Max Weber auseinandersetzte. Seit den späten 1880er Jahren freundschaftliche Beziehungen zu Max Weber; in der Kriegs- und Nachkriegszeit zunehmende Distanz. Die Distanz wird bereits 1911 in der Auseinandersetzung mit Sombarts Buch „Die Juden und das Wirtschaftsleben" offenbar.

Spener, Philipp Jakob (13. 1. 1635–5. 2. 1705). Evangelischer Theologe und Begründer des lutherischen Pietismus. Lehrer von Hermann August → Francke; 1651–59 Studium der Theologie in Straßburg; 1663 Freiprediger am Straßburger Münster; 1664 Promotion; 1666 Pfarrer und Senior an der Barfüßerkirche in Frankfurt/Main; 1668 Oberhofprediger in Dresden; 1675 Erscheinen seiner Schrift „Pia desideria oder herzliches Verlangen nach gottgefälliger Besserung der wahren evangelischen Kirchen"; 1691 Probst und Pfarrer an der Sankt Nicolaikirche in Berlin-Brandenburg. Spener förderte die Heiden- und Judenmission, die kirchliche Jugendarbeit und die Bibelstunde.

Thomas von Aquin(o) (1225/26–7. 3. 1274). Theologe und Philosoph. 1243 Eintritt in den Dominikanerorden; Theologieprofessor in Paris; Schüler des Albertus Magnus. Bekämpfer des Averroismus (einer philosophischen Richtung in der Tradition des spanisch-islamischen Denkers Ibn Ruschd, auch Averroes genannt, 1126–98). Sein Hauptwerk „Summa theologica" führt die Verknüpfung von aristotelischer Philosophie und biblischer Offenbarung fort und gilt als Hauptwerk der Scholastik; 1323 Heiligsprechung.

Tolstoi, Leo Graf, Tl. (russ.): Lev Nikolaevič Tolstoj (9. 9. 1828–20. 11. 1910). Russischer Schriftsteller. In seinen späten Romanen und Erzählungen entwickelte er eine radikale Ethik friedfertiger Nächstenliebe unter Abwertung der bestehenden Kultur- und Sozialordnung. Sie diente Max Weber als Beispiel für den Idealtyp der weltflüchtigen, reinen Gesinnungsethik.

Troeltsch, Ernst (17. 2. 1865–1. 2. 1923). Evangelischer Theologe, Philosoph, Politiker und Historiker. 1891 Promotion in Theologie in Göttingen, 1891 Habilitation ebd.; 1892 a.o. Professor für Systematische Theologie in Bonn, 1894 o. Professor in Heidelberg, 1915–23 o. Professor für Philosophie als Nachfolger von Wilhelm Dilthey in Berlin. 1918 Mitbegründer der Deutschen Demokratischen Partei; 1919–22 Unterstaatssekretär für evangelische Angelegenheiten im Preußischen Ministerium für Erziehung und Unterricht; 1922 Staatssekretär im Preußischen Kultusministerium. Troeltsch war Mitglied des religionswissenschaftlichen „Eranos"-Kreises in Heidelberg und stand mit Max Weber im Austausch über religionssoziologische Fragen des Christentums und der protestantischen Sekten; 1910–15 wohnte er – wie Max Weber – in der Ziegelhäuser Landstraße 17.

Urban II. (eigentl.: Otto von Lagery oder Odo de Châtillon) (ca. 1035–29. 7. 1099). Papst (seit 12. 3. 1088). Er proklamierte 1095 den ersten Kreuzzug und verstärkte den innerkirchlichen Bereich den päpstlichen Zentralismus; 1881 Heiligsprechung.

Usener, Hermann (23. 10. 1834–21. 10. 1905). Philologe und Religionshistoriker. 1866–1902 Professor in Bonn. Useners philologischer Ansatz ging von der Deutung der Götternamen aus. Er stellte drei Phasen der Götterbildung fest: Augenblicksgötter, Sondergötter und unabhängige Götter, die dann entstehen, sobald der Göttername nicht mehr mit seiner Funktion verbunden ist. Er untersuchte auch die Übernahme paganer Riten und Feste durch das Christentum.

Vallabha Swami (1473–1531; im 19. Jahrhundert wurde auch 1479 als Geburtsjahr genannt). Indischer Religionsstifter, Guru (geistlicher Lehrer) und Begründer der vishnuitischen Sekte der Vallabhacarya. Seine rein monistische Lehre von der Identität von Gott und seiner Schöpfung empfiehlt als besten Heilsweg die Bhäkti (Verehrung eines persönlichen Gottes). „Swami" (Skt.) ist die indische Bezeichnung für einen Heiligen, besonders für einen heiligen Lehrer.

Vardhamana (auch: Nataputta oder Jñatrputra) (5./4. Jahrhundert v. Chr.). Indischer Religionsstifter mit dem Ehrennamen **Mahavira** (Skt.: „der große Held"), der letzte der 24 „erleuchteten Lehrer" (Tirthankara, Skt.: „Furtbereiter") des Jainismus. Von seinem zweiten Beinamen Jina, Tl. (Skt.): Dschina, „der Sieger", „der Überwinder", leitet sich die Bezeichnung Jinismus oder Dschainismus ab.

Wagner, Adolph Heinrich Gotthilf (25. 3. 1835–8. 11. 1917). Nationalökonom, Staatswissenschaftler. 1857 Promotion in Göttingen; 1858 Professor für Nationalökonomie und Finanzwissenschaft an der Handelsakademie in Wien, 1864–65 o. Professor für Statistik in Dorpat, 1868 in Freiburg, 1870 in Berlin. Neben Gustav von Schmoller führender deutscher Nationalökonom; Mitbegründer des „Vereins für Socialpolitik". 1878 Gründung der „christlichsozialen Arbeiterpartei" (mit Adolf Stoecker); 1882–85 Mdpr.AH, seit 1910 Mdpr.HH; Mitbegründer des Evangelisch-sozialen Kongresses; Begutachter des Fragebogens zur Erhebung des Evangelisch-sozialen Kongresses über die Lage der Landarbeiter, den Max Weber gemeinsam mit Paul Göhre 1892 ausarbeitete.

Wernle, Paul (1. 5. 1872–11. 4. 1939). Schweizer evangelischer Theologe, Neutestamentler und Kirchenhistoriker. 1891 Theologiestudium in Basel, 1894 Studium in Göttingen, 1895 Erstes Theologisches Staatsexamen in Basel; 1896 Ordination; 1897 Privatdozent für neutestamentliche Wissenschaft ebd., 1900 a.o. Professor als Nachfolger von Rudolf Staehelin ebd., 1905 bis 1927 o. Professor für Neuere Kirchengeschichte, Dogmengeschichte und Geschichte des protestantischen Lehrbegriffes ebd. 1903 Beitritt zur „Vereinigung der Freunde der Christlichen Welt"; 1923 Mitglied der Akademie der Wissenschaften in Berlin. In Basel Kontakt zu Bernhard Duhm, in Göttingen Austausch mit Wilhelm → Bousset und Johannes Weiß, Kontakt zu Vertretern der Religionsgeschichtlichen Schule. Bousset vermittelte die Bekanntschaft Wernles mit Ernst → Troeltsch, aus der sich eine Freundschaft entwickelte, die durch Wernles kritische Rezeption von Troeltschs „Soziallehren" in den Jahren 1912–15 angespannt war. Wernles Arbeiten zum Neuen Testament bezogen sich hauptsächlich auf Paulus und die synoptische Forschung, weitere Forschungsschwerpunkte waren die Reformation und die neuere Geschichte des schweizerischen Protestantismus.

Wesley, John (17. 6. 1703–2. 3. 1791). Mitbegründer des Methodismus. Er, sein Bruder Charles sowie George Whitefield gehörten ab 1729 in Oxford einem frommen Studentenclub an, dessen Mitglieder wegen ihrer Organisation spöttisch „Methodisten" genannt wurden. 1725 Weihe zum anglikanischen Diakon; 1728 erhielt er die anglikanische Priesterweihe; 1735 kam er in Nordamerika in Kontakt mit der Herrnhuter Brüdergemeine; 1738 Kontakt zu dem Herrnhuter Peter Böhler, anschließend mehrmonatiger Aufenthalt in Herrnhut und fortgesetzte Evangelisierungsarbeit und Reisen als Erweckungsprediger.

Zarathustra (dt. Form von altiran.: Zaraθustra; gräzisierte Form: Zoroaster). Iranischer Religionserneuerer und Begründer des Zarathustrismus. Seine genauen Lebensdaten sind unbekannt, es wird eine Zeit um ca. 600 v. Chr. oder früher angenommen. Er soll im Alter zwischen 30 und 40 Jahren von dem Gott Ahura Mazda Offenbarungen empfangen haben; zog danach mehrere Jahre durch den Iran, um Anhängerschaft für seine Lehre zu gewinnen; konnte den Fürsten Vischtaspa von seiner Lehre überzeugen, der ihm Schutz gewährte; Zarathustra gilt als Verfasser der Gathas.

Zinzendorf, Nikolaus Ludwig Reichsgraf von Zinzendorf und Pottendorf (26. 5. 1700–9. 5. 1760). Theologe und und Begründer der pietistischen Herrnhuter Brüdergemeine. 1710–16 im Halleschen Pädagogium (→ Francke) erzogen; Studium der Rechtswissenschaften und Theologie in Wittenberg; 1721–27 Hof- und Justizrat in Dresden. Seit 1722 ermöglichte Zinzendorf es den Nachkommen der sog. „Böhmischen Brüder", sich auf seinem Gut Herrnhut in der Oberlausitz anzusiedeln. 1728 gründeten die mährischen Exulanten zusammen mit anderen Separatisten und Pietisten die Herrnhuter Brüdergemeine, eine eigenständige politisch-religiöse Gemeinde der „erneuerten Brüder-Unität", von der Tochtergründungen in England, Pennsylvania und Dänemark ausgingen. Herrnhut gehörte der sächsischen Landeskirche an, war aber gleichzeitig eine eigenständige Gemeinde mit Privatversammlungen und eigener Disziplin. Ihre Gottesdienste feierten die Herrnhuter als „Versammlungen" in einem „Saal" ohne Altar und Kanzel. Gemeinsame Gesänge in den „Singstunden" standen im Vordergrund. Die Herrnhuter zeichneten sich durch Missionstätigkeit aus. 1737 ließ sich Zinzendorf zum Bischof der Herrnhuter Brüdergemeine weihen, die 1748 durch Annahme des Augsburger Bekenntnisses die Anerkennung der lutherischen Orthodoxie erhielt. Zinzendorf gab wesentliche Anstöße zur Begründung des Methodismus. Seine sog. „Herzenstheologie" mit ihrer Blut- und Wundenlehre Christi sowie seine schwärmerischen Reden und Schriften lassen Max Weber vom „Zinzendorfschen Gefühlspietismus" sprechen.

Zwingli, Huldrych (auch: Ulrich) (1. 1. 1484–11. 10. 1531). Schweizer Reformator. Bekanntschaft mit → Erasmus von Rotterdam. 1529 scheiterte das Marburger Religionsgespräch mit Luther. Zwingli fiel im „Zweiten Kappeler Krieg", zu dem es durch den Versuch, die Reformation in der gesamten Schweiz durchzuführen, gekommen war.

Glossar

Dieses Verzeichnis berücksichtigt Begriffe, Gottheiten, mythische Gestalten und Dynastien, die Max Weber in seinem Text nennt. Die Einträge erfolgen in der Schreibung Max Webers.

Ablaß. Erlaß der kirchlichen Strafen, gegründet auf der Vorstellung des Thesaurus ecclesiae (→ Thesaurus). Im Spätmittelalter wurde zwischen „Erlaß der Strafe" und „Erlaß der Sünde" kaum noch unterschieden, was Martin Luther zur Reformierung des Ablaßwesens drängte.

abrogieren (von lat.: abrogare, „abschaffen"). Gesetze aufheben.

Achaemeniden. Griechischer Name einer altpersischen Dynastie. Von Achaimenes (altiran.: Hahāmaniš) um 705 v. Chr. begründet. Zu ihm gehörte das persische Königshaus; durch den griechischen Geschichtsschreiber Herodot ist der Name „Achaimenidai" für die Familie des Kyros belegt, durch eine Inschrift für die des Dareios. Unter Kyros II. schufen die Achämeniden das persische Weltreich, das große Teile Vorderasiens bis ins Industal hinein beherrschte. Alexander III. zerschlug in den Jahren 334–329 v. Chr. das Reich der Achämeniden.

Ahimsa; Tl. (Skt.): ahiṃsā (f.), „das Nicht-Schädigen". Weitestgehende Schonung von Lebewesen. Grundbegriff der Ethik des Buddhismus und des → Jainismus.

Ahuramazda; Tl. (awestisch): ahura mazdā (m.), „der weise Herr". In der Religion des → Parsismus der von Zarathustra verkündete allwissende Schöpfergott, endzeitliche Richter und Garant der sittlichen Ordnung. Im Avesta, der heiligen Schrift der Parsen, verkörpert er das Prinzip des Guten und Lichten und steht im Widerstreit mit seinem Antagonisten Angra Manju, den er am Weltenende endgültig überwinden wird. Die Entscheidung zwischen den beiden Prinzipien liegt beim einzelnen Menschen.

Aisymneten (von griech.: aisymnetai, Subst. m.; Pl., „vom Volk gewählte Kampfrichter", „Schiedsrichter"). Im 7. und 6. vorchristlichen Jahrhundert von den Poleis (→ Polis) bei politischen und sozialen Konflikten eingesetzte Schlichter mit Gesetzgebungsgewalt.

Akosmismus (Neubildung von griech.: kosmos, Subst. m., „Schmuck", „Ordnung", „Weltordnung"). Ablehnung alles Zeitlichen und Vergänglichen, eine Form der Weltablehnung. Die Welt ist nichtig, eine außerweltliche Instanz vereinigt alle Wirklichkeit in sich.

Allah; Tl. (arab.): Allāh (m.), „der Gott". In vorislamischer Zeit Name eines altarabischen Schöpfer- und Richtergottes. Im Islam der von Muhammed streng monotheistisch verkündete Gott.

Amhaarez; Tl. (hebr.): ʿam hāʾareṣ (m.; Pl.), „die Leute des Landes". Im vorexilischen Judentum die Bezeichnung für den judäischen Landadel, im Unterschied zu denen, die keinen Landbesitz haben. In der Nachexilszeit Bezeichnung für die Grundbesitzerschicht Palästinas, die teilweise nicht zum jüdischen Gemeinwesen gehörte. In der rabbinischen Literatur wurde der Begriff für Personen verwendet, die nicht die jüdischen Reinheits- und Speisegebote sowie die mosaischen Gesetze befolgten.

Ammon (griech. Namensform für altägypt.: „der Verborgene", „der Unsichtbare"). Altägyptischer Gott der Stadt Theben, der Hauptstadt des vierten oberägyptischen Gaues. Durch Verbindungen mit anderen Göttern und Götterkreisen erhielt er seit dem Mittleren Reich (1991–1785 v. Chr.) eine dominante Stellung in Ägypten. Er galt u. a. als Schöpfer-, Königs- und Fruchtbarkeitsgott.

Animismus (Neubildung von lat.: anima, Subst. f., „Seele"). Die Animismustheorie wurde von dem britischen Anthropologen Edward Burnett Tylor (Primitive Culture, 1871) entwickelt. Aufbauend auf der Vorstellung, daß in jedem Wesen eine Seele sei, trug Tylor eine Religionstheorie vor, wonach Menschen Träume, Visionen oder Krankheitszustände mit Hilfe dieser Vorstellung erklärten. Evolutionistisch soll sich aus dem Seelengedanken der Glaube an Geister und schließlich an Götter entwickelt haben.

Anthropolatrie (griech.; f.). Religiöse Verehrung lebender Menschen.

Apokalypse (von griech.: apokalyptein, „enthüllen", „offenbaren"). Der Begriff bezeichnet Schriften, die seit dem zweiten vorchristlichen Jahrhundert hauptsächlich im Judentum auftauchen und das nahende Weltenende ankündigen, wobei das gegenwärtige Zeitalter in den Händen des Bösen liegt.

Apollon. Griechischer Gott der Mantik (der Kunst der Wahr- und Weissagung) und der Musik; Garant für Recht, Ordnung und Frieden; Verbindung zur Heilkunst. Berühmt war das delphische Apollonorakel.

Apologeten (von griech.: apologeisthai, „sich mit Worten verteidigen"). Gruppe von christlichen Schriftstellern (vor allem des zweiten und dritten Jahrhunderts), die sich in ihren Verteidigungsschriften an den Kaiser oder an die Öffentlichkeit wandten, um das Christentum gegen unberechtigte Verleumdungen zu verteidigen. Gleichzeitig stellten sie das Christentum als vernünftig, sittlich hochstehend und politisch zuverlässig dar. Zu ihnen zählen Aristides, Justin, Tatian, Athenagoras, Melito von Sardes und Theophil von Antiochien.

Apotheose (von griech.: apotheoun, „zu Göttern machen", „vergöttlichen"). Vergottung eines lebenden oder verstorbenen Menschen und göttliche Verehrung desselben. Hat ihren Ursprung in der Vergöttlichung griechischer Heroen nach ihrem Tod und hellenistischer Herrscher bereits zu Lebzeiten. In Rom wurden die verstorbenen Kaiser zu Göttern erhoben.

Arhat; Tl. 1. (Skt.): Arhat (m.), 2. (Pali): Arahā, „ehrwürdig", „heilig", „vollendet". Im Buddhismus der Ehrentitel für einen Mönch, der bereits im irdischen Dasein die Vorstufe zum Nirvana erreicht hat und das völlige Erlöschen unmittelbar nach diesem Leben erlangen wird. Das religiöse Ideal des Hinayanabuddhismus, dem „kleinen Fahrzeug" (über den Ozean des Leidens), bei dem die Erlösung aus eigener Kraft betont wird.

Arier; Tl. (Skt.): ārya (m.). Bezeichnung für die Völker des indoiranischen Zweiges der indogermanischen Sprachfamilie (vor allem der Inder und Iranier). Etwa im 12. Jahrhundert v. Chr. wanderten die arischen Stämme von Nordiran und Armenien her nach Nordwest-Indien ein. Von daher auch Bezeichnung der drei oberen Kasten (→ Kaste).

Arte di Calimala (ital.: „Zunft des schlechten Weges"). Die florentinische Arte di Calimala war eine Kaufmannskorporation mit einem gewerblichen Zweig, der alle mit ausländischen Wolltuchen handelnden Kaufleute erfaßte. Diese Kompanie wurde am 1. September 1318 gegründet und war bis zum 31. August 1322 tätig. Die Zunft der Tuchgroßhändler wurde nach der engen Gasse benannt, in der sie ihre Geschäftssitze hatte.

Atharva Veda, Atharvaveda; Tl. (Skt.): Atharvaveda (m.), „das Wissen von den Zaubersprüchen". Vierte literarische Sammlung (Samhita) der → Veden.

Attachement. Anhänglichkeit, Zuneigung.

Babel. Hebräischer Name von Babylon, der Hauptstadt Babyloniens am Euphrat, südlich von Bagdad, mit dem Stadtgott Marduk. Vom Anfang des zweiten vorchristlichen Jahrtausends bis zu Alexander dem Großen eines der bedeutendsten kulturellen und politischen Zentren der vorderasiatischen Welt.

Baptisten. Im 17. Jahrhundert in Holland entstandene, vor allem in England und Nordamerika verbreitete, freikirchliche Gemeindebewegung (→ freikirchliche Gemeinden) von Calvinisten, die statt der Kindertaufe die Erwachsenentaufe durch Untertauchen praktizieren.

berith; Tl. (hebr.): bᵉrīt (f.; Sg.), „Bund", „Bündnis". Im weiteren Sinn eine feierliche Abmachung, in der ein Mächtiger sich gegenüber einem weniger Mächtigen zu einem bestimmten Verhalten verpflichtet, wenn dieser gewisse Voraussetzungen erfüllt. Im engeren Sinn das Bundesverhältnis zwischen Jahwe (→ Jahve) und dem Volk Israel, geschlossen durch den Noahbund (etwa 1. Mose 6, 18), den Abrahamsbund (etwa 1. Mose 15, 18), den Sinaibund (2. Mose 19, 5) und den Davidsbund (2. Samuel 7). Die Treulosigkeit des Volkes Israel zu seinem Gott veranlaßt Jahwe dazu, mit seinem auserwählten Volk in Zukunft einen neuen Bund zu schließen (vgl. Jeremia 31, 31 ff. und Hesekiel 37, 26).

bernhardinische halberotische Mystik → Bernhard von Clairvaux (Personenverzeichnis).

Bhakti (Skt.; f., „Teilhabe"). Im Hinduismus Bezeichnung für die liebende und hingebungsvolle Verehrung eines persönlichen Gottes. Im hinduistischen → Vischnuismus wird Bhakti hauptsächlich den Avataras (den verschiedenen Inkarnationen des Gottes Vischnu) Rama und → Krischna entgegengebracht.

Bhikkshu, bikkshu (möglicherweise die Vermischung des Sanskritwortes „bhikṣu" mit dem Pali-Wort „bhikkhu"). Bettler. Ordinierte Mitglieder buddhistischer Mönchsorden, gelegentlich auch Bezeichnung für hinduistische Mendikanten.

Bilderstreit von Byzanz (auch als „Ikonoklasmus" bekannt, von griech.: eikōn, Subst. n., „Bild", und griech.: klaein, „zerbrechen"). Streit um die Zulässigkeit der Verehrung religiöser Bilder (Ikonen) in Byzanz, der 726 begann. Für das spätantike Denken bedeutete ein Bild die reale Repräsentation der dargestellten Person. Die Bilderfeinde beharrten auf der Unverfügbarkeit Gottes, die eine Darstellung Christi verbot, die Bilderfreunde gingen davon aus, daß der göttliche Geist im Bild anwesend sei. Der Bilderstreit wurde 843 mit einer Synodalentscheidung zugunsten der Bilderverehrung beendet. Der Bilderkult wurde dogmatisiert, als notwendige „ehrerbietige Verehrung" (griech.: timētikē proskynēsis), aber unterschieden von der „wahren Anbetung" (griech.: alēthinē latreia) der göttlichen Natur. → auch: latreia.

Bodhisattva (Skt.; m., „Erleuchtungswesen"). Im Mahayanabuddhismus (→ Mahayana) ein Mensch, der seinen eigenen Eintritt ins → Nirvana verzögert, um zuvor möglichst vielen Lebewesen zur Erlösung aus dem Kreislauf der Wiedergeburten zu verhelfen (Bodhisattva-Ideal). Weber setzt den Bodhisattva gelegentlich mit „Heiland" gleich.

Brahma; Tl. (Skt.): Brahmā (m.). Indischer Schöpfergott, der neben Vischnu und Schiva Mitglied der hinduistischen Trimurti ist (der Triade aus Weltschöpfer, -erhalter und -zerstörer), mit wesentlich geringerer kultischer Bedeutung als die beiden anderen Götter. Brahma wird ikonographisch stets mit vier Köpfen und vier Armen dargestellt. Der Name steht in Beziehung zu dem Begriff „Brahman", in den → Upanishaden die Bezeichnung für das höchste Wesen, die ewige, allgegenwärtige und unendliche Weltenseele.

Brahmanas; Tl. (Skt.): Brāhmaṇa (n.). Religiöse Texte Indiens aus dem 9. bis 7. vorchristlichen Jahrhundert, die sich zeitlich und inhaltlich an die vier → Veden anschließen und in Sanskrit verfaßt sind. Sie geben Anweisungen zur Auslegung der vedischen Hymnen und des vedischen Opfers, beschreiben Rituale und setzen diese zu Mythen in Beziehung.

Brahmane; Tl. (Skt.): Brāhmaṇa (m.). Angehöriger der obersten → Kaste des Hinduismus. Ursprünglich die Bezeichnung für eine bestimmte vedische Priesterkaste, später für die Kaste der Priester an sich.

Buchreligionen. Religionen, die ein „heiliges" Buch besitzen. Der Koran kennt den Begriff „Leute des Buches", der die Juden und Christen als Schriftbesitzer göttlicher Offenbarung anerkennt (in Form der → Thora bzw. des Evangeliums). Friedrich Max Müller führte den Begriff „Buchreligionen" 1873 in die religionswissenschaftliche Diskussion ein und zählte Judentum, Christentum, Islam, Hinduismus, Buddhismus, Zarathustrismus, Konfuzianismus und Taoismus zu den Buchreligionen. Unter diese Klassifizierung fallen auch die Sikhreligion, die → Orphik, der → Manichäismus, das Mormonentum und der → Jainismus.

Buddha (Skt.; m., „der Erwachte"). Im Buddhismus Titel eines Menschen, der sich selbst zur Erleuchtung gebracht hat und diese verkündet. Insbesondere Bezeichnung für den historischen Siddharta Gautama, aber auch für seine mythischen Vorgänger und die künftigen Buddhas sowie die transzendenten Wesen des Mahayanabuddhismus (→ Mahayana).

Calvinismus. Bezeichnung für das reformierte Christentum, das auf Johannes Calvin zurückgeht. Die calvinistische Theologie, besonders die Prädestinations- und Abendmahlslehre, sowie die presbyterial-synodale Gemeindeverfassung der reformierten Kirchen prägten die historische Entwicklung weiter Teile des Protestantismus in Westeuropa und Nordamerika.

Cäsaropapismus. Der Begriff ist im 18. Jahrhundert entstanden und basiert auf den Grundlagen des antiken Herrscherkultes. Die nahe Verbindung von weltlicher und geistlicher Herrschaft, bei der der mit göttlicher Weihe versehene Herrscher auch die oberste Leitung der Kirche inne hat, ist charakteristisch für das byzantinische Reich und die ehemalige Staatskirche Rußlands von 1721 bis 1917.

certitudo salutis (lat.; „Gewißheit des Heils"). Persönliche Gewißheit des göttlichen Heils, deren Erlangung zwischen katholischer Kirche und den Reformatoren umstritten ist. Nach reformierter Ansicht die persönliche Gewißheit des göttlichen Heils, das durch die Rechtfertigung zuteil wird, und ein unverlierbarer Gnadenstand. Nach katholischer Auffassung ist die Heilsgewißheit nicht Gegenstand des Glaubens, sondern der Hoffnung.

Chaberim; Tl. (hebr.): ḥaberîm (m., Pl.), „Genossen". Hebräische Bezeichnung für die Mitglieder einer pharisäischen ḥaberût, einer Genossenschaft. Als „ḥaberîm" im pharisäischen Sinn des Wortes wurden diejenigen bezeichnet, die sich den Verbandssatzungen unterworfen hatten: regelmäßige Abgabe des zehnten Teils des Einkommens und Verwirklichung des Gesetzes im Alltag. Diese pharisäische Vereinigung hat mehrere Abstufungen gekannt und setzte eine Probezeit vor der Aufnahme voraus. → auch: Peruschim.

Charidschiden; Chariǧiten, Tl. (arab.): ḫawāriǧ (m.; Pl.), „Auszügler", „Ausziehende". Bezeichnung für die Anhänger der ältesten religiösen Sondergruppen des Islam. Ursprünglich Anhänger des Kalifen Ali, von dem sie sich nach der Schlacht von Siffin (657) trennten. Sie bildeten zahlreiche Untergruppen aus und bekämpften die islamischen Gegner als „Ungläubige" mit fanatischer Härte.

Charisma (griech., Subst., n., „Gnadengabe", „Geschenk"). In 1. Korinther 12, 7–11 und Römer 12, 6 vertritt Paulus die Auffassung, daß jeder eine Begabung für das Wirken in der Gemeinde hat und mit folgenden Charismata ausgestattet sein kann: prophetischer Rede, dienendem Amt, Lehre, Ermahnung, Gemeindevorstand, Barmherzigkeit, Weisheit und Erkenntnis, ebenso Zungenreden und Heilen.

Chassidäer; Tl. (hebr.): ḥăsîdîm (m., Pl.), „die Frommen". In den griechischen Makkabäerbüchern „Hasidaioi" genannt (1. Makk. 2, 42; 1. Makk. 7, 13; 2. Makk. 14, 6). In den Befreiungskriegen der Juden gegen die seleukidischen Herrscher im 2. vorchristlichen Jahrhundert werden die Hasidaioi als Oppositionsgruppe erstmalig erwähnt als „tapfere Männer aus Israel, jeder dem Gesetz ergeben". Sie schlossen sich während der Herrschaft des Seleukiden Antiochus IV. Epiphanes zusammen, um der Hellenisierung Jerusalems entgegenzutreten.

Chassidismus. Auf dem kabbalistischen System des jüdischen Mystikers Isaak Luria Aschkenasi (1534–1572) aufbauende Richtung des Judentums, die die Liebe Gottes betont und eine Verinnerlichung des religiösen Lebens anstrebt. Sie wurde Anfang des 18. Jahrhunderts in Osteuropa zu einer Massenbewegung.

Chiliasmus (vom griech. Zahlwort: chilios, „tausend"). In der christlich-jüdischen Apokalyptik (z.B. „Offenbarung [des Johannes]" 20, 1–6) vertretene Lehre von einem irdischen Gottesreich von tausendjähriger Dauer, für das die Gerechten vom Tode auferweckt werden und in dem weder Leiden noch Ungerechtigkeit existieren.

Chlysten (russ.: „Geißler"). Fremdbezeichnung für die Mitglieder der von Danila Filipow 1645 in Rußland gegründeten Sekte, die sich selber „Christen" oder „Gottesleute" (liudi bozii) nannten und besonders in den Gouvernements Samara und Tambow verbreitet war. Die christlichen Sakramente wurden verworfen, jedes Mitglied galt als fähig und berufen, den Geist Gottes in sich zu tragen, sexuelle Askese war vorgeschrieben. Der Gottesdienst der Chlysten (radenje) war von ekstatischen Tänzen begleitet und schloß mit einem Gemeinschaftsmahl. Laut Lehre der Chlysten wird es immer wieder Neuinkarnationen von Christus, Maria und den Propheten geben.

chthonisch (von griech.: chthōn, Subst. f., „Erde"). Als die „chthonischen Mächte" werden die in und unter der Erde weilenden Toten, Gottheiten und Heroen bezeichnet. Chthonische Gottheiten haben ambivalenten Charakter, sie können lebensfördernd oder todbringend sein.

Çudra; Tl. (Skt.): Šūdra (m.). Im klassischen Vierkastensystem Indiens die vierte →Kaste, die dienende Funktion hatte und vom Studium der → Veden ausgeschlossen war. Weber übersetzt den Begriff in seiner Hinduismusstudie als „Knechte" oder „Heloten" und spricht gelegentlich von der „Çudra-Klasse" (vgl. MWG I/20, S. 55, 117, 171 und 173).

Dalai Lama (von mongol.: dalai, „Ozean", und tib.: bla-ma, „der Obere"). Seit der Mitte des 17. Jahrhunderts das geistliche und weltliche Oberhaupt Tibets. Titel des Oberhauptes des innerhalb des Lamaismus führenden Gelbmützenordens. Im Buddhismus gilt der Dalai Lama als die sich stets erneuernde Inkarnation des Bodhisattva Avalokitesvara, der Verkörperung des Mitleides, und wird in ununterbrochener Sukzession wiederverkörpert (sog. „Chubilganische Erbfolge").

Dämonen. Aus dem Griechischen stammende Bezeichnung für übermenschliche Mächte, ursprünglich zur Bezeichnung von Göttern oder für Wesenheiten im Gefolge von Göttern oder für das Schicksal verwendet. In der stoischen Philosophie galt der Dämon als der mit dem Göttlichen verwandte Teil im Menschen. In der übrigen griechischen Philosophie ein Zwischenwesen, ein Mittler. Im Volksglauben als launisch, unberechenbar und furchterregend gedacht und mit magischen Mitteln zu besänftigen oder fernzuhalten.

Deferenz. Rücksicht, Ehrerbietigkeit.

Deismus. Rational-theologische Abweichung von der christlichen Orthodoxie. Danach wird ein persönlicher Schöpfergott zwar anerkannt, ihm aber jeder weitere Einfluß auf die Natur oder die Geschichte abgesprochen. Der Mensch hat sein Leben ohne Erwartung eines göttlichen Eingriffs durch Gnade oder Vorsehung zu gestalten. Als Vernunftwesen kann er Gott durch die Betrachtung der göttlichen Naturgesetze erkennen. Das Erkennen der eigenen Pflichten in Entsprechung zu den moralischen Gesetzen stellt die reinste Form des Gottesdienstes dar und ist zugleich Kriterium, nach dem der Mensch nach seinem Tod Heil oder Verdammung erfährt.

Dekalog (griech.; m.). Bezeichnung für die Zehn Gebote, die Moses von Jahwe (→ Jahve) auf dem Berg Sinai empfangen haben soll (vgl. 2. Mose 20, 1–17 und 5. Mose 5, 6–22).

Dekretalen (lat.). Päpstliche Entscheidungen. Seit dem vierten Jahrhundert briefliche Antworten auf konkrete Anfragen bezüglich des kirchlichen Rechtes. Sie wurden in Canones zusammengefaßt, erhielten normativen Charakter. Heute werden besonders feierliche Papsterlasse (etwa Heiligsprechungen) als Dekretalen bezeichnet.

Demiurgos (von griech.: demiourgein, „bilden", „schaffen"). Der Begriff „Demiurg" hat eine philosophische Vorgeschichte: In Platons „Timaios" bezeichnet er den Weltenschöpfer, den „Schöpfer des Alls", der die chaotische Materie nach dem Vorbild der ewigen Ideen zu einem geordneten Kosmos formt. Plotin identifiziert den Demiurg mit der Weltenseele. In der → Gnosis wird der Begriff verstanden als der vom höchsten Gott unterschiedene Schöpfer der Sinnenwelt, der für das Böse in der Welt verantwortlich ist. Der jüdische Gott Jahwe kehrt u. a. in der Namensform → „Jehova" wieder, als niederer Gott und Schöpfer der Welt (hyle), an der Böses haftet.

Derwisch (von pers.: darwīs (m.), „Pfortensucher", „Bettler"). Bezeichnung für islamische Asketen. Teilweise in religiösen Bruderschaften organisiert, teilweise bettelnde Wanderderwische ohne irgendwelche Form der Organisation. Das Streben nach der Vereinigung mit der Weltseele durch Gesang, Tanz und Meditation ist das oberste Ziel der Derwische. Derwische des „inneren Kreises" leben in Klöstern, stehen unter dem absoluten Gehorsam gegenüber dem Scheich und unterwerfen sich regelmäßigen Meditationen und asketischen Übungen zur Befreiung ihrer Seele. Derwische des „äußeren Kreises" kommen als Externe nur zu bestimmten Anlässen ins Kloster. Obwohl der Islam ein Mönchtum im strengen Sinn nicht kennt, gehören Derwische zum festen Erscheinungsbild dieser Religion.

Derwisch-Scheikh. Der Titel „Scheich" (arab.: šaih, „Ältester") ist ein Ehrentitel für Männer, denen Weisheit und geistige Qualitäten zugeschrieben werden. „Scheich" im Zusammenhang mit Derwischen ist die Bezeichnung für die Lehrer, welche die Neophyten („Neugepflanzte", d. h. Neueinzuweihende) in eine Bruderschaft einführen, oder die Leiter eines Derwischordens.

Deuteronomium (griech.; n.). Das biblische fünfte Buch Mose; es wiederholt den → Dekalog und andere Gesetzeswerke der Sinaioffenbarung.

Dharma (Skt., Subst. m., „Gesetz", „Pflicht", Pali: dhamma). Zentraler Begriff des Buddhismus, der unterschiedliche Bedeutungen hat: 1) das kosmische Gesetz, dem die Welt unterliegt, vor allem das Gesetz der vom Karman gesteuerten Wiedergeburt; 2) die Lehre des Buddha, der lediglich eine Manifestation dieses kosmischen Gesetzes ist; 3) Verhaltensnormen und ethische Regeln; 4) Manifestationen der Wirklichkeit; 5) Ideen, Denkobjekte und Geistesinhalte; 6) Daseinsfaktoren.

Didache. Schrift der sog. „Zwölfapostellehre", die 1873 in einer Handschrift aus dem 11. Jahrhundert gefunden wurde und eine altchristliche Gemeindeordnung aus dem Anfang des 2. Jahrhunderts mit Anweisungen für den Kult und das Gemeindeleben enthält. Sie wurde erstmals 1883 von ihrem Entdecker Philotheos Bryennios veröffentlicht.

Diensthaus, ägyptisches. Begriff aus dem biblischen Buch 2. Mose für das Land Ägypten, in dem das Volk Israel zu Fronarbeiten gezwungen und der Knechtschaft ausgesetzt war. In 20, 2 heißt es: „Ich bin der Herr, dein Gott, der ich dich aus dem Ägyptenland, aus dem Diensthause, geführt habe" (Parallelstellen in 2. Mose 13, 3 und 13, 14). Der genaue Zeitpunkt des Auszuges aus Ägypten, des Exodus, ist unklar. Er fällt in die Zeit der 19. Dynastie der Ägypter, ins 13. vorchristliche Jahrhundert.

Dike (griech.: Subst. f., „Gerechtigkeit") In der griechischen Mythologie als göttliche Person gedachte Schirmherrin von Recht und Ordnung. Eine der drei Horen.

Dionysos. Griechischer Gott thrako-phrygischer Herkunft, Herr des Weines und Rausches, der Fruchtbarkeit und der Ekstase, sohn des Zeus und der Semele. Seine Verehrerinnen, die Mänaden, zerrissen bei den orgiastischen Dionysosfeiern Tiere und verzehrten ihr rohes Fleisch. Von den Römern „Bacchus" genannt.

Divination (von lat.: divinatio, Subst. f., „Sehergabe", „Eingebung", „Weissagung"). Fähigkeit, den Willen einer Gottheit zu erkennen und in die Zukunft zu sehen.

Dogmenproliferation. Verbreitung von Dogmen.

Donatismus. Im vierten Jahrhundert in Nordafrika entstand die schismatische Sekte der Donatisten, benannt nach ihrem Gründer Donatus, der seit 313 Bischof von Karthago war. Die Wirksamkeit von Sakramenten hing nach der Lehre der Donatisten von der ethischen Qualität und der Würdigkeit dessen ab, der sie spendet. Ihr Hauptgegner war Augustinus. Kaiser Konstantin I. ging gewaltsam gegen die Donatisten vor. Zum donatistischen Schisma kam es 312, als in Karthago Caecilian zum Bischof geweiht wurde. Die Gegner, angeführt von dem numidischen Bischof Donatus, erklärten Caecilians Weihe für ungültig, weil unter den ihn Weihenden ein Bischof gewesen sei, der in der Zeit der Verfolgung abtrünnig geworden war. Augustin, seit 396 Bischof von Hippo Regius in Nordafrika, formulierte in Auseinandersetzung mit dem Donatismus den Lehrsatz, daß die Sakramente durch ihren Vollzug wirksam seien, weil sie Gottes Gabe seien und der Heilige Geist ihnen ihre Wirkung verleihe.

do ut des (lat.: „ich gebe, damit du gibst"). Ursprünglich ein Begriff aus dem römischen Recht für Verträge auf Gegenseitigkeit. In der religionswissenschaftlichen Terminologie die Bezeichnung für die Absicht von Opfernden, mit ihren Opfergaben eine Gegenleistung von der Gottheit zu erwirken.

dschizja; Tl. (arab.): ǧizya (f.), „Tribut", „Kopfsteuer". Im alten Islam waren die männlichen, erwachsenen Angehörigen einer → „Buchreligion" in eroberten Gebieten zur Zahlung eines Schutzgeldes für sich und ihre Familien verpflichtet. Frauen, Kinder, Arme, Alte und Behinderte waren von diesem Tribut ausgenommen.

Dualismus. Auf religiösem Gebiet die Vorstellung von zwei metaphysischen Mächten, die sich feindlich gegenüberstehen. Beispiele für einen Dualismus liegen u. a. in der Lehre Zarathustras, in gnostischen Systemen (→ Gnosis) und im → Manichäismus vor.

ecclesiae. Kirchengemeinden.

Ekstase (griech.; f.). Religiöses Erlebnis der Entpersönlichung, oft verbunden mit dem Gefühl, von einer Gottheit erfüllt zu sein. Es gibt spontane Ekstasen und künstlich herbeigeführte, etwa durch Askese, Tanz, Musik oder Drogen.

Eleusis → Mysterien.

Epiphanien (griech.; f.). Gotteserscheinungen.

Epistel (griech.; f.). Eine „Epistel" ist im Sprachgebrauch des Neuen Testaments im Gegensatz zum „Brief" an die Öffentlichkeit gerichtet.

Erbsünde (lat.: peccatum originale). Nach christlicher Lehre die durch den Sündenfall von „Adam und Eva" (Essen vom Baum der Erkenntnis) hervorgerufene, angeborene Sündhaftigkeit des Menschengeschlechts.

Eschatologie (griech.; f.). Lehre von den letzten Dingen. Die Vorstellung verschiedener Religionen über das Endschicksal von Individuen oder das universelle Weltenende.

Esoterik (griech.; f.). Lehren und Handlungen, die nur einem bestimmten Personenkreis zugänglich und durch Geheimhaltung vor Profanisierung geschützt sind. In der Philosophie des antiken Griechenlands sowie in griechischen und orientalischen Mysterienkulten (→ Mysterien) gab es diese Praxis.

Exerzitien (von lat.: exercitia, „Übungen"). Als „exercitia spiritualia" Zeiträume der inneren Sammlung und geistigen Übung.

Exil. Weber unterscheidet die vorexilische und nachexilische Zeit des Judentums als Epochen der israelitischen Geschichte. Im 6. vorchristlichen Jahrhundert ordnete der babylonische König Nebukadnezar II. (604-562 v.Chr.) die Zwangsverschleppung zunächst führender Schichten, später auch Teile der Gesamtbevölkerung des Südreiches Juda nach Babylonien an. Die Deportation erfolgte in mehreren Etappen. Die Zeit der babylonischen Gefangenschaft wird heute mit weniger als 70 Jahren angegeben. Nachdem Babylon von den Persern erobert worden war, erteilte der persische König Kyros II. 538 v.Chr. den Juden die Erlaubnis, in ihre Heimat zurückzukehren.

exilische Zeit des Judentums → Exil.

Exogamie (griech.; f.). Regelung des Heiratsverhaltens, nach der Eheschließung nur zwischen Angehörigen verschiedener Clans erlaubt ist. Sie ist oft durch totemistische Anschauungen (→ Totem) bedingt.

ex opere operato (lat.: „durch die vollzogene Handlung"). In der katholischen Dogmatik die Wirkkraft der Sakramente durch ihren bloßen Vollzug, konditioniert auf seiten des Priesters durch die Intention, das zu tun, was Christus und die Kirche wollten und auf seiten des Empfängers durch das Bewußtsein, sich nicht in einer Todsünde zu befinden und der Sakramentshandlung keinen Widerstand entgegenzusetzen.

Famulus (lat.: „Gehilfe"). Bezeichnung für einen Studenten, der als Assistent eines Hochschullehrers arbeitete.

Fetisch (von portugies.: feitiço, nach lat.: factitius, „künstlich gemacht"). Ursprünglich die Bezeichnung für die Kultgegenstände der Westafrikaner. Ein Gegenstand als Träger übernatürlicher Macht.

fides explicita (lat.: „entfalteter Glaube"). In der katholischen Theologie der Glaube, der auf eigener Kenntnis der Glaubensinhalte basiert und der bewußt geschieht.

fides implicita (lat.: „[im Kirchenglauben] eingeschlossener Glaube"). Eine von der Hochscholastik ausgebildete Lehre und fester Bestandteil der römisch-katholischen Theologie. Die Interpretation der christlichen Offenbarung obliegt dem kirchlichen Lehramt, die Kirche ist die unfehlbare Vermittlerin von Glaubensinhalten. Mit dem Glauben an den offiziellen Kirchenglauben sind automatisch auch Glaubensinhalte einbezogen, die dem einzelnen Gläubigen unbekannt sein können. Von Martin Luther und Johannes Calvin scharf kritisiert.

Freigelassene (lat.: „liberti"). Römische Unfreie oder Halbfreie, die durch eine förmliche Rechtshandlung (die sog. „manumissio", die Entlassung eines Sklaven aus der Gewalt seines Herrn) aus ihrem Status entlassen wurden. Sie besaßen nicht die gleichen Bürgerrechte wie frei Geborene: Diese Rechte wurden erst ihren Nachkommen zugestanden. Die liberti waren durch Dienstverpflichtungen an ihren früheren Patron gebunden und trugen auch dessen Gentilnamen. In der römischen Kaiserzeit waren sie in der Verwaltung tätig, als Gewerbetreibende, als Ärzte und Lehrer. Augustus und Tiberius versuchten, durch Gesetze die Emanzipation der liberti einzudämmen.

freikirchliche Gemeinden. Christliche Gemeinden, die weder an den Staat noch an die Volkskirche gebunden sind und sich über freiwillige Beiträge und nicht über Kirchensteuer finanzieren. Im Gegensatz zu Sekten sind sie in die Ökumene einbezogen. Die ersten Freikirchen wurden in England im 17. Jahrhundert von Puritanern gegründet.

Fung-schui; Ts. (chin.): feng-shui, wörtlich: „Wind und Wasser". Im Rahmen der chinesischen Geomantik das Festlegen von günstigen und ungünstigen Orten für die Anlage von Gräbern, Altären, Tempeln und anderen Bauten nach den Prinzipien des Yin und Yang von Himmel und Erde. Zweck war das Fernhalten negativer Energien.

Gathas; Tl. (awestisch): Gāthās, „Lieder", „Gesänge". Die 17 Gathas sind die ältesten Teile des Avesta (der heiligen Schrift der Parsen), dem Yasna (Yasna 28–34, Y. 43–51 und Y. 53). Sie werden direkt auf Zarathustra zurückgeführt oder stammen zumindest aus deren näheren Umgebung.

Gegenreformation. Erstmals 1776 auftauchende Bezeichnung für die reformationszeitlichen Versuche, protestantisch gewordene Gebiete wieder dem Katholizismus zuzuführen. In Spanien entstand der bedeutendste Orden der Gegenreformation, der der → Jesuiten. Hier entstand auch die quietistische Mystik, die über Italien und Frankreich in andere Länder Europas gelangte. Das gegenseitige Durchdringen von mystischer Erfahrung und menschlicher Aktivität wurde zu einem Charakteristikum der Gegenreformation.

gens (lat. Subst. f., „Geschlecht"). Ursprünglicher Verband mehrerer Familien mit demselben Namen und gemeinsamer Abstammung, mit → Exogamie, gemeinsamem Oberhaupt, Landbesitz, Kultstätten und Friedhöfen.

Gilde (niederdtsch.: „Innung", „Trinkgelage", ursprüngl. wahrscheinlich: „gemeinsamer Trank nach einem abgeschlossenen Rechtsgeschäft"). Im europäischen Mittelalter genossenschaftliche Vereinigungen zum wechselseitigen Schutz, für religiöse und gewerbliche Zwecke und zur Pflege der Geselligkeit.

Gnadenperseveranz → perseverantia gratiae.

Gnosis (griech. Subst. f., „Erkenntnis", „Einsicht"). Sammelbegriff für eine synkretistische religiöse Bewegung des zweiten und dritten nachchristlichen Jahrhunderts. Sie setzte sich aus platonischen, jüdischen, altiranischen und altbabylonischen Elementen zusammen. Die gnostischen Richtungen weisen gemeinsame Merkmale auf: 1) ein dualistisches Weltbild, bei dem der höchste Weltengeist, der Gott des Lichtes, vom Schöpfergott (Demiurg) unterschieden wird. Dem Urgott steht der vom → Demiurgos geschaffene Welt (hyle) gegenüber, an der Böses haftet; 2) die enge Verbindung zwischen Kosmologie und Anthropologie. In der Welt und auch im Menschen sind sowohl geistige als auch materielle Anteile vermischt. Diese geistigen Anteile gilt es durch innere Erkenntnis zu befreien und somit von ihrer Gefangenschaft zu erlösen. 3) Vorhandensein einer Erlösergestalt, die den Menschen die „Erkenntnis" über ihr Dasein vermittelt und den Aufstieg ins göttliche Lichtreich weist. 4) Die Welt wird als Gefängnis betrachtet, aus dem sich die Seele befreien, die Welt überwinden und wieder zu ihrem himmlisch-göttlichen Ursprung zurückkehren muß. Als Selbstdefinition ist Gnosis: „Die Erkenntnis dessen, wer wir waren, was wir geworden sind, wo wir waren, wohin wir geworfen wurden; wohin wir eilen, wovon wir erlöst werden; was Geburt ist, was Wiedergeburt". (Klemens von Alexandrien, Excerpta ex Theodoto 78).

Gosain; Tl. (Hindī): gosāīn (m.), „Herr der Rinder". Ehrentitel für Vischnu-Anhänger, die ihr Leben in Askese und Meditation verbringen.

gregorianische Reformbewegung. Auf Papst Gregor VII. zurückgehende Kirchenreform.

Guru (Skt.; m.). Im Hinduismus Bezeichnung für einen geistlichen Lehrer.

Gymnasion (vom griech. Adj.: gymnos, „nackt"). In Griechenland ein öffentlicher Platz für nackt ausgeführte Leibesübungen wie Speerkampf, Ringen, Faustkampf und Wettlauf.

Hades. Griechischer Gott der Unterwelt sowie Name seines unterweltlichen Reiches.

Haoma. Aus arischer Zeit stammende Gottheit der heil- und zauberkräftigen Haomapflanze und des daraus bereiteten Rauschtrankes. → auch: Soma.

Heiland (von altsächsisch: heliand und althochdt. Heilant, „der Heilende", „Erlösende"). Religionswissenschaftliche Bezeichnung für heilsvermittelnde Gestalten in verschiedenen Religionen, die von Schuld, Sünde und Krankheiten befreien, der Welt den Frieden schenken und zur Unsterblichkeit führen.

Heiliger Stuhl. Seit Papst Damasus I. (366–384) Bezeichnung für das Amt des Papstes und die römische Kurie.

Heilsarmee (engl.: Salvation Army). Von dem ehemaligen Methodistenprediger William Booth (1829–1912) und seiner Ehefrau Katharina im Jahr 1878 in London gegründete, äußerlich militärisch formierte Organisation, die sich der „Rettung" Verwahrloster, dem Kampf gegen Alkohol und Drogen und der Betreuung von Arbeitslosen widmet.

herodianische Zeit → Herodes I. (Personenverzeichnis).

Heroen. 1. Bei den Griechen Helden, die zu Lebzeiten bedeutende Taten vollbrachten, nach ihrem Tod ein götterähnliches Dasein im Hades verbrachten und zwischen Göttern und Menschen vermitteln konnten. Bei Homer und Hesiod auch Bezeichnung für Helden der Vorzeit. 2. In einem allgemeineren Sinn wird der Begriff für deifizierte Helden verwendet.

Hierarch (vom griech. Adj.: hieros, „heilig", und griech.: archon, Subst. m., „Herrscher"). Ursprüngliche Bezeichnung für den Ausüber einer Priesterherrschaft, die verbunden war mit einer rangmäßigen Abstufung der Priesterämter.

Hierokratie (vom griech. Adj.: hieros, „heilig", und griech.: kratos, Subst. m., „Stärke"). Ausübung der weltlichen Herrschaft durch religiöse Amtsträger.

Hindu; Tl. (pers.): Hindū (m.). Mittelalterliche persische Bezeichnung für die Einwohner Indiens, abgeleitet aus der iranischen Namensform des Flusses Indus (iran.: Hindu). Anhänger des Hinduismus.

Hiob, Hiobbuch (unsichere Namensbedeutung, griech.: Job, „den man als Feind behandelt" oder „der sich gegen Gott wendet" oder „wo ist der Vater?"). Hauptgestalt des alttestamentlichen Hiobbuches. Hiob aus Uz in Edom wird zu Beginn des Hiobbuches als reichster und frömmster Mann des Orients vorgestellt. Nacheinander verliert er seinen Besitz, seine Kinder, seine Gesundheit, weigert sich aber, Gott deshalb zu verfluchen. Der Hauptteil des Buches besteht aus Dialogen Hiobs mit seinen Freunden und Jahwe, zentrales Thema ist die Gerechtigkeit Gottes und der leidende Gerechte in seinem Verhältnis zu Gott. Am Schluß des Buches erhält Hiob seine Kinder zurück sowie das Doppelte seines ursprünglichen Vermögens.

Hyliker (von griech.: hyle, Subst. f., „unbearbeiteter Stoff", „Materie, aus der etwas hergestellt wird"). In der valentianischen Gnosis entsprach der dreistufige Kosmos der Dreiteilung des Menschen in Geist, Seele und Körper (Nous, Psyche und Hyle); dementsprechend den drei Menschentypen Pneumatiker, → Psychiker und Hyliker. Nach dieser Lehre hatte der Hyliker keine Pneumasubstanz (göttliche Lichtfunken) mehr in sich.

Idolatrie (griech.; f.). Religiöse Verehrung von Bildern oder Gegenständen, von denen angenommen wird, daß eine göttliche Macht in ihnen wohnt. Abwertende Bezeichnung für „Heidentum".

Independenten. Die seit 1624 so genannten Independenten oder Kongregationalisten sind aus dem englischen Puritanismus hervorgegangen. Sie forderten die Unabhängigkeit von der anglikanischen Kirche und die Selbständigkeit der freiwillig zusammengeschlossenen christlichen Einzelgemeinden. In der englischen Revolution spielten sie unter Cromwells Führung eine zentrale Rolle. In England verfolgt, suchten sie in den Niederlanden Zuflucht, von wo aus sie als „Pilgerväter" nach Nordamerika auswanderten.

Indra (Skt.; m.). Kriegerischer Gott der vedischen Religion, Dämonentöter, der durch den Genuß des Somasaftes (→ Soma) zu gewaltiger Kraft gelangte. Ist im späten Hinduismus zu einem unbedeutenden Regengott und zum Schützer der östlichen Himmelsgegend geworden.

Inkarnation (lat., f.). Menschwerdung eines göttlichen Wesens.

Jahve; Tl. (hebr.): Jahwe (m.). Eigenname des Gottes Israels. Tetragramm mit den vier hebräischen Konsonanten JHWH. Der Name des Gottes Israels wird in 2. Mose 3, 14 in der Bedeutung von: „Ich werde sein" verwendet. Seit etwa 300 v. Chr. vermieden es die Juden, den Namen „Jahwe" auszusprechen und lasen stattdessen „Adonai" („mein Herr") oder „Haschem" („der Name").

Jaina. Anhänger des → Jainismus.

Jainismus, Jinismus. Eine von Vardhamana Mahavira gestiftete indische Religion, deren Entstehungszeit ungefähr mit der des Buddhismus zusammenfällt. Der Jainismus beruht auf einer streng asketischen Erlösungslehre: Durch Meditation und asketische Übungen kann das Ansammeln von Karma (→ Karman) vermieden und die Seele aus der Materie befreit werden. Jainamönche und -nonnen sind ebenso wie die Laien strengen ethischen Regeln unterworfen. Der Jainismus spaltete sich in zwei Schulen, in die Digambaras („Luftgekleidete") und in die Svetambaras („Weißgekleidete").

Janus. Doppelgesichtiger römischer Gott der Tore und Torbögen, Gott des Anfangs, der bei Gebeten und Opfern als Erster angerufen wurde.

Jathrib; Tl. (arab.): Yatrib. Ursprünglicher Name der arabischen Stadt → Medina.

Jehova. Name Gottes bei Juden des Mittelalters. Durch die Arbeit jüdischer Textkritiker (der Massoreten, „Überlieferer") während des Mittelalters, die die rein konsonantischen hebräischen Texte der Bibel mit Vokalzeichen versahen, entstand aus den Konsonantenzeichen für JHWH (Jahwe) und den Vokalzeichen von „Adonai" die Lesung „Jehova".

Jesuiten (lat.: Societas Jesu, „Gesellschaft Jesu"). 1534 von dem baskischen Adeligen Ignatius von Loyola in Paris gegründeter Orden, dessen Mitglieder ein Zusatzgelübde des strikten Gehorsams gegenüber dem Papst abzulegen haben, zu regelmäßigen Exerzitien verpflichtet sind und pädagogische, seelsorgerische und missionarische Aufgaben ausüben. Der führende Orden der → Gegenreformation. Die Gesellschaft Jesu war 1773-1814 aufgehoben, bestand aber in Preußen weiter; sie wurde ab 1801 von Rom für verschiedene Länder wieder zugelassen. In Deutschland war der Orden von 1872 bis 1917 gesetzlich verboten.

Juno. Römische Göttin etruskischer Herkunft mit Zügen der griechischen Hera. Als „Juno Regina" war sie die Gattin des Jupiter und Schützerin der Ehe.

Kabbala; Tl. (hebr.): qabbālā (f.; Sg.), „Empfangen [durch Tradition]". Bezeichnung für verschiedene Richtungen der jüdischen Mystik, die u.a. von gnostischen und neuplatonischen Elementen mitgeprägt ist und den → Chassidismus beeinflußt hat. Das Hauptschriftwerk der Kabbala ist der im 13. Jahrhundert anonym verfaßte „Sohar".

Kanaan. Gebiet des palästinensisch-phönizischen Küstenstreifens, alter Name des Gelobten Landes, das zum Land Israel geworden ist.

Kardinaltugend. Das Christentum kennt vier Kardinaltugenden: die Klugheit als Tugend der Erkenntniskraft, die Gerechtigkeit, die Mäßigung, die das Begehren und die Affekte ordnet und die Tapferkeit, die die Affekte beherrscht.

Karman (Skt.: Karma, n., Pali: Kamma, „Tat"). Ursprünglich die Bezeichnung für rituelle Handlungen, die der Sicherung des individuellen Unsterblichkeit dienen sollten. In den → Upanischaden wird mit „Karma" die Vorstellung von der Kausalität der Taten, die im Zusammenhang mit dem Seelenwanderungsglauben steht, bezeichnet: Die Art der Wiedergeburt wird bestimmt durch die Taten eines Menschen in seinem vorhergehenden Leben.

Karolinger. Das fränkische Adelsgeschlecht erhielt 754 die fränkische Königswürde. In Frankreich regierten die Nachfolger Karls des Großen bis 987.

Kaste (von portugies.: casta, „Stamm", „Abstammung"). Das Kastensystem im Hinduismus bezeichnet die Gliederung der indischen Gesellschaft in soziale Gruppen, die sich durch Geburt, Beruf, Heirats- und Reinheitsvorschriften voneinander unterscheiden. Die indische Gesellschaft gliedert sich in vier Varnas („Farben"), die im westlichen Sprachgebrauch mit „Kasten" wiedergegeben werden und die sich immanent noch stark aufgliedern.

κατ’ ἐξοχήν; Tl. (griech.): kat’ exochēn. Herausragend, par excellence, mit Vorzug.

Khalif; Tl. (arab.): halīfa (m.), „Nachfolger [Muhammeds]". Titel des Oberhauptes der muslimischen Gemeinde (arab.: umma), als Nachfolger des Propheten.

Kongregationalisten → Independenten.

Kontemplation (lat.; f.). Versenkung in das Übersinnliche mit dem Ziel der inneren Gottesschau, besonders in der Mystik.

Kontokorrent (ital.). Geschäftsverbindung, bei der Verbindlichkeiten plus Zinsen nicht einzeln, sondern in Form einer Verrechnung bezahlt wurden.

Koran; Tl. (arab.): qur’ ān. Heilige Schrift des Islam, die aus 114 → Suren besteht. Der Koran beruht auf den Offenbarungen Muhammeds durch den Erzengel Gabriel und wurde bereits eine Generation nach dem Propheten kodifiziert.

Kreuzzugszeit. Die Zeitspanne der insgesamt sieben Kreuzzüge von 1096 bis 1291.

Krischna; Tl. (Skt.): Kṛṣṇa. Gott des Hinduismus. Er gilt als achte Inkarnation des Vischnu (→ Vischnuismus).

Kshatriya, Kschatriya; Tl. (Skt.): Kṣatriya (m.). Name der → Kaste der Krieger bzw. des landbesitzenden Adels im klassischen indischen Vierkastensystem. Sie standen in Opposition zu den Brahmanen und vertraten im Gegensatz zu diesen eine persönliche Gottesauffassung.

Kybele (griech. Form von phryg.: „Matar Kubile", Namensableitung ist unsicher). Phrygische Mutter- und Mysteriengöttin, Herrin des Lebens und der Fruchtbarkeit. Die Kultlegende macht Attis, einen phrygischen Vegetationsgott, zu ihrem jugendlichen Geliebten, den sie mit Wahnsinn straft, als er das ihr abgelegte Keuschheitsgelübde brach. Im Wahn entmannte sich Attis selbst. In Rom wurde Kybele 204 v. Chr. unter dem Namen „Magna Mater" eingeführt.

Kyniker (aus dem Griechischen). Vertreter des Kynismus, einer Richtung der griechischen Philosophie, die die Ideale von Bedürfnislosigkeit, Selbstbeschränkung und Aufhebung gesellschaftlicher Vorurteile und Konventionen vertrat und die Welt radikal ablehnte. Ihr berühmtester Vertreter war Diogenes von Sinope (um 412–323 v. Chr.).

Lamaismus. Tibetische Sonderform des Buddhismus, die auch in Bhutan, der Mongolei und in Ladakh vorkommt. Der Lamaismus besitzt zwei kanonische Schriftsammlungen und zwei unterschiedliche Mönchsschulen: die liberalen „Rotmützen" und die zölibatären „Gelbmützen", eine mönchische Reformsekte (Gelugspa), deren Gründer Tsong-kha-pa (1357-1419) war. Aus letzterer Schule gingen der → Dalai Lama und der Panchen Lama hervor.

latreia (griech.; f.). Ursprüngliche Bedeutung: „Dienst des Söldners oder Lohnarbeiters", „Dienst gegen Lohn", bei Platon: „Gottesdienst", „Gottesverehrung". Im Kontext der sog. „Bilderstreites" (→ Bilderstreit von Byzanz), wo es um das Verhältnis zwischen Abbildung und Urbild ging, unterschied Johannes Damascenus (um 670 bis um 750, Dogmatiker der alten Griechischen Kirche) zwischen einer „Anbetung" (griech.: proskynēsis tēs latreias) und einer „Ehrfurchtserweisung" (griech.: proskynēsis hē ek timēs) gegenüber der Christusikone.

Lebensdurst (Skt.: tṛṣṇā, f., Pali: taṇhā). Im Buddhismus die Ursache des leidvollen Daseins.

Liebesakosmismus. In Max Webers Sprachgebrauch: „Eine eigentümliche Weltflucht in Gestalt objektloser Hingabe an jeden Beliebigen, nicht um des Menschen, sondern rein um der Hingabe als solcher [...] willen". (MWG I/19, S. 490). → auch: Akosmismus.

livianische Historiographie → Livius (Personenverzeichnis).

Lokalgott. Ein Gott, dessen Wirksamkeit und kultische Verehrung an einen bestimmten Ort gebunden ist.

Lykos. Attischer Gerichtsdämon bzw. Gerichtsheros, dessen wolfsgestaltiges Bild zur Ausstattung der Gerichtsgebäude zählte. Ihm wurde angeblich vor jeder Gerichtssitzung der dritte Teil des Richtersoldes geopfert.

Maat (ägypt.: m₃ʿt). Zentralbegriff des altägyptischen Denkens, „Wahrheit", „Ordnung", „Weltordnung", „Gerechtigkeit". Der → Pharao stellte bei seiner Krönung die durch den Tod seines Vorgängers verlorengegangene Ma’at wieder her. In der späteren Entwicklung der ägyptischen Religion wird die personifizierte Ma’at zur Tochter des Sonnengottes Re.

Mahayana; Tl. (Skt.): Mahāyāna (n.), „großes Fahrzeug [über den Ozean des Leidens]". Richtung des Buddhismus mit starkem Laieneinfluß und der Möglichkeit, mit Hilfe eines Außenstehenden, eines → Bodhisattvas, erlöst zu werden. Seine Anhänger stellen das eigene endgültige Eingehen ins Nirvana zugunsten der sonst nicht erlösungsfähigen Laien zurück. Verbreitet in Nordindien, Tibet, Zentralasien, China, Korea und Japan. Im Hinayanabuddhismus, dem „kleinen Fahrzeug" [über den Ozean des Leidens], muß die Erlösung aus eigener Kraft erlangt werden.

Makkabäer. Beiname des jüdischen Herrschergeschlechts der Hasmonäer. Nach Judas Makkabäus (von hebr.: maqqābāh, „Hammer", 166–160 v. Chr.) benanntes jüdisches Geschlecht, das den Aufstand der Juden gegen den Seleukidenherrscher Antiochos IV. Epiphanes anführte. Dieser Aufstand richtete sich gegen den Versuch der systematischen Unterdrückung religiöser Traditionen des jüdischen Volkes und der Zwangshellenisierung Jerusalems. Nach der siegreichen Erhebung über die Seleukiden lag die Leitung des jüdischen Staatswesens in den Händen der Hasmonäer, bis es durch den Einbruch der Römer 63 v. Chr. seine Autonomie verlor. → auch: Chassidäer.

mana (melanesisch: „das außerordentlich Wirksame"). Ein in der Religionswissenschaft etablierter Terminus zur Umschreibung einer übernatürlichen Macht.

Mandäismus, Mandäertum. Eine auf gnostischen Ideen (→ Gnosis) beruhende, noch heute existierende Taufgemeinschaft, die ihren Namen von dem Zentralbegriff ihrer Lehre (Manda, „Erkenntnis") ableitete. Der Vermittler des Wissens, der Manda d'Haije, ist in die Welt geschickt worden, um die Menschen über die Gefangenschaft ihrer Seelen in der Materie aufzuklären. Der Mandäismus ist vermutlich unter Einfluß judenchristlicher Taufsekten am Ostrand Syrien-Palästinas entstanden. Um 200 n. Chr. sind die Mandäer wohl ins nordmesopotamische Haran und von dort aus im 5.–7. Jahrhundert unter dem Druck der byzantinischen Kirche und später des Islam zu ihren heutigen Wohnsitzen an den Unterläufen von Euphrat und Tigris und im Schat el Arab gezogen.

Manichäismus. Die von Mani im dritten nachchristlichen Jahrhundert gestiftete gnostische Erlösungsreligion (→ Gnosis), deren Anhängerschaft aus Electi („Auserwählte"), die einer streng asketischer Lebensweise unterworfen waren, und Laienanhängern (Auditores, „Hörer") bestand, die den Lebensunterhalt der Electi besorgten. Laut der dualistischen Lehre der Manichäer bestand ein Lichtreich und ein Reich der Finsternis, die ursprünglich voneinander getrennt waren. Der „König der Finsternis" drang in das Lichtreich ein, raubte die Lichtelemente und begann so einen Kampf zwischen Gut und Böse, in dessen Verlauf die Welt erschaffen wurde. Danach wurden verschiedene Mächte (der Urmensch und Jesus) auf die Erde gesandt, um den Menschen ihre wahre Aufgabe mitzuteilen und die in ihnen vorhandenen Lichtteile von der Materie ihres Leibes zu befreien. Das Ende der Welt wird als Weltenbrand vorgestellt, der die letzten Lichtelemente ausläutert: Die Electi kehren zum Lichtreich zurück, die Auditores gehen durch Wiedergeburt in die Körper der Electi ein, die Nicht-Manichäer verfallen der Finsternis. Der Manichäismus erreichte den Verbreitungsgrad einer Weltreligion, verbreitete sich trotz Verfolgungen im Perser- und im Römerreich und hielt sich hier bis ins 5./6. Jahrhundert hinein. Durch konsequente Mission drang er seit dem 6./7. Jahrhundert nach Mittel- und Ostasien. Im Abendland wirkte sich sein Einfluß seit dem 11. Jahrhundert erneut aus bei der häretischen Bewegung der Katharer.

Manu (Skt.: „der Mensch"). In der indischen Mythologie der Stammvater der Menschen, ihr Gesetzgeber und ihr erster König. Ein Brahmanatext (→ Brahmanas) berichtet von dem siebten Manu, Vaivasvata, der nach der großen Sintflut, aus der ihn ein Fisch gerettet hatte, gemeinsam mit Ida (oder Ila) das Menschengeschlecht zeugte. Das „Gesetzbuch des Manu" (Skt.: „Manusmṛti", auch „Manusamhita" oder „Manavadharmashastra") ist zwischen dem zweiten vorchristlichen und dem zweiten nachchristlichen Jahrhundert entstanden. Neben juristischen Passagen und Anweisungen über Regierungsführung enthält das Buch auch Vorstellungen zur Weltenschöpfung und zur Seelenwanderung.

Marcionitismus. Häretische Richtung innerhalb des frühen Christentums, die von Marcion von Sinope (ca. 85–ca. 160) gegründet wurde und zu einer machtvollen Gegenkirche heranwuchs. Die Marcioniten lebten streng asketisch und behaupteten, daß der jüdische Schöpfergott nichts mit dem Gott des Neuen Testaments zu haben könne und somit auch keine Bedeutung für den christlichen Glauben.

Mazdasnanier. Anhänger des → Ahuramazda.

Medina; Tl. (arab.): al-Madina, „die Stadt [Muhammeds]". Mit seiner Grabesmoschee ist Medina nach Mekka der zweitwichtigste Wallfahrtsort der Muslims, letzter Wohnort Muhammeds.

Mekka. Geburtsort Muhammeds, heiligste Stadt des Islam mit der Kaaba als Pilgerziel.

Mennoniten. Anhänger der von Menno Simons (1496–1561) begründeten, täuferischen Reformbewegung, die aus schweizerischen, niederländischen und deutschen Täufergruppen hervorgegangen ist und ein calvinistisches Christentum vertritt. Kindertaufe, Eide und Kriegsdienst werden abgelehnt.

Menschensohn (Übersetzung von hebr.: ben-adam und von aramäisch: bar-'enoš). Hoheitstitel Christi, in den Evangelien eine Selbstbezeichnung Jesu. In Daniel 7, 13 als endzeitlicher Heilbringer.

Merowinger. Salfränkischer Teilstamm, Inhaber der fränkischen Königswürde von 482 bis 751.

Messe; Meßopfer. In der katholischen Kirche die nach ihren Entlassungsworten („Ite, missa est"; „gehet hin, [die Gemeinde] ist entlassen") bezeichnete Feier der Eucharistie (griech.: „Dankeserweis"), des Abendmahlsgottesdienstes. Die Eucharistie wird als Wiederholung des Kreuzopfers aufgefaßt.

Messias (gräzisierte Form von aramäisch: mᵉšiḥa und hebr.: mašiaḥ, m., „Gesalbter"). Hoheitstitel Jesu. Im Alten Testament zunächst die Bezeichnung für den regierenden König, nach dem Untergang des davidischen Reiches der erhoffte Herrscher aus dem Stamm Davids.

Metanoia (griech; Subst. f.). Sinnesänderung, Reue.

Metaphysik (griech.; f.). Ursprünglich die von den griechischen Philosophen Andronikos von Rhodos (wohl 1. Jahrhundert v. Chr.) eingeführte Bezeichnung für diejenigen Schriften des Aristoteles, die sich mit den Ursachen des Seins beschäftigen. Im weiteren Sinn die philosophischen Lehren, die das „über" und „hinter" der sinnlich faßbaren Welt Liegende thematisieren.

Methodismus. Die 1729 von den Brüdern Charles und John Wesley sowie George Whitefield in Oxford ins Leben gerufene Erweckungsbewegung, die sich 1797 von der anglikanischen Kirche trennte. Die Methodisten sind pietistisch und karitativ eingestellt und betonen ein persönliches Bekehrungserlebnis. Sie erbauten keine Kirchen, sondern mieteten Versammlungsräume an, in denen sie ihre Zusammenkünfte außerhalb der anglikanischen Gottesdienstzeiten abhielten. Sie verzichteten auf Sakrament und Liturgie, beschränkten sich auf Bibelnähe, Wortverkündung, Gesang, Wiedergabe persönlicher Heilserfahrungen und Zeugnisgottesdienst nach herrnhutischem Vorbild. Sie betonten die Mitarbeit von Laienpredigern und organisierten sich (teilweise ebenfalls nach Vorbild der Herrnhuter) in sog. „societies", die sich in „classes" (als übersichtliche Einheiten der Seelsorge und der christlichen Lebensführung) zu je 10 bis 12 Personen aufteilen; letzteren stand ein „leader" vor.

Mischna (von hebr.: šānāh, „lernen", „lehren", „wiederholen"). Sammlung von mündlichen Aussprüchen von Rabbinen, die um 200 n. Chr. gesammelt und schriftlich festgelegt wurden. Die Mischna wurde mit ihren Kommentaren Bestandteil des → Talmud.

Mithras; Mitra (von altiran.: Miθra, „Vertrag"). Indo-iranischer Gott des Rechts, der staatlichen Ordnung und der Schwüre. Im Iran war er der Schutzpatron von Männerbünden; Zarathustra verfolgte seinen Kult. Seit dem ersten nachchristlichen Jahrhundert erlangte er im Römischen Reich große Bedeutung als Mysteriengottheit (→ Mysterien). In Indien stand der Gott Mithras unter dem Namen „Mitra" in enger Beziehung zu dem über ethisches Verhalten wachenden → Varuna.

Moira (griech. Subst. f., „Teil, im Gegensatz zum Ganzen"). Bei Homer (Odyssee 3.40 und 3. 66) die Portion beim Mahl, der Beuteanteil; auch der Anteil eines Gottes an der Weltherrschaft (Illias 10.253). Dann der Lebensanteil, den die Schicksalsgöttin zuweist oder Bezeichnung für die Schicksalsgöttin selbst.

Monolatrie (Neubildung von griech.: monos, „allein", und griech.: latreia, Subst. f., „Verehrung"). Innerhalb polytheistischer Religionen die Verehrung nur eines Gottes, ohne daß damit die Existenz anderer Götter und Göttinnen bestritten wird.

monophysitische Lehre (von griech.: monos, „allein", „einzig", und griech.: physis, Subst. f., „Natur", „Wesen", „Geschöpf"). Einnaturenlehre. Die Vertreter des Monophysitismus gingen davon aus, daß es in der Person Jesu Christi nur eine einzige Natur gebe, nämlich die göttliche. Das Konzil von Chalkedon (451) verurteilte den Monophysitismus als Irrlehre und bekannte sich zu Christus als zugleich wahrem Menschen und wahrem Gott.

Monotheismus (Neubildung von griech.: monos, „allein", und griech.: theos, Subst. m., „Gott"). Glaube an einen einzigen Gott, der die Existenz anderer Götter grundsätzlich ausschließt.

Montanismus. Im zweiten nachchristlichen Jahrhundert im kleinasiatischen Phrygien entstandene häretische Bewegung, benannt nach ihrem Begründer Montanus. Der Montanismus war eine prophetisch-eschatologische Bewegung.

Montes pietatis. Zur Bekämpfung von Wucher entstanden von kirchlicher Seite die „Montes pietatis", die gegen Pfand billige Darlehen gewährten. Mit „Montes" werden (zum Teil noch im 20. Jahrhundert) in Italien verschiedene Arten von Kapitalsammlungen und Leihformen bezeichnet, die karitative Aufgaben haben.

Mormonen (Eigenbezeichnung: „Latter Day Saints"). Von Joseph Smith jr. (1805–1844) auf der Grundlage von Engelorakeln und eines von ihm angeblich gefundenen Offenbarungsbuches Mormon am 6. April 1830 gegründete religiöse Gemeinschaft im US-Staat Utah.

Mortifikation (lat.). Abtöten der körperlichen Begierden durch Kasteiungen oder Fasten.

Mufti (arab.). Islamischer Rechtsgelehrter, der auf Grundlage des → Koran und der Sunna Rechtsfragen entscheidet und zur Ausstellung einer Fatwa (einer formellen gesetzlichen Auskunft) berechtigt ist.

Mutaziliten; Tl. (arab.): Muʿtazila, „die sich Absondernden". Mitglieder einer Theologieschule des sunnitischen Islam, die unter den Abbasidenkhalifen (750–1258) führend wurde. Jede menschliche Aussage über Gott ist ausgeschlossen, eine Prädestinationslehre ist ungerechtfertigt. Sie wandten sich gegen die vorherrschende Ansicht der Orthodoxie, daß der → Koran seit Ewigkeit bei → Allah existierte, bevor er Muhammed mitgeteilt wurde.

Mutterrecht. Der Begriff wurde 1861 von dem Altertumsforscher und Rechtshistoriker Johann Jakob Bachofen (1815–1887) geprägt für die Anfänge der menschlichen Gesellschaft, in der die Abstammung von der mütterlichen Linie maßgeblich gewesen sei.

Mystagoge (von griech.: mustagoges, Subst. m., „Führer der Mysten"). Priester, der die Neophyten („Neugepflanzte", d. h. Neueinzuweihende) in einen Mysterienkult einführte und ihnen die dazu nötigen Weihen erteilte.

Mysten. Die in die kultischen Geheimnisse antiker Mysterienkulte Eingeweihten.

Mysterien (von griech.: ta mysteria, Subst, n.; Pl., „die Geheimnisse"). Antike Geheimkulte griechischer und orientalischer Herkunft, über deren kultischen Vollzug es keine öffentlichen Mitteilungen gab, da sie mit einem Schweigegebot belegt waren. Sie bestanden aus Initiationsriten, bei denen wohl die Kultlegende der jeweiligen Mysteriengottheit von den Mysten nachvollzogen wurde, sowie aus einer öffentlichen Feier. Die eleusinischen Mysterien, jährliche, geheime Initiationsfeiern im attischen Eleusis zu Ehren der Demeter und ihrer Tochter Persephone/Kore, gehen ursprünglich auf Fruchtbarkeitszeremonien zurück und waren die bekanntesten Mysterien der Antike. Die „großen Mysterien" fanden im September/Oktober in Eleusis statt, die „kleinen Mysterien" im Februar/März in Agrai. Die Mysterien von Eleusis sollen neben Keleos von Eumolpos gestiftet worden sein. Das auf ihn zurückgeführte Priestergeschlecht der Eumolpiden stellte bis in die späte Kaiserzeit das Amt der Hierophanten, der Zeiger der heiligen Gegenstände.

nabi, nabijim. Im Hebräischen das Wort für „Prophet" (Sg.) bzw. „Propheten" (Pl.).

nachexilische Zeit des Judentums → Exil.

Naturrecht. In seiner „Rechtssoziologie" definiert Weber den Begriff wie folgt: „,Naturrecht' ist der Inbegriff der unabhängig von allem positiven Recht und ihm gegenüber präeminent geltenden Normen, welche ihre Dignität nicht von willkürlicher Satzung zu Lehen tragen, sondern umgekehrt deren Verpflichtungsgewalt erst legitimieren. [...] Das Naturrecht ist daher die spezifische Legitimitätsform des revolutionär geschaffenen Ordnungen. [...]". (WuG[1], S. 496, MWG I/22–3).

Neuplatonismus. Die spätantike Weiterführung der Lehre Platons, angereichert mit orientalischem und gnostischem Gedankengut, die mit dem Anspruch einer Universalreligion auftrat. Ziel des Menschen sollte sein, sich durch mystische Versenkung vom Körper zu befreien, so daß die Seele zu Gott aufsteigen kann. Die Hauptvertreter des Neuplatonismus waren Ammonios Sakkas (um 175–ca. 240), Plotin (205-270), Porphyrios (233–304), Iamblich (um 280–ca. 330) und Proklos (412–485).

Nirvana, Nirwana; Tl. (Skt.: nīrvāṇa, n., nibbāna), „Verlöschen". Begriff Buddhas zur Kennzeichnung seines Heilsziels: Die Überwindung aller Faktoren, die eine erneute Wiedergeburt erfordern würden, nämlich des → „Lebensdurstes" und der Vorstellung, im Dasein die Realität erkennen zu wollen, führt aus dem Kreislauf der Wiedergeburten hinaus. Die individuelle Existenz erlischt im Nirvana, wenn keine tatbedingte Wiedergeburt mehr nötig ist, wenn das Karma (→ Karman) abgetragen ist. Kennzeichen des Nirvana sind das Fehlen von Entstehen, Bestehen, Veränderung und Vergehen, das Eingehen in eine neue Existenzweise. Der Zustand des Nirvana kann bereits zu Lebzeiten erreicht werden: Nach seinem Tod gelangt der Erlöste dann ins vollkommene Nirvana, ins sog. „Parinirvana".

numen, numina (lat.). Göttliche Funktion, göttliches Wesen und Wirken der Gottheit. Zentraler Begriff der römischen Religion. Während die Griechen ihre Götter als handelnde Personen begriffen, trat bei den Römern die Person hinter ihre Funktion und ihre Wirkung zurück: Das unpersönliche numen stand stellvertretend für die göttliche Persönlichkeit.

Ommajaden; Tl. (arab.): Umaiyaden. Erste Kalifendynastie. Namensgeber ist ihr Begründer Mu ͑āwiya b. Abī Sufyān, der dem Hauptzweig der Familie Banū Umaiya angehörte. Die zunächst (661–750) in Damaskus residierenden, dann nach ihrer Vertreibung im spanischen Cordoba vom 8. bis ins 11. Jahrhundert herrschenden Nachfolger des dritten Kalifen Othman.

Orakel (aus dem Lateinischen). Form der Mantik (der Kunst der Wahr- und Weissagung), in der der göttliche Wille durch einen dazu berufenen Menschen weitergegeben wird.

orenda (irokesisch, ein Anglizismus des Huron-Wortes „iarenda"). In der Religion der Irokesen eine übernatürliche, im wesentlichen unpersönliche Macht, die sich mit Menschen verbinden und die durch Berührungsmagie übertragen werden kann.

Orphik. Religiöse Bewegung der Antike und des Hellenismus, die auf die mythische Gestalt des Orpheus zurückging und von Thrakien ihren Ausgang nahm. Durch Abstinenz, Keuschheit und vegetarische Lebensweise sollte die Seele zu ihrem himmlischen Ursprung zurückkehren. Unsterblichkeit der Seele und Seelenwanderung gehörten zu den zentralen Vorstellungen der Orphiker.

Osiris (gräzisierte Form, altägypt. Lautwert: wsjr). Ursprünglich ein altägyptischer Gott aus dem Nildelta, Totengott und Verkörperung des verstorbenen Pharao. Sein Mythos, in dem er von seinem eigenen Bruder Seth getötet und zerstückelt und von seiner Schwestergattin Isis wieder zum Leben erweckt wird, hat im Laufe der Jahrhunderte zahlreiche Modifikationen erfahren und Osiris zu einem der bedeutendsten Mysterien- und Erlösergottheiten der griechisch-römischen Welt gemacht.

Ottonen. Deutsche Könige und Kaiser (911/936–1024) aus dem altsächsischen Adelsgeschlecht der Liudolfinger.

Pantheismus (vom griech. Adj.: pan, „alles", und griech.: theoi, Subst. m., Pl., „Götter"). Religiöse Vorstellung, nach der die Götter weltimmanent und mit ihr identisch sind. Der Pantheismus stellt einen Versuch der Auflösung des Gegensatzes zwischen Göttern und Welt dar.

Pantheon (griech.; n.). In polytheistischen Religionen die Bezeichnung für die Versammlung aller Götter und Göttinnen.

Paradiso. In Dantes allegorischem Lehrgedicht „Divina Comedia" ist das Paradiso neben Hölle und Fegfeuer einer der Orte, an denen sich die Menschen nach ihrem Tod aufhalten.

Paria; Tl. (Tamil): paraiyan (m.; von Tamil: parai, „Trommel"). Ursprünglich die Bezeichnung für eine niedrige Trommlerkaste in Südindien, die außerhalb des Vierkasten-Systems (→ Kaste) stand. Von Weber auch allgemein und in einem übertragenen Sinn gebraucht für ökonomisch, sozial und rechtlich unterprivilegierte Bevölkerungsgruppen.

Parsismus. Nach ihrem Ursprungsland Persien benannte, von Zarathustra gestiftete Religion, die auf dem Dualismus zwischen dem guten Prinzip (→ Ahuramazda) und dem bösen Prinzip (Angra Manju) basiert. Ein endzeitlicher Retter der Menschheit (der Saoshyant) wird erwartet.

Patres → Senat.

perseverantia gratiae, Gnadenperseveranz (lat. Subst. f., „Dauerhaftigkeit der Gnade"). Nach Johannes Calvin haben die Erwählten (die „Electi") den wahren und echten Glauben. Die Irresistibilität und Dauerhaftigkeit der göttlichen Gnade gibt ihm seinen Charakter. Die Gnade wird nicht durch Werkheiligkeit gesichert. Sie ist, einmal gegeben, unverlierbar.

Peruschim; Tl. (hebr.): pᵉrûšîm (m.; Pl.), „Abgesonderte", griech.: pharisaioi, „Pharisäer". Mitglieder einer jüdischen Laienbewegung, die in der Opposition der → Chassidäer des zweiten vorchristlichen Jahrhunderts wurzelte. Die Peruschim lebten in religiös-sozialen Verbänden, die von „Schriftgelehrten" geleitet wurden, und bezeichneten sich selber als „Genossen" (→

Chaberim). Sie forderten die strenge Einhaltung des mosaischen Gesetzes im Alltag und opponierten gegen die → Makkabäer. Sie erlebten unter Herodes I. ihre Blütezeit. Die Peruschim sonderten sich von anderen Juden ab, die die Reinheitsgebote weniger gewissenhaft beachteten als sie, und bezeichneten diese als „Volk des Landes" (ʿam hāʾāreṣ). → auch: Amhaarez.

Pfründe (auch: kirchliches Benefizium). Bezeichnung für ein geistliches Amt, das mit einer Vermögensausstattung verbunden war (Land oder Geld), deren Ertrag zum Lebensunterhalt des Amtsinhabers diente.

Pharao. Bezeichnung der Septuaginta für den ägyptischen König. Sie geht zurück auf das altägyptische pr-ʿꜣ, „großes Haus", das sich ursprünglich auf den Palast bezog; seit Pharao Thutmosis III. (1490–1436 v. Chr.) auch für den König selbst verwendet.

Pharisäer → Peruschim.

Philister; Tl. (hebr.): pᵉlištîm (m.; Pl.). Gruppe der sog. „Seevölker", die seit dem 14. vorchristlichen Jahrhundert aus dem ägäischen Raum über das Mittelmeer und Kleinasien in die westlichen Randgebiete des Vorderen Orients eindrangen.

Phöniker. Bewohner Phöniziens im syrischen Küstengebiet zwischen dem Karmel im Süden und Nahr-el-Kelb im Norden.

Phratrie (von griech.: phratria, Subst. f.; „Bruderschaft"). Unterabteilung einer Phyle (einer auf fiktiver Abstammungsgemeinschaft beruhenden Unterabteilung der Bürgerschaften der → Polis). Familienrechtlich und kultisch gebundene Gemeinschaft in Griechenland, ursprünglich wohl ein Rechtshilfe- und Wehrverband.

Pietismus (aus dem Lateinischen). Im 17. Jahrhundert zunächst in England, den Niederlanden und dann auch in Deutschland auftretende Frömmigkeitsbewegung innerhalb des protestantischen Christentums. Die Pietisten wendeten sich gegen die Orthodoxie, forderten das allgemeine Priestertum aller Gläubigen und die Umsetzung des Glaubens in Taten und Nächstenliebe. Sie versammelten sich in Konventikeln von „Wiedergeborenen", die von pietistischen Theologen geleitet wurden. Das Programm des Pietismus wurde von Philipp Jakob Spener in seiner Schrift „Pia desideria" 1675 zusammengefaßt. Die Stadt Halle wurde unter Hermann August Francke zu einem deutschen Zentrum des Pietismus. Einen selbständigen Zweig bildete die Herrnhuter Brüdergemeine, gegründet von Nikolaus Ludwig Reichsgraf von Zinzendorf.

Pistiker (vom griech. Adj.: pistikos, „gläubig", „treu"). In der valentinianischen Gnosis (der Schule des Gnostikers Valentin, der um die Mitte des 2. Jahrhunderts in Rom wirkte) werden die Pistiker mit den → Psychikern gleichgesetzt.

Pistis (griech. Subst. f., „Glaube", „Vertrauen"). Bei Platon die unterste Erkenntnisstufe, die sich auf die Abbildungen von Gegenständen bezieht. Im Christentum im Umkreis der paulinischen Theologie ist „pistis" mit der Annahme der christlichen Verkündigung und des damit verbundenen Heilsglaubens verknüpft.

platonische Idee. Nach Platon ist die sinnliche Welt der Wahrnehmungen, die dem ständigen Wandel unterliegt, auf eine intelligible Welt der präexistenten, ewigen, ungemischten, eingestaltigen und unwandelbaren Ideen zurückzuführen, wobei Platon die Ideen als Vorbilder und Prototypen versteht.

Pneuma (griech. Subst. n., „Hauch", „Atem", „Geist"). Mit göttlicher Substanz versehener, lebensspendender Atem, alles durchdringende göttliche Macht.

Podestà (ital.). In nord- und mittelitalienischen Städten (seit Mitte des 12. Jahrhunderts) gewählter, höchster Amtsträger für Verwaltung, Rechtsprechung und Heerwesen, der zumeist von auswärts geholt wurde.

Polis (griech.; Pl.: poleis). In Griechenland der seit dem 8. vorchristlichen Jahrhundert über das umliegende Land regierende Stadtstaat mit wirtschaftlicher, politischer und kultischer Autonomie.

Polytheismus. Glaube an die Existenz mehrerer Götter, im Gegensatz zum Monotheismus.

Prädestination (lat.; f.). In der Religionsgeschichte die Erwählung oder die Verwerfung des Menschen durch den persönlichen Willen Gottes, unbeeinflußbar durch menschliches Handeln. Das menschliche Leben wird dem ausschließlichen Willen eines allmächtigen Gottes unterstellt. Die Westminster Confession (das von der Westminster Synode (1643–1652) beschlossene reformierte Glaubensbekenntnis Englands) hat das Credo aufgenommen: „Gott hat von Ewigkeit her zur Offenbarung seiner Herrlichkeit einige Menschen bestimmt zu ewigem Leben und andere verordnet zu ewigem Tode". Im → Calvinismus, der auch den Begriff der „Präordination" kennt, ist er bezogen auf das diesseitige Geschick. Der Islam kennt die Vorstellung einer göttlichen Vorherbestimmung des Geschickes der Menschen.

Prädikanten (lat.; m.). Mitglieder des 1216 gegründeten Ordens der Dominikaner (Ordo Fratrum Praedicatorum).

Presbyter (von griech.: presbyteroi, Subst. m., Pl., „Ältere"). In der Antike Amtsbezeichnung für sakrale und bürgerliche Beamte. In christlicher Zeit die Gemeindeleiter, die den Bischof in Gottesdienst und Lehramt unterstützten und vertraten.

Probabilismus (lat.). Anschauung, die davon ausgeht, daß endgültige Gewißheit nicht zu erreichen ist und daß sich Handeln und Denken nur auf Wahrscheinlichkeiten stützen kann. Bei den → Jesuiten eine moralische Maxime, nach der Handlungen erlaubt sind, wenn sie wahrscheinlich durch triftige Argumente begründet werden können.

prophetische Bücher. In der Bibel sind 16 Prophetenbücher enthalten, zwölf sog. „kleine" und vier „große", die diese Bezeichnung aufgrund ihres Textumfanges erhielten.

Proselyten (von griech.: proserchomai, „hinzukommen"). Bezeichnung für Nichtjuden, die durch Annahme der Thoragesetze (→ Thora) und durch Beschneidung zum jüdischen Glauben übergetreten sind. Im allgemeinen Sprachgebrauch Bezeichnung für jemanden, der einen Bekenntniswechsel vollzogen hat.

Providenz. Voraussicht, Fürsorge.

Psalmen. Religiöse Gesänge in Form von Hymnen, Bitt-, Dankes- und Klageliedern. Im Alten Testament sind 150 Psalmen im sog. „Psalter" gesammelt.

Psychiker (von griech.: psychē, Subst. f., „Seele"). Als Psychiker wurden in der → Gnosis diejenigen Menschen bezeichnet, die zwischen den Hylikern (den in der Materie haftenden) und den Pneumatikern (Trägern des göttlichen Geistes) standen und die Fähigkeit zur Erkenntnis hatten. Die Anhänger der valentinianischen Gnosis (der Schule des Gnostikers Valentin, der um die Mitte des 2. Jahrhunderts in Rom wirkte) gestanden den kirchlichen Christen den Rang der „Psychiker" zu.

Puritanismus (aus dem Lateinischen). In England seit etwa 1560 die Sammelbezeichnung für religiöse und politische Gruppierungen, die vom → Calvinismus geprägt waren. Die Anhänger der verschiedenen Abspaltungen des Puritanismus bekämpften das Bischofsamt, die Liturgie und den Lehrgehalt der anglikanischen Kirche. Aufgrund staatlicher Repressionen wanderten zahlreiche Puritaner seit etwa 1620 nach Nordamerika aus, als sog. „Pilgerväter". Max Weber definiert den Begriff „Puritanismus" wie folgt: „Wir brauchen hier den Ausdruck, wo wir ihn überhaupt anwenden, stets in dem Sinn, den er in der populären Sprache des 17. Jahrhunderts angenommen hatte: die asketisch gerichteten religiösen Bewegungen in Holland und England, ohne Unterschied der Kirchenverfassungsprogramme und Dogmen, also mit Einschluß der ‚Independenten', Kongregationalisten, Baptisten; Mennoniten und Quäker". (Weber, Protestantische Ethik II, S. 2, Fn. 2).

Purohita (Skt.; m., „der Vorangestellte"). Titel des Hofbrahmanen, von Weber auch als „Hauskaplan" übersetzt. Inhaber der Stellung eines königlichen Beraters und Ministers.

Pythagoräer. Mitglieder der von Pythagoras gegen Ende des 6. vorchristlichen Jahrhunderts im süditalienischen Crotone gegründeten, ordensartigen Gemeinschaft. Ihre Mitglieder waren Aufnahmeprüfungen und strengen Regeln unterworfen. Ihre Lehre, die der → Orphik nahestand, erstrebte die Befreiung der Seele aus dem Körper, wozu eine asketische Lebensweise dienen sollte. Aus der Beschäftigung mit der Mathematik entwickelte sie die Ansicht, die Prinzipien des Mathematischen seien auch die Prinzipien des Seienden und die Zahlenverhältnisse Abbilder der Harmonie der Welt.

Quäker. Ursprünglicher Spottname, den die Mitglieder der „Society of Friends", wie sie sich selber nannten, wegen ihrer ekstatischen Verzückungen während ihrer Gottesdienste erhielten. Eine 1649 von George Fox in England gegründete Sekte, die kirchliche Einrichtungen ablehnte und ein „inneres Licht" als Quelle der Offenbarung Gottes in jedem Menschen vermutete. In England verfolgt, wanderten viele von ihnen bereits ab 1656 nach Amerika aus und siedelten sich großenteils in von William Penn gegründeten Staat Pennsylvania an.

Quietismus (aus dem Lateinischen). Nach innen gerichtete Lebensweise, die Gemütsruhe und innere Harmonie fördern soll. Die Abkehr von der Teilhabe an weltlichen Dingen dient als Voraussetzung für mystische Versenkung.

Rabbinen; Rabbiner (von hebr.: rabbî, „mein Meister"). Zur Zeit Jesu Ehrentitel der palästinensischen Schriftgelehrten. Das Amt des Rabbiners bildete sich seit dem dritten nachchristlichen Jahrhundert aus, als Bezeichnung für jüdische Geistliche, denen neben ihrem Amt als Prediger und Leiter einer Thora- und Talmudschule auch die weltliche Gerichtsbarkeit innerhalb einer jüdischen Gemeinde zustand.

Radha; Tl. (Skt.): Rādhā (f.). Im zehnten Buch des Bhagavatam (dem heiligen, volkstümlichen Buch der Vischnu-Krischna-Verehrer, etwa im 13. Jahrhundert n. Chr. schriftlich fixiert) die bevorzugte Geliebte des indischen Gottes → Krischna, eine der Gopis, der Hirtenmädchen. Verkörperung der Bhakti-devi, der „Göttin Bhakti".

Rigveda; Tl. (Skt.): R̥gveda (m.), „Veda der Lieder". Ältestes Werk der vedischen Literatur, die ältesten dieser Hymnen sollen in der Zeit zwischen 1000 – 900 v. Chr. entstanden sein. Der Rigveda besteht aus 1028 Hymnen, die vom Hotar (Hauptpriester) beim Opfer rezitiert wurden.

rita; Tl. (Skt.): r̥ta (n.). Begriff aus der frühen vedischen Periode für „Wahrheit", „heilige Ordnung", für die kosmische Ordnung und die Verbindung des Menschen zur Ethik und zum Recht.

Römerbrief. Umfassendster Brief des Neuen Testaments, zwischen 54 und 59 n. Chr. von Paulus an die christliche Gemeinde von Rom geschrieben. Rechtfertigung wird durch Christus zuteil, nicht durch die Befolgung der jüdischen Gesetze.

Rudra (Skt.; m.). In der vedischen Zeit Indiens Gott des Schreckens und der Verderbnis, dessen Pfeile Krankheit und Tod brachte, und zugleich Heilgott und Quelle von Heilmitteln. Ging in nachvedischer Zeit teilweise in die Gestalt des Schiva ein.

Sabbatjahr (hebr.: š°miṭṭā). Die Brache der Felder und Weinberge in jedem siebten Jahr des jüdischen Kalenders. 3. Mose 25, 2 – 7 belegt folgende Vorschrift: „[...] Wenn ihr in das Land kommt, das ich euch geben werde, so soll das Land seinen Sabbat dem Herrn feiern, daß du sechs Jahre dein Feld besäest und sechs Jahre deinen Weinberg beschneidest und sammelst die Früchte ein; aber im siebten Jahr soll das Land seinen großen Sabbat dem Herrn feiern, darin du dein Feld nicht besäen noch deinen Weinberg beschneiden sollst. Was aber von selber nach deiner Ernte wächst, sollst du nicht ernten, und die Trauben, so ohne deine Arbeit wachsen, sollst du nicht lesen, dieweil es ein Sabbatjahr des Landes ist. Aber was das Land während seines Sabbats trägt, davon sollt ihr essen [...]; alle Früchte sollen Speise sein". (Vgl. auch 2. Mose 23, 11). Am Ende des Sabbatjahres soll ein Gläubiger seinem „Nächsten oder seinem Bruder" die Schulden erlassen (5. Mose 15, 1 – 3).

Sakti-, Saktireligiosität; Tl. (Skt.): Sakti (f.), „Energie", „Kraft". Verehrung der weiblichen Energie eines Gottes oder der weiblichen Urkraft des Kosmos, besonders im Tantrismus (→ Tantra).

Salier. Mittelrheinisches Adelsgeschlecht, Königs- und Kaiserhaus (1024–1125).

Samkhya, Sankhya; Tl. (Skt.): Sāmkhya, Sāṅkhya (n.), „Aufzählung", „Zahl". Religionsphilosophisches System Indiens, das einen Dualismus zwischen Seele und Materie behauptet.

Sassaniden. Persische Herrscherdynastie, die 227 n. Chr. unter Ardaschir die Nachfolge des Großkönigtums der Arsakiden antrat. Sie empfanden sich als Erneuerer des Achämenidenreiches (→ Achaemeniden) und beanspruchten Rom gegenüber die altpersischen Grenzen. 642 wurde das Reich der Sassaniden von den Arabern zerstört.

Schaubrote. Die in der Bibel (2. Mose 25, 30 und 1. Samuel 21, 7) erwähnten ungesäuerten Brote, die als Opfer für Jahwe (→ Jahve) galten.

Scheich (von arab.: šaiḫ, „Ältester", „Führer"). In der islamischen Tradition das Familien- und Stammesoberhaupt. Als Ehrentitel bezeichnet „Scheich" eine Persönlichkeit, die aufgrund ihres Alters und der damit verbundenen Erfahrungen und Weisheit Führungspositionen übernimmt.

Schiitismus (von arab.: šī ͑a, Subst. f., „Partei [Alis]"). Aus verschiedenen Sekten bestehende Richtung des Islam, die Ali als rechtmäßigen Nachfolger Muhammeds ansieht. Nach schiitischer Auffassung gelten bestimmte Nachkommen Alis als Imame, als „Führer der Gemeinde". Der letzte dieser Imame (je nach Schulrichtung werden fünf, sieben oder zwölf anerkannt) soll bei seiner Rückkehr aus der Verborgenheit ein islamisches Friedensreich errichten.

Schinto; Ts. (jap.): Shintō. Der Shintoismus ist die einheimische Religion Japans mit stark ausgeprägtem Ahnenkult, die vom chinesischen Konfuzianismus und vom Buddhismus beeinflußt wurde. 1868 wurde er zur japanischen Staatsreligion erhoben.

Senat (lat.; m.). Ältestenrat in Rom. Die Aufnahme war an das Amt der Quaestur (dem niedrigsten Amt in der römischen Ämterlaufbahn) gebunden. Die offizielle Anrede der Senatoren lautete: Patres et conscripti („Patrizier und Beigeschriebene").

Sikh (Panjabi; m.; von śiṣya, „Schüler"). Anhänger der indischen Sikh-Religion, deren Stifter und erster Guru Nanak (1469–1538) war. Nanak war von seinem Lehrer Kabir stark beeinflußt, einem Dichter und Mystiker, der in seinen Lehren eine Verbindung zwischen islamischer Mystik und hinduistischer → Bhakti anstrebte. Bildlose Verehrung Gottes, göttliche Verehrung ihrer heiligen Schrift, des Adi Granth Sahib, und Ablehnung des indischen Kastensystems (→ Kaste) sind einige der Hauptmerkmale des Sikhismus.

Sirachbuch (in der lat. Übersetzung: Ecclesiasticus). Nach dem Siraciden benanntes Buch, entstanden am Anfang des zweiten Jahrhunderts v. Chr. Es zählt zu den apokryphen Büchern der Bibel, die im hebräischen Kanon fehlen, in der griechischen Übersetzung des Alten Testaments jedoch enthalten sind.

Skopzen; Tl. (russ.): Skopzy, „Selbstverstümmler". Anhänger einer von Kondratij Seliwanov zu Anfang des 19. Jahrhunderts in Rußland gegründeten asketischen Sekte, die von ihren Mitgliedern die Kastration forderte. Die Sekte, besonders verbreitet in den Gouvernements Orel, Tambov und Tula, soll als Reaktion auf die den → Chlysten nachgesagte Zügellosigkeit entstanden sein.

Slawophile. Russische Intellektuelle in der Mitte des 19. Jahrhunderts, die die Eigenständigkeit der russischen Kultur und der slawischen Tradition gegenüber dem Westen hervorhoben.

Soma (Skt; m.). Vedischer Rauschtrank. Dem iranischen Hauma (Haoma) entsprechend, der als todesabwehrend galt. Aus den Stengeln der (nicht eindeutig identifizierten) Somapflanze gewonnener Saft, der von den ältesten Ariern als berauschender und heilender Opfertrank, von den Iraniern später als Opfertrank sakramental verwendet wurde. Die berauschende Macht des Trankes führte bereits in indoiranischer Zeit dazu, den Saft als Gott Soma zu verehren. Im → Rigveda galt der Gott → Indra als Brauer des Somasaftes.

Sondergott. Der Philologe und Religionshistoriker Hermann Usener bezeichnete damit eine göttliche Macht, die ein begrenztes Gebiet verwaltet und eine spezielle Funktion hat.

Soteriologie (griech.; f.). Lehre von der Erlösung, Heilslehre. Als „Soter" (m.) bzw. „Soteira" (f.) wurden ursprünglich Götter und Göttinnen bezeichnet, die in Notsituationen halfen. Im hellenistischen und römischen Kaiserkult auch Titel der Herrscher.

Spartiaten. Die vollberechtigte Bevölkerung Spartas, deren Güter von den unfreien Heloten bewirtschaftet wurden. Sie bildeten eine geschlossene Gruppe, deren männliche Mitglieder ab dem 7. Lebensjahr in Wohn- und Speisegemeinschaften militärisch erzogen wurden. Im wehrfähigen Alter lebten die Spartiaten in Syssitien (Speisegenossenschaften). Das Betreiben von Handel und Handwerk war ihnen untersagt; diese Gewerbe lagen in den Händen der Periöken, der freien, aber den Spartiaten gegenüber politisch minderberechtigten Bevölkerung Lakoniens und Messeniens.

Sramana; Tl. (Skt.): Sramana (m.; Pali: Samana). Buddhistischer Asket oder Bettelmönch. Bei Weber auch im Sinne von „Eremit" verwendet.

Staufer. Schwäbisches Adelsgeschlecht, Königs- und Kaiserhaus (1138–1268).

Stundisten. Mitglieder der pietistischen Erweckungsbewegung unter südrussischen Bauern in der zweiten Hälfte des 19. Jahrhunderts.

Sufismus (von arab.: sûf, „grober Wollstoff" [der Kleidung der islamischen Asketen]). Mystische Richtung des Islam, deren Anhänger, die Sufis, durch Meditation, Tanz und Musik die Vereinigung mit Gott anstreben.

Sure (arab.). Die 114 Abschnitte des → Koran, die mit Ausnahme der Fatiha (der Eröffnungssure) nach dem Prinzip der abnehmenden Länge angeordnet sind.

sustentieren. Ernähren, unterhalten.

Synkretismus (aus dem Griechischen). Religionswissenschaftlicher Terminus für die Verbindung verschiedener Religionen bzw. einzelner religiöser Phänomene miteinander.

Tabu (polynesisch, „das stark Gezeichnete", im Gegensatz zu noa, „das Gewöhnliche"). Bezeichnung für eine Person oder Sache, die gemieden werden muß. Tabuiert wurden Handlungen auf Grund von Konventionen, Vorschriften, Privilegien oder Verboten. Anthropologen des 19. Jahrhunderts lösten die Bezeichnung von ihrer regulativen Funktion und machten sie zu einer religiösen Kategorie, entsprechend dem „Heiligen".

taciteische Zeit → Tacitus (Personenverzeichnis).

Talmud (hebr.: „die von der Tora ausgehende Belehrung"). Literarisches Hauptwerk des nachbiblischen Judentums, bestehend aus → Mischna und Gemara (Mischnakommentierungen in aramäischer Sprache). Der Talmud ist in zwei Versionen überliefert: als Jerusalemischer Talmud und als Babylonischer Talmud. Die Endredaktion des letzteren erfolgte im 6. Jahrhundert n. Chr.

Tantra (Skt.; n., „Gewebe"). Schriften und Lehrsysteme des Tantrismus, einer religiösen Strömung, die im 6. Jahrhundert n. Chr. von Indien ausging und den Hinduismus, Buddhismus und Lamaismus beeinflußte. Die Gegensätze innerhalb der sichtbaren Welt sollen durch die Erkenntnis des Absoluten aufgelöst werden; durch erotische und esoterische Zeremonien wird die Verschmelzung mit dem Absoluten angestrebt.

Tao; Tl. (chin.): dao, „Weg", „Prinzip". Zentralbegriff der chinesischen Philosophie, der Urgrund allen Seins, die ewige Ordnung des Kosmos und des Lebens, der Weg, den ein Mensch beschreiten soll.

Taoismus. Eine der Religionen Chinas, die auf Laotse und seinen Schüler Tschuang-tse zurückgeführt wird und in der naturphilosophische und religiöse Elemente mit buddhistischen Vorstellungen und Bräuchen verbunden wurden.

tapas (Skt.; n., „Erhitzung"). Magische Gluthitze, die durch Askese verursacht wird, oder auch die Askese selbst.

Taschilama; Tl. (tib.): tashi blama. Europäische und indische Bezeichnung für den Pan-chen rin-po-che, dem neben dem → Dalai Lama ranghöchsten Hierarchen des ehemaligen tibetischen Priesterstaates. Nach buddhistischer Auffassung gilt er als Inkarnation des Buddha Amithabha (des Herrn im „Paradies des Westens"). Er residierte im Kloster Taschi-lunpo, ca. 200 km von Lhasa entfernt.

Täufer. Anhänger christlicher Bewegungen, die anstelle der Kindertaufe die Erwachsenentaufe praktizieren, wie die → Baptisten und → Mennoniten. Im besonderen die schwärmerische Bewegung der Täufer, die im westfälischen Münster 1535 blutig zerschlagen wurde.

Themis. Griechische Göttin der Sitte und Ordnung, Schützerin des Gastrechts und der Verfolgten. Vor → Apollon war sie die Inhaberin des delphischen Orakels.

Theodizee (von griech.: theos, Subst. m., „Gott", und griech.: dike, Subst. f. „Gerechtigkeit"). Frage nach der Vereinbarkeit des Bösen und Leidens in der Welt mit der Vorstellung eines vollkommenen, guten und gerechten Gottes. Die Frage nach Theodizee wird in allen Religionen gestellt, jedoch jeweils anders beantwortet.

Theokratie (griech.; f.). Gottesherrschaft.

Thesaurus (lat.; m.). Nach katholischer Lehre, speziell der Bulle „Unigenitus Dei Filius" von Papst Clemens VI. von 1343, haben Christus und die Heiligen einen Vorrat an Verdiensten erworben. Dieser Überschuß kann vom Papst an bedürftige Personen weitergegeben werden, etwa in Form eines Erlasses kirchlicher Bußstrafen, dem → Ablaß.

Thora (von hebr.: tôrā, „Unterweisung"). Hebräische Bezeichnung für den Pentateuch, die Fünf Bücher Mosis.

Totem. Der Begriff „Totemismus" wurde gebildet aus **totam**, das in der Sprache der nordamerikanischen Ojibwa-Indianer (einer Gruppe der Algonkin) ein nichtmenschliches Wesen (meist Tier) bezeichnet, das eine Gruppe von Menschen repräsentiert, das bei den Gruppenmitgliedern als Urahne gilt, sie beschützt und durch Tabuvorschriften vor profanem Gebrauch geschützt ist. Die Gruppe, in der ein absolutes Heiratsverbot untereinander gilt, führt den Namen des Totems.

Totemismus. Vorstellung von der Verwandtschaft und Schicksalsgemeinschaft zwischen Menschen und → Totem.

Totenbuch, ägyptisches. Von Richard Lepsius in die Ägyptologie eingeführter Begriff für den jüngsten Teil der altägyptischen Totenliteratur. Altägyptische Spruchsammlungen seit der 17. Dynastie, die überwiegend auf Papyri geschrieben und dem Toten auf den Sarkophag gelegt oder in die Mumienbinden gewickelt oder auch auf Teilen der Grabausstattung angebracht wurden. Keine geschlossene Textsammlung mit einheitlichem Inhalt und festgelegter Reihenfolge. Jedes Exemplar des Totenbuchs enthält eine eigene Auswahl an Texten.

Hauptzweck der Sprüche war die magische Befähigung der Verstorbenen zum „Herausgehen bei Tage".

tritheistisch (vom griech. Zahlwort: treis, „drei", und griech.: theos, Subst. m., „Gott"). Annahme dreier, im Wesen unterschiedlicher, göttlicher Personen innerhalb der christlichen Trinität.

Unitarier. Mitglieder von im 16. Jahrhundert entstandenen christlichen Gemeinschaften, die die Trinitätslehre verwarfen und Jesus als göttlich inspirierten Lehrer ansahen. Die Unitarier wahrten einen strengen Monotheismus. In Polen schufen die sog. „Sozinianer" eine unitarische Kirche, wurden dort aber durch die Gegenreformation unterdrückt und wanderten ab. Im 17. und 18. Jahrhundert verband sich in England der Unitarismus mit dem Deismus zu einer Vernunftreligion. In den USA bildete sich im 19. Jahrhundert die „amerikanische unitarische Gesellschaft".

Upanishaden (von Skt.: upa-ni-sad, „danebensitzend" [neben dem Lehrer]). Umfangreiche Gruppe religiöser Texte Indiens, seit etwa 800 v. Chr. entstanden, mit Gedanken des Pessimismus und der Weltablehnung. Sowohl die Upanishaden selbst als auch die nachfolgenden religionsphilosophischen Versuche der systematischen Zusammenfassung ihres Inhaltes werden mit „Vedanta" (Skt., Subst. m., „Ende, Vollendung des Veda") bezeichnet.

Upasakas, Upāsakas; Tl. (Skt.): upāsaka (m.); upāsakā (f.). Buddhistische Laienanhängerschaft, die für das leibliche Wohl der Nonnen und Mönche sorgen.

Vagant (von lat.: vagari, „umherziehen", „unstet sein"). Mittelalterlicher Begriff für fahrende Studenten oder Studierte und Kleriker.

Vallabhacharis; Vallabhachianer; Tl. (Skt.): Vallabhacarin. Anhänger der Lehre des Vallabha Swami, des Begründers der vischnuitischen Sekte der Vallabhacarya und Vertreter des „reinen Monismus": Gott und die Schöpfung sind identisch; durch völlige Hingabe an die göttliche Macht wird Erlösung erlangt.

Varuna; Tl. (Skt.): Varuna (m.). Gott des vedischen Pantheons, Herr über Wunder und Naturerscheinungen, Hüter der Wahrheit und des Rechts, Wächter über ethisches Verhalten. Er galt als allwissender Gott und stand in Indien in enger Beziehung zu dem Gott Mitra (→ Mithras).

Vasallen. Lehnsmänner, Dienstleute.

Vedanta → Upanishaden.

Veden (von Skt.: Veda (m.), „Wissen"). Älteste Schrift der indischen Religion, die in vier Hymnen- und Spruchsammlungen (Samhitas) aufgeteilt ist: → Rigveda, Samaveda, Yajurveda und Atharvaveda, die ursprünglich nicht niedergeschrieben, sondern auswendig gelernt, rezitiert und gehört wurde, „Schruti".

Vischnuismus. Richtung innerhalb des Hinduismus, deren Anhängerschaft den Gott Vischnu (Tl. (Skt.): Viṣṇu) als oberstes kosmisches Prinzip verehren. Vischnu ist in seiner Funktion als Welterhalter, neben → Brahma und Schiva ein Teil der Trimurti (der hinduistischen Götterdreiheit). Nach hinduistischer Auffassung inkarniert sich Vischnu immer dann auf der Erde, wenn die göttliche Weltenordnung durch den Einfluß des Bösen gestört ist. Seine berühmtesten Avataras (irdische Erscheinungen) sind Rama und → Krischna.

Vulgata. Lateinische Bibelübersetzung des Hieronymus (347˜-˜419). Auf dem Konzil von Trient (1546) wurde die Vulgata zu der für die katholische Kirche maßgeblichen Bibelübersetzung bestimmt.

Wiedergeburt. Übergang in ein neues Leben. „Wiedergeburt" setzt den Glauben an ein Jenseits oder an Reinkarnation und Seelenwanderung voraus. Im übertragenen Sinn kann „Wiedergeburt" auch das Lossagen von der bisherigen Lebensweise bedeuten, um in eine neue Daseinsphase einzutreten, etwa durch Einweihungszeremonien in Kultgemeinschaften.

Yoga (Skt.; m.). Eine der sechs klassischen indischen Philosophenschulen und eine Psychotechnik, die davon ausgeht, daß es zwischen Körper und Seele eine Wechselwirkung gibt. Die Seele kann in Verbindung mit dem Körper ihr wahres Wesen nicht erkennen, muß also, um zu religiöser Erfahrung gelangen zu können, durch Körperübungen und Atemtechniken von ihm losgelöst werden.

Zebaoth (hebr.: „Heere"). Häufiger biblischer Beiname zum Gottesnamen Jahwe, insbesondere, wenn er auf der Bundeslade über den himmlischen Heerscharen thront. Gemeint sind möglicherweise Sterne oder Engel.

Zoolatrie (griech.; f.). Verehrung von Tieren, Tierkult.

Verzeichnis der von Max Weber zitierten Literatur

Max Weber hat im Text in den meisten Fällen auf die von ihm benutzten Werke lediglich durch Nennung des Verfassernamens hingewiesen. Das folgende Verzeichnis enthält nur die Werke, die sich eindeutig oder mit höchster Wahrscheinlichkeit identifizieren lassen.

Bartholomae, Christian, Altiranisches Wörterbuch. – Straßburg: Karl J. Trübner 1904.
–, Die Gatha's des Awesta. Zarathustras Verspredigten. – Straßburg: Karl J. Trübner 1905.
Baudelaire, Charles, Petits poèmes en proses, XII: Les foules, in: ders.: Œuvres complètes, Tome IV. – Paris: Michel Lévy Frères 1869, S. 31 – 32.
Bousset, Wilhelm, Die Religion des Judentums im neutestamentlichen Zeitalter, 2. Aufl. – Berlin: Reuther und Reichard 1906.
Breysig, Kurt, Die Entstehung des Gottesgedankens und der Heilbringer. – Berlin: Georg Bondi 1905.
Butler, Samuel, Hudibras. In three Parts. Written in the Time of the Late War. With Notes and Preface by Zachary Grey. – London: Murray 1871.
Dante Alighieri's Göttliche Comödie. Metrisch übertragen und mit kritischen und historischen Erläuterungen versehen von Philalethes [König Johann von Sachsen], unveränderter Abdruck der berichtigten Ausgabe von 1865 – 66. – Leipzig: B.G. Teubner 1868.
Deissmann, Adolf, Licht vom Osten. Das Neue Testament und die neuentdeckten Texte der hellenistisch-römischen Welt, 2. und 3., verbesserte und vermehrte Aufl. – Tübingen: J.C.B. Mohr (Paul Siebeck) 1909.
Dvořák, Rudolf, Chinas Religionen, 1. Teil: Confucius und seine Lehre (Darstellungen aus dem Gebiete der nichtchristlichen Religionsgeschichte, 12. Band). – Münster: Aschendorff 1895.
Guttmann, Julius, Die Juden und das Wirtschaftsleben, in: Archiv für Sozialwissenschaft und Sozialpolitik, Band 36, Heft 1, 1913, S. 149 – 212.
Harnack, Adolf, Lehrbuch der Dogmengeschichte (Sammlung theologischer Lehrbücher), 1. Band: Die Entstehung des kirchlichen Dogmas, 4., neu durchgearbeitete und vermehrte Aufl. – Tübingen: J.C.B. Mohr
–, Die Mission und Ausbreitung des Christentums in den ersten drei Jahrhunderten, Band 2: Die Verbreitung, 2., neu durchgearbeitete Aufl. – Leipzig: J.C. Hinrichs 1906.
Levy, Hermann, Die Grundlagen des ökonomischen Liberalismus in der Geschichte der englischen Volkswirtschaft. – Jena: Gustav Fischer 1912.
Meinhold, Johannes, Jesus und das Alte Testament. Ein zweites ernstes Wort an die evangelischen Christen. – Freiburg i.Br., Leipzig: J.C.B. Mohr (Paul Siebeck) 1896.
–, Die Weisheit Israels in Spruch, Sage und Dichtung. – Leipzig: Quelle & Meyer 1908.
Müller, [Friedrich] Max, Vorlesungen über den Ursprung und die Entwickelung der Religion. Mit besonderer Rücksicht auf die Religionen des Alten Indiens. – Straßburg: Karl J. Trübner 1880.
Nietzsche, Friedrich, Die fröhliche Wissenschaft („la gaya scienza"), 2. Aufl. – Leipzig: C.G. Naumann 1895.
–, Zur Genealogie der Moral. Eine Streitschrift, 2. Aufl. – Leipzig: C.G. Naumann 1892.
Oldenberg, Hermann, Die Religion des Veda. – Berlin: Wilhelm Hertz (Besserche Buchhandlung) 1894.
Rohde, Erwin, Psyche. Seelencult und Unsterblichkeitsglaube bei den Griechen, 2 Bände, 2. Aufl. – Freiburg i.Br., Leipzig und Tübingen: J.C.B Mohr (Paul Siebeck) 1898.
Schulte, Aloys, Geschichte des mittelalterlichen Handels und Verkehrs zwischen Westdeutschland und Italien mit Ausschluß von Venedig, 1. Band: Darstellung. – Leipzig: Duncker & Humblot 1900.

Sombart, Werner, Das Proletariat. Bilder und Studien (Die Gesellschaft. Sammlung sozial-psychologischer Monographien, hg. von Martin Buber, Band 1). – Frankfurt a.M.: Rütten & Loening 1906.

–, Die Juden und das Wirtschaftsleben. – Leipzig: Duncker & Humblot 1911.

Troeltsch, Ernst, Das stoisch-christliche Naturrecht und das moderne profane Naturrecht, in: Verhandlungen des Ersten Deutschen Soziologentages vom 19.-22. Oktober 1910 in Frankfurt a.M. Reden und Vorträge [...] und Debatten. – Tübingen: J.C.B. Mohr (Paul Siebeck) 1911, S. 166-192.

–, Die Soziallehren der christlichen Kirchen und Gruppen. – Tübingen: J.C.B. Mohr (Paul Siebeck) 1912.

Usener, Hermann, Götternamen. Versuch einer Lehre von der religiösen Begriffsbildung. – Bonn: Friedrich Cohen 1896.

Wernle, Paul, Die Anfänge unserer Religion. – Tübingen, Leipzig: J.C.B. Mohr (Paul Siebeck) 1901.

Siglen, Zeichen, Abkürzungen

[ ]	Im edierten Text: Hinzufügung des Editors.
	Im textkritischen Apparat: unsichere oder alternative Lesung im
	Bereich der von Max Weber getilgten oder geänderten Textstelle.
[...]	Auslassung des Editors
&	und
§	Paragraph
→	siehe

a.a.O.	am angegebenen Ort
Abschn.	Abschnitt
Abt.	Abteilung
a. D.	außer Dienst
Adj.	Adjektiv
AfSSp	Archiv für Sozialwissenschaft und Sozialpolitik
ägypt.	ägyptisch
altägypt.	altägyptisch
althochdt.	althochdeutsch
altiran.	altiranisch
altpers.	altpersisch
a. M.	am Main
Anm.	Anmerkung
a.o.	außerordentlicher
arab.	arabisch
a. S.	an der Saale
AT, A.T.	Altes Testament
Aufl.	Auflage

b.	ibn
bab.	babylonisch
bes.	besonders
bezw., bzw.	beziehungsweise
Bl.	Blatt
BSB	Bayerische Staatsbibliothek

c.	caput
ca.	circa
chin.	chinesisch
Co.	Company
Corpus Inscriptionum Latinarum, CIL	Corpus Inscriptionum Latinarum, hg. von der Preußischen Akademie der Wissenschaften. – Berlin: Georg Reimer 1863 ff.

d.	der, des
D., Dr.	Doktor
dass.	dasselbe
ders.	derselbe
dgl.	dergleichen
d. h.	das heißt

d. i.	das ist
dies.	dieselbe
Dr. phil.	Doctor philosophiae
dt.	deutsch(er)
ebd.	ebenda
eigentl.	eigentlich
Einleitung	→ MWG I/19 (unten, S. 578), S. 83–127
engl.	englisch
etc.	et cetera
evt.	eventuell
f.	feminin
f., ff.	folgend(e)
Fn.	Fußnote
fol.	folio
frz.	französisch
GARS I	Weber, Max, Gesammelte Aufsätze zur Religionssoziologie, Band 1. – Tübingen: J.C.B. Mohr (Paul Siebeck) 1920
GdS, G. d. S. Ö.	Grundriß der Sozialökonomik. Abteilung I–IX, 1. Aufl. – Tübingen: J. C. B. Mohr (Paul Siebeck) 1914–1930
gest.	gestorben
griech.	griechisch
GStA	Geheimes Staatsarchiv
hebr.	hebräisch
Herausgeb., Hg., hg.	Herausgeber, herausgegeben
Hinduismusstudie	→ MWG I/20, unten, S. 578
hl.	heilig(er)
i. Br.	im Breisgau
i. e.	id est
i. J.	im Jahr
Inscriptiones Latinae Selectae, ILS	Dessau, Hermann, Inscriptiones Latinae Selectae. – Berlin: Weidmann 1892
iran.	iranisch
ital.	italienisch
jap.	japanisch
Jg.	Jahrgang
jr.	junior
Judentumsstudie	→ Weber, Judentum I-IV
jüd.	jüdisch
K.	Karton
Kap.	Kapitel
Konfuzianismusstudie	→ MWG I/19, unten, S. 578
KZfSS	Kölner Zeitschrift für Soziologie und Sozialpsychologie
lat.	lateinisch
Ltd.	limited
Luk.	Lukas
m.	maskulin
Makk.	Makkabäer

Mdpr.AH	Mitglied des preußischen Abgeordnetenhauses
Mdpr.HH	Mitglied des preußischen Herrenhauses
MdR	Mitglied des Reichstags
mongol.	mongolisch
Mos.	Moses
Mscr.	Manuskript
MWG	Max Weber-Gesamtausgabe; vgl. die Übersicht zu den Einzelbänden, unten, S. 576 ff.
n.	neutrum
NB	notabene
n. Chr.	nach Christus
niederdtsch.	niederdeutsch
Nl.	Nachlaß
Nr.	Nummer
o.	ordentlich(er)
o. J.	ohne Jahr
o. O.	ohne Ort
p.	pagina, page
pers.	persisch
phil.-hist.	philologisch-historisch
phryg.	phrygisch
Pl.	Plural
portugies.	portugiesisch
Prof.	Professor
Protestantische Ethik	→ Weber, Protestantische Ethik I, II
RE³	Realencyklopädie für protestantische Theologie und Kirche, 22 Bände, 3. Aufl. – Leipzig: J.C. Hinrichs 1896–1913
RelGem	Religiöse Gemeinschaften
RelSoz	Religionssoziologie
Rep.	Repertorium
RGG¹	Die Religion in Geschichte und Gegenwart, 5 Bände, 1. Aufl. – Tübingen: J.C.B. Mohr (Paul Siebeck) 1909–1913
Röm.	Römer
RS	Religionssoziologie
russ.	russisch
S.	Seite
Schluchter, Religion und Lebensführung I, II	Schluchter, Wolfgang, Religion und Lebensführung, 2 Bände. – Frankfurt a.M.: Suhrkamp 1988
sem.	semitisch
Sg.	Singular
s. g.	sogenannt(er)
Skt.	Sanskrit
sog.	sogenannt(er)
Sp.	Spalte
Subst.	Substantiv
s. Z., s. Zt.	seinerzeit, seiner Zeit
T.	Teil, Tome
TH	Technische Hochschule
tib.	tibetisch
Tl.	Transliteration

transl.	translated
Ts.	Transkription
türk.	türkisch
u.	und
u. a., u. A.	und andere, unter anderem
ursprüngl.	ursprünglich
usw.	und so weiter
v.	von
VA	Verlagsarchiv
v. Chr.	vor Christus
Verf.	Verfasser
vgl.	vergleiche
vol.	volume

Weber, Marianne, Lebensbild	Weber, Marianne, Max Weber. Ein Lebensbild. – Tübingen: J.C.B. Mohr (Paul Siebeck) 1926 (Nachdruck = 3. Aufl. – Tübingen 1984)
Weber, Agrarverhältnisse[3]	Weber, Max, Agrarverhältnisse im Altertum, in: Handwörterbuch der Staatswissenschaften, Band 1, 3., gänzlich umgearbeitete Aufl. – Jena: Gustav Fischer 1909, S. 52–188 (MWG I/6)
Weber, Handelsgesellschaften	Weber, Max, Zur Geschichte der Handelsgesellschaften im Mittelalter. Nach südeuropäischen Quellen. – Stuttgart: Ferdinand Enke 1889 (MWG I/1)
Weber, Hinduismusstudie	→ MWG I/20, unten, S. 578
Weber, Judentum I	Weber, Max, Die Wirtschaftsethik der Weltreligionen. Das antike Judentum, in: AfSSp, Band 44, Heft 1, 1917, S. 52–138 (MWG I/21)
Weber, Judentum II	Weber, Max, Die Wirtschaftsethik der Weltreligionen. Das antike Judentum (Fortsetzung.), in: AfSSp, Band 44, Heft 2, 1918, S. 349–443 (MWG I/21)
Weber, Judentum III	Weber, Max, Die Wirtschaftsethik der Weltreligionen. Das antike Judentum (Fortsetzung.), in: AfSSp, Band 44, Heft 3, 1918, S. 601–626 (MWG I/21)
Weber, Judentum IV	Weber, Max, Die Wirtschaftsethik der Weltreligionen. Das antike Judentum (Fortsetzung.), in: AfSSp, Band 46, Heft 1, 1918, S. 40–113 (MWG I/21)
Weber, Kategorienaufsatz	Weber, Max, Über einige Kategorien der verstehenden Soziologie, in: Logos. Internationale Zeitschrift für Philosophie der Kultur, Band 4, Heft 3, 1913, S. 253–294 (MWG I/12)
Weber, Konfuzianismusstudie	→ MWG I/19, unten, S. 578
Weber, Musikstudie	→ MWG I/14, unten, S. 577
Weber, Protestantische Ethik I	Weber, Max, Die protestantische Ethik und der „Geist" des Kapitalismus. I. Das Problem, in: AfSSp, Band 20, Heft 1, 1904, S. 1–54 (MWG I/9)
Weber, Protestantische Ethik II	Weber, Max, Die protestantische Ethik und der „Geist" des Kapitalismus. II. Die Berufsidee des asketischen Protestantismus, in: AfSSp, Band 21, Heft 1, 1905, S. 1–110 (MWG I/9)
Weber, Rußlandstudie	→ MWG I/10, unten, S. 577
Weber, Verhandlungen 1910	Weber, Max, [Diskussionsbeiträge in der Debatte über:] Ernst Troeltsch: Das stoisch-christliche Naturrecht und das moderne Naturrecht, in: Verhandlungen des Ersten Deutschen Soziologentages vom 19.-22. Oktober 1910 in Frankfurt a.M. Reden und Vorträge von Georg Simmel, Ferdinand Tönnies, Max Weber,

	Werner Sombart, Alfred Ploetz, Ernst Troeltsch, Eberhard Gothein, Andreas Voigt, Hermann Kantorowicz und Debatten. – Tübingen: J.C.B. Mohr (Paul Siebeck) 1911, S. 196–211 (MWG I/9)
Winckelmann, Kritiken und Antikritiken	Winckelmann, Johannes (Hg.), Max Weber, Die protestantische Ethik, II. Kritiken und Antikritiken, 3. Aufl. – Gütersloh: Gütersloher Verlagshaus Gerd Mohn 1978
Winckelmann, Max Webers Hauptwerk	Winckelmann, Johannes, Max Webers hinterlassenes Hauptwerk: Die Wirtschaft und die gesellschaftlichen Ordnungen und Mächte. Entstehung und gedanklicher Aufbau. – Tübingen: J. C. B. Mohr (Paul Siebeck) 1986
WL	Weber, Max, Gesammelte Aufsätze zur Wissenschaftslehre, hg. von Johannes Winckelmann, 7. Aufl. – Tübingen: J.C.B. Mohr (Paul Siebeck) 1988
WuG¹	Weber, Max, Wirtschaft und Gesellschaft, 1. Aufl. (Grundriß der Sozialökonomik, Abteilung III). – Tübingen: J.C.B. Mohr (Paul Siebeck) 1922 (MWG I/22–1 bis 6 und MWG I/23)
Z.	Zeile
z. B.	zum Beispiel
Zwischenbetrachtung	Weber, Max, Zwischenbetrachtung: Theorie der Stufen und Richtungen religiöser Weltablehnung, in: MWG I/19 (unten, S. 578), S. 479–522

Personenregister

Sachregister

Das Register erfaßt Begriffe sowie Sach- und geographische Angaben, Familienverbände, Dynastien, mythische, rein legendäre und literarische Figuren sowie Gottheiten.

Anachoret 100
Analogie, Analogien 6, 15
Anarchie, anarchisch 131, 133
Anarchismus, anarchistisch 74, 131
–, religiöser 131
Andacht 2, 89 f., 153
→ auch: Devotion; Gelegenheitsandacht
Andachtsfrömmigkeit 89
Andachtsreligiosität 89
anethisch 133
Angelologie 147
→ auch: Engel, Engellehre
angelsächsisch 79 f., 113
→ auch: England
anglikanisch 38, 78, 127
Animismus, animistisch 3, 5, 24, 33 f., 40, 46,
48, 50, 56, 65, 85, 92, 121, 133, 135, 138
→ auch: Präanimismus; Seele; Totem
Anomismus, anomistisch 102, 114 f., 138
Anstalt, anstaltsmäßig 11 f., 50, 79, 108 ff., 113,
118, 126
→ auch: Gnaden-; Staatsanstalt
Anstaltsgehorsam 110
Anstaltsgemeinschaft 108
Anstaltsgnade 108–111, 133 f., 149
Anstaltskirche, anstaltskirchlich 56, 127, 132
Anstaltsorthodoxie 134
Anstaltsreligiosität 126
Anthropolatrie, anthropolatrisch 60, 106, 153
Anthropomorphie, Anthropomorphisierung
7 f., 15, 20, 116
→ auch: Götter, anthropomorphe; Personifikation
Antichrist 132
antiethisch 133
Antike, antik 12, 18, 30, 32, 47, 51, 54, 56, 58,
65, 69 ff., 77, 85, 90, 108, 117, 124, 128, 132 f.,
137, 143 f., 146, 154
→ auch: Altertum
Antiochia 24
antiökonomisch 125 f.
antipolitisch 71, 79, 129, 131
antirational 55, 113, 115 f.
antirationalistisch 49
Apokalypse, apokalyptisch 41
Apolitismus, apolitisch 72 ff., 79, 129, 131, 135
Apollon 21, 38, 58
Apologeten, Apologetik 77, 103
Apostasie 96
Apostel 28, 39, 79 f., 108, 123
→ auch: Säulenapostel
Apostellehre → Didache
apostolisches Zeitalter 28, 41
Apotheose 116
apotropäisch 5, 139
Apparat, technischer 16
→ auch: Gewalt-; Kultapparat

Araber, Arabien, arabisch 32, 34, 42, 143, 147,
150
Arbeit 23, 25, 28 f., 57, 89, 98, 100, 105, 126,
138 f., 142 ff., 146, 153
→ auch: Berufs-; Bitt-; Massenaufklärungsarbeit
Arbeiter 25, 82, 125, 143
Arbeitslosigkeit 127, 153
archimedischer Punkt 74
Archonten 107
Arhat 96
Arier, arisch 16
Aristokratie, aristokratisch 85, 95, 97, 113
→ auch: Amts-; Feudal-; Heils-; Intellektuellenaristokratie
Arme, arme Leute 17, 30, 59, 68 f., 76, 82, 123,
126 f., 155 f.
„Arme am Geist", geistig Arme 68, 77, 155 f.
Armee 132
→ auch: Heer
Armenpflege → Karitas
Armensteuer, islamische 127
Arminianer 54
Armut 68, 82, 106, 123, 126 f.
Arte di Calimala 54, 126
Arvalbrüder → fratres arvales
Asiaten, asiatisch, Asien 29, 31, 43 f., 48, 70, 78,
98, 103 f., 106 ff., 114, 117, 125, 154 f.
→ auch: Ost-; Vorderasien
Askese, Asketen, Asketismus, asketisch 1, 27,
62, 67 f., 72 f., 95–103, 105 f., 109, 112, 115 f.,
119, 126, 136 f., 140–142, 147–150, 152
–, außerweltliche 106, 137
–, innerweltliche 67, 97 f., 101, 106, 118, 127,
130–132, 135, 138, 148
–, überweltliche 115
–, weltablehnende 96 f., 99
→ auch: Alltagsaskese; Berufsethik, asketische; Charisma, asketisches; Derwischaskese; Ethik, asketische; Heldenführung, asketische; Keuschheits-; Laienaskese; Lebensführung, asketische; Protestantismus, asketischer; Rationalismus, asketischer; religiösasketisch; Religiosität, asketische und asketisch-rationale; Sekten, asketische; Sexualaskese; Sramana; Systematik, bürgerlich asketische; tapas; Virtuosen, asketische
Asketenregeln 38
Assimilationsjuden 150
Assur 12
Assyrien 13
Assyrerheer 19
Ästhetik, ästhetisch 7, 53, 140, 146
→ auch: Kunst
astraler Monotheismus 34
Astrologie 5, 14, 107

Atharva Veda, Atharvaveda 16, 46
Atheismus, atheistisch 60, 80
Athen 11, 30
Attachement 3, 13
Attika 21
Auferstehung 157
Aufklärung 79 f., 149, 151
Augenblicksgötter 3
Augustalen 54
auspicia publica, Auspicien 11
Außenhandel 24
Außeralltäglichkeit, außeralltäglich 1, 94, 113,
118, 136, 152
Außerweltlichkeit, außerweltlich 17, 100 f.,
106, 137, 154
Australien 28
Autohypnose 99
Autonomie, autonom 64
Autorität 28, 31, 36, 60, 113, 118, 129, 133
→ auch: Familien-; Glaubensautorität;
Lehrautoritäten
→ auch: Gathas

Babel, Babylon, Babylonien, babylonisch 12,
14, 20, 54, 69 f., 72, 85, 124, 143
→ auch: Dionysoskult
Bankiers 54
Bann, Bannung 51, 155
→ auch: Forstbann
Baptisten 55, 87, 145
Barmherzigkeit 153
Basileus 34
Bauern, bäuerlich 8, 34, 39, 47 ff., 56 f., 72, 74,
79, 113, 134, 139, 154
→ auch: Landmann
Bauernbewegung 48
Bauernfrömmigkeit 47
Bauernintelligenz 74, 80
Bauernkrieg, deutscher 48
Bauernkulte 47
Bauernreligion 7
Bauernreligiosität 49
Bauernsektierer, russische 48
→ auch: Rußland, Sektierertum
Bauernstand 49
Beamte, Beamtentum 11, 13, 21, 42, 52 f., 70 f.,
73, 80, 108
→ auch: Bürokratie; Gemeinde-; Hausbeam-
tentum; Hof-; Patrimonial-; Sonderbeamte;
Staatsbeamtenschaft
Beamtenstaat 14
Bedarf 37, 54
→ auch: Kreditbedarfsdeckung; Notkredit,
Notkreditbedarf
Bedürfnisse 2, 13 f., 21, 25, 39, 42 f., 59, 63 f.,
72 f., 82, 84, 86, 94, 120, 136, 143, 155
–, metaphysische 69

–, rationalistische 72
–, religiöse 60
–, seelische 63
→ auch: Erlösungsbedürfnis; Laien-; Massenbedürfnisse; Rache, Rachebedürfnis
Befriedung 21, 61, 114, 116, 129
Beichte 45, 90, 109 f., 115, 149
Beichtstuhl 110, 145
Beichtväter 31, 45, 109 f.
Bekehrung 93 f., 130, 157
Benediktinerregel 105
berith (berît), Bund 10
Beruf, Berufe 2, 5 f., 12 f., 18, 25 f., 28, 36 f., 44,
52, 57, 60 ff., 67, 74, 77, 98, 101, 106, 115, 118,
122, 127, 132 ff., 148, 155, 157
→ auch: κλῆσις; Vergesellschaftung, berufli-
che
Berufsarbeit 115, 127
Berufsbewährung 67, 119
Berufsethik 25, 106, 133 ff.
–, asketische 133
–, organische 133 f.
Berufsgötter 61
Berufsheer 52
Berufskrieger 93
Berufsmensch, Berufsmenschentum 101, 106,
119
Berufspflicht 135
Berufspriesterschaft 18
Berufsspezialisierung 24
Berufstugend 96, 115
Berufsverbände 56
Berufszauberer 93
Berufung 28
Beschneidung 42
Beseelung 15
Besessenheit, Besessenheitslehre 5, 22 f., 92,
102, 111
Besitz (materieller) 4, 26, 97, 121 f., 124, 143,
150, 156
→ auch: Boden-; Grund-; Landbesitz
Besitzende 25, 46, 82, 89
→ auch: Großgrund-; Pfandbriefbesitzer
Bestattung 4
Betrieb 2, 17, 25, 32, 39, 54, 71, 75, 105, 128,
144 f.
→ auch: Alltags-; Gebets-; Heils-; Kultus-;
Priesterbetrieb
Betriebsökonomik 55
Bettel, Bettler 127, 153
Bettelmönche, Bettelmönchtum 36, 56, 61, 77,
105
Beuteinteressen 31
Bewährung 18 f., 25, 67, 87, 89, 96 f., 101, 104,
108 f., 115 – 118, 127, 142, 145, 157
→ auch: Berufs-; Gnaden-; Heilsbewährung
Bewegungen 48, 71, 79 f.

Mystagoge, Mystagogentum, Mystagogie, mystagogisch 32 f., 36 f., 42, 56, 72 f., 75, 102, 106, 108, 141
Mystagogengemeinde 36
Mystagogenpropaganda 137
Mysten 36, 87
Mysterien 29, 32, 50, 52, 62, 75, 90, 108
–, eleusinische 9, 33, 54
–, gnostische 72
→ auch: Mithrasmysterien; Osiris; Sakramentsgnade
Mysterienerlösung 89
Mysterienkulte 90
Mysterienpropaganda 137
Mysterienreligiosität 7, 153
Mystik, Mystiker, mystisch 69 f., 78, 89 f., 93 f., 98–104, 106, 111 f., 114, 116, 121, 128 ff., 132, 134–138, 140 f., 151 ff., 156
→ auch: Erleuchtungsmystik; Erlösung, mystische; Religiosität, mystische; unio mystica; Virtuosen, mystische; Wissen, mystisches
Mythologie, mythologisch 111
mythologisches Denken 6
Mythos, Mythen 3, 42 f., 60 f., 76 f., 107, 154
→ auch: Erlösungs-; Heldenmythen

nabi 28
nachapostolisches Zeitalter 28
Nachbar, nachbarschaftlich 35, 122 f.
Nachbarschaftsverband 36 f., 122, 156
nachexilische Zeit → Judentum, nachexilisches
Nachkommenschaft 138
Nächstenliebe 91 f., 127 f., 157
Nahrungsinteresse 154
Narkotika 2
Narodniki, Narodnitschestwo 49, 73, 80
Nationalgott, Nationalgötter 12, 30
Nationalismus 42
Naturalismus, naturalistisch 1, 3–6, 14, 67, 85, 142, 148
Naturalwirtschaft, naturalwirtschaftlich 122, 124
Naturgeister 10, 57
Naturgesetz, naturgesetzlich 21
Naturgott, Naturgötter 107
Naturmächte 107
Naturobjekte 85
Naturrecht, naturrechtlich 59, 80, 97, 133 f., 147
–, revolutionäres 48
Naturvölker 138 f.
Naturvorgänge 59
Nazareth 87, 146
Neapolitaner 11

negativ Privilegierte → Privilegierung, negative
Neocalvinismus 119
Neuengland 131
Neues Testament, neutestamentlich 36, 113, 150
→ auch: διδάσκαλοι; Epistel; Hebräer-; Römerbrief
Neuplatonismus, Neuplatoniker 68, 71
Neurasthenie → Sexualneurastheniker
Neurologie, neurologisch 136
Neurose, neurotisch 65
Neuzeit 54, 56, 90, 103, 143
Nichthandeln 99 f.
Nichtwiderstandsprinzip 131
Niederlande → Holland
„nihil inde sperantes" → Zinsverbot
Nirvana, Nirwana 60, 69, 108, 153 f.
Nordchina 34
Nordeuropa 12
Nordseestrand 128
Normen 18, 22 f., 26, 33, 111, 120 f., 125, 127, 135, 146, 148 ff.
–, heilige 13, 42, 134
–, magische, magisch motivierte 22, 120
–, religiös-ethische 140
–, rituelle 120
–, tabuartige 23 f.
→ auch: Rechts-; Ritual-; Tabu; Zeremonialnormen
Notdarlehen 124
Nothilfe, Nothelfer 44, 122 f.
Nothilfeethik 156
Nothilfepflicht 122, 124
Notkredit, Notkreditbedarf 123, 126
Notversorgung 123
Novize, Novizen, Noviziat 18, 31, 40, 105
numen, numina 7 f., 9 f.
→ auch: Helden-Numen

Oberpriester 10
Obödienz 31
Obrigkeit 132 f., 157
Odyssee 54
Offenbarung, Offenbarungen 18 f., 27 f., 31 f., 35, 40, 45, 133
Offiziere 52
Ökonomie, ökonomisch 1 f., 4, 8 f., 17, 21, 28 ff., 33, 36 ff., 47, 55–60, 62 ff., 73, 78 ff., 87 f., 94, 97, 120, 122–130, 134 f., 138 f., 142 f., 145 ff., 151 f., 155
→ auch: antiökonomisch; sowie die entsprechenden Unterpunkte zu: Interessen; Lebensführung; Macht; Ordnungen; Rationalisierung; Rationalismus; Rationalität; Vergesellschaftung; Verhalten

Ökonomik → Betriebsökonomik
Okzident, okzidental 10, 31, 38, 42 f., 48, 50 f.,
55 f., 62, 69, 71, 78, 84, 94, 103–106, 110, 119,
143, 154
→ auch: Abendland
Om 95
omina 20
Ommajaden, Ommayyaden 64, 118, 152
ὁμοούσιος 107
Onan 138
„Onanismus matrimonialis" 120
→ auch: Zweikindersystem
ontologischer Dualismus 86
„Opfer des Intellekts" 114
Opfer, Opferung 4, 10, 15 ff., 33 f., 46, 63, 82,
108
→ auch: Brandopfer; Buße; Menschen-; Tieropfer
Opferblut 19
Opfergaben 36
Opferhandlung 16
Opferpriester, Opferpriestergeschlecht 37
Opferrituale 16
Orakel 20 f., 28, 45
Orden
– der Humilitaten 56
– im Islam 52, 96, 130
→ auch: Derwischorden; Franziskaner; Jesuiten; Kluniazenser; Kriegs-; Mönchs-; Ritterorden; Templer; Zisterzienser
Ordnung, Ordnungen 6, 21 f., 26, 34, 67, 73 f.,
97 f., 100 ff., 104, 115, 117, 121 f., 132–135,
150, 154
–, ethische 26, 31, 61
–, ethisch-rationale 102
–, ewige 86, 93
–, heilige 13, 132
–, kosmische 34, 120
–, ökonomische 133, 135
–, organische 133
–, rationale 22, 98, 102, 117, 132, 135, 147
–, sakralrechtliche 10
–, soziale 102, 121
–, ständische 134 f.
–, übergöttliche 22, 81
→ auch: Gewalt-; Rang-; Rechts-; Rechts-
staats-; Sippen-; Weltordnung
orenda 1
Organisation 4, 30 f., 38 f., 43 f., 102 f., 126,
143 f.
–, bürokratische 106
–, hierarchische 44
–, kirchliche 38, 44, 49
–, rationale 106, 144
–, religiöse 38
–, soziale 35

→ auch: Gemeinde-; Herrschafts-; Kultur-;
Sonder-; Städteorganisation
organische Auffassungen 133, 154
→ auch: Berufsethik, organische
Organisches, organische Prozesse 8, 47, 82, 92,
138 f.
Orgiastik, orgiastisch 15, 59, 93 ff., 105 f., 136 f.,
140 f., 147, 152 f.
→ auch: Dionysos-; Tanzorgiastik
Orgie, Orgien 2, 72, 93 ff., 136 f.
→ auch: Derwischorgie; Dionysos; Ekstase,
Rausch; Tanzorgie
Orgienkult 117
Orgienreligiosität 48, 56, 117
Orient, orientalisch 32, 38, 42, 44, 59, 64, 69 f.,
72, 74–78, 90 f., 105, 123, 128, 143, 146
–, alter 105
→ auch: Morgenland
orientalisch-christlich 70
Orphik, orphisch 38, 50, 75
Orthodoxie 43 f., 49, 52, 56, 70, 112, 131, 134,
137, 146, 150 f.
→ auch: Anstaltsorthodoxie; Heterodoxie
Osiris 13, 60
Ossipijanen 78
Ostasien, ostasiatisch 10, 12, 49, 74, 143 f., 154
Osteuropa, osteuropäisch 49, 55, 62, 74, 90,
114
Ottonen 78

Pacht → Steuerpacht
pādā 58
paganus 49
παιδεία 75
Palästina, palästinensisch 11, 49, 68, 146, 149
→ auch: Sabbatjahr
Pali-Kanon 41
πάντα μοι ἔξεστιν 102
Pantheismus, pantheistisch 33
Pantheon 8 f., 12 ff., 20, 34, 36, 61
Pantheonbildung 6, 13, 20
Pantheongott 14
Papiergeld 4
Papst, Papsttum, päpstlich 54, 78, 110 f., 126,
145
Papstgewalt 78
Paradies 52, 69, 83, 91
→ auch: Helden-; Soldatenparadies
„Paradiso" (bei Dante) 134
Paramente 139
Paria, Pariastellung 53, 64 f., 144, 148 f., 152,
155
Pariagemeinschaft 65
Pariaintellektualismus 74 ff., 78 f.
Pariakaste 57, 64

Max Weber Studienausgabe

Die bisher erschienenen Bände

**Die römische Agrargeschichte in ihrer Bedeutung
für das Staats- und Privatrecht** 1891
Herausgegeben von Jürgen Deininger
1988. VII, 242 Seiten (Studienausgabe zu MWG I/2).
Fadengeheftete Broschur.

Wirtschaft, Staat und Sozialpolitik
Herausgegeben von Wolfgang Schluchter
in Zusammenarbeit mit Peter Kurth und Birgitt Morgenbrod
1999. VI, 224 Seiten (Studienausgabe zu MWG I/8).
Fadengeheftete Broschur.

Zur Russischen Revolution von 1905
Schriften und Reden 1905–1912
Herausgegeben von Wolfgang J. Mommsen
in Zusammenarbeit mit Dittmar Dahlmann
1996. VI, 476 Seiten (Studienausgabe zu MWG I/10).
Fadengeheftete Broschur.

Zur Psychophysik der industriellen Arbeit
Schriften und Reden 1908–1912
Herausgegeben von Wolfgang Schluchter
in Zusammenarbeit mit Sabine Frommer
1998. 268 Seiten (Studienausgabe zu MWG I/11).
Fadengeheftete Broschur.

Zur Politik im Weltkrieg
Schriften und Reden 1914–1918
Herausgegeben von Wolfgang J. Mommsen
in Zusammenarbeit mit Gangolf Hübinger
1988. VII, 445 Seiten (Studienausgabe zu MWG I/15).
Fadengeheftete Broschur.

Zur Neuordnung Deutschlands
Schriften und Reden 1918–1920
Herausgegeben von Wolfgang J. Mommsen
in Zusammenarbeit mit Wolfgang Schwentker
1991. VII, 264 Seiten (Studienausgabe zu MWG I/16).
Fadengeheftete Broschur.

Wissenschaft als Beruf 1917/1919 / **Politik als Beruf** 1917
Herausgegeben von Wolfgang J. Mommsen und Wolfgang Schluchter
in Zusammenarbeit mit Birgit Morgenbrod
1994. 151 Seiten (Studienausgabe zu MWG I/17).
Fadengeheftete Broschur.

Die Wirtschaftsethik der Weltreligionen I
Konfuzianismus und Taoismus
Schriften 1915–1920
Herausgegeben von Helwig Schmidt-Glintzer
in Zusammenarbeit mit Petra Kolonko
1991. VI, 332 Seiten (Studienausgabe zu MWG I/19).
Fadengeheftete Broschur.

Die Wirtschaftsethik der Weltreligionen II
Hinduismus und Buddhismus
Schriften 1916–1920
Herausgegeben von Helwig Schmidt-Glintzer
in Zusammenarbeit mit Karl-Heinz Golzio
1998. VI, 415 Seiten (Studienausgabe zu MWG I/20).
Fadengeheftete Broschur.

Wirtschaft und Gesellschaft (Teilband 2)
Religiöse Gemeinschaften
Herausgegeben von Hans G. Kippenberg
in Zusammenarbeit mit Petra Schilm unter Mitwirkung von Jutta Niemeier
2005. V, 288 Seiten (Studienausgabe zu MWG I/22,2).
Fadengeheftete Broschur.

Wirtschaft und Gesellschaft (Teilband 5)
Die Stadt
Herausgegeben von Wilfried Nippel
2000. V, 173 Seiten (Studienausgabe zu MWG I/22,5).
Fadengeheftete Broschur.

Ausführliche Informationen zur Max Weber Studienausgabe und zur
Max Weber Gesamtausgabe (MWG) finden Sie im Internet unter
www.mohr.de/mw/mwg.htm. Einen Gesamtkatalog erhalten Sie gerne
vom Verlag Mohr Siebeck, Postfach 2040, D-72010 Tübingen.